Arbeitsgespräche zum Verwaltungsrecht

Herausgegeben von Prof. Dr. Dr. h.c. Wolfgang Kahl, M.A.
und Prof. Dr. Ute Mager

Band 3

Wolfgang Kahl | Ute Mager (Hrsg.)

Verwaltungshandeln

Nomos

Onlineversion
Nomos eLibrary

Die Deutsche Nationalbibliothek verzeichnet diese Publikation in der Deutschen Nationalbibliografie; detaillierte bibliografische Daten sind im Internet über http://dnb.d-nb.de abrufbar.

ISBN 978-3-7560-0295-5 (Print)

ISBN 978-3-7489-3686-2 (ePDF)

1. Auflage 2022

Vorwort

Der vorliegende Band dokumentiert die Vorträge, die bei den „3. Arbeitsgesprächen zum Verwaltungsrecht“ am 6. und 7. Mai 2022 im Internationalen Wissenschaftsforum Heidelberg (IWH) gehalten und diskutiert wurden. Nachdem die letzten „Arbeitsgespräche“ im April 2021 pandemiebedingt online stattfinden mussten, konnten Referate und Diskussion nun erfreulicherweise wieder in Präsenz erfolgen.

Die Veranstaltungsreihe dient als institutionalisiertes Forum für den transdisziplinären Dialog zwischen Rechtswissenschaft und Rechtspraxis über Grundfragen des deutschen und europäischen Verwaltungsrechts. Durch die Einladung auch von jüngeren Juristinnen und Juristen bezweckt sie daneben auch die Förderung des wissenschaftlichen Nachwuchses im Öffentlichen Recht. Nachdem auf der ersten Tagung (2019) sehr grundsätzlich das Verhältnis von Verwaltungsrechtswissenschaft und Verwaltungsrechtspraxis und auf der zweiten Tagung (2021) Verwaltungsaufgaben und die Legitimation der Verwaltung thematisiert wurden, stand im Mai 2022 das Generalthema „Verwaltungshandeln“ im Mittelpunkt. Im Einzelnen wurde über die Maßstäbe des Verwaltungshandelns, die Auswahl und den Einsatz von Handlungsformen, die Selbstprogrammierung der Verwaltung, die Wahrnehmung von Entscheidungsspielräumen, das Verwaltungshandeln unter Unsicherheit und die Verwaltungsvollstreckung im Verwaltungsverbund jeweils aus der Perspektive von Wissenschaft und Praxis berichtet und hierüber anschließend diskutiert. Aus aktuellem Anlass bildeten dabei die Herausforderungen, welche die Covid-19-Pandemie an das Verwaltungshandeln stellt, einen besonderen Schwerpunkt.

Dank gebührt erneut der Hanns Martin Schleyer-Stiftung, namentlich Frau Geschäftsführerin Barbara Frenz, sowie der Heinz Nixdorf Stiftung, für Ihre sehr freundliche ideelle und die großzügige finanzielle Unterstützung unseres Projekts im Rahmen der Universitas-Initiative „Interdisziplinäre Dozentenkolloquien Wissenschaft und Praxis“.

Für die Unterstützung bei der Organisation und für die redaktionelle Bearbeitung der Manuskripte danken wir Herrn Wiss. Mitarbeiter Paul Hüther, der im Rahmen der redaktionellen Arbeit von den studentischen Hilfskräften am Institut für deutsches und europäisches Verwaltungsrecht der Universität Heidelberg unterstützt wurde.

Heidelberg, im August 2022

Wolfgang Kahl
Ute Mager

Inhalt

Verwaltungshandeln – Einleitende Bemerkungen

Wolfgang Kahl[*]

I. Vorbemerkung

Mit ihrem Oberthema des Verwaltungshandelns legen die 3. Arbeitsgespräche zum Verwaltungsrecht in Heidelberg den Fokus auf die exekutive Entscheidungsperspektive. Im Mittelpunkt steht die Frage, an welchen Parametern und Strukturen die Verwaltung sich im Prozess der Rechtskonkretisierung, in dessen Rahmen sie zwischen verschiedenen Handlungsoptionen zu wählen hat,[1] orientieren kann. In den frühen bundesrepublikanischen Jahren war es neben *Ernst Forsthoff*[2] und *Arnold Köttgen*[3] insbesondere *Hans Peters*, der im Gegensatz zum noch aus den Weimarer Jahren stammenden, wiederaufgelegten Lehrbuch *Walter Jellineks*[4] und zu den neu geschriebenen Werken *Hans Julius Wolffs*[5] in seinem programma-

---

* Meinem Wissenschaftlichen Mitarbeiter *Paul Hüther* danke ich für seine Unterstützung.

1 Zur Definition des Verwaltungshandelns stellv. *Augsberg*, in: Voßkuhle/Eifert/Möllers (Hrsg.), GVerwR, Bd. II, 3. Aufl. 2022, § 8 Rn. 2; *Franzius*, in: Kahl/Ludwigs (Hrsg.), HVwR, Bd. V, i. V., § 135 Rn. 2; zu den Exekutivfunktionen *Wischmeyer*, in: Kahl/Ludwigs (Hrsg.), HVwR, Bd. III, 2022, § 78 Rn. 53.

2 *Forsthoff*, Lehrbuch des Verwaltungsrechts, 10. Aufl. 1973, S. 1 ff.; hierzu *Meinel*, Der Jurist in der industriellen Gesellschaft, 2. Aufl. 2012, S. 122 ff. (auch zur Kritik *Forsthoffs* an *Peters*' Lehrbuch); vgl. auch *Schütte*, Progressive Verwaltungsrechtswissenschaft auf konservativer Grundlage, 2006, S. 36 ff.

3 Aus den Jahren vor 1949 *Köttgen*, Deutsche Verwaltung, 3. Aufl. 1944, S. 1 ff.; aus den Jahren danach insbes. *ders.*, DVBl. 1957, S. 441 ff.; hierzu *Kaufhold*, in: Kremer (Hrsg.), Die Verwaltungsrechtswissenschaft der frühen Bundesrepublik (1949–1977), 2017, S. 107 (119 ff.).

4 *Jellinek*, Verwaltungsrecht, 3. Aufl. 1931, unveränderter Nachdruck 1948 (zuletzt 1966); *ders.*, Nachtrag zur 3. Aufl., 1950; hierzu *Schulte*, in: Häberle/Kilian/Wolff (Hrsg.), Staatsrechtslehrer des 20. Jahrhunderts, 2. Aufl. 2018, S. 377 (384 ff.).

5 *Wolff*, Verwaltungsrecht I, 1. Aufl. 1956; *ders.*, Verwaltungsrecht II, 1. Aufl. 1962; *ders.*, Verwaltungsrecht III, 1. Aufl. 1966.

tisch betitelten[6] „Lehrbuch der Verwaltung" (1949)[7] vor dem Hintergrund seiner Erfahrungen in der kommunalen Selbstverwaltung und der Kommunalpolitik weniger einen rechtsdogmatischen und rechtssystematischen Zugang wählte, sondern für eine Aufwertung der Verwaltungslehre im Sinne einer Verbindung mit dem Verwaltungsrecht eintrat und die Entscheidungsperspektive deutlich in den Mittelpunkt rückte.[8]

Die diesjährigen Arbeitsgespräche wollen indes nicht an die unter anderem von *Köttgen*, *Forsthoff* und *Peters* frühzeitig und mit zutreffender positiver Tendenz geführte Diskussion über die „Eigenständigkeit der Verwaltung" anknüpfen,[9] sondern den Blick – im transdisziplinären Gespräch von Vertretern aus Wissenschaft und Praxis[10] – in ganz konkreten Einzelaspekten auf den Prozess der exekutiven Entscheidungsfindung richten. In diesem Rahmen wird zunächst nach den Maßstäben des Verwaltungshandelns gefragt, ferner die Auswahl und der Einsatz von Handlungsformen diskutiert und sodann auf die exekutive Selbstprogrammierung eingegangen. Im Mittelpunkt des zweiten Teils der Tagung stehen die exekutiven Entscheidungsspielräume, das Verwaltungshandeln unter Unsicherheit und die Verwaltungsvollstreckung im Verwaltungsverbund. Dabei drängte es sich unter dem Eindruck der auch im Frühjahr 2022 noch andauernden Covid-19-Pandemie und der Frage der hieraus zu ziehenden „Lehren" (Pandemiefolgenrecht) bei nahezu allen Einzelthemen auf, gerade auch Bezüge zum Verwaltungshandeln unter Pandemiebedingungen[11] herzustellen.

---

6 Hierzu *Stolleis*, Geschichte des öffentlichen Rechts in Deutschland, Bd. IV, 2012, S. 176 f.

7 Das Lehrbuch blieb allerdings ohne nennenswerte Resonanz; hierzu *Augsberg*, in: Kremer (Hrsg.), Die Verwaltungsrechtswissenschaft der frühen Bundesrepublik (1949–1977), 2017, S. 31 (44 ff.); speziell unter dem Aspekt der Kommunal- bzw. Staatsaufsicht vgl. zu *Peters* auch *Kahl*, Die Staatsaufsicht, 2000, S. 201 ff., sowie allg. *Grigoleit/Kersten*, Die Verwaltung 30 (1997), S. 365 ff.; *Kersten*, in: Augsberg/Funke (Hrsg.), Kölner Juristen im 20. Jahrhundert, 2013, S. 211 ff.

8 *Peters*, Lehrbuch der Verwaltung, 1949, S. 16 („Nebeneinander von Sein- und Sollenswissenschaften"), passim; siehe ferner *dens.*, Die Eigenständigkeit der Verwaltung, 1965. Siehe dazu auch sub II. 1. Überblicksartig zur Handlungsperspektive der Verwaltung *Ziekow*, in: Kahl/Ludwigs (Hrsg.), HVwR, Bd. I, 2021, § 14 Rn. 15 f.

9 Hierzu instruktiv und m. w. N. *Dreier*, Die Verwaltung 25 (1992), S. 137 ff.

10 Zur Zielsetzung der Arbeitsgespräche zum Verwaltungsrecht *Kahl/Mager*, in: Kahl/Mager (Hrsg.), Verwaltungsrechtswissenschaft und Verwaltungsrechtspraxis, 2019, S. 9 ff.

11 Zum Verwaltungshandeln während der Covid-19-Pandemie *Marquardsen*, in: Kahl/Ludwigs (Hrsg.), HVwR, Bd. V, i. V., § 158; *Ladeur*, JöR n.F. 69 (2021),

II. Maßstäbe des Verwaltungshandelns

1. Grundlagen

Die Lehre von den Maßstäben des Verwaltungshandelns geht von der seit längerem gesicherten Einsicht aus, dass Verwaltung keinen automatisiert-mechanischen Gesetzesvollzug meint, sondern, insbesondere, aber nicht nur (sondern generell) bei der Ausübung von Ermessen (zumal im Bereich der Planung), einen schöpferischen Konkretisierungsvorgang.[12] Bei diesem Vorgang „konkreter Rechtsetzung"[13] sind neben dem Blick auf die Vorgaben des Gesetzes und rechtliche Handlungsgebote wie Verhältnismäßigkeit und Gleichbehandlung (Art. 20 Abs. 3 GG) auch zahlreiche andere Parameter wie z. B.[14] Effektivität, Effizienz, Transparenz oder Akzeptabilität[15] zu beachten.[16] Nur im Zusammenspiel mit derlei metajuristischen Maßstäben vermag das rechtmäßige Verwaltungshandeln Rationalität zu erzeugen.[17] Die hierfür erforderliche Perspektivenerweiterung auf – jedenfalls *prima facie*[18] – außerrechtlich geprägte, im Realbereich angesiedelte Handlungsmaximen ist ein wesentliches Verdienst der „Neuen Verwaltungsrechtswissenschaft" bzw. Steuerungswissenschaft,[19] wurde, wie ein-

---

S. 603 ff.; allg. zu aktuellen Herausforderungen für die Verwaltung *Huber*, in: Kahl/Ludwigs (Hrsg.), HVwR, Bd. II, 2021, § 54; *Siegel*, NVwZ 2020, S. 577 ff.

12 Grundlegend bereits *Mayer*, Deutsches Verwaltungsrecht, Bd. I, 3. Aufl. 1924, S. 99. Für die Verwaltung unter dem Grundgesetz statt aller nur *Ludwigs*, in: Kahl/Ludwigs (Hrsg.), HVwR, Bd. V, i. V., § 124 Rn. 15, 26 m. w. N.

13 *Scholz*, VVDStRL 34 (1976), S. 145 (168).

14 Weitere Beispiele bei *Hill*, in: Kahl/Ludwigs (Hrsg.), HVwR, Bd. V, i. V., § 127 Rn. 31.

15 Siehe dazu *Spiecker gen. Döhmann*, in: Kahl/Mager (Hrsg.), Verwaltungsaufgaben und Legitimation der Verwaltung, 2022, S. 261 ff.; *Serong*, ebd., S. 301 ff.

16 Zum Verhältnis von rechtlichen und außerrechtlichen Maßstäben *Fehling*, in: Trute u. a. (Hrsg.), Allgemeines Verwaltungsrecht – Zur Tragfähigkeit eines Konzepts, 2008, S. 461 ff.; *Pitschas*, in: Hoffmann-Riem/Schmidt-Aßmann/Voßkuhle (Hrsg.), GVerwR, Bd. II, 2. Aufl. 2013, § 42 Rn. 1 ff.; *Hill* (Fn. 14), Rn. 32; zu den „klassischen" Maßstäben *Jestaedt*, in: Ehlers/Pünder (Hrsg.), Allgemeines Verwaltungsrecht, 15. Aufl. 2016, § 11; *Wallerath*, Allgemeines Verwaltungsrecht, 2009, § 7; *Schulze-Fielitz*, in: Festschr. für Klaus Vogel, 2000, S. 311 (314 f.).

17 *Barczak*, in: Kahl/Ludwigs (Hrsg.), HVwR, Bd. V, i. V., § 133 Rn. 2; *Jestaedt* (Fn. 16), § 11 Rn. 1; *Schmidt-Aßmann*, Das allgemeine Verwaltungsrecht als Ordnungsidee, 2. Aufl. 2004, Kap. 2 Rn. 22; siehe auch *Funke*, in diesem Band, S. 53 (56 ff.): Maßstäbe als „Rechtmäßigkeit plus X".

18 Statt vieler *Augsberg* (Fn. 1), § 8 Rn. 4.

19 Vgl. etwa *Hoffmann-Riem*, in: Schmidt-Aßmann/Hoffmann-Riem (Hrsg.), Methoden der Verwaltungsrechtswissenschaft, 2004, S. 9 (58 ff.); *Bumke*, ebd., S. 73

gangs erwähnt, zum Teil aber bereits von der Verwaltungswissenschaft in den frühen bundesrepublikanischen Jahren in hellsichtiger Weise[20] gefordert.[21] Noch vor dem grundlegenden Referat von *Winfried Brohm* auf der Regensburger Staatsrechtslehrertagung von 1972[22] versammelte *Hans Peters* in seinem Lehrbuch von 1949 in einem eigenen Kapitel über „Die Triebkräfte der Verwaltung" zahlreiche, das Verwaltungshandeln seiner Ansicht nach bestimmende außerrechtliche „Triebkräfte" wie Weltanschauung, Ethik, eine im Rationalismus wurzelnde Staatsauffassung, politische, kulturelle und soziale Faktoren sowie das Ziel der Friedensbewahrung.[23]

Die „Triebkräfte", nach heutiger Terminologie Maßstäbe, stellen „durchlaufende Orientierungslinien"[24] bzw. „Systemkoordinaten"[25] für das Verwaltungshandeln dar, welche die Konkretisierung der Rechtsnormen des Besonderen Verwaltungsrechts[26] durch die Verwaltung sowohl im Rahmen des gesetzesfreien wie auch des gesetzesgebundenen Verwal-

(127 ff.); *Vesting*, ebd., S. 253 ff.; *Schmidt-Aßmann*, ebd., S. 387 (395 ff.); *Voßkuhle*, in: Voßkuhle/Eifert/Möllers (Hrsg.), GVerwR, Bd. II, 3. Aufl. 2022, § 1 Rn. 29 ff.; *Möllers*, ebd., § 2 Rn. 44 ff.; analysierend *Kersten*, in: Kahl/Ludwigs (Hrsg.), HVwR, Bd. I, 2021, § 25 Rn. 25 ff. Weiterführend zuletzt zu Methodenfragen im Verwaltungsrecht *Reimer*, in: Kahl/Mager (Hrsg.), Verwaltungsrechtswissenschaft und Verwaltungsrechtspraxis, 2019, S. 115 ff. sowie zur Methodenlehre im europäischen Verwaltungsrecht *Unger*, in: Kahl/Ludwigs (Hrsg.), HVwR, Bd. II, 2021, § 50.

20 So bezogen auf *Peters Pauly*, in: von Bogdandy/Cassese/Huber (Hrsg.), IPE, Bd. 4, 2011, § 58 Rn. 15 Fn. 48.

21 *Bumke* (Fn. 19), S. 90 ff.; *Augsberg* (Fn. 1), § 8 Rn. 2 m. Fn. 13; nun auch *Pilniok*, in: Kahl/Ludwigs (Hrsg.), HVwR, Bd. V, i. V., § 123 Rn. 9. Allg. zu den Kontinuitätslinien der „Neuen Verwaltungsrechtswissenschaft" erhellend *Gärditz*, Die Verwaltung, Beiheft 12 (2017), S. 106 ff.

22 *Brohm*, VVDStRL 30 (1972), S. 245 (274 ff.); hierzu *Kaiser*, in: Kremer (Hrsg.), Die Verwaltungsrechtswissenschaft in der frühen Bundesrepublik (1949–1977), 2017, S. 345 (345 ff.).

23 *Peters*, Lehrbuch (Fn. 8), S. 22 ff. zu den „bewußten Triebkräften"; zu den „unbewußten Triebkräften" wie Ehrgeiz oder Erziehung *ders.*, ebd., S. 35 ff.

24 So *Schmidt-Aßmann* (Fn. 17), Kap. 6 Rn. 58.

25 So *Voßkuhle* (Fn. 19), § 1 Rn. 15.

26 Zur Maßstabslehre in verschiedenen Bereichen des Besonderen Verwaltungsrechts *Barczak* (Fn. 17), § 133 (Polizei- und Sicherheitsrecht); *Eisenmenger*, ebd., § 134 (Öffentliches Wirtschaftsrecht); *Franzius* (Fn. 1), § 135 (Umweltrecht); *Rozek*, ebd., § 136 (Prüfungsrecht); *von Coelln*, ebd., § 137 (Beamtenrecht); *Rixen*, ebd., § 138 (Sozial- und Gesundheitsrecht); *Drüen*, ebd., § 139 (Steuerrecht).

tungshandelns anleiten.[27] Die entwicklungsoffene[28] Maßstabslehre,[29] die eine enge Verbindung zu den allgemeinen Grundsätzen des Verwaltungsrechts[30] aufweist,[31] zu der aber noch immer keine konsentierte Dogmatik[32] besteht,[33] überwindet die, bezogen auf die *Bewirkungs- bzw. Herstellungsperspektive*[34] (nicht: gerichtliche Kontrollperspektive), unterkomplexe Binärstruktur von Rechtmäßigkeits- und Zweckmäßigkeitserwägungen[35] und bildet eine „Rechtsquelle eigener Art mit latentem Rechtsgehalt", indem sie Rechtsmaßstäbe mit metajuristischen Zweckmäßigkeitserwägun-

---

27 *Pitschas* (Fn. 16), § 42 Rn. 3; *Augsberg* (Fn. 1), § 8 Rn. 3; *Pilniok* (Fn. 21), § 123 Rn. 7 ff.; *Franzius* (Fn. 1), § 135 Rn. 3; enger *Schmidt-Aßmann* (Fn. 17), Kap. 6 Rn. 58; zum Maßstabsbegriff ferner *Fehling* (Fn. 16), S. 463 ff.

28 *Pitschas* (Fn. 16), § 42 Rn. 11 ff.; *Eisenmenger*, in: Kahl/Ludwigs (Hrsg.), HVwR, Bd. V, i. V., § 134 Rn. 4.

29 Krit. zur Ausbildung einer Maßstabslehre, die auch nicht-rechtliche Entscheidungsfaktoren normativ verankern will und damit Freiräume des Verwaltungshandelns durch Maßstabsbindung über Gebühr einschränkt, *Möllers* (Fn. 19), § 2 Rn. 6.

30 Näher *Ossenbühl*, in: Festg. BVerwG, 2003, S. 289 ff.

31 *Barczak* (Fn. 17), § 133 Rn. 2.

32 Zu Begriff und Funktionen der (Verwaltungsrechts-)Dogmatik *Kahl*, Wissenschaft, Praxis und Dogmatik im Verwaltungsrecht, 2020, S. 65 ff., 78 ff.; *Kaiser*, in: Kahl/Ludwigs (Hrsg.), HVwR, Bd. I, 2021, § 24 Rn. 17 ff.; *Schoch*, Die Verwaltung, Beiheft 12 (2017), S. 11 (17 ff.).

33 Statt vieler *Mayer/Kopp*, Allgemeines Verwaltungsrecht, 5. Aufl. 1985, S. 294; *Achterberg*, Allgemeines Verwaltungsrecht, 2. Aufl. 1986, § 19 Rn. 2 f.; *Schmidt-Aßmann* (Fn. 17), Kap. 6 Rn. 57 f. („keine systematisch geschlossene Maßstabslehre", „manche Unsicherheit der Dogmatik"); *Fehling* (Fn. 16), S. 463; *Augsberg* (Fn. 1), § 8 Rn. 3; *Funke*, in diesem Band, S. 53 (60 f.), der das Fehlen genauerer Aussagen der Maßstabslehre zu Maßstabsqualität, Maßstabswert und Maßstabswirkung bemängelt.

34 Zu dieser von der „Neuen Verwaltungsrechtswissenschaft" mit Recht stärker betonten, die Hervorbringung (Erzeugung) administrativer Entscheidungen fokussierenden Perspektive siehe nur *Voßkuhle* (Fn. 19), § 1 Rn. 17 ff.; *Kersten* (Fn. 19), § 25 Rn. 8 ff.; *Fehling*, Die Verwaltung, Beiheft 12 (2017), S. 65 ff.; krit. *Gärditz* (Fn. 21), S. 105 ff.; siehe auch bei Fn. 40 ff. Zur Unausweichlichkeit der binären Struktur von Recht- und Zweckmäßigkeit bezogen auf die gerichtliche Kontrollperspektive (vgl. stellv. §§ 113, 114 VwGO) siehe dagegen („relative Trennungsthese") *Kahl* (Fn. 32), S. 112 ff. Die Kontrolllehre ist jedoch weiter als die (nur) gerichtliche Kontrolllehre und umfasst etwa auch Formen der administrativen Selbstkontrolle (vgl. § 68 VwGO), der parlamentarischen Kontrolle, der Öffentlichkeitskontrolle, der Beauftragtenkontrolle (z. B. Datenschutz, Gleichstellung) oder der Finanz- bzw. Haushaltskontrolle; siehe dazu unten Fn. 44.

35 Grundlegend *Bumke*, Relative Rechtswidrigkeit, 2004, S. 264 ff.

gen verschränkt.[36] Hierbei sind die Zweckmäßigkeitsvorgaben nach Möglichkeit zunächst an gesetzliche „Transfer-“ bzw. „Brückenbegriffe“ (z. B. § 76 Abs. 5 S. 1 GWB) rückzubinden und unterliegen dann auch der (grundsätzlich vollen) gerichtlichen Kontrolle.[37] Im Übrigen ist der jeweilige metajuristische Maßstab jedenfalls aus Rechtsprinzipien wie dem Rechtsstaatsprinzip, Verhältnismäßigkeitsprinzip oder Gleichheitssatz abzuleiten,[38] um auf dieser Grundlage die jeweils maßgeblichen Parameter klarer zu konturieren.[39]

Die Maßstabslehre erfüllt verschiedene Funktionen: Sie betont den Eigenstand der Verwaltung gegenüber der engen, gerichtlichen *ex-post*-Perspektive[40] und rückt somit die Problemlösungs- und Handlungsperspektive in den Mittelpunkt.[41] Sie drängt auf eine Analyse der Wechselwirkungen der in dieser Perspektive verschränkten rechtlichen und außerrechtlichen Maßstäbe.[42] Mit dem Blick nicht nur auf der Formulierung von Maßstabsgehalten, sondern auch auf etwaigen Maßstabssanktionen[43] formuliert sie Ansätze einer über rechtliche Kontrollparameter hinausgehen-

---

36 So *Pitschas* (Fn. 16), § 42 Rn. 4 (Zitat; Hervorhebung entfernt [krit. hierzu *Funke*, in diesem Band, S. 53 [57 Fn. 19]), 25; siehe auch *Alexy*, JZ 1986, S. 701 (705 f.); *Schmidt-Aßmann*, Verwaltungsrechtliche Dogmatik, 2013, S. 116 („Spektrum von Orientierungen […] mit unterschiedlicher rechtlicher Dichte“ [Hervorhebung entfernt]); *Fehling* (Fn. 16); S. 464 f.; *Jestaedt* (Fn. 16), § 11 Rn. 2; *Ludwigs* (Fn. 12), § 124 Rn. 19 f. Umfassend *Pilniok* (Fn. 21), § 123 Rn. 20 ff.

37 Ausf. dazu *Kahl* (Fn. 32), S. 89 f., 170 f. Fn. 146, S. 120 ff.; vgl. auch *dens.*, Die Verwaltung 42 (2009), S. 463 (494); *Ludwigs* (Fn. 12), § 124 Rn. 19, der insoweit von „Verrechtlichung“ spricht.

38 Beispielhaft für die Maßstäbe Rationalität und Effizienz *Ellerbrok*, in: Kahl/Ludwigs (Hrsg.), HVwR, Bd. III, 2022, § 76 Rn. 20 ff., 63 ff. Falls der Rückbezug an klare normative Vorgaben nicht möglich ist, bleibt die – freilich umstrittene – Anknüpfung an den allgemeinen Gemeinwohlauftrag der Verwaltung (Art. 20 Abs. 3 GG, dazu unten Fn. 50) oder an Billigkeits- und Praktikabilitätserwägungen; dazu *Schmidt-Aßmann* (Fn. 17), Kap. 6 Rn. 57; *ders.* (Fn. 36), S. 116; *Augsberg* (Fn. 1), § 8 Rn. 6 f.; siehe auch sogleich am Beispiel der Rationalität den Text bei Fn. 47 ff.

39 Näher *Kahl* (Fn. 32), S. 117 ff.

40 *Schmidt-Aßmann* (Fn. 36), S. 115; gleichsinnig *Augsberg* (Fn. 1), § 8 Rn. 4.

41 *Fehling* (Fn. 16), S. 462.

42 *Schmidt-Aßmann* (Fn. 36), S. 116; vgl. auch *Fehling* (Fn. 16), S. 463; *Ludwigs* (Fn. 12), § 124 Rn. 20.

43 Hierzu etwa *Pitschas* (Fn. 16), § 42 Rn. 30 ff.; *Schmidt-Aßmann* (Fn. 17), Kap. 6 Rn. 61 ff.; *Schoch*, in: Trute u. a. (Hrsg.), Allgemeines Verwaltungsrecht – Zur Tragfähigkeit eines Konzepts, 2008, S. 543 (566 ff.).

den Kontrolllehre.[44] Die Maßstabslehre erleichtert ferner die Erschließung neuer Rechtsgebiete und Kodifizierungen,[45] indem sie als „Kompass" für Systematisierung und Gesetzgebung dient.[46]

Sämtliche Maßstäbe des Verwaltungshandelns sind auf die Maxime der Rationalität im Sinne der Sachrichtigkeit von Entscheidungen[47] zurückzuführen, welche die Maßstabslehre als *basso continuo* prägt.[48] Rationalität als Maßstab des Verwaltungshandelns ist in ihrer entscheidungsimmanenten und -übergreifenden Dimension[49] insbesondere[50] auf das Rechtsstaatsprinzip (Art. 20 Abs. 3, 28 Abs. 1 S. 1 GG),[51] das Willkürverbot (Art. 3 Abs. 1 GG) und die „rationale Strukturierungsmethode"[52] des aus den Freiheitsgrundrechten folgenden Verhältnismäßigkeitsprinzips zu-

---

44 *Schmidt-Aßmann* (Fn. 36), S. 116; ebenso *Augsberg* (Fn. 1), § 8 Rn. 4; näher *Kahl*, in: Voßkuhle/Eifert/Möllers (Hrsg.), GVerwR, Bd. II, 3. Aufl. 2022, § 45 Rn. 54 ff., 193 ff. Hiermit sensibilisiert die Kontrolllehre für die Vielgestaltigkeit des Kontrollbegriffs und der Kontrollformen, hierzu näher *Kahl*, ebd., § 45 Rn. 1 ff.

45 Zur Kodifikation des europäischen Verwaltungsrechts *Hartmann*, Die Kodifikation des europäischen Verwaltungsrechts, 2020; *Schneider*, in: Kahl/Ludwigs (Hrsg.), HVwR, Bd. II, 2021, § 56; *Kahl*, JuS 2018, S. 1025 ff. Siehe in diesem Zusammenhang zu perspektivischen Maßstäben für das Verwaltungshandeln in der EU *Schneider/Hofmann/Ziller* (Hrsg.), ReNEUAL-Musterentwurf für ein EU-Verwaltungsverfahrensrecht, 2015, S. 21 (Präambel); hierzu *Schneider/Rennert/Marsch* (Hrsg.), ReNEUAL-Musterentwurf für ein EU-Verwaltungsverfahrensrecht, Tagungsband, 2016; *Schneider/Hofmann/Ziller*, JZ 2015, S. 265 ff.

46 *Fehling* (Fn. 16), S. 462.

47 Nicht zu verwechseln mit der Idee von der „einzig richtigen (= rechtmäßigen) Entscheidung" auf Tatbestandsebene (auch bei Beurteilungsspielräumen); vgl. hierzu krit. und m. w. N. auf den Meinungsstand *Ludwigs* (Fn. 12), § 124 Rn. 17; ferner BVerwGE 39, 197 (203).

48 Stellv. *Schulze-Fielitz* (Fn. 16), S. 314 („Gesamtheit der ‚normativen Orientierungen'"); *Schmidt-Aßmann* (Fn. 17), Kap. 6 Rn. 57; *ders.* (Fn. 36), S. 116; *Pitschas* (Fn. 16), § 42 Rn. 68 f. („prinzipaler Handlungsmaßstab"); *Augsberg* (Fn. 1), § 8 Rn. 8 („Transmissionsriemen").

49 *Ellerbrok* (Fn. 38), § 76 Rn. 23 ff.

50 Ferner ist die im Rechtsstaatsprinzip wurzelnde Gemeinwohlverpflichtung staatlichen Handelns (Art. 20 Abs. 3 GG) zu nennen; dazu *Kahl* (Fn. 44), § 45 Rn. 73; a. A. *Ellerbrok* (Fn. 38), § 76 Rn. 21.

51 Klassisch *Hesse*, Grundzüge des Verfassungsrechts der Bundesrepublik Deutschland, 20. Aufl. 1995, Rn. 190 (Rechtsstaat als „Form der Rationalisierung des staatlichen Lebens" [Hervorhebung entfernt]); ähnlich bereits *ders.*, in: Festg. für Rudolf Smend, 1962, S. 71 (83). Zu den „neuen" rechtsstaatlichen Subprinzipien, wie etwa Rationalität, mit Blick auf die europäische Ebene *Kahl*, in: Kahl/Ludwigs (Hrsg.), HVwR, Bd. III, 2022, § 66 Rn. 64 ff.

52 So *Ruf*, Die legislative Prognose, 2021, S. 90; ähnlich etwa *Breuer*, in: Festg. BVerwG, 2003, S. 223 (241).

rückzuführen.[53] Dem Rationalitätskriterium (im weiteren Sinne)[54] kommt dabei eine übergreifende, bündelnde Funktion zu, indem es als handlungsleitendes Kriterium Parameter wie Rechtmäßigkeit, Zeitrichtigkeit, Effizienz, Akzeptabilität, Flexibilität, Innovationsoffenheit sowie Implementationstauglichkeit im Rahmen einer „Gesamtorientierung“[55] staatlichen Handelns verklammert.[56]

Auch die Maßstabslehre lässt sich jedoch längst nicht mehr national introvertiert begreifen.[57] Sie ist vielmehr in erheblicher Weise durch das Unionsrecht überformt.[58] Betroffen hiervon sind alle Ebenen des europäischen Mehrebenensystems. Primär wird die Maßstabslehre durch die Grundsätze einer „guten Verwaltung“ (Art. 41 GRCh i. V. m. Art. 6 Abs. 1 EUV)[59] sowie die vom EuGH im Wege richterlicher Rechtsfortbildung entwickelten allgemeinen Rechtsgrundsätze[60] supranational aufgeladen. Für das EU-Eigenverwaltungsrecht[61] zu nennen sind in diesem Kontext neben der allge-

---

53 *Ellerbrok* (Fn. 38), § 76 Rn. 22 ff.; zum Bezug zum Rechtsstaatsprinzip ferner *Sobota*, Das Prinzip Rechtsstaat, 1997, S. 64 f., 485; *Müller-Franken*, Maßvolles Verwalten, 2004, S. 79 ff.; *Schulze-Fielitz* (Fn. 16), S. 322; *Schmidt-Aßmann*, in: Schmidt-Aßmann/Hoffmann-Riem (Hrsg.), Verwaltungsorganisationsrecht als Steuerungsressource, 1997, S. 9 (40); *Kahl* (Fn. 44), § 45 Rn. 73; weiterführend zur Grundrechtsbindung der Verwaltung *Grimm*, in: Kahl/Ludwigs (Hrsg.), HVwR, Bd. III, 2022, § 68.

54 Zu den verschiedenen Begriffsverwendungen m. w. N. *Ellerbrok* (Fn. 38), § 76 Rn. 9 ff.; siehe auch *Kahl* (Fn. 32), S. 76 f. Fn. 37; *Kempny*, Verwaltungskontrolle, 2017, S. 30 ff.

55 So *Pitschas* (Fn. 16), § 42 Rn. 68.

56 *Reimer*, in: Voßkuhle/Eifert/Möllers (Hrsg.), GVerwR, Bd. I, 3. Aufl. 2022, § 11 Rn. 6; *Kahl* (Fn. 44), § 45 Rn. 74; *Hilbert*, Die Verwaltung 51 (2018), S. 313 (343) (betr. Verwaltungsverfahren); krit. *Ellerbrok* (Fn. 38), § 76 Rn. 10.

57 Zur Europäisierung der Maßstabslehre *Marsch*, in: Kahl/Ludwigs (Hrsg.), HVwR, Bd. V, i. V., § 125. Allg. zur Europäisierung des Verwaltungsrechts *Ludwigs*, in: Kahl/Ludwigs (Hrsg.), HVwR, Bd. I, 2021, § 8; *ders./Pascher*, JuS 2022, S. 409 ff.; *dies.*, JuS 2022, S. 497 ff.; *Siegel*, Die Europäisierung des Öffentlichen Rechts, 2012, S. 52 ff.; entwicklungsgeschichtlich *Mager*, in: Kahl/Ludwigs (Hrsg.), HVwR, Bd. II, 2021, § 32; siehe auch *Kirchhof*, ebd., § 55.

58 Ähnlich *Pitschas* (Fn. 16), § 42 Rn. 24 („supranationale Strukturprägung“).

59 Näher etwa *Stelkens*, in: Stelkens/Bonk/Sachs (Hrsg.), VwVfG, 9. Aufl. 2018, EuVwR Rn. 105 ff.

60 Grundlegend *Lecheler*, Der Europäische Gerichtshof und die allgemeinen Rechtsgrundsätze, 1971; instruktiv und m. w. N. *Terhechte*, in: Terhechte (Hrsg.), Verwaltungsrecht der Europäischen Union, 2. Aufl. 2022, § 7 Rn. 19 ff.

61 Dazu, dass Adressaten des Art. 41 GRCh nach h. M. nur die Organe, Einrichtungen und sonstigen Stellen der EU, nicht aber die Mitgliedstaaten und deren Organe sind, siehe EuGH, Rs. C-419/14, ECLI:EU:C:2015:832 Rn. 83; *Jarass*, GRCh, 4. Aufl. 2021, Art. 41 Rn. 8 ff. (10 f.); *Ruffert*, in: Calliess/Ruffert (Hrsg.), EUV/

meinen Rechtsbindung als Ausprägung der Rechtsstaatlichkeit (Art. 2 S. 1 EUV) zuvörderst die in Art. 41 Abs. 1 GRCh verankerten Grundsätze der Gerechtigkeit, Unparteilichkeit und temporalen Angemessenheit, aber auch die Rechte des Einzelnen gemäß Art. 41 Abs. 2 GRCh auf rechtliches Gehör, Akteneinsicht und Begründung (bzw. die korrespondierenden allgemeinen Rechtsgrundsätze), ferner etwa die Grundsätze der Gleichheit (Art. 2 S. 1, Art. 9 S. 1 EUV) und Nichtdiskriminierung (Art. 10 AEUV), der Verhältnismäßigkeit (Art. 5 Abs. 1 S. 2 und Abs. 4 EUV, Art. 52 Abs. 1 S. 2 GRCh) sowie der Kohärenz (insbes. Art. 13 Abs. 1 EUV, Art. 7 AEUV). Daneben fällt der Blick insbesondere noch auf die Maßstäbe der Effizienz, Unabhängigkeit und Offenheit (Art. 13 Abs. 1 EUV, Art. 298 Abs. 1 AEUV).[62] Bedeutung kommt den unionalen Maßstabsvorgaben als „Kooperationsstandards" vor allem im Recht des Europäischen Verwaltungsverbundes zu.[63] Im Kontext des Unionsverwaltungsrechts[64] sind zudem noch als generelle Vollzugsvorgaben der Grundsatz der loyalen Zusammenarbeit, namentlich der Äquivalenz- und der Effektivitätsgrundsatz, zu nennen (Art. 4 Abs. 3 EUV, vgl. zur Effektivität auch Art. 197 Abs. 1 AEUV).[65]

2. *Ausgewählte Maßstäbe*

Der Kanon der Maßstäbe des Verwaltungshandelns zeichnet sich durch seine Vielgestaltigkeit und Entwicklungsoffenheit aus.[66] Im Rahmen einer Einführung mit der Funktion einer in die Tagungsgeneralthematik ein-

---

AEUV, 6. Aufl. 2022, Art. 41 GRCh Rn. 8 f. Zum EU-Eigenverwaltungsrecht allg. *Weiß*, in: Kahl/Ludwigs (Hrsg.), HVwR, Bd. II, 2021, § 35 Rn. 7 ff.; überblicksartig zu den Vollzugsformen im Europäischen Verwaltungsverbund *Calliess*, ebd., § 34 Rn. 25 ff.; *Stettner*, in: Dauses/Ludwigs (Hrsg.), Handbuch des EU-Wirtschaftsrechts, Stand: 55. EL 2022, B. III. Rn. 9 ff.; *Siegel* (Fn. 57), S. 40 ff.; *Lorenzen*, JURA 2021, S. 1426 (1426 ff.).

62 Für die Europäische Kommission als dem Hauptverwaltungsorgan der EU (vgl. Art. 17 Abs. 1 S. 5 EUV) werden Kohärenz und Effizienz (neben der Kollegialität) noch gesondert in Art. 17 Abs. 6 UAbs. 1 lit. b EUV erwähnt.

63 *Augsberg* (Fn. 1), § 8 Rn. 5. Zum Europäischen Verwaltungsverbund allg. *Ludwigs*, in: Kahl/Ludwigs (Hrsg.), HVwR, Bd. III, 2021, § 36.

64 Hierzu allg. *Weiß* (Fn. 61), § 35 Rn. 37 ff.

65 Hierzu instruktiv und m. w. N. *Galetta*, in: Kahl/Ludwigs (Hrsg.), HVwR, Bd. II, 2021, § 46 Rn. 8 ff., 23 ff.; *von Danwitz*, Europäisches Verwaltungsrecht, 2008, S. 453 ff.

66 Stellv. *Augsberg* (Fn. 1), § 8 Rn. 3.

stimmenden *tour d'horizon* können naturgemäß nicht sämtliche Maßstäbe durchgemustert werden,[67] sondern lediglich Schlaglichter auf ausgewählte Maßstäbe geworfen werden. Ausgewählt wurden die Maßstäbe, die im Rahmen der Covid-19-Pandemie und weiterer aktueller Herausforderungen wie der Digitalisierung der Verwaltung als besonders virulent erscheinen: Verhältnismäßigkeit und Effizienz.

a) Verhältnismäßigkeit

Der das Verhältnismäßigkeitsprinzip ausfüllende, tradierte Vierklang aus legitimem Zweck, Geeignetheit, Erforderlichkeit und Angemessenheit[68] geriet im Zuge der Corona-Pandemie verstärkt in den Fokus (nicht nur)[69] der – wissenschaftlichen[70] und praktischen[71] – juristischen Aufmerksam-

---

67 Eingehend *Pilniok* (Fn. 21), § 123 Rn. 28 ff.

68 Statt aller *Petersen*, in: Kahl/Ludwigs (Hrsg.), HVwR, Bd. III, 2022, § 73 Rn. 30 ff. Für das Unionsrecht ist dies im Einzelnen umstritten, insbes. mit Blick auf die Angemessenheit; vgl. statt vieler zum Meinungsstand und m. w. N. *Calliess*, in: Calliess/Ruffert (Hrsg.), EUV/AEUV, 6. Aufl. 2022, Art. 5 EUV Rn. 45.

69 Auch im politischen Diskurs nahm die Verhältnismäßigkeit bezogen auf das gesetzgeberische wie auch das exekutive Handeln in der Pandemie eine Schlüsselstellung ein, dabei nicht selten mit eher kritischer Tendenz (so vor allem von Seiten der AfD und in abgeschwächter Form der FDP).

70 Vgl. zur verfassungsrechtswissenschaftlichen Corona-Diskussion – mit in der Sache zum Teil durchaus (stark) auseinanderliegenden Positionen – *Mangold*, VVDStRL 80 (2021), S. 7 (23 ff.); *Kersten/Rixen*, Der Verfassungsstaat in der Corona-Krise, 2. Aufl. 2021, S. 95 ff.; *Lepsius*, JöR n.F. 69 (2021), S. 705 (742 f.); *Siegel* (Fn. 11), S. 580 ff.; *Schmitz/Neubert*, NVwZ 2020, S. 666 ff.; *Seiler*, JZ 2021, S. 924 (928 ff.); *Murswiek*, NVwZ 2021, S. 281 ff.; *von Frankenberg*, NVwZ 2021, S. 1427 ff.; *Gärditz*, NJW 2021, S. 2761 ff.; *Blankenagel*, JZ 2021, S. 702 ff.; *Hase*, JZ 2020, S. 697 ff.; *Heinig* u. a., JZ 2020, S. 861 ff.; *Leisner-Egensperger*, JZ 2021, S. 913 ff.; *Froese*, DÖV 2022, S. 389 ff. Zu nennen sind ferner die zahlreichen Artikel auf dem Verfassungsblog; s. aus der Phase der „ersten Welle" speziell zur Verhältnismäßigkeit der (exekutiven) Maßnahmen stellv. *Kießling*, VerfBlog v. 2. 3. 2020 (https://verfassungsblog.de/coronavirus-masern-und-die-grundrechte/); *Edenharter*, VerfBlog v. 19. 3. 2020 (https://verfassungsblog.de/freiheitsrechte-ade/); *Kingreen*, VerfBlog v. 20. 3. 2020 (https://verfassungsblog.de/whatever-it-takes/); *Thiele*, VerfBlog v. 22. 3. 2020 (https://verfassungsblog.de/rauswurf-aus-der-zweitwohnung/); *Bäcker*, VerfBlog v. 25. 3. 2020 (https://verfassungsblog.de/corona-in-karlsruhe/); *Lepsius*, VerfBlog v. 6. 4. 2020 (https://verfassungsblog.de/vom-niedergang-grundrechtlicher-denkkategorien-in-der-corona-pandemie/) (alle zuletzt abgerufen: 15. 8. 2022); sämtliche Beiträge zur Corona-Thematik sind gesammelt unter https://verfassungsblog.de/tag/coronavirus/ (zuletzt abgerufen: 15. 8. 2022). Hinzu kamen zahlreiche, zumeist einseitig-verzerrende und alarmistische Beiträge

keit.[72] Als „Schlüsselkonzept des Öffentlichen Rechts"[73] nimmt er auch im Tableau der Maßstäbe eine zentrale Stellung ein und verpflichtet nach dem parlamentarischen Gesetzgeber und dem gubernativen Verordnungsgeber auch die Verwaltung zu einem „problemabschichtende[n], rationalitätsorientierte[n] Herantasten an die Grenzen des zulässigen Staatshandelns"[74]. Hierbei stellen die im Pandemiemanagement zentralen Begriffe des Risikos und der Prävention nicht nur für die spätere gerichtliche Überprüfung,[75] sondern bereits für das Handeln der Verwaltung unter Unsicherheitsbedingungen eine besondere Herausforderung dar.[76] Der Maßstab der Verhältnismäßigkeit weist aus diesen Gründen engste Verbindungen zum Maßstab der Risikoangemessenheit[77] behördlichen Handelns und der notwendigen Generierung von behördlichem Wissen bzw. dem strukturierten Umgang mit Nichtwissen[78] auf.[79]

---

in überregionalen Tageszeitungen u. a. mit der These einer (angeblichen) „Abdankung" der Grundrechte und der gerichtlichen Kontrolle; vgl. nur statt vieler *Lepsius*, FAZ v. 25. 4. 2020, S. 13; *Volkmann*, FAZ v. 6. 5. 2020, S. 9.

71 Übersicht über die den Verhältnismäßigkeitsgrundsatz betreffenden Judikate seit Frühjahr 2020 bei *Aschke*, in: BeckOK-VwVfG, 53. Ed., 1. 10. 2021, § 40 Rn. 56.

72 Siehe nur *Abdulsalam*, JöR n.F. 69 (2021), S. 487 (490) („im Zuge der Pandemie eine kaum vorstellbare Popularisierung erfahren").

73 *Petersen* (Fn. 68), § 73 Rn. 1.

74 *Augsberg* (Fn. 1), § 8 Rn. 27; siehe auch *Hoffmann-Riem/Pilniok*, in: Voßkuhle/Eifert/Möllers (Hrsg.), GVerwR, Bd. I, 3. Aufl. 2022, § 12 Rn. 14 („Schaffung eines Korridors für Entscheidungsverhalten").

75 Hierzu *von Frankenberg* (Fn. 70).

76 Diese Herausforderung besteht nicht nur mit Blick auf den Verhältnismäßigkeitsgrundsatz, sondern auch – in engem Zusammenhang hierzu – mit Blick auf das Gebot der Folgerichtigkeit (Systemgerechtigkeit, im EU-Recht: Kohärenz) von Verwaltungshandeln, das sich verfassungsrechtlich aus Art. 3 Abs. 1 GG ableitet; näher zur Kohärenz staatlichen Handelns in der Corona-Pandemie *Erdmann*, NVwZ 2020, S. 1789 ff.; *Froese* (Fn. 70), S. 394 f.; aus EU-rechtlicher Perspektive allg. *Dederer*, in: Kahl/Ludwigs (Hrsg.), HVwR, Bd. II, 2021, § 47 Rn. 56 ff.; *Schmidt-Aßmann*, in: Festschr. für Rainer Wahl, 2011, S. 819 ff.; *Schuster*, Das Kohärenzprinzip in der Europäischen Union, 2017.

77 Hierzu *Pitschas* (Fn. 16), § 42 Rn. 175 ff.; *Augsberg* (Fn. 1), § 8 Rn. 43 ff.

78 Hierzu nur *Collin/Spiecker gen. Döhmann*, in: Collin/Spiecker gen. Döhmann (Hrsg.), Generierung und Transfer staatlichen Wissens im System des Verwaltungsrechts, 2008, S. 3 ff.; *Augsberg*, in: Kahl/Ludwigs (Hrsg.), HVwR, Bd. I, § 27 Rn. 36; *Schuppert/Voßkuhle*, Governance von und durch Wissen, 2008; speziell mit Blick auf die Umweltpolitik *Hey*, ZUR 2022, S. 408 (410 f.).

79 Siehe an dieser Stelle nur *Pitschas* (Fn. 16), § 42 Rn. 194 f.; *Froese* (Fn. 70), S. 392 f. Näher sub VI.

b) Effizienz

Dem Maßstab der Effizienz, verstanden als umfassender Auftrag zur Ressourcenschonung durch Herstellung einer optimalen Kosten-Nutzen-Relation,[80] kommt zur Zeit mindestens aus zwei Gründen[81] eine herausgehobene Bedeutung zu. Zum einen stellt ein gesellschaftlich stärkeres Bewusstsein für die Begrenztheit natürlicher Ressourcen erhöhte Erwartungen an die Effizienz staatlichen Handelns.[82] Zum anderen ergeben sich durch die fortschreitende Digitalisierung aller Lebensbereiche und die enorme Weiterentwicklung intelligenter Technologien erhebliche Möglichkeiten der Effizienzsteigerung.[83] Dass dies bislang noch keine vollständig zutreffende Beschreibung, sondern teilweise eher eine Zielformulierung ist, die Potentiale, die sich aus dem Einsatz digitaler Technologien ergeben können, also noch nicht voll ausgeschöpft sind, beweisen zahlreiche Probleme und Schwerfälligkeiten, die sich im Rahmen des Umgangs mit der Corona-Krise auf allen administrativen Ebenen von der EU bis hinunter zu den Kommunen gezeigt haben.[84] Bedeutung erlangt in diesem Zusammenhang neben den Effizienzerfordernissen des materiellen Rechts und des Verfahrensrechts insbesondere der Aspekt der institutionell-organisatorischen Effizienzsicherung, der mit Blick auf Ausstattung und Aufbau eine reaktions- und leistungsfähige Verwaltung fordert.[85] Zuletzt hat *Torben Ellerbrok* mit Recht darauf hingewiesen, dass bei einer Ernstnahme des Effizienzauftrags, der sich verfassungsrechtlich aus dem Rechtsstaats-

---

80 Näher *Hoffmann-Riem*, in: Hoffmann-Riem/Schmidt-Aßmann (Hrsg.), Effizienz als Herausforderung an das Verwaltungsrecht, 1998, S. 11 (17 f.); *Schmidt-Aßmann*, ebd., S. 245 (246 ff.); *ders.* (Fn. 17), Kap. 6 Rn. 64 ff.; *Ellerbrok* (Fn. 38), § 76 Rn. 48 ff.; *von Mutius*, VVDStRL 41 (1983), S. 285 (286); *Fehling*, VVDStRL 70 (2011), S. 278 (322 ff.); *Müller-Franken* (Fn. 53), S. 75 f.; *Kahl* (Fn. 7), S. 539; *Hyckel*, Prozessökonomie, 2020, S. 63 ff.

81 Für die Ermittlung und Ausschöpfung von Effizienzreserven im sozialstaatlichen Bereich *Schlegel*, FAZ v. 13. 5. 2022, S. 16.

82 *Ellerbrok* (Fn. 38), § 76 Rn. 92.

83 *Ellerbrok* (Fn. 38), § 76 Rn. 84; allg. *Augsberg* (Fn. 1), § 8 Rn. 65 ff. Siehe auch die Nachw. in Fn. 166.

84 Vgl. *Steppat*, FAZ v. 27. 1. 2021, S. 3; *Budras*, FAZ v. 2. 1. 2021, S. 19; *Klapsa*, Die Welt v. 31. 1. 2022, S. 4; relativierend aber *Budras*, FAZ v. 30. 1. 2021, S. 19 („Die schaffen das"). Zur Forderung des Beamtenbundes nach einer schnelleren Modernisierung der Behörden *Creutzburg*, FAZ v. 12. 1. 2021, S. 16; zu den diesbezüglichen Plänen der Ampel-Koalition *Budras*, FAZ v. 14. 12. 2021, S. 17. Instruktiv zu den Herausforderungen der Digitalisierung im Gesundheitssektor *Bretthauer*, Die Verwaltung 54 (2021), S. 411 ff.

85 Hierzu näher *Ellerbrok* (Fn. 38), § 76 Rn. 79 ff.

prinzip und der Sicherung der Leistungsfähigkeit staatlichen Handelns[86] ergibt,[87] die Nicht-Verwendung digitaler Technologien rechtfertigungsbedürftig wird.[88]

c) Ergänzungs- und innovationsoffener Maßstabskanon

Abschließend sei noch kurz angedeutet, dass der Blick auf die Maßstabslehre gerade in den aktuellen Krisenzeiten geboten ist und Ertrag verspricht. Dabei spielen neben Verhältnismäßigkeit und Effizienz auch verschiedene andere Maßstäbe eine Rolle, etwa die (Begründungs-)Transparenz, Akzeptabilität und Effektivität der zur Pandemiebekämpfung ergriffenen Maßnahmen.[89] Alle Maßstäbe sind dabei vor dem Hintergrund neuer Herausforderungen immer wieder auf ihre Leistungsfähigkeit und -grenzen hin zu befragen, zu evaluieren und in ihrer Gewichtigkeit gegebenenfalls neu anzuordnen.[90] Der Kanon der Maßstäbe ist und bleibt dabei ein offener: Unter Umständen sind gerade vor dem Hintergrund praktischer Erfahrungen neue Maßstäbe zu formulieren und ist das vorhandene Maßstabsrepertoire insoweit zu ergänzen,[91] oder es sind tradierte, im Kern auch in der Krise bewährte Maßstäbe lediglich teilweise inhaltlich neu auszurichten und insoweit zu modifizieren.

---

86 Vgl. hierzu *Schmidt-Aßmann* (Fn. 53), S. 40 f.

87 *Kahl* (Fn. 7), S. 540; *Müller-Franken* (Fn. 53), S. 75; *Schmitz*, in: Stelkens/Bonk/Sachs (Hrsg.), VwVfG, 9. Aufl. 2018, § 9 Rn. 76; a. A. insoweit *Ellerbrok* (Fn. 38), § 76 Rn. 64. Für das Unionsrecht s. Art. 13 Abs. 1 UAbs. 1, 17 Abs. 6 UAbs. 1 S. 1 EUV, Art. 298 Abs. 1 AEUV.

88 *Ellerbrok* (Fn. 38), § 76 Rn. 84; für eine Staatsaufgabe, aber gegen einen Verfassungsauftrag der Digitalisierung *Siegel*, JURA 2020, S. 920 (921 f.).

89 Siehe *Klafki*, Risiko und Recht, 2017, S. 50 ff.; allg. *Pilniok* (Fn. 21), § 123 Rn. 44.

90 *Gusy*, GSZ 2020, S. 101 (107).

91 Zur Forderung, Resilienz als Maßstab auszuformen, *Augsberg* (Fn. 1), § 8 Rn. 69; umfassend zum Konzept eines resilienten Verwaltungsrechts *Rixen*, VVDStRL 80 (2021), S. 37 (42 ff.). Allg. zur Notwendigkeit der Maßstabsergänzung *Hoffmann-Riem/Pilniok* (Fn. 74), § 12 Rn. 13.

III. Auswahl und Einsatz von Handlungsformen

1. Grundlagen

Die nationale Verwaltung verfügt über ein vielgestaltiges Tableau an Handlungsformen,[92] zwischen denen sie in der Entscheidungssituation auswählen muss. Ausgangspunkt einer „Handlungsformenauswahllehre“[93] ist der Grundsatz freier Auswahl zwischen den in einem Rechts-[94] und Teilrechtsgebiet verfügbaren Handlungsformen.[95] Die Optionenwahl bzw. das Optionenermessen[96] wird sodann durch die Vorgaben des geltenden Rechts angeleitet bzw. beschränkt,[97] welches Handlungsformverbote und Handlungsformgebote bereithält. Sofern diese nicht ausdrücklich formuliert sind, bedarf es regelmäßig einer teleologischen Auslegung der infrage kommenden Normen.[98]

Handlungsformverbote finden sich hauptsächlich im Feld des öffentlich-rechtlichen Vertrags. Insbesondere zum Zwecke der Korruptionsprävention bestehen einige Verbote konsensualen Handelns. So darf beispielsweise die Beamtenernennung gemäß § 8 Abs. 2 S. 1 BeamtStG nur in Form von Urkunden erfolgen, nicht aber in Vertragsform.[99] Nach § 155 Abs. 1 AO sind Steuern durch Steuerbescheid festzusetzen (Verwaltungsaktsvorbehalt). *Handlungsformgebote* verpflichten die Verwaltung auf die Wahl einer oder mehrerer bestimmter Handlungsformen, können also auch als beson-

---

92 Auf die begriffliche Unterscheidung der „Handlungsformen“ zu den „Rechtsformen“ (dazu *Reimer* [Fn. 19], S. 130 f.]; *Kahl*, in: Kahl/Ludwigs [Hrsg.], HVwR, Bd. V, i. V., § 140 Rn. 5 ff.) wird hier nicht näher eingegangen. Zu Leistungsfähigkeit, Defiziten und Herausforderungen der Handlungsformenlehre *Ellerbrok*, DVBl. 2021, S. 1204 ff.; *Kahl*, ebd., § 140 Rn. 19 ff., 72 ff.

93 So *Hilbert*, in: Kahl/Ludwigs (Hrsg.), HVwR, Bd. V, i. V., § 147 Rn. 55.

94 Zur Entscheidung zwischen öffentlichem Recht und Privatrecht *Kempen*, Die Formenwahlfreiheit der Verwaltung, 1989, S. 91 ff.

95 *Hoffmann-Riem/Bäcker*, in: Voßkuhle/Eifert/Möllers (Hrsg.), GVerwR, Bd. II, 3. Aufl. 2022, § 32 Rn. 124; *Kahl* (Fn. 92), § 140 Rn. 39; überblicksartig zur Rechtsformenwahl auch *Schenke*, in: Kahl/Ludwigs (Hrsg.), HVwR, Bd. I, 2021, § 7 Rn. 70 f.; zu Auswahl und Einsatz von Handlungsformen ferner *Brechmann*, in diesem Band, S. 105 ff.; *Gurlit*, in diesem Band, S. 131 ff.

96 *Schmidt-Aßmann* (Fn. 36), S. 85 f.

97 *Hilbert* (Fn. 93), § 147 Rn. 55.

98 *Kämmerer*, in: BeckOK-VwVfG, 53. Ed. 2021, § 54 Rn. 64; *Maurer/Waldhoff*, Allgemeines Verwaltungsrecht, 20. Aufl. 2020, § 14 Rn. 29.

99 Gleiches gilt für Beamtenentlassung (§ 23 BeamtStG), -besoldung (§ 2 Abs. 2 BeamtBesG) und -versorgung (§ 3 Abs. 2 BeamtVersG); hierzu *Hüther/Blänsdorf/Lepej*, JURA 2022, S. 304 (313).

ders weitreichende Handlungsformverbote qualifiziert werden.[100] Beispielhaft sei § 15 Abs. 2 S. 1 SGB II genannt, wonach die Agentur für Arbeit mit jeder erwerbsfähigen leistungsberechtigten Person die für ihre Eingliederung erforderlichen Leistungen zu vereinbaren, sich also zunächst um den Abschluss eines öffentlich-rechtlichen Vertrags zu bemühen hat. § 211 Abs. 1 S. 2 TKG verpflichtet die Beschlusskammern der Bundesnetzagentur zur Entscheidung durch Verwaltungsakt.

Neben den Ge- und Verboten schmälern die für die verschiedenen Handlungsformen jeweils geltenden allgemeinen Zulässigkeitsvoraussetzungen den Optionenraum der Verwaltung.[101] Ein Verwaltungsakt kann nur von einer Behörde i. S. d. § 1 Abs. 4 (L)VwVfG erlassen werden, der überdies eine Verwaltungsaktbefugnis zukommen muss. Dem Erlass einer Rechtsverordnung muss eine entsprechende Ermächtigung vorausgehen (siehe für die Bundesebene:[102] Art. 80 Abs. 1 GG). Auch ohne ausdrückliche oder konkludente gesetzliche Vorgaben zur Wahl der Handlungsform bestehen hierin doch indirekte Schranken für die Auswahl der Handlungsform.[103]

Im Rahmen des verbleibenden Optionenermessens besteht zwischen den zur Verfügung stehenden Handlungsformen kein Rangverhältnis.[104] Insbesondere bestehen keine Vorrangregeln zugunsten privatwirtschaftlicher Betätigung des Staates gegenüber hoheitlicher Eigenerfüllung und *vice versa*.[105] Bedeutung kommt aber auch in diesem Rahmen den Grundsätzen der Verhältnismäßigkeit und der Effizienz zu. Der Verhältnismäßigkeitsgrundsatz (genauer: Erforderlichkeitsgrundsatz) wirkt sich dahingehend aus, dass einem nicht-imperativen (insbesondere vertraglichen), gleich geeigneten Verwaltungshandeln im konkreten Einzelfall (nicht abstrakt bzw. pauschal) der Vorrang zukommen kann.[106] Ferner hat die Verwaltung ihr Optionenermessen wie erwähnt unter anderem auch an der Effektivität mit Blick auf die bezweckten Folgen auszurichten, die auch

100 *Reimer*, Zur Theorie der Handlungsformen des Staates, 2008, S. 147.

101 Stellv. *Kahl* (Fn. 92), § 140 Rn. 38.

102 Zu den Regelungen der Landesverfassungen (in Baden-Württemberg etwa Art. 61 Abs. 1 LV) *Remmert*, in: Dürig/Herzog/Scholz (Begr.), GG, Stand: 96. EL 2021, Art. 80 Rn. 40 f.

103 Zu den verfassungsrechtlichen Schranken des Verwaltungshandelns *Reimer*, in: Kahl/Ludwigs (Hrsg.), HVwR, Bd. I, 2021, § 10 Rn. 46 ff.

104 *Schmidt-Aßmann* (Fn. 36), S. 86.

105 *Hoffmann-Riem/Bäcker* (Fn. 95), § 32 Rn. 128; *Schmidt-Aßmann* (Fn. 36), S. 86.

106 *Hoffmann-Riem/Bäcker* (Fn. 95), § 32 Rn. 128, 141.

von der jeweiligen Handlungsform abhängen kann.[107] Ferner sind weitere Parameter der praktischen Implementierbarkeit wie Akzeptabilität, Interessengerechtigkeit und Zeitrichtigkeit zu beachten.[108]

Im Bereich des direkten Vollzugs von Unionsrecht gilt mit Blick auf die zur Verfügung stehenden, seien es die in Art. 288 AEUV geregelten (insbesondere Beschluss,[109] Empfehlungen, Stellungnahmen), seien es die daneben entstandenen (Leitlinien, Mitteilungen und sonstige *soft law*-Akte) Handlungsformen,[110] Ähnliches: Es besteht grundsätzlich Formenwahlfreiheit, indes formuliert insbesondere das Verhältnismäßigkeitsprinzip (vgl. Art. 296 Abs. 1 AEUV) eine wesentliche Grenze des Auswahlermessens.[111] Ob hierauf aufbauend ein Missbrauchsverbot als Ermessensgrenze anzuerkennen ist, ist umstritten.[112] Im Rahmen des indirekten Vollzugs besteht ebenfalls Formenwahlfreiheit zwischen den zur Verfügung stehenden Handlungsformen der jeweiligen nationalen Rechtsordnung. Schranken für das Auswahlermessen bilden – neben den Ge- und Verboten auf nationaler Ebene – das Äquivalenz- und Effektivitätsgebot, die unter Umständen die Auswahl zwischen verschiedenen Handlungsformen beeinflussen können.[113] Ebenfalls existieren weitere, konkrete Handlungsformgebote und -verbote, die vom EuGH entwickelt werden; beispielhaft sei das Verbot genannt, eine individualschützende Richtlinie im Umweltrecht durch eine (auch normkonkretisierende) Verwaltungsvorschrift (z. B. Technische Anleitung Luft/Lärm) in nationales Recht umzusetzen.[114] Hieraus kann auf eine allgemeine Direktive zur Wahl einer rechtlich ver-

---

107 *Bumke*, in: Voßkuhle/Eifert/Möllers (Hrsg.), GVerwR, Bd. II, 3. Aufl. 2022, § 34 Rn. 35; siehe auch bereits oben Fn. 89.

108 *Bumke* (Fn. 107), § 34 Rn. 35; *Kahl* (Fn. 92), § 140 Rn. 40; auch dazu bereits oben Fn. 89.

109 Hierzu *Glaser*, in: Kahl/Ludwigs (Hrsg.), HVwR, Bd. II, 2021, § 39 Rn. 55 ff.

110 Vgl. *von Danwitz* (Fn. 65), S. 371 ff.; *Glaser*, Die Entwicklung des Europäischen Verwaltungsrechts aus der Perspektive der Handlungsformenlehre, 2013, S. 332 ff.; *Kahl* (Fn. 92), § 140 Rn. 46 ff.; *Wißmann/Lange*, in: Leible/Terhechte (Hrsg.), Europäisches Rechtsschutz- und Verfahrensrecht, 2. Aufl. 2021, § 37 Rn. 22 ff.; allg. *Galetta* (Fn. 65), § 46 Rn. 8 ff., 23 ff.

111 *Szczekalla*, in: Terhechte (Hrsg.), Verwaltungsrecht der Europäischen Union, 2. Aufl. 2022, § 5 Rn. 60.

112 Hierfür mit Recht *Biervert*, Der Mißbrauch von Handlungsformen im Gemeinschaftsrecht, 1999, S. 70 ff., 90 ff.; abl. dagegen *Bumke*, in: Schuppert/Pernice/Haltern (Hrsg.), Europawissenschaft, 2005, S. 643 (670 f., 674 f.).

113 *Gundel*, in: Schulze/Janssen/Kadelbach (Hrsg.), Europarecht, 4. Aufl. 2020, § 3 Rn. 65, 110 ff.

114 EuGH, Rs. C-59/89 (Kommission/Deutschland), Slg. 1991, I-2607 Rn. 17 ff.; Rs. C-361/88 (Kommission/Deutschland), Slg. 1991, I-2567 Rn. 17 ff.; hierzu

bindlichen Handlungsform bei unionsrechtlicher Berechtigung bzw. Verpflichtung eines Einzelnen geschlossen werden.[115] Generell ist im indirekten Vollzug der konsequenten Beachtung unionsrechtlicher Handlungsformgebote und -verbote der Vorzug vor der unionsrechtskonformen Anwendung anderer Handlungsformen zu geben, welche die Gefahr der Überdehnung dieser Handlungsformen mit sich bringt.[116] Die aus dem Europäischen Verwaltungsverbund resultierenden Vollzugsphänomene bilden keine eigenständige „dritte Schicht" des Europäischen Verwaltungsrechts;[117] im Ausgangspunkt wird hier, da keine eigenen Handlungsformen der Verbundverwaltung existieren, aus dem Arsenal an Handlungsformen des nationalen oder des Eigenverwaltungsrechts geschöpft, welche in vielgestaltiger Weise modifiziert werden.[118] Möglich ist die Beschreibung bestimmter verbundtypischer Handlungsformen, wie beispielsweise die Durchführungsrechtsakte im Komitologieverfahren (Art. 291 Abs. 2 und 3 AEUV).[119]

2. *Bedeutung der Rechtsverordnung in der Covid-19-Pandemie*

Ein besonderes Rechtsformgebot stellt der Grundsatz vom Vorbehalt des Gesetzes dar. Er formuliert im Rahmen des exekutivischen Optionenermessens einen Vorbehalt zugunsten einer Regelung durch formelles Gesetz (Parlamentsvorbehalt), sofern es sich um eine grundrechts- oder gemeinwohlwesentliche Angelegenheit handelt (sog. Wesentlichkeitstheorie).[120] Das Verhältnis zwischen formellem Gesetz und dem Handeln durch Rechtsverordnung (Art. 80 GG bzw. entsprechendes Landesverfas-

---

Kahl/Gärditz, Umweltrecht, 12. Aufl. 2021, § 3 Rn. 66 sowie in der Folge den neu in das Gesetz aufgenommen § 48a BImSchG.

115 So etwa *Hatje*, Die gemeinschaftsrechtliche Steuerung der Wirtschaftsverwaltung, 1998, S. 238; *Szczekalla* (Fn. 111), § 5 Rn. 64.

116 *Szczekalla* (Fn. 111), § 5 Rn. 69.

117 *Kahl*, Der Staat 50 (2011), S. 353 (356 f.); *Ruffert*, in: Voßkuhle/Eifert/Möllers (Hrsg.), GVerwR, Bd. I, 3. Aufl. 2022, § 7 Rn. 30.

118 *Glaser* (Fn. 110), S. 531; anders offenbar *Weiß*, Der Europäische Verwaltungsverbund, 2010, S. 72, der von „neue[n] Handlungsformen" spricht.

119 Näher zu den verbundtypischen Handlungsformen *Ludwigs* (Fn. 63), § 36 Rn. 24 ff. Zur Komitologie siehe unten Fn. 165.

120 BVerfGE 47, 46 (79); hierzu näher *Geis*, in: Kahl/Ludwigs (Hrsg.), HVwR, Bd. I, 2021, § 18 Rn. 38 ff.; zum Grundsatz vom Vorbehalt des Gesetzes *Grzeszick*, in: Kahl/Ludwigs (Hrsg.), HVwR, Bd. III, 2022, § 72 Rn. 8 ff.; zur grundlegenden „Facharzt"-Entscheidung (BVerfGE 33, 125) *Linzbach*, JZ 2022, S. 511 ff.

sungsrecht)[121] und Allgemeinverfügung (§ 35 S. 2 VwVfG)[122] wurde durch das Verwaltungshandeln seit Beginn der Covid-19-Pandemie wieder in den Fokus gerückt. Ausgangsbeschränkungen, Versammlungsverbote und andere Maßnahmen wurden flächendeckend auf Rechtsverordnungen der Bundesländer, teilweise aber auch auf Allgemeinverfügungen gestützt.[123] Im Zentrum stand hierbei zu Beginn der Pandemie die Generalklausel des § 28 Abs. 1 S. 1 IfSG[124],[125] welche später durch § 28a IfSG eine Konkretisierung erfuhr.[126] Nach § 28 Abs. 1 S. 1 IfSG ist die zuständige Behörde zum Erlass „notwendige[r] Schutzmaßnahmen" ermächtigt, „soweit und solange es zur Verhinderung der Verbreitung übertragbarer Krankheiten erforderlich ist". Nach § 32 IfSG sind die Landesregierungen befugt, unter den Voraussetzungen der §§ 28, 28a, 29–31 IfSG „auch durch Rechtsverordnungen entsprechende Gebote und Verbote zur Bekämpfung übertragbarer Krankheiten zu erlassen". § 28c IfSG ermächtigt die Bundesregierung ferner, durch Rechtsverordnung Erleichterungen oder Ausnahmen von in den Landesverordnungen formulierten Ge- und Verboten für immunisierte Personen vorzusehen. § 5 Abs. 2 IfSG eröffnet in seinen Nummern 4, 7

---

121 Siehe oben Fn. 102. Zur Stellung der Rechtsverordnung im Rahmen des Risikoverwaltungsrechts *Jaeckel*, Gefahrenabwehrrecht und Risikodogmatik, 2010, S. 195 ff.; überblicksartig zur exekutiven Rechtsetzung *Schenke* (Fn. 95), § 7 Rn. 48 ff.; aus der Eingriffsperspektive *Geis* (Fn. 120), § 18 Rn. 22 ff. Zu Fragen des (Eil-)Rechtsschutzes gegen Rechtsverordnungen *Elbel*, VR 2022, S. 217 ff.

122 Zur „Renaissance der Allgemeinverfügung" *Siegel* (Fn. 11), S. 579 f.

123 Hierzu mit Blick auf das Versammlungsrecht *Martini/Thiessen/Ganter*, NJOZ 2020, S. 929 (933 f.). Umfassend zum Handeln der Eingriffsverwaltung während der Covid-19-Pandemie *Geis* (Fn. 120), § 18 Rn. 50 ff. m. w. N.

124 Zuletzt geändert durch G. v. 22. 11. 2021, BGBl. I, S. 4906. Zu den von manchen Bundesländern erlassenen Landesinfektionsschutzgesetzen m. w. N. *Kingreen*, in: Huster/Kingreen (Hrsg.), Handbuch Infektionsschutzrecht, 2. Aufl. 2022, Kap. 1 Rn. 96 ff.

125 Ob der Weite der Ermächtigung statt vieler sehr krit. *Volkmann*, NJW 2020, S. 3153 ff. („Ermächtigung für alles und jedes" [3156]); *Dreier*, DÖV 2021, S. 229 ff.; siehe auch *Kersten/Rixen* (Fn. 70), S. 48 ff.; darstellend m. w. N. auf die Rechtsprechung *Schmitt*, JöR n.F. 69 (2021), S. 465 (476 ff.). Auf die längere Zurückhaltung des Parlaments bei der Reform des § 28 IfSG hinweisend *Schmitt*, ebd., S. 474 f.

126 G. v. 18. 11. 2020, BGBl. I S. 2397; zur Gesetzeshistorie *Johann/Gabriel*, in: BeckOK-InfSchR, 11. Ed., 1. 4. 2022, § 28a IfSG Rn. 4; *Kingreen*, NJW 2021, S. 2766 (2768 f.); *Waldhoff*, NJW 2021, S. 2772 (2776); krit. *Boehme-Neßler*, DÖV 2021, S. 243 ff.; siehe auch *Kießling*, in: Kießling (Hrsg.), IfSG, 2. Aufl. 2021, § 28 Rn. 2.

und 8 die Möglichkeit gesetzesderogierender Verordnungen.[127] Die Schaffung der sog. „Bundesnotbremse“ durch § 28b IfSG a. F.[128] mit dem Ziel der bundesweiten Vereinheitlichung der Pandemiemaßnahmen durch Bundesgesetz ab einem bestimmten Inzidenzwert hat eher zur Verwirrung denn zur Übersichtlichkeit des Normengefüges aus Parlamentsgesetz und Landesrechtsverordnungen beigetragen.[129]

Die Notwendigkeit des Rückgriffs auf die Handlungsform der Rechtsverordnung – das „Standardinstrument der Verwaltungspraxis“[130] – lässt sich in diesem Rahmen *grosso modo*[131] mit der Möglichkeit einer flexibleren Reaktion auf sich fortentwickelnde Wissensstände im Gegensatz zur zumeist schwerfälligeren Änderung formeller Gesetze begründen.[132] Gleichwohl bedarf dieser Ausgangsbefund der Relativierungen: So zeigte sich in den letzten Monaten, dass auch Parlamentsgesetze durchaus schnell beschlossen bzw. geändert werden können, mitunter sogar bedenklich schnell (sog. „Blitzgesetze“). Ferner sind etwaige Verzögerungen im Gesetzgebungsprozess aufgrund der öffentlichen Politisierung der Thematik im Rahmen von öffentlichen Parlamentsdebatten im Grundsatz als systemimmanent hinzunehmen.[133] Gleichwohl erfüllt die Rechtsverordnung unverzichtbare Entlastungs-, Konkretisierungs- und Rationalisierungsfunktionen[134] und soll in Zusammenschau mit den parlamentsgesetzlichen Vorgaben ein nach Möglichkeit passgenaues, auf konkrete örtliche Gegebenheiten mit Expertise und größerer Sachnähe stimmig und flexibel reagierendes Normengefüge bilden.[135] Aus der Perspektive der Handlungsformenauswahllehre rechtfertigt insbesondere die Effektivität des Verwaltungs-

---

127 Hierzu noch unten sub IV. 2. Eingehend *Poscher*, in: Huster/Kingreen (Hrsg.), Handbuch Infektionsschutzrecht, 2. Aufl. 2022, Kap. 4 Rn. 24 ff.

128 G. v. 22. 4. 2021, BGBl. I S. 802.

129 *Kingreen* (Fn. 126), S. 2770 f.; siehe in diesem Zusammenhang BVerfG, NJW 2022, S. 139 (142 ff., 158 ff.) (Bundesnotbremse I).

130 *Schmidt-Aßmann*, in: Festschr. für Klaus Vogel, 2001, S. 477 (477).

131 A. A. *Möllers*, VerfBlog v. 26. 3. 2020 (https://verfassungsblog.de/parlamentarische-selbstentmaechtigung-im-zeichen-des-virus/ [zuletzt abgerufen: 15. 8. 2022]) („Dass die Verordnungsgebung schneller funktioniere als die Gesetzgebung, ist [...] ein Mythos“); *Guckelberger*, DVBl. 2020, S. 1441 (1443).

132 Hierzu etwa BVerfGE 150, 1 (102); *Mager*, Staatsrecht I, 9. Aufl. 2021, Rn. 422; *Hollo*, JURA 2022, S. 42 (43 [mit Relativierung in Fn. 10]); *Schröder*, JuS 2022, S. 122 (125).

133 So *Gärditz/Abdulsalam*, GSZ 2020, S. 108 (110).

134 Hierzu *Wolff*, in: Kahl/Ludwigs (Hrsg.), HVwR, Bd. V, i. V., § 153 Rn. 22 ff.

135 *Guckelberger* (Fn. 131), S. 1443; zum Misstrauen der deutschen Staatsrechtslehre gegenüber der Handlungsform der Rechtsverordnung *Schmidt-Aßmann* (Fn. 130), S. 478 f.

handelns die weitreichenden Verordnungsermächtigungen. Von der Beachtung der grundgesetzlichen Vorgaben, insbesondere denen des Art. 80 Abs. 1 S. 2 GG, befreit dies indes nicht.[136] Mit Blick auf die im Rahmen der Handlungsformenauswahllehre relevanten Parameter der Übersichtlichkeit des Normengefüges und der Vorhersehbarkeit des Exekutivhandelns[137] ist bereits das ermächtigende Parlamentsgesetz möglichst differenziert auszugestalten[138] und einer „Selbstentmachtung" der Parlamente entgegenzuwirken.[139] Ein pauschaler Argwohn gegenüber der Handlungsform der Rechtsverordnung, die eine „Erblast"[140] der deutschen Staatsrechtslehre darstellt, ist aber kaum angezeigt. Eine Bewusstmachung ihrer Vorzüge bei gleichzeitiger konsequenter Beachtung der verfassungsrechtlichen Vorgaben sollte die notwendige Rationalität der Pandemiebekämpfung sicherstellen, ohne ein Abgleiten in ein „Verordnungsregime"[141] befürchten zu lassen.[142] Die ohnehin schwierige Abgrenzung zwischen Rechtsverordnung und Allgemeinverfügung[143] stellt im Rahmen der Pandemiebewältigung gleichwohl eine besondere Herausforderung dar.[144]

---

136 Siehe noch unten sub IV. 2. Zu den exekutiven Normsetzungsbefugnissen in Krisensituationen aus Sicht der Schweiz *Glaser*, ZöR 2022, S. 113 (119 ff.).

137 Vgl. *Bumke* (Fn. 107), § 34 Rn. 35.

138 Zu den verschiedenen Gesetzgebungsvorschlägen *Kießling*, JZ 2022, S. 53 (56 ff.) m. w. N. und mit eigenem Vorschlag *de lege ferenda*; ferner – statt vieler – *Klafki*, NVwZ 2020, S. 1718 (1722). Zur Möglichkeit der stärkeren Parlamentsbeteiligung über Art. 80 Abs. 4 GG *Rauber*, VerwArch 112 (2021), S. 205 ff.; *Wißmann*, JöR n.F. 69 (2021), S. 619 ff.; *Klafki*, ebd., S. 1719 ff.; *Brocker*, NVwZ 2020, S. 1485 ff.

139 *Möllers*, FAZ v. 3. 4. 2021, S. 13.

140 *Schmidt-Aßmann* (Fn. 130), S. 479; siehe auch *Ossenbühl*, ZG 1997, S. 305 (309) („Verordnungsphobie"); *Wolff* (Fn. 134), § 153 Rn. 22 ff. („Kritische Grundstimmung", „Argwohn").

141 So aber *Volkmann* (Fn. 125) (Titel: „Heraus aus dem Verordnungsregime"). Zur verfassungsrechtlichen Beurteilung der „Krisengesetzgebung durch Rechtsverordnungen" *Kingreen* (Fn. 124), Kap. 1 Rn. 124 ff.

142 Siehe in diesem Zusammenhang diff. *Ludwigs*, DVBl. 2021, S. 353 ff.; *Barczak*, RuP 56 (2020), S. 458 ff.

143 Vgl. dazu bereits BVerwGE 12, 87 (89 f.) (Endiviensalat); hierzu aus rechtshistorischer Sicht *Hüther/Lepej*, VBlBW 2022, i. V.; ferner *Maurer/Waldhoff* (Fn. 98), § 9 Rn. 15 ff.; *Detterbeck*, Allgemeines Verwaltungsrecht, 20. Aufl. 2020, Rn. 458 ff.

144 Hierzu *Gärditz/Abdulsalam* (Fn. 133), S. 111 f.; *Rixen*, NJW 2020, S. 1097 (1100 f.); *Marquardsen* (Fn. 11), § 158 Rn. 41 ff.; ferner *Hoffmann-Riem/Bäcker* (Fn. 95), § 32 Rn. 130 m. Fn. 476, Rn. 131 m. Fn. 478; mit Blick auf das Versammlungsrecht *Martini/Thiessen/Ganter* (Fn. 123), S. 933 f.

IV. Selbstprogrammierung der Verwaltung

1. Grundlagen

Die Verwaltung bedarf innerhalb der durch ihre Bindung an Recht und Gesetz (Art. 20 Abs. 3 GG) umhegten Handlungs- und Gestaltungsfreiheit (Art. 20 Abs. 2, 65, 83 ff. GG) mit Blick auf eine immer komplexer werdende Wirklichkeit der Orientierung.[145] Gerade im Rahmen des dezentralen Gesetzesvollzugs durch die Länder (insbesondere die Gemeinden) besteht ein Bedürfnis nach Vorsteuerung im Sinne einer Formulierung von Reaktionsvorgaben und Handlungsanweisungen bei der Ausfüllung der administrativen Freiheitsgrade. Die hiermit angesprochene Selbstprogrammierung[146] des Verwaltungshandelns bildet ein „Scharnier" bzw. eine „Zwischenebene" zwischen den gesetzlichen Vorgaben und deren praktischem Vollzug.[147]

Hierbei stehen der Verwaltung zwei verschiedene Programmtypen zu Gebote: Zum einen ist ein Rückgriff auf formgebundene Gestaltungsmittel wie insbesondere Rechtsverordnungen (exekutive Rechtsetzung kraft Delegation),[148] Satzungen (exekutive Rechtsetzung kraft Autonomie)[149] und Verwaltungsvorschriften (exekutive Rechtsetzung kraft eigenen Rechts)[150] möglich,[151] zum anderen kann die Programmierung durch nicht-typisierte Gestaltungsmittel wie Leitbilder, Empfehlungen

---

145 Zu den Motiven für Selbstprogrammierung *Guckelberger*, in diesem Band, S. 155 (172 f.).

146 Instruktiv zum Begriff *Guckelberger*, in diesem Band, S. 155 (156 ff.).

147 So treffend *Martini*, in: Voßkuhle/Eifert/Möllers (Hrsg.), GVerwR, Bd. II, 3. Aufl. 2022, § 33 Rn. 6.

148 *Wolff* (Fn. 134), § 153 Rn. 1; *Hollo* (Fn. 132), S. 42 f.; ausführlich *Saurer*, Die Funktionen der Rechtsverordnung, 2005; ferner *Wolff*, ebd., insbes. Rn. 41 ff.

149 *Maurer/Waldhoff* (Fn. 98), § 13 Rn. 1; grundlegend *Ellerbrok*, Die öffentlich-rechtliche Satzung, 2020; ferner *Mann*, in: Kahl/Ludwigs (Hrsg.), HVwR, Bd. V, i. V., § 154.

150 *Erbguth/Guckelberger*, Allgemeines Verwaltungsrecht, 10. Aufl. 2020, § 27 Rn. 1; eingehend *Groh*, in: Kahl/Ludwigs (Hrsg.), HVwR, Bd. V, 2022, § 155; *Möstl*, in: Ehlers/Pünder (Hrsg.), Allgemeines Verwaltungsrecht, 15. Aufl. 2016, § 20 Rn. 16 ff.

151 Statt aller *Schenke*, in: Kahl/Ludwigs (Hrsg.), HVwR, Bd. I, 2021, § 7 Rn. 48 ff.; *Möstl*, DVBl. 2011, S. 1076 (1078); *Mehde*, in: Kahl/Mager (Hrsg.), Verwaltungsrechtswissenschaft und Verwaltungsrechtspraxis, 2019, S. 147 (157 ff.); *ders.*, in: Kahl/Ludwigs (Hrsg.), HVwR, Bd. III, 2022, § 82 Rn. 40 ff.; zur gegenseitigen Abgrenzung der Handlungsformen *Wolff* (Fn. 134), § 153 Rn. 9 ff.; siehe auch *Möstl* (Fn. 150), § 20 Rn. 8.

oder Zielvereinbarungen, aber auch durch Kommunikations- und Personalsteuerung erfolgen.[152] Die verschiedenen Gestaltungsmittel[153] formulieren Handlungsanweisungen und Reaktionsmöglichkeiten mit Blick auf typisierte Situationen und sichern hiermit durch Konkretisierung der parlamentsgesetzlichen Vorgaben und durch Maßstabsergänzung die Qualität des Normvollzugs wie auch durch das Auflösen innerer Widersprüche die Vollzugsfähigkeit der gesetzgeberischen Idee an sich.[154]

Im Bereich des Eigen- wie des Unionsverwaltungsrechts[155] zeitigen im Rahmen der benannten Handlungsformen gemäß Art. 288 AEUV neben Verordnungen und Richtlinien insbesondere Beschlüsse, Empfehlungen (Art. 292 AEUV) und Stellungnahmen als Mittel zur „weichen" Rechtsangleichung selbstprogrammierende Wirkung;[156] hinzu treten diverse, in ihrer Vielfalt kaum mehr überschaubare, unbenannte (atypische) Handlungsformen (sog. *soft law*-Akte),[157] insbesondere Leitlinien, Mitteilungen und Kodizes der Kommission.[158] Große Bedeutung kommt ferner den delegierten Rechtsakten nach Art. 290 AEUV zu.[159] Mittels dieser kann die Kommission – vergleichbar der deutschen Rechtsverordnung – den Inhalt eines Gesetzgebungsaktes konkretisieren. Im Gegensatz zur deutschen Rechtsverordnung können diese aber auch die Änderung eines Gesetzge-

152 *Martini* (Fn. 147), § 33 Rn. 4.

153 Zur Kombination von Selbstprogrammierungsinstrumenten *Guckelberger*, in diesem Band, S. 155 (196 ff.).

154 *Koch*, Unbestimmte Rechtsbegriffe und Ermessensermächtigungen im Verwaltungsrecht, 1979, S. 136 ff.; *Hoffmann-Riem/Pilniok* (Fn. 74), § 12 Rn. 85, 149; *Martini* (Fn. 147), § 33 Rn. 7.

155 Zur exekutiven Selbstprogrammierung auf EU-Ebene *Mögele*, in diesem Band, S. 203 ff.

156 *Kahl* (Fn. 92), § 140 Rn. 52 ff. (54 f.). Zu Empfehlungen etwa *Ruffert* (Fn. 117), § 7 Rn. 38; *Nettesheim*, in: Grabitz/Hilf/Nettesheim (Hrsg.), Das Recht der EU, 75. EL 2022, Art. 288 AEUV Rn. 201; zu Stellungnahmen *ders.*, ebd., Art. 288 AEUV Rn. 201.

157 Vgl. *Szczekalla* (Fn. 111), § 5 Rn. 57 ff.; *Knauff*, in: Kahl/Ludwigs (Hrsg.), HVwR, Bd. II, 2021, § 41 Rn. 31 ff.; *Kahl* (Fn. 92), § 140 Rn. 59 m. w. N. Zur Bedeutung von *Soft law* in der EU während der Covid-19-Pandemie *Weiß*, REAL 15 (2022), S. 7 ff. Zu Rechtschutzaspekten (Art. 263, 267 AEUV) *Geiger*, EuR 2022, S. 407 ff.; *Scholz*, EuZW 2022, S. 453 ff.

158 Hierzu mit kritischer Tendenz *Lecheler*, DVBl. 2008, S. 873 ff.; *Weiß*, EWS 2010, S. 257 ff.; *ders.* (Fn. 118), S. 74. Allg. zur Koordinierungsfunktion der Kommission *Kaufhold*, in: Dauses/Ludwigs (Hrsg.), Handbuch des EU-Wirtschaftsrechts, Stand: 55. EL 2022, A. II. Rn. 228 f.; umfassend auch *Mögele*, in diesem Band, S. 203 (209 ff.).

159 Zu diesen allg. *Guckelberger*, in: Kahl/Ludwigs (Hrsg.), HVwR, Bd. II, 2021, § 40 Rn. 6 ff.

bungsaktes bewirken. Ihnen kommt die Funktion zu, institutionell konzentriert die Vollzugsfähigkeit des jeweiligen Gesetzgebungsakts sicherzustellen.[160] Im Unionsverwaltungsrecht sind außerdem die Durchführungsrechtsakte nach Art. 291 Abs. 2–4 AEUV von erheblicher praktischer Relevanz.[161] Hierdurch können Kommission und ggf. Rat – funktional mit der deutschen Verwaltungsvorschrift vergleichbar[162] – bei Vorliegen der Voraussetzungen des Abs. 2 Regeln für einen einheitlichen und möglichst effektiven Vollzug von Unionsrecht durch die mitgliedstaatlichen Verwaltungen festlegen, denen grundsätzlich Verfahrensautonomie (Art. 291 Abs. 1 AEUV) zukommt. Im Bereich der europäischen Verbundverwaltung sind mit Blick auf Instrumente der Selbstprogrammierung insbesondere Agenturen,[163] Netzwerke[164] und Komitologie[165] zu nennen.

2. *Digitalisierung und Pandemie-Bekämpfung*

Die zunehmend digitalisierte Verwaltung greift zur Kommunikation mit den Bürgerinnen und Bürgern auf Online-Portale zurück und wird im Rahmen der Herstellung von Verwaltungsentscheidungen insbesondere

160 Zu den Funktionen der delegierten Rechtsakte *Ruffert* (Fn. 61), Art. 290 AEUV Rn. 10 ff.; zum Ganzen zuletzt weiterführend *Otto*, Die Vielfalt unionaler Rechtsetzungsverfahren, 2022.

161 Zu diesen allg. *Guckelberger* (Fn. 159), § 40 Rn. 32 ff.

162 *Martini* (Fn. 147), § 33 Rn. 175.

163 Zu den Funktionen von EU-Agenturen im Verwaltungsverbund *Ludwigs* (Fn. 63), § 36 Rn. 20 f.; *Weiß*, EuR 2016, S. 631 (632 ff.); allg. *Meinel*, in: Kahl/Ludwigs (Hrsg.), HVwR, Bd. III, 2022, § 61 Rn. 46 ff.; *Sölter*, Rechtsgrundlagen europäischer Agenturen im Verhältnis vertikaler Gewaltenteilung, 2017, S. 47 ff.; grundlegend *Kröger*, Unabhängigkeitsregime im europäischen Verwaltungsverbund, 2020.

164 Überblicksartig *von Arnauld/Martini*, in: Terhechte (Hrsg.), Verwaltungsrecht der Europäischen Union, 2. Aufl. 2022, § 2 Rn. 15; eingehend *Kahl*, in: Holoubek/Lang (Hrsg.), Verfahren der Zusammenarbeit von Verwaltungsbehörden in Europa, 2012, S. 15 ff.; *Schwind*, Netzwerke im Europäischen Verwaltungsrecht, 2017; *Simantiras*, Netzwerke im europäischen Verwaltungsverbund, 2016; zu informalen Netzwerken *Knauff* (Fn. 157), § 40 Rn. 27 ff.; zu Netzwerkstrukturen im Datenaufsichtsrecht *von Lewinski*, NVwZ 2017, S. 1483 ff.

165 Verordnung (EU) Nr. 182/2011 des Europäischen Parlaments und des Rates v. 16. 2. 2011 zur Festlegung der allgemeinen Regeln und Grundsätze, nach denen die Mitgliedstaaten die Wahrnehmung der Durchführungsbefugnisse durch die Kommission kontrollieren, ABl. L 55/13; dazu *Guckelberger*, NVwZ 2013, S. 601 ff.; *Schlacke*, JöR n.F. 61 (2013), S. 293 (295 ff.).

mit Blick auf die Verwaltungsabläufe durch Technik – in der Terminologie des VwVfG: „automatische Einrichtungen“ (§ 24 Abs. 1 S. 3, § 28 Abs. 2 Nr. 4, § 35a, § 37 Abs. 5, § 39 Abs. 2 Nr. 3 VwVfG) – unterstützt.[166] Auch hierdurch vollzieht sich eine Selbstprogrammierung, die – ähnlich Verwaltungsvorschriften – Verhaltensmuster für bestimmte, typisierte Situationen formuliert und damit die Gleichmäßigkeit des Vollzugs sicherstellt.[167] Hiermit verbunden sind indes auch das Risiko allzu stereotyper Reaktionsvorgaben und die gesteigerte Herausforderung einer wirksamen Kontrolle der Verwaltungsabläufe.[168] Der in den 1950er und 1960er Jahren zunächst von *Karl Zeidler*[169] und sodann von *Hans Peter Bull*[170] erstmals formulierten Problematik, eine sich intensivierende Automation der öffentlichen Verwaltung rechtlich zu erfassen, kommt im Rahmen der exekutivischen Selbstprogrammierung gerade mit Blick auf KI eine neue und besondere Aktualität zu.[171]

Einen besonderen Stellenwert erlangte in der Covid-19-Pandemie die bereits erwähnte[172] Selbstprogrammierung mittels Rechtsverordnungen. Im Rahmen des grundsätzlich zulässigen Rückgriffs auf ein breites Feld an Landesrechtsverordnungen erscheint – neben der Frage der Handlungsfor-

---

166 Näher *Beirat Verwaltungsverfahrensrecht beim BMI*, NVwZ 2015, S. 1114 ff.; *Bull*, DVBl. 2017, S. 409 ff.; *Guckelberger*, Öffentliche Verwaltung im Zeitalter der Digitalisierung, 2019; *dies.*, VVDStRL 78 (2019), S. 253 ff.; *dies.*, VerwArch 111 (2020), S. 133 ff.; *Hill/Kugelmann/Martini* (Hrsg.), Digitalisierung in Recht, Politik und Verwaltung, 2018; *Hill/Martini/Wagner*, Die digitale Lebenswelt gestalten, 2015; *Kube*, VVDStRL 78 (2019), S. 289 ff.; *Martini/Nink*, DVBl. 2018, S. 1128 ff.; *Schröder*, VerwArch 110 (2019), S. 328 ff.; *Siegel*, DVBl. 2017, S. 24 ff.; *ders.*, DVBl. 2020, S. 552 ff.; *ders.* (Fn. 88), S. 920 ff.; *Spilker*, NVwZ 2022, S. 680 ff.; zum elektronischen Rechtsverkehr in Verwaltungsverfahren und verwaltungsgerichtlichem Verfahren *Hoes*, NVwZ 2022, S. 285 ff.; früh bereits *Lazaratos*, Rechtliche Auswirkungen der Verwaltungsautomation auf das Verwaltungsverfahren, 1990; *Polomski*, Der automatisierte Verwaltungsakt, 1993. Zu den Potentialen und Risiken der Entscheidungsfindung durch KI *Lorse*, NVwZ 2021, S. 1657 ff. Umfassend *Martini*, Blackbox Algorithmus, 2019.

167 *Martini* (Fn. 147), § 33 Rn. 148.

168 *Martini* (Fn. 147), § 33 Rn. 148.

169 *Zeidler*, Über die Technisierung der Verwaltung, 1959; *ders.*, DVBl. 1959, S. 681 ff.; *ders.*, DVBl. 1961, S. 493 f.; näher *Hüther/Lepej*, Karl Zeidler (1923–1962), Typoskript 2022, D. III.

170 *Bull*, Verwaltung durch Maschinen, 2. Aufl. 1964; *ders.*, JR 1965, S. 178 ff.

171 Instruktiv hierzu *Lorse* (Fn. 166).

172 Siehe oben III. 2.

menauswahl[173] – insbesondere die Problematik der gesetzesändernden[174] Verordnungen virulent.[175] Zwar ist im Grundsatz von der verfassungsrechtlichen Zulässigkeit gesetzesändernder Verordnungen auszugehen;[176] indes darf der Verordnungsvorbehalt nicht dazu missbraucht werden, „das Verhältnis von Gesetz und Verordnung umzukehren oder grundsätzlich zu verändern“[177]. Die „dirigierende normative Kraft“ der gesetzlichen Grundlage muss vielmehr zwingend erhalten bleiben.[178] Gem. § 5 Abs. 2 Nr. 4, 7, 8 IfSG wird das Bundesministerium für Gesundheit (BMG) bei Vorliegen einer epidemischen Lage von nationaler Tragweite (§ 5 Abs. 1 IfSG) zur Zulassung von Ausnahmen von verschiedenen gesetzlichen Regelungen durch Erlass von Rechtsverordnungen ermächtigt. Wenngleich die Nr. 4, 7 und 8 des § 5 Abs. 2 IfSG die Ermächtigung zum Erlass von Rechtsverordnungen programmatisch enger fassen als die weggefallene Nr. 3,[179] stellt sich doch die – im Grundsatz keineswegs neue[180] – Frage nach der Vereinbarkeit der gesetzesändernden Verordnungen mit Art. 80 Abs. 1 S. 2 GG, der Wesentlichkeitstheorie und dem Zitiergebot (Art. 80 Abs. 1 S. 3 GG),[181] da auch die verbliebenen Verordnungsermächtigungen Ausnahmen von einer unüberschaubaren Zahl an Vorschriften – zwischenzeitlich weit über 1000[182] – aus verschiedenen Gesetzen zulassen.[183] Jedenfalls ist eine starke Verwässerung der Bindung der Verwaltung

173 Siehe oben III. 1.

174 Häufig als „gesetzesvertretend“ bezeichnet; krit. *Sinn*, Die Änderung gesetzlicher Regelungen durch einfache Rechtsverordnung, 1971, S. 10; *Lepa*, AöR 105 (1980), S. 337 (352).

175 Hierzu instruktiv *Guckelberger* (Fn. 131).

176 Stellv. *Remmert* (Fn. 102), Art. 80 Rn. 91, 99.

177 *Ossenbühl*, in: Isensee/Kirchhof (Hrsg.), HStR, Bd. V, 3. Aufl. 2007, § 103 Rn. 27.

178 *Lepsius*, in: Herdegen/Masing/Poscher/Gärditz (Hrsg.), HVerfR, 2021, § 12 Rn. 43.

179 § 5 Abs. 2 Nr. 3 IfSG a. F., der ebenfalls eine Ermächtigung zum Erlass gesetzesvertretender Rechtsverordnungen durch das BMG enthielt, wurde mit Wirkung zum 19. 11. 2020 aufgehoben; siehe G. v. 18. 11. 2020, BGBl. I, S. 1018. Hierzu *Wissenschaftliche Dienste des Deutschen Bundestages*, Staatsorganisation und § 5 Infektionsschutzgesetz, Ausarbeitung, WD 3 – 3000 – 080/20, S. 6 f.; *Sangs*, NVwZ 2020, S. 1780 (1781); *Wolff/Zimmermann*, JURA 2022, S. 148 (152).

180 Insbes. BVerfGE 8, 155 (171); BVerfG, NJW 1998, S. 669 (670); zur Staatspraxis *Lepa* (Fn. 174), S. 352 f.

181 *Guckelberger* (Fn. 131), S. 1444 ff.

182 *Ludwigs* (Fn. 142), S. 359.

183 Die h. M. geht von Verfassungswidrigkeit aus; siehe *Rixen* (Fn. 144), S. 1102 f.; *Gärditz/Abdulsalam* (Fn. 133), S. 114 f.; *Mayen*, NVwZ 2020, S. 828 (833 f.); *Ludwigs* (Fn. 142), S. 359; *Lepsius* (Fn. 70), S. 707; *Katzenmeier*, MedR 2020, S. 461 (462); *Kingreen* (Fn. 126), S. 2767; *ders.*, JURA 2020, S. 1019 (1034); *Marquardsen*

an Recht und Gesetz und eine erhebliche Unsicherheit für den Rechtsunterworfenen zu konstatieren.[184]

V. Wahrnehmung von Entscheidungsspielräumen

1. Grundlagen

Die angesprochenen weiten Handlungsermächtigungen im Rahmen der Bewältigung der Covid-19-Pandemie richten den Blick auch auf den tradierten Kanon der Optionenräume der Verwaltung, zu denen in der deutschen Dogmatik gewöhnlich Beurteilungsspielräume auf Tatbestandsseite,[185] Ermessen auf Rechtsfolgenseite (allgemeines Verwaltungsermessen, vgl. § 40 VwVfG, § 114 VwGO[186]), Koppelungsvorschriften sowie Planungs- und Regulierungsermessen[187] gezählt werden.[188] Dabei sind nach

---

(Fn. 11), § 158 Rn. 24; siehe auch *Heinig* u. a. (Fn. 70), S. 867 f.; a. A. *Gerhardt*, IfSG, 4. Aufl. 2020, § 5 Rn. 36; *Ipsen*, DVBl. 2020, S. 1037 (1039). Siehe auch die mehrheitlich kritischen Stellungnahmen deutscher Rechtswissenschaftler/-innen in der Tagespresse, etwa *Kingreen*, SZ v. 26. 3. 2020, S. 6; *Gärditz/Meinel*, FAZ v. 26. 3. 2020, S. 6; *Möllers* (Fn. 131). Darstellend *Wolff/Zimmermann* (Fn. 179), S. 152 f.

184 *Marquardsen* (Fn. 11), § 158 Rn. 24.

185 Zu Beurteilungsspielräumen im Risikoverwaltungsrecht eingehend *Jaeckel* (Fn. 121), S. 180 ff.; zu den dogmatischen Grundlagen allg. *Schuster*, Beurteilungsspielräume im Naturschutzrecht, 2020, S. 24 ff.

186 Zur Ermessensfehlerlehre statt aller nur *Ludwigs* (Fn. 12), § 124 Rn. 52 f. m. w. N.; zum Streit zwischen Einheits- und Trennungsmodell stellv. und m. w. N. *Schuster* (Fn. 185), S. 34 ff.

187 Hierzu überblicksartig *Riese*, in: Schoch/Schneider (Hrsg.), Verwaltungsrecht, 42. EL 2022, § 114 VwGO Rn. 78 ff.; *Schmidt-Aßmann*, in: Dürig/Herzog/Scholz (Begr.), GG, 95. EL 2021, Art. 19 IV Rn. 216a ff.; *Ruthig*, in: Kahl/Ludwigs (Hrsg.), HVwR, Bd. I, 2021, § 22 Rn. 42 f.; *Sasse*, VR 2014, S. 309 ff.; umfassend *Broemel*, in: Kahl/Ludwigs (Hrsg.), HVwR, Bd. V, i. V., § 131; siehe auch *Ritgen*, in: Kahl/Mager (Hrsg.), Verwaltungsrechtswissenschaft und Verwaltungsrechtspraxis, 2019, S. 309 (314 f.).

188 Stellv. *Maurer/Waldhoff* (Fn. 98), § 7; *Bull/Mehde*, Allgemeines Verwaltungsrecht mit Verwaltungslehre, 9. Aufl. 2015, § 16; *Kment/Vorwalter*, JuS 2015, S. 193 ff.; *Voßkuhle*, JuS 2008, S. 117 ff.; *Mager*, StudZR 2016, S. 255 ff.; *Eifert*, ZJS 2008, S. 336 ff.; ausf. *Gerlach*, Entscheidungsspielräume der Verwaltung, 2018, S. 43 ff.; zum Recht auf ermessensfehlerfreie Entscheidung *Beaucamp*, JA 2022, S. 392 ff.; siehe ferner *Molnár-Gábor*, in diesem Band, S. 243 ff.; *Wimmer*, in diesem Band, S. 267 ff.; entwicklungsgeschichtlich *Hoffmann-Riem/Pilniok* (Fn. 74), § 12 Rn. 19 ff., 138 ff.; zu dogmatischen Grundlagen und zur Typologie behördlicher

wie vor zahlreiche dogmatische Einzelfragen umstritten. So ist etwa mit Blick auf exekutivische Beurteilungsspielräume deren Reichweite nicht abschließend geklärt.[189] Konkret geht es dabei um die Frage, ob hiervon neben der Normanwendung (Subsumtion) auch die Sachverhaltsfeststellung und die Normauslegung erfasst sind. Insoweit zeigt sich in jüngerer Zeit eine extensive Tendenz, die für die Interpretation unbestimmter Rechtsbegriffe insbesondere mit der „*Bushido*"-Entscheidung des BVerwG (2019)[190] und für die Sachverhaltsfeststellung (außerrechtliche tatsächliche Erkenntnisdefizite[191]) mit dem „Rotmilan"-Beschluss des BVerfG (2018) zu § 44 Abs. 1 Nr. 1 BNatSchG[192] verbunden ist. Umstritten sind ferner die Voraussetzungen (Fallgruppen), die für die Annahme einer administrativen Letztentscheidungsbefugnis (auf Tatbestandsebene) im Einzelnen genügen: Angesprochen ist damit etwa das Problem einer angeblichen metaju-

---

Entscheidungsspielräume umfassend *Ludwigs* (Fn. 12), § 124, insbes. Rn. 48 ff.; zu den verschiedenen Arten administrativer Spielräume *Hwang*, in: Kahl/Ludwigs (Hrsg.), HVwR, Bd. V, i. V., § 128 (allgemeines Verwaltungsermessen); *Poscher*, ebd., § 129 (Beurteilungsspielraum); *Ogorek*, ebd., § 130 (Planungsermessen; siehe auch *Schlacke*, in: Kahl/Ludwigs [Hrsg.], HVwR, Bd. I, 2021, § 20 Rn. 73 f.); *Broemel* (Fn. 187), § 131 (Regulierungsermessen); *Bickenbach*, ebd., § 132 (exekutives Normsetzungsermessen). Hierbei handelt es sich nicht um ein abgeschlossenes Typensystem; siehe hierzu stellv. *Lenz*, DVBl. 2018, S. 605 (606).

189 Instruktiv zu dieser Problematik *Ludwigs* (Fn. 12), § 124 Rn. 13 f. m. w. N.

190 BVerwGE 167, 33 Rn. 13; ähnlich bereits BVerfGE 103, 142 (156 f.); 153, 129 Rn. 33; ferner bereits *Schmidt*, Gesetzesvollziehung durch Rechtsetzung, 1969, S. 119 ff.; *Sendler*, in: Festschr. für Carl Hermann Ule, 1987, S. 337 (339 ff., 346); *Ludwigs*, JZ 2009, S. 290 (293). A. A., m. E. überzeugend: BVerfG, NVwZ 2010, 435 Rn. 58; *Jestaedt* (Fn. 16), § 11 Rn. 21; *Maurer/Waldhoff* (Fn. 98), § 7 Rn. 63; *Papier*, in: Isensee/Kirchhof (Hrsg.), HStR, Bd. VIII, 3. Aufl. 2010, § 177 Rn. 75; *Schoch*, in: Hoffmann-Riem/Schmidt-Aßmann/Voßkuhle (Hrsg.), GVerwR, Bd. III, 2. Aufl. 2013, § 50 Rn. 296.

191 Umstritten ist, ob es sich hierbei um eine neue dogmatische Figur (so *Kahl*, in: Liber Amicorum für Max-Jürgen Seibert, 2020, S. 167 [176]); ähnlich *Schröder*, EurUP 2019, S. 91 [93 f.]) oder um einen Unterfall der Beurteilungsspielräume (so *Ludwigs*, DÖV 2020, S. 405 [411]; *Sachs*, JuS 2019, S. 184 [185]) handelt.

192 BVerfGE 149, 407 Rn. 17, 21, 25 ff.; dazu *Kahl* (Fn. 191), S. 174 ff.; *Ludwigs* (Fn. 12), § 124 Rn. 14, 63, der in dem Zusammenhang auch auf die bereits in den 1960er-Jahren entwickelte sog. Faktorenlehre hinweist. Im Schrifttum für eine Erstreckung administrativer Letztentscheidungsbefugnisse auf die Sachverhaltsfeststellung bzw. eine Verschränkung von Rechts- und Tatsachenebene, dabei unterschiedlich weitgehend, *Gärditz*, Gutachten D zum 71. DJT, Bd. I, 2016, S. D 58 f.; *Schmidt-Aßmann*, DVBl. 1997, S. 281 (286); anders (insbes. mit Blick auf Art. 19 Abs. 4 S. 1 GG und § 86 VwGO) *Kahl/Burs*, DVBl. 2016, S. 1157 (1160); *Papier* (Fn. 190), Rn. 75; *Pache*, Tatbestandliche Abwägung und Beurteilungsspielraum, 2001, S. 45; differenziert *Ludwigs* (Fn. 12), § 124 Rn. 13 f.

ristischen Entscheidungsverantwortung der Verwaltung (und kehrseitig der insoweit eingeschränkten Kontrollkompetenz der Verwaltungsgerichte), die stets bei Rezeption nachbarwissenschaftlicher Erkenntnisse bestehen soll.[193] Eine solche Fallgruppe ist jedoch mit Art. 19 Abs. 4 S. 1 GG (Grundsatz der umfassenden gerichtlichen Kontrolle)[194] nicht zu vereinbaren und verkennt die normative Ermächtigungslehre[195]. Sie droht zudem die Entscheidungsprärogative des parlamentarischen Gesetzgebers (Grundsatz parlamentarischer Demokratie) zu konterkarieren. Aus denselben Gründen ebenfalls abzulehnen ist es, wenn administrative Letztentscheidungsbefugnisse stets bejaht werden, wenn die Rechtsprechung an funktionell-rechtliche Grenzen stößt.[196]

Behördliche Entscheidungsspielräume müssen die Eigenständigkeit der Verwaltung heute stärker auch im Ordnungsrahmen des Mehrebenensystems zur Geltung bringen und werden insoweit zu „Mehrebenenräumen".[197] Der deutsche Dualismus, der zwischen kognitivem Tatbestandsermessen und volitivem Rechtsfolgeermessen unterscheidet,[198] stellt aber im

---

193 In dem Sinne vor allem *Scholz*, VVDStRL 34 (1976), S. 145 (174 ff., 217 m. Ls. 9); a. A. aber mit Blick auf Art. 19 Abs. 4 GG (insbes. die hierin verankerte normative Ermächtigungslehre) mit Recht die h. M.; vgl. stellv. *Ludwigs* (Fn. 12), § 124 Rn. 18 m. w. N.

194 Überblick zu den Vorgaben des Art. 19 Abs. 4 GG (und anderer Verfassungsnormen) für die Lehre administrativer Entscheidungsspielräume bei *Ludwigs* (Fn. 12), § 124 Rn. 22 ff.

195 Zu dieser *Schmidt-Aßmann* (Fn. 187), Art. 19 IV Rn. 186 ff.; zusammenfassend *Ludwigs* (Fn. 12), § 124 Rn. 28 ff.

196 So aber unter Hinweis auf die staatliche Funktionenordnung als Teilaspekt des Gewaltenteilungsprinzips grundlegend *Ossenbühl*, DÖV 1968, S. 618 (626); *ders.*, DVBl. 1974, S. 309 (313); aus neuerer Zeit ebenso *Fehling*, in: Festschr. für Karsten Schmidt, 2019, Bd. I, S. 309 (313); *Schröder* (Fn. 191), S. 93 f.; siehe ferner *Poscher* (Fn. 188), § 129 Rn. 71; abl. dagegen *Jestaedt* (Fn. 16), Rn. 35; *Kahl/Burs* (Fn. 192), S. 1160; *Kment/Vorwalter* (Fn. 188), S. 197; jedenfalls einschränkend mit Recht BVerfGE 129, 1 (23); BVerfG, NVwZ 2012, S. 694 Rn. 26; diff. (Beschränkung auf Evidenzfälle) *Ludwigs* (Fn. 12), § 124 Rn. 31 ff., 63; *ders.* (Fn. 191), S. 411.

197 *Wendel*, Verwaltungsermessen als Mehrebenenproblem, 2019, S. 3; zustimmend *Schmidt-Aßmann*, Der Staat 60 (2021), S. 700 ff.

198 Siehe die Nachw. in Fn. 188. Hierbei handelt es sich zugleich um ein Beispiel für eine anhaltende und grundlegende Divergenz zwischen der Praxis (Judikatur) und eher praxis- bzw. ausbildungsbezogener Literatur (Kommentare, Lehrbücher) einerseits und dem sonstigen Schrifttum (Aufsätze, Buchbeiträge, Spezialmonographien) andererseits, vgl. *Jestaedt* (Fn. 16), § 11 Rn. 13 m. Fn. 49; *Ludwigs* (Fn. 12), § 124 Rn. 1, 8, 50, 64: „wohl singuläres Auseinanderdriften" (ebd. Rn. 1). Letzteres plädiert ganz überwiegend und mit Recht für eine Aufgabe der

Rechtsvergleich eine Besonderheit dar. Andere europäische Staaten (z. B. Frankreich, Großbritannien), das Recht der Europäischen Union und der EGMR gehen von einem einheitlichen Ermessensbegriff aus.[199] Das Ermessen im europäischen Eigenverwaltungsrecht ist im Vergleich zum deutschen Verwaltungsermessen zudem weiter, wenngleich verallgemeinernde Aussagen nicht ganz leicht und stattdessen – hier aus Raumgründen indes nicht mögliche – bereichsspezifische Differenzierung angezeigt ist. Nach der Rechtsprechung des EuGH genügen für die Einräumung administrativer Entscheidungsspielräume tendenziell gesprochen regelmäßig eher pauschale Topoi wie die Komplexität der durch die Verwaltung zu beurteilenden Sachverhalte oder die Höchstpersönlichkeit der Entscheidung.[200] Die gerichtliche Kontrolldichte gegenüber EU-Organen ist dabei vergleichsweise grobmaschig.[201] Im Rahmen des Unionsverwaltungsrechts kann der Effektivitätsgrundsatz im materiellen Verwaltungsrecht zu einer Ermessensreduktion auf Null und verwaltungsprozessual zu einer Rechtsschutzverstärkung bei der Überprüfung von Ermessensentscheidungen führen.[202]

Gerade die verbundstypischen Vollzugsverschränkungen stellen an administrative Entscheidungsspielräume besondere Herausforderungen, da diese, man denke an das Regulierungsrecht (Netzwirtschaften)[203], die Ban-

---

kategorialen Trennung und eine Verschmelzung der Dogmatik *sub specie* der Einheitskategorie „Verwaltungsermessen"; siehe bereits *Ehmke*, „Ermessen" und „unbestimmter Rechtsbegriff" im Verwaltungsrecht, 1960, S. 34 f.; *Koch* (Fn. 154), S. 126 ff., 138 ff.; sowie aus neuerer Zeit nur *Jestaedt*, ebd., Rn. 12 ff.; *Ludwigs*, JZ 2009, S. 290 (292 ff.); *dens.* (Fn. 12), § 124 Rn. 65 m. w. N.

199 *Hwang* (Fn. 188), § 128 Rn. 7; *Kment/Vorwalter* (Fn. 188), S. 196; *Ludwigs* (Fn. 191), S. 409; *ders.* (Fn. 12), § 124 Rn. 64; *Wendel* (Fn. 197), S. 11 ff. (34 ff.).

200 Grundlegend EuGH, verb. Rs. 56/64 u. 58/64, Slg. 1966, S. 322 (396) („schwierige […] Wertungen wirtschaftlicher Sachverhalte"); zum Ganzen instruktiv und m. w. N. *Wendel* (Fn. 197), S. 48 f., 54 f. (dort auch zur Tendenz des EuGH zu einer differenzierteren Betrachtung in jüngeren Entscheidungen) und *Nowak*, in: Terhechte (Hrsg.), Verwaltungsrecht der Europäischen Union, 2. Aufl. 2022, § 12 Rn. 33.

201 Hierzu *Brenner*, Der Gestaltungsauftrag der Verwaltung in der Europäischen Union, 1996, S. 373 ff.; *von Arnauld/Martini* (Fn. 164), § 3 Rn. 35.

202 *Wendel* (Fn. 197), S. 52.

203 EuGH, Rs. C-55/06 (Arcor), ECLI:EU:2008:244 Rn. 151 ff., 163 ff., 170; Rs. C-424/07 (Kommission/Deutschland), ECLI:EU:C:2009:749 Rn. 53 ff., 74, 83, 91, 93; Rs. C-718/18 (Kommission/Deutschland), ECLI:EU:C:2021:662 Rn. 98 ff.; BVerwG, MMR 2022, S. 323 (329 f.). Berichtend – mit restriktiver Tendenz hinsichtlich von Rückschlüssen auf eine Reduktion der gerichtlichen Kontrolle bzw. die Annahme administrativer Letztentscheidungsbefugnisse – *Ludwigs* (Fn. 12), § 124 Rn. 37 f., 40 ff., 60 ff. m. w. N.; siehe auch *dens.*, NZKart 2020, S. 576 ff.; *dens.*, N&R Beil. 2/2021, S. 1 ff.

kenaufsicht[204] sowie das Datenschutzrecht[205], durch die administrative Unabhängigkeit der jeweiligen Behörde gegenüber europäischen Impulsen teilweise abgeschirmt werden sollen, die Spielraumausfüllung in vielen Fällen indes wiederum durch Leitlinien und Empfehlungen der Kommission gelenkt wird – *Wendel* spricht in diesem Zusammenhang treffend von einem gleichzeitigen Prozess der „Entkoppelung" und „Verkoppelung".[206] Eine Forderung zur generellen Reduktion gerichtlicher Kontrolle lässt sich der EuGH-Judikatur dagegen ungeachtet einzelner, allerdings begrenzter, bereichsspezifischer Annahmen in diese Richtung in der jüngeren Zeit[207] weder für das Unions- noch das europäische Verbundverwaltungsrecht entnehmen[208] – im Gegenteil: Auch das unionsrechtliche Grundrecht auf effektiven Rechtsschutz (Art. 19 Abs. 1 UAbs. 2 EUV, Art. 47 GRCh)[209] verlangt grundsätzlich eine umfassende gerichtliche Kontrolle, was insbesondere in Mitgliedstaaten, deren Rechtsschutzkonzeption – anders als die deutsche – durch hinter dem Unionsrecht zurückbleibende Standards gekennzeichnet ist, sogar zu einer Intensivierung der gerichtlichen Kontrolle führen kann.[210] Im Übrigen dürfte das Unionsrecht „eine Reduktion nationaler Kontrollstandards daher nur fordern, wenn seine wirksame Durchsetzung gerade hiervon abhängt und die Rechtsschutzeinschränkung dazu nicht außer Verhältnis steht"[211].

---

204 Hierzu *Ludwigs/Pascher/Sikora*, EWS 2020, S. 1 (4 ff.) m. w. N.

205 EuGH, Rs. C-518/07 (Deutschland/Kommission), ECLI:EU:C:2010:125 Rn. 38 ff.

206 *Wendel* (Fn. 197), S. 262 ff.; weiterführend auch *Ludwigs* (Fn. 12), § 124 Rn. 47.

207 Vgl. dazu m. w. N. *Ludwigs* (Fn. 191), S. 413 f.

208 Vgl. *Gärditz* (Fn. 192), S. D 80; *Kahl*, in: Festschr. für Matthias Schmidt-Preuß, 2018, S. 135 (159); *Ludwigs* (Fn. 12), § 124 Rn. 37 f. (38), 47; a. A. *Neidhardt*, Nationale Rechtsinstitute als Bausteine des europäischen Verwaltungsrechts, 2008, S. 86 ff., 170 ff.

209 Siehe in diesem Zusammenhang zur deutschen Garantie effektiven (Verwaltungs-)Rechtsschutzes *Pache*, in: Kahl/Ludwigs (Hrsg.), HVwR, Bd. III, 2022, § 77.

210 *Schmidt-Aßmann*, Kohärenz und Konsistenz des Verwaltungsrechtsschutzes, 2015, S. 54 f.

211 *Ludwigs* (Fn. 12), § 124 Rn. 38 unter Hinweis auf *Schmidt-Aßmann* (Fn. 210), S. 55; ähnlich *Kahl/Burs* (Fn. 192), S. 1163; vgl. auch bereits *Ludwigs*, NVwZ 2018, S. 1417 (1422).

2. *Infektionsschutzrecht*

Die aktuell besonders relevanten weiten infektionsschutzrechtlichen Handlungsermächtigungen an die Exekutive, die – wie im Risikoverwaltungsrecht generell – mit den Funktionsgrenzen gerechtfertigt werden, an welche die Legislative im Umgang mit hochkomplexen, naturwissenschaftlichen Fragestellungen stößt,[212] stellen an das Verwaltungshandeln erhebliche Herausforderungen.[213] Neben dem Erlass von Rechtsverordnungen[214] stehen hier insbesondere Verwaltungsakte im Fokus, die durch ihre einzelfallbezogene Wirkweise ein hinreichend elastisches Vorgehen im Rahmen des Gesetzes- und Verordnungsvollzugs sichern und so die „Härte distanzierter Gesetzgebung freiheitsverträglich aufweich[en]"[215]. Eine mit breitem Entscheidungsspielraum ausgestattete Verwaltung, der ein erheblicher Anteil am Rechtserzeugungsprozess zukommt,[216] ist dabei nicht grundsätzlich bedenklich, sondern zur hinreichend effektiven, die jeweiligen situativen Bedingungen im Kleinen berücksichtigenden, das Untermaßgebot nicht verletzenden, in ihrer Intensität indes auch nicht übersteuernden Pandemiebekämpfung erforderlich.[217]

Im Mittelpunkt steht die Generalklausel[218] des § 28 Abs. 1 IfSG (ggf. i. V. m. § 32 IfSG); die im IfSG normierten Standardmaßnahmen (§§ 28 ff. IfSG) spielen für flächendeckende Maßnahmen dagegen eine nur untergeordnete Rolle.[219] Die Vorschrift des § 28 Abs. 1 IfSG, welche zum Erlass notwendiger Maßnahmen zur Bekämpfung übertragbarer Krankheiten ermächtigt, bindet die Verwaltung bezüglich des „Ob" ihres Tätigwerdens (kein Entschließungsermessen).[220] Es besteht aber Auswahlermessen.[221] Die Optionenwahl zwischen verschiedenen möglichen Schutzmaßnahmen ist dabei jedoch eingegrenzt, indem nur die „notwendigen" Maßnahmen getroffen werden dürfen, „soweit und solange" es zur Verhinderung der Verbreitung übertragbarer Krankheiten „erforderlich" ist. Das Er-

---

212 Etwa BVerwG, NVwZ 1999, S. 1232 (1233).

213 *Marquardsen* (Fn. 11), § 158 Rn. 17.

214 Hierzu oben sub III. 2., IV. 2.

215 *Gärditz/Abdulsalam* (Fn. 133), S. 115.

216 *Klafki* (Fn. 89), S. 78.

217 *Marquardsen* (Fn. 11), § 158 Rn. 22; s. ferner *Klafki* (Fn. 89), S. 74 ff.

218 Siehe z. B. BVerwGE 142, 205 Rn. 24; ThürOVG, BeckRS 2020, 12181 Rn. 52; NdsOVG, BeckRS 2020, 10749 Rn. 27.

219 *Marquardsen* (Fn. 11), § 158 Rn. 18.

220 BVerwGE 142, 205 Rn. 23; BT-Drs. 14/2530, S. 74.

221 ThürOVG, BeckRS 2020, 12181 Rn. 50; *Schmitz/Neubert* (Fn. 70), S. 666; *Poscher* (Fn. 127), Kap. 4 Rn. 102 f.

forderlichkeitskriterium ist ein einfachgesetzlicher Verweis auf die allgemeine Ermessensschranke der Verhältnismäßigkeit,[222] die aufgrund der ausdrücklichen Nennung besonders strikt zu verstehen ist und sich auf Intensität und Tragweite („soweit") sowie Dauer („solange") der Maßnahme bezieht.[223] Hier kommt insbesondere Befristungen Bedeutung zu.[224] Das Kriterium der Notwendigkeit beschreibt nach der Rechtsprechung (entgegen dem Wortsinn) die objektive Geeignetheit der Maßnahme[225] – hieran gescheitert ist bislang indes noch kaum eine Maßnahme.[226]

Es wird zurecht darauf hingewiesen, dass mit den weit gefassten Handlungsgrundlagen die wesentliche Verantwortung zur Rechtsgestaltung während der Pandemie der Verwaltung aufgebürdet wird, deren Entscheidungsspielraum mit einer Entscheidungspflicht einhergeht: „Die offenen Handlungsermächtigungen zwingen die Exekutive in eine Verantwortung, die ihr vor dem Hintergrund der Gewaltenteilung nur in engen Grenzen zukommen soll."[227] Dies ist für die Frühphase einer Pandemie noch gut vertretbar,[228] mit fortschreitender Dauer und damit verbundenem anwachsenden Erkenntnisstand verstärkt sich aber auch die verfassungsrechtliche Forderung nach konkreterer Normierung.[229] Zwar enthält § 28a IfSG nun konkretisierende Regelbeispiele,[230] aber gerade keine Standardmaßnahmen, wodurch der bestehende exekutivische Entscheidungsspielraum lediglich vorsichtig eingeschränkt wird.[231] Insbesondere ist in Rechnung zu

---

222 Siehe bereits oben sub II. 2. a).

223 Hierzu näher und m. w. N. *Johann/Gabriel* (Fn. 126), § 28 IfSG Rn. 25.

224 BVerfG, NJW 2020, S. 1427 Rn. 14; *Schmitz/Neubert* (Fn. 70), S. 668. Ein Befristungserfordernis für Rechtsverordnungen statuiert § 28a Abs. 5 IfSG.

225 BVerwGE 142, 205 Rn. 24; NdsOVG, BeckRS 2020, 10749 Rn. 28; SchlHOVG, BeckRS 2020, 9078 Rn. 15.

226 *Volkmann* (Fn. 125), S. 3156 m. Fn. 15. Seltene Ausnahmen: OVG Lüneburg, Beschl. v. 19. 3. 2021 – 13 MN 114/21, Rn. 30 (juris); Beschl. v. 14. 5. 2021 – 13 MN 165/20, Rn. 39 (juris).

227 *Marquardsen* (Fn. 11), § 158 Rn. 19.

228 Zur Neuinterpretation des Gewaltenteilungsgrundsatzes in Pandemiezeiten *Klafki* (Fn. 89), S. 87.

229 Hierzu bereits oben sub III. 2. Umfassend zur Verantwortungsverlagerung als Legitimationsproblem *Klafki* (Fn. 89), S. 84 ff.

230 Siehe Fn. 126.

231 Unklar ist das Verhältnis des § 28a IfSG zu § 28 Abs. 1 IfSG. Nach Ansicht einiger Gerichte scheidet ein Rückgriff auf die Generalklausel jedenfalls im Anwendungsbereich der in § 28a Abs. 1 IfSG genannten Regelbeispiele aus; so BayVGH, Beschl. v. 19. 1. 2021 – 20 NE.21.76 (juris), Rn. 31; LVerfG SA, Urt. v. 26. 3. 2021 – LVG 4/21 (juris), Rn. 134; a. A. *Johann/Gabriel* (Fn. 126), § 28a Rn. 3a.

stellen, dass den Behörden bei der Wahl der notwendigen und erforderlichen Maßnahmen aufgrund der anspruchsvollen Beurteilung komplexer Gefahrenlagen und des Entscheidens unter Unsicherheitsbedingungen ein weiter Entscheidungsspielraum zukommt.[232]

VI. Verwaltungshandeln unter Unsicherheit

1. Grundlagen

Die Covid-19-Pandemie ist ein „Musterbeispiel für Risikoentscheidungen unter Ungewissheitsbedingungen“[233]. Sie lenkt den Blick auf die Verarbeitung außerjuridischen Wissens im Recht über höchst vielgestaltige institutionelle, prozedurale und materielle Rezeptionsschnittstellen[234] und die Strategien zum Umgang mit Nichtwissen. Rechtsanwendung bewegt sich stets „im Schnittpunkt zwischen Sein und Sollen“[235]. Die jeweilige Norm geht in ihrer tatbestandlichen Formulierung von einem spezifischen Konzept der Wirklichkeit aus und setzt es in Beziehung zu einer Rechtsfolge, die eine neue Wirklichkeit erzeugen soll.[236] Obwohl die Norm gegenüber der Wirklichkeit eigenständig ist, „ist die Wirklichkeit für die Normativität gleichwohl von konstituierender Bedeutung“[237]. Diese basale Stellung der Tatsachen, mit anderen Worten: das Angewiesensein der Rechtsanwendung auf ein umfassendes Bild der Wirklichkeit,[238] zeigt sich nicht

232 HmbOVG, BeckRS 2020, 9944 Rn. 26; ThürOVG, BeckRS 2020, 12181 Rn. 62; siehe zur Zurückhaltung der Gerichte auch *Abdulsalam* (Fn. 72), S. 497 ff.; *Trute*, GSZ 2020, S. 93 (99).

233 *Di Fabio*, AöR 145 (2020), S. 704 (704).

234 Instruktiv hierzu *Münkler*, Expertokratie, 2020, S. 205 ff.

235 *Starck*, JZ 1972, S. 609 (612).

236 *Starck* (Fn. 235), S. 612.

237 *Starck* (Fn. 235), S. 612.

238 Hierzu stellv. *Petersen*, Der Staat 49 (2010), S. 435 (436 ff.); siehe in diesem Zusammenhang auch *dens.*, AöR 144 (2019), S. 501 ff.; *Towfigh*, I-CON 12 (2014), S. 670 ff.; allg. zu Informationen als Mittel zur Bewältigung von Unsicherheit *Spiecker gen. Döhmann*, in: Kahl/Ludwigs (Hrsg.), HVwR, Bd. I, 2021, § 23 Rn. 36 ff.; zur Forderung der „Neuen Verwaltungsrechtswissenschaft“ nach mehr Interdisziplinarität *Kersten* (Fn. 19), § 25 Rn. 25 ff.; zum Verhältnis von Verwaltung und Empirie *Augsberg*, in: Kahl/Ludwigs (Hrsg.), HVwR, Bd. I, 2021, § 27, insbes. Rn. 24 ff., 31 ff.; zur Notwendigkeit disziplinärer Identität als Voraussetzung für interdisziplinären Dialog *Kahl* (Fn. 32), S. 130 ff. Zu einem in jüngerer Zeit aufgrund der breiten Rezeption psychologischer Begriffe auszumachenden *„psychological turn“* der Rechtswissenschaft *Kersten*, VerfBlog

nur im Rahmen der Subsumtion, sondern häufig bereits auf Ebene der Norminterpretation,[239] da der Normtext allein in vielen Fällen noch keine subsumtionsfähigen Maßstäbe formuliert und folglich durch Erkenntnisse aus der Wirklichkeit „angereichert" werden muss.[240] Besondere Bedeutung erlangt die Gewinnung und Bewertung von Tatsachen auch im Rahmen der Verhältnismäßigkeitsprüfung:[241] Sowohl die Frage nach der Geeignetheit des zur Erreichung des legitimen Zwecks eingesetzten Mittels (zweite Stufe) wie auch die Beurteilung, ob das gewählte Mittel das mildeste unter allen gleich wirksamen darstellt und damit erforderlich ist (dritte Stufe), beziehen sich auf die tatsächliche Wirksamkeit der Maßnahme, also ihre – im Rahmen der Erforderlichkeit unter Umständen prognostisch ergänzte[242] – Effektivität im Realbereich.[243] Dies gilt – *vice versa* – auch im Rahmen der staatlichen Schutzpflichtenlehre für die Prüfung anhand von Evidenzformel bzw. Untermaßverbot: Zwar ist es, wie das BVerfG zuletzt in seinem sog. Klimabeschluss hervorgehoben hat, verfassungsgerichtlich nur begrenzt überprüfbar, ob der Gesetzgeber ausreichende Maßnahmen zur Erfüllung der grundrechtlichen Schutzpflicht getroffen hat.[244] Die Frage nach der tatsächlichen Wirksamkeit von Schutzmaßnahmen ist verfassungsgerichtlicher Kontrolle aber nicht völlig entzogen. Überprüft werden kann, ob Schutzvorkehrungen überhaupt getroffen wurden, ob die ergriffenen Maßnahmen offensichtlich ungeeignet oder völlig unzulänglich sind, das gebotene Schutzziel zu erreichen, oder wenn sie hinter diesem Schutzziel erheblich zurückbleiben.[245] Zur verfassungsgerichtlichen

---

v. 23. 6. 2022 (https://verfassungsblog.de/wir-mussen-alle-unser-leben-andern/ [zuletzt abgerufen: 15. 8. 2022]).

239 *Lepsius*, JZ 2005, S. 1 (1).

240 Klassisch *Grimm*, in: Grimm (Hrsg.), Rechtswissenschaft und Nachbarwissenschaften, Bd. 1, 2. Aufl. 1976, S. 53 (54).

241 *Abdulsalam* (Fn. 72), S. 490.

242 *Lepsius*, in: Jestaedt/Lepsius (Hrsg.), Verhältnismäßigkeit, 2015, S. 1 (20).

243 *Münkler* (Fn. 234), S. 228.

244 BVerfGE 157, 30 Rn. 152; siehe ferner BVerfGE 77, 170 (214 f.); 79, 174 (202). Zum Klimabeschluss stellv. *Eifert*, JURA 2021, S. 1085 ff.; *Lorenzen*, VBlBW 2021, S. 485 ff.; *Kahl*, EurUP 2022, S. 2 ff.; weiterführend *Kersten/Kaupp*, JuS 2022, S. 473 (475 ff.).

245 BVerfGE 157, 30 Rn. 152 (Klimabeschluss); zu diesem Prüfraster statt vieler *Kahl*, JURA 2021, S. 117 (120 f.); *ders./Gärditz*, Umweltrecht, 12. Aufl. 2021, § 3 Rn. 30; jew. m. w. N. Hierbei ist die Geltung des Untermaßverbots im Umweltrecht nach wie vor umstritten (keine Erwähnung etwa bei BVerfG, ebd.; hierzu krit. *Calliess*, ZUR 2021, S. 355 [357]). Aus der Schutzpflicht folgt insbesondere nicht, dass Gefährdungen für das in Rede stehende Grundrecht mit absoluter Sicherheit ausgeschlossen sein müssen; hierzu stellv. *Münkler* (Fn. 234), S. 229.

Mindestkontrolle zählt auch die Heranziehung der im konkreten Fall verfügbaren Tatsachen und Prognosen.[246]

Steht dem Juristen *in concreto* kein belastbares Tatsachenwissen zur Verfügung, auf dessen Basis sich die Situation umfassend beurteilen lässt,[247] kann häufig, wenngleich nicht immer (siehe Corona-Pandemie), auf vergangenes gesichertes Wissen zurückgegriffen werden, das sich zwar regelmäßig nicht vollständig, unter Umständen aber mit Blick auf grobe Wirkungszusammenhänge auf die jeweils aktuelle Krisensituation übertragen lässt.[248] Ferner kommt ein Rückgriff auf Modellierungen[249] und Simulationen in Betracht.[250] Die Entscheidungsträger aller Ebenen sind in Ungewissheitssituationen verpflichtet, sich fortlaufend eine möglichst breite Wissensbasis für ihre Entscheidungen zu verschaffen,[251] die weitere Entwicklung der Tatsachen zu beobachten, ältere Erkenntnisse kritisch zu überprüfen sowie bisherige Maßnahmen vor diesem Hintergrund zu evaluieren und ggf. unter Rekurs auf den jeweils aktuellen Forschungsstand aufzugeben, zu konkretisieren oder – sei es intensivierend, sei es abschwächend – zu modifizieren.[252] Bei alledem ist – schon aus demokratietheoretischen Gründen im Rahmen eines „demokratieverträglichen" (*Laura Münkler*) Umgangs mit außerjuridischem Wissen im Recht[253] –

---

246 Hierzu etwa BVerfGE 66, 39 (61); *Kahl/Gärditz* (Fn. 245), § 3 Rn. 31 m. w. N.

247 Siehe auch die Beiträge in: *Hill/Schliesky* (Hrsg.), Management von Unsicherheit und Nichtwissen, 2016.

248 *Trute* (Fn. 232), S. 94.

249 Zu den diesbezüglichen Schwierigkeiten *Anderl*, FAZ v. 19. 5. 2021, S. N2.

250 Hierzu näher *Trute* (Fn. 232), S. 94.

251 Zur Bedeutung des Robert-Koch-Instituts (RKI) etwa *Rixen*, in: Kloepfer (Hrsg.), Pandemien als Herausforderung für die Rechtsordnung, 2011, S. 67 (77 ff.); zu Aufgaben und Strukturen des Instituts grundlegend *Gärditz/Linzbach*, Gesundheitswissen aus Behördenhand, 2022, S. 47 ff. Weiterführend zu den Rechtsproblemen derartiger forschender Fachbehörden, zu denen etwa auch das Bundesinstitut für Arzneimittel und Medizinprodukte, das Paul-Ehrlich-Institut, das Bundesamt für Verbraucherschutz und Lebensmittelsicherheit oder das Bundesinstitut für Risikobewertung zählen, *dies.*, ebd., S. 121 ff. Umfassend und vergleichend zu den institutionellen Designs der Beratungsengagements auf unionaler und deutscher Ebene *Münkler* (Fn. 234), S. 477 ff. (485 ff., 540 ff.). Zum Umgang mit Expertenwissen im Rahmen der EU-Risikoregulierung auch *Hickey/Weimer*, CMLRev. 59 (2022), S. 673 ff.

252 Ähnlich *Marquardsen* (Fn. 11), § 158 Rn. 52; allg. zu den verwaltungsrechtlichen Rahmenbedingungen für die Generierung empirischen Wissens *Augsberg* (Fn. 238), § 27 Rn. 43 ff.

253 Zu konkreten Mechanismen der Wissensbewertung zwecks Beseitigung legitimatorischer Probleme beim Umgang mit Wissen im Recht *Münkler* (Fn. 234), S. 395 ff. (insbes. S. 416 ff. [Zitat: S. 650 ff.]): (1) Dekonstruktion normativer Ent-

eine selbstständige Auswahl und Gewichtung der verschiedenen außerjuridischen Erkenntnisse und Handlungsempfehlungen durch die zuständigen Verwaltungsakteure erforderlich, da wissenschaftlicher Sachverstand in der Regel vielfältig, vorläufig-dynamisch und lückenhaft auftritt und damit keinen „Monolith feststehenden Wissens" bildet.[254] Auf unionaler Ebene kommt bei Entscheidungen unter Prognoseunsicherheit insbesondere dem Ausschuss- und Agenturwesen maßgebliche Bedeutung zu.[255]

2. *Nichtwissen in der Pandemie*

Das beschriebene „dynamisch sich verändernde[...] Wissensproblem"[256] stellt sich in der Corona-Pandemie mit besonderer Schärfe. Erhebliches Nichtwissen bezüglich einer hochdynamischen, insbesondere auch durch Mutationen bedingten,[257] Infektionsentwicklung verbindet sich mit einer – in den Anfangsmonaten der Pandemie weitgehender, im Zeitverlauf sich freilich verringernder, teils indes immer noch zu großer[258] – Unkenntnis über die Effektivität bestimmter staatlicher Maßnahmen zur Pandemieeindämmung wie auch über soziale[259] und wirtschaftliche[260] Folgewirkun-

---

scheidungsgrundlagen, insbesondere mittels Abgrenzung von Bereichen des Wissens und Nichtwissens; (2) Wissensbewertung (z. B. anhand amtlicher Anerkennung/Zertifizierung oder Expertenkonsens); (3) Glaubwürdigkeitsbewertung der Experten (als Sekundärkriterium).

254 *Di Fabio* (Fn. 233), S. 704.

255 Umfassend *Gehring/Kerler/Krapohl*, in: Tömmel (Hrsg.), Die Europäische Union, 2008, S. 231 ff.; siehe ferner *von Arnauld/Martini* (Fn. 164), § 2 Rn. 16; *Augsberg*, in: Terhechte (Hrsg.), Verwaltungsrecht der Europäischen Union, 2. Aufl. 2022, § 6 Rn. 71.

256 *Rixen* (Fn. 91), S. 42.

257 *Kersten/Rixen* (Fn. 70), S. 26; *Rixen* (Fn. 91), S. 47.

258 Zur mangelhaften Datenlage stellv. *Deckers*, FAZ v. 31. 12. 2021, S. 10; zur Forderung des Expertenrats Corona der Bundesregierung nach besserer Verfügbarkeit von Daten in der gesamten Gesundheitsforschung sowie zur Entscheidung des Bundesministeriums für Bildung und Forschung, die digitale Infrastruktur für den Austausch medizinischer Forschungs- und Versorgungsdaten auszubauen, *Schmoll*, FAZ v. 29. 1. 2022, S. 5.

259 Zur Datenlage zu den Auswirkungen der Pandemie auf die soziale Ungleichheit *Krischke*, FAZ v. 21. 4. 2021, S. N4.

260 Zusammenfassend *Leopoldina* (Hrsg.), Ökonomische Konsequenzen der Coronavirus-Pandemie, 2021 (abrufbar unter https://www.leopoldina.org/publikationen/detailansicht/publication/oekonomische-konsequenzen-der-coronavirus-pandemie-diagnosen-und-handlungsoptionen-2021/ [zuletzt abgerufen: 15. 8. 2022]); *Gründler* u. a., ifo-Ökonomenpanel, ifo Schnelldienst 03/2021, S. 59 ff. (abrufbar

gen der Pandemie und der sie zu ihrer Bekämpfung ergriffenen (bzw. unterlassenen) Maßnahmen. Der Vergleich mit anderen Staaten kann hier aufgrund der unterschiedlichen pandemischen Ausgangssituationen, der unterschiedlichen Rahmenbedingungen (z. B. Impfbereitschaft in der Bevölkerung, „Gehorsam" der Bürger gegenüber hoheitlichen Anordnungen, etc.) wie auch der unterschiedlich gefassten Maßnahmenbündel nur ausschnittsweise und begrenzt weiterhelfen.

Die Verwaltungsrechtswissenschaft hat, vor diese Problemlage gestellt, insbesondere die Erkenntnisse fruchtbar zu machen, die unter dem Begriff des Risikos seit den späten 1970er Jahren – ursprünglich im Atomrecht, später im gesamten Umweltrecht[261] – diskutiert werden,[262] mittlerweile aber, nicht zuletzt aufgrund des vom EuGH weit verstandenen unionsrechtlichen Vorsorgeprinzips, auch andere Rechtsbereiche wie das Lebensmittel- und Gesundheitsrecht erfassen.[263] Hierbei ist der Begriff des Risikos richtigerweise[264] als *minus* (Vorstufe) zur Gefahr[265] zu verstehen, wobei beide Begriffe aber gleichwohl weiter unterschieden werden sollten[266]. Im

---

unter https://www.ifo.de/publikationen/2021/aufsatz-zeitschrift/oekonomenpanel-deutschland-nach-einem-jahr-corona [zuletzt abgerufen: 15. 8. 2022]).

261 Hierzu etwa *Möllers*, Der vermisste Leviathan, 2008, S. 84; *Wahl*, Herausforderungen und Antworten: Das Öffentliche Recht der letzten fünf Jahrzehnte, 2006, S. 70; *Köck*, ZUR 2022, S. 259 (261).

262 Vgl. *Rixen* (Fn. 91), S. 44, unter Verweis auf *Scherzberg*, VVDStRL 63 (2004), S. 214 ff.; *Lepsius*, ebd., S. 264 ff.; *Maurer*, VVDStRL 43 (1985), S. 135 ff.; *Schnapp*, VVDStRL 43 (1985), S. 172 ff.; *Vogel*, VVDStRL 24 (1966), S. 125 ff.; *Herzog*, VVDStRL 24 (1966), S. 183 ff.

263 Zum weiten Anwendungsbereich des Vorsorgeprinzips (Art. 191 Abs. 2 UAbs. 1 S. 2 AEUV) über das Umweltrecht hinaus EuGH, Rs. C-333/08, Slg. 2010, I-757 Rn. 91 ff.; *Calliess* (Fn. 68), Art. 191 AEUV Rn. 28 ff. (36); *Epiney*, in: Landmann/Rohmer (Begr.), Umweltrecht, Bd. I, Stand: 97. EL 12/2021, Art. 191 AEUV Rn. 27 ff. (28).

264 Ebenso – unterschiedlich weitgehend – *Murswiek*, Die staatliche Verantwortung für die Risiken der Technik, 1985, S. 80 ff., 335 ff.; *Meier*, Risikosteuerung im Lebensmittel- und Gentechnikrecht, 2000, S. 223 ff.; *Peine*, DVBl. 1998, S. 157 ff.; *Appel*, NuR 1996, S. 227 (228 ff.); *Sangenstedt*, in diesem Band, S. 287 (293 ff.). Krit. dagegen und im Risiko ein *aliud* sehend *Karthaus*, Risikomanagement durch ordnungsrechtliche Steuerung, 2001, S. 58; *Scherzberg*, VerwArch 84 (1993), S. 484 (498); *Wollenschläger*, Wissensgenerierung im Verfahren, 2009, S. 68; *Reich*, Gefahr – Risiko – Restrisiko, 1989, S. 106; *Klafki* (Fn. 89), S. 13 ff. (15) m. w. N. Zum Verhältnis von Gefahr- und Risikobegriff im EU-Recht *Arndt*, Das Vorsorgeprinzip im EU-Recht, 2009, S. 105 ff. m. w. N.

265 Zu Gefahrbegriff und -dogmatik stellv. *Kingreen/Poscher*, Polizei- und Ordnungsrecht, 11. Aufl. 2020, § 8 m. w. N.; umfassend auch *Jaeckel* (Fn. 121), S. 87 ff.

266 Zutreffend statt vieler *Jaeckel*, in diesem Band, S. 327 (329 ff.).

Unterschied zur Gefahr, die an das Produkt aus Eintrittswahrscheinlichkeit und Schadenshöhe abstellt und damit die mathematische Berechenbarkeit dieses Produkts voraussetzt, bestehen im Falle von globalen Krisen wie Seuchen oder Naturkatastrophen nämlich keine – bzw. nur äußert grobe – gesicherten Erfahrungswerte über Art und Ausmaß des zu erwartenden Schadens sowie über den Grad der Eintrittswahrscheinlichkeit und es genügt ein bloßes Besorgnispotenzial.[267] Tragfähige Prognosen, auf deren Basis ein staatliches Eingreifen bewertet werden könnte, sind hier – insbesondere, weil die für die Gefahrenbeurteilung relevanten Parameter vielgestaltig und komplex sind – nicht möglich.[268] Maßgebliches Differenzierungskriterium zwischen den Rechtsbegriffen[269] der Gefahr und des Risikos ist somit der Aspekt der *strukturellen Ungewissheit*.[270] Auch der Terminus des Gefahrenverdachts kann in diesen Situationen nicht weiterhelfen.[271]

Staatliche Risikoprävention wird, grob gesprochen, durch eine Drei-Stufen-Prüfung von Risikoerkennung und -abschätzung, Risikobewertung und präventivem Risikomanagement ausgefüllt:[272] Hiernach ist es *erstens* erforderlich, bestehende Risiken als solche zu erkennen und sodann auf Grundlage der erhobenen und zusammengestellten, ständig zu aktualisierenden Daten abzuschätzen, welche Folgen die Realisierung des Risikos haben wird, wobei Art und Ausmaß des Risikos für die betroffenen Schutzgüter zu bestimmen sind. Auf Grundlage der so gewonnenen Daten sind *zweitens* die Risiken zu bewerten, insbesondere diejenigen sozialadäquaten Risiken aus der Betrachtung auszuscheiden, die „als hinzunehmende Restrisiken keiner Vorsorgemaßnahme bedürfen“[273]. Je größer die Ungewissheiten in der Datenlage sind, desto stärker gewinnt hierfür die

---

267 Hierzu stellv., allerdings i. Erg. von einem *aliud* ausgehend, *Klafki* (Fn. 89), S. 13 ff.

268 *Hoffmann-Riem*, in: Hoffmann-Riem/Schmidt-Aßmann/Schuppert (Hrsg.), Reform des Allgemeinen Verwaltungsrechts, 1993, S. 115 (166 f.).

269 Zur Anerkennung des Risikos als Rechtsbegriff stellv. für die h. M. *Steinberg*, Der ökologische Verfassungsstaat, 1998, S. 21.

270 Siehe oben Fn. 267.

271 Grund ist der für Risikokonstellationen typischerweise beschränkte *objektive* Wissenshorizont im Gegensatz zu der vom Gefahrenverdacht erfassten *subjektiven*, also im handelnden Beamten vorliegenden, Ungewissheit über die tatsächliche Sachlage; siehe *Jaeckel* (Fn. 121), S. 287 ff.; *dies.*, in: Pünder/Klafki (Hrsg.), Risiko und Katastrophe als Herausforderung für die Verwaltung, 2016, S. 11 (19).

272 *Klafki* (Fn. 89), S. 34 ff.; zust. etwa *Di Fabio* (Fn. 233), S. 705; aus der frühen Rspr. und Lit. insbes. BVerwGE 72, 300 (316, 322); *Murswiek* (Fn. 264), S. 167 ff.

273 *Klafki* (Fn. 89), S. 38.

politische Wertung Gewicht: „Die Wertungsnotwendigkeit ist dem Risikobegriff inhärent."[274] Schließlich folgt *drittens* die Entscheidung über den Umgang mit dem Risiko (angemessenes, präventives Risikomanagement). Hierbei müssen die Risiken erster Ordnung (z. B. die Gesundheitsgefahren durch das Virus) wie auch die Risiken zweiter Ordnung[275] (z. B. durch etwaige Maßnahmen zur Risikoreduktion bewirkte soziale, wirtschaftliche und psychologische Folgen) in den Blick genommen werden. Das Recht muss insofern seine eigenen Wirkungen antizipieren und wird damit reflexiv.[276]

Im Rahmen seiner Forderung nach einem resilienten Verwaltungsrecht[277] trennt *Stephan Rixen* den Begriff des Risikomanagements vom Begriff der Risikoprävention bzw. -vorsorge und begreift ihn als „neuen"[278] Leitbegriff eines auf globale Krisen reagierenden Staates. Grund für die begriffliche Auskoppelung sei, dass das realisierte Risiko, welches in der tradierten Idee der *Beck*'schen „Risikogesellschaft"[279] eigentlich nicht vorgesehen sei, in der Pandemie ständig neben dem Risiko stehe, das sich vielleicht realisiere.[280] Es gehe mithin nicht nur um Risikoprävention, sondern um die Schaffung eines „Risikorealisierungsfolgenrechts", in dessen Fokus wesentlich Risiken zweiter Ordnung stünden.[281] Wie viel dogmatischen Ertrag diese Figur verspricht – und ob die dargestellten Überlegungen nicht doch im skizzierten Risiko(präventions)begriff aufgehen –, erscheint noch nicht ausgemacht; eine genauere Analyse sprengte jedoch den Rahmen dieser Einführung.

Nach § 1 Abs. 1 IfSG ist es der Zweck des Gesetzes, „übertragbaren Krankheiten beim Menschen vorzubeugen, Infektionen frühzeitig zu erkennen und ihre Weiterverbreitung zu verhindern". Hier steht ein Verwaltungshandeln in Situationen des weitgehenden Nichtwissens in Rede.[282] Indes weist das Gesetz im Grundsatz noch eine gefahrenabwehrrechtliche Struktur auf, wie insbesondere mit Blick auf § 28 Abs. 1 S. 1 IfSG deutlich

---

274 *Di Fabio* (Fn. 233), S. 110; ferner stellv. *Hoffmann-Riem*, in: Hoffmann-Riem/Schmidt-Aßmann (Hrsg.), Innovation und Flexibilität des Verwaltungshandelns, 1994, S. 1 (41 f.); *Scherzberg* (Fn. 264), S. 504.

275 Begriff nach *Scherzberg* (Fn. 264), S. 220 ff.

276 *Scherzberg* (Fn. 264), S. 222.

277 *Rixen* (Fn. 91), S. 42 ff.

278 *Rixen* (Fn. 91), S. 48 („neuen […] Ansatz", „Es geht also nicht um eine Reprise der ‚Risikogesellschaft'").

279 Richtungweisend und begriffsprägend *Beck*, Risikogesellschaft, 1986.

280 *Rixen* (Fn. 91), S. 48 f.

281 *Rixen* (Fn. 91), S. 49.

282 *Marquardsen* (Fn. 11), § 158 Rn. 55.

wird, der – trotz mancher Abweichungen im Detail – letztlich doch mit dem tradierten polizeirechtlichen Institut der konkreten Gefahr operiert.[283] Dies wirft die rechtspolitische Frage nach einer Transposition der infektionsschutzrechtlichen Rechtsgrundlagen in ein dem Risikogedanken verpflichtetes Muster auf, der gleichfalls an dieser Stelle nicht vertieft nachgegangen werden kann.[284]

VII. Verwaltungsvollstreckung im Verwaltungsverbund

Die Verwaltung kann die Befolgung ihrer im Rahmen der Rechtskonkretisierung ergehenden Verwaltungsakte mit den Mitteln des Rechtsdurchsetzungsinstruments[285] Verwaltungszwang bewirken. Dies ist Ausfluss der Eigenständigkeit der Verwaltung nach dem Grundgesetz, die sie in diesem Aspekt von den Verwaltungen anderer Länder (z. B. Frankreich) unterscheidet.[286] Der Verwaltungszwang kann jedoch vor dem Hintergrund einer auf Akzeptanz[287] angewiesenen, auch stark kooperativ ausgerichteten, Staats- und Verwaltungspraxis nicht den Regelfall bilden. Daher werden in der Praxis nicht selten zunächst andere Instrumente der Rechtsdurchsetzung vorrangig sein.[288] Bei schlichtem und vertraglichem Verwal-

---

283 *Kießling* (Fn. 126), Einf. Rn. 22 ff. (23); *dies.* (Fn. 138), S. 54; *Gärditz/Abdulsalam* (Fn. 133), S. 113.

284 Vgl. hierzu die instruktive Analyse und den Normierungsvorschlag in Anlehnung an die planerische Risikovorsorge bei *Kießling* (Fn. 138) m. w. N. auch zu anderen Vorschlägen *de lege ferenda*. Siehe in diesem Zusammenhang zum „Infektionsschutzgesetz als Gefahrenabwehrrecht" auch *Poscher* (Fn. 127), Kap. 4, passim.

285 Zum Begriff *Waldhoff*, in: Voßkuhle/Eifert/Möllers (Hrsg.), GVerwR, Bd. II, 3. Aufl. 2022, § 44 Rn. 1 („Rechtsdurchsetzungsrecht").

286 Hierzu mit rechtsvergleichenden Hinweisen *Waldhoff* (Fn. 285), § 44 Rn. 5. Siehe in diesem Zusammenhang auch die geschichtlichen Abrisse bei *Poscher*, VerwArch 89 (1998), S. 111 (114 ff.); *Waldhoff*, in: Festschr. für Hermann Nehlsen, 2008, S. 332 ff.; ferner *Anschütz*, VerwArch 1 (1893), S. 429 ff.

287 Zur Akzeptanz von Verwaltungsentscheidungen *Spiecker gen. Döhmann* (Fn. 15); *Serong* (Fn. 15).

288 Allg. *Waldhoff* (Fn. 285), § 44 Rn. 3. Die Corona-Pandemie hat den Fokus in diesem Zusammenhang auf das – auch vorher schon diskutierte – sog. Nudging gelegt, also die Beeinflussung des Verhaltens der Staatsbürger durch Anreize. Hierzu allg. grundlegend *Wolff*, Anreize im Recht, 2020 (die allerdings die mit dem Begriff des Nudging bezeichneten Phänomene nicht unter den Anreiz-Begriff fasst, da sie kein bestimmter instrumenteller Gehalt eines *Rechtsaktes* seien [ebd., S. 21 f.]); vgl. ferner *Kirchhof*, ZRP 2015, S. 136 ff.; *Purnhagen/Reisch*, ZEuP 2016,

tungshandeln scheidet ohnehin ein Vorgehen im Wege der Vollstreckung aus und ist die Verwaltung bei Nichtbefolgung des Vertrags durch den Privaten auf den Verwaltungsrechtsweg (§ 123 VwGO, allgemeine Leistungsklage) verwiesen.[289]

Mittel des Verwaltungszwangs sind Vollstreckung[290] und Sanktionen.[291] Sie bilden die „Endpunkte eines einheitlichen und umfassenden Rechtsverwirklichungsvorgangs“[292], der mit der abstrakten Rechtsetzung beginnt, sich in der exekutiven Rechtskonkretisierung fortsetzt und entweder in der freiwilligen Befolgung oder in der zwangsweisen Durchsetzung des Rechts seinen Abschluss findet. Bereits das bloße Bestehen der Zwangsinstrumente begründet durch das hieraus folgende Drohpotential eine ihrer wesentlichen Funktionen (Vorwirkung).[293] Ihre maßgebliche demokratische Legitimation beziehen die Instrumente des Verwaltungszwangs aus dem durchzusetzenden, exekutiv ggf. konkretisierten Gesetz.[294] Während das dem deutschen Verwaltungsrecht im Grundsatz eher fremde[295] Instrument der Sanktion insbesondere durch den Einsatz von Tatbeständen des Ordnungswidrigkeitenrechts den Rechtsunterworfenen durch Druck zur Befolgung des Rechts anhalten will,[296] meint Verwaltungsvollstre-

---

S. 629 ff.; *Honer*, DÖV 2019, S. 940 ff.; *Hufen*, JuS 2020, S. 193 ff. und im Kontext der Pandemie *Kruse/Maturana*, NVwZ 2021, S. 1669 ff.

289 Stellv. *Hüther/Blänsdorf/Lepej*, JURA 2022, S. 553 (564 f.).

290 Zur Vollstreckung im (deutschen und europäischen) Verwaltungsverbund *Reimer*, in diesem Band, S. 359 ff.; *Klomfaß*, in diesem Band, S. 383 ff.

291 So etwa *Waldhoff* (Fn. 285), § 44 Rn. 1, 8, passim. Enger (nur Vollstreckung) die ältere Lehre; siehe etwa *Brunner*, Die Lehre vom Verwaltungszwang, 1923. Näher *Maurer/Waldhoff* (Fn. 98), § 20.

292 *Waldhoff* (Fn. 285), § 44 Rn. 1.

293 *Waldhoff* (Fn. 285), § 44 Rn. 3.

294 Zur sachlich-inhaltlichen Legitimation der Verwaltung *Dreier/Kuch*, in: Kahl/Ludwigs (Hrsg.), HVwR, Bd. III, 2022, § 60 Rn. 31 ff.; *Trute*, in: Voßkuhle/Eifert/Möllers (Hrsg.), GVerwR, Bd. I, 3. Aufl. 2022, § 9 Rn. 10 ff.

295 In neuerer Zeit ist indes eine gewisse Renaissance der Sanktion auszumachen. Grund hierfür sind einerseits Regelungstechniken des nationalen Rechts (hierzu *Waldhoff* [Fn. 285], § 44 Rn. 162 ff.), andererseits unionsrechtliche Einflüsse (hierzu die Beiträge in: *van Gerven/Zuleeg* [Hrsg.], Sanktionen als Mittel zur Durchsetzung des Gemeinschaftsrechts, 1996; ferner *Mecking*, EuR 1995, S. 141 ff.; *Lenaerts*, EuR 1997, S. 17 ff.).

296 *Maurer/Waldhoff* (Fn. 98), § 20 Rn. 28 ff. In einem weiteren Sinne, verstanden als allgemein nachteilige, die Rechtsdurchsetzung bezweckende Rechtsfolge, können der Sanktion z. B. auch die Rücknahme/der Widerruf von Verwaltungsakten oder die öffentlich-rechtliche Aufrechnung zugeordnet werden; siehe *Waldhoff* (Fn. 285), § 44 Rn. 160.

ckung die zwangsweise Durchsetzung öffentlich-rechtlicher Pflichten[297] des Staatsbürgers durch die Verwaltung in einem verwaltungseigenen Verfahren.[298] Dieses ist für die Bundesebene in VwVG und UZwG geregelt; die Länder haben in diesem Bereich eigene Gesetze erlassen[299] oder verweisen auf die Bundesregelung.[300] Diese allgemeinen Regelungen werden durch verschiedene Sonderregelungen abgeändert oder ergänzt.[301]

Gerade auf europäischer Ebene hat – vor dem Hintergrund einer generell zurückgehenden Bereitschaft einiger Mitgliedstaaten zur loyalen Zusammenarbeit (Art. 4 Abs. 3 EUV) – die Frage der Durchsetzung unionsrechtlicher Vorgaben zuletzt im Interesse der Einheit und praktischen Wirksamkeit des EU-Rechts sowie des Grundsatzes des gegenseitigen Vertrauens immer mehr an Relevanz gewonnen.[302] Bereits *Hans Peter Ipsen* definierte Supranationalität als „verfassungsrechtliche Durchsetzbarkeit öffentlicher Gemeinschaftsgewalt gegen Staatsgewalt"[303]. Bei dieser Durchsetzbarkeit handelt es sich indes nur um eine rechtliche Befolgungspflicht. Vollstreckungsmöglichkeiten im engeren (technischen) Sinne, durch die Mitgliedstaaten zur Befolgung oder Umsetzung unionaler Rechtsakte angehalten werden könnten, bestehen nicht (vgl. Art. 299 Abs. 1 letzter Hs. AEUV[304]) bzw. im Falle von Sanktionen nur in Ausnahmefällen.[305] Das Verfahren der Vollstreckung von Zahlungstiteln des Rates, der Kom-

---

297 Speziell zur Vollstreckung von Geldforderungen *Klomfaß*, in diesem Band, S. 383 ff.

298 Siehe *Detterbeck* (Fn. 143), Rn. 1005; *Erbguth/Guckelberger* (Fn. 150), § 19 Rn. 1; *Maurer/Waldhoff* (Fn. 98), § 20 Rn. 1; *Pieroth/Schlink/Kniesel*, Polizei- und Ordnungsrecht, 11. Aufl. 2020, § 24 Rn. 1; *Hyckel*, LKV 2015, S. 300 (300).

299 Hierzu etwa *Doepke*, SächsVBl. 1997, S. 276 ff.; *Schenk*, VBlBW 2018, S. 5 ff.

300 Zusammenstellung der landesrechtlichen Regelungen bei *Troidl*, in: Engelhardt/App/Schlatmann (Hrsg.), VwVG/VwZG, 12. Aufl. 2021, Einf. VwVG Rn. 1. Zur Bundesregelung stellv. *Ipsen*, Allgemeines Verwaltungsrecht, 11. Aufl. 2019, § 14; *Siegel*, Allgemeines Verwaltungsrecht, 14. Aufl. 2022, § 16; *Storr/Schröder*, Allgemeines Verwaltungsrecht, 2. Aufl. 2022, § 17.

301 *Maurer/Waldhoff* (Fn. 98), § 20 Rn. 4.

302 Hierzu *Waldhoff* (Fn. 285), § 44 Rn. 187; zur Vollstreckung im europäischen Verwaltungsverbund *Reimer*, in diesem Band, S. 359 (374 ff.).

303 *Ipsen*, Fusionsverfassung Europäische Gemeinschaften, 1969, S. 23; ferner *ders.*, Verfassungsperspektiven der Europäischen Gemeinschaften, 1970, S. 11; *ders.*, Europäisches Gemeinschaftsrecht, 1972, § 2 Rn. 44.

304 Vertiefend *Jakobs*, in: Rengeling/Middeke/Gellermann (Hrsg.), Handbuch des Rechtsschutzes in der Europäischen Union, 3. Aufl. 2014, § 31 Rn. 10.

305 Hierzu stellv. *Haratsch/König/Pechstein*, Europarecht, 12. Aufl. 2020, Rn. 447 ff.; *Oppermann/Classen/Nettesheim*, Europarecht, 9. Aufl. 2021, § 12 Rn. 44 ff.; *Härtel*, EuR 2001, S. 617 ff.; *Thiele*, EuR 2008, S. 320 ff.; *Klamert*, EuR 2018, S. 159 ff.

mission und der EZB gegenüber Privaten durch die Union regelt Art. 299 Abs. 2–4 AEUV. Es richtet sich nach nationalem Verfahrens- und Organisationsrecht.[306] Das zu vollziehende Unionsrecht verlangt dabei jedoch – in teilweiser Relativierung der nationalen Verfahrensautonomie – eine Orientierung an unionsrechtlichen Vorgaben wie insbesondere dem Diskriminierungsverbot.[307] Die Vollstreckung anderer Entscheidungen ist nur durch Unterstützung des jeweiligen Mitgliedstaates auf Grundlage von dessen Normregime möglich.[308]

VIII. Fazit

Dieser schlaglichtartige Rundgang durch verschiedene Einzelaspekte des Verwaltungshandelns konnte und sollte, wie eingangs erwähnt, nur die Funktion einer ersten, überblicksartigen Einführung in das Thema unserer diesjährigen Arbeitsgespräche zum Verwaltungsrecht erfüllen. Er sollte jedoch – insbesondere anhand der Referenzbeispiele Pandemie und Digitalisierung – verdeutlichen, wie unverändert grundlegend und aktuell das Thema des Verwaltungshandelns ist. Umso mehr freuen wir uns auf die Ausleuchtung und Vertiefung seiner Einzelfacetten in den nachfolgenden Vorträgen und Diskussionen.

---

306 *Rengeling*, Rechtsgrundsätze beim Verwaltungsvollzug des Europäischen Gemeinschaftsrechts, 1977, S. 46.

307 *Kadelbach*, in: van Gerven/Zuleeg (Hrsg.), Sanktionen als Mittel zur Durchsetzung des Gemeinschaftsrechts, 1996, S. 81 (86 ff.); *Ruffert* (Fn. 61), Art. 299 AEUV Rn. 4.

308 *Waldhoff* (Fn. 285), § 44 Rn. 195.

Maßstäbe des Verwaltungshandelns

– Dekonstruktion eines Lehr- und Forschungsfelds –

Andreas Funke

I. Vorbemerkungen

1. Theorie und Praxis

Das Format dieser „Arbeitsgespräche“ soll einen Dialog zwischen Theorie und Praxis ermöglichen.[1] Die folgenden Überlegungen gehen nicht davon aus, dass erst einmal nach Gemeinsamkeiten von Theorie und Praxis gesucht werden müsste, um Dialogfähigkeit herzustellen. Ebenso wenig wie sonst im Recht besteht im Verwaltungsrecht ein Bruch zwischen Theorie und Praxis.[2] Natürlich steht die Verwaltungsrechtswissenschaft als Teil der Institution „Wissenschaft“ der Verwaltungspraxis gegenüber. Aber beide sind damit beschäftigt, Rechtsfragen zu beantworten, und zwar im Wesentlichen nach den gleichen Maßstäben. Einiges spricht dafür, anzunehmen, dass beide Seiten sogar die gleiche wissenschaftliche Methode anwenden, die sich als „juristische Methode“ oder „Dogmatik“ bezeichnen lässt. In der Praxis ist dies häufig weniger deutlich spürbar, weil sich Routinen, Arbeitshilfen, Verwaltungsvorschriften vor die juristische Urteilsbildung des einzelnen Beamten schieben. Aber diese Urteilsbildung wird nicht ersetzt; sie bewegt sich stets im Horizont der „juristischen Methode“. Spätestens dann, wenn es schwierig wird und der Kommentar konsultiert werden muss, ist das klar. Demgegenüber ist juristische „Theorie“ nie ganz Theorie, sofern darunter die ungesicherte, bodenlose Aufstellung von Satzzusammenhängen verstanden wird. Kein geistiger Höhenflug in der Rechtswissenschaft kann es sich leisten, völlig auf die Fixpunkte Gesetz

---

1 *Kahl/Mager*, in: Kahl/Mager (Hrsg.), Verwaltungsrechtswissenschaft und Verwaltungsrechtspraxis, 2019, S. 9 (11 ff.).

2 Also: Arbeitsteilung, vgl. *Kahl*, Wissenschaft, Praxis und Dogmatik im Verwaltungsrecht, 2020, S. 21. Grundlegend anders, wohl wegen eines institutionell vorbelasteten Begriffs von Dogmatik einerseits, einer angreifbar strengen Trennung von Rechtssystem und wissenschaftlichem System andererseits: *Hilbert*, Systemdenken in Verwaltungsrecht und Verwaltungsrechtswissenschaft, 2015, S. 227 ff.

und Rechtsprechung zu verzichten. Von diesem Ausgangspunkt aus ist also nicht das Gemeinsame von Theorie und Praxis fraglich, sondern das Unterscheidende. Es dürfte schlicht darin bestehen, dass die Wissenschaft (als Institution) mehr Zeit hat (wenn auch nicht unendlich) und Entscheidungen nicht verantworten muss (deshalb also, je nach Entscheidungsbegriff, gar nicht entscheidet).[3] Verwaltungs*rechts*praxis ist immer auch *Verwaltungs*praxis, das unterscheidet sie von der Verwaltungsrechtswissenschaft (als Institution). Weil nun die Wissenschaft mehr Zeit hat, denkt sie über juristische Fragen anders nach. Sie denkt auch darüber nach, auf welche Weise überhaupt juristische Fragen gelöst werden. Die Wissenschaft denkt über Dogmatik nach.

2. *Intradisziplinarität*

In der Zivilrechtswissenschaft arbeiten sich neuerdings gleich zwei Qualifikationsschriften an einem Thema ab, das selbst innerhalb dieser juristischen Teildisziplin dem einen oder der anderen esoterisch anmuten mag, nämlich dem Schutz subjektiver Rechte durch Ansprüche, und zwar im Schuld- wie im Sachenrecht.[4] Besonders scharf wird das Problem in der Habilitationsschrift von *Christoph Wendelstein* gefasst.[5] Gegenstand der Arbeit ist die Frage, ob der Anspruch auf Erfüllung einer schuldrechtlichen Forderung eigentlich mit dem subjektiven Forderungsrecht identisch ist. Wendelstein verneint diese Frage, entgegen der herrschenden Auffassung. Seiner Meinung nach ist dieser Anspruch als ein Recht zu verstehen, das aus der Verletzung des Forderungsrechts resultiert. Für die Systematik des Schuldrechts hat diese Auffassung eine Reihe von Konsequenzen. Die Frage mag manchen als klassische Form von „Begriffsjurisprudenz" erscheinen, wofür das Zivilrecht seit langem berühmt wie berüchtigt ist. Aber nicht nur ist dieser Terminus rechtshistorisch entzaubert.[6] Es muss doch zu denken geben, wenn solche Fragen offenbar im gegenwärtigen Zivilrecht als relevant angesehen werden. Aus der Perspektive des Verwaltungsrechts stellt sich die Frage, ob diese zivilrechtliche Diskussion für

---

3 So auch, mit etwas anderer Note, *Röhl*, VVDStRL 74 (2015), S. 7 (14): „Praktische Rechtsanwendung bedeutet daher anders als Wissenschaft, Fragen als prinzipiell abschließbar zu betrachten."

4 *Wendelstein*, Pflicht und Anspruch, 2021; *Winkelmann*, Der Anspruch, 2021.

5 *Wendelstein* (Fn. 4).

6 Hier nur *Rückert*, in: Rückert/Seinecke (Hrsg.), Methodik des Zivilrechts – von Savigny bis Teubner, 3. Aufl. 2017, S. 541 (542 ff.).

das Fach relevant ist.[7] Sie ist gar nicht so leicht zu beantworten. Die Verwaltungsrechtswissenschaft soll *inter*disziplinär sein.[8] Zugleich soll sie dogmatisch sein, was sie in irgendeiner Hinsicht mit den anderen juristische Teildisziplinen gemeinsam haben müsste – aber *Intra*disziplinarität hat im Verwaltungsrecht einen schweren Stand.[9] Es gibt eine naheliegende Erklärung dafür: die Furcht vor dem Vorwurf, durch zivilistisches Denken die Eigenheiten des öffentlichen Rechts zu verfehlen.[10]

3. *Verwaltungsrechtliche Dogmatik*

Was hat das nun mit dem Thema dieses Beitrags zu tun? „Maßstäbe des Verwaltungshandelns" ist ein verwaltungsrechtswissenschaftliches Lehr- und Forschungsfeld, das seit geraumer Zeit besteht, relativ klar abgezirkelt ist und in dem offene Streitfragen mit einer gewissen Kontinuität ausgetragen werden. Dieser Beitrag behandelt nicht direkt einzelne Maßstäbe des Verwaltungshandelns, sondern soll die Art und Weise durchleuchten, in der dieses Lehr- und Forschungsfeld systematisiert und bearbeitet wird. Meine Hypothese ist, dass jedenfalls einige Fragen auch deshalb offen sind, weil bestimmte Prämissen ungeklärt sind. Diese Prämissen betreffen insbesondere eben jene dogmatische Natur des Fachs. Sie sind (auch) Gegenstand des Beitrages. Die „Maßstabslehre", wie sie gemeinhin und so auch im Folgenden verkürzt genannt wird, soll in den Gesamtzusammenhang verwaltungsrechtlicher Systembildung eingeordnet werden. Der Beitrag bemüht sich also um eine Interpretation der Dogmatik. Und wie erwähnt, sie wird von Wissenschaft und Praxis geteilt.

---

7 Erinnert sei daran, wie nachhaltig *Bachofs* Anknüpfung an die zivilrechtliche Unterscheidung von Beherrschungsrecht, Anspruch und Gestaltungsrecht (*Bachof*, in: Bachof u. a. [Hrsg.], Gedächtnisschr. für Walter Jellinek, 1955, S. 287 [293]) die Grundrechtsdogmatik prägt, vgl. die Systematisierung bei *Sachs*, in: Stern, Das Staatsrecht der Bundesrepublik Deutschland, Bd. III/1, 1988, S. 558 ff.

8 Vgl. m. w. N. *Röhl* (Fn. 3), S. 27 ff.; *Kahl* (Fn. 2), S. 130 ff.

9 Zu Recht hingegen betont bei *Sauer*, Öffentliches Reaktionsrecht, 2021, S. 42 ff.; nur kursorisch *Voßkuhle*, in: Hoffmann-Riem/Schmidt-Aßmann/Voßkuhle (Hrsg.), GVerwR, Bd. I, 2. Aufl. 2012, § 1 Rn. 38. Fehlanzeige: *Somek*, VVDStRL 79 (2020), S. 7 ff.; *Krüper*, VVDStRL 79 (2020), S. 43 ff.

10 Die Furcht ist alt, siehe etwa *Fleiner*, Ueber die Umbildung zivilrechtlicher Institute durch das öffentliche Recht, 1906, S. 9 („Emanzipation vom Zivilrecht"); aus der Gegenwart: *Lepsius*, in: Jestaedt/Lepsius (Hrsg.), Rechtswissenschaftstheorie, 2008, S. 1 (21 ff.). Demgegenüber *Triepel*, Staatsrecht und Politik, 1927, S. 39: „denn es gibt nur *eine* juristische Methode" (Hervorhebung im Original).

II. Maßstäbe des Verwaltungshandelns: eine Skizze

1. Darstellung: Rechtmäßigkeit plus X

Die Verwaltung ist an Gesetz und Recht gebunden, Art. 20 Abs. 3 GG. Bei unbefangener Betrachtung müsste damit die Frage nach den Maßstäben des Verwaltungshandelns direkt zum Prinzip der Gesetzmäßigkeit der Verwaltung führen. Nichts anderes wäre das Thema. Allerdings gehen Teile der Verwaltungsrechtswissenschaft unter der Rubrik „Maßstäbe des Verwaltungshandelns" anders vor. Es handelt sich um ein vergleichsweise junges Arbeitsfeld mit einer sehr spezifischen Ausprägung, die im Kern darin besteht, das Gesetzmäßigkeitsprinzip um weitere Verhaltensanforderungen zu ergänzen. *Eberhard Schmidt-Aßmann* hat diese spezifischen „Maßstäbe des Verwaltungshandelns" in seiner einflussreichen Studie zum „allgemeinen Verwaltungsrecht als Ordnungsidee" in die Diskussion eingeführt.[11] An seinen Erläuterungen führt deshalb kein Weg vorbei. *Schmidt-Aßmann* ist auf eine gewisse Resonanz gestoßen.[12] Sogar in einigen Lehrbüchern des Verwaltungsrechts ist die Maßstabslehre präsent. Dieser Befund stützt sich nicht allein auf eine Suche nach der von *Schmidt-Aßmann* und anderen verwendeten Begrifflichkeit, sondern auch danach, ob der damit bezeichnete Gegenstand behandelt wird. Im Europäischen Verwaltungsrecht scheint die Maßstabslehre, entgegen der wohl veralteten Einschätzung *Schmidt-Aßmanns*, allerdings keine Rolle zu spielen.[13]

Schmidt-Aßmann hat nicht bei Null angefangen, sondern stützt sich auf eine Darstellung von Grundsätzen des Verwaltungshandelns, die sich im Verwaltungsrechtslehrbuch von *Norbert Achterberg* findet. *Achterberg* behandelt Rechtmäßigkeit, Zweckmäßigkeit, Wirtschaftlichkeit, Einsich-

---

11 *Schmidt-Aßmann*, Das allgemeine Verwaltungsrecht als Ordnungsidee, 2. Aufl. 2006, Kap. 6 Rn. 57 ff. Im Wesentlichen identisch schon in der ersten Auflage: *ders.*, Das Allgemeine Verwaltungsrecht als Ordnungsidee, 1998, S. 280 ff. Nicht hingegen relevant in der Skizze von *dems.*, Das allgemeine Verwaltungsrecht als Ordnungsidee und System, 1982.

12 Aus der Forschung: *Müller-Franken*, Maßvolles Verwalten, 2004, S. 46 ff.; *Pitschas*, in: Hoffmann-Riem/Schmidt-Aßmann/Voßkuhle (Hrsg.), GVerwR, Bd. II, 2. Aufl. 2012, § 42; *Augsberg*, in: Voßkuhle/Eifert/Möllers (Hrsg.), GVerwR, Bd. I, 3. Aufl. 2022, § 8.

13 Vgl. *Schmidt-Aßmann* (Fn. 11), Kap. 6 Rn. 57, mit Hinweis auf *Schwarze*, Europäisches Verwaltungsrecht, 2. Aufl. 2005. Hingegen Fehlanzeige: *von Danwitz*, Europäisches Verwaltungsrecht, 2008; *Terhechte* (Hrsg.), Verwaltungsrecht der Europäischen Union, 2022. Ganz knapp *Augsberg* (Fn. 12), § 8 Rn. 5.

tigkeit, Verantwortlichkeit und Gemeinwohlbezüglichkeit.[14] *Achterberg* bezieht sich auf sozialwissenschaftlich entwickelte Anforderungen, die er mit bestimmten Vorbehalten juristisch verwerten möchte. *Schmidt-Aßmann* wählt einen neuen Bezugsrahmen. Die Maßstäbe des Verwaltungshandelns dienen ihm als einer von vier „Steuerungsansätzen" des Verwaltungsrechts; darunter versteht *Schmidt-Aßmann* unterschiedliche Arten der Programmsteuerung; diese steht neben dem Verwaltungsverfahrensrecht, das der prozeduralen Steuerung der Verwaltung dient.[15] Maßstäbe sind normative Orientierungen „in einem über die Rechtmäßigkeit hinausgreifenden, auf Richtigkeit zielenden Sinne".[16] Kurz gefasst also: *Rechtmäßigkeit plus X*. *Schmidt-Aßmann* nennt als Maßstäbe Gleichbehandlung, Verhältnismäßigkeit, Wirtschaftlichkeit, Effizienz, Transparenz, Akzeptanz „u. a.". „Entwicklungsgeschichtlich", so *Schmidt-Aßmann*, wurzeln die Maßstäbe in der Rechtsidee sowie in Billigkeits- und Praktikabilitätserwägungen. Die etwas beliebig wirkende Aneinanderreihung *Achterbergs* setzt *Schmidt-Aßmann* fort; er weist darauf hin, dass es bislang keine anerkannte Systematisierung gibt.[17]

Die „Maßstäbe" können also, müssen aber nicht rechtlicher Natur sein. Zum Rechtsmaßstab wird ein Kriterium nach *Schmidt-Aßmann* dann, wenn es von Gerichten als Kontrollmaßstab anerkannt und seine Nichtbeachtung mit den üblichen Folgen der Rechtswidrigkeit von Staatsakten verbunden wird.[18] Deshalb sei keine strenge Trennung zwischen rechtlichen und nicht-rechtlichen Maßstäben möglich.[19]

In der weiteren Darstellung des Felds ist für *Schmidt-Aßmann* die Trennung von Maßstabsgehalt und Maßstabssanktion besonders wichtig. Der Maßstabsgehalt ist die materielle Seite der Maßstabslehre, die Sanktion die instrumentelle.[20] Dahinter steht, so *Schmidt-Aßmann*, die Unterschei-

---

14 *Achterberg*, Allgemeines Verwaltungsrecht, 2. Aufl. 1986, § 19.

15 *Schmidt-Aßmann* (Fn. 11), Kap. 6 Rn. 32.

16 *Schmidt-Aßmann* (Fn. 11), Kap. 6 Rn. 57.

17 Dazu auch *Fehling*, in: Trute u. a. (Hrsg.), Allgemeines Verwaltungsrecht – Zur Tragfähigkeit eines Konzepts, 2008, S. 461 (469); *Augsberg* (Fn. 12), § 8 Rn. 3.

18 *Schmidt-Aßmann* (Fn. 11), Kap. 6 Rn. 60. In diesem Sinne auch *Schoch*, in: Trute (Fn. 17), S. 543 (545).

19 So auch *Fehling* (Fn. 17), S. 465 (nur graduelle Unterscheidung). Zu weitgehend – aber eigentlich unklar – *Pitschas* (Fn. 12), § 42 Rn. 4: Maßstab als „eine Rechtsquelle eigener Art mit latentem Rechtsgehalt". Demgegenüber untersucht *Ellerbrok*, in: Kahl/Ludwigs (Hrsg.), HVwR, Bd. III, 2022, § 76 Rn. 4, Rationalität und Effizienz dezidiert als rechtliche Maßstäbe.

20 *Schmidt-Aßmann* (Fn. 11), Kap. 6 Rn. 61; zustimmend *Pitschas* (Fn. 12), § 42 Rn. 26, 30 ff.; *Augsberg* (Fn. 12), § 8 Rn. 7 ff.

dung von Handlungs- und Kontrollmaßstab. Die Maßstäbe gelten also für das Handeln der Verwaltung, und sie dienen, unter Umständen in modifizierter Form, als Maßstab für die Kontrolle der Verwaltung. Mit dieser Kontrolle sind Sanktionen verbunden. Sanktionen können in bestimmten materiellen Rechtsfolgen bestehen; aber die Maßstabslehre spannt den Rahmen der Sanktionen zwangsläufig weitaus breiter. Gerichtliche Kontrollen stehen neben parlamentarischer, aufsichtlicher und haushaltsrechtlicher Kontrolle, die je eigene Sanktionen für die Nichtbeachtung von Handlungsmaßstäben kennen.[21] Zu den rechtlichen Sanktionen zählt *Schmidt-Aßmann* auch materielle Reaktionsregelungen, z. B. die Fehlerfolgenlehre, das Staatshaftungsrecht und das Disziplinarrecht.[22]

Auf Resonanz ist *Schmidt-Aßmann* auch außerhalb des engeren Kreises der reformorientierten Verwaltungsrechtswissenschaft gestoßen. *Maximilian Wallerath* behandelt in seinem Lehrbuch zum Allgemeinen Verwaltungsrecht unter der Überschrift „Maßstäbe des Verwaltungshandelns" in der Sache den Grundsatz der Gesetzmäßigkeit der Verwaltung, den Grundsatz der Verhältnismäßigkeit, Entscheidungsspielräume der Verwaltung, Ermessen und Beurteilungsspielraum.[23] Vorab betont er aber den Gestaltungsauftrag der Verwaltung, der sich nicht in Rechtserkenntnis erschöpft.[24] Als Maßstäbe für richtiges Entscheiden kommen, so *Wallerath*, neben der juristischen Richtigkeit etwa die Effektivität und die Effizienz des Verwaltungshandelns in Betracht.[25] Die Rechtmäßigkeitsbedingungen verortet *Wallerath* v. a. auf der gerichtlichen Kontrollebene, während andere Maßstäbe im staatlichen Binnenbereich verbleiben.[26] Er konzentriert sich in seiner Darstellung auf diese rechtlichen Maßstäbe.

Koch/Rubel/Heselhaus behandeln ebenfalls in der Sache verschiedene Maßstäbe des Verwaltungshandelns. Sie wählen allerdings einen rein kontrollorientierten Zugang und führen unter der Überschrift „Maßstäbe und Akteure der Verwaltungskontrolle" die Rechtmäßigkeitskontrolle, die Kontrolle der Wirtschaftlichkeit, die Zweckmäßigkeitskontrolle und die

---

21 *Schmidt-Aßmann* (Fn. 11), Kap. 6 Rn. 62.

22 *Schmidt-Aßmann* (Fn. 11), Kap. 6 Rn. 62.

23 *Wallerath*, Allgemeines Verwaltungsrecht, 6. Aufl. 2009, § 7. In früheren Auflagen hat *Wallerath* hingegen die Darstellung der „Allgemeinen Grundlagen des Verwaltungshandelns" auf rechtliche Anforderungen beschränkt, ohne Einordnung in den Rahmen einer Steuerung des Verwaltungshandelns durch Maßstäbe (*ders.*, Allgemeines Verwaltungsrecht, 4. Aufl. 1992, § 6).

24 *Wallerath* (Fn. 23), § 7 Rn. 2.

25 *Wallerath* (Fn. 23), § 7 Rn. 4.

26 *Wallerath* (Fn. 23), § 7 Rn. 4, 9.

effektive Aufgabenerfüllung an.[27] Bei *Storr/Schröder* werden unter dem Stichwort „Maßstäbe des Verwaltungshandelns" in der Sache nur rechtliche Anforderungen erläutert.[28] Recht viel zitiert wird die Darstellung *Matthias Jestaedts* zu „Maßstäben des Verwaltungshandelns".[29] Wie aber noch zu zeigen sein wird, weicht sie in der Sache in einigen Punkten entscheidend von den Darlegungen *Schmidt-Aßmanns* ab.

Zusammenfassend lässt sich vorläufig festhalten: Bei dem Lehr- und Forschungsfeld „Maßstäbe des Verwaltungshandelns" handelt es sich um den Versuch, rechtliche und nichtrechtliche Handlungsanforderungen nach allgemeinen Grundsätzen zu behandeln und in einen Bezug zueinander zu setzen. Während der rechtliche Maßstab auch in diesem Kontext als klassische Dogmatik des Gesetzlichkeitsprinzips operiert, ist das Feld der nicht-rechtlichen Maßstäbe weitgehend ohne Ordnung. Zusammenhänge zwischen diesen Maßstäben sind kaum erkennbar.

2. *Nivellierung des Rechts?*

Die mit der Maßstabslehre verbundene Erweiterung der verwaltungsrechtswissenschaftlichen Betrachtung mag einem Einwand ausgesetzt sein, der bei genauerer Betrachtung nicht stichhaltig ist: Indem das Recht anderen Maßstäben zugeordnet werde, drohe eine Nivellierung des Rechts. Maßstäben werde man mehr oder weniger gerecht, das Recht kenne aber nur den binären Code des rechtmäßig oder nicht. Das Recht würde also, so könnte der Einwand lauten, in der Maßstabslehre seine Eigenart verlieren. Wenn *Rainer Pitschas* die Rechtmäßigkeit als Optimierungsgebot ansieht, liefert er diesem Einwand einen Angriffspunkt.[30] Doch ist diese Sicht wohl nicht repräsentativ für die Maßstabslehre; sie ist nicht notwendigerweise damit verbunden. Die Maßstabslehre stellt nicht in Frage, dass der Code des Rechts im juristischen Vorgehen der Klassifikation des Handelns

---

27 *Koch/Rubel/Heselhaus*, Allgemeines Verwaltungsrecht, 3. Aufl. 2003, S. 326 ff. Grundzüge dieser Überlegungen, aber ohne das Maßstabskonzept, auch schon in *Koch*, Allgemeines Verwaltungsrecht, 1984, S. 210 ff.

28 *Storr/Schröder*, Allgemeines Verwaltungsrecht, 2. Aufl. 2021, Rn. 211. So auch schon *Mayer/Kopp*, Allgemeines Verwaltungsrecht, 5. Aufl. 1985, S. 294 ff.

29 *Jestaedt*, in: Ehlers/Pünder (Hrsg.), Allgemeines Verwaltungsrecht, 15. Aufl. 2016, § 11.

30 *Pitschas* (Fn. 12), § 42 Rn. 74 f.

der Verwaltung dient. Das Recht ist also nicht nur ein Ideal.[31] Dennoch operiert der rechtliche Maßstab in einer Hinsicht durchaus auf die gleiche Weise wie die anderen Maßstäbe: Eine rechtliche Wertung beschränkt sich nicht darauf, das Handeln der Verwaltung im Ergebnis als rechtmäßig oder rechtswidrig einzuordnen. Ein solches Ergebnis wird argumentativ gewonnen, und diese Argumentation kann aus der rechtlichen Betrachtung nicht eliminiert werden. Hier nun haben Abstufungen ihren Platz: Die Vorgänge des rechtlichen Begründens und Überzeugens kennen sehr wohl ein Mehr oder Weniger. Darauf ist noch zurückzukommen (unter IV. 2.).

3. *Nachfragen*

Andere Schwierigkeiten bleiben. Sie werden teilweise seit längerem innerhalb der Maßstabslehre diskutiert. Drei Nachfragen seien gestellt:

(1) Maßstabs*qualität*: Wenn es rechtliche und nicht-rechtliche Maßstäbe geben soll, wie verhält sich dies dazu, dass die Verwaltung im demokratischen Rechtsstaat durch Verwaltungsrecht *konstituiert* wird, wie etwa *Schmidt-Aßmann* selbst deutlich hervorhebt?[32] Eigentlich dürfte es dann gar keine nicht-rechtlichen Maßstäbe geben. Müssen die nicht-rechtlichen Maßstäbe nicht doch irgendwie rechtlich eingefangen werden? Das ist keine Frage der Theorieästhetik, sondern der Rechtsbindung: Nicht-rechtliche Maßstäbe, in ihrer Geltung wie Anwendung, öffnen denjenigen, die in der Verwaltung handeln, den Raum für eigene politische Gestaltung.[33] Diese Nachfrage soll keineswegs als Plädoyer dafür verstanden werden, alle Verhaltensanforderungen, die für die Verwaltung bestehen, zu verrechtlichen. Erst einmal ist das Problem zu benennen: Wie soll die Unterscheidung von rechtlichen und nicht-rechtlichen Maßstäben überhaupt gezogen, wie soll sie operationalisiert werden?

(2) Maßstabs*wert*: Das Recht kennt als Maßstabswert, wie bereits erwähnt, nur den Code des rechtmäßig/rechtswidrig. Man kann sicherlich auch sagen, dass „rechtmäßiges“ Handeln zugleich rechtlich richtiges Handeln ist. Dabei stellt sich die umstrittene, hier nicht zu diskutierende

---

31 Vgl. zu klassifizierenden und qualifizierenden Zusammenhängen, allerdings bezogen auf die Begriffe Recht und Moral, *Alexy*, Begriff und Geltung des Rechts, 1992, S. 48 f.

32 *Schmidt-Aßmann* (Fn. 11), Kap. 6 Rn. 33.

33 Vgl. *Schönenbroicher*, in: Kahl/Mager (Fn. 1), S. 133 (144).

Frage, ob es die eine richtige rechtliche Entscheidung gibt.[34] Daneben hat der Maßstabswert der „Richtigkeit" in der Maßstabslehre eine schwierige Rolle. Die nicht-rechtlichen Maßstäbe haben ihre je eigene, sachliche Richtigkeit.[35] Ineffizientes Handeln ist falsch im Sinne des Handlungsmaßstabes der Effizienz. Wie verhält sich nun dieser Maßstab zum rechtlichen Maßstab und zu den anderen nicht-rechtlichen Maßstäben? Die rechtliche Richtigkeit kann nicht in einer allgemeinen „Richtigkeit" des Verwaltungshandelns aufgehen.[36] Aber welche juristische Bedeutung hat die nicht-rechtliche Richtigkeit des Verwaltungshandelns? Dieses Problem ist innerhalb der Maßstabslehre bekannt, aber nicht gelöst.

(3) Maßstabs*wirkung*: Schließlich stellt sich eine empirische Frage: Wie wirken die verschiedenen Maßstäbe in der Verwaltungspraxis? Welche Rolle spielen die Maßstäbe bei der einzelnen adminis-trativen Entscheidung? Wie werden die Maßstäbe aufeinander abgestimmt? Hier stellen sich interessante rechtstatsächliche Fragen. Empirische Untersuchungen hierzu sind nicht auffindbar. An dieser Stelle macht sich der Theoretiker, der Verwaltungsrechtswissenschaftler, wohl eher ein auf Alltagsevidenz basiertes Bild.

III. Die Unterscheidung von Handlungs- und Kontrollmaßstab – und ihre Fragwürdigkeit

Wie wir gesehen haben, ruht die Maßstabslehre ganz wesentlich auf der Unterscheidung von Handlungs- und Kontrollmaßstab. Dieser Unterscheidung steht die von manchen Autoren getroffene Unterscheidung von Handlungs- und Kontroll*norm* zur Seite.[37] Es stellt sich aber die Frage, ob bzw. in welchem Sinne der Kontrollmaßstab vom Handlungsmaßstab

---

34 Hierzu im Kontext der Verwaltungsrechtswissenschaft *Müller-Franken* (Fn. 12), S. 58; *Funke*, JZ 2015, S. 369 (376). Skeptisch *Trute*, in: Trute (Fn. 17), S. 211.

35 Überblick bei *Hoffmann-Riem*, in: Schmidt-Aßmann/Hoffmann-Riem (Hrsg.), Methoden der Verwaltungsrechtswissenschaft, 2004, S. 9 (47 ff.): Rechtmäßigkeit „im engeren Sinne", Optimalität, Effektivität, Akzeptabilität, Implementierbarkeit, Zukunftstauglichkeit.

36 Wohl anders, nämlich im Sinne einer einheitlichen administrativen Rationalität: *Kempny*, Verwaltungskontrolle, 2017, S. 30 ff.; in diesem Sinne auch *Augsberg* (Fn. 12), § 8 Rn. 8.

37 *Franzius*, in: Hoffmann-Riem/Schmidt-Aßmann/Voßkuhle (Fn. 9), § 4 Rn. 2; *Krebs*, Kontrolle in staatlichen Entscheidungsprozessen, 1984, S. 55; *Hoffmann-Riem* (Fn. 35), S. 20; differenzierend *Kempny* (Fn. 36), S. 182 ff. Zum verfassungsrechtlichen Pendant, der „funktionell-rechtlichen" Betrachtung als Rechtfertigung der reduzierten verfassungsgerichtlichen Prüfungskompetenz im Verhältnis

überhaupt abweichen kann. Ihr soll im Folgenden nachgegangen werden, indem zunächst der Kontrollauftrag der Verwaltungsgerichtsbarkeit näher gewürdigt wird (unter 1.). Sodann ist die für die Beurteilung der Rechtmäßigkeit des Verwaltungshandelns wichtige Unterscheidung von objektivem und subjektivem Recht zu erörtern (unter 2.).

1. Verwaltungsgerichtliche „Kontrolle"

Zentrale verwaltungsrechtliche Maßstabs*sanktion* ist die gerichtliche Kontrolle. Die Redeweise von einer gerichtlichen Kontrolle der Verwaltung ist allgegenwärtig.[38] Dennoch: Sie ist rechtssystematisch nicht adäquat. Eines der wichtigsten Elemente der Maßstabslehre wird damit brüchig.

Um dies näher zu erläutern, ist von der Norm des Art. 19 Abs. 4 GG auszugehen.[39] Sie garantiert einen Rechtsweg für die Behauptung, in einem subjektiven öffentlichen Recht verletzt zu sein. Sie wird gemeinhin als „Systementscheidung für den Individualrechtsschutz" verstanden. Soweit damit Bedenken gegen eine Ausweitung von Verbandsklagen oder gar Popularklagen auf einfach-rechtlicher Ebene verbunden sind, halte ich diese Wendung für problematisch. Die Garantie des einen Rechtswegs ist nicht mit dem Ausschluss anderer Zuweisungen an die Gerichte verbunden.[40] Art. 19 Abs. 4 GG kann nicht das Verbot entnommen werden, Verbandsklagen und Ähnliches einzuführen. Wenn die Wissenschaft (als Institution) solche Verbote postuliert, setzt sie sich zu Recht dem Vorwurf aus, Politik zu machen.[41] Aber das ist nicht das Thema. Sondern die Frage ist, welche Gestalt das verwaltungsgerichtliche Verfahren hat, wenn es im Sinne von Art. 19 Abs. 4 GG den Rechtsweg für die Klärung einer Rechtsverletzungsbehauptung garantiert. Die Verwaltungsgerichtsordnung ist, abgesehen von den Ausnahmen, die mit § 42 Abs. 2 1. Alt. VwGO verbunden sind, an der Durchsetzung subjektiver öffentlicher Rechte ausgerichtet.

---

zum Gesetzgeber, siehe nur *Bickenbach*, Die Einschätzungsprärogative des Gesetzgebers, 2014, S. 503 ff.

38 Repräsentativ aus dem jüngeren Schrifttum *Ramsauer*, in: Rubel/Ziekow (Hrsg.), Die Verwaltung und ihr Recht, 2019, S. 21; *Gärditz/Keller/Niesler* (Hrsg.), Liber Amicorum für Max-Jürgen Seibert, 2020.

39 Zum Folgenden – m. w. N. – *Funke*, in: Dreier/Brosius-Gersdorf (Hrsg.), GG, Bd. 1, 4. Aufl., i. E., Art. 19 IV Rn. 68 ff. Die Grundidee dieser Konzeption ist, das Recht aus Art. 19 Abs. 4 GG als besonderen Justizgewährungsanspruch zu interpretieren.

40 Deutlich auch *Michael*, VVDStRL 75 (2016), S. 131 (171).

41 Siehe *Michael* (Fn. 40), S. 174.

Und zwar strikt und ausschließlich: Das gerichtliche Verfahren dient *nur* der Durchsetzung von Rechten und Ansprüchen. Das löst jedoch die Frage aus, inwiefern die Verwaltungsgerichte – oder die ordentlichen Gerichte, deren Beteiligung hier nicht unterschlagen werden darf[42] – dann überhaupt die Verwaltung kontrollieren können. Diese Frage wird gemeinhin, sofern sie überhaupt gestellt wird, so beantwortet, dass die Kontrolle *nur akzessorisch* zur Rechtsdurchsetzung angelegt sein kann. Das subjektive Recht wirkt, so formuliert dies *Walter Krebs*, als Selektionsmaßstab für die Kontrollmaßstäbe und für diejenigen Akte der Verwaltung, die kontrolliert werden.[43] Aber bei genauer Betrachtung lässt das – zutreffende – Akzessorietätstheorem vom Kontrollgedanken wenig übrig. Das sieht im Übrigen an sich auch *Schmidt-Aßmann* so.[44]

Natürlich ist es möglich, die verwaltungsgerichtliche Rechtsdurchsetzung in ein System von Verwaltungskontrollen einzuordnen. Damit können fruchtbare theoretische Perspektiven verbunden sein.[45] Wert hat die kontrollorientierte Betrachtung des Weiteren für die Analyse der institutionellen Verhältnisse von Verwaltungsgerichtsbarkeit und Verwaltung. Aber dies verändert den Bezugsrahmen der rechtlichen Betrachtung. Es geht dann vor allem um die Dogmatik der Gewaltenteilung – einschließlich der Frage der Eigenständigkeit der Verwaltung[46] – und um die (demokratische) Legitimation der beiden Gewalten, also das Verfassungsrecht. Adressat solcher Überlegungen ist in erster Linie der Gesetzgeber. Fraglich ist, worin genau für das Verwaltungsrecht der *dogmatische* Wert der kontrollorientierten Betrachtung der Verwaltungsgerichtsbarkeit liegt.

Für das Verständnis des verwaltungsgerichtlichen Verfahrens als solchem und für die Aufarbeitung der vom Gericht anzulegenden Maßstäbe hat der Kontrollgedanke keine eigenständige Bedeutung. Wird dem verwaltungsgerichtlichen Prüfprogramm das begriffliche Kleid einer Kontrolltheorie übergeworfen, so kann damit nicht die Substanz des Prüfprogramms verändert werden. Die gerichtlichen Maßstäbe werden davon

---

42 *Kahl*, Droht die Entmachtung der Verwaltungsgerichtsbarkeit durch die Zivilgerichte?, 2016.

43 *Krebs*, in: Erichsen/Hoppe/Mutius (Hrsg.), Festschr. für Christian-Friedrich Menger, 1985, S. 191 (193).

44 *Schmidt-Aßmann*, in: Erichsen/Hoppe/Mutius (Fn. 43), S. 107 (109): objektiver Rechtsschutz im Rahmen des Art. 19 Abs. 4 GG als „Nebenfolge"; der Ausdruck stammt wohl von *Menger*, DÖV 1955, S. 587 (591), vgl. – zustimmend – *Krebs* (Fn. 43), S. 193. Weiter: *Schmidt-Aßmann*, in: Schmidt-Aßmann/Hoffmann-Riem (Hrsg.), Verwaltungskontrolle, 2001, S. 9 (23); *Schmidt-Aßmann* (Fn. 11), 4/60.

45 Siehe etwa *Kempny* (Fn. 36).

46 Im Kontext: *Schmidt-Aßmann* (Fn. 44), S. 112.

nicht berührt. Der für die Verwaltung geltende Handlungsmaßstab ist mit dem gerichtlichen Kontrollmaßstab zwingend identisch.[47] Als Kontrollakteur ist die Verwaltungsgerichtsbarkeit deshalb gar nicht wirklich greifbar. Allenfalls wäre der Kläger bzw. die Klägerin als Kontrolleur/-in anzusehen, der über den Dispositionsgrundsatz das Handeln des Verwaltungsgerichts steuert. Diese Schlussfolgerung zieht aber niemand.[48] Im Übrigen wäre dann auch in den seltenen Staat-Bürger-Klagen der Bürger einer staatlichen Kontrolle unterworfen, was eine befremdliche Vorstellung ist.

Es spricht einiges dafür, dass die kontrollorientierte Betrachtung der Verwaltungsgerichtsbarkeit unnötige Probleme erzeugt. Spürbar ist dies etwa an der verbreiteten, gleichwohl zirkulären Argumentation, der Kontrollauftrag schließe vorbeugenden Rechtsschutz im Grundsatz aus.[49] Ein anderes Beispiel ist die vieldiskutierte „Kontrolldichte" des verwaltungsgerichtlichen Prüfprogramms. Es handelt sich dabei nicht um eine Frage autarker prozessualer Gestaltung, sondern der materiell-rechtlichen „Bindungsdichte".[50]

Aus der Perspektive des Kontrolldenkens ist die Ausrichtung des verwaltungsgerichtlichen Rechtsweges an subjektiven Rechten defizitär.[51] Denn die Kontrolle der Verwaltung ist auf die Durchsetzung subjektiver Rechte beschränkt. Aber wenn der Kontrollauftrag einen validen verfassungsrechtlichen Halt hätte, dann müsste diese Beschränkung eigentlich gegen die Verfassung verstoßen; jedenfalls wäre sie als Beeinträchtigung des Rechtsstaatsprinzips rechtfertigungsbedürftig.

Natürlich: Der Kontrollgedanke war für die Entwicklung der verwaltungsrechtlichen Systematik von überwältigender Bedeutung[52] – und hat dennoch, wie gesehen, gar nicht einmal festen verfassungsrechtlichen Halt.

---

47 *Schoch* (Fn. 18), S. 553; *Jestaedt* (Fn. 29), § 11 Rn. 38.

48 Sie würde Anlass geben, das verwaltungsgerichtliche Verfahren aus demokratischer Perspektive zu interpretieren. Sichtbar ist das bei *class actions*, vgl. *Ellerbrok*, in: Huggins u. a. (Hrsg.), Zugang zu Recht, 2021, S. 437.

49 Dazu m. w. N. *Funke* (Fn. 39), Art. 19 IV Rn. 70.

50 Vgl. *Funke* (Fn. 39), Art. 19 IV Rn. 85.

51 Nachweise bei *Funke* (Fn. 39), Art. 19 IV, Fn. 317.

52 „Alle Rechtsformen des Verwaltungsrechts waren im Verlauf der letzten 100 Jahre unter dem Aspekt der verwaltungsgerichtlichen Kontrolle entwickelt worden", so *Stolleis*, Geschichte des öffentlichen Rechts in Deutschland, Bd. 4, 2012, S. 191, zur Verzahnung von materiellem Recht und Prozessrecht (im Kontext des Inkrafttretens der VwGO). Aber so ganz stimmt das nicht. Im nun wahrlich prägenden „Deutschen Verwaltungsrecht" von *Otto Mayer* hat der verwaltungsgerichtliche Rechtsschutz keine systembildende Funktion, vgl. *Funke*, ZDRW 2021, S. 293 (297 f.).

Es fehlt, so kann vermutet werden, ein alternatives entwicklungsgeschichtliches Narrativ. Die gängige Erzählung sieht im verwaltungsgerichtlichen Rechtsweg den „Rechtsschutz"; die Verwaltungsgerichte schützen den Bürger bzw. die Bürgerin vor der übermächtigen Verwaltung. Das ist das Wesen des Rechtsstaats.[53] Ein alternatives Narrativ zu etablieren ist schwer, weil der verwaltungsrechtliche Diskurs wie jeder Diskurs pfadabhängig ist und nicht einfach so auf einen nebenher verlaufenden Weg springen kann. Man kann es das postrechtsstaatliche Narrativ nennen, weil es als Überwindung, aber nicht Verabschiedung des Gedankens anzulegen wäre, dass der verwaltungsgerichtliche „Rechtsschutz" den rechtsstaatlichen Schutz des Einzelnen vollendet. Kurz gefasst: Der Rechtsweg in verwaltungsgerichtlichen Streitigkeiten muss *nicht mehr* spezifisch rechtsstaatlich begründet werden.

2. *Objektives und subjektives Recht als „Maßstab"*

Die Maßstabslehre ist gerichtszentriert, denn sie fasst die verwaltungsrechtlichen Normen als gerichtliche Kontrollnormen auf. Aus der gerichtlichen Perspektive ist, wie gesehen, allein die Rechtsverletzung von Interesse.[54] Nur sie trägt die Begründetheit einer verwaltungsgerichtlichen Klage, sonst nichts. Nicht die Rechtmäßigkeit des Handelns der Verwaltung ist Gegenstand der Entscheidung, sondern die Rechtswidrigkeit des Verwaltungshandelns, sofern sie mit einer Rechtsverletzung verbunden ist.

Zahlreiche Rechtsbindungen des objektiven Rechts geraten folglich gar nicht erst in den Fokus des Gerichts. Das ist kein grundsätzliches Problem, denn für die Wahrung des objektiven Rechts kennt die Rechtsordnung zahlreiche Kontrollmechanismen: parlamentarische Kontrolle, Haushalts- und Wirtschaftlichkeitskontrolle, die verschiedenen Formen der Aufsicht, verwaltungsinterne Kontrolle (etwa im gerichtlichen Vorverfahren). Doch wenn in all diesen Kontrollmechanismen der Maßstabssanktion ein Maßstabsgehalt gegenübergestellt wird, dann scheint dabei ein bestimmtes Verständnis des verwaltungsgerichtlichen Prüfprogramms generalisiert zu werden. Offenbar ist die Wahrnehmung der objektiven Maßstäbe stillschweigend durch Vorstellungen geprägt, die eigentlich mit einem gericht-

53 Klassisches, anschaulich formuliertes Beispiel: *Ule*, Verwaltungsprozessrecht, 9. Aufl. 1987, S. 20 ff.

54 Dies zeigt sich in der allgemeinen Anforderung, dass das Erfordernis der Klagebefugnis bei allen Klagearten anzusetzen sei.

lichen Tätigwerden verbunden sind. Das Verwaltungsgericht ist nämlich häufig – nicht immer, wie noch zu zeigen ist – an der Reaktion der Verwaltung auf eine Rechtsverletzung interessiert. Damit tritt der Umstand in den Hintergrund, dass das Recht, schlicht gesagt, Rechtsverletzungen erst gar nicht eintreten lassen will. Für die Wahrung des objektiven Rechts, bezogen auf die Aktion (und nicht Reaktion) der Verwaltung, muss das Recht also eigentlich in dem Zustand konstruiert werden, in dem es sich *vor der Rechtsverletzung* befindet.

Die Gerichtszentriertheit erzeugt deshalb eine Unwucht im Zugang zum Gesetzlichkeitsprinzip. Die Bindung an das objektive Recht einerseits, die Orientierung am subjektiven Recht andererseits stehen in keinem ausgewogenen Verhältnis zueinander. Bis heute fehlt es in den einschlägigen Darstellungen der Bindungen der Verwaltung an einer klaren Bestimmung dieses Verhältnisses. Die Gesetzmäßigkeit des Verwaltungshandelns und die Wahrung subjektiver Rechte werden gegenübergestellt,[55] ohne dass der Umstand Beachtung findet, dass die Verpflichtung zur Achtung und Erfüllung subjektiver Rechte die Gesetzmäßigkeit des Verwaltungshandelns mitbestimmt.

Wenn also in der Konstruktion der Gesetzesbindung der Verwaltung das objektive Recht den Ausgangspunkt bildet, interessieren selbst diejenigen Normen, die subjektive Rechte begründen, zunächst allein in ihrem objektiv-rechtlichen Gehalt. Mit anderen Worten: Pflichten und Ermächtigungen der Verwaltung müssen am Anfang stehen. Aber gerade diejenigen Pflichten der Verwaltung, die aus Normen resultieren, die zugleich Rechte begründen, werden in der verwaltungsrechtlichen Systembildung vernachlässigt. Ihre Konstruktion hängt unter anderem davon ab, wie die Rechte ihrerseits konzipiert werden. Ein plausibles rechtstheoretisches Konzept ist es, in diesem Zusammenhang zwei fundamentale Arten von Pflichten anzunehmen, nämlich Achtungs- und Erfüllungspflichten. Achtungspflichten sind die Pflichten im Zusammenhang mit den klassischen Abwehrrechten (Freiheitsrechte, negatorische Rechte), Erfüllungspflichten sind Pflichten, die auf ein (bestimmbares) Tun oder Unterlassen, in der Regel eine Leistung (Rechts- oder Realakt), gerichtet sind.[56] Dies sind Pflichten, die das Agieren der Verwaltung betreffen.

---

55 Jüngst dezidiert: *Grimm*, in: Kahl/Ludwigs (Fn. 19), § 68 Rn. 69: Doppelbindung; *Müller-Franken* (Fn. 12), S. 109, arbeitet die im Steuerrecht bestehende Entgegensetzung von Gesetzmäßigkeit und Wahrung subjektiver Rechte auf.

56 Siehe dazu, aus der grundrechtlichen Perspektive (negative und affirmative Rechte, einschließlich entsprechender Pflichten), *Sachs* (Fn. 7), S. 418. Eingeschlossen sind die Pflichten, die aus Gleichheitsrechten erwachsen, soweit sie als primäre

Gegenstand des verwaltungsgerichtlichen Verfahrens ist demgegenüber oft eine spezifische Form des Verwaltungshandelns, nämlich die *Reaktion* auf ein Fehlverhalten. Greifbar ist das beispielsweise in denjenigen Konstellationen, die die verwaltungsgerichtliche Praxis mit dem Folgenbeseitigungsanspruch bewältigt.[57] Wurde ein Ausländer rechtswidrig abgeschoben, dann ist die Verwaltung verpflichtet, ihn wieder nach Deutschland zurückzubringen. Diese *Re*aktionsverpflichtung ist Gegenstand des gerichtlichen Verfahrens, nicht die Pflicht zur Achtung der Freiheitsrechte des Betroffenen (Art. 2 Abs. 1 GG, ggf. Art. 6 Abs. 1 GG), deren Verletzung erst den Folgenbeseitigungsanspruch auslöst.

Die Unterscheidung von Handlungs- und Kontrollmaßstab kann dieses Nebeneinander von Aktion und Reaktion, von Aktionsverpflichtung und Reaktionsverpflichtung, nicht adäquat abbilden. Die Unterscheidung von Maßstabsgehalt und Maßstabssanktion, so wie sie von der Maßstabslehre getroffen wird, kennt nur *einen* rechtlichen Maßstab für das Verwaltungshandeln, den Maßstab für das Agieren, aber sie formuliert ihn in den Kategorien des Reagierens. Die Unterscheidung nimmt nur das Agieren der Verwaltung überhaupt als Handeln wahr, nicht aber das Reagieren. Die Maßstabslehre muss die Handlungsnorm – als Gegenüber zur Kontrollnorm – (deformiert) als einen auf Fehlervermeidung gerichteten Verhaltensauftrag wahrnehmen.[58] Wird demgegenüber zwischen einer Aktions- und einer Reaktionsperspektive unterschieden, ergibt sich ein klarerer Blick auf das Handeln der Verwaltung und auf die Art und Weise, wie das Verwaltungsrecht dieses Handeln normiert.

Die Unterscheidung von Aktions- und Reaktionsperspektive ist noch zu vertiefen (unter V. und VI.). Dies setzt aber einen gedanklichen Zwischenschritt voraus, der sich mit einer weiteren Prämisse der Maßstabslehre befasst (unter IV.).

IV. Das Hintergrundtheorem: rechtsakt- vs. verhaltensbezogene Betrachtungsweise

Die Maßstabslehre in der von *Schmidt-Aßmann* und anderen Autoren entwickelten Gestalt ist eng mit einem bestimmten Theorem verbunden,

---

Unterlassungspflichten konstruiert werden, so *Kempny/Reimer*, Die Gleichheitssätze, 2012, S. 154 ff.

57 Zu einem politisch aufsehenerregenden Fall *Schönenbroicher* (Fn. 33), S. 136.

58 *Hoffmann-Riem* (Fn. 35), S. 20.

nämlich der Unterscheidung von rechtsakt- und verhaltensbezogener Betrachtung des Rechts. Die Maßstabslehre versteht sich als eine verhaltensbezogene Betrachtung im Sinne dieser Unterscheidung.

1. Die Unterscheidung

Die Unterscheidung der beiden Betrachtungen als solche stammt von *Christian Bumke* und hat eine beachtliche Verbreitung gefunden.[59] Nach *Bumke* ist die juristische Methode im öffentlichen Recht nicht auf konkrete Handlungen, sondern auf Rechtsakte bezogen.[60] Wenn die rechtsaktbezogene Betrachtung das Verhalten der Verwaltung in den Blick nehme, dann immer nur mit Blick auf das Zusammenspiel von Rechtsakten. Dies gehe mit der Orientierung an verschiedenen zweiwertigen Schemata einher, wie etwa rechtmäßig/rechtswidrig. Damit sei für dreiwertige Beurteilungen, die die Kriterien der Unsicherheit und Unbestimmtheit aufnehmen würden, kein Platz. Rechtsakte sind also sowohl Quelle von Maßstäben – etwa in der Form des Gesetzes – als auch das Objekt der Maßstabsanwendung und -befolgung. Die Dogmatik sei in der rechtsaktbezogenen Betrachtung darauf gerichtet, solche Rechtsakte in ein Verhältnis zueinander zu setzen. Rechtsakte werden an Rechtsakten „gemessen", etwa ein Verwaltungsakt an demjenigen Gesetz, auf dessen Grundlage er ergangen ist. Sonstige Handlungen – auch Rechtsakte sind ja qua „Akt" Handlungen – fallen, so *Bumke*, aus der Betrachtung heraus. Das Verwaltungsverfahren ist in dieser Betrachtung nicht als Wirklichkeitszusammenhang von Interesse, sondern nur in seiner Beziehung zum Gesetz und zu den darin enthaltenen Vorgaben.

Sowohl die rechtsaktbezogene als auch die verhaltensbezogene Betrachtungsweise haben nach *Bumke* ihre Berechtigung. Der Steuerungsgedanke soll es ermöglichen, beide Perspektiven zu verknüpfen.[61] *Bumke* interpretiert gerade die Lehre von den Maßstäben des Verwaltungshandelns als Ausdruck des Rekurses auf den Steuerungsgedanken.[62]

---

59 *Bumke*, Relative Rechtswidrigkeit, 2004, S. 255 ff.; *ders.*, in: Schmidt-Aßmann/Hoffmann-Riem (Fn. 35), S. 73 (76, 105). Siehe neben anderen insbesondere *Schmidt-Aßmann*, Verwaltungsrechtliche Dogmatik, 2013, S. 14 f.; *Kahl* (Fn. 2), S. 144 f.

60 *Bumke* (Fn. 59), S. 257.

61 *Bumke* (Fn. 59), S. 263. Konkret aufgegriffen wurde diese Einschätzung bei *Schmidt-Aßmann* (Fn. 59), S. 14.

62 *Bumke* (Fn. 59), S. 264 ff.

Die Unterscheidung der beiden Betrachtungsweisen ist vielschichtig und mag in bestimmten Kontexten hilfreich sein. Aber die Unterscheidung erfasst nur bestimmte Züge der juristischen Methode, wenn sie diese mit einer rechtsaktbezogenen Betrachtung im geschilderten Sinne identifiziert, und dies führt am Ende zu einer einseitigen Darstellung.[63] Der von *Bumke* verwendete Quellenkorpus ist breit und wird souverän ausgewertet – und doch fallen Lücken auf. Natürlich ist es unvermeidlich, eine Auswahl zu treffen. Aber dass beispielsweise, um Namen zu nennen, *Georg Jellinek*, *Hans Heinrich Rupp* oder *Hans J. Wolff* fehlen, hat Folgen. Vor allem aber ist zu beachten, dass die Verwaltungsrechtswissenschaft seit je in einer Reflexion ihrer Methode steht.[64] Der Quellenkorpus, der heute als Grundlage für das Bemühen um eine Ordnung des verwaltungsrechtlichen Methodendiskurses dient, ist also seinerseits schon ein Ensemble divergierender Interpretationen. Die Rechtfertigungslast dafür, eine bestimmte, etwa die rechtsaktbezogene Betrachtung als Essenz herauszudestillieren, ist mithin groß.

Problematisch ist beispielsweise die Annahme, die juristische Methode könne mit Unsicherheit und Unbestimmtheit nicht umgehen. Typusorientiertes Rechtsdenken ist ein essentieller Teil rechtsdogmatischer Überlegungen, auch im Verwaltungsrecht.[65] Es ermöglicht der Systembildung gerade, mit Unschärfen, Übergängen und Widerständigkeiten umzugehen. Aber dieser Punkt soll hier nicht vertieft werden. Zwei andere Dinge sind im Zusammenhang mit der Maßstabslehre wichtiger.

Erstens, die Konstruktion einer „rechtsaktbezogenen" Betrachtung, verstanden als Beschreibung des verwaltungsjuristischen Vorgehens, reduziert den im Gesetz verankerten Maßstab auf das Gesetz als Rechtsakt. Gegen diese Reduktion spricht schon die nach wie vor bestehende Verbreitung der Kategorie der allgemeinen Grundsätze des Verwaltungsrechts, die teilweise bis heute nicht kodifiziert sind. Sie können als ein Drittes neben

---

63 Vorsorglich sei angemerkt, dass die Debatte um „Neue" und „alte" Verwaltungsrechtswissenschaft in diesem Zusammenhang weitgehend irrelevant ist. Das Argument des Texts stellt vielmehr in Frage, dass die „Neue" Verwaltungsrechtswissenschaft den Charakter der „alten" Verwaltungsrechtswissenschaft zutreffend erfasst.

64 Daran erinnert etwa *Lennartz*, Dogmatik als Methode, 2017.

65 *Wolff*, Studium Generale 5 (1952), S. 195 ff.; *Engisch*, Die Idee der Konkretisierung in Recht und Rechtswissenschaft unserer Zeit, 1953, S. 237 ff.; *Larenz*, Methodenlehre der Rechtswissenschaft, 6. Aufl. 1991, S. 461 ff.

Gesetz und Verfassung angesehen werden.[66] Die allgemeinen Grundsätze lassen sich als Rechtsakt nicht fassen; das ist gewissermaßen Teil ihrer Definition. Aber das Gesetz ist *stets* nur die *Grundlage* rechtlicher Maßstäbe. Die Normen, die wir den Gesetzen entnehmen, sind normative Gebilde, die mit den Akten, von denen sie produziert werden, nicht identisch sind.

Um dies genauer zu erläutern, ist noch einmal auf die bereits behandelten Kategorien der Pflicht und der Ermächtigung zurückzukommen. Gesetze und außergesetzliche Grundsätze werden mittels der juristischen Methode in bestimmten Formen greifbar gemacht. Die wichtigste Rolle spielen hierbei, aus der objektiv-rechtlichen Sicht der rechtsstaatlichen Gesetzesbindung, eben die Pflicht und die Ermächtigung. Diese elementaren normativen Entitäten können nicht mit Rechtsakten gleichgesetzt werden. Es handelt sich um zum Teil sehr komplexe Konstruktionen. Das haben wir im Zusammenhang mit dem Dualismus von objektivem und subjektivem Recht schon gesehen, und es ist gleich noch zu vertiefen (unter 2.).

Nicht in der „alten" Verwaltungsrechtswissenschaft, der sich die „Neue Verwaltungsrechtswissenschaft" gegenübersieht, aber in der gewissermaßen „ganz alten" Verwaltungsrechtswissenschaft war diese Erkenntnis präsenter, als sie es gegenwärtig ist: Verpflichtungen und Berechtigungen der Verwaltung, d. h. Handlungs- und Unterlassungspflichten einerseits, Kompetenzen andererseits, bilden hier die Mitte der Systembildung.[67]

Aber auch auf der Seite der Maßstabsanwendung und -befolgung überzeugt die Konstruktion einer rechtsaktbezogenen Betrachtung im geschilderten Sinne nicht. Verwaltungsrechtliche Pflichten und Ermächtigungen beziehen sich auf Handlungen der Verwaltung. Sicherlich geht damit eine bestimmte Selektivität einher. Auf diese Selektivität zielt die Annahme einer „Rechtsaktorientierung". Aber die Selektivität ist mit dieser Annahme nicht treffend beschrieben. Es kommt in diesem Zusammenhang darauf an, welcher Art die Relationen zwischen den Rechtsakten sind. Geht es darum, die Erzeugung eines Rechtsakts auf der Grundlage eines anderen Rechtsakts zu beschreiben (etwa: Parlamentsgesetz und Verfassung, Verwaltungsakt und Gesetz), mag tatsächlich eine rechtsaktbezogene Betrachtungsweise im geschilderten Sinne vorliegen. Aber die Dogmatik beschränkt sich nicht darauf, Beziehungen dieser Art herzustellen. Normen haben auch eine Rechtfertigungsfunktion; sie rechtfertigen bestimmte Ver-

66 Hierzu: *Michael* (Fn. 40), S. 136 ff.; wie *Michael* schon *Park*, Rechtsfindung im Verwaltungsrecht, 1999, S. 146 ff., aber ohne erkennbaren Einfluss auf die Diskussion. Differenzierend *Schmidt-Aßmann* (Fn. 59), S. 47 ff.

67 *Wolff/Bachof/Stober/Kluth*, Verwaltungsrecht I, 13. Aufl. 2017, § 41 Rn. 1 ff.

haltensweisen. Wenn Normen für die Rechtfertigung von Rechtsakten herangezogen werden, dann bedeutet dies, dass sie *letztlich* das Verhalten der Verwaltung wie auch der Einzelnen regeln. Vermutlich ruht die Annahme, die juristische Methode würde verwaltungsrechtliche Normen immer nur auf Rechtsakte beziehen, auf einer bestimmten (normtheoretischen) Prämisse, die dieser Rechtfertigungsfunktion nicht gerecht wird. Vielleicht bringt diese Prämisse sogar eine recht verbreitete Konvention zum Ausdruck. Normen werden (jedenfalls im öffentlichen Recht) gewöhnlich – und eben konventionell – allein auf die Rechtfertigung amtlicher Entscheidungen bezogen. Dies können Verwaltungsakte, aber etwa auch Gerichtsentscheidungen sein. Dementsprechend meint etwa *Robert Alexy*, es entspreche der Betrachtungsweise der Jurisprudenz, Regeln und Prinzipien als Gründe für Normen, nicht aber als Gründe für Handlungen anzusehen.[68] Sollte jedoch die „Gründe für Handlungen"-Auffassung den Vorzug verdienen, wofür einiges spricht,[69] dann wäre wohl auch aus dieser normtheoretischen Richtung der Konstruktion einer „rechtsaktbezogenen" Betrachtungsweise der Boden entzogen.

2. *Systembildung und Rechtskonkretisierung*

Aber noch einmal zurück zur Differenz von Gesetz und Pflicht bzw. Ermächtigung. Sie bedarf noch der Vertiefung und Erläuterung. Pflichten und Kompetenzen sind Rechtspositionen, die unter Rückgriff auf verschiedene Normen, auf Regeln, Prinzipien und Grundsätze, konstruiert werden. Verwaltungsrechtliche Systembildung ist mit anderen Worten auf Prinzipien angewiesen.[70] Sie vollzieht sich damit auf einer Ebene, die ohne Gesetz und Verfassung nicht denkbar ist, die aber zugleich Distanz zu beiden hält. Auch wenn man der polemischen Darstellung dieses Befunds durch *Lothar Michael* nicht in jeder Hinsicht folgen möchte, ist

68 *Alexy*, Theorie der Grundrechte, 3. Aufl. 1996, S. 90 ff. Zum Folgenden näher *Funke*, in: Bäcker (Hrsg.), Rechtsdiskurs, i. E.

69 *Sourlas*, Rechtsprinzipien als Handlungsgründe, 2011.

70 Vgl. den unbeachtet gebliebenen Vorschlag von *Park* (Fn. 66). *Park* knüpft v. a. an die Figur der „Rechtsgrundsätze" in der Verwaltungsrechtskonzeption *Hans J. Wolffs* an. Eine repräsentative Bestandsaufnahme: *Sommermann*, in: Bogdandy/Cassese/Huber (Hrsg.), IPE, Bd. 5, 2014, § 86. Im Übrigen dürfte die Prinzipienorientierung auch eine Rolle für die Begründung von Verwaltungsentscheidungen spielen. Der Rekurs auf Prinzipien, die in der pluralistischen Gesellschaft alle teilen, ist unverzichtbar, vgl. *Mashaw*, in: Bell u. a. (Hrsg.), Public Law Adjudication in Common Law Systems, 2016, S. 11 ff.

doch anzuerkennen, dass er zahlreiche Belege für die Eigenrationalität der Systembildung im Allgemeinen Verwaltungsrecht anführt.[71] Man mag das Vernunftrecht nennen: „Der Gesetzespositivismus schließt solches Vernunftrecht nicht aus, sondern verdrängt es nur insoweit, als Setzungsakte inhaltlich reichen.“[72] In der Wahrnehmung der juristischen Methode als „rechtsaktbezogen“ kommt die Orientierung an nicht gesetzten, sondern kraft ihrer Anerkennungswürdigkeit verbindlichen Prinzipien nicht hinreichend zur Geltung.

Diese Prinzipienorientierung ist aber unerlässlich, um das Gesetzmäßigkeitsprinzip richtig zu interpretieren. Die alte Formel, dass das Recht mit dem geschriebenen Gesetz nicht identisch ist (so das Bundesverfassungsgericht in der Soraya-Entscheidung),[73] gilt auch für die Verwaltung. Für die Maßstabslehre bedeutet dies, dass die Bildung rechtlicher Maßstäbe darauf gerichtet ist, den Rechtsinhalt prinzipienorientiert zu rekonstruieren. Andere Maßstäbe sind damit nicht ausgeschlossen, aber ihre Rechtfertigung muss anderweitig erfolgen.[74] Zugleich kann die Rezeption (und Nicht-Rezeption) außer-rechtlicher Standards im Rahmen eines prinzipienbasierten Systems nuancierter und flexibler artikuliert werden.[75]

Aus dieser Prinzipienorientierung lassen sich auch Folgerungen für die Frage der Konkretisierung des Verwaltungsrechts im Einzelfall ziehen. Erneut sind dabei elementare Vorstellungen von der „juristischen Methode“, nun im engeren Sinne der Methodik der Rechtsanwendung, berührt. Nach *Schmidt-Aßmann* ist für die administrative Rechtskonkretisierung von einem „Grundmodell“ auszugehen, das durch die Begriffe der Inter-

---

71 *Michael* (Fn. 40). Diese Eigenrationalität ermöglicht dann auch im Verwaltungsrecht das verwegene Unterfangen, Gesetzgebung nicht rechtspolitisch, sondern *dogmatisch* zu kritisieren, vgl. für das Zivilrecht *Jansen*, ZNR 27 (2005), S. 202 (224).

72 *Michael* (Fn. 40), S. 154; als „materiale Wertordnung“ bei *Pitschas* (Fn. 12), § 42 Rn. 93.

73 BVerfGE 34, 269 (287).

74 Im Kontext des englischen Verwaltungsrechts hält in diesem Zusammenhang *Allan*, Oxford Journal of Legal Studies 8 (1988), S. 266 ff., sogar *Ronald Dworkins* Unterscheidung von *principle* und *policy* für tragfähig; gegen die Möglichkeit dieser Unterscheidung, und Zusammenfassung als „administrative law values“ (für das Common Law), *Daly*, in: Bell u. a. (Fn. 70), S. 23 (31). Ein im Dworkinschen Sinne prinzipienorientierter Ansatz – weit entfernt von der „Prinzipientheorie“ *Robert Alexys* – für das US-amerikanische Verwaltungsrecht bei *Vermeule*, The Yale Law Journal Forum 130 (2020/2021), S. 356 ff.; skeptischer allerdings der Grundton in *Vermeule*, Law's Abnegation, 2016.

75 Zur Rezeption nicht-rechtlicher Standards *Schoch* (Fn. 18); *Fehling* (Fn. 17), S. 471 ff.

pretation, der Tatsachenfeststellung und der Subsumtion gekennzeichnet ist.[76] Demgegenüber forderten offene Gesetzestatbestände ein „komplexeres Modell“, das mit Interessenvielfalt und Beurteilungsunsicherheit umzugehen habe. Diese Sichtweise ist verbreitet.[77] Aber es handelt sich doch um eine Beschreibung der Oberfläche der Rechtsanwendung im Verwaltungsrecht. Auch im „Grundmodell“ ist bei genauerer Betrachtung die Rechtsanwendung nie auf die genannten Operationen beschränkt. Wenn sich die Rechtsanwendung im konkreten Fall auf den Vollzug dieser Operationen beschränkt, so setzt das voraus, dass der Fall als ein Standardfall identifiziert wird, der so wie andere Standardfälle zu behandeln ist. Das Vorgehen, das durch textuale Interpretation, eine bestimmte Sachverhaltsfeststellung und die Subsumtion gekennzeichnet ist, bringt die rechtlichen Prinzipien, die den jeweiligen Regelungskontext beherrschen, in hinreichender Weise zum Ausdruck. Die Beschränkung auf die genannten Operationen garantiert die nötige Gleichbehandlung und Rechtssicherheit. Diese Prinzipien sind im „Grundmodell“ wie in komplexen Anwendungssituationen präsent – die Unterscheidung dieser beiden Modelle ist im konkreten Fall ohne Rekurs auf solche Prinzipien gar nicht möglich. Die Praxis verfährt genauso: Natürlich müssen sich die zigtausend Polizeivollzugsbeamten, die tagtäglich in Deutschland im Einsatz sind,[78] im Alltag auf Routinen der Rechtsanwendung beschränken. Vieles wird gar nicht als bewusster Akt der Rechtsanwendung greifbar sein. Aber diese Beschränkung vollzieht sich innerhalb eines von Erfahrung und stabilen Umständen geprägten Rahmens, der im Einzelfall prekär werden kann. Jederzeit können Fragen ins Spiel kommen, die über die genannten Operationen hinausreichen. Die klassische polizeirechtliche Frage, ab welchem Zeitpunkt eine Gefahr vorliegt, die auch von der Gewichtigkeit des bedrohten Schutzgutes abhängt, führt dann doch recht schnell in die Grundlagen des Rechtsgebiets und setzt komplizierte, gleichwohl häufig schnell zu treffende Entscheidungen voraus.[79]

---

76 *Schmidt-Aßmann* (Fn. 11), 1/48.

77 Siehe etwa *Röhl* (Fn. 3), S. 12. Zuspitzend ließe sich dann (etwa im Anschluss an *Hans Kelsen* oder *Adolf Merkl*) für *jede* Rechtsanwendung ein Element der Rechtsetzung identifizieren, so *Jestaedt* (Fn. 29), § 11 Rn. 31 ff.; *Augsberg* (Fn. 12), § 8 Rn. 13.

78 Vgl. *Schönenbroicher* (Fn. 1), S. 135.

79 Zugespitzt die These, dass das Polizeirecht auf Tatbestands- wie auf Rechtsfolgenseite vom Verhältnismäßigkeitsgrundsatz durchwirkt ist, vgl. *Brenz*, Das Polizeirecht als ein durch den Verhältnismäßigkeitsgrundsatz bestimmtes System von Abwägungsentscheidungen, 2018.

V. Das Verwaltungshandeln in der Aktions- und in der Reaktionsperspektive

Als verhaltensbezogene Betrachtung des Verwaltungsrechts soll die Maßstabslehre sowohl Handlungs- als auch Kontrollmaßstäbe artikulieren. Im Vorstehenden wurden bereits einige Reibungspunkte identifiziert, die mit diesem Programm verbunden sind. Wie im Folgenden zu erläutern ist, haben die Schwierigkeiten eine gemeinsame Wurzel: Die Unterscheidung von Handlungs- und Kontrollmaßstab ist problematisch. Sie verläuft quer zur vorzugswürdigen Unterscheidung von Aktions- und Reaktionsperspektive. Diese beiden Arten, das Verwaltungshandeln zu betrachten, stehen gewissermaßen „gleichursprünglich" stets nebeneinander und können nicht aufeinander reduziert werden.[80]

In der Aktionsperspektive interessiert die Herstellung von Entscheidungen, und zwar solcher Entscheidungen, die nicht schon ihrerseits als Reaktion greifbar sind. Als Pflichten kommen in der Aktionsperspektive etwa Verfahrenspflichten und die Pflicht zur materiellen Rechtmäßigkeit in Betracht. Unterlassungspflichten spielen eine zentrale Rolle: Grundrechte dürfen nicht verletzt werden. Pflichten in der Reaktionsperspektive sind solche Pflichten, die aus der Verletzung von Aktionspflichten erwachsen.[81] Nach einer jüngeren Ausdrucksweise handelt es sich um Einstandspflichten; diese Kategorie soll aber nicht nur Rechtsverletzungsansprüche, sondern auch die kompensatorischen Ansprüche für rechtmäßiges Handeln erfassen.[82] Für die Reaktionsperspektive ist nicht nur das reagierende Handeln der Verwaltung relevant, sondern auch automatisch eintretende Folgen von Rechtsverletzungen rücken in das Blickfeld.[83]

Das verwaltungsgerichtliche Verfahren lässt sich mit der Aktionsperspektive ebenso wie mit der Reaktionsperspektive erfassen. Es kommt auf den konkreten Verfahrensgegenstand an. Die allgemeine Leistungsklage kann beispielsweise auf die Durchsetzung eines Anspruchs aus einem öffentlichen Vertrag gerichtet sein. Gegenstand eines solchen gerichtlichen Verfahrens ist die Aktion der Verwaltung. Auf eine Rechtsverletzung kommt es nicht an. Dies zeigt im Übrigen erneut, warum die Gleichsetzung Verwaltungsgericht – Kontrolle/Sanktion – Reaktion, die von der Maßstabslehre vorgenommen wird, schief ist. Anders wären die Dinge

80 Siehe schon – aus didaktischer Sicht – *Funke* (Fn. 52), S. 307 ff. Als Nebeneinander von Verhaltensnorm und Reaktionsnorm bei *Sauer* (Fn. 9), S. 61.

81 Dazu jetzt umfassend *Sauer* (Fn. 9).

82 *Höfling*, in: Hoffmann-Riem/Schmidt-Aßmann/Voßkuhle (Hrsg.), GVerwR, Bd. III, 2. Aufl. 2013, § 51 Rn. 4 ff.

83 Hierzu *Sauer* (Fn. 9), S. 175 ff.

allerdings dann zu beurteilen, und nun ist auf die Vorbemerkung zur zivilrechtlichen Debatte um die Natur des schuldrechtlichen Anspruchs zurückzukommen (unter I.), wenn die Nichterfüllung eines verwaltungsvertraglichen Anspruchs als Rechtsverletzung interpretiert wird, die einen Anspruch erzeugt. Dann hätte die Reaktionsperspektive im verwaltungsgerichtlichen Rechtsweg einen erheblich größeren Anwendungsbereich. Gegenwärtig ist die verwaltungsrechtliche Dogmatik allerdings weit davon entfernt.[84]

Die Unterscheidung von Aktions- und Reaktionsperspektive darf nicht mit der Unterscheidung von *ex ante*- und *ex post*-Betrachtung verwechselt werden. Diese Unterscheidung dürfte insoweit irrelevant sein. Die gerichtliche Verwaltungskontrolle erfolgt scheinbar stets *ex post*: Nachträglich wird das Verwaltungshandeln beurteilt. Aber selbst dann, wenn reaktionsrechtliche Ansprüche Gegenstand des gerichtlichen Verfahrens sind, hat der mit einem Urteil verbundene Vorwurf an die Verwaltung eine *ex ante*-Komponente: Die Verwaltung hätte, bevor es zum Gerichtsverfahren kommt, den reaktionsrechtlichen Anspruch erfüllen müssen.

Ein anderes Beispiel dafür, dass gerichtliche „Kontrolle" häufig Aktionen der Verwaltung zum Gegenstand hat, sind viele Konstellationen, die üblicherweise dem Staatshaftungsrecht zugeordnet werden. Hier sind nun häufig nicht die Verwaltungsgerichte, sondern die ordentlichen Gerichte involviert. Dabei kann v. a. an die aufopferungsrechtlichen Ansprüche gedacht werden: Ansprüche aus enteignendem Eingriff etwa betreffen die Aktionsperspektive. Jedenfalls zielen sie insofern auf eine Aktion, als sie nicht notwendig aus einer Rechtsverletzung resultieren. Ein anschauliches Beispiel ist die jüngst ergangene Entscheidung des Bundesgerichtshofs zu Entschädigungsansprüchen von Unternehmen, die im Lockdown ihren Betrieb schließen mussten und deshalb Einnahmeausfälle erlitten. Der Bundesgerichtshof lehnt das Bestehen solcher Ansprüche ab.[85] Eine der Prämissen der Entscheidung ist, dass die Betriebsschließungen rechtmäßig waren. Ob das zutrifft oder nicht, ist an dieser Stelle nicht zu diskutieren. Interessant ist aber für unseren Zusammenhang, dass der Bundesgerichtshof auf der Grundlage dieser Prämisse eine Aktionsperspektive einnimmt. Er sieht die tatsächlich geleisteten Zahlungen des Staates, die als Beihilfen ausgestaltet waren, zwar nicht als Erfüllung einer haftungsrechtlich begründeten Rechtspflicht an. „Hilfeleistungen für von einer Pandemie

---

84 Vgl. *Funke*, Falldenken im Verwaltungsrecht, 2020, Rn. 54 m. w. N.

85 BGH, Urt. v. 17. 3. 2022 – III ZR 79/21 (www.bundesgerichtshof.de). Die Entscheidung dürfte im Ergebnis der h. M. in der Literatur entsprechen.

schwer getroffene Wirtschaftsbereiche sind keine Aufgabe der Staatshaftung.", heißt es in der Entscheidung des Bundesgerichtshofs.[86] Aber im rechtsleeren Raum sind die Zahlungen nicht angesiedelt. Der Bundesgerichtshof ordnet die gezahlte Hilfe zwar nicht haftungsrechtlich ein, aber behandelt sie gleichwohl als Erfüllung einer Verpflichtung, nämlich einer Pflicht zur im Sozialstaatsprinzip (Art. 20 Abs. 1 GG) wurzelnden gerechten Lastenverteilung.[87]

Die Unterscheidung von Aktions- und Reaktionsperspektive ist nicht nur für die verwaltungsrechtliche Systembildung fruchtbar, sondern auch für die Identifikation rechtlichen Gestaltungsbedarfs. Die beiden Perspektiven bringen unterschiedliche Wertungsstufen zum Ausdruck. Auf beiden Ebenen kann der Gesetzgeber gestalten, aber die Art und Weise der Gestaltung folgt unterschiedlichen Maßstäben. Ein Gestaltungsbedarf kann auch durch die Rechtsprechung gestillt werden; die Entwicklung des Folgenbeseitigungsanspruchs mit seinen feinziselierten tatbestandlichen Anforderungen und Rechtsfolgenkonturierungen ist ein Beispiel.[88] Konkret: Im Falle der rechtswidrigen Abschiebung begründet etwa die Rechtsprechung über verschiedene Ansatzpunkte – kein Andauern des rechtswidrigen Zustands, Treu und Glauben analog § 242 BGB – einen Ausschluss des Anspruchs (in der verwaltungsgerichtlichen Entscheidungspraxis ist der Ausschluss die Regel). An der Rechtswidrigkeit der Abschiebung ändern all diese Ansatzpunkte überhaupt nichts.

In der Aktionsperspektive sind der richterlichen Gestaltung stärker Grenzen gesetzt, die aus der Rücksicht auf den Gesetzgeber resultieren. Ein Beispiel hierfür ist die erwähnte Entscheidung des Bundesgerichtshofs zur Entschädigung für Betriebsschließungen im Lockdown. Einer Ausdehnung des Anspruchs aus enteignendem Eingriff widersetzt sich der Bundesgerichtshof auch mit Blick darauf, dass es sich um ein „richterrechtliches Institut" handelt.[89] Insofern sei Rücksicht auf den Grundsatz der Gesetzmäßigkeit der Entschädigung zu nehmen.

---

86 BGH, Urt. v. 17. 3. 2022 – III ZR 79/21 (www.bundesgerichtshof.de), Rn. 62.
87 BGH, Urt. v. 17. 3. 2022 – III ZR 79/21 (www.bundesgerichtshof.de), Rn. 62.
88 Vgl. *Funke* (Fn. 84), Rn. 381; *ders.*, Die Verwaltung 52 (2019), S. 239 (255 f.).
89 BGH, Urt. v. 17. 3. 2022 – III ZR 79/21 (www.bundesgerichtshof.de), Rn. 59.

VI. Beispiel: die Abwägung

Der dogmatische Wert der Unterscheidung von Aktions- und Reaktionsperspektive soll abschließend anhand eines Beispiels erläutert werden, das auch die Maßstabslehre betrifft: die Abwägung. Gegenstand ist dabei nicht die planerische Abwägung, sondern die abwägende Ausfüllung von Ermessenspielräumen in Einzelfallentscheidungen.

1. Problemstellung

Die Rechtsordnung kennt verschiedene Abwägungsgebote. Neben expliziten gesetzlichen Abwägungsanordnungen wie etwa im Planungsrecht (siehe etwa § 1 Abs. 7 BauGB, § 8 LuftVG) enthalten die Grundrechte konkludent Abwägungsgebote (insbesondere zur Bewältigung von Grundrechtskollisionen). Auch der Verhältnismäßigkeitsgrundsatz lässt sich so verstehen, dass er jedenfalls auf der dritten Stufe (Angemessenheit bzw. Verhältnismäßigkeit im engeren Sinne) ein Abwägungsgebot enthält. All diese Abwägungen sind kraft ihrer jeweiligen Ermächtigung auf gewisse Weise strukturiert und können damit durchaus auf rationale Weise durchgeführt werden.

Neben diesen Abwägungsermächtigungen steht die Abwägung, die die Verwaltung im Einzelfall vornimmt. Es hat sich in der Verwaltungsrechtsdogmatik eingebürgert, die pflichtgemäße Ermessensausübung der Verwaltung nach § 40 VwVfG mit abwägungsbezogenen Anforderungen anzureichern. So wird etwa bei *Ulrich Ramsauer* die Betätigung des Ermessens als Abwägung derjenigen Gesichtspunkte beschrieben, die nach dem Zweck der Ermessensermächtigung maßgeblich sind.[90] Sofern damit wirklich eine rechtlich geprägte Abwägung gemeint ist, wird allerdings der Zweckmäßigkeitsmaßstab auf die Anforderung der Rechtmäßigkeit reduziert. Für Zweckmäßigkeitserwägungen wäre am Ende gar kein Raum mehr. Aber die Unterscheidung von Rechtmäßigkeit und Zweckmäßigkeit ist aus juristischer Sicht unhintergehbar, weshalb sie nicht nur kategorial aufrechtzuerhalten,[91] sondern auch – nicht zuletzt im Sinne der Flexibili-

---

90 *Ramsauer*, in: Kopp/Ramsauer (Hrsg.), VwVfG, 22. Aufl. 2021, § 40 Rn. 68 ff.
91 Hingegen für gleitende Übergänge *Augsberg* (Fn. 12), § 8 Rn. 6. Wie hier (m. w. N.) *Kempny* (Fn. 36), S. 34, 183.

tät des Verwaltungshandelns[92] – praktisch lebensfähig gehalten werden muss.

In der rechtsdogmatischen Aufbereitung der ermessensgerahmten Abwägung steht die Abwägungs*kontrolle* im Mittelpunkt.[93] Als Vorbild dient die ausdifferenzierte bauplanerische Abwägungslehre. Erkennbar ist diese Vorbildwirkung auch daran, dass die Ermessensfehlerlehre – meines Erachtens zunehmend – von Begriffen wie Ermessensdefizit und Ermessensdisproportionalität durchsetzt wird.[94] Dieser kontrollorientierte Zugang zur ermessensgerahmten Abwägung ist verschiedenen Bedenken ausgesetzt.

Natürlich gilt in diesem Zusammenhang das, was schon generell für die Maßstabslehre festgehalten wurde. Die Orientierung an der Abwägungskontrolle bringt die Reaktionsperspektive zum Ausdruck, nicht aber die Anforderungen, die für das behördliche Handeln gelten. Es geht immer schon um die Abwägungs*fehler*. Wie *rechtlich richtig* abgewogen wird, dies ist nicht das Thema.

Aber die Problematik hat noch eine andere Seite. Weil in der Abwägungslehre die Reaktionsperspektive den Ausgangspunkt bildet, wird die Frage der Abwägungsrechtfertigung – warum wird was auf welche Weise abgewogen – umgangen.[95] Denn es ist keineswegs klar, woraus sich in dem Fall einer gewöhnlichen behördlichen Ermessensentscheidung die Abwägungsrechtfertigung überhaupt ergibt. Dementsprechend fehlt es an einer präzisen rechtlichen Strukturierung dieser Abwägung. Eine allgemeine verwaltungsrechtliche Abwägungspflicht gibt es wohl nicht. Die gesetzliche Einräumung von Ermessen kann nicht ohne Weiteres mit der Begründung einer Rechtspflicht zur Abwägung gleichgesetzt werden. Dazu ist die Ermessenseinräumung regelmäßig viel zu unspezifisch. Die Ermessensausübung ist vom Maßstab der Zweckmäßigkeit beherrscht. Aber wenn es Abwägungsfehler gibt, müssen diese in einen Bezug zum

92 *Seibel*, Verwaltung verstehen, 3. Aufl. 2017, S. 182; *Schmidt*, in: Hoffmann-Riem/Schmidt-Aßmann (Hrsg.), Innovation und Flexibilität des Verwaltungshandelns, 1994, S. 67 ff.

93 Instruktiv *Jestaedt* (Fn. 29), § 11 Rn. 41 ff.

94 Eine Annäherung an das Thema findet sich bei *Wimmer*, BayVBl. 2019, S. 145 ff.

95 Anders zu beurteilen sind womöglich tatbestandliche Abwägungen, etwa die im Text bei Fn. 79 erwähnte Frage der Anforderungen an eine Gefahrprognose in Abhängigkeit vom bedrohten Schutzgut. Selten sind explizite gesetzliche Abwägungsanordnungen im Tatbestand, siehe etwa § 53 AufenthG (dazu *Funke*, ZAR 2016, S. 209 ff.).

Handlungsmaßstab der Rechtmäßigkeit gesetzt werden können. Diese Verknüpfung ist jedoch in den meisten Fällen nicht ersichtlich.

2. *Im Kontext der Maßstabslehre*

Interessant und relevant ist die Frage nach einer solchen Verknüpfung nun gerade im Kontext der Maßstabslehre. Denn nicht zuletzt gilt die Ermessensausübung als einer der Orte, an dem die nicht-rechtlichen Maßstäbe zum Einsatz kommen können.[96] *Michael Fehling* zieht eine vorsichtige Parallele zwischen dem Abwägungsvorgang und der Maßstabswahl als Teil der innerbehördlichen Entscheidungsbildung.[97] Die prekäre Grenze von rechtlichen und nicht-rechtlichen Maßstäben wird hier erneut relevant. Vielleicht ist gerade eine Abwägung, die im Rahmen der Ermessensausübung stattfindet, geeignet, diese Grenze zu wahren, ohne die nicht-rechtlichen Maßstäbe völlig zu exkludieren. Vorstellbar wäre eine „modale“ Operationsweise, indem Maßstäbe wie Effektivität und Effizienz als Kriterien für die Durchführung dieser Abwägung verstanden werden, ohne dass sie selbst als rechtliche Anforderungen – im Sinne von selbstständigen Handlungsmaßstäben – verstanden werden müssen. In diesem Sinne ist wohl der Ansatz von *Fehling* zu verstehen; es lohnt sich, darüber weiter nachzudenken.

VII. Zusammenfassung

„Maßstäbe des Verwaltungshandelns“ ist ein Lehr- und Forschungsfeld, in dem versucht wird, rechtliche und nicht-rechtliche Maßstäbe für das Verwaltungshandeln zusammenzufassen und in Beziehung zueinander zu setzen.

Es hat sich gezeigt, dass die „Maßstabslehre“ nach wie vor nicht hinreichend ausgebaut ist: Sie ruft Nachfragen hervor, die sie nicht beantworten kann. Unklar bleiben der Maßstabseffekt, die Maßstabsqualität und die Maßstabswirksamkeit.

---

96 Siehe, mit Abweichungen im Detail, *Schoch* (Fn. 18), S. 557; *Fehling* (Fn. 17), S. 474; *Pitschas* (Fn. 12), § 42 Rn. 43; *Jestaedt* (Fn. 29), § 11 Rn. 2; *Augsberg* (Fn. 12), § 8 Rn. 13.

97 *Fehling* (Fn. 17), S. 475.

Zentral ist für die Maßstabslehre die Trennung von Maßstabsgehalt und Maßstabssanktion. Diese Trennung ist insofern zu begrüßen, als sie die Bindung der Verwaltung nicht nur anhand des verwaltungsgerichtlichen Prüfprogramms bestimmt.

Doch löst sich die Maßstabslehre nicht ganz von einem gerichtlichen Kontrollzugang. Weil sie das Handeln der Verwaltung immer schon aus der Perspektive der Fehlerhaftigkeit betrachtet – so wie häufig im gerichtlichen Verfahren –, gelingt es ihr nicht, die Gesetzesbindung adäquat zu konstruieren. Die Maßstabslehre möchte Maßstäbe für das Agieren der Verwaltung aufstellen, aber sie formuliert diese Maßstäbe in den Kategorien des Reagierens. Der Maßstabsgehalt wird immer schon in der Form der Maßstabssanktion beschrieben – und damit verfehlt.

Im Hintergrund der Maßstabslehre steht ein spezifisches Verständnis der juristischen Methode, so wie sie im Verwaltungsrecht aufgefasst und praktiziert wird. Die Maßstabslehre beschreibt die juristische Methode als „rechtsaktbezogen", im Sinne eines Gegensatzes zu einer „verhaltensbezogenen" Ausrichtung. Diese Beschreibung beruht auf einer einseitigen Interpretation der juristischen Methode und ihrer Rolle im Verwaltungsrecht. Die juristische Methode – jedenfalls eine ihrer Traditionslinien – hat gerade eine Verhaltensdimension, was von der Maßstabslehre vernachlässigt wird. Vorzugswürdig ist die Rekonstruktion der verwaltungsrechtlichen Handlungsmaßstäbe (a) mittels eines Nebeneinanders von Aktions- und Reaktionsperspektive, das (b) als Grundlage für eine prinzipienorientierte Systembildung im Verwaltungsrecht dient.

Maßstäbe des Verwaltungshandelns der EU-Kommission

*Katarzyna Herrmann und Maren Rimbach**

I. Einleitung

Die Europäische Kommission ist das Exekutivorgan der Europäischen Union. Ihr Platz und ihre Aufgaben in den Strukturen der EU sind vor allem in Art. 17 EUV festgeschrieben. Als Exekutive der EU ist sie nicht ausschließlich als Verwaltungsorgan tätig: Insbesondere seit der „*Juncker*-Kommission" (2014–2019) bezeichnet sie sich als „politische Kommission" und handelt auch dementsprechend, was in den Zeiten der Migrations- und COVID-Krise sowie des Ukrainekrieges, als eine schnelle und entschiedene Reaktion erforderlich war, offensichtlich wurde.

Der folgende Beitrag wird sich ausschließlich mit dem Handeln der EU-Kommission als Verwaltungsorgan auseinandersetzen. Dieses Handeln ist sehr facettenreich und umfasst ein breites Spektrum an Verwaltungsinstrumenten und Zuständigkeitsfeldern. Ihre vollständige Auflistung würde den Rahmen dieses Beitrags sprengen. Daher werden sich die nachstehenden Ausführungen nur auf folgende Verwaltungstätigkeitsfelder beschränken: die Annahme von Rechtsakten mit allgemeiner Geltung, Einzelbeschlüsse in der Ausübung der Beihilfenkontrolle gemäß Art. 107–108 AEUV, die Behandlung von Aktenzugangsersuchen nach der EG-Verordnung 1049/2001[1] (sog. Transparenzverordnung) und die Aufgaben im Rahmen anderer im EU-Sekundärrecht vorgesehener Verwaltungsverfahren.

---

* Alle in diesem Beitrag vertretenen Ansichten sind ausschließlich den Autoren zuzuschreiben und reflektieren nicht die Stellungnahme der Europäischen Kommission.

1 Verordnung (EG) des Europäischen Parlamentes und des Rates vom 30. 5. 2001 über den Zugang der Öffentlichkeit zu Dokumenten des Europäischen Parlaments, des Rates und der Kommission, 1049/2001, ABl. 2001 L Nr. 145.

II. Der Rechtmäßigkeitsmaßstab

In all den oben genannten Tätigkeitsbereichen der Kommission geht es um die Annahme rechtsverbindlicher Akte mit allgemeiner bzw. individueller Geltung. Diese Akte verleihen den Rechtssubjekten Rechte oder erlegen ihnen Pflichten auf. Bei der Annahme solcher Rechtsakte ist die Kommission selbstverständlich an die allgemeinen Verwaltungsrechtsgrundsätze gebunden. Dazu zählt vor allem das Prinzip der Gesetzmäßigkeit der Verwaltung (Rechtmäßigkeitsprinzip). Dieses Prinzip ist ausdrücklich in Art. 263 AEUV vorgesehen, der die Gerichtskontrolle über die Rechtsakte der EU-Institutionen regelt (sog. Nichtigkeitsklage). Demnach überwacht der Gerichtshof der Europäischen Union die Rechtmäßigkeit aller Handlungen der EU-Institutionen, die Rechtswirkungen gegenüber Dritten entfalten.

Bei dem für die Gültigkeitsprüfung der Unionsakte anzuwendenden *Rechtmäßigkeitsmaßstab* handelt es sich gemäß Art. 263 Abs. 2 AEUV um die Überprüfung der Zuständigkeit (1), die Einhaltung wesentlicher Formvorschriften (2), die Beachtung der Verträge oder einer bei ihrer Durchführung anzuwendenden Rechtsnorm (3) und die korrekte Ausübung des zuerkannten Ermessensspielraums (4). Die Nichteinhaltung einer dieser vier Maßstäbe führt zur Nichtigkeitserklärung der angefochtenen Handlung.

Bei dem dritten Prüfungsmaßstab handelt es sich um die Beachtung des geschriebenen und ungeschriebenen Primärrechts sowie des abgeleiteten Rechts unter Berücksichtigung der EU-Normenhierarchie. Der Vorrang des höherrangigen Rechts ist der offensichtlichste Rechtmäßigkeitsmaßstab für die Kommissionsrechtsakte. Vereinfacht lässt sich das EU-Recht in Primär-, Sekundär- sowie Tertiärrecht unterteilen. Zu dem Primärrecht gehören die Gründungsverträge (aktuell der EUV und der AEUV) nebst Anhängen und Protokollen sowie die Charta der Grundrechte der Europäischen Union (im Folgenden: Charta).[2] Zum Primärrecht gehören auch die ungeschriebenen allgemeinen Rechtsgrundsätze wie die rechtsstaatlich gebotenen Garantien des Verwaltungsverfahrens (nun in Art. 41 der Grundrechtecharta kodifiziert). In Art. 41 der Charta ist das (Grund)Recht auf eine gute Verwaltung mit folgendem Wortlaut verankert:

„(1) Jede Person hat ein Recht darauf, dass ihre Angelegenheiten von den Organen, Einrichtungen und sonstigen Stellen der Union unpartei-

2 Siehe die konsolidierte Fassung in ABl. 2012 C Nr. 326, S. 1 (391).

isch, gerecht und innerhalb einer angemessenen Frist behandelt werden.

(2) Dieses Recht umfasst insbesondere

a) das Recht jeder Person, gehört zu werden, bevor ihr gegenüber eine für sie nachteilige individuelle Maßnahme getroffen wird,

b) das Recht jeder Person auf Zugang zu den sie betreffenden Akten unter Wahrung des berechtigten Interesses der Vertraulichkeit sowie des Berufs- und Geschäftsgeheimnisses,

c) die Verpflichtung der Verwaltung, ihre Entscheidungen zu begründen.

(3) Jede Person hat Anspruch darauf, dass die Union den durch ihre Organe oder Bediensteten in Ausübung ihrer Amtstätigkeit verursachten Schaden nach den allgemeinen Rechtsgrundsätzen ersetzt, die den Rechtsordnungen der Mitgliedstaaten gemeinsam sind.

(4) Jede Person kann sich in einer der Sprachen der Verträge an die Organe der Union wenden und muss eine Antwort in derselben Sprache erhalten."

Der Grundsatz der guten Verwaltung verleiht als solcher dem Einzelnen keine Rechte,[3] sofern er keine Ausprägung spezifischer Rechte darstellt; zu solchen spezifischen Rechten gehören beispielsweise das Recht darauf, dass die eigenen Angelegenheiten unparteiisch, gerecht und innerhalb einer angemessenen Frist behandelt werden, das Recht, gehört zu werden, das Recht auf Zugang zu den Akten und das Recht darauf, dass Entscheidungen begründet werden.[4]

Das Primärrecht bildet den Prüfungsmaßstab für die Rechtmäßigkeit des Sekundärrechts und des Tertiärrechts.

Als Sekundärrecht gelten die in Art. 288 AEUV aufgelisteten Handlungsformen: die Verordnung, die Richtlinie und der Beschluss. Es umfasst sowohl die Gesetzgebungsakte nach Art. 289 AEUV als auch Rechtsakte ohne Gesetzgebungscharakter, die auf primärrechtlichen Grundlagen beruhen.

Das Tertiärrecht umfasst schließlich diejenigen Rechtsakte, die aufgrund sekundärrechtlicher Ermächtigungen von der Kommission oder dem Rat erlassen wurden. Das Tertiärrecht besteht aus Verwaltungsakten mit allgemeiner oder individueller Geltung. Zur ersten Kategorie zählen die delegierten Rechtsakte gemäß Art. 290 Abs. 1 AEUV sowie die Durchführungsrechtsakte gemäß Art. 291 AEUV.

---

3 EuG, Rs. T-196/99 (Area Cova u. a./Rat und Kommission), EU:T:2001:281 Rn. 43.

4 EuG, Rs. T-193/04 (Tillack/Kommission), EU:T:2006:292 Rn. 127.

Bei den Einzelakten der Kommission, die auf Grundlage des Sekundärrechts erlassen wurden, z. B. im Energierecht oder im Aktenzugangsrecht, stellt sich die Frage, inwieweit der EuGH als Rechtmäßigkeitsmaßstab neben dem sekundärrechtlichen Rahmen auch ausdrücklich das Primärrecht heranzieht. Es ist nämlich davon auszugehen, dass der sekundärrechtliche Rechtsrahmen mit der primärrechtlichen Ermächtigung und dem Primärrecht im Übrigen kompatibel ist, so dass die Heranziehung des Primärrechts nur dann erforderlich wäre, wenn zuerst festgestellt wird, dass der sekundärrechtliche Rahmen selbst nicht mit dem Primärrecht vereinbar ist (z. B. im Wege der Inzidentrüge nach Art. 277 AEUV).

Im Aktenzugangsrecht ist es ständige EuGH-Rechtsprechung,[5] die Rechtmäßigkeitsprüfung von Zweitbeschlüssen der Kommission nach Art. 8 der Transparenzverordnung auf diesen Sekundärrechtsrahmen zu beschränken. Die geltend gemachten Verstöße gegen den Transparenzgrundsatz aus Art. 15 AEUV werden folglich am Maßstab dieser Verordnung geprüft, die als Vollzug der Ermächtigung aus Art. 15 Abs. 3 Unterabs. 2 AEUV gilt.

Umso überraschender mag die von den Unionsgerichten vorgenommene Rechtmäßigkeitsprüfung eines Kommissionsbeschlusses (sog. OPAL-Beschluss) nach Art. 36 der Gasrichtlinie 2009/73/EG[6] sein.[7] Art. 36 Abs. 1 der Gasrichtlinie sieht Kriterien vor, die eine Ausnahme von den in der Richtlinie niedergelegten Gasbinnenmarktgrundsätzen rechtfertigen. Im OPAL-Beschluss hatte die Kommission diese Kriterien eingehend geprüft und sodann die höhere Nutzung der Ostseepipeline unter Auflagen genehmigt. Der Nachbarstaat Polen machte in seiner Nichtigkeitsklage gemäß Art. 263 AEUV u. a. einen Verstoß gegen den Energiesolidaritätsgrundsatz aus Art. 194 AEUV geltend, ohne jedoch gleichzeitig eine Inzidentrüge gemäß Art. 277 AEUV gegen Art. 36 der Gasrichtlinie zu erheben.[8]

Das EuG stellte einen Verstoß des Kommissionsbeschlusses gegen diesen primärrechtlichen Grundsatz fest, ohne zugleich Verstöße gegen die

5 EuGH, Rs. C- 514/11P und C-605/11P (LPN und Republik Finnland/Kommission), EU:C:2013:738 Rn. 40.

6 Richtlinie 2009/73/EG des Europäischen Parlaments und des Rates vom 13. 7. 2009 über gemeinsame Vorschriften für den Erdgasbinnenmarkt und zur Aufhebung der Richtlinie 2003/55/EG, ABl. 2009 L Nr. 211, S. 94.

7 Siehe dazu EuG, Rs. T-883/16 (Republik Polen/Kommission), EU:T:2019:567; bestätigt durch EuGH, Rs. C-848/19 P (Bundesrepublik Deutschland/Polen), EU:C:2021:598.

8 Siehe in dieser Hinsicht EuG, Rs. T-370/11 (Republik Polen/Kommission), EU:T:2013:113.

Gasrichtlinie anzunehmen. Der EuGH bestätigte in der Rechtsmittelinstanz das Urteil des EuG: Die Kommission hätte bei der Prüfung des Antrags des Ostseepipeline-Betreibers das Energiesolidaritätsprinzip nach Art. 194 Abs. 1 AEUV berücksichtigen müssen, obwohl Art. 36 der Gasrichtlinie in den Prüfkriterien dieses Prinzip nicht nennt (da die Richtlinie vor dem Inkrafttreten des Lissabonner Vertrags und des neu eingeführten Art. 194 AEUV angenommen wurde) und die Klägerpartei keine Inzidentrüge gemäß Art. 277 AEUV bezüglich dieser Richtlinienbestimmung erhoben hat. Solch eine überraschende direkte Heranziehung des EU-Primärrechts in der Rechtmäßigkeitsprüfung eines Einzelbeschlusses der Kommission, der in einem bilateralen Verwaltungsverfahren erlassen wurde, bringt mit sich Rechtsunsicherheit bezüglich der Maßstäbe, anhand derer der Verwaltungsakt beurteilt werden kann und welche den Parteien des Verwaltungsverfahrens hätten bekannt sein müssen.

Häufig wird auch das sog. *soft law* von der Kommission beim Erlass von Verwaltungsakten berücksichtigt. Im Beihilferecht spielen die von der Kommission erlassenen Leitlinien eine wichtige Rolle, da sie dem Beurteilungsermessen der Kommission einen festen Rahmen geben. Die Kläger stützen ihre Klage oft auf einen Verstoß gegen diese Leitlinien und beziehen sie in ihre Argumentation bezüglich des Rechtmäßigkeitsmaßstabs mit ein. Die Unionsgerichte[9] (und die Kommission) sehen diese Leitlinien als öffentliche Verhaltensnormen, durch die die Kommission ihr Ermessen selbst beschränkt, wenn sie die von ihnen erfassten Fälle prüft. Sie kann grundsätzlich nicht von ihnen abweichen. Diese Selbstbindung der Kommission an solche Leitlinien macht die Prüfung der Beihilfemaßnahmen im Lichte der Art. 107 und 108 AEUV transparenter, soweit diese nicht von den Vorschriften des AEUV abweichen und soweit sie den Betroffenen durch ihre Veröffentlichung bekannt sind. Eine nicht gerechtfertigte Abweichung von den Leitlinien wird als ein Verstoß gegen die beihilferechtlichen AEUV-Normen, die der Kommission das Ermessen verleihen, angesehen. Somit sind zwar diese Leitlinien dogmatisch nicht als Rechtmäßigkeitsmaßstab anzusehen, durch die (Selbst-)Beschränkung des Ermessensspielraums der Kommission spielen sie aber die entscheidende Rolle bei der Rechtmäßigkeitsprüfung im Rahmen des Art. 107 Abs. 3 AEUV.

Schließlich stellt sich die Frage, ob die *Unionswerte aus Art. 2 EUV*, nämlich die Achtung der Menschenwürde, Freiheit, Demokratie, Gleichheit,

9 EuG, Rs. T-309/12 (Zweckverband Tierkörperbeseitigung/Kommission), EU:T:2014:676 Rn. 212.

Rechtsstaatlichkeit und die Wahrung der Menschenrechte, als ein Rechtmäßigkeitsmaßstab der Unionsakte herangezogen werden können. Der EuGH hat in seinem Urteil vom 16. 2. 2022[10] zum „Mechanismus der horizontalen Konditionalität" festgestellt, dass Art. 2 EUV keine bloße Aufzählung politischer Leitlinien oder Absichten darstellt, sondern Werte enthält, die der Union als Rechtsgemeinschaft schlechthin ihr Gepräge geben, wobei sich diese Werte in Grundsätzen niederschlagen, die rechtlich verbindliche Verpflichtungen für die Mitgliedstaaten beinhalten. Zweifelsohne müssen die Unionsorgane schon aus diesem Grund diese Werte bei ihren Handlungen beachten. Ist diese Werteauflistung für sich allerdings justiziabel, d. h., kann ein Verstoß gegen Art. 2 EUV als selbständiger Klagegrund geltend gemacht werden? Das scheint nicht eindeutig zu sein. Die Beantwortung dieser Frage ist auch nicht zwingend notwendig. Wie der EuGH selbst bemerkt hat, wurden diese Unionswerte in der Grundrechtecharta und im Sekundärrecht umgesetzt.[11] Die konkretisierenden Vorschriften erlauben es – dank ihres normativen Inhalts –, die Unionswerte inhaltlich als Maßstäbe der Kommissionshandlungen heranzuziehen, ohne unmittelbar auf Art. 2 EUV zurückgreifen zu müssen, der eine eher verfassungsrechtliche und auslegungsprägende Rolle hat.

Die Rechtmäßigkeitsmaßstäbe sind jedoch nicht die einzigen Maßstäbe des Verwaltungshandelns der Kommission. Aus Art. 228 AEUV und Art. 43 der Charta lässt sich ein eigenständiger Maßstab ableiten, der über die Rechtmäßigkeit hinausgeht. Diese Vertragsvorschriften haben das Amt des EU-Bürgerbeauftragten geschaffen, dessen Aufgabe es ist, Missstände bei der Tätigkeit der EU-Organe zu untersuchen. Die Abschnitte III. und IV. beleuchten dieses Amt und seine Aufgaben genauer, bevor in Abschnitt V. die Frage untersucht wird, wie ein über die Rechtmäßigkeit hinausgehender Maßstab (sog. *„Rechtmäßigkeit plus"-Maßstab)* das Verwaltungshandeln beeinflussen und damit eine wirksame Alternative und zusätzliche Garantie für die Bürger neben dem Rechtmäßigkeitsmaßstab darstellen kann.

---

10 EuGH, Rs. C-157/21 (Republik Polen/Europäisches Parlament und Rat), EU:C:2022:98 Rn. 264.

11 EuGH, Rs. C-157/21 (Republik Polen/Europäisches Parlament und Rat), ECLI:EU:C:2022:98 Rn. 192-195.

III. Der Europäische Bürgerbeauftragte

Eingeführt wurde der *Europäische Bürgerbeauftragte* durch den Vertrag von Maastricht, den EUV, vom 7. 2. 1992. Das Konzept eines Bürgerbeauftragten stammt aus den skandinavischen Ländern: Schweden etwa kennt ein solches Amt bereits seit dem Jahr 1809.[12] Viele der EU-Mitgliedstaaten haben inzwischen Ombudsmannstellen eingerichtet.

So beispielsweise auch in Polen: Die polnische Verfassung (Art. 80) verleiht jedem Einzelnen, der sich in seinen Grundrechten und Freiheiten wegen der Handlung eines Verwaltungsorgans verletzt sieht, das Recht, sich an den Bürgerbeauftragten zu wenden. Der polnische Bürgerbeauftragte hat eine starke, in der Verfassung verankerte institutionelle Stellung. Sein Tätigwerden beschränkt sich nicht nur auf die Feststellung von Missständen bei Verwaltungshandlungen; er kann darüber hinaus aktiv für die Einhaltung der Grundrechte der Bürger, wie z. B. das Recht auf rechtliches Gehör vor einem unabhängigen Gericht, Gerichtsverfahren einleiten, Untersuchungen durchführen oder bei einem höherrangigen Verwaltungsorgan intervenieren.[13] Seit 2018 ist er insbesondere in Gerichtsverfahren vor dem Europäischen Gerichtshof für Menschenrechte[14] und vor dem EuGH[15] aktiv, wo die Fragen der Unabhängigkeit der polnischen Justiz behandelt werden.

In Deutschland existiert hingegen auf Bundesebene kein vergleichbares Amt mit einer thematisch umfassenden Zuständigkeit in öffentlich-rechtlichen Angelegenheiten. Der Wehrbeauftragte nach Art. 45b GG ist ein Bürgerbeauftragter, dessen Zuständigkeit auf das Verteidigungswesen beschränkt ist. Allerdings haben einzelne Länder, darunter Baden-Württemberg, Bayern, Mecklenburg-Vorpommern, Rheinland-Pfalz und Thüringen, einen Ombudsmann oder eine Ombudsfrau mit umfassender Zuständigkeit in öffentlich-rechtlichen Angelegenheiten eingerichtet.[16]

---

12 *Margedant*, in: Bergmann (Hrsg.), Handlexikon der Europäischen Union, 6. Aufl. 2022, unter „Bürgerbeauftragter".

13 Gesetz (ustawa) vom 15. 7. 1987 über den Bürgerbeauftragten, Dz. U. z 2020 r., poz. 627.

14 Siehe Rechtssache Grzeda v. Republik Polen, Nr. 43572/18, abrufbar unter: brpo.gov.pl. (zuletzt abgerufen am 15. 8. 2022).

15 Siehe EuGH, Rs. C-132/20, Getin Noble Bank, EU:C:2022:235, abrufbar unter: brpo.gov.pl. (zuletzt abgerufen am 15. 8. 2022).

16 Überblick, noch ohne Bayern, bei *Debus*, DÖV 2017, S. 810 ff.

Der Europäische Bürgerbeauftragte findet seine primärrechtliche Grundlage in Art. 228 AEUV, der in seinem Abs. 1 Unterabs. 1 Folgendes formuliert:

> „Ein vom Europäischen Parlament gewählter Europäischer Bürgerbeauftragter ist befugt, Beschwerden von jedem Bürger der Union oder von jeder natürlichen oder juristischen Person mit Wohnort oder satzungsmäßigem Sitz in einem Mitgliedstaat über Missstände bei der Tätigkeit der Organe, Einrichtungen oder sonstigen Stellen der Union, mit Ausnahme des Gerichtshofs der Europäischen Union in Ausübung seiner Rechtsprechungsbefugnisse, entgegenzunehmen. Er untersucht diese Beschwerden und erstattet darüber Bericht."

Präzisere Vorschriften zum Vorgehen des Bürgerbeauftragten im Rahmen seiner Untersuchungen findet man im Sekundärrecht: zum einen im Statut des Bürgerbeauftragten (Statut), das auf Grundlage des Art. 228 Abs. 4 AEUV vom Parlament angenommen wurde,[17] zum anderen in den Durchführungsbestimmungen,[18] die auf einem Beschluss des Bürgerbeauftragten (siehe Art. 18 des Statuts) selbst beruhen.

Zudem verbürgt Art. 43 der Charta für jeden Unionsbürger und jede Unionsbürgerin sowie für natürliche und juristische Personen mit Wohnsitz oder satzungsmäßigem Sitz in einem Mitgliedstaat das Recht, den Bürgerbeauftragten im Fall von Missständen bei der Tätigkeit der Organe, Einrichtungen und sonstigen Stellen der Union zu befassen. Verknüpft ist der Bürgerbeauftragte auch mit der Unionsbürgerschaft, die ebenfalls durch den Vertrag von Maastricht eingeführt wurde und heute in Art. 20 AEUV verankert ist. Denn in Art. 20 Abs. 2 lit. d AEUV wird das Recht auf Anrufung des Bürgerbeauftragten als Unionsbürgerrecht hervorgehoben und somit als Teil einer Reihe von Rechten aufgeführt, die den besonderen Status des Unionsbürgers definieren und zu einer stärkeren europäischen Integration beitragen sollen.[19]

Gewählt wird der Bürgerbeauftragte gemäß Art. 228 Abs. 2 Unterabs. 1 AEUV vom Europäischen Parlament und dies für die Dauer der Wahlperi-

---

17 Verordnung (EU, Euratom) 2021/1163 des Europäischen Parlaments vom 24. 6. 2021 zur Festlegung der Regelungen und allgemeinen Bedingungen für die Ausübung der Aufgaben des Bürgerbeauftragten (Statut des Europäischen Bürgerbeauftragten), ABl. 2021 L Nr. 253, S. 1.

18 Abrufbar unter https://www.ombudsman.europa.eu/de/legal-basis/implementing-provisions/de (zuletzt abgerufen am 15. 8. 2022).

19 *Heselhaus*, in: Pechstein/Nowak/Häde (Hrsg.), Frankfurter Kommentar EUV/GRC/AEUV, 2017, Art. 20 AEUV Rn. 1 ff.

ode. Eine Wiederwahl ist zulässig. In der noch jungen Geschichte des Europäischen Bürgerbeauftragten gab es bisher drei Personen, die dieses Amt bekleideten; seit dem 1. 10. 2013 ist die Irin *Emily O'Reilly* Europäische Bürgerbeauftragte. Der Sitz der Bürgerbeauftragten ist in Straßburg am Sitz des Europäischen Parlaments.

Gemäß Art. 228 Abs. 3 AEUV übt der Bürgerbeauftragte sein Amt in völliger Unabhängigkeit aus. Deshalb, und trotz der engen Verflechtung mit dem Europäischen Parlament (so wird der Bürgerbeauftragte durch das Europäische Parlament gewählt, das ebenso einen Antrag auf seine Abberufung stellen kann, Art. 228 Abs. 2 AEUV; zudem informiert der Bürgerbeauftragte das Europäische Parlament über bestimmte festgestellte Missstände und legt ihm einen jährlichen Tätigkeitsbericht vor, Art. 228 Abs. 1 Unterabs. 2 und 3 AEUV), ist der Bürgerbeauftragte kein Organ des Europäischen Parlaments und unterliegt nicht dessen politischer Kontrolle. Er ist ein „selbstständiges Nebenorgan der EU".[20] Allerdings unterstützt er durch seine Arbeit, und insbesondere durch die an das Europäische Parlament gemäß Art. 228 Abs. 1 Unterabs. 2 und 3 AEUV gerichteten Berichte, die Kontrolltätigkeit des Europäischen Parlaments.

Die Aufgabe des Bürgerbeauftragten besteht in den Worten des Art. 228 Abs. 1 S. 1 AEUV darin, Beschwerden über Missstände zu untersuchen. Diese Beschwerden können von den Unionsbürgern, entweder unmittelbar oder über Mitglieder des Parlaments, an den Bürgerbeauftragten herangetragen werden, wobei der jeweilige Beschwerdeführer von dem Beschwerdegegenstand nicht unmittelbar betroffen sein muss.[21] Sog. *Popularbeschwerden* sind also möglich. In 2021 gab es insgesamt 2192 registrierte Beschwerden an den EU-Bürgerbeauftragten und 332 eingeleitete Untersuchungen. 61,5% (208 Untersuchungen) davon betrafen die Kommission.[22]

Der Bürgerbeauftragte kann aber auch aus eigener Initiative aktiv werden und so statt einzelner Fälle auch breiter gefasste Sachverhalte und mögliche systembezogene Probleme untersuchen. Genauer ist dies beschrieben in Art. 3 Abs. 3 des Statuts, wonach der Bürgerbeauftragte, sofern er dazu Anlass sieht, was laut der Vorschrift insbesondere bei „wiederholten, systemischen oder besonders schwerwiegenden Missständen in der Verwaltungstätigkeit" der Fall ist, aus eigener Initiative Untersuchungen durchführen kann. Im Jahr 2021 leitete die Bürgerbeauftragte beispielswei-

---

20 *Haag*, in: von der Groeben/Schwarze/Hatje (Hrsg.), Europäisches Unionsrecht, 7. Aufl. 2015, Art. 228 AEUV Rn. 10.

21 *Huber*, in: Streinz (Hrsg.), EUV/AEUV, 3. Aufl. 2018, Art. 228 AEUV Rn. 30.

22 Jahresbericht 2021, abrufbar unter: https://www.ombudsman.europa.eu/en/doc/annual-report/de/156017 (zuletzt abgerufen am 15. 8. 2022).

se sechs Untersuchungen aus eigener Initiative ein (im Vergleich zu 332 beruhend auf Beschwerden),[23] darunter eine umfassende Untersuchung zum Umgang der Kommission mit dem sog. „Drehtüreffekt", also wenn hochrangige Bedienstete der EU in den Privatsektor wechseln (oder umgekehrt).[24]

Art. 228 AEUV verbürgt somit zum einen das subjektive (Grund-)Recht der Unionsbürger, den Bürgerbeauftragten anzurufen. Zum anderen dient die Vorschrift auch der objektiven Kontrolle des Handelns der EU-Organe und damit der Verbesserung ihrer Leistungsfähigkeit.[25] Aus der juristischen Perspektive soll der Bürgerbeauftragte so die Rechte der Unionsbürger effektiv, als nicht-gerichtliche Alternative zu den Verfahren vor dem Unionsrichter, durchsetzen; politisch soll damit eine größere Nähe zwischen Unionsbürgern und EU-Institutionen erreicht werden und die öffentliche Akzeptanz für EU-Institutionen und ihre Arbeit gestärkt werden.[26]

IV. Der Begriff des „Missstandes" im Sinne des Art. 228 AEUV

Schlüsselbegriff in der Arbeit des Bürgerbeauftragten ist der „Missstand", der in Art. 228 AEUV genannt, aber weder dort noch an anderer Stelle im Primärrecht definiert wird. Auch die Rechtsprechung der Unionsgerichte hat noch keine Definition dieses Begriffs, der anschaulicher und präziser im Englischen mit *„maladministration"*, im Französischen mit *„mauvaise administration"* und im Polnischen mit *„niewłaściwe administrowanie"* bezeichnet ist, geliefert.

1. Entwicklung einer Definition des „Missstands"

Art. 228 Abs. 1 AEUV definiert aber zumindest die Tätigkeitsbereiche, welche vom Bürgerbeauftragten auf einen „Missstand" untersucht werden können, nämlich die „Tätigkeit der Organe, Einrichtungen oder sonstigen Stellen der Union, mit Ausnahme des Gerichtshofs der Europäischen Union in Ausübung seiner Rechtsprechungsbefugnisse". Das Mandat des Bür-

---

23 Jahresbericht 2021 (Fn. 22), S. 26.
24 Jahresbericht 2021 (Fn. 22), S. 10 f.; siehe dazu die Untersuchung OI/1/2021/KR.
25 *Szczekalla*, in: Pechstein/Nowak/Häde (Fn. 20), Art. 228 AEUV Rn. 3.
26 *Tsadiras*, Int. Rev. Law 11/2015, S. 11 ff.

gerbeauftragten bezieht sich also auf Missstände in der Verwaltungstätigkeit der Unionsinstitutionen – nicht jedoch der nationalen Behörden, auch wenn diese Unionsrecht durchführen.[27] Ausdrücklich ausgenommen ist die Rechtsprechungstätigkeit des Gerichtshofs, nicht aber, wenn dieser verwaltend tätig wird. Art. 228 Abs. 1 Unterabs. 2 S. 1 Hs. 2 AEUV ergänzt zudem, dass der untersuchte Sachverhalt nicht Gegenstand eines Gerichtsverfahrens sein oder gewesen sein darf.

Dies beantwortet aber weiterhin nicht die Frage, was unter einem „Missstand", einem dem Unions- und nationalen Recht sonst unbekannten Rechtsbegriff, zu verstehen ist. Inwiefern geht der Begriff über den unter II. dargelegten Kontrollmaßstab der Unionsgerichte anhand der Unionsnormen hinaus? *Paraskevas Nikiforos Diamandouros*, zweiter Unionsbürgerbeauftragter während 2003–2013, sagte in einer Rede in 2011 zum Verhältnis von „Missstand" und „Rechtswidrigkeit": *„Maladministration may exist even in the absence of illegality"*[28] („Auch ohne Rechtswidrigkeit kann ein Missstand vorliegen"). Ein „Missstand" liegt also jedenfalls vor, wenn Rechtswidrigkeit gegeben ist – ein „Missstand" kann aber auch dann vorliegen, wenn keine Rechtswidrigkeit gegeben ist. Der Begriff des „Missstandes" geht über den Rechtmäßigkeitsmaßstab hinaus. Er erfasst auch Verhaltensweisen, die zwar im Einklang mit dem zwingenden Unionsrecht stehen, aber gegen gewisse Verhaltensstandards und Prinzipien verstoßen. Diese Auslegung wird auch von den Unionsgerichten zugrunde gelegt, die ausdrücklich betont haben, dass die Einstufung als „Missstand" durch den Bürgerbeauftragten nicht bedeutet, dass das Verhalten eines EU-Organs oder einer EU-Behörde einen hinreichend qualifizierten Verstoß gegen eine Rechtsnorm im Sinne der Rechtsprechung darstellt.[29]

Im Jahresbericht von 1995 nannte der damalige erste Bürgerbeauftragte *Jacob Söderman* erstmals eine Reihe von Fällen genannt, die, neben der Rechtswidrigkeit eines Akts, einen „Missstand" darstellen können, darunter: Unregelmäßigkeiten und Versäumnisse in der Verwaltung, Machtmissbrauch, Fahrlässigkeit, rechtswidrige Verfahren, Verstoß gegen die Fairness, schlechtes Funktionieren oder Unfähigkeit, Diskriminierung, vermeidbare Verzögerungen, unzureichende Unterrichtung oder das Vorent-

---

27 *Szczekalla* (Fn. 26), Art. 228 AEUV Rn. 17.

28 Abrufbar unter: https://www.ombudsman.europa.eu/en/speech/en/10400 (zuletzt abgerufen am 15. 8. 2022).

29 EuG, Rs. T-209/00 (Lamberts/Europäischer Bürgerbeauftragter), EU:T:2002:94 Rn. 65; EuG, Rs. T-193/04 (Tillack/Kommission), EU:T:2006:292 Rn. 128.

halten von Informationen.[30] Der Bürgerbeauftragte stellte dabei fest, dass das Fehlen einer klaren Definition ein Vorteil in der Arbeit des Bürgerbeauftragten sei, weil er, anders als ein Richter, nicht an eine strenge Definition gebunden ist.[31]

Dennoch bemühte man sich, auf Initiative des Europäischen Parlaments,[32] um eine konkretere Definition, die erstmals im Jahresbericht 1997 formuliert wurde und seitdem verwendet wird: Demnach liegt ein „Missstand" vor, wenn „eine öffentliche Einrichtung nicht im Einklang mit den für sie verbindlichen Regeln oder Grundsätzen handelt".[33] Zur Frage, welche Regeln und Grundsätze erfasst sind, führte der Jahresbericht 2011 sodann weiter aus: „Die Grundsätze der guten Verwaltung reichen über das Gesetz hinaus und verlangen von den EU-Organen nicht nur die Einhaltung ihrer rechtlichen Pflichten, sondern auch, dass sie sich dienstleistungsorientiert verhalten und Gewähr dafür bieten, dass die Bürger angemessen behandelt und in ihren Rechten nicht eingeschränkt werden. Somit stellt zwar eine Rechtswidrigkeit im Zuständigkeitsbereich des Europäischen Bürgerbeauftragten in jedem Fall einen Missstand dar, doch handelt es sich nicht bei jedem Missstand automatisch auch um eine Rechtswidrigkeit."[34]

Was aber sind nun solche Grundsätze der guten Verwaltung, die der Bürgerbeauftragte in seiner Untersuchung miteinbezieht? Anhaltspunkt dafür bieten die in dem Kodex für gute Verwaltungspraxis[35] enthaltenen Standards, der zunächst vom Bürgerbeauftragten in einem Musterentwurf selbst ausgearbeitet und vom Europäischen Parlament erstmals 2001 angenommen wurde.[36] Er umfasst 27 Artikel, die Grundsätze festlegen wie bspw. die Rechtmäßigkeit (Art. 4), die Verhältnismäßigkeit (Art. 6), Unparteilichkeit und Unabhängigkeit (Art. 8), Fairness (Art. 11) und Höflichkeit (Art. 12) sowie das Erfordernis einer angemessenen Frist zur Entscheidungsfindung (Art. 17).

---

30 Jahresbericht 1995, S. 10, abrufbar unter: https://www.ombudsman.europa.eu/de/doc/annual-report/de/3468 (zuletzt abgerufen am 15. 8. 2022).

31 Jahresbericht 1995 (Fn. 30).

32 Bericht des Parlaments über den jährlichen Tätigkeitsbericht (1996) des Europäischen Bürgerbeauftragten, C4-0270/97, C.4.

33 Jahresbericht 1997, S. 26, abrufbar unter: https://www.ombudsman.europa.eu/de/doc/annual-report/de/3447 (zuletzt abgerufen am 15. 8. 2022).

34 Jahresbericht 2011, S. 15, abrufbar unter: https://www.ombudsman.europa.eu/de/doc/annual-report/de/11584 (zuletzt abgerufen am 15. 8. 2022).

35 Abrufbar unter: https://www.ombudsman.europa.eu/en/document/de/3510 (zuletzt abgerufen am 15. 8. 2022).

36 Zur Entstehungsgeschichte siehe *Soria*, EuR 2001, S. 682 ff.

In der Einleitung des Kodex heißt es ausdrücklich, dass der Bürgerbeauftragte „bei seinen Untersuchungen, aber auch bei seiner proaktiven Arbeit zur Förderung einer guten Verwaltungspraxis auf den Kodex Bezug" nimmt, der Kodex also eine entscheidende Rolle beim Verständnis des Begriffs des „Missstandes" in den Untersuchungen des Bürgerbeauftragten spielt. Allerdings ist der Kodex nicht rechtsverbindlich. Zwar heißt es in Art. 1 des Kodex, dass die Institutionen und ihre Beamten die in dem Kodex niedergelegten Grundsätze beachten. Das darf aber nicht darüber hinwegtäuschen, dass der Kodex zwar vom Europäischen Parlament im Jahre 2001 angenommen wurde, aber nicht den Rang einer Rechtsnorm hat und somit kein zwingendes Recht darstellt, der Bürger aus ihm deshalb auch kein Recht ableiten kann.[37] Der Bürgerbeauftragte hatte 2002 gefordert, den Kodex in Form einer Verordnung zu verabschieden.[38] Dies ist jedoch bisher nicht geschehen. Einzelne EU-Behörden, darunter die Agenturen,[39] haben eine Selbstverpflichtung abgegeben, wonach sie die Verhaltensregeln befolgen wollen. Die Europäische Kommission[40] und die Europäische Zentralbank[41] hingegen haben beispielsweise ihren eigenen Kodex für gute Verwaltungspraxis beschlossen. Dies jedoch ändert nichts an der Tatsache, dass der „Missstand"-Begriff nicht-normativen Charakter hat und dem kontrollierenden Organ gewissen Beurteilungsspielraum lässt.

2. *Die Anwendung des Begriffs*

Auf der Tatbestandsseite beschreibt der Begriff des „Missstandes" also ein Verhalten der Verwaltung, das nicht mit den Grundsätzen einer guten Verwaltung, selbst wenn diese rechtlich nicht bindend sein mögen, vereinbar ist. Ein illustres Beispiel dafür bietet die Beschwerde im Verfahren „Intel".[42] Die Kommission hatte gegen den Chiphersteller eine Untersuchung nach europäischem Wettbewerbsrecht wegen des Verdachts des Miss-

37 EuG, Rs. T-121/08 (PC-Ware Information Technologies BV/Kommission), EU:T:2010:183 Rn. 90.

38 Jahresbericht 2002, S. 20, abrufbar unter: https://www.ombudsman.europa.eu/en/doc/annual-report/de/3436 (zuletzt abgerufen am 15. 8. 2022).

39 Zur Absichtserklärung siehe den Jahresbericht 2008, S. 81, abrufbar unter: https://www.ombudsman.europa.eu/de/doc/annual-report/de/3969 (zuletzt abgerufen am 15. 8. 2022).

40 Angenommen am 13. 9. 2000.

41 Angenommen am 1. 8. 2006.

42 Untersuchung 1935/2008/FOR.

brauchs einer marktbeherrschenden Stellung eingeleitet. Im Rahmen der Untersuchung fand ein Treffen zwischen der Kommission und *senior executives* des Unternehmens Dell statt, das als Computerhersteller die Chips von Intel kaufte. Die Kommission hatte bei dem Treffen mit den Vertretern von Dell kein Protokoll geführt.[43] Intel argumentierte, dass die Vertreter von Dell während des Treffens womöglich entlastende Beweise vorgebracht hätten, die Intel in der Untersuchung der Kommission für seine Verteidigung hätte verwenden können. Die Anfertigung eines Protokolls sei Teil einer guten Verwaltungspraxis, welche Transparenz und Unparteilichkeit in der Untersuchung sicherstelle. In seiner Beschwerde berief sich Intel vor allem auf Art. 24 des Europäischen Kodex für eine gute Verwaltungspraxis, in dem es heißt: „Die Abteilungen des Organs haben angemessene Verzeichnisse über ihren Posteingang und -ausgang, die von ihnen erhaltenen Dokumente und die von ihnen ergriffenen Maßnahmen zu führen". Zudem führte Intel Art. 11 und 12 des Kodex (Fairness und Höflichkeit) an.[44] Die Kommission berief sich hingegen insbesondere darauf, dass keine verbindliche Verpflichtung zur Anfertigung eines Protokolls bestand.[45]

In seiner Abschlussentscheidung vom 14. 7. 2009 stellte der Bürgerbeauftragte einen „Missstand" in der Verwaltungstätigkeit der Kommission fest.[46] Es habe sich bei dem Treffen um eine Befragung im Sinne des Art. 19 der Verordnung 1/2003[47] gehandelt. Deshalb sei Art. 3 der Verordnung 773/2004[48] anwendbar, wonach die Kommission die Aussagen des Befragten auf einem beliebigen Träger aufzeichnen kann (Abs. 3). Der Wortlaut lässt also darauf schließen, dass die Kommission freies Ermessen hat, ob sie ein Protokoll anfertigt oder nicht. Allerdings stellte der Bürgerbeauftragte fest, dass die fehlende rechtliche Verpflichtung zur Anfertigung des Protokolls einen Verwaltungsmissstand im Sinne des Art. 228 AEUV nicht ausschließe. Denn wenn der Verwaltung Ermessen einge-

---

43 Siehe ausführlich zum Sachverhalt *Diamandouros*, J. Eur. Comp. Law Pract. 2010, S. 379 (380 f.).

44 Entscheidung des Bürgerbeauftragten vom 14. 7. 2009 in der Untersuchung 1935/2008/FOR, Rn. 43 ff.

45 Entscheidung des Bürgerbeauftragten (Fn. 44), Rn. 56 ff.

46 Entscheidung des Bürgerbeauftragten (Fn. 44), Rn. 90 ff.

47 Verordnung (EG) Nr. 1/2003 des Rates vom 16. 12. 2002 zur Durchführung der in den Artikeln 81 und 82 des Vertrags niedergelegten Wettbewerbsregeln, ABl. 2003 L Nr. 1, S. 1 ff.

48 Verordnung (EG) Nr. 773/2004 der Kommission vom 7. 4. 2004 über die Durchführung von Verfahren auf der Grundlage der Artikel 81 und 82 EG-Vertrag durch die Kommission, ABl. 2004 L Nr. 123, S. 18 ff.

räumt werde, müsse sie gute und legitime Gründe vorbringen können, warum sie sich für eine bestimmte Vorgehensweise entscheidet. Sobald die Kommission deshalb eine Befragung im Rahmen einer Untersuchung wegen Verletzung der unionsrechtlichen Wettbewerbsregeln durchführt, sei sie aufgrund der Prinzipien einer guten Verwaltung (und nur mit wenigen Ausnahmen, etwa wenn die erhaltenen Informationen bereits in der Akte vorhanden sind) zur Anfertigung von angemessenen Aufzeichnungen, sei es in der Form eines Protokolls oder in anderer Gestalt, verpflichtet. Dies gelte sogar dann, wenn das relevante Treffen nicht als „Befragung" im Sinne von Art. 19 der Verordnung 1/2003 qualifiziert werden könne.

Am Beispiel der Intel-Beschwerde wird deutlich, dass der Bürgerbeauftragte in seiner Untersuchung nicht auf die verbindlichen Rechtsnormen beschränkt ist, sondern über sein Mandat zur Untersuchung von „Missständen" auf eine leistungsfähigere, bürgerfreundlichere Verwaltung hinwirken kann. Er kann die Verwaltung durch seine Untersuchungen dazu anhalten, besser, effektiver und dienstleistungsorientierter zu arbeiten, als sie rechtlich verpflichtet ist.[49]

Ein weiteres praktisches Beispiel liefert der Umgang der Kommission mit Beschwerden natürlicher oder juristischer Personen über unionsrechtswidriges Verhalten von Mitgliedstaaten im Rahmen von Vertragsverletzungsverfahren nach Art. 258 AEUV. Zur Einleitung eines Vertragsverletzungsverfahrens muss die Kommission Kenntnis von einem unionsrechtswidrigen Verhalten der Mitgliedstaaten erlangen, was auf Eigeninitiative der Kommission selbst beruhen, aber auch durch Beschwerden von Unionsbürgern erfolgen kann. In 2020 etwa gingen bei der Union 3207 Beschwerden ein, von denen 190 weiter untersucht wurden.[50] Trotz dieses Beschwerderechts hat der EuGH aber betont, dass der Einzelne kein subjektives Recht auf die Einleitung eines Vertragsverletzungsverfahrens oder auf Erhebung der Klage vor dem Gerichtshof durch die Kommission hat.[51] Es steht vielmehr im Ermessen der Kommission, ein Verfahren nach den Vorschriften des Art. 258 AEUV einzuleiten oder nicht.[52] Somit kann der Einzelne seine Beschwerde auch nicht mithilfe einer Untätigkeitsklage gemäß Art. 265 Abs. 3 AEUV gegen die Kommission, wenn diese kein Ver-

49 *Navarro*, Cah. droit eur. 2014, S. 389 (398).

50 Commission Staff Working Document, SWD(2021) 212 final, S. 18.

51 EuGH, Rs. C-247/97 (Star Fruit/Kommission), EU:C:1989:58 Rn. 11; EuG, Rs. T-479/93 und T-559/93 (Bernardi/Kommission), EU:T:1994:277 Rn. 31.

52 EuGH, Rs. C-236/99 (Kommission/Belgien), EU:C:2000:374 Rn. 28; EuG, Rs. T-47/96 (SDDDA/Kommission), EU:T:1996:164 Rn. 42; *Cremer*, in: Callies/Ruffert (Hrsg.), EUV/AEUV, 2022, Art. 258 AEUV Rn. 41 ff.

fahren einleitet, oder einer Nichtigkeitsklage gemäß Art. 263 Abs. 4 AEUV, wenn die Kommission einen Nichteröffnungsbescheid erlassen hat, durchsetzen.[53] Nach der Rechtsprechung haben natürliche oder juristische Personen deshalb keine verbindlichen prozessualen oder materiellen Rechte bei der Behandlung ihrer Beschwerde, weil sie formal nicht als Teil des Verfahrens des Art. 258 AEUV angesehen werden.[54]

Die Arbeit des Bürgerbeauftragten hat aber dazu beigetragen, dass sich die Kommission zu mehreren *soft law*-Garantien bezüglich der Bearbeitung der Beschwerden von Bürgern über mögliche Vertragsverletzungen verpflichtet hat.[55] In der Entscheidung zur Untersuchung 995/95/OV stellte der Bürgerbeauftragte einen „Missstand" beim Umgang der Kommission mit der Beschwerde eines Bürgers bezüglich eines möglichen unionsrechtswidrigen Verhaltens der griechischen Behörden fest, weil die Kommission dem Beschwerdeführer keine faire Gelegenheit gegeben habe, gehört zu werden, bevor sie die Akte bezüglich seiner Beschwerde schloss. In der Abschlussentscheidung schlug der Bürgerbeauftragte der Kommission vor, klare Regeln für die Behandlung solcher Beschwerden zu erlassen, um in der Zukunft Missstände bei dieser Tätigkeit zu vermeiden.[56] Die Kommission kam diesem Vorschlag in Gestalt einer Kommunikation von 2002 nach, in welcher sie sich Regeln für die Bearbeitung der Beschwerden gab.[57] Die Kommunikation von 2002 wurde 2012 überarbeitet und aktualisiert.[58] In der aktualisierten Kommunikation von 2012[59] ist zum Beispiel in Art. 7 Abs. 2 vorgesehen, dass die Dienststellen der Kommission den Beschwerdeführer bei Einleitung eines Vertragsverletzungsverfahrens auf der Grundlage der Beschwerde über jeden einzelnen Verfahrensschritt schriftlich in Kenntnis setzen. Art. 8 Abs. 1 legt fest, dass die Kommissionsdienststellen in der Regel binnen eines Jahres ab dem Zeitpunkt der Eintragung der Beschwerde im Generalsekretariat entscheiden, ob eine Aufforderung zur Äußerung geschickt oder der Vorgang eingestellt wird. Gemäß Art. 10 Abs. 1 der Kommunikation wird der Beschwerdeführer zudem bei der Einstellung des Beschwerdeverfahrens unterrichtet und erhält eine entsprechende schriftliche Begründung, auf welche er binnen vier Wochen reagie-

---

53 *Pechstein*, in: Pechstein/Nowak/Häde (Fn. 20), Art. 258 AEUV Rn. 9.

54 *Tsadiras* (Fn. 26), S. 13 m. w. N.

55 *Tsadiras* (Fn. 26), S. 13 ff.

56 Entscheidung zur Untersuchung 995/95/OV, unter „*Further remarks*".

57 Kom(2002) 141 endg., ABl. 2002 C Nr. 244, S. 5 ff.

58 Kom(2012) 154 endg.

59 EUR-Lex – 52012DC0154 – DE – EUR-Lex, europa.eu (zuletzt abgerufen am 15. 8. 2022).

ren kann. Auch wenn die Kommission somit weiterhin nicht rechtlich verpflichtet wird, ein Verfahren einzuleiten oder den Gerichtshof zu befassen, so wird der Beschwerdeführer jedoch zumindest durch Regeln über die Bearbeitung seiner Beschwerde, die vor allem eine transparente Bearbeitung sowie die Gelegenheit, gehört zu werden, garantieren, geschützt. Insbesondere kann der Bürgerbeauftragte die Schlussfolgerungen der Kommission zu einer Beschwerde auch inhaltlich bewerten, nämlich dahingehend, ob diese „angemessen und gut begründet sind und ob sie dem Beschwerdeführer ausführlich erläutert wurden".[60] Diese Kontrollmöglichkeit durch den Bürgerbeauftragten hat dazu geführt, dass die Bürger nicht, wie etwa vor dem Unionsrichter, nur als „Informanten" über rechtswidriges Unionsverhalten angesehen werden, sondern ihre Stellung gegenüber der Kommission im Verfahren nach Art. 258 AEUV erheblich aufgewertet wurde.[61] Dies illustriert das Konzept des Bürgerbeauftragten, bei dessen Arbeit nicht die Schuldzuweisung, sondern die zukunfts- und bürgerorientierte Verbesserung der Verwaltungsabläufe im Zentrum steht[62] – und all dies über den Hebel des weiten Verständnisses des Begriffs des „Missstandes".

V. *Instrumente des Europäischen Bürgerbeauftragten zur Beseitigung von Missständen*

Spiegelbildlich zu diesem Prüfungsmaßstab, der auch Verhalten jenseits der Rechtswidrigkeit einschließt, gilt auf der Rechtsfolgenseite, dass der Bürgerbeauftragte keine rechtsverbindlichen Konsequenzen aus den Feststellungen seiner Untersuchungen ziehen kann. Er arbeitet vielmehr mit Empfehlungen, die von dem betreffenden Organ nicht umgesetzt werden *müssen*, und Berichten, die dem betreffenden Organ und gegebenenfalls dem Europäischen Parlament vorgelegt werden.

Dabei können die Empfehlungen zu unterschiedlichen Zeitpunkten gemacht werden. Nach Art. 2 Abs. 10 des Statuts kann sich der Bürgerbeauftragte vor Abschluss der Untersuchung um eine Lösung mit dem betreffenden Organ bemühen und zu diesem Zweck Vorschläge machen, um der Beschwerde abzuhelfen. Hier geht es also um eine gütliche Beilegung

60 Jahresbericht 2008, S. 64, abrufbar unter: https://www.ombudsman.europa.eu/en/doc/annual-report/de/156017_(zuletzt abgerufen am 15. 8. 2022).

61 *Vogiatzis*, The European Ombudsman and Good Administration, 2018, S. 98.

62 *Tsadiras* (Fn. 26), S. 56.

der Beschwerde auf Grundlage einer einvernehmlichen Lösung.[63] Erfolgt eine solche, schließt der Bürgerbeauftragte die Untersuchung entsprechend Art. 6 Abs. 2 der Durchführungsbestimmungen. Diese Möglichkeit eines Lösungsvorschlages noch vor Abschluss der Untersuchungen wird genauer aufgegriffen in Art. 5 Abs. 1 der Durchführungsbestimmungen. Nach Art. 5 Abs. 2 kann das betreffende Organ dazu Stellung nehmen.

Ein anderer möglicher Zeitpunkt für eine Empfehlung ist nach Abschluss der Untersuchung, wenn der Bürgerbeauftragte einen „Missstand“ festgestellt hat und eine einvernehmliche Lösung nicht erzielt wurde. Nach Art. 4 Abs. 1 des Statuts spricht der Bürgerbeauftragte in einem solchen Fall „gegebenenfalls“ Empfehlungen aus. Dies geschieht insbesondere dann nicht, wenn eine Behebung des Verwaltungsmissstands nicht mehr möglich ist und der festgestellte Missstand keine generellen Auswirkungen hat. In einem solchen Fall, aber auch wenn das betroffene Organ den Empfehlungen nicht folgt oder diese nur unzureichend umsetzt, schließt der Bürgerbeauftragte die Untersuchung mit kritischen Anmerkungen ab.[64] In seinem Abschlussbericht an das betreffende Organ kann der Bürgerbeauftragte zudem ebenfalls Empfehlungen abgeben (Art. 4 Abs. 3 S. 2 des Statuts).

Weiteres Instrument des Bürgerbeauftragten sind die Berichte, die er in erster Linie an das betroffene Organ richtet, aber in bestimmten Fällen auch an das Europäische Parlament. Nach Art. 4 Abs. 3 des Statuts wird der Bericht mit den Feststellungen der Untersuchungen auch an das Europäische Parlament übermittelt, wenn „die Art oder das Ausmaß des aufgedeckten Missstandes dies erfordert“. Art. 7 Abs. 3 der Durchführungsbestimmungen sieht diesbezüglich vor, dass der Bürgerbeauftragte dem Europäischen Parlament einen Sonderbericht über eine Untersuchung vorlegen kann, in der er einen Verwaltungsmissstand ermittelt oder die nach Ansicht des Bürgerbeauftragten von erheblichem öffentlichen Interesse ist. Diese Sonderberichte werden vom Bürgerbeauftragten zurückhaltend nur in solchen Fällen eingesetzt, in denen Größe und Wichtigkeit des Untersuchungsgegenstands das Übermitteln eines Sonderberichts rechtfertigen.[65] Sie werden als letzter Ausweg gesehen, wenn das betroffene Organ die Empfehlungen des Bürgerbeauftragten nicht umsetzen möchte oder seine Stellungnahme diesbezüglich unzureichend ist.[66] Darüber hinaus legt der

63 *Tsadiras* (Fn. 26), 52.

64 *Vogiatzis* (Fn. 61), S. 24.

65 Jahresbericht 1997, S. 32, https://www.ombudsman.europa.eu/de/doc/annual-report/de/3447 (zuletzt abgerufen am 15. 8. 2022).

66 *Vogiatzis* (Fn. 61), S. 25.

Bürgerbeauftragte einen Jahresbericht an das Europäische Parlament vor, in welchem er die Ergebnisse seiner Untersuchungen zusammenfasst (Art. 228 Abs. 1 Unterabs. 3 AEUV).

Weder die vom Bürgerbeauftragten ausgesprochenen Empfehlungen noch die Berichte und kritischen Anmerkungen haben Rechtswirkung oder verleihen dem Beschwerdeführer irgendein subjektives Recht.[67] Die Arbeit des Bürgerbeauftragten beruht also nicht auf einer Kompetenz, rechtsförmliche Sanktionen auszusprechen oder das betroffene Organ gar zu einer gewissen Handlung zu verpflichten, sondern, wie es *Tsadiras* formuliert, *„in his ability to exercise moral influence, gain trust and elicit the willingness of EU bureaucracy to co-operate and provide suitable redress“*[68] („auf seiner Fähigkeit, moralischen Einfluss auszuüben, Vertrauen zu gewinnen und die Bereitschaft der EU-Bürokratie zu wecken, zusammenzuarbeiten und angemessene Abhilfemaßnahmen zu ergreifen“).

VI. „Rechtmäßigkeit plus“-Maßstab und das Zusammenspiel mit der Rechtmäßigkeitskontrolle der Unionsgerichte – eine praxisorientierte Bewertung

Es stellt sich nun die Frage nach dem Mehrwert der „Missstands“-Kontrolle des Bürgerbeauftragten gegenüber der Rechtmäßigkeitskontrolle vor den Unionsgerichten. In Bereichen, wo den Bürgern kein Rechtsbehelf vor den Unionsgerichten zur Verfügung steht (sei es wegen der mangelnden Aktivlegimitation des Beschwerdeführers, sei es wegen der Handlungsform des EU-Organs), bleibt die Beschwerde vor dem Bürgerbeauftragten das einzige Mittel, um die EU-Verwaltung einer Kontrolle zu unterziehen.

Manchmal kann jedoch die Handlung eines EU-Organs sowohl der gerichtlichen Kontrolle als auch der „Missstands“-Kontrolle unterzogen werden. Ein gutes Beispiel hierfür liefert die Bearbeitung von Akteneinsichtsersuchen.

Der Zugang zu Dokumenten der EU-Organe ist in der EG-Verordnung Nr. 1049/2001[69] geregelt. Nach Art. 2 dieser Verordnung hat jeder Unionsbürger sowie jede natürliche oder juristische Person mit Wohnsitz oder

---

67 EuG, Rs. T-103/99 (Associazione delle Cantine Sociali Venete/Bürgerbeauftragter und Parlament), EU:T:2000:135 Rn. 50 ff.

68 *Tsadiras*, E. L. Review 2013, S. 52 (57).

69 Verordnung (EG) Nr. 1049/2001 des Europäischen Parlaments und des Rates vom 30. 5. 2001 über den Zugang der Öffentlichkeit zu Dokumenten des Europäischen Parlaments, des Rates und der Kommission, ABl. 2001 L Nr. 145, S. 43 ff.

Sitz in einem Mitgliedstaat ein Recht auf Zugang zu Dokumenten vorbehaltlich der in dieser Verordnung festgelegten Grundsätze, Vorbehalte und Bedingungen. Art. 6–8 beschreiben das Verwaltungsverfahren, das aus der Behandlung des Erstantrags und des Zweitantrags auf Überprüfung besteht. Im Fall der teilweisen oder vollständigen Verweigerung des Zuganges (abschlägiger Bescheid) oder keiner Antwort des Organs auf den Zweitantrag innerhalb der vorgeschriebenen Frist stellt Art. 8 den Antragsteller vor die Rechtsbehelfswahl: entweder Erhebung der Nichtigkietsklage gegen das betreffende Organ gemäß Art. 263 AEUV und/oder Einlegen einer Beschwerde vor dem Bürgerbeauftragten nach Art. 228 AEUV. In allen abschlägigen Zweitbescheiden werden die Antragsteller auf diese beiden Rechtsbehelfe hingewiesen. Die Nichtigkeitsklage muss innerhalb von zwei Monaten nach Kenntnisnahme des Zweitbescheids vor dem EuG eingereicht werden (Art. 263 Abs. 2 AEUV), dagegen beträgt die Frist für die Beschwerde beim Bürgerbeauftragten zwei Jahre.[70] Bei beiden Rechtsbehelfen kann der Antragsteller argumentieren, dass die Voraussetzungen der geltend gemachten Ausnahmen aus Art. 4 der Transparenzverordnung nicht erfüllt sind oder dass ein überwiegendes öffentliches Interesse an der Verbreitung des Dokuments/der Dokumente besteht.

Die Nichtbeantwortung des Zweitantrags innerhalb der festgeschriebenen Frist (15 Arbeitstage, verlängerbar in Ausnahmefällen um weitere 15 Arbeitstage) kann ein klassisches Beispiel für einen „Missstand“ bilden. Der EU-Bürgerbeauftragte hat für Beschwerden über den Zugang zu Dokumenten ein *beschleunigtes Verfahren* eingeführt.[71] Sobald er den Eingang der Beschwerde bestätigt hat, entscheidet er innerhalb von fünf Arbeitstagen, ob er eine Untersuchung einleitet. Dies hängt von verschiedenen Faktoren ab, einschließlich der Zulässigkeit einer Beschwerde (beispielsweise, ob der Beschwerdeführer das Antragsverfahren für den Zugang zu Dokumenten der betreffenden EU-Einrichtung bereits erschöpft hat). Der Bürgerbeauftragte ist bemüht, innerhalb von 40 Arbeitstagen eine Entscheidung in entsprechenden Untersuchungen zu fällen. Während dieses Zeitraums kann er die betroffene EU-Institution befragen und/oder die entsprechenden Dokumente einsehen.

Von 2015 bis Ende August 2020 ist die Dauer dieser Prüfung von 344 Tagen auf 57 Tage gesunken. Von September 2017 bis Ende August 2020

70 Art. 2 Abs. 4 des Beschlusses des Europäischen Parlaments über die Regelungen und allgemeinen Bedingungen für die Ausübung der Aufgaben des Bürgerbeauftragten.

71 Abrufbar unter: https://www.ombudsman.europa.eu/de/document/en/138509 (zuletzt abgerufen am 15. 8. 2022).

hat der Bürgerbeauftragte 148 Beschwerden bearbeitet; in 119 davon hat er eine Untersuchung eingeleitet. In 84 Fällen war die EU-Kommission die betroffene Institution.[72]

Kommt der Bürgerbeauftragte zu dem Schluss, dass die EU-Institution den Zugang zu dem Dokument/den Dokumenten zu Unrecht verweigert hat, kann er ihr empfehlen, den vollständigen oder teilweisen Zugang umgehend zu gewähren. Auch wenn die Empfehlungen nicht rechtsverbindlich sind, erwartet der Bürgerbeauftragte deren Befolgung. Kommt die EU-Institution der Empfehlung nicht nach, kann der Bürgerbeauftragte die Angelegenheit mit einem Sonderbericht an das Europäische Parlament verweisen.

In den 119 Beschwerdefällen, in denen eine Untersuchung eingeleitet wurde, konnte der Bürgerbeauftragte in 82 Fällen keinen „Missstand" feststellen, in 29 Fällen hat er Lösungsvorschläge und in acht Empfehlungen ausarbeiten können.[73]

Die Tätigkeit der Unionsgerichte bei der Bearbeitung der Nichtigkeitsklagen gegen die abschlägigen Zweitbescheide ist deutlich weniger ausgeprägt. In den Jahren 2018 bis 2021 hat sich das EuG mit circa 30 Fällen befasst.[74] In den letzten Jahren ist die Zahl der Klagen gegen die Kommission gesunken. Allerdings bildet jedes neue Tätigkeitsfeld der Kommission, z. B. die Aushandlung der Abnahmegarantieverträge mit COVID-19-Impfstoffherstellern, Anlass für eine erhöhte Anzahl von Auskunftsersuchen und stellt die Anwendung und die Grenzen der Verordnung Nr. 1049/2001 erneut auf die Probe.

Diese Diskrepanz in der Nutzung der Rechtsbehelfe kann auf unterschiedliche Gründe zurückgeführt werden und zeigt, dass beide Rechtsbehelfe nicht in Konkurrenz zueinander stehen.

Erstens besteht bei den Beschwerdeverfahren vor dem Bürgerbeauftragten kein Anwaltszwang und die Frist für die Beschwerdeeinreichung ist länger (zwei Jahre).

Zweitens scheint auch die Bearbeitungszeit der Beschwerde, die Untersuchungsdauer inbegriffen, kürzer zu sein, als das Gerichtsverfahren vor dem EuG. Die Erwirkung von einstweiligen Verfügungen gemäß Art. 278 AEUV in Fällen, die den Zugang zu Dokumenten zum Gegenstand haben, ist äußerst selten, da der ernsthafte und nicht wiedergutzumachende Scha-

---

72 Abrufbar unter: https://www.ombudsman.europa.eu/de/document/en/138509 (zuletzt abgerufen am 15. 8. 2022).

73 Abrufbar unter: https://www.ombudsman.europa.eu/de/document/en/138509 (zuletzt abgerufen am 15. 8. 2022).

74 *CURIA*, List of results, europa.eu (zuletzt abgerufen am 15. 8. 2022).

den im Falle der Nichtoffenlegung der Dokumente schwierig nachzuweisen ist.

Andererseits könnte man zu Recht einwenden, dass die Feststellung eines „Missstands“ bei der Bearbeitung eines Aktenzugangsersuchens in einer Empfehlung des Bürgerbeauftragten für den Beschwerdeführer nicht unbedingt die gewünschte Offenlegung der Dokumente bewirken wird. Insbesondere in Fällen, in denen der Beschwerdeführer die korrekte Anwendung der Zugangsausschlussgründe gemäß Art. 4 der Verordnung Nr. 1049/2001 in dem abschlägigen Zweitbescheid bestreitet, ohne den Zweitbescheid selbst vor dem EuG angefochten zu haben, kann eine Empfehlung der nochmaligen Überprüfung außer einer zusätzlichen Begründung wenig bewirken. Zumindest stützt sich die Kommission in solchen Fällen auf die Bestandskraft des abschlägigen Zweitbescheids. Bei einer Änderung der Umstände (z. B. bei der Offenlegung einer Anzahl der Dokumente des Mitgliedstaates in einem abgeschlossenen Beihilfeverfahren) könnte der Beschwerdeführer zu einer erneuten Antragstellung eingeladen werden. In den seltenen Fällen des Ausbleibens eines Zweitbescheides innerhalb der festgelegten Fristen wegen des großen Umfangs des Zugangsersuchens oder der ungenügenden Begründung des Zweitbescheides kann es sich um einen „Missstand“ handeln, der mit dem Erlass des Zweitbescheides bzw. einer ergänzenden Begründung einfach behoben werden kann.

Ein gleichzeitiger Lauf des Gerichts- und Beschwerdeverfahrens ist ausgeschlossen.[75] Die Wahl der Rechtsbehelfe ist aus praktischer Sicht nicht immer einfach. Soll die angestrebte Offenlegung der Dokumente die Nichtigkeitsklage gegen einen Unionsakt stützen, da diese den Verfahrensverlauf bzw. die Entscheidungsfindung beeinflussen könnten, empfiehlt sich der Klageweg gegen den Zweitbescheid vor dem EuG. Insbesondere was die Kommissionsbeschlüsse im EU-Wettbewerbsrecht betrifft, wenden die Kläger (Unternehmen) das doppelte Klageverfahren als Strategie an. Dem enttäuschten Bürger bleibt häufig nur die kostenlose Beschwerde bei dem Bürgerbeauftragten, die zumindest eine moralische Genugtuung herbeiführen kann.

75 Siehe Art. 2 Abs. 9 des Statuts des Europäischen Bürgerbeauftragten (Fn. 19).

VII. Fazit

Wie schon die Unionsgerichte[76] festgehalten haben, bewirkt die Qualifizierung des Verwaltungshandelns als „Missstand“ durch den Bürgerbeauftragten als solche nicht, dass das Verhalten des EU-Organs einen hinreichend qualifizierten Verstoß gegen eine Rechtsnorm darstellt. Mit der Einführung des Bürgerbeauftragtenamtes hat der EG-Vertrag den Unionsbürgern für die Wahrnehmung ihrer Interessen eine Alternative zur Klageerhebung vor dem Unionsrichter eröffnet. Diese außergerichtliche Alternative ist nach spezifischen Kriterien ausgestaltet und hat nicht notwendigerweise dasselbe Ziel und dieselbe Wirkung wie eine Klage. Die *„Rechtmäßigkeit plus“*-Kontrolle kann zwar mehr Verwaltungshandelsformen erfassen, ist aber nicht unbedingt gleichermaßen wirksam wie die Rechtmäßigkeitskontrolle.

Auch wenn die *„Rechtmäßigkeit plus“*-Kontrolle des Bürgerbeauftragten aufgrund der sich an sie anschließenden Instrumente der Empfehlung und des Berichts als „zahnloses“ Mittel erscheinen mag, übt sie trotzdem Druck auf das betroffene EU-Organ aus, nicht zuletzt durch den *„naming and shaming“*-Effekt. Dieser Effekt kann in Zeiten der sozialen digitalen Medien und der raschen Verbreitung von Informationen in einigen Situationen bei der betreffenden EU-Institution mehr bewirken als die Nichtigkeitserklärung ihrer Handlung.

76 EuG, Rs. T-209/00 (Lamberts/Europäischer Bürgerbeauftragter), EU:T:2002:94 Rn. 65.

Auswahl und Einsatz von Handlungsformen am Beispiel der Corona-Pandemie

Winfried Brechmann[*]

I. Einleitung

Als am 27. 1. 2020 die Corona-Pandemie in Deutschland mit dem sog. „Webasto-Fall" erstmalig ausbrach, dachte man noch nicht ernsthaft an landesweite Veranstaltungs- und Versammlungsverbote, weitgehende Betriebsuntersagungen, Besuchsverbote u. a. in Krankenhäusern und Pflegeeinrichtungen, Schulschließungen und allgemeine Ausgangsbeschränkungen.[1] Im Laufe des Februars 2020 zeichnete sich ab, dass die Corona-Pandemie auch vor Deutschland nicht haltmachen würde. Die Bilder und Nachrichten aus der ganzen Welt, insbesondere aus Norditalien und speziell aus Bergamo führten eindrucksvoll vor Augen, welche Gefahren Deutschland drohten.

Die Weltgesundheitsorganisation (WHO) erklärte Corona am 11. 3. 2020 zur weltweiten Pandemie.[2] Einen Tag später, am 12. 3. 2020, starb in Bayern der erste Corona-Patient.[3] Jeden Tag stiegen damals die Infektionszahlen rasant an.

Der Deutsche Bundestag stellte am 25. 3. 2020 mit Wirkung zum 28. 3. 2020 auf der Basis des zugleich geänderten § 5 Infektionsschutzgesetz (IfSG) die epidemische Notlage von nationaler Tragweite fest und trat damit ein in der Nachkriegsgeschichte Deutschlands wohl einzigartiges Not-

---

* Für wertvolle Hinweise und Anmerkungen bei der Abfassung des Manuskripts danke ich ausdrücklich Herrn Staatsanwalt Dr. *Fabian Pagels*.

1 Vgl. demgegenüber die Notbekanntmachung der Zweiten Bayerischen Infektionsschutzmaßnahmenverordnung (2. BayIfSMV) v. 16. 4. 2020 (BayMBl. 2020 Nr. 205).

2 WHO Director-General's opening remarks at the media briefing on COVID-19, 11 March 2020, https://www.who.int/director-general/speeches/detail/who-director-general-s-opening-remarks-at-the-media-briefing-on-covid-19---11-march-2020 (zuletzt abgerufen am 15. 8. 2022); vgl. auch Lagebericht des RKI zur Coronavirus-Krankheit-2019 (COVID-19) v. 11. 3. 2020, S. 1.

3 Lagebericht des RKI zur Coronavirus-Krankheit-2019 (COVID-19) v. 12. 3. 2020, S. 1.

fallpaket los.[4] In Bayern wurde bereits zuvor am 16. 3. 2020 der erste landesweite Katastrophenfall in der Geschichte des Freistaates ausgerufen.[5]

Die Gegenmaßnahmen wurden ganz überwiegend Regierung und Verwaltung übertragen; es war ohne Zweifel „die Stunde der Exekutive".[6] Die Regierungen und speziell die Gesundheitsbehörden in Bund und Ländern konnten auf diese einzigartige Herausforderung einer pandemischen Viruskrankheit indes nicht adäquat vorbereitet sein. So verwundert es wenig, dass die Gesundheitsverwaltung und die Sicherheits- und Katastrophenschutzbehörden in vielen Bereichen Neuland betraten, als sie ab dem Frühjahr 2020 versuchten, mit aller Kraft und verschiedensten Maßnahmen die Corona-Pandemie einzudämmen.

Nach nunmehr über zwei Jahren Corona-Pandemie hat sich die Gefährdungslage zum Glück abgeschwächt und wir freuen uns, vor allem dank der Impfungen und der vielen Genesungen, trotz hoher Infektionszahlen über ein fast wieder normales Leben. Die Sechzehnte Bayerische Infektionsschutzmaßnahmenverordnung (Stand: 23. 7. 2022) normiert nunmehr beispielsweise lediglich eine Maskenpflicht im Öffentlichen Personennahverkehr, Arztpraxen, Krankenhäusern und vergleichbaren Einrichtungen sowie einrichtungsbezogene Testerfordernisse u. a. in Alten- und Pflegeheimen. Darüber hinaus beinhaltet die Verordnung nur allgemeine Verhaltensempfehlungen.[7]

Blickt man zurück, drängt sich die Frage auf, ob sich die Instrumente, die vor allem die Exekutive zur Bekämpfung der Pandemie verwendete, bewährt haben. Mit diesem Thema befassten sich bereits verschiedene Gremien auf Bundes- und Landesebene, besonders prominent der Sachverständigenausschuss der Bundesregierung, der am 30. 6. 2022 seinen Bericht vorstellte.[8]

Im Lichte des konkreten Themas „Auswahl und Einsatz von Handlungsformen der Verwaltung" soll beleuchtet werden, welche besonderen Handlungsformen die Exekutive ausgewählt und eingesetzt hat, um die Corona-

---

4 Vgl. BT-Plenarprotokoll 19/154, 19169C; siehe auch BT-Drs. 19/23944, S. 1.

5 Bekanntmachung des Bayerischen Staatsministerium des Inneren, für Sport und Integration vom 16. 3. 2020, Az.: D4-2257-3-35 (BayMBl. 2020 Nr. 115).

6 Vgl. näher hierzu *Wollenschläger*, in: Koch u. a. (Hrsg.), 50 Jahre Juristische Fakultät Augsburg, 2021, S. 651 (652) m. w. N.

7 Vgl. Sechzehnte Bayerische Infektionsschutzmaßnahmenverordnung (16. BayIfSMV) vom 1. 4. 2022 (BayMBl. 2022 Nr. 210).

8 Abrufbar unter https://www.bundesgesundheitsministerium.de/service/begriffe-von-a-z/s/sachverstaendigenausschuss-infektionsschutzgesetz.html (zuletzt abgerufen am 15. 8. 2022).

Pandemie einzudämmen. Waren diese Handlungsformen neu oder wurde auf bewährte Instrumente zurückgegriffen? Wie fügen sich die Handlungsformen in die allgemeine Systematik der Handlungsformenlehre ein? Und wie haben sich diese Handlungsformen bewährt? Das sind zentrale Fragen, die im Folgenden beantwortet werden sollen.

Vorweg gilt es klarzustellen, dass der Begriff der Handlungsformen der Verwaltung im Folgenden weit und nicht eng gefasst werden soll.[9] Zu den Handlungsformen zählen nach hiesigem Verständnis sowohl alle Rechtsformen, wie sie etwa aus der Eingriffsverwaltung bekannt sind (Rechtsverordnungen, Verwaltungsakte, Bekanntmachungen), als auch Maßnahmen und Handlungen in den Bereichen der Leistungs- und Informationsverwaltung, und zwar sowohl öffentlich-rechtlich als auch privatrechtlich organisiert. Der Fokus liegt im Folgenden aber nur auf den Handlungsformen der Exekutive, die für die Corona-Pandemie besonders prägend waren.

Bezogen auf die Ausgangsfrage nach der Auswahl und dem Einsatz der verschiedenen Handlungsformen in der Corona-Pandemie sind vier Typen von Verwaltungshandeln besonders hervorzuheben:

Der erste Handlungsbereich betrifft die klassischen hoheitlichen Eingriffsbefugnisse der Verwaltung, von denen die Rechtsverordnung und die Allgemeinverfügung als Instrument zur Bekämpfung der Corona-Pandemie herausstechen (siehe unter II.). Im anschließenden Kapitel richtet sich der Blick auf solche Handlungen, die der Information und Aufklärung der Öffentlichkeitsarbeit dienten. Welche Bedeutung kamen der Information und Öffentlichkeitsarbeit durch staatliche Institute wie vor allem durch das Robert-Koch-Institut (RKI) für die Steuerung und Bewältigung der Pandemie zu (siehe unter III.)? Im Anschluss daran soll der Handlungsbereich der Planung und der Konzepte, hier vor allem der sog. Rahmenhygieneplan, und dessen Bedeutung für die Corona-Pandemie thematisiert werden (siehe unter IV.). Es folgt ein vierter Bereich mit schlicht hoheitlichen Handlungsformen der Verwaltung, die das Ziel verfolgten, durch Vorsorge und Prävention den bestmöglichen gesundheitlichen Schutz der Bevölkerung zu gewährleisten. Die staatliche Beschaffung von Schutzausrüstung, die Organisation und Durchführung von Testungen und Impfungen stehen hier im Vordergrund sowie die Frage nach deren Besonderheiten im Rahmen der Handlungsformenlehre der Verwaltung (siehe unter V.). Am Ende wird ein Résumé gezogen (siehe unter VI.).

---

9 Vgl. eher enger Begriff bei *Hoffmann-Riem*, in: Kahl/Ludwigs (Hrsg.), HVwR, Bd. II, 2021, § 33 Rn. 14 ff.

II. Handlungsformen der Eingriffsverwaltung in der Corona-Pandemie

Das klassische Instrument der Eingriffsverwaltung ist bekanntlich der Verwaltungsakt im Sinne des § 35 S. 1 VwVfG. Mit dem Einzelverwaltungsakt konkretisiert die Verwaltung auf der Basis einer Rechtsgrundlage die Rechtsbeziehung zu einer Person oder einer Sache. Der öffentlich-rechtliche Vertrag gemäß § 54 VwVfG zwischen Bürger und Behörde tritt an die Stelle des Einzelverwaltungsakts, wenn der Vertrag einvernehmlich ein Rechtsverhältnis anstelle des Verwaltungsakts gestalten kann. Beide Handlungsformen prägen normalerweise das rechtsförmliche Verwaltungshandeln der hoheitlichen Verwaltung. In der Corona-Pandemie hat jedoch der Einzelverwaltungsakt, sieht man von einzelnen Cluster-Anordnungen der Gesundheitsbehörden etwa in Gemeinschaftseinrichtungen, Schlachtbetrieben oder landwirtschaftlichen Erntebetrieben ab, wenig Aufmerksamkeit erfahren. An seine Stelle traten der Bedeutung nach die Rechtsverordnung und die Allgemeinverfügung nach § 35 S. 2 VwVfG als Mittel einer generellen und zumeist landesweiten Rechtssetzung zur Eindämmung der Corona-Pandemie.

1. Die Rechtsverordnung als zentrales Steuerungsinstrument

Die wichtigste Handlungsform der Exekutive in der Corona-Pandemie war der Erlass von landesrechtlichen, auf § 32 IfSG gestützten Rechtsverordnungen. Deren Regelungen wirken abstrakt-generell, d. h. sie entfalten ohne weiteren Umsetzungsakt unmittelbare Wirkung für alle betroffenen Normadressaten innerhalb des jeweiligen Landes. Bis zur Corona-Pandemie spielte die landesrechtliche Rechtsverordnung in der Praxis und in der Wissenschaft eine eher untergeordnete Rolle, die sich in der wissenschaftlichen Wahrnehmung oftmals auf die Funktion einer sog. „Selbstprogrammierung“ bzw. reinen Selbstbindung der Verwaltung beschränkte.[10] Die Rechtsverordnungen setzen typischerweise wenige eigene inhaltliche Akzente nach außen, sondern beschränken sich auf Detail- oder Verfahrensregelungen der Verwaltung im Rahmen der gesetzlichen Ermächtigungsgrundlagen. Die begrenzte inhaltliche Reichweite von Rechtsverordnungen geht zurück auf den Parlamentsvorbehalt gemäß Art. 80 Abs. 1 S. 1 und 2 GG, welcher die Rechtsverordnung im Regelfall nur als eine Art

10 *Hill/Martini*, in: Kahl/Ludwigs (Fn. 9), § 34 Rn. 1 ff.; zur Selbstprogrammierung der Verwaltung vgl. *Guckelberger*, hier im Band, S. 155 ff.

„Appendix" zu einem Gesetz erscheinen lässt.[11] Das Bundesverfassungsgericht hat aus dem Rechtsstaatsprinzip und dem Demokratieprinzip zudem die Verpflichtung des Gesetzgebers abgeleitet, die für die Grundrechtsverwirklichung wesentlichen Entscheidungen selbst zu treffen und diese nicht der Exekutive zu überlassen.[12] Dies lässt der Exekutive normalerweise wenig eigenen Raum für Regelungen in Rechtsverordnungen mit weitreichender grundrechtsgestaltender Wirkung.

Die begrenzte normative Kraft von Rechtsverordnungen wurde in der Corona-Pandemie deutlich relativiert, um nicht zu sagen auf den Kopf gestellt. Die Landesregierungen haben zur Bekämpfung der Corona-Pandemie auf das Instrument der Rechtsverordnung als die zentrale normative Handlungsform gesetzt. Die bedeutendste unter den infektionsschutzrechtlichen Verordnungen in der Pandemiezeit war ohne Zweifel die „Coronaverordnung". Der offizielle Name dieser Verordnung changiert von Land zu Land, in Baden-Württemberg als „Coronaverordnung" bezeichnet[13], in Nordrhein-Westfalen oder Sachsen bekannt als „Corona-Schutz-Verordnung"[14], als „SARS-CoV-2-Infektionsschutz-Basismaßnahmenverordnung" tituliert in Brandenburg[15] oder als „Bayerische Infektionsschutzmaßnahmenverordnung" in Bayern aufgesetzt[16]. Inhaltlich wiesen diese Verordnungen während der Corona-Pandemie vergleichsweise

11 Vgl. auch BVerfGE 150, 1 (99 f.).

12 St. Rspr., vgl. nur BVerfGE 40, 237 (249); 49, 89 (126); 83, 130 (142, 151 f.); 95, 267 (307).

13 Verordnung der Landesregierung über infektionsschützende Maßnahmen gegen die Ausbreitung des Virus SARS-CoV-2 (Corona-Verordnung – CoronaVO), vgl. https://www.baden-wuerttemberg.de/de/service/aktuelle-infos-zu-corona/aktuelle-corona-verordnung-des-landes-baden-wuerttemberg/ (zuletzt abgerufen am 15. 8. 2022).

14 Verordnung zum Schutz vor Neuinfizierungen mit dem Coronavirus SARS-CoV-2 (Coronaschutzverordnung – CoronaSchVO), vgl. https://www.land.nrw/corona (zuletzt abgerufen am 15. 8. 2022) bzw. Verordnung des Sächsischen Staatsministeriums für Soziales und Gesellschaftlichen Zusammenhalt zum Schutz vor dem Coronavirus SARS-CoV-2 und COVID-19 (Sächsische Corona-Schutz-Verordnung – SächsCoronaSchVO), vgl. https://www.coronavirus.sachsen.de/download/SMS-Saechsische-Corona-Schutz-Verordnung-2022-07-12.pdf (zuletzt abgerufen am 15. 8. 2022).

15 Verordnung über befristete Basismaßnahmen zum Infektionsschutz aufgrund des SARS-CoV-2-Virus und COVID-19 im Land Brandenburg (SARS-CoV-2-Infektionsschutz-Basismaßnahmenverordnung – SARS-CoV-2-IfSBMV), vgl. https://bravors.brandenburg.de/verordnungen/sars_cov_2_ifsbmv (zuletzt abgerufen am 15. 8. 2022).

16 Vgl. Fn. 1.

ähnliche Regelungsgehalte zur Umsetzung der Containment-Strategie auf, trotz mancher landespolitischer Unterschiede. Den rechtlichen Rahmen für die Coronaverordnungen gibt das IfSG vor, inhaltlich folgten die Verordnungsregelungen weitgehend den koordinierenden Beschlüssen der Ministerpräsidentenkonferenz. Teilweise wurden einzelne Elemente der Corona-Beschränkungsmaßnahmen auch in Sonderverordnungen ausgegliedert, aber dies war oftmals länderspezifischen Besonderheiten geschuldet.[17]

Der landesrechtliche Verordnungsgeber stand damit im Zentrum der normativen Anordnungen und traf über einen langen Zeitraum hinweg die entscheidenden Maßnahmen zur Einhegung der Corona-Pandemie. Die Legislative wurde zwar über das Parlamentsbeteiligungsverfahren jeweils vor Erlass der Maßnahmen informiert, oftmals wurden die Maßnahmen auch im Landtag ausführlich diskutiert, aber die Entscheidungen trafen die Landesregierungen bzw. die Gesundheitsministerien.

Die Bedeutung etwa der Bayerischen Infektionsschutzverordnung (BayIfSMV) als Steuerungsmittel in der Pandemie zeigt sich anschaulich an der Häufigkeit ihrer Änderungen im Verlauf der Krise. So wurde die BayIfSMV seit der ersten Verkündung am 24. 3. 2020[18] bis zum 1. 5. 2022 rund 80 Mal geändert, ein für die Normsetzung im Freistaat Bayern wohl einmaliger Rekord.

An dem weitreichenden Einsatz der Rechtsverordnung zur Bewältigung der Corona-Pandemie wurde allerdings vielfach heftige Kritik geübt.[19] Die landesrechtlichen Verordnungen hätten einen föderalen „Flickenteppich" verursacht, der nicht mehr nachvollziehbar sei. Dieser Vorwurf ist aber leicht zu kontern, weil Föderalismus stets mit unterschiedlichen Regelungswerken in den Ländern verknüpft ist. Stärkeres Gewicht hat der Vorwurf, dass der Verordnungsgeber seine Rechtssetzungsmöglichkeiten und damit Kompetenzen durch die erheblichen grundrechtlichen Eingriffe in Freiheitsrechte vor allem durch Kontaktbeschränkungen, Ausgangsbeschränkungen und Schließungsanordnungen überschritten habe. Die durch den Parlamentsvorbehalt, den Bestimmtheitsgrundsatz nach Art. 80 Abs. 1 S. 1 und 2 GG und die Wesentlichkeitstheorie eingegrenzte exekutive Verordnungsgebung lasse so weitreichende Beschränkungsmaßnahmen oder gar „Lockdown-Anordnungen" für Staat, Wirtschaft und Gesellschaft

---

17 Z. B. Baden-Württembergische Corona-Verordnung Schule (CoronaVO Schule), vgl. https://km-bw.de/CoronaVO+Schule (zuletzt abgerufen am 15. 8. 2022).

18 Bayerische Verordnung über eine vorläufige Ausgangsbeschränkung anlässlich der Corona-Pandemie vom 24. 3. 2020 (BayMBl. 2020 Nr. 130).

19 Vgl. *Wollenschläger* (Fn. 6), S. 653 m. w. N.

von vornherein nicht zu. Ein derartig grundrechtsrelevantes Notfallpaket könne nur der Gesetzgeber selbst entscheiden, und sei es im Wege von Eilgesetzen.[20]

Diese Kritik überzeugt im Ergebnis nicht. Natürlich wird niemand die verfassungsrechtlich garantierte Prärogative der Legislative und mithin die bindende Gesetzgebung für die Exekutive in Frage stellen wollen. Speziell im Gefahrenabwehrrecht gehört aber die abstrakt-generelle Rechtsverordnung zu den seit langem etablierten, wenn auch eher selten angewandten Handlungsformen der Sicherheitsverwaltung, um Gefahren für Leib und Leben abzuwehren.[21]

Diese Aussage trifft auch und gerade für das Infektionsschutzrecht zu. Die normative Rechtsgrundlage für den Erlass der einschlägigen infektionsschutzrechtlichen Verordnungen der Länder findet sich in § 32 IfSG. Diese Norm bestimmt in einer schlanken Formulierung, dass die Landesregierungen ermächtigt werden, unter den Voraussetzungen, die für (Einzel-)Maßnahmen nach den §§ 28, 28a und 29 bis 31 IfSG maßgebend sind, auch durch Rechtsverordnungen entsprechende Ge- und Verbote zur Bekämpfung übertragbarer Krankheiten zu erlassen. Die Rechtsverordnung knüpft damit (nur) an diejenigen rechtlichen Maßstäbe an, die auch für den Erlass von infektionsschutzrechtlichen Verwaltungsakten der Gesundheitsbehörden in typischerweise lokal begrenzten Ausbruchsgeschehen gelten. Die Pandemie hat jedoch gezeigt, dass auch für landesweite Abwehrmaßnahmen dringender Handlungsbedarf durch infektionsschutzrechtliche Verordnungsregelungen besteht.

Für die Regierungen in den Ländern war der Einsatz der Rechtsverordnung nach § 32 IfSG als landesweites Regelungsinstrument zur Eindämmung der Corona-Pandemie schlicht alternativlos. Ein Bundesgesetz zur näheren Bestimmung von Maßnahmen gab es im Frühjahr 2020 nicht. Auf ein solches zu warten, erlaubte die Katastrophennotlage nicht. Der Handlungsdruck angesichts vieler zu erwartender Toter war viel zu groß. Im Sinne einer effektiven Gefahrenabwehr konnten Regierung und Verwal-

---

20 *Lepsius*, JöR n. F. 69 (2021), S. 705 (706); *ders.*, FAZ v. 7. 12. 2020, https://zeitung.faz.net/faz/feuilleton/2020-12-07/lockdown-ohne-kontrolle/542633.html?GEPC=s3 (zuletzt abgerufen am 15. 8. 2022); vgl. auch *Kingreen*, JURA 2020, S. 1019 (1030); *Klafki*, NVwZ 2020, S. 1718 (1719).

21 Vgl. die vielen Beispiele für Verordnungsermächtigungen im Gesetz über das Landesstrafrecht und das Verordnungsrecht auf dem Gebiet der öffentlichen Sicherheit und Ordnung (Landesstraf- und Verordnungsgesetz – LStVG) in der Fassung der Bekanntmachung vom 13. 12. 1982 (BayRS II S. 241) BayRS 2011-2-I, zuletzt geändert durch § 2 des Gesetzes v. 27. 4. 2020 (GVBl. S. 236).

tung mit dem Instrument der Rechtsverordnung rasch landesweite Schutzmaßnahmen für alle Bewohnerinnen und Bewohner ergreifen und Kontaktbeschränkungen und Schließungen durchsetzen. Nur diese verhinderten eine extrem dynamische Verbreitung des Virus mit schlimmen Folgen für Leben und Gesundheit der Bevölkerung.

Inzwischen finden sich im IfSG neue und eingrenzende Rechtsgrundlagen für den Erlass von Rechtsverordnungen nach § 32 IfSG.[22] Bereits im Oktober 2020, zum Eingang der zweiten Welle, verdichtete sich die verwaltungsgerichtliche Kritik an einer vorgeblich mangelhaften gesetzlichen Rechtsgrundlage, mit der der historische Gesetzgeber nur eine allgemeinverbindliche Regelung einer lokal begrenzten Gefahrenlage habe ermöglichen wollen.[23] Der Bundesgesetzgeber hat diese Kritik rasch aufgenommen und insbesondere mit § 28a IfSG eine Rechtsgrundlage geschaffen, die die landesweiten Rechtsverordnungen inhaltlich stärker konturiert hat. Später kamen mit der umstrittenen „Bundesnotbremse" im April 2021 zwischenzeitlich sogar „Self-executing"-Gesetze dazu, die abhängig von der Überschreitung einer ganz bestimmten 7-Tage-Inzidenz an Neuinfektionen in den Landkreisen und kreisfreien Städten unmittelbar wirksame Beschränkungsmaßnahmen anordneten.[24] Die Bundesnotbremse wurde allerdings mangels Flexibilität zur Pandemiebekämpfung, schwindender Akzeptanz in der Bevölkerung und des Rückgangs der Inzidenzen im Sommer 2021 bald wieder zugunsten einer eher offenen föderalen Steuerung durch Länderverordnungen zurückgenommen.

In der Gesamtschau hat sich rückblickend die landesrechtliche Rechtsverordnung als Mittel der Pandemiebekämpfung bewährt. Sie bietet die hinreichende Flexibilität, um lagebedingt rasch Maßnahmen zur Bekämpfung der Corona-Pandemie zu ergreifen und anzupassen. Dies kann nur bestreiten, wer bezweifelt, dass die Corona-Pandemie eine echte Katastrophe mit großen Gefahren für Leib und Leben ausgelöst hat. Gleichzeitig gewährt die Verordnung durch den Abstimmungsprozess innerhalb der Regierung,[25] an dem stets mehrere oder sogar alle Ressorts beteiligt sind, eine Ausgewogenheit und Angemessenheit, die insbesondere auch der grundrechtlich gebotenen Abwägung Rechnung trägt. Das Infektions-

---

22 Vgl. hierzu auch *Wollenschläger* (Fn. 6), S. 651 (658 ff.) m. w. N.

23 Stellvertretend BayVGH, Beschl. v. 29. 10. 2020 – 20 NE 20.2360, Rn. 30; krit. auch *Schmitt*, JöR n. F. 69 (2021), S. 465 (478).

24 Viertes Gesetz zum Schutz der Bevölkerung bei einer epidemischen Lage von nationaler Tragweite vom 22. 4. 2021, BGBl. I 2021, S. 802.

25 Vgl. beispielhaft § 6 Abs. 2 Nr. 1 lit. b der Geschäftsordnung der Bayerischen Staatsregierung.

geschehen hat – wie die Erfahrung zeigt – in den Ländern jeweils unterschiedliche Dynamiken entfaltet, die ihrerseits wieder regional unterschiedliche Beschränkungen und Schutzmaßnahmen erforderten. Mit der Rechtsverordnung konnte hierauf – bei aller Einheitlichkeit im Großen – angemessen, flexibel und situationsgerecht reagiert werden, selbstverständlich in dem Rahmen, den das Infektionsschutzgesetz jeweils vorgab. Je weiter dieser gesetzliche Rahmen ausfällt, umso effektiver lässt sich vor Ort eine Gefahrenabwehr organisieren und wirkungsvoll einsetzen.[26] Das setzt aber Vertrauen in die Handlungsfähigkeit und demokratische Legitimation der Exekutive voraus. Leider – vielleicht auch aufgrund der spezifisch deutschen historischen Erfahrungen – fehlt es bisweilen an diesem Grundvertrauen gegenüber dem Verordnungsgeber, d. h. den Regierungen und den Gesundheitsbehörden. Stattdessen findet sich ein ausgeprägtes Misstrauen gegen einen angeblich bürokratischen und demokratisch nicht ausreichend legitimierten Verwaltungsapparat.[27] Selbstverständlich verfügt die Legislative mit ihren direkt gewählten Abgeordneten über eine höhere, da nicht abgeleitete demokratische Legitimation. Aber in einer Katastrophenlage sind in erster Linie Fachleute aus Regierung und Verwaltung gefragt, die rasch, kompetent und flexibel Anordnungen treffen müssen. Deshalb muss der Kampf gegen eine Katastrophe, und nichts anderes war die Corona-Pandemie, notwendigerweise die „Stunde der Exekutive“ sein.

Die Diskussion um die sog. „Hotspot-Regelung“ in § 28a Abs. 8 IfSG (Fassung bis 23. 9. 2022) unterstreicht die These eines Grundmisstrauens in die Verwaltung. Die „Hotspot-Regelung“ aus dem November 2021 schnürt den Handlungsspielraum der Regierungen in den Ländern in unangemessener Weise ein und bietet nach einhelliger Meinung der Länder[28] keine hinreichende Grundlage für eine effektive Bekämpfung zur Corona-Pandemie in der Zukunft. Der Gesetzgeber muss der Verwaltung diejenigen normativen Handlungsformen im Sinne der vielfach bemühten Metapher eines „Werkzeugkastens“ zur Verfügung stellen, die notwendig sind,

---

26 Vgl. auch *Wollenschläger* (Fn. 6), S. 651 (652), der gleichfalls keinen „strikt einzelmaßnahmenbezogenen Ansatz“ als geboten ansieht.

27 Siehe näher *Hill/Martini* (Fn. 10), § 34 Rn. 18 m. w. N. Beispielhaft die Kritik von *Abdusalam*, JöR n. F. 69 (2021), S. 487 (496) („Wer die Welt nur durch die Brille des Vollzugs wahrnimmt, sieht schnell den Wald vor lauter Bäumen nicht mehr“).

28 Beschluss der Amtschefkonferenz der GMK v. 5. 5. 2022 mit der Aufforderung an den Bund, das IfSG gemeinsam mit den Ländern rechtzeitig vor dem Ablauf der Befristung am 23. 9. 2022 dergestalt zu ändern, dass geeignete Handlungsinstrumentarien wieder den Ländern offenstehen, ohne zugleich einen Hotspot ausrufen zu müssen.

um so rasch wie möglich und effektiv auf die Ausbreitung von neuen Virustypen reagieren zu können. Die Anknüpfung für Hotspot-Maßnahmen gemäß § 28a Abs. 8 IfSG an eine möglichst konkret zu benennende Gebietskörperschaft („Pandemie-Hotspots"), die auch noch erst durch Beschluss der Landtage in jedem Einzelfall ausgerufen werden müssen, verfehlt das Ziel einer guten Regulierung und konterkariert effektive Gefahrenabwehrmaßnahmen gegen eine weitere Ausbreitung der Corona-Pandemie.[29]

2. *Die Renaissance der Allgemeinverfügung*

Eine weitere zentrale Handlungsform der Verwaltung in der Corona-Pandemie stellt die Allgemeinverfügung dar. § 35 S. 2 VwVfG definiert die Allgemeinverfügung als einen Verwaltungsakt, der sich an einen nach allgemeinen Merkmalen bestimmten oder bestimmbaren Personenkreis richtet oder die öffentlich-rechtliche Eigenschaft einer Sache oder ihre Benutzung durch die Allgemeinheit betrifft. Nachdem der klassische hoheitliche Verwaltungsakt nach § 35 S. 1 VwVfG zur Regelung eines Einzelfalls erlassen wird, spricht man folgerichtig hinsichtlich der Allgemeinverfügung von einer konkret-generellen Regelung, also von Regelungen, die sich in einem bestimmten Fall an eine unbestimmte Anzahl von Personen richtet.[30]

Die Abgrenzung zur Rechtsverordnung ist aber gleichwohl schwierig und trat gerade in der Corona-Pandemie besonders offensichtlich zu Tage. Zwar sind formal betrachtet die Unterschiede zwischen Allgemeinverfügung und Rechtsverordnung an der Rechtsgrundlage der Ermächtigungsnorm (§§ 28, 28a IfSG einerseits bzw. § 32 IfSG andererseits), der Art der Bekanntgabe und der Fehlerfolgen sowie des verwaltungsgerichtlichen Rechtsschutzes zu erkennen. Aber inhaltlich fällt die Auswahl der richtigen Handlungsform ungleich schwerer, sofern die gesetzliche Ermächtigungsgrundlage im Ergebnis beide Handlungsformen für die Verwaltung zulässt. Genau dieser Befund bestätigt sich für das Infektionsschutzrecht, in dem eine Rechtsverordnung nach § 32 IfSG unter den gleichen Voraussetzungen wie eine Allgemeinverfügung nach §§ 28 Abs. 1, 28a IfSG erlassen werden kann.

29 Vgl. dazu OVG Greifswald, Beschl. v. 22. 4. 2022 – 1 KM 221/22.
30 *Ruffert*, in: Ehlers/Pünder (Hrsg.), Allgemeines Verwaltungsrecht, 16. Aufl. 2022, § 21 Rn. 31 ff.

In der Corona-Pandemie wurden dementsprechend viele weitreichende Maßnahmen auf landesweit geltende Allgemeinverfügungen gestützt. Das war gerade zu Beginn der Corona-Pandemie augenfällig. In vielen Ländern wurden die ersten Lockdown-Maßnahmen Anfang März 2020 im Wege einer Allgemeinverfügung statt einer Rechtsverordnung erlassen.[31] Erst als die Gerichte Zweifel an der hinreichenden Bestimmbarkeit des Adressatenkreises äußerten, schwenkten die Länder auf infektionsschutzrechtliche Verordnungen um.[32] Es wurden aber weiterhin gewichtige Regelungswerke auf die Handlungsform der Allgemeinverfügung gestützt, und zwar landesweit erlassen von obersten Gesundheitsbehörden.

Die bis heute wichtigste Allgemeinverfügung – jedenfalls in einigen Ländern wie in Bayern – betrifft die Isolation von positiv auf das Coronavirus SARS-CoV-2 getesteten Personen und die Quarantäne von engen Kontaktpersonen (AV Isolation).[33] Alle hoheitlichen Eingriffsmaßnahmen zur Isolation von infizierten Personen, aber auch zur Quarantäne von engen Kontaktpersonen fußen beispielsweise in Bayern auf dieser Allgemeinverfügung. Stand 26. 7. 2022 wurden nach RKI-Angaben allein in Bayern ca. 5,5 Millionen Infektionen (in Deutschland ca. 31 Millionen Infektionen) mit dem SARS-CoV-2-Virus an das RKI gemeldet. Rechnet man die als enge Kontaktpersonen in Quarantäne genommenen Personen hinzu, dürfte die Allgemeinverfügung Isolation wohl deutlich mehr als 6 Millionen Menschen in Bayern in den letzten zwei Jahren erfasst haben.

Die Vorzüge der Allgemeinverfügung zur Bewältigung von Krisen und Katastrophen liegen auf der Hand: Sie entfaltet wie die Rechtsverordnung unmittelbare Wirkung für alle Normadressaten, auch landesweit. Sie kann durch oberste Landesbehörden erlassen werden, ist verbindlich und sofort vollstreckbar. Im Gegensatz zur Verordnung können auch Detailregelungen hier besser verankert werden. Die Allgemeinverfügung wird in Verkündungsorganen wie dem Bayerischen Ministerialblatt bekannt gemacht und genügt damit dem Publikationserfordernis. In einer Katastrophe wie

---

31 Etwa in Bayern: Vorläufige Ausgangsbeschränkung anlässlich der Corona-Pandemie, Bekanntmachung des Bayerischen Staatsministeriums für Gesundheit und Pflege v. 20. 3. 2020 (BayMBl. 2020, Nr. 152).

32 Vgl. VG München, Beschl. v. 24. 3. 2020 – M 26 S 20.1252, Rn. 20 ff.

33 Vgl. u. a. Bekanntmachung des Bayerischen Staatsministeriums für Gesundheit und Pflege v. 7. 5. 2020, Az. G54e-G8390-2020/1277-1 (BayMBl. 2020 Nr. 249); Bekanntmachung des Bayerischen Staatsministeriums für Gesundheit und Pflege v. 6. 11. 2020, Az. GZ6a-G8000-2020/122-684 (BayMBl. 2020 Nr. 631); Bekanntmachung des Bayerischen Staatsministeriums für Gesundheit und Pflege v. 12. 4. 2022, Az. G51v-G8000-2022/44-242 (BayMBl. 2022 Nr. 225).

der Corona-Pandemie, in der es auf eine schnelle, wirksame und rechtssichere Umsetzung von Schutzmaßnahmen ankommt, sind das wichtige Vorteile zur Eindämmung einer Pandemie. Zweitens ist die Allgemeinverfügung leicht abänderbar, auch durch einen ersetzenden Verwaltungsakt der zuständigen Gesundheitsbehörde vor Ort, soweit dies in der Allgemeinverfügung zugelassen ist. Formale Abstimmungsprozesse innerhalb der Verwaltung kennt die auf der Grundlage von § 30 Abs. 1 S. 2 in Verbindung mit § 28 Abs. 1 S. 1 IfSG erlassene Allgemeinverfügung grundsätzlich nicht. So können die Maßnahmen sehr zügig und flexibel an eine sich dynamisch ändernde Infektionslage angepasst werden, um einen verhältnismäßigen Ausgleich zwischen Infektionsschutz und den Grundrechten der Betroffenen sicherzustellen.[34] Selbstverständlich lassen sich auch in die Coronaverordnungen der Länder Abweichungsmöglichkeiten im Einzelfall integrieren. Von dieser Ausnahme kraft Rechtsverordnung wurde aber im Vollzug deutlich restriktiver Gebrauch gemacht, als von der Abweichung von einer Allgemeinverfügung, da hier nur ein Verwaltungsakt durch einen anderen ersetzt wird.

Klar ist aber auch, dass der Allgemeinverfügung Grenzen gesetzt sind. Und das fußt nicht nur auf der gesetzlichen Rechtsgrundlage. Die Allgemeinverfügung soll solche Normen enthalten, bei denen es sich um möglichst zeitlich begrenzte oder an einen überschaubaren Kreis von Personen gerichtete Ge- oder Verbote handeln sollte.[35] Anders als bei einer Rechtsverordnung müssen die potentiell Betroffenen durch ihre Beziehung zu dem im Zeitpunkt des Erlasses der Allgemeinverfügung geregelten Sachverhalt bestimmbar sein.[36] Das lässt sich zwar noch für die Isolationsanordnung von Infizierten bejahen, da dieser Kreis durch die Infektion hinreichend klar im Voraus bestimmbar ist. Bei der Quarantäne von engen Kontaktpersonen bedarf es aber wohl einer konkreten Adressierung der betroffenen Personen, da diese Personen nicht unmittelbar zu identifizieren sind. Eine „automatische" Quarantäneanordnung für z. B. nahe Haushaltsangehörige erscheint daher rechtlich nur schwer möglich. Erst mit dem Akt der konkreten Adressierung, und sei es „nur" eine Benachrichtigung der zuständigen Gesundheitsbehörden über den Inhalt der

34 Vgl. zu diesen Erwägungen auch LG Nürnberg-Fürth, Urt. v. 23. 6. 2022 – 4 O 4759/21, S. 6 ff.

35 *Bumke*, in: Kahl/Ludwigs (Fn. 9), § 35 Rn. 33.

36 *Ruffert* (Fn. 30), Rn. 36.

AV Isolation, wird die Quarantäneanordnung durch Allgemeinverfügung für die betroffenen Kontaktpersonen wirksam.[37]

Ein weiteres herausragendes Beispiel für Allgemeinverfügungen in der Corona-Pandemie bilden die katastrophenschutzrechtlichen Bekanntmachungen und Anordnungen. Hierbei handelt es sich um eine Handlungsform sui generis, die aus dem Katastrophenschutzgesetz abgeleitet wird und die auch zur Bekämpfung der Corona-Pandemie gute Dienste geleistet hat. In Bayern sei als Beispiel die Allgemeinverfügung mit dem Namen: „Notfallplan Corona-Pandemie: Allgemeinverfügung zur Bewältigung erheblicher Patientenzahlen in Krankenhäusern" genannt.[38] Inhalt dieser Allgemeinverfügung war u. a. die Ermächtigung zum Verbot von elektiven Behandlungen in Krankenhäusern durch Einzel- oder Sammelanordnung der zuständigen Katastrophenschutzbehörden oder der eingesetzten Leiter Ärztliche Krankenhauskoordinierung. Rechtsgrundlage für diese Allgemeinverfügung ist im Katastrophenfall vor allem Art. 9 des Bayerischen Katastrophenschutzgesetzes, in dem bestimmt ist, dass die Katastrophenschutzbehörde die Hinzuziehung von Personal und Mitteln Dritter zur Eindämmung der Katastrophe anordnen kann.

Auf weitere bedeutende Allgemeinverfügungen kann an dieser Stelle nur verwiesen werden.[39]

---

37 Strenger dagegen der BayVGH, Urt. v. 26. 6. 2022 – 20 B 22.29/20 B 22.30, der eine zusätzliche Ermittlungspflicht der anordnenden Gesundheitsbehörde annimmt.

38 Bekanntmachung des Bayerischen Staatsministeriums des Innern, für Sport und Integration und des Bayerischen Staatsministeriums für Gesundheit und Pflege v. 11. 11. 2021, Az. D4-2257-3-49 und G24-K9000-2020/134-252 (BayMBl. 2021 Nr. 791).

39 Z. B.: Allgemeinverfügung Notfallplan Corona-Pandemie: Regelungen für Pflegeeinrichtungen: Bekanntmachung des Bayerischen Staatsministeriums für Gesundheit und Pflege v. 24. 2. 2021, Az. G43f-G8300-2020/1628-16 (BayMBl. 2021 Nr. 148); Allgemeinverfügung Notfallplan Corona-Pandemie: Regelungen für stationäre Einrichtungen für Menschen mit Behinderung: Bekanntmachung des Bayerischen Staatsministeriums für Gesundheit und Pflege v. 24. 2. 2021, Az. G43f-G8300-2020/1628-17 (BayMBl. 2021 Nr. 147); Allgemeinverfügung Testnachweis: Bekanntmachung des Bayerischen Staatsministeriums für Gesundheit und Pflege v. 29. 9. 2021, Az. G51s-G8000-2021/505-346 (BayMBl. 2021 Nr. 706).

III. Handlungsformen der Informationsverwaltung in der Corona-Pandemie

Die Ungewissheit über die Risiken und Gefahren kennzeichnen und begleiten jede große Krise. Dieses Diktum gilt ganz besonders für die bis dato unbekannte Corona-Pandemie. Die Gefährlichkeit und Infektiösität des SARS-CoV-2-Virus und seiner verschiedenen Varianten war der Wissenschaft bis zum jeweiligen Ausbruch nicht bekannt. Auch über die richtigen und angemessenen Gegenmittel herrschte Unklarheit.[40] Umso größer die Unsicherheit und Unwissenheit in einer Krise ausfällt, umso mehr wird der Ruf nach umfassender und sachkundiger staatlicher Informations- und Aufklärungsarbeit laut. Die große Nachfrage aus der Bevölkerung nach verlässlichen Informationen über das Virus und das Ausmaß der Krankheit war deshalb gerade in der Corona-Pandemie stark ausgeprägt.

Staatliche Hoheitsträger, allen voran die Regierungen, haben kraft ihres hoheitlichen Auftrags für die Sorge um die Sicherheit und den Schutz der Bürgerinnen und Bürger die Aufgabe, die Bevölkerung laufend über besondere Gefahrenlagen zu unterrichten und sie rechtzeitig vor diesen zu warnen. Für diese aus dem Demokratieprinzip, der Garantie für die Daseinsvorsorge und den grundrechtlichen Freiheitsverbürgungen abgeleitete Staatsaufgabe[41] haben Bund und Länder im Bereich des Gesundheitsschutzes jeweils eigene Institute und Ämter errichtet, die sich u. a. um die Datenaufbereitung und den Wissenstransfer kümmern sollen. Dies gilt auch und gerade im Bereich des Infektionsschutzes: Es handelt sich hierbei um spezielle gesundheitliche und wissenschaftliche Daten, die unter Beachtung der besonderen datenschutzrechtlichen Rahmenbedingungen durch sachverständige Fachbehörden erhoben und ausgewertet werden müssen. Solche Daten liefern den staatlichen Entscheidungsträgern zugleich die Grundlage für eine Lageeinschätzung der Gefahren und Risiken und die Basis für hoheitliche Eingriffsmaßnahmen. Diese Aufklärungs- und Öffentlichkeitsarbeit der Regierung wird im System der verwaltungsrechtlichen Handlungsformen nach überwiegender Meinung als schlicht hoheitliches Verwaltungshandeln qualifiziert.[42] In der Corona-Pandemie kam dieser Handlungsform ein herausragender Stellenwert zu. Die Corona-Pandemie war insofern nicht nur die „Stunde der Exekutive", sondern zugleich die Stunde der wissenschaftlich-staatlichen Institute und Landesämter, namentlich des Robert Koch-Instituts (RKI).

---

40 Vgl. *Ruschemeier*, JöR n. F. 69 (2021), S. 449 (458 ff.).

41 *Gusy*, in: Kahl/Ludwigs (Fn. 9), § 23 Rn. 95 ff.

42 *Gusy* (Fn. 41), § 23 Rn. 111; *Fehling*, in Kahl/Ludwigs (Fn. 9), § 38 Rn. 12 ff.

1. *Informationen durch wissenschaftlich-staatliche Institute*

In gesundheitlichen Angelegenheiten kommt dem RKI eine herausgehobene Stellung für die sachverständige Information und Öffentlichkeitsarbeit in Deutschland zu. Das RKI ist gemäß § 4 Abs. 1 S. 1 IfSG die nationale Behörde zur Vorbeugung übertragbarer Krankheiten sowie zur frühzeitigen Erkennung und Verhinderung der Weiterverbreitung von Infektionen.[43] Es sammelt und analysiert u. a. alle deutschlandweit gemäß dem IfSG meldepflichtigen Krankheiten und veröffentlicht die entsprechenden Daten gemäß § 4 Abs. 2 Nr. 4 IfSG periodisch.

Das IfSG regelt im Einzelnen, welche Krankheiten bei Verdacht, Erkrankung oder Tod und welche labordiagnostischen Nachweise von Erregern meldepflichtig sind (vgl. §§ 6, 7 IfSG). Weiterhin legt das IfSG fest, welche Angaben vom Gesundheitsamt an das RKI übermittelt werden müssen (vgl. § 11 IfSG). Der Gesetzgeber räumt dem RKI in diesem Meldeprozess eine besondere Sachverständigenfunktion ein. Die Gerichte haben vielfach die vom Gesetzgeber beigemessene Expertise des RKI im Bereich des Infektionsschutzes betont und ihre Entscheidungen zur Corona-Pandemie in sachlicher Hinsicht mit Blick auf die Risikobewertung und die Empfehlungen des RKI gefällt.[44]

Darüber hinaus haben auch die Länder teilweise eigene Landesämter oder Institute installiert, die ihrerseits im jeweiligen Land die meldepflichtigen Gesundheitsdaten sammeln, auswerten und an das RKI weiterleiten, in Bayern etwa das Landesamt für Gesundheit und Lebensmittelsicherheit (LGL).

Weitere staatliche Institute haben im Rahmen der Corona-Pandemie wichtige Aufgaben übernommen. Für den Bereich der Testungen ist auf das Bundesamt für Arzneimittelsicherheit (BfArM) hinzuweisen. Im Zuge der Impfkampagne wurde ferner das Paul-Ehrlich-Institut (PEI) zur Überwachung der Impfungen bekannt. Es ist das Institut, das verbindlich über die Zulassung und die Nutzung von Impfstoffen entscheidet.[45] Auf euro-

---

43 Als zentrale Behörde für Krankheitsüberwachung und -prävention in Deutschland hat das Robert Koch-Institut verschiedene weitere Aufgaben zum Gesundheitsschutz, auf die hier nicht einzugehen ist. Die Rechtsgrundlage für das Robert Koch-Institut ist § 2 des Gesetzes über Nachfolgeeinrichtungen des Bundesgesundheitsamtes (BGA-Nachfolgesetz v. 24. 6. 1994, BGBl. I 1994, S. 1416).

44 Vgl. beispielsweise BayVGH, NJW 2021, S. 3269 Rn. 33 ff.

45 Das im September 2021 im Auftrag des BMG am PEI neu eingerichtete Zentrum für Pandemie-Impfstoffe und -Therapeutika (ZEPAI) hat am 1. 5. 2022 die aktive Steuerung der Pandemie-Impfstoffversorgung in Deutschland übernommen.

päischer Ebene hat die Europäische Arzneimittelagentur (EMA) sowohl im Bereich Testungen als auch Impfungen eine zentrale Funktion. Zu nennen ist auf EU-Ebene auch das ECDC, das European Center of Disease Prevention and Control.

Die Sammlung, Bewertung und nachfolgende Veröffentlichung von Daten und Informationen auf den Internetseiten des RKI, des PEI und der Landesämter stellte eine der zentralen Handlungsformen der Verwaltung zur Steuerung und Bekämpfung der Corona-Pandemie dar. Nur eine faktenbasierte Veröffentlichung von Wissen und Daten schafft die Akzeptanz für die notwendigen Maßnahmen zur Gefahrenabwehr in der Bevölkerung. Die genannten staatlichen Institute, allen voran das RKI, haben während der gesamten Dauer der Krise mit einer ungeheuren Vielzahl von sachlichen Detailinformationen über die Corona-Pandemie berichtet und sachverständig Auskunft erteilt. Die Herrschaft über die Zahlen und Fakten lag – trotz vieler Sachverständiger aus Universität und Journalismus in Talkshows und Nachrichten – in der Verantwortung staatlicher Stellen. Große Bekanntheit hat in diesem Zusammenhang das RKI-Dashboard über die 7-Tage-Inzidenz der täglichen Neuinfektionen pro 100.000 Einwohner in Deutschland und in den Ländern bis hinein in jeden Landkreis und kreisfreie Stadt erlangt.[46]

Gerade in der Corona-Pandemie hat sich gezeigt, dass diesen sachverständigen staatlichen Instituten für die Informations- und Öffentlichkeitsarbeit, aber auch für die Lagebeurteilung von Gefahren und Risiken der Pandemie eine quasi monopolartige Garantenstellung mit starker Außenwirkung zukommt. Die Daten gaben zugleich Anlass und Rechtfertigung für die staatlichen Beschränkungsmaßnahmen. Die Berechnung der 7-Tage-Inzidenz der Infektionszahlen auf 100.000 Einwohner pro Landkreis oder kreisfreier Stadt rechtfertigte in den verschiedenen Phasen der Pandemie erst staatliche Kontaktbeschränkungen und Zugangsverbote. Daraus erwächst den zuständigen Behörden und ebenso den staatlichen Instituten

---

In der aktuellen Pandemie hatte zuvor die Bundeswehr diese Rolle wahrgenommen. Die Aufgabe beinhaltet die aktive Kontrolle sowie das Monitoring der Impfstofflagerung und -verteilung innerhalb Deutschlands, um für bedarfsgerechte Impfstoffbestände zu sorgen. Das ZEPAI hat Pandemiebereitschaftsverträge mit BioNTech, CureVac/GSK, Wacker/Corden Pharma, Celonic und IDT Biologika unterzeichnet. Die Verträge sichern die Bereithaltung von Herstellungskapazitäten und sollen Impfstoffe im Falle des Andauerns der COVID-19-Pandemie oder zukünftigen Pandemien in Deutschland und der EU rasch verfügbar machen.

46 Vgl. RKI: COVID-19-Dashboard, https://experience.arcgis.com/experience/478220a4c454480e823b17327b2bf1d4 (arcgis.com) (zuletzt abgerufen am 15. 8. 2022).

oder Landesämtern die Pflicht zur sorgfältigen Erhebung und zeitgerechten Veröffentlichung der aktuellen Pandemiedaten. Der Staat steht als Garant dafür ein, dass die Zahlen und Daten über den Stand der Infektionen und der Lage in den Gesundheitseinrichtungen möglichst passgenau und tagesaktuell geliefert werden und dass diese Informationen inhaltlich stimmen. Im föderalen Verbund der Gesundheitsverwaltungen ist dies alles andere als eine Selbstverständlichkeit. Die digitale Vernetzung der Gesundheitsbehörden über bundeseinheitliche Plattformen wie DEMIS kam erst im Laufe der Corona-Pandemie zum Abschluss. Wichtig sind ebenfalls die Meldungen der täglichen Bettenzahlen und der COVID-Patienten durch die Kliniken. Auf bayerischer Ebene wurde bereits frühzeitig durch gemeinsame Allgemeinverfügung des Bayerischen Staatsministeriums für Gesundheit und Pflege und des Bayerischen Staatsministeriums des Innern, für Sport und Integration vom 24. 3. 2020 eine Meldepflicht der Krankenhäuser bzgl. ihrer Bettenkapazitäten über das IT-gestützte Tool IVENA eingeführt, welches bereits vor der Pandemie zur Koordinierung des Rettungsdienstes innerhalb der bayerischen Integrierten Leitstellen genutzt und im Frühjahr 2020 um ein Tool zur Erfassung der Kapazitäten erweitert wurde. Im Unterschied zum später eingeführten DIVI-Intensivregister, in dem nur die Daten für den intensivmedizinischen Bereich abgefragt werden, müssen in IVENA Angaben zu allen Bettentypen (Normalpflege- und Intensivbetten) gemacht werden.

Mancher digitale Meldeweg ist nach wie vor verbesserungsfähig, wie z. B. der Meldeweg für die 7-Tage-Hospitalisierungsinzidenz der täglichen Neueinlieferungen von Patienten in Krankenhäusern pro 100.000 Einwohner. Das Bundesministerium für Gesundheit (BMG) und das RKI haben zugesagt, einen digitalen Meldeweg zwischen Krankenhaus und RKI so einzurichten, dass verlässliche Daten tagesaktuell und automatisiert gemeldet werden. Die gesetzlichen Grundlagen hierfür sind in Vorbereitung. Es erschwerten in der Vergangenheit aber immer wieder technische Probleme oder unzureichendes Meldeverhalten die Erfüllung der Informationsaufgaben des RKI und der Landesämter. Daran muss gearbeitet werden.

Staatliche gesammelte Dateninformationen unterliegen nach alledem besonderen Qualitätsanforderungen. Erreichen die Daten zur Lagebeurteilung nicht die notwendige sachverständige Qualität, werden auch die darauf gestützten staatlichen Maßnahmen gerichtlich angreifbar und ggf. aufgehoben. Die Gerichte haben dem RKI einen weiten Vertrauensvorschuss zugebilligt.[47] Aufgrund des im Großen und Ganzen gut funktionierenden Meldeverfahrens, jedenfalls was die 7-Tage-Inzidenz der Infektionen betrifft, gab es für Gerichte in der Corona-Pandemie keinen Anlass, die Datenerhebungen des RKI in Zweifel zu ziehen.

2. *Frequently Asked Questions*

Ein zweites Beispiel für eine besondere Form der neuen Informationsverwaltung betrifft die Veröffentlichung von sog. FAQ, der „frequently asked questions". Im Rahmen eines Frage- und Antwortspiels werden darin häufig nachgefragte Auslegungsprobleme und praktische Anwendungsfälle angesprochen und erläutert. Gerade in Krisenzeiten ändern sich die Rechtsgrundlagen ständig. Sie müssen, gerade wenn sie sich an die gesamte Bevölkerung richten, über das Internet leicht zugänglich und verständlich sein. Das alles leisten im Internet veröffentlichte FAQs. Diese neue Handlungsform der Informationsaufbereitung durch die Verwaltung wirft jedoch Fragen des Verhältnisses zu anderen Handlungsformen auf. Mit den FAQs werden typischerweise neue abstrakt-generelle Normen, die insbesondere in Gesetzen und Rechtsverordnungen enthalten sind, näher erklärt und anhand von Fallbeispielen erläutert. Regierungsstellen bieten damit im Internet Foren und Informationsquellen an, mit denen die abstrakt-generellen Rechtssätzen quasi amtlich interpretiert oder teilweise sogar definiert werden. Diese Funktion der FAQ kam in der Vergangenheit typischerweise den Verwaltungsvorschriften zu, die zwar eigentlich nur intern Verwendung finden sollten, aber oftmals – etwa über Verbände – einem breiten Kreis von Nutzern bzw. Normadressaten bekannt wurden. Fakt ist daher, dass die FAQs immer mehr an die Stelle von Verwaltungsvorschriften treten, diese teilweise ersetzen und damit erhebliche Auswirkung auf einen einheitlichen Vollzug ausüben.

Ein Beispiel für Verwaltungsvorschriften ersetzende FAQs bilden in der Corona-Krise die sog. Positiv- oder Negativlisten derjenigen Unternehmen und Betriebe, die im Land von Schließungsmaßnahmen nach der jeweiligen „Coronaverordnung" erfasst oder – so in Bayern nach der Bayerischen Infektionsschutzmaßnahmenverordnung – ausgenommen waren. Von den zuständigen Ministerien im Internet veröffentlicht wurden die Liste derje-

---

47 Vgl. zum „Wissenschaftsvertrauen" auch *Münkler*, JöR n. F. 69 (2021), S. 535 (551 f.); vgl. zur wesentlichen Bedeutung fachwissenschaftlicher Bewertungen und Risikoeinschätzungen: BVerfG, Beschl. v. 15. 7. 2020 – 1 BvR 1630/20.

nigen Geschäfte und Betriebe, die (positiv) unter die Schließungsanordnung fielen oder (negativ) weiter öffnen durften. Die altbewährte Verwaltungsvorschrift, die im Ministerialblatt veröffentlicht würde, brauchte es insofern nicht mehr. Ein anderes Beispiel betrifft die einrichtungsbezogene Impfpflicht gemäß § 20a IfSG. Auch hier hat das zuständige BMG im Wege von FAQs mit Datum vom 22. 3. 2022 eine „Handreichung zur Impfprävention in Bezug auf einrichtungsbezogene Tätigkeiten" veröffentlicht und auf den Erlass von eigenen Verwaltungsvorschriften vor allem zur Steuerung der Verwaltungspraxis in den Ländern verzichtet.[48]

Beide Beispiele, sowohl die Aufbereitung und Bereitstellung von sachverständigen Informationen durch den Staat als auch die FAQ als neue Form einer Verwaltungsvorschrift, zeigen eindrücklich, welche Bedeutung die Handlungsformen der Informationsverwaltung aufweisen. Es geht darum, in der Krise und den damit verbundenen Gefahren die Deutungshoheit als Staat zu behalten. Denn nur rechtzeitige Informationen überzeugen die Bürger, klären die Betroffenen über die aktuelle Lage sowie die damit verbundenen Gefahren auf und schaffen die notwendige Akzeptanz für hoheitliche Maßnahmen.

IV. Der Rahmenhygieneplan in der Corona-Pandemie

Ein weiteres wichtiges Steuerungselement für das Verwaltungshandeln sind Pläne. Von außen betrachtet würde man erwarten, dass in der Pandemie vorbereitete Notfallpläne zum Tragen gekommen sind. Dies ist allenfalls nur bedingt der Fall gewesen. Es gab zwar zu Beginn der Krise solche Pandemie-Pläne, sie waren aber weitgehend ungeeignet, um der neuartigen Viruskrankheit und der landesweiten Ausbreitung zu begegnen. Es dürfte eine Aufgabe für die Zukunft sein, aus der Corona-Pandemie Lehren zu ziehen und auf der Basis der gewonnenen Erfahrungen neue Notfallpläne anzufertigen.

Pläne als gestaltende Handlungsform haben allerdings im Bereich der Hygienemaßnahmen eine wichtige Rolle gespielt. Im Zuge der Pandemie wurde von vielen Einrichtungen und Trägern durch Gesetz oder Rechtsverordnung ein individuelles und konkretes Hygienekonzept eingefordert. Um für die Erstellung dieser Konzepte einen verlässlichen Rahmen zu

48 Abrufbar unter https://www.zusammengegencorona.de/faqs/spezifische-personen gruppen/einrichtungsbezogene-impfpflicht/#id-8216c8ae-a508-5c59-a736-2058e6a 7c7a4 (zuletzt abgerufen am 15. 8. 2022).

bieten, hat etwa in Bayern das Staatsministerium für Gesundheit und Pflege zusammen mit den betroffenen Ministerien und Verbänden eine Vielzahl von Rahmenhygienepläne erlassen und ständig aktualisiert. Ziel der Hygienepläne war es, in einem bestimmten Lebensbereich Leitlinien für eine gute hygienische Prävention zu erlassen und wichtige Hinweise zum Schutz vor der SARS-CoV-2-Infektion zu geben. Dazu gehörten Empfehlungen zu den Abständen, zum Maskentragen, zum Lüften und zur Desinfektion. Als Beispiel sei etwa verwiesen auf den Rahmenhygieneplan zur Umsetzung des Schutz- und Hygienekonzepts für Schulen nach der jeweils geltenden Infektionsschutzmaßnahmenverordnung (Rahmenhygieneplan Schulen).[49] Diese Rahmenhygienepläne haben nach der Rechtsprechung des Bayerischen Verwaltungsgerichtshofs keine verbindliche rechtliche Wirkung entfaltet, prägten aber als Leitlinie der Verwaltung die Schutzstandards und die Erstellung der individuellen Hygienekonzepte. Letztere konnten und sollten vor Ort von den zuständigen Kreisverwaltungsbehörden kontrolliert werden.[50]

V. Persönliche Schutzausrüstung, Testungen und Impfungen

Ein Aufsatz über das Thema „Auswahl und Einsatz von Handlungsformen in der Corona-Pandemie“ wäre nicht vollständig, ohne einen Blick auf die vielen neuen Schutz- und Präventionsmaßnahmen zu werfen, die der Staat vor allem im Rahmen des schlicht hoheitlichen Handelns und der Leistungsverwaltung ergriffen und damit medizinische und pflegerische Leistungen übernommen hat. Die Erfüllung der Aufgaben des Gesundheitsschutzes ist eigentlich nicht dem Staat, sondern privaten oder kommunalen Dritten wie Krankenhausbetreibern, Trägern von Alten- und Pflegeeinrichtungen sowie freiberuflichen medizinischen Berufsangehörigen und nicht zuletzt den Krankenkassen vorbehalten. Dienstleistungen und den Warenaustausch im Bereich des Gesundheits- und Pflegebereichs regelt ganz überwiegend der Markt, die Selbstverwaltungsorgane oder die Krankenkassen im Rahmen von bundesgesetzlichen Vorgaben. Der öffentliche Gesundheitsdienst spielt in diesem Kontext eine untergeordnete Rolle.

---

49 Gemeinsame Bekanntmachung der Bayerischen Staatsministerien für Unterricht und Kultus und für Gesundheit und Pflege v. 15. 2. 2022, Az. II.1-BS4363.2022/26 und G54n-G8390-2022/750-7 (BayMBl. 2022 Nr. 113).

50 Vgl. BayVGH, Beschl. v. 15. 7. 2021 – 25 NE 21.1811, Rn. 30.

In der Corona-Krise haben diese Mechanismen des Marktes und der Selbstverwaltung aber nicht mehr funktioniert. Der Staat musste daher von heute auf Morgen in Wahrnehmung seiner Gewährleistungsverantwortung zentrale Aufgaben des Gesundheitsschutzes übernehmen. Über den gesamten Zeitraum der Pandemie hinweg betrachtet sind unterschiedliche Phasen herauszuarbeiten. Die erste Phase der Pandemie ab Frühjahr 2020 stand ganz im Zeichen der Beschaffung von persönlicher Schutzausrüstung und medizinischen Geräten. Der Markt war zusammengebrochen, der Bedarf für Schutzausrüstung vor allem in vulnerablen Einrichtungen wie Alten- und Pflegeheimen und Krankenhäusern sowie anderen medizinischen und pflegerischen Einrichtungen aber extrem hoch. Bund und Länder waren auf einmal gefordert, Schutzmasken, Schutzkitteln, Desinfektionsmittel und andere Medizinprodukte in millionenfacher Stückzahl zu erwerben. Als Handlungsform musste aus dem Nichts heraus eine staatliche Beschaffungsorganisation, ein Pandemiezentrallager und eine komplette Logistikkette aufgebaut werden, die die Versorgung für das Land mit Schutzgütern sicherstellte. Allein in Bayern wurden zwischen März 2020 und Januar 2022 durch das zuständige LGL, die Führungsgruppen Katastrophenschutz und das Technische Hilfswerk insgesamt ca. 140 Millionen Schutzmasken, 38 Millionen Schutzhandschuhe und 800.000 Schutzbrillen an die Bedarfsträger ausgeliefert. Außerdem wurden im Pandemiezentrallager große Vorräte an Schutzmaterialien für weitere Corona-Wellen angelegt, sollten diese wieder zu einem kompletten Marktversagen führen. So befinden sich derzeit im bayerischen Lager ca. 96 Millionen weitere Schutzmasken, die im Fall einer erneuten Krise zur Verfügung stehen. Diese Art der Leistungsverwaltung war ohne Zweifel eine der großen Herausforderungen der Pandemie, die aber im Großen und Ganzen durch schlicht hoheitliches, auf ein klares Ziel hin orientiertes Verwaltungshandeln gut bewältigt wurde. Das Vergaberecht zog dem Staat Grenzen, aber die notwendigen Beschaffungen konnten aufgrund der Katastrophenlage auch im Wege von Direktvergaben getätigt werden.[51] Auch die Bundesregierung beschloss im Juni 2021 als Reaktion auf die Corona-Pandemie den Aufbau einer „Nationalen Reserve Gesundheitsschutz“, um an 19 Stand-

51 Vgl. insoweit auch das Rundschreiben zur Anwendung des Vergaberechts im Zusammenhang mit der Beschaffung von Leistungen zur Eindämmung der Ausbreitung des neuartigen Coronavirus SARS-CoV-2 des Bundesministeriums für Wirtschaft und Energie v. 19. 3. 2020, https://www.bmwk.de/Redaktion/DE/Downloads/P-R/rundschreiben-anwendung-vergaberecht.pdf?__blob=publicationFile&v=6 (zuletzt abgerufen am 15. 8. 2022); zu den Voraussetzungen der Dringlichkeit zuletzt auch BayObLG, NZBau 2022, S. 172 Rn. 59 ff.

orten in Deutschland in Zukunft wichtige Materialien wie Schutzausrüstung, Schutzmasken, Beatmungsgeräte und Medikamente einzulagern, um im Notfall Krankenhäuser, Pflegeeinrichtungen und Arztpraxen mit Ausrüstung aus der eigenen Reserve unterstützen zu können.

In einer zweiten Phase der Corona-Pandemie kam das Testen hinzu. Millionenfach mussten Testungen bereitgestellt und die hierfür notwendige Infrastruktur geschaffen werden. Diese Phase begann etwa ab Sommer 2020 und zwang die Verwaltung wiederum zu neuen Handlungsformen; nicht nur der Beschaffung von Testmaterialien, sondern auch zur Einrichtung von Teststellen oder Testzentren vor allem in Grenznähe und an den Flughäfen. Die niedergelassenen Ärzte sahen sich zu diesen Leistungen nicht alleine in der Lage, so dass der Staat wiederum einspringen musste. In Bayern wurden hierzu flächendeckend in erster Linie kommunale Testzentren errichtet, in jedem Landkreis oder kreisfreien Stadt mindestens ein Testzentrum, und in Kooperation mit niedergelassenen Ärzten oder privaten Dritten betrieben. Es wurde im Wege schlicht hoheitlichen Handelns eine ganz neue Verwaltungsstruktur geschaffen und neuartige Dienstleistungen zum Zwecke der Pandemiebekämpfung kostenlos bzw. refinanziert über die Krankenversicherung angeboten.

Die dritte und schwierigste Phase für den staatlichen Gesundheitsbereich begann im Dezember 2020 mit den neuartigen Corona-Schutzimpfungen. Da der Impfstoff anfänglich ein rares Gut und zugleich heiß begehrt war, mussten schnellstmöglich die notwendigen staatlichen Impfstrukturen aufgebaut und der Impfstoff nach Prioritäten verimpft werden. Dies geschah in erster Linie durch die Einrichtung von staatlichen oder kommunalen Impfzentren und mobilen Impfteams, die den Menschen an bestimmten Stellen im Land die Möglichkeit zu Impfungen anboten. In Bayern wurde binnen kürzester Zeit in jedem Landkreis und jeder kreisfreien Stadt mindestens ein Impfzentrum errichtet. Die Kapazität war zunächst angelegt auf bis zu ca. 1.000 Impfungen pro Tag pro 100.000 Einwohner. Diese Zahl wurde im Verlauf der Impfkampagne aber immer wieder an die Lage und die Nachfrage angepasst. Die Kommunen haben gemeinsam mit der Ärzteschaft oder privaten Betreibern diese große Herausforderung meisterhaft gestemmt. Darüber hinaus musste auch noch ein Auswahlsystem geschaffen werden, das eine Prioritäteneinstufung für die Impfungen staatlicherseits vorgibt. Die rechtlichen Rahmenbedingungen der Prioritätssetzungen setzte der Bund in der Corona-Impfverordnung[52], aber der Vollzug dieser Prioritätensetzung oblag wiederum den Ländern. Die Verwaltungen haben das Rangproblem bei den Impfungen im Wesentlichen durch ein IT-gestütztes Anmeldeverfahren gelöst, das eine Prioritätensetzung mittels Algorithmus gewährleistet hat. Hier zeigt sich eine neue, interessante Handlungsform der Verwaltung, in dem man sich automatisierter IT-Verfahren bedient.

Diese drei Phasen mit ihren Herausforderungen (staatliche Beschaffungen von Schutzausrüstungen, Testungen und Impfungen) und die daraus resultierenden Handlungsformen vor allem im schlicht hoheitlichen Bereich einer reinen Leistungsverwaltung sicherten den Gesundheitsschutz der Bürgerinnen und Bürger in diesem Land. Der Bereich der reinen Leistungsverwaltung im klassischen Sinn wurde dabei insoweit überschritten, als im weiteren Verlauf der Pandemie Zugangsbeschränkungen an das Vorliegen von Test- oder Impfnachweisen geknüpft wurden. Diese sind auch als 2G, 2Gplus, 3G oder 3Gplus-Beschränkungen bekannt und entweder direkt im IfSG oder in den einschlägigen Rechtsverordnungen der Länder implementiert worden. Mit den Zugangsbeschränkungen wurde aus den schlicht-hoheitlichen Maßnahmen der Daseinsvorsorge zum Zwecke des Gesundheitsschutzes notwendigerweise eine Garantenpflicht des Staates zur Bereitstellung einer ausreichenden Infrastruktur, die dem Einzelnen die Möglichkeit zur Teilhabe am gesellschaftlichen und kulturellen Leben eröffnet. Die Verknüpfung mit Eingriffsmaßnahmen verstärkt nochmals die Garantenstellung des Staates zur ausreichenden Bereitstellung von ausreichenden Test- und Impfmöglichkeiten. Ohne hinreichende Vorsorge und dem Angebot an Test- und Impfstellen wäre es rechtlich kaum begründbar, einschneidende Zugangsberechtigungen auf 2G, 2Gplus, 3G oder 3Gplus-Regelungen zu stützen. Zudem muss der Staat einen absolut diskriminierungsfreien Zugang zu diesen gesundheitlichen Leistungen gewährleisten.

VI. Zusammenfassung

Die Corona-Pandemie bedingte vielfältige Eingriffe und Maßnahmen des Staates, die die ganze Bevölkerung betrafen und in Atem hielten. Es war die „Stunde der Exekutive“, da rasch und effektiv auf eine weltweite Viruskrankheit mit potentiell tödlichem Verlaufe reagiert werden

52 Verordnung zum Anspruch auf Schutzimpfung gegen das Coronavirus SARS-CoV-2 (Coronavirus-Impfverordnung – CoronaImpfV) v. 30. 8. 2021.

musste. Regierungen und Verwaltungen vor Ort haben im Kampf gegen die Corona-Pandemie sowohl auf altbewährte Handlungsinstrumente wie die Rechtsverordnung oder die Allgemeinverfügung im Bereich der klassischen Eingriffsverwaltung gesetzt als auch neue Wege im Bereich der Informationsverwaltung und der Leistungsverwaltung beschritten.

Auswahl und Einsatz von Handlungsformen in der Pandemie richteten sich an dem Ziel aus, bestmöglich den Gesundheitsschutz der Bevölkerung sicherzustellen. In der Analyse soll aber auch ein Fazit gezogen werden, welche Maßnahmen sich bewährt haben und welche nicht. Insofern seien drei Punkte zum Schluss benannt:

Erstens: Für den Bereich der Eingriffsverwaltung gilt es gerade in der Rechtswissenschaft für die Zukunft, das Verhältnis von Gesetz und Rechtsverordnung entspannter zu betrachten. Exekutive und Legislative müssen in der Pandemie natürlich sehr eng und vertrauensvoll zusammenarbeiten. Aber der Vorrang der Einschätzung von den richtigen Maßnahmen vor Ort zur Eindämmung der Pandemie sollte bei der Exekutive und nicht bei der Legislative liegen. Daher bedarf es eines möglichst weiten gesetzgeberischen Rahmens, innerhalb dessen durch Rechtsverordnung, Allgemeinverfügung oder Einzelakt die richtigen Maßnahmen durch Regierung oder Behörden getroffen werden können. Das System von Einzelbefugnissen kommt allerdings dem Phänomen der Pandemiebekämpfung nicht nahe genug. Es kann diese Einzelbefugnisse geben. Sie müssen aber im Fall eines Notstands oder gar einer Katastrophe auch landesweit umfassend durch die Exekutive einsetzbar sein. Da dies abstrakt-generell schwer regelbar erscheint, dürfte der Weg der Feststellung einer pandemischen Lage und darauf aufbauend der besonderen Notstandsregelungen auch in Zukunft der richtige Weg sein.

Zweitens: Die Informationsverwaltung muss weiter gestärkt und ausgebaut werden. Der Staat muss über ausreichende und sichere Daten sowie digitalisierte Meldewege verfügen, um die Bürger über die Gefahren und die getroffenen Maßnahmen rasch und effektiv zu informieren. Dies gilt besonders für den Fall, dass an tagesaktuelle Inzidenzmeldungen jeweils einschneidende Eingriffsmaßnahmen geknüpft werden. Die Belange des Datenschutzes sind zu beachten, sie dürfen aber einen vernünftigen Fluss von Gesundheitsdaten nicht behindern.

Drittens: Es bedarf einer stärkeren Sicht auf die Gewährleistungsverantwortung des Staates für Gesundheitsgefahren. Schlicht hoheitliches Handeln sollte vorausschauend solche Pandemiegefahren in den Blick nehmen und durch Pandemiezentrallager oder etwa schnelle mobile Einsatz- und Reservetruppen, wie im Katastrophenschutz auch, die gesundheitliche Grundversorgung garantieren. Dies erfordert eine stärkere Verzahnung von Gesundheits- und Katastrophenschutz. All das funktioniert aber nur, wenn der Verwaltung die richtigen und effektiven Handlungsformen zur Verfügung stehen, die sie braucht, um solchen Gefahren bis hin zu Pandemien auch in Zukunft vorzubeugen.

Auswahl und Einsatz von Handlungsformen am Beispiel der Finanzmarktaufsicht

Elke Gurlit

I. Zur Problemstellung

Die Bundesanstalt für Finanzdienstleistungsaufsicht (BaFin) ist als Allfinanzbehörde für die Beaufsichtigung der Banken, des Wertpapierhandels und der Versicherungsunternehmen zuständig (§ 4 Abs. 1 S. 1 FinDAG).[1] Zudem agiert sie als nationale Abwicklungsbehörde im Rahmen des Einheitlichen Abwicklungsmechanismus (§ 4 Abs. 1 S. 5 FinDAG). Die Aufsichtsaufgaben der Bundesanstalt sind im Kern gewerbepolizeilicher Art. Aufsichtsziele sind sektorenübergreifend einerseits der Funktionsschutz der Finanzmärkte unter Einschluss der Finanzstabilität, andererseits der kollektive Kundenschutz.[2] Für den Schutz der Verbraucher als einer Teilgruppe der Kunden wurde der BaFin ein gesondertes Mandat verliehen (§ 4 Abs. 1a FinDAG).[3]

Zur Wahrnehmung ihrer Aufgaben verfügt die BaFin über klassische gewerberechtliche Instrumente einer präventiven Markteingangskontrolle und der laufenden Aufsicht. Hinzutreten besondere Vollzugsinstrumente wie die Befugnis zu Eingriffen in die unternehmerische Geschäftsorganisation (*corporate governance*), die gesellschaftsrechtliche Dispositionsmög-

---

1 Gesetz über die Bundesanstalt für Finanzdienstleistungsaufsicht (Finanzdienstleistungsaufsichtsgesetz – FinDAG) v. 22. 4. 2002, BGBl. I S. 1310, zuletzt geändert durch Art. 21 G. v. 24. 6. 2020, BGBl. I S. 959.

2 Siehe § 6 Abs. 2 KWG. Umstritten ist, ob der Einleger- und Anlegerschutz nur instrumentelle Bedeutung für den Funktionsschutz hat oder hiervon unabhängig ist; für einen vom Funktionsschutz unabhängigen Anlegerschutz *Koller*, in: Assmann/Schneider/Mülbert (Hrsg.), Wertpapierhandelsrecht, 7. Aufl. 2019, § 63 WpHG Rn. 2; für die Versicherungsaufsicht vom Primat des Versichertenschutzes ausgehend *Dreher*, in: Prölss/Dreher (Hrsg.), VAG, 6. Aufl. 2018, Einl. Rn. 6 ff.; für gleichrangige und gleichartige Aufsichtsziele bei der Versicherungsaufsicht BVerwG, WM 2021, S. 2281 Rn. 20.

3 Zu der derzeit umstrittenen Frage der aus diesem Mandat folgenden Befugnisse der Bundesanstalt VG Frankfurt/Main, BKR 2021, S. 583 ff.; *Bierschenk*, NVwZ 2022, S. 307 ff.; *Klöhn/Adam*, WM 2022, S. 1097 ff.; *dies.*, WM 2022, S. 1149 ff.; *Möllers*, DÖV 2022, S. 314 ff.

lichkeiten der Finanzinstitute beschränken.[4] Als Konsequenz der Finanzmarktkrise wurde die Bundesanstalt schließlich mit einem Set an sog. harten makroprudenziellen Instrumenten ausgestattet, die wie z. B. ein antizyklischer Kapitalpuffer zur Vermeidung von Gefahren für die Finanzstabilität gegenüber den Kreditinstituten eingesetzt werden können. Das auf einer ganzheitlichen Systemaufsicht fußende Eingriffsarsenal fungiert als finanzmarktaufsichtsrechtliche Ausprägung einer gewerbepolizeilichen Gefahrenvorsorge.[5]

Im Bereich der Bankenaufsicht, auf die sich der Beitrag im Wesentlichen konzentrieren soll, kooperiert die BaFin auf nationaler Ebene mit der Deutschen Bundesbank. Während die Bundesbank die laufende Überwachung übernimmt, handelt die Bundesanstalt im Außenverhältnis zu den überwachten Banken und trifft in den redundanten Worten des § 7 Abs. 2 S. 5 KWG als aufsichtsrechtliche Maßnahmen „insbesondere Allgemeinverfügungen und Verwaltungsakte". Der eingreifende Verwaltungsakt ist als klassisches Ordnungsinstrument die zentrale Handlungsform der BaFin, mit der Missständen bei den beaufsichtigten Unternehmen begegnet werden soll. Dem öffentlich-rechtlichen Vertrag als rechtlich verfasste Variante eines kooperativen Vollzugs kommt hingegen in der Praxis, soweit ersichtlich, keine Bedeutung zu.[6] Gleichwohl hat sich in der Finanzmarktaufsicht eine ausgesprochen kooperative Vollzugskultur entwickelt. Diese äußert sich nicht nur in regelmäßigen sog. Aufsichtsgesprächen der BaFin mit den Aufsichtsadressaten, sondern vor allem auch in der informellen Erledigung aufsichtlicher Anliegen, die an die Stelle eines Verwaltungsakts tritt. Der informell-kooperative Vollzug entspricht jedenfalls teilweise auch den Interessen der Institute, die Reputationsschäden für ihr vertrauenssensibles Gewerbe vermeiden wollen.[7]

Im Feld der Bankenaufsicht stößt das Instrumentarium der BaFin auf gut 1.500 von ihr unmittelbar beaufsichtigte Kreditinstitute mit 21.700

---

4 Beispielhaft § 25a KWG; dazu aus gesellschaftsrechtlicher Sicht *Spindler*, Unternehmensorganisationspflichten, 2001; aus öffentlich-rechtlicher Sicht *Sedlak*, Bankenaufsicht über Geschäftsorganisation, 2015.

5 Insbesondere §§ 10c ff., §§ 48 t und u KWG; zu den makroprudenziellen Instrumenten im Einzelnen *Gurlit*, WM 2015, S. 1217 ff.; *dies.*, WM 2015, S. 1257 ff.; zum Konzept der Systemaufsicht monographisch *Kaufhold*, Systemaufsicht, 2016.

6 Zu einem theoretischen Anwendungsfall im Rahmen der börsenrechtlichen Anteilseignerkontrolle *Gurlit/Mülbert*, Der Börsenträger im Spannungsfeld von Gemeinwohlauftrag und Privatinteresse, 2012, S. 137 ff.

7 Dazu mit krit. Stoßrichtung *Klöhn*, WM 2021, S. 1457 ff.; *ders.*, WM 2021, S. 1513 ff.; zuvor *Thiele*, in: Paal/Poelzig (Hrsg.), Effizienz durch Verständigung, 2015, S. 99 ff.

Zweigstellen.[8] Gegenüber den Aufsichtsadressaten wurden im Jahr 2021 insgesamt 106 Sonderprüfungen angeordnet, 97 Beanstandungen ausgesprochen und 117 Maßnahmen verhängt. Konzentriert man sich auf harte Vollzugsmaßnahmen, so dominieren Eigenkapitalvorgaben. In zwei Fällen kam es zu Abberufungsverlangen von Führungspersonal, in sieben Fällen zu Verwarnungen von Geschäftsleitern.[9] Dass in der Statistik überhaupt das behördliche Verlangen der Abberufung von Geschäftsleitern Eingang findet, erklärt sich aus der Praxis der BaFin, auch informelle Erledigungen statistisch sichtbar zu machen.

In Anbetracht der Vielzahl von Kreditinstituten erscheint die Zahl an individuellen Vollzugsmaßnahmen der Bundesanstalt auch unter Berücksichtigung der informellen Vollzugskultur recht gering. Sie findet jedenfalls keine Erklärung im Einheitlichen Aufsichtsmechanismus (SSM)[10] als einer Teilsäule der Bankenunion, denn die EZB übt die unmittelbare Bankenaufsicht nur über 21 deutsche Banken bzw. Bankengruppen aus.[11] Das geringe Maß an Einzelvollzugsmaßnahmen liegt im Bankenrecht vielmehr in den Eigenarten der laufenden Aufsicht begründet, die durch ein hohes Maß an unmittelbarer normativer Steuerung der Finanzmarktakteure gekennzeichnet ist. Im Folgenden sollen zunächst die Treiber dieser Entwicklung skizziert werden (II.). Im Zentrum stehen sodann die Erscheinungsformen einer normativen Steuerung, die unterhalb parlamentsbeschlossener Gesetze von den Aufsichtsbehörden auf nationaler wie europäischer Ebene selbst verantwortet wird (III.). Dabei zeigt sich, dass insbesondere neuere Formen quasi-normativer Steuerung teilweise den adressatengerichteten Gesetzesvollzug ersetzen, ohne indessen mit vergleichbaren rechtsstaatlichen Sicherungen ausgestattet zu sein (IV).

---

8 *Deutsche Bundesbank*, Bankenstellenbericht 2021, 2022, S. 3: Ende 2021 waren noch 1.519 Kreditinstitute auf dem deutschen Markt tätig, davon 772 genossenschaftliche Banken, 377 Sparkassen und Landesbanken, 261 private Kreditbanken und 109 sonstige Institute.

9 Daten aus *BaFin*, Jahresbericht 2021, 2022, S. 40 ff.: 82 der Maßnahmen betrafen Eigenkapitalanordnungen.

10 Verordnung (EU) Nr. 1024/2013 des Rates v. 15. 10. 2013 zur Übertragung besonderer Aufgaben im Zusammenhang mit der Aufsicht über Kreditinstitute auf die Europäische Zentralbank, ABl. L 287 v. 29. 10. 2013, S. 63.

11 Laut der von der EZB veröffentlichten *List of supervised entities* mit Stand v. 1. 7. 2022.

II. Der Bedarf an Instrumenten genereller Verhaltenssteuerung in der Finanzmarktaufsicht

1. Solvenz der Institute als normativ angeleitete Rechenoperation der Aufsichtsadressaten

Die Aufsichtsziele erfordern in erster Linie eine Solvenzaufsicht, also die Gewährleistung angemessener Eigenmittel und ausreichender Liquidität der Institute, deren Höhe und Berechnung der unmittelbar anwendbaren Eigenmittelverordnung (CRR) der EU[12] zu entnehmen ist. Neben die Verpflichtung, ein Anfangskapital aufzubringen und zu erhalten (Art. 93 Abs. 1 CRR), tritt im laufenden Geschäftsbetrieb eine quotale Risikobegrenzung, die sich nach dem Umfang und der Qualität der Risikopositionen, also der Ausleihungen (aktiva) bemisst. Das Verhältnis der Eigenmittel zum gewichteten Gesamtrisikobetrag des Instituts darf niemals 8 % unterschreiten (Art. 92 Abs. 1 lit. c CRR). Da die Zulässigkeit der Gewichtung der Risiken zur Konsequenz hat, dass bestimmte Risiken wie etwa das Ausfallrisiko von Staatsanleihen nicht abgebildet werden,[13] wird das Eigenmittelregime nunmehr durch die (makroprudenzielle) Vorgabe ergänzt, eine nicht risikogewichtete Verschuldungsquote (*Leverage Ratio* – LR) von mindestens 3% einzuhalten (Art. 92 Abs. 1 lit. d CRR).[14] Durch weitere Quoten und die Bestimmung sog. bail-in-fähiger Verbindlichkeiten soll sichergestellt werden, dass die Banken im Fall einer Schieflage ohne Inanspruchnahme öffentlicher Gelder geordnet abgewickelt werden können.[15] In ähnlicher Weise basiert die Liquiditätssicherung auf norma-

12 Verordnung (EU) Nr. 575/2013 des Europäischen Parlaments und des Rates v. 26. 6. 2013 über Aufsichtsanforderungen an Kreditinstitute, ABl. L 176 v. 27. 6. 2013, S. 1.

13 Der Basler Bankenausschuss (BCBS) als informelles Gremium der wichtigsten Bankaufsichtsbehörden konnte sich bislang nicht auf eine striktere regulatorische Behandlung von Staatsanleihen verständigen. Es bestehen allein Hinweise für die freiwillige Offenlegung entsprechender Risiken, siehe *BCBS*, Voluntary disclosure of sovereign exposures, November 2021.

14 Die Festlegung der Leverage Ratio auf 3% folgt den rechtlich nicht bindenden Vorgaben des Basler Bankenausschusses; *BCBS*, Basel III: Finalising post-crisis reforms, 2017, S. 140 ff. Sie wurde mit der Verordnung (EU) 2019/876 v. 20. 5. 2019, ABl. L 150 v. 7. 6. 2019, S. 1 in die CRR aufgenommen; für global systemrelevante Banken (in Deutschland: Deutsche Bank) wurde die Quote durch Art. 92 Abs. 1a CRR noch einmal um einen weiteren Zuschlag erhöht; dazu auch *Gurlit*, WM 2020, S. 57 (61 f.).

15 Der für global systemrelevante Banken maßgebliche sog. TLAC-Standard (Total Loss-absorbing Capacity of G-SIBs) nach Art. 92a Abs. 1 CRR geht auf das Finan-

tiv vorgegebenen Verhältniszahlen. Die kurzfristige, auf einen Monatshorizont bezogene Liquidität wird durch die Liquiditätsdeckungsquote (*Liquidity Coverage Ratio* – LCR) gesichert, die strukturelle Refinanzierbarkeit, d. h. die Beschränkung einer übermäßigen Fristentransformation durch eine strukturelle Liquiditätsquote (*Net Stable Funding Ratio* – NSFR).[16]

Für die Banken werden die Solvenzanforderungen damit zum Maßstab für die interne Risikosteuerung: Sie vollziehen mittels komplexer Rechenoperationen selbst die normativen Vorgaben. Nur eine derartige Steuerung wird der Fluidität der Geschäftstätigkeit der Institute gerecht. Die behördliche Kontrolle konzentriert sich demgegenüber auf die unternehmerischen Modalitäten des Risikomanagements (§ 25a und b KWG), das laufend an die normativen Vorgaben angepasst werden muss. Zudem werden die Solvenzanforderungen durch eine Unzahl von aktiven Melde- und Offenlegungspflichten der Banken arrondiert,[17] die für die BaFin den Anlass bilden können, im Einzelfall Anordnungen zu einem verbesserten Risikomanagement zu treffen.

Das Grundmodell einer normativen Steuerung kommt freilich nicht ohne Ergänzungen durch einzelvollzugsorientierte Instrumente aus, die in kritischen Situationen zum Einsatz gelangen. Derartige Befugnisse verlangt vor allem die in das KWG transformierte Bankenrichtlinie

cial Stability Board (FSB), ein ebenfalls informelles Gremium der G 20-Staaten, zurück. Für kleinere Banken gelten Anforderungen nach dem sog. MREL-Standard (Minimum Requirement for Own Funds and Eligible Liabilities), der in Art. 12 ff. SRM-VO, Art. 45 BRRD und in Deutschland in §§ 49 ff. SAG festgelegt wurde, allerdings nur auf Aufforderung der BaFin einzuhalten ist und damit einen individuellen Verwaltungsakt voraussetzt; siehe zu den Anforderungen von TLAC und MREL und den Unterschieden der Instrumente ausf. *Gurlit* (Fn. 14), S. 63 f.

16 Art. 428a ff. CRR; auch diese Stellschrauben gehen auf den Basler Bankenausschuss zurück, *BCBS*, Basel III: The net stable funding ratio, 2014; dazu auch *Gurlit* (Fn. 14), S. 61.

17 Art. 430 ff. CRR; die EBA hat vor allem im Hinblick auf die Bürokratielasten kleinerer Institute gestützt auf Art. 430 Abs. 8 CRR eine Kosten-Nutzen-Bewertung durchgeführt, siehe *EBA*, Study of the cost of compliance with supervisory reporting requirements (EBA/Rep/2021/15), 2021, und aufgrund ihres Mandats nach Art. 430c CRR erste Überlegungen für ein integriertes Meldesystem vorgelegt, *EBA*, Report on a feasibility study of an integrated reporting system under Art. 430c CRR (EBA/Rep/2021389, 2021; zu Erleichterungen für kleine Institute siehe *Gurlit* (Fn. 14), S. 62.

2013/36/EU (CRD IV).[18] So ist die BaFin befugt, als Ergebnis eines institutsspezifischen aufsichtlichen Überprüfungs- und Bewertungsprozesses i. S. v. § 6b KWG (*Supervisory Review and Evaluation Process* – SREP) zusätzliche individuelle Kapitalquoten für solche institutsspezifischen Risiken anzuordnen, die nicht durch die CRR abgedeckt werden (§ 6c Abs. 1 KWG).[19] Ebenfalls einzelvollzugsorientiert sind an einzelne Institute gerichtete nicht bindende Empfehlungen der BaFin zur Vorhaltung zusätzlicher Eigenmittel (§ 6d Abs. 1 KWG).[20] Daneben können im Rahmen makroprudenzieller Aufsicht gegenüber den Banken weitere Kapitalpuffer ggf. auch individuell behördlich angeordnet werden.[21] Schließlich kann das zur Gewährleistung der Abwicklungsfähigkeit von global systemrelevanten Instituten und deren in der EU ansässigen Tochterunternehmen vorzuhaltende Kapital im Einzelfall heraufgesetzt werden (§ 49d Abs. 3 SAG). Derartige feinsteuernde Instrumente sind als Konsequenz der Finanzmarktkrise eingeführt bzw. ausgebaut worden, ändern aber nichts am Grundmodell einer normativen Steuerung.

2. *Prinzipienorientierte Gesetzgebung und das Single Rulebook im Europäischen Binnenmarkt*

Neben den sachlich begründeten hohen Bedarf an normativer Steuerung treten konzeptionelle Überlegungen mit Blick auf die Steuerungsmodalitäten im europäischen Binnenmarkt. Schon vor der Finanzmarktkrise wurde mit dem sog. *Lamfalussy*-Verfahren ein Normsetzungsmodell entwickelt, das die europäischen Richtlinien und Verordnungen (Level 1) auf eine

---

18 Richtlinie 2013/36/EU des Europäischen Parlaments und des Rates v. 26. 6. 2013 über den Zugang zur Tätigkeit von Kreditinstituten und die Beaufsichtigung von Kreditinstituten und Wertpapierfirmen, ABl. L 176 v. 27. 6. 2013, S. 338.

19 Sog. Pillar 2 Requirements (P2R) in Umsetzung von Art. 104a i. V. m. Art. 104 Abs. 1 lit. a CRD IV.

20 Sog. Pillar 2 Guidance (P2G) in Umsetzung von Art. 104b CRD, der mit der Richtlinie (EU) 2019/878 v. 20. 5. 2019, ABl. L 150 v. 7. 6. 2019, S. 253 eingefügt wurde und eine zuvor begründete Praxis der EZB und der BaFin kodifizierte; zu den Problemen dieses Instruments *Gurlit* (Fn. 14), S. 61.

21 In Umsetzung von Art. 131 ff. CRD IV kann die BaFin gemäß § 10e KWG gegenüber allen oder bestimmten Arten von Instituten einen Systemrisikopuffer anordnen. Nach § 10f KWG ordnet die Bundesanstalt gegenüber einem global systemrelevanten Institut einen zusätzlichen Kapitalpuffer an, Adressat kann allein die Deutsche Bank sein. Gemäß § 10g KWG kann die BaFin auch gegenüber einem anderweitig systemrelevanten Institut einen zusätzlichen Puffer anordnen.

prinzipienorientierte Rechtsetzung beschränken sollte und die konkretisierenden Details den delegierten Verordnungen der Kommission (Level 2) und den Empfehlungen und Leitlinien von nach Komitologie-Grundsätzen organisierten Ausschüssen (Level 3) vorbehielt, also der administrativen Normsetzung anvertraute.[22] Dieses Modell wurde mit beträchtlichen Modifikationen in die neue Aufsichtsstruktur des Europäischen Systems der Finanzmarktaufsicht (ESFS) überführt[23] und bildet die Basis für das Projekt des *Single Rulebook*, d. h. eines Sets prudenzieller Regeln mit unionsweiter Geltung, die für eine einheitliche Anwendung des Finanzmarktrechts in allen Mitgliedstaaten sorgen und regulatorische Schlupflöcher versperren sollen.[24] Das Buch, dessen Abschluss nicht absehbar ist, darf man sich nicht als übersichtliches manual für die Aktentasche vorstellen. Vielmehr bilden die Regelungen von Level 1 bis 3 ein extrem feingesponnenes Netz.

Allerdings gestaltet sich die Suche der Aufsichtsadressaten nach den regulatorischen Antworten unter Umständen schwierig, da innerhalb der EU die nationalen Aufsichtsbehörden und die Europäischen Aufsichtsbehörden (*European Supervisory Authorities* – ESAs) als administrative Standardsetzer konkurrieren. Seit einigen Jahren versucht sich auch die EZB innerhalb der Bankenunion zunehmend als Standardsetzer zu profilieren. Sie hat sich von entsprechenden Bemühungen auch nicht durch deutlich geäußerte Zweifel an einem ihr zukommenden Normsetzungsmandat ab-

---

22 Retrospektiver Blick auf die Rolle der Ausschüsse CESR, CEBS und CEIOPS bei *Wymeersch*, ECFR 2010, S. 240 (247 ff.); *Lehmann/Manger-Nestler*, ZBB 2011, S. 2 (4 f.); ausf. *Ruppel*, Finanzdienstleistungsaufsicht in der Europäischen Union, 2015, S. 45 ff.

23 Das Behördennetz wird aus den zum Jahr 2011 errichten sektorspezifischen Agenturen EBA, ESMA und EIOPA, dem Europäischen Systemrisikorat (ESRB) und den nationalen Aufsichtsbehörden gebildet; Überblicke z. B. bei *Lehmann/Manger-Nestler*, ZBB 2011, S. 2 ff.; *Michel*, DÖV 2011, S. 728 ff.; *Rötting/Lang*, EuZW 2012, S. 8 ff.; monographisch *Kohtamäki*, Die Reform der Bankenaufsicht in der Europäischen Union, 2012. Das Modell geht auf einen Vorschlag der zur Aufarbeitung der Bankenkrise eingesetzten Sachverständigenkommission zurück; *De Larosière*-Report, High-level Group of Financial Supervision in the EU, chaired by de Larosière, 25. 2. 2009, http://ec.europa.eu/internal_market/finances/docs/de_larosiere_report.de.pdf (zuletzt abgerufen am 15. 8. 2022).

24 So das amtliche Verständnis der EBA, siehe www.eba.europa.eu/regulation-and-policy/single-rulebook; krit. *Binder*, GPR 2011, S. 34 (38) mit der Befürchtung, den nationalen Behörden werde die notwendige Flexibilität genommen; grundlegende Zweifel hinsichtlich des Begriffs und Inhalts des *Single Rulebook* bei *Schneider*, EuZW 2013, S. 452 (454).

halten lassen.[25] Ungeachtet der kompetenziellen Frage wirkt jedenfalls auch die EZB am Knüpfen eines dichten Netzes abstrakt-genereller Steuerungsvorgaben mit.

III. Erscheinungsformen administrativer Normsetzung

Exekutive Normen können sich auf eine handlungsleitende Funktion für den behördlichen Binnenbereich beschränken. Ihre Außenwirkung lässt sich hingegen nicht nur durch die hierfür vertypten Handlungsformen, d. h. insbesondere durch Verordnungen herbeiführen. Als Instrument der abstrakt-generellen Verhaltenssteuerung dienen auch Standards, die sich nur eine empfehlende Wirkung beigeben. Im Finanzmarktrecht kommt diesen quasi-normativen Akten eine herausragende, geradezu systembildende Bedeutung zu.

1. Rechtsverbindliche exekutive Normen

a) Auf nationaler Ebene

aa) Subdelegierter Verordnungserlass

Wird der Blick zunächst auf rechtsverbindliche administrative Normen gerichtet, so fällt auf nationaler Ebene auf, dass der Verordnungserlass im Bankenaufsichtsrecht nur in geringem Umfang dem Bundesministerium der Finanzen oder der Bundesregierung vorbehalten ist.[26] Das KWG ermächtigt in ungewöhnlicher Häufung zur Subdelegation des Verordnungserlasses an die BaFin.[27] Von dieser Möglichkeit wurde und wird

---

25 Die EZB erlässt insb. Leitfäden (guides). Derjenige zum Umgang mit notleidenden Krediten überschritt nach Auffassung des Juristischen Dienstes des Rates das Mandat der EZB, da er auf eine verbindliche Regelung abzielte; dazu *Gurlit* (Fn. 14). S. 64 m. w. N.

26 Keine gesetzlich eingeräumte Möglichkeit der Subdelegation besteht für Rechtsverordnungen nach §§ 1 Abs. 3 S. 2, 18a Abs. 10a, 24a Abs. 5, 24b Abs. 4, 25a Abs. 4, 48u Abs. 5, 53c KWG. Der Erlass von Rechtsverordnungen nach §§ 46g und h KWG ist der Bundesregierung vorbehalten.

27 Beispielhaft §§ 10 Abs. 1 S. 2 und 3, 10a Abs. 7 S. 2, 13 Abs. 1 S. 2, 22 Abs. 1 S. 2, 24 Abs. 4 S. 3, § 25a Abs. 6 S. 4, 25b Abs. 5 S. 2, 29 Abs. 4 S. 3, 31 Abs. 1 S. 2, 51a Abs. 2, 51b Abs. 2 S. 2 KWG.

durch Verordnung nach Art. 80 Abs. 1 S. 4 GG umfänglich Gebrauch gemacht.[28] In der Folge erzeugt die BaFin einen beträchtlichen Teil des von ihr zu vollziehenden Aufsichtsrechts selbst, freilich angeleitet durch das ermächtigende Gesetz. Hierzu rechnen Verordnungen, die für die Aufsichtspraxis von erheblicher Relevanz sind, wie z. B. die für die Beschränkung von „Banker Boni" maßgebliche Institutsvergütungsverordnung[29] oder die Groß- und Millionenkreditverordnung,[30] die besondere Verhaltenspflichten der Institute auslöst.

Im Bereich der Bankenaufsicht bedarf die Bundesanstalt für den Verordnungserlass zumeist des Einvernehmens mit der Deutschen Bundesbank. Zudem sind regelmäßig die Spitzenverbände der Finanzinstitute anzuhören.[31] Die BaFin hat schon vor vielen Jahren ein elektronisches Konsultationsverfahren für ihre Verordnungsentwürfe eingerichtet, das auch eine Partizipation Dritter am Verordnungserlass ermöglicht. Deren Stellungnahmen werden ebenfalls veröffentlicht[32]. Die Bundesanstalt greift mit dieser Praxis einen Trend zur Publizität des Verordnungserlasses auf, ohne hierzu gesetzlich verpflichtet zu sein.

bb) Allgemeinverfügungen sui generis

Der verbindlichen administrativen Normsetzung der BaFin ist auch – jedenfalls in Teilen – der Erlass von Allgemeinverfügungen zuzuschlagen. Diese können dann normgleiche Wirkungen erzielen, wenn sie auch Per-

---

28 Betreffend Übertragung von Ermächtigungen nach dem KWG siehe § 1 Nr. 5 der Verordnung zur Übertragung von Befugnissen zum Erlass von Rechtsverordnungen auf die Bundesanstalt für Finanzdienstleistungsaufsicht v. 13. 12. 2002, BGBl. I S. 3, zuletzt geändert durch Art. 4 des G. v. 25. 3. 2022, BGBl. I S. 571.

29 Verordnung über die aufsichtsrechtlichen Anforderungen an Vergütungssysteme von Instituten (Institutsvergütungsverordnung – InstitutsVergV) v. 16. 12. 2013, BGBl. I S. 4270.

30 Groß- und Millionenkreditverordnung (GroMiKV) v. 6. 12. 2013, BGBl. I S. 4183.

31 Beispielhaft §§ 10 Abs. 1 S. 2 und 3, 10a Abs. 7 S. 2 und 3, 22 Abs. 1 S. 2, 24 Abs. 4 S. 3 und 4, 25b Abs. 5 S. 2 und 3, 51a S. 2 und 3, 51b Abs. 2 S. 2 und 3 KWG. § 25a Abs. 4 S. 1 KWG sieht eine vorherige Anhörung der EZB vor; allerdings wurde auf den Erlass einer Verordnung verzichtet. Stattdessen konkretisierte die BaFin die entsprechenden Anforderungen durch eine Fortschreibung des Rundschreibens MaRisk.

32 Aktuell z. B. Konsultation des Entwurfs der Verordnung zur Änderung der Kapitalanlage-Verhaltens- und Organisationsverordnung v. 25. 5. 2022, Gz. WA 51 – Wp 2169-2022/0001.

sonen erfassen, die zum Zeitpunkt des Erlasses noch nicht bekannt waren.[33] Nach jüngst geäußerter Auffassung des 6. Senats des BVerwG darf bei einer personenbezogenen Allgemeinverfügung der erfasste Personenkreis zum Zeitpunkt des Erlasses noch nicht einmal feststehen.[34] Die Grenze zur Rechtsnorm wird freilich überschritten, wenn die Maßnahme nicht der Regelung eines konkreten Einzelfalls i. S. v. § 35 Satz 1 VwVfG dient.

Als Allgemeinverfügungen titulierte Maßnahmen der BaFin sind nach diesen Maßgaben bei genauerer Betrachtung vielfach quasi-normative Akte. Als eingängiges Beispiel mögen die sog. Produktinterventionen dienen,[35] mit denen die Bundesanstalt bestimmte Finanzprodukte wegen Bedenken im Hinblick auf den Anlegerschutz verbietet oder beschränkt. Die administrativ auferlegten Beschränkungen, die ihre Grundlage in Art. 42 der Verordnung (EU) Nr. 600/2014 (MiFIR)[36] i. V. m. § 15 WpHG finden, betreffen bislang den Vertrieb von sog. *contracts for difference* (CFDs) an Kleinanleger.[37] Produktinterventionen erscheinen als moderne Variante des Verbots von Endiviensalat. Das berühmte Endiviensalat-Urteil des BVerwG[38] wurde hingebungsvoll darauf befragt, ob das an einen generellen Personenkreis gerichtete Verbot tatsächlich einen konkreten Einzelfall zum Gegenstand hatte.[39] Im Fall der Produktinterventionen kann dies mit guten Gründen verneint werden. Denn die ein Verbot tragenden Beden-

---

33 BVerfG, NJW 2003, S. 1232 (1235); *Stelkens*, in: Stelkens/Bonk/Sachs (Hrsg.), VwVfG, 9. Aufl. 2018, § 35 Rn. 280, 289, § 41 Rn. 139; für eine Beschränkung der Allgemeinverfügung auf existente Adressaten hingegen BSG, NZS 1995, S. 502 (510); NdsOVG, Urt. v. 21. 5. 1992 – 13 L 148/10 (juris); *Laubinger*, in: Festschr. für Walter Rudolf, 2001, S. 305 (315, 318).

34 BVerwGE 171, 156 Rn. 27; siehe auch Anhörung zur Allgemeinverfügung der BaFin bezüglich Futures mit Nachschusspflichten v. 17. 2. 2022, Gz. VBS 25-Wp 5427-2020/0033 unter 2.6.2. Diese Sichtweise wirft die Frage auf, ob die Versammlungsauflösung als Standardbeispiel einer Allgemeinverfügung aus den Lehrbüchern getilgt werden muss.

35 Siehe auch *Gurlit* (Fn. 5), S. 1217 (1225) zum vergleichbaren Problem der behördlichen „Festlegung" von antizyklischen Kapitalpuffern gem. § 10d Abs. 3 KWG.

36 Verordnung (EU) Nr. 600/2014 des Europäischen Parlaments und des Rates v. 15. 5. 2014 über Märkte für Finanzinstrumente, ABl. L 173 v. 12. 6. 2014, S. 84.

37 Allgemeinverfügung der BaFin bezüglich CFDs v. 8. 5. 2017, Gz. VBS 7-Wp 5427-2016/0017; in Vorbereitung: Anhörung zur Allgemeinverfügung betreffend Beschränkung des Vertriebs von Futures mit Nachschusspflichten v. 17. 2. 2011, Gz. VBS 25-Wp 5427-2020/0033.

38 BVerwGE 12, 87: Verbot des Verkaufs von Endiviensalat wegen einer lokalen Typhus-Epidemie; für Rechtssatzcharakter des Verkaufsverbots wegen der Vielzahl hypothetischer Verkaufsfälle *Laubinger* (Fn. 33), S. 318 f.; *Schoch*, JURA 2012, S. 26 (27).

39 Dies bezweifelnd *Laubinger* (Fn. 33), S. 318 f.

ken für den Anlegerschutz sind nur abstrakt, was grundsätzlich die (Polizei-)Verordnung kennzeichnet.[40] Gegen die Einordnung als Verwaltungsakt spricht überdies die – im Unterschied zum Endiviensalat-Fall – unbefristete und damit allfällige Rechtsbehelfsfristen übersteigende Verbotswirkung.[41] Der deutsche Gesetzgeber ordnete allerdings in § 15 Abs. 2 WpHG an, dass Widerspruch und Klage gegen ein Produktverbot keine aufschiebende Wirkung haben und machte damit dieses Instrument zu einer Allgemeinverfügung sui generis.[42] Nur der Vollständigkeit halber sei erwähnt, dass das WpHG seit vielen Jahren eine an das BMF gerichtete Verordnungsermächtigung zum Verbot von Finanztermingeschäften enthält, von der noch nie Gebrauch gemacht wurde (§ 100 WpHG). Die Allgemeinverfügung der Bundesanstalt tritt damit an die Stelle einer ebenfalls denkbaren Verordnung.

b) Auf europäischer Ebene

Auf europäischer Ebene begegnet uns zunächst ebenfalls der Verordnungserlass als Verfahren förmlicher administrativer Normsetzung. Er hat im Europäischen System der Finanzmarktaufsicht eine besondere Ausgestaltung gefunden.

aa) Technische Standards als delegierte Rechtsetzung

Mit der Errichtung der Europäischen Aufsichtsbehörden sind aus den ehemaligen Stufe 3-Ausschüssen[43] rechtlich verselbständigte Akteure geworden, deren wesentliche Bedeutung in der Mitarbeit am *Single Rulebook* für die Finanzmärkte liegt. Handlungsinstrumente der Europäischen Banken-

---

40 *Stelkens* (Fn. 33), § 35 Rn. 289 mit Beispielen.

41 Eine die Rechtsbehelfsfristen überschreitende Geltungsdauer macht die Annahme eines Verwaltungsakts besonders begründungsbedürftig, *Stelkens* (Fn. 33), § 35 Rn. 285; zum Erfordernis einer örtlich oder zeitlich begrenzten Gefahrenlage BVerwGE 171, 156 Rn. 26; für Rechtsnormcharakter eines zehn Monate geltenden Leerverkaufsverbots *Walla*, DÖV 2010, S. 853 (855 ff.).

42 Da der Definition des § 35 VwVfG kein Verfassungsrang zukommt und Art. 80 Abs. 1 GG keine Sperrwirkung entfaltet, liegt in der ausdrücklichen oder konkludenten gesetzgeberischen Anordnung der Form einer Allgemeinverfügung kein Formenmissbrauch, siehe *Stelkens* (Fn. 33), § 35 Rn. 13, 297.

43 Siehe oben II. 2.

aufsichtsbehörde EBA und der weiteren Agenturen sind nach der jeweiligen Errichtungsverordnung[44] vornehmlich der Entwurf technischer Regulierungsstandards und technischer Durchführungsstandards.[45] Technische Regulierungsstandards sind Produkte delegierter Rechtsetzung des „Unwesentlichen“ nach Maßgabe von Art. 290 AEUV, der Erlass technischer Durchführungsstandards beruht auf Art. 291 AEUV. Die in beiden Varianten erforderliche konkrete Delegation des Normsetzungsrechts macht die Aufnahme entsprechender Übertragungen in den Sekundärrechtsakten zur Finanzmarktaufsicht erforderlich, die sich in großer Zahl finden.[46] Während das Initiativrecht zur Erarbeitung der technischen Standards – in Abweichung von Art. 290 AEUV – ausschließlich bei den Aufsichtsagenturen liegt, werden diese von der Kommission als Verordnungen beschlossen.[47] Ihr Detaillierungsgrad ist außerordentlich hoch. So werden etwa auch die Kriterien für eine Produktintervention durch die mitgliedstaatlichen Behörden in umfänglichen Katalogen vorgezeichnet.[48]

bb) Adressatenlose Beschlüsse

Als weitere quasi-normative Akte kennt die europäische Finanzmarktaufsicht adressatenlose Beschlüsse i. S. v. Art. 288 Abs. 4 AEUV, die gewissermaßen das unionale Pendant zu den Allgemeinverfügungen deutscher Prägung bilden. Durch einen adressatenlosen Beschluss wurde etwa von der Europäischen Wertpapieraufsichtsbehörde ESMA ein unionsweit geltendes befristetes Leerverkaufsverbot für bestimmte Aktien erlassen. Der Eu-

---

44 Für die EBA: Verordnung (EU) Nr. 1093/2010 des Europäischen Parlaments und des Rates v. 24. 11. 2010 zur Errichtung einer Europäischen Aufsichtsbehörde (Europäische Bankenaufsichtsbehörde), ABl. L 321 v. 15. 12. 2010, S. 12.

45 Art. 10 ff. (Regulierungsstandards), Art. 15 (Durchführungsstandards) der ESA-Verordnungen; ausf. dazu *Michel*, Institutionelles Gleichgewicht und EU-Agenturen, 2015, S. 227 ff.

46 Für die Bankenaufsicht z. B. in Art. 8 Abs. 2 und 3, 22 Abs. 9, 35 Abs. 6, 36 Abs. 5, 39 Abs. 4 50 Abs. 6 und 7, 51 Abs. 4 und 5, 77 Abs. 4, 78 Abs. 7 und 8, 84 Abs. 5, 98 Abs. 5a, 116 Abs. 4, 132 Abs. 18 CRD IV.

47 Die starke Rolle der ESAs beim Normerlass wird teilweise als Verstoß gegen Art. 290 AEUV angesehen; so *Fabricius*, Beiträge zum Transnationalen Wirtschaftsrecht, Heft 124/2013, S. 65 ff.; zu einer „Warnfunktion“ von Art. 291 Abs. 3 AEUV für von der Komitologie-VO 182/2011 abweichende Verfahren *Sydow*, JZ 2012, S. 157 (162).

48 Art. 21 Delegierte Verordnung (EU) 2017/567 der Kommission v. 18. 5. 2016, ABl. L 87 v. 31. 3. 2017, S. 90.

ropäische Gerichtshof sah die Agentur ungeachtet ihrer prekären Stellung als Geschöpf des Sekundärrechts nicht an einer derartigen Maßnahme mit normativer Wirkung gehindert.[49] Offenbar dadurch ermutigt, hat der europäische Gesetzgeber die Befugnisse der ESMA und der EBA zum befristeten Erlass von (adressatenlosen) unionsweiten Produktinterventionen gestärkt.[50]

2. *Nicht rechtsverbindliche normative Standards*

a) Auf nationaler Ebene

Wird der Blick auf die Erzeugung von Standards mit generell-abstrakter Verhaltenssteuerung gelenkt, die nicht rechtsverbindlich sind, so wird das Bild noch einmal farbiger. Auf nationaler Ebene stehen die sog. Verlautbarungen der BaFin im Zentrum. Sie werden als Auslegungsentscheidungen, Merkblätter, Rundschreiben oder Leitfäden rubriziert, wobei die jeweilige Bezeichnung nicht auf ein bestimmtes Genre schließen lässt. Mit ihren Verlautbarungen verkündet die BaFin ihre Rechtsauffassung zu bestimmten Fragen. So nennt sie beispielsweise Kriterien, deren Erfüllung auf die Gewerbsmäßigkeit und damit die Erlaubnispflicht der Kreditvergabe i. S. v. §§ 32, 1 Abs. 1 S. 2 Nr. 2 KWG schließen lässt.[51]

Schon mangels eines erforderlichen Standardisierungsspielraums der BaFin scheidet eine Einordnung der Verlautbarungen als normkonkretisierende Verwaltungsvorschriften aus. Es entspricht nahezu einhelliger Meinung, dass die Verlautbarungen der BaFin als norminterpretierende Verwaltungsvorschriften zu qualifizieren sind.[52] Als solche erscheinen sie

---

49 EuGH, Rs. C-270/12, ECLI:EU:C:2014:18 Rn. 63 ff. – Leerverkaufsverbot in Abgrenzung von EuGH, Rs. C-98/80, ECLI:EU:C:1981:104 Rn. 20 – Romano; zust. *Michel* (Fn. 45), S. 134 ff.; krit. *Ohler*, JZ 2014, S. 249 (251); *Kohtamäki*, EuR 2014, S. 321 (329 f.); *Ruffert*, in: Calliess/Ruffert (Hrsg.), EUV/AEUV, 6. Aufl. 2022, Art. 290 AEUV Rn. 8.

50 Im Zuge der ESA-Review wurde 2019 sowohl in Art. 9 Abs. 5 Unterabs. 1 ESA-VO als auch in Art. 40 Abs. 6 und 41 Abs. 6 MiFIR die Maximaldauer einer vorübergehenden Verbots- bzw. Beschränkungsmaßnahme der ESMA und der EBA auf sechs Monate verdoppelt und der jeweiligen Agentur die Option gewährt, nach zweimaliger Verlängerung die Maßnahme im Jahresabstand zu überprüfen und ggf. zu verlängern.

51 *BaFin*, Merkblatt Kreditgeschäft v. 8. 1. 2009, Stand Mai 2016.

52 BGHZ 147, 343 (350); HessVGH, WM 2007, S. 392 ff.; VG Berlin, WM 1996, S. 1389 ff.; ausf. *Gurlit*, ZHR 177 (2013), S. 862 (895 f.) m. w. N.

zunächst als Instrument abstrakt-genereller Verhaltenssteuerung denkbar ungeeignet, dienen die bloß interpretierenden Verwaltungsvorschriften doch nur der internen Steuerung des Vollzugs. Allerdings bringt schon die Bezeichnung als „Verlautbarung“ zum Ausdruck, dass es gerade Ziel der Bundesanstalt ist, ihre Rechtsauffassung den Finanzmarktakteuren zur Kenntnis zu bringen: Sie sind die eigentlichen Adressaten. Dem entspricht es, dass auch die Rundschreiben und Merkblätter ebenso wie Verordnungen oder Allgemeinverfügungen in einem aufwendigen Verfahren elektronisch mit der interessierten Öffentlichkeit konsultiert werden.[53] Dass die Bundesanstalt den Rundschreiben eine gesetzesgleiche Wirkung beimisst, kommt etwa in ihren Erläuterungen zum Ausdruck, das Rundschreiben setze eine qualitativen Rahmen für die „Umsetzung maßgeblicher Artikel der CRD IV“ und sei von allen Instituten „zu beachten“.[54]

Die Effektivität der Rundschreiben als Instrument der Verhaltenssteuerung ist beachtlich. Die Folgebereitschaft der Institute wird u. a. dadurch befördert, dass die BaFin eine Nichtbeachtung ihrer Rundschreiben ggf. zum Anlass einer lästigen Institutsprüfung nimmt.[55] Auch sind die Wirtschaftsprüfer gehalten, in ihrem jährlichen Prüfungsbericht eine Abweichung von den behördlichen Verlautbarungen als Mangel zu kennzeichnen.[56] Die faktisch gesetzesgleiche Wirkung zeigt sich etwa auch darin, dass der rechtswissenschaftliche Verlagsmarkt umfängliche Kommentierungswerke zu wichtigen Rundschreiben der Bundesanstalt, etwa zu den Mindestanforderungen für das Risikomanagement (MaRisk), bereithält,[57] die naturgemäß auch der anwaltlichen Beratungspraxis zugrunde gelegt werden.

---

53 Aus jüngerer Zeit etwa Konsultation 03/2022 v. 20. 5. 2022, Entwurf eines Rundschreibens zu den Mindestanforderungen an die Abwicklungsfähigkeit im Rahmen der Abwicklungsplanung, Gz. FR 1841/00031#00002.

54 *BaFin*, Rundschreiben 10/2021 (BA) – Mindestanforderungen an das Risikomanagement (MaRisk) v. 16. 8. 2021, Gz. BA 54-FR 2210-2020/0001 unter AT 1 Nr. 2 und AT 2.1 Nr. 1.

55 Dazu krit. *Gurlit* (Fn. 52), S. 897 f.

56 § 89 Abs. 2 WpHG i. V. m. §§ 2, 6 Abs. 2 S. 2 der Verordnung über die Prüfung der Wertpapierdienstleistungsunternehmen nach § 89 des Wertpapierhandelsgesetzes (Wertpapierdienstleistungs-Prüfungsverordnung – WpDPV) v. 17. 1. 2018, BGBl. I 2018, S. 140; krit. dazu *Schlette/Bouchon*, in: Fuchs (Hrsg.), WpHG, 2. Aufl. 2016, § 36 Rn. 11; *Gurlit*, in: Assmann/Schneider/Mülbert (Fn. 2), § 89 WpHG Rn. 14.

57 *Hannemann/Weigl/Zaruk*, MaRisk-Kommentar, 6. Aufl. 2022: 2.500 Seiten in zwei Teilbänden; *Krimphove/Lüke*, MaRisk-Kommentar, 2022.

b) Auf europäischer Ebene

aa) Leitlinien und Empfehlungen der Aufsichtsagenturen

Auf europäischer Ebene sorgen die Leitlinien und Empfehlungen der europäischen Aufsichtsbehörden zuverlässig dafür, dass der Strom von für die Behörden und die Institute maßgeblichen Standards nicht versiegt. Während Leitlinien alle Behörden und alle Institute als Adressaten haben, wenden sich Empfehlungen an eine oder mehrere Behörden oder an ein oder mehrere Institute (Art. 16 Abs. 1 ESA-Verordnungen). Sie werden von den Agenturen regelmäßig vorab konsultiert (Art. 16 Abs. 2 ESA-Verordnungen). Der europäische Gesetzgeber war ursprünglich der Auffassung, Leitlinien und Empfehlungen könnten in allen Tätigkeitsfeldern erlassen werden, die nicht schon von rechtsverbindlichen technischen Regulierungs- oder Durchführungsstandards abgedeckt werden.[58] Im Schrifttum wurde teilweise eine über Art. 16 der Errichtungsverordnungen hinausgehende jeweils normspezifische Ermächtigung zum Erlass von Leitlinien und Empfehlungen gefordert.[59] Ein entsprechendes Gebot lässt sich zwar nicht eindeutig den kürzlich novellierten ESA-Verordnungen entnehmen;[60] tatsächlich enthalten aber neuere Finanzmarktverordnungen und -richtlinien in großer Zahl ausdrückliche Ermächtigungen für die Agenturen.[61]

Die Frage ist vor allem deshalb bedeutsam, weil die Leitlinien und Empfehlungen ungeachtet ihrer fehlenden Rechtsverbindlichkeit eine faktische Bindungswirkung zumindest für ihre behördlichen Adressaten entfalten. Denn sie sind mit einem sog. *comply or explain*-Mechanismus ausgestattet, der eine Abweichung begründungspflichtig macht (Art. 16 Abs. 3 Unter-

58 ErwGr. 26 EBA-VO und ESMA-VO, ErwGr. 25 EIOPA-VO.

59 Für ein entsprechendes Gebot *Michel* (Fn. 45), S. 238 f. Hingegen wird Art. 16 i. V. m. Art. 8 Abs. 2 lit. c) ESA-VO als ausreichende Ermächtigung angesehen von *Dickschen*, Empfehlungen und Leitlinien als Handlungsform der Europäischen Finanzaufsichtsbehörden, 2017, S. 189 ff. (192), *Wörner*, Rechtlich weiche Verhaltenssteuerungsformen Europäischer Agenturen als Bewährungsprobe der Rechtsunion, 2017, S. 139 ff., *Anzinger*, RdF 2018, S. 181 (185) und *Veil*, ZBB 2018, S. 151 (154).

60 Ausdrücklich normiert wurde allerdings die Bindung an höherrangiges Recht, *Gurlit* (Fn. 14), S. 106.

61 Für die Bankenaufsicht beispielhaft Art. 74 Abs. 3, 75 Abs. 2, 84 Abs. 6, 86 Abs. 3, 91 Abs. 12, 101 Abs. 5, 107 Abs. 3, 120 Abs. 4, 129 Abs. 3 CRD IV.

abs. 2 ESA-Verordnungen).[62] Auch veröffentlichen die Agenturen sog. *compliance tables*, die Aufschluss über die mitgliedstaatliche Befolgungsbereitschaft geben (Art. 16 Abs. 3 Unterabs. 3 ESA-Verordnungen).[63] Leitlinien und Empfehlungen werden von der BaFin regelmäßig durch Rundschreiben „umgesetzt".[64] Es finden sich allerdings auch Leitlinien und Empfehlungen, die von der BaFin nicht oder nicht vollständig übernommen wurden.[65]

bb) Questions and Answers (Q & As)

Als weiteres Instrument der Verhaltenssteuerung erlangen seit einigen Jahren die Fragen und Antworten (Q & As) der Aufsichtsagenturen zunehmende Relevanz. Mit ihnen beantwortet die Aufsichtsbehörde Fragen zur Auslegung europäischer Finanzmarktgesetze, die ihr von mitgliedstaatlichen Behörden, Finanzmarktteilnehmern oder Dritten gestellt wurden.[66] Die Q & As werden kontinuierlich veröffentlicht und haben den Charakter eines sich ständig fortentwickelnden Handbuchs. Mit der Reform der Errichtungsverordnungen wurde für die Q & As in Art. 16b ESA-Verordnungen im Jahr 2019 eine eigene Rechtsgrundlage geschaffen, die weitgehend die bisherige Praxis kodifiziert.[67]

Mangels Aufnahme in den Katalog der verbindlichen Rechtsakte in Art. 288 AEUV ist unumstritten, dass die Antworten der Agenturen keine Rechtsverbindlichkeit beanspruchen können.[68] Q & As bleiben in ihren Wirkungen aber auch hinter Leitlinien und Empfehlungen zurück. Denn sie lösen mangels eines *comply or explain*-Mechanismus keine Befassungs-

---

62 Zur zumindest faktischen Bindungswirkung *Sonder*, BKR 2012, S. 8 (9); *Michel*, DÖV 2011, S. 728 (732); *Gurlit* (Fn. 52), S. 876.

63 Aus jüngerer Zeit: *EBA*, Compliance Table on Guidelines on outsourcing arrangements (EBA/GL/2019/02) v. 8. 6. 2022.

64 *BaFin*, Rundschreiben 09/2021 zur Anwendung der EBA Leitlinien EBA/GL/2021/01, Gz. BA 52-FR 1903-2021/0001.

65 Siehe die Negativliste nicht übernommener Leitlinien auf der Webseite der BaFin.

66 Beispielhaft *ESMA*, Questions and Answers on the Market Abuse Regulation (MAR) (ESMA70-145-111), zuletzt aktualisiert am 23. 6. 2022.

67 Zu den rechtstatsächlichen Erscheinungsformen ausführlicher *Veil* (Fn. 59), S. 156 ff.

68 Siehe nunmehr auch ausdrücklich Art. 16b Abs. 2 Satz 1 ESA-Verordnungen; zuvor *Veil* (Fn. 59), S. 162 ff.; *Anzinger* (Fn. 59), S. 183.

pflicht aus,[69] werden regelmäßig nicht konsultiert[70] und müssen auch nicht in allen Amtssprachen veröffentlicht werden.[71] Deshalb ist unionsrechtlich weder eine (faktische) Bindung der nationalen Aufsichtsbehörden noch eine solche der Marktteilnehmer begründbar.[72] Gleichwohl sind nach deutschem Recht die Wirtschaftsprüfer verpflichtet, Abweichungen der Institute von den Q & As der Agenturen in ihrem Prüfungsbericht gesondert kenntlich zu machen, was wiederum für eine hohe Folgebereitschaft der Institute sorgt.[73]

IV. Anschlussfragen

Die *tour d'horizon* der Instrumente hat unterschiedliche Formen abstrakt-genereller Verhaltenssteuerung der Finanzmarktteilnehmer zutage gefördert. Sie provozieren zahlreiche Anschlussfragen, von denen nur einige schlaglichtartig beleuchtet werden sollen.

1. Veränderung der Funktionen administrativer Normsetzung

Richtet man den Blick auf die Funktionen, die der administrativen Normsetzung als Handlungsform der Verwaltung zugeschrieben werden, so ist im Finanzmarktrecht eine Funktionsverschiebung wahrzunehmen. Administrative Normsetzungen treten, so die gängige Wahrnehmung, als Schicht zwischen die gesetzlichen Entscheidungsprogramme und den Einzelvollzug. Sie konkretisieren und verdichten das Gesetz und stellen seine

---

69 Gleichwohl hat die BaFin auf ihrer Webseite eine Liste derjenigen Q & As eingestellt, die sie nicht beachten will.

70 Nach Art. 16b Abs. 4 ESA-Verordnungen kann der Rat der Aufseher mit einfacher Mehrheit beschließen, eine Konsultation durchzuführen oder eine Stellungnahme der Stakeholder Group nach Art. 37 ESA-Verordnungen einzuholen.

71 In Abweichung von der bisherigen Praxis, die allein eine Veröffentlichung in englischer Sprache kannte, muss nach Art. 16b Abs. 2 S. 2 ESA-Verordnungen zumindest in der Sprache geantwortet werden, in der die Frage gestellt wurde.

72 Überzeugend *Veil* (Fn. 59), S. 161 ff.

73 § 89 Abs. 2 WpHG i. V. m. §§ 2 Abs. 4, 6 Abs. 2 S. 2 WpDPV; krit. *Fett*, in: Schwark/Zimmer (Hrsg.), Kapitalmarktrechts-Kommentar, 5. Aufl. 2020, § 89 WpHG Rn. 11 ff.; *Knop/Siller*, in: Seibt/Buck-Heeb/Harnos (Hrsg.), BeckOK Wertpapierhandelsrecht, § 89 WpHG Rn. 16; *Gurlit* (Fn. 2), § 89 WpHG Rn. 14.

Vollzugsfähigkeit her.[74] Sie haben damit eine auf den behördlichen Einzelvollzug bezogene Funktion.

Im Finanzmarktaufsichtsrecht verdichten sich hingegen die normativen Anforderungen vom Gesetz bis zum Q & A in einer Weise, die in die Sphäre des Einzelvollzugs hineinragt und diesen – zugespitzt formuliert – nahezu entbehrlich macht.[75] Denn die schon aus sachlichen Gründen stark ausgebaute normative Steuerung der Institute[76] wird durch ein dichtes Netz von Detailregelungen ergänzt, das den Instituten auf nahezu jede auch institutsspezifische Rechtsfrage eine Antwort verschafft, wenn sie nur lange genug suchen.

Dabei können sich die Behörden weitgehend auf die Folgebereitschaft bzw. den Selbstvollzug der Institute verlassen. Denn auch für die nicht rechtsverbindlichen Standards wie die Rundschreiben der BaFin oder die Empfehlungen und Richtlinien der Aufsichtsagenturen werden durch arrondierende Vorgaben wie entsprechende Prüfpflichten für die Abschlussprüfer der Institute Anreize zur Rechtsbefolgung gesetzt.[77] Die Regeltreue wird im Finanzmarktaufsichtsrecht zusätzlich abgesichert durch ein ausgebautes repressives Instrumentarium,[78] das vom *Naming and Shaming*, d. h. der öffentlichen elektronischen Bekanntgabe von Rechtsverstößen und Bußgeldbescheiden, bis zu einem abschreckenden Bußgeldrahmen reicht.[79]

---

74 *Schmidt-Aßmann*, Das allgemeine Verwaltungsrecht als Ordnungsidee, 2. Aufl. 2006, Kap. 6 Rn. 82.

75 Zur Durchlässigkeit der Grenze zwischen abstrakt-genereller Verhaltenssteuerung und Einzelvollzug frühzeitig *Moloney*, EBOR 12 (2011), S. 41 (61).

76 Dazu oben II. 1.

77 Dazu schon oben III. 2. a) und b).

78 Das repressive Regime geht zurück auf die Mitteilung der Europäischen Kommission, Stärkung der Sanktionsregelungen im Finanzdienstleistungssektor v. 8. 12. 2010, KOM (2010) 716 endg.; siehe zur Entwicklung die Überblicke bei *von Buttlar*, BB 2014, S. 451 ff.; *dies*., EuZW 2020, S. 598 ff.; *Becker/Rodde*, ZBB 2016, S. 11 ff.; *Veil*, ZGR 2016, S. 305 ff.

79 Beispielhaft für das Bankenaufsichtsrecht §§ 60b bis d KWG betr. Naming and Shaming, §§ 56, 59 KWG betr. Bußgeld. Die Bußgeldtatbestände sind ganz überwiegend als Blanketttatbestände ausgestaltet und knüpfen als solche an unmittelbare Normverstöße an.

2. *Herausforderungen für die Handlungsformenlehre: Rechtsschutz und Rechtssicherheit*

Sieht man als wesentliches Anliegen der Handlungsformenlehre mit *Eberhard Schmidt-Aßmann* die in der Vertypung liegende Speicherfunktionen für Verfahren, Bestandskraft und Rechtsschutz,[80] so ist offensichtlich, dass einige der vorgestellten Instrumente zumindest aus der Sicht der deutschen Verwaltungsrechtsdogmatik Probleme aufwerfen.

a) Rechtsverbindliche Standards

Die von der BaFin als Instrument abstrakt-genereller Verhaltenssteuerung genutzten Verordnungen werfen keine spezifischen Rechtsschutzprobleme auf. Das Fehlen eines verwaltungsgerichtlichen prinzipalen Rechtsschutzes verweist allfällige Kläger ggf. auf eine Feststellungsklage.[81] Der prozessuale Umgang mit den von der Bundesanstalt erlassenen Allgemeinverfügungen (*sui generis*) erfordert jedoch einige Klimmzüge. Kommt nämlich der öffentlichen Bekanntgabe eine normgleiche zukunftsgerichtete Wirkung für zu diesem Zeitpunkt noch nicht existente Marktteilnehmer zu,[82] so werden diese nach den Regeln über die formelle Bestandskraft von Verwaltungsakten jedenfalls des Anfechtungsrechtsschutzes beraubt, soll nicht in Parallele zur Verkehrszeichen-Rechtsprechung der Lauf der Rechtsbehelfsfristen vom Zeitpunkt der Bekanntgabe entkoppelt werden.[83] Es bleibt dann nur die Möglichkeit, den Betroffenen einen Wiederaufgreifensanspruch i. w. S. zu geben.[84] Über dessen Effektivität wäre aber noch zu diskutieren.

---

80 *Schmidt-Aßmann*, DVBl. 1989, S. 533 ff.

81 Um damit zugleich die prozessualen Subsidiaritätsanforderungen für eine Verfassungsbeschwerde zu erfüllen; zu diesem Zusammenhang BVerwGE 111, 276; bestätigt durch BVerwG, NVwZ 2004, S. 473 ff.

82 Dazu oben III. 1. a).

83 BVerwGE 138, 21 Rn. 15 ff.: Verkehrszeichen werden zwar mit ihrer Aufstellung bekanntgegeben und als Verwaltungsakt wirksam, die Rechtsbehelfsfristen laufen jedoch individuell ab dem Zeitpunkt, zu dem ein Verkehrsteilnehmer erstmals mit der Regelung konfrontiert wird.

84 So der Vorschlag von *Stelkens* (Fn. 33), § 41 Rn. 140. Für Produktinterventionen verschafft Art. 42 Abs. 6 MiFIR eine entsprechende Möglichkeit, da bei Wegfall der Interventionsvoraussetzungen eine behördliche Widerrufspflicht besteht, s. auch *Gurlit* (Fn. 2), § 15 WpHG Rn. 28.

Die von den Europäischen Aufsichtsagenturen genutzten rechtsverbindlichen Instrumente – technische Regulierungs- und Durchführungsstandards und adressatenlose Beschlüsse – werden hingegen problemlos vom europäischen Rechtsschutzsystem erfasst. Sie können grundsätzlich Gegenstand einer Nichtigkeitsklage nach Art. 263 AEUV sein. Die Klage gegen Rechtsakte mit Verordnungscharakter i. S. v. Art. 263 Abs. 4 Var. 3 AEUV kann von denjenigen erhoben werden, die unmittelbar von diesen betroffen sind, ohne dass es zusätzlich einer individuellen Betroffenheit bedarf. Zu den davon erfassten Rechtsakte mit allgemeiner Geltung, die nicht im Gesetzgebungsverfahren gemäß Art. 289 Abs. 3 AEUV ergangen sind, gehören die von den Agenturen entworfenen Standards als delegierte Verordnungen und Durchführungsverordnungen der Kommission nach Art. 290, 291 AEUV ebenso wie adressatenlose Beschlüsse mit allgemeiner Geltung.[85]

b) Nicht rechtsverbindliche Standards

Nimmt man hingegen den Rechtsschutz gegen rechtlich nicht verbindliche Standards in den Blick, so bietet zwar das deutsche Rechtsschutzsystem mit der verwaltungsgerichtlichen Generalklausel umfassenden Rechtsschutz, der sich mittels der Leistungsklage prinzipal oder ggf. inzident auch gegen die Rundschreibenpraxis der BaFin richten kann; Rechtsschutzlücken bestehen allerdings auf europäischer Ebene. Soweit sich Leitlinien oder Empfehlungen der Agenturen nicht ausnahmsweise als „Verkleidung" einer tatsächlich rechtsverbindlichen Entscheidung darstellen,[86] ist die Hürde des Art. 263 AEUV, der den prinzipalen Rechtsschutz nur gegen Handlungen mit „verbindlicher Rechtswirkung gegenüber Dritten" eröffnet, nur schwer zu überwinden. Im Schrifttum wurde zwar teilweise den Leitlinien der ESAs im Lichte von Art. 47 GRCh und wegen der mit dem *comply or explain*-Mechanismus verbundenen Befassungs- und Berichtspflicht der mitgliedstaatlichen Behörden die von Art. 263 AEUV geforderte Rechtswirkung zugebilligt.[87] Der EuGH lehnte diese Sichtweise

85 EuGH, Rs. C-583/11P, ECLI:EU:C:2013:625 Rn. 50 ff. – Inuit Tapiriit Kanatami; ausf. *Cremer*, in: Calliess/Ruffert (Fn. 49), Art. 263 AEUV Rn. 62 ff.

86 Zum prinzipalen Rechtsschutz bei als Empfehlungen verkleideten Entscheidungen siehe EuGH, Rs. C-16/16P, ECLI:EU:C:2018:79 Rn. 29 ff. – Belgien/Kommission; *Wörner* (Fn. 59), S. 437 ff.; *Dickschen* (Fn. 59), S. 231 f.

87 In diesem Sinne etwa *Sonder*, BKR 2012, S. 8 (11); *Michel* (Fn. 45), S. 278; *Wörner* (Fn. 59), S. 432 ff.; *Dickschen* (Fn. 59), S. 229 f.

jedoch jüngst mit der Erwägung ab, der *comply or explain*-Mechanismus sei gerade Beleg für die Unverbindlichkeit.[88] Die Auffassung des Gerichtshofs dürfte auch für Empfehlungen und Q & As Geltung beanspruchen.[89] Betroffenen bleibt deshalb vornehmlich die Hoffnung, dass ein nationales Gericht bei Zweifeln an der Unionsrechtskonformität einer Leitlinie von seinem Vorlagerecht nach Art. 267 AEUV Gebrauch macht.[90] Für unmittelbar und individuell betroffene Personen von Handlungen nach Art. 16, 16b ESA-Verordnungen besteht darüber hinaus lediglich die Möglichkeit, von der Kommission eine begründete Stellungnahme einzuholen (Art. 60a ESA-Verordnungen). Die Kommission kann dann ggf. die Behörde zur Aufhebung der Maßnahme auffordern. Ein originärer Rechtsbehelf der Finanzmarktakteure unmittelbar gegenüber Leitlinien, Empfehlungen und Q & As der Agenturen bleibt damit rechtspolitisches Desiderat.[91]

c) Die Verflüssigung des Rechtsbestandes

Die administrative Normsetzung wird vielfach gepriesen, weil sie Flexibilität mit der Stabilisierung von Verhaltenserwartungen verbindet. Die Stabilisierungsfunktion gerät freilich schon durch die schiere Menge an für die Institute beachtlichen Standards unter Druck. Sie und in der Folge auch die Rechtssicherheit leiden zusätzlich, wenn zur Steuerung Instrumente wie Q & As eingesetzt werden, die laufend fortgeschrieben und verändert werden: Es kommt gewissermaßen zu einer Verflüssigung des Rechtsbestandes. Mit der Modularisierung des sog. Emittentenleitfadens[92] hat in jüngerer Zeit auch die BaFin zu einer Technik gegriffen, die ein einheitliches Regelwerk in sukzessive veröffentlichte Einzelteile zerlegt und

88 EuGH, Rs. C-911/19, ECLI:EU:C:2021:599 Rn. 41, 44 f. – FBC/ACPR.

89 Für Empfehlungen der ESAs i. S. v. Art. 17 Abs. 3 ESA-Verordnung EuGH, Rs. C-501/18, ECLI:EU:C:2021:249 Rn. 78 f. – BT/Balgarska Narodna Banka.

90 EuGH, Rs. C-501/18, ECLI:EU:C:2021:249 Rn. 82 – BT/Balgarska Narodna Banka; EuGH, Rs. C-911/19, ECLI:EU:C:2021:599 Rn. 52 ff. – FBF/ACPR; für eine entsprechende Anregung vor dem nationalen Gericht bedarf es insb. keiner unmittelbaren und individuellen Betroffenheit (ebd., Rn. 58 ff).

91 Für einen entsprechenden Ausbau von Art. 263 AEUV *Kaufhold*, Die Verwaltung 49 (2016), S. 339 (364).

92 Modul A und B der 5. Auflage des Leitfadens wurden im August und Oktober 2018 abgeschlossen und veröffentlicht, die Regelungen zum Marktmissbrauch in Modul C sind auf dem Stand von März 2020. Laut Einleitung soll durch die Modularisierung „die fortlaufende Aktualisierung und Erweiterung des Leitfadens flexibler gestaltet werden".

den Adressaten eine permanente Vergewisserung über die aufsichtlichen Erwartungen abverlangt.

3. *Regulierung und Aufsicht in einer Hand: Das Verwaltungsmodell der Finanzmarktaufsicht*

Meint die Finanzmarktaufsicht alle auf die Aufsichtsobjekte bezogenen konkreten Vollzugsmaßnahmen, so ist mit der Finanzmarktregulierung die normative Steuerung der Aufsicht angesprochen.[93] Dieses Verständnis entspricht auch europarechtlichen Begriffsprägungen, die kategorial zwischen Aufsicht (*supervision*) und Regulierung (*regulation*) des Finanzmarkts unterscheiden.[94] Ein wesentlicher Teil der Tätigkeit der Aufsichtsbehörden besteht indessen gerade darin, das maßgebliche Aufsichtsrecht selbst zu erzeugen. Entwicklungsgeschichtlich ist dabei festzuhalten, dass ein Trend zur normativen Selbstprogrammierung der Aufsicht insbesondere in Gestalt von Rundschreiben und Merkblättern das deutsche Finanzmarktrecht schon seit geraumer Zeit prägte und dem institutionellen Umbruch der europäischen Aufsichtsarchitektur in der Folge der Finanzmarktkrise weit vorauslag.

Allerdings trifft sich das Modell einer auch regulierenden, d. h. normsetzenden Finanzmarktaufsichtsbehörde mit europäischen Vorstellungen. Zwar lässt sich das Diktum des Gerichtshofs, der das deutsche Konzept der sog. normierenden Regulierung der Energiewirtschaft als Richtlinienverstoß qualifizierte und hierin zugleich eine Beeinträchtigung der geforderten Unabhängigkeit der Bundesnetzagentur sah,[95] nicht auf die BaFin übertragen. Denn die Regulierung der Netzwirtschaften ist von anderen Agenden getrieben als die im Kern gewerbepolizeilich ausgerichtete Finanzmarktaufsicht. Allerdings bildet die behördliche Teilhabe an der Entwicklung der normativen Aufsichtsmaßstäbe ein Teilelement einer stärkeren Verselbständigung der Aufsicht. Dem entspricht es, dass die Bundesanstalt im Rahmen ihrer Beteiligung am Einheitlichen Aufsichtsmechanismus (SSM) und am Einheitlichen Abwicklungsmechanismus (SRM) von Unionsrechts wegen weisungsunabhängig agiert und die in § 2 FinDAG vorgesehene ministerielle Fachaufsicht insoweit keine Anwendung finden

---

93 *Kohtamäki* (Fn. 23), S. 7 ff.; *Wymeersch*, ZGR 2011, S. 443 (448 ff.).

94 *De Larosière*-Report (Fn. 23), Rn. 38.

95 EuGH, Rs. C-718/18, ECLI:EU:C:2021:662 Rn. 103 ff.; zu Konsequenzen eines Verstoßes gegen die Weisungsunabhängigkeit der BNetzA im Telekommunikationssektor instruktiv BVerwG, MMR 2022, S. 323 Rn. 81 ff.

kann.[96] Neuere europäische Gesetzgebungsvorhaben zeigen überdies, dass das Modell einer politisch unabhängigen Finanzmarktaufsicht vorangetrieben wird.[97] Die damit verbundenen Legitimationsfragen verdienen indessen eine gesonderte Behandlung.[98]

96 Art. 19 Abs. 1 S. 2 SSM-Verordnung, Art. 47 Abs. 1 und 2 SRM-Verordnung; zur Verfassungsmäßigkeit der geforderten politischen Unabhängigkeit BVerfGE 151, 202 Rn. 219 ff., 278 ff. – Bankenunion.

97 Art. 4 Abs. 4 des Vorschlags der Kommission zur Änderung der CRD IV v. 27. 10. 2021, COM (2021) 663 final.

98 Siehe dazu schon *Jestaedt*, in: Kahl/Mager (Hrsg.), Verwaltungsaufgaben und Legitimation der Verwaltung, 2022, S. 183 ff.; *Mölls*, ebd., S. 199 ff.; *Schöndorf-Haubold*, ebd., S. 219 ff.

Selbstprogrammierung der Verwaltung

Annette Guckelberger

I. Einleitung

Die Bezeichnung der Verwaltung als vollziehende Gewalt in Art. 1 Abs. 3 GG und ihre Bindung an Gesetz und Recht gem. Art. 20 Abs. 3 GG deuten darauf hin, dass sie in erheblichem Maße zumindest auch eine vor allem durch den Gesetzgeber fremdgesteuerte Gewalt ist.[1] Insbesondere die Grundrechte und die Wesentlichkeitstheorie führten dazu, dass die Dichte der gesetzlichen Programmierung der Verwaltung im Laufe der Zeit gestiegen ist.[2] Ebenso verhält es sich mit der Anzahl der gesetzlichen Regelungen. So lag die Zahl der Bundesgesetze am 1. 1. 2010 laut einer Antwort der Bundesregierung unter Heranziehung der Bundesrechtsdatenbank bei 1.668 mit 43.085 Einzelnormen, zu Beginn des Jahres 2022 dagegen bei 1.773 Bundesgesetzen mit 50.738 Einzelnormen.[3] Entsprechend den Ausführungen des BVerfG in seiner Entscheidung zur Bundesnotbremse fällt die verfassungsrechtliche Aufgabe der Normsetzung nach dem Grundgesetz in erster Linie dem dafür demokratisch legitimierten Parlament zu, während „Entscheidungen aufgrund eines schlicht subsumierenden Normenvollzugs […] funktional typischerweise der Verwaltung vorbehalten [sind], die für diese Aufgabe den erforderlichen Verwaltungsapparat und Sachverstand besitzt".[4]

Auch wenn die Verwaltung somit fremdprogrammiert ist, bedeutet dies nicht, dass es in ihrem Bereich keine Selbstprogrammierung geben kann. Erklären lässt sich dies einerseits damit, dass die Verwaltung eine eigenständige Gewalt ist. Andererseits ist die Fähigkeit des Gesetzgebers, das Verwaltungshandeln durch die Vorgabe präziser Konditionalprogramme

1 *Mehde*, in: Kahl/Mager (Hrsg.), Verwaltungsrechtswissenschaft und Verwaltungsrechtspraxis, 2019, S. 147 (148); siehe auch *Cancik*, in: Herdegen/Masing/Poscher/Gärditz (Hrsg.), Handbuch des Verfassungsrechts, 2021, § 14 Rn. 41; *Hoffmann-Riem*, in: Hoffmann-Riem/Schmidt-Aßmann/Voßkuhle (Hrsg.), GVerwR, Bd. I, 2. Aufl. 2012, § 10 Rn. 3; *Rossen*, Vollzug und Verhandlung, 1999, S. 18.

2 *Cancik* (Fn. 1), § 14 Rn. 42.

3 Antwort Bundesregierung v. 15. 2. 2022, BT-Drs. 20/721, S. 2.

4 BVerfG, NJW 2022, S. 139 (146 Rn. 142).

punktgenau zu determinieren, begrenzt.[5] Unter anderem aus Gründen des Grundrechtsschutzes kann es geboten sein, angesichts sich schnell wandelnder Verhältnisse, aber auch der Komplexität bestimmter Entscheidungssituationen oder zur Ermöglichung der Herbeiführung von Einzelfallgerechtigkeit von einer vollständigen Determinierung der Verwaltung abzusehen.[6] Dementsprechend wird der Begriff der Selbstprogrammierung der Verwaltung schon seit längerer Zeit im Schrifttum gebraucht, etwa in den Referaten von *Scheuing* und *Hoffmann-Riem* auf der Staatsrechtslehrertagung im Jahr 1981.[7] Da es sich jedoch um keine feststehende Begrifflichkeit handelt, wird diese unterschiedlich verwendet. Aus diesem Anlass soll zunächst das Phänomen der Selbstprogrammierung erläutert werden, bevor in einem zweiten Schritt einige Instrumente der Selbstprogrammierung beleuchtet werden.

II. Selbstprogrammierung der Verwaltung

Der Gegenbegriff zur Selbstprogrammierung ist derjenige der Fremdprogrammierung, wobei diese in keinem Ausschließlichkeitsverhältnis stehen. In einer Verwaltungstätigkeit können gleichsam Elemente der Selbst- wie Fremdprogrammierung enthalten sein. Einen gemeinsamen Oberbegriff für beide bildet das Wort Programmierung.

1. Begriff der Programmierung in der Informatik

In der Wissenschaftsdisziplin der Informatik herrscht weitgehend Einigkeit über den Begriff der Programmierung. Dieser wird für die Erstellung eines Programms für einen Computer oder ähnliche Anlagen verwendet.[8]

---

5 *König*, Moderne öffentliche Verwaltung, 2008, S. 14; *Dreier*, Die Verwaltung 25 (1992), S. 137 (148 f.).

6 *König* (Fn. 5), S. 14; siehe auch *Hoffmann-Riem* (Fn. 1), § 10 Rn. 12.

7 *Hoffmann-Riem*, VVDStRL 40 (1982), S. 187 (190); *Scheuing*, VVDStRL 40 (1982), S. 153 (158): Verwaltungsvorschriften als formalisierte Eigenprogramme. Eingehend zur Programmierung *Rossen* (Fn. 1), S. 16 ff.

8 Siehe Duden, unter „programmieren“, https://www.duden.de/rechtschreibung/programmieren (zuletzt abgerufen am 5. 9. 2022); siehe auch *Schmidt*, in: Auer-Reinsdorff/Conrad (Hrsg.), Handbuch IT- und Datenschutzrecht, 3. Aufl. 2019, § 1 Rn. 147; nach *Pomberger*, Informatik Handbuch, 4. Aufl. 2006, S. 563 heißt Programmieren i. S. d. Informatik die Formulierung eines Lösungsverfahrens für eine Aufgabe, so dass es von einem Computer ausgeführt werden kann.

Herkömmlich wird das Wort Programmierung oder Programmieren für die Zusammenstellung einer Reihe von Computerbefehlen verwendet, damit ein Rechner oder IT-System zu einem bestimmten, gewollten Verhalten veranlasst wird.[9] Unter Programmierung in einem engeren Sinne versteht man das Umsetzen eines Algorithmus in eine Programmiersprache, damit er für einen Rechner ausführbar wird.[10] Daneben wird der Begriff der Programmierung in einem weiten Sinne verstanden, um auch alle sonstigen mit der Softwareerstellung verbundenen Tätigkeiten, somit also auch den gesamten Problemlösungsprozess, erfassen zu können.[11] Darunter werden mithin auch alle Tätigkeiten gefasst, derer es für die Programmerstellung bedarf.[12]

Wie man an der allgemeinen Regelung in § 35a VwVfG Bund erkennen kann, sind nach der Vorstellung des Gesetzgebers Bereiche möglich, in denen Verwaltungsakte vollständig durch automatische Einrichtungen erlassen werden. Bedient sich die Verwaltung für den Erlass bestimmter Verwaltungsakte (z. B. Rundfunkbeitragsbescheiden) solcher IT-Systeme, muss sie dafür sorgen, dass die von ihr eingesetzten Computer so programmiert sind, dass die zu erlassenden Verwaltungsakte mit Gesetz und Recht in Einklang stehen. Damit die Verwaltung dermaßen vollständig automatisierte Verwaltungsentscheidungen treffen kann, muss sie ihre IT-Systeme für den Gesetzesvollzug entsprechend programmieren. Da der Gesetzgeber regelmäßig nur die zu vollziehenden Rechtsvorschriften in natürlicher Sprache vorgibt, nimmt die Verwaltung in dieser Hinsicht eine eigenständige Tätigkeit vor, sodass man insoweit durchaus von Selbstprogrammierung der Verwaltung sprechen kann.[13] Die Programmierung kann dabei durch eigenes Personal der Verwaltung geschehen oder indem man die Software zwar von Dritten konzipieren lässt, die Planungsphase möglichst

---

9 *Theiling/Recjemnerh/Mössenbröck*, in: Hennecke/Skrotzki, HÜTTE – Das Ingenieurwissen, 35. Aufl. 2020, S. 1; siehe auch *Dworatschek*, Einführung in die Datenverarbeitung, 1969, S. 297.

10 *Müller/Weichert*, Vorkurs Informatik, 5. Aufl. 2017, S. 37; siehe auch *Guckelberger*, Öffentliche Verwaltung im Zeitalter der Digitalisierung, 2019, Rn. 406; *Schmidt* (Fn. 8), § 1 Rn. 147.

11 *Müller/Weichert* (Fn. 10), S. 37 Fn. 1; *Schmidt* (Fn. 8), § 1 Rn. 147. Im Übrigen wird die Tätigkeit der Programmierung typischerweise zu der des *Software Engineerings* abgrenzt, welches einem Programmieren im weiteren Sinne entspricht.

12 Siehe auch *Schmidt* (Fn. 8), § 1 Rn. 147.

13 Entsprechendes gilt, wenn z. B. nur einzelne Ausschnitte des vollziehenden Gesetzes automatisiert vollzogen werden. Siehe auch *Martini*, in: Voßkuhle/Eifert/Möllers (Hrsg.), GVerwR, Bd. II, 3. Aufl. 2022, § 33 Rn. 145 zur standardisierten und algorithmischen Steuerung durch teil- und vollautomatisierte Verfahren.

mit Verwaltungsfachwissen begleitet, sie jedenfalls aber erst nach ausreichender Prüfung und einer eigenständigen Freigabeentscheidung zu Verwaltungszwecken einsetzt. Werden die Programme nicht von Externen erstellt, wird dafür mancherorts der Begriff der Eigenprogrammierung verwendet.[14] Zu dem Gefährdungspotenzial dieser Art von Selbstprogrammierung gehört, dass der Gesetzesvollzug zu stark schematisierend erfolgt oder infolge einer inkorrekten Programmierung massenhaft fehlerhafte Entscheidungen getroffen werden.[15] Derartigen Gefahren ist durch Vorkehrungen im Vorfeld der Programmerstellung zu begegnen. Daher werden derartige Programme oftmals im Wege agilen Zusammenwirkens von Personen aus verschiedenen Wissenschaftsdisziplinen erstellt, ggf. auch unter Einbeziehung späterer Nutzer oder Betroffener.[16]

2. *Begriff der Selbstprogrammierung in der Verwaltungsrechtswissenschaft*

Wie in der Informatik kann man auch in der Verwaltungsrechtswissenschaft zwischen der Tätigkeit bzw. dem Verfahren der Programmierung und dem Ergebnis der Programmierung unterscheiden. Angesichts des großen Aufgabenspektrums der Verwaltung und vor dem Hintergrund, dass nur ein Bruchteil der Gesetze automatisiert vollzogen wird, liegt ein weitergehendes Begriffsverständnis der Selbst- und Fremdprogrammierung der Verwaltung nahe. Während im Schrifttum durchaus an der einen oder anderen Stelle von der Selbst- oder auch Eigenprogrammierung der Verwaltung die Rede ist,[17] ist die Trefferanzahl zu diesen Substantiven in den Rechtsprechungsdatenbanken minimal. Nur äußerst selten wird erläutert, wann eine Selbstprogrammierung der Verwaltung vorliegen soll. Da diese Begrifflichkeit aber je nach Kontext anders verstanden wird, ist eine Erläuterung dazu und zu dem anschließend zugrunde gelegten Bedeutungsgehalt unausweichlich.

Herkömmlich wird davon ausgegangen, dass sich abstrakt-generelle Rechtsetzung und Rechtsanwendung im Einzelfall, etwa durch den Erlass eines Verwaltungsakts oder Abschluss eines öffentlich-rechtlichen Vertra-

---

14 *Biermann/Wittiger*, VW 1986, S. 1308; *Heidiger*, CR 1986, S. 106 (109).

15 *Guckelberger* (Fn. 10), Rn. 488, 527.

16 *Guckelberger* (Fn. 10), Rn. 392, 565.

17 Siehe etwa *Hufen/Siegel*, Fehler im Verwaltungsverfahren, 7. Aufl. 2021, Rn. 161; eingehend zur Programmierung *Rossen* (Fn. 1), S. 16 ff.

ges, unterscheiden.[18] Zurückgehend auf *Merkl*[19] wird jedoch inzwischen vermehrt eine scharfe Entgegensetzung von Rechtsanwendung und Rechtsetzung verneint.[20] Daran anknüpfend beschreibt *Jestaedt* den Rechtsindividualisierungs- und -konkretisierungsprozess dahingehend, dass sowohl über formal und funktional als auch hierarchisch und legitimatorisch unterschiedliche Stufen aus abstrakt-generellen Rechtssätzen letztlich für den und im Einzelfall konkret-individuelle Rechtssätze hervorgebracht werden, mithin grundsätzlich auf jeder Stufe zugleich Recht gesetzt als auch angewendet wird.[21] Weil auch auf der Ebene der Rechtsanwendung Recht erzeugt wird, existiere auch dort eine dichotome Struktur zwischen Fremd- und Selbstprogrammierung, wenngleich sich das konkrete Mischungsverhältnis zwischen diesen beiden Programmierungsformen auf den einzelnen Stufen des Rechtsordnungsbaus unterscheidet.[22] Jeder Gesetzesanwendungsakt beinhaltet somit „zugleich einen – nach Art und Umfang freilich unterschiedlich ausfallenden – Akt administrativen Eigenrechts, sprich: eine verwaltungsautonome Programmierung".[23] Insbesondere wo der Verwaltung nach dem Gesetz ein Beurteilungsspielraum zusteht oder eine Ermessensentscheidung zu treffen ist, verfügt sie über die Befugnis zu einer gerichtlich nur eingeschränkt überprüfbaren Selbstprogrammierung, die sie entweder von Fall zu Fall oder abstrakt-generell wahrnehmen kann.[24]

Auch wenn diese Überlegungen durchaus einiges für sich haben, wird nachfolgend aus funktionalen Erwägungen ein engeres Begriffsverständnis zugrunde gelegt und soll die zum Erlass der abschließenden Entscheidung führende Rechtsanwendung im Einzelfall vom Begriff der Selbstprogrammierung ausgeklammert bleiben. So tut man sich bereits nach dem allgemeinen Sprachgebrauch schwer, im Erlass eines Verwaltungsakts oder in dem Abschluss eines öffentlich-rechtlichen Vertrages eine Selbstprogrammierung zu sehen. Auch in dem durch das Völker- und Unionsrecht über-

---

18 *Reimer*, Rechtstheorie, 2022, § 12 Rn. 3 ff.

19 *Merkl*, in: Merkl, Gesammelte Schriften, Bd. I/1, 1993, S. 232.

20 *Appel*, VVDStRL 67 (2008), S. 226 (256); *von Bogdandy*, Gubernative Rechtsetzung, 2000, S. 242; *Reimer* (Fn. 18), § 12 Rn. 12 und ebd., Rn. 8, wonach in der Rechtsanwendung das Gebrauchmachen von einer Ermächtigungsnorm zur Erzeugung einer neuen Rechtsnorm zu sehen ist.

21 *Jestaedt*, in: Ehlers/Pünder, Allgemeines Verwaltungsrecht, 15. Aufl. 2015, § 11 Rn. 8; siehe auch *Appel*, VVDStRL 67 (2008), S. 226 (256); *Hoffmann-Riem*, Innovation und Recht, 2016, S. 96; *Krebs*, VerwArch 70 (1979), S. 259 (268).

22 *Jestaedt* (Fn. 21), § 11 Rn. 9.

23 *Jestaedt* (Fn. 21), § 11 Rn. 9; siehe auch *Klafki*, Risiko und Recht, 2017, S. 79.

24 *Wendel*, Verwaltungsermessen als Mehrebenenproblem, 2019, S. 188 f.; siehe auch *Klafki* (Fn. 23), S. 78.

formten Umweltrecht wird in § 10 Abs. 2 S. 1 UIG zwischen Plänen und Programmen mit Bezug auf die Umwelt (Nr. 3) sowie Zulassungsentscheidungen und Umweltvereinbarungen (Nr. 5) und in § 2 UVPG ebenfalls zwischen Zulassungsentscheidungen (Abs. 6) auf der einen und Plänen und Programmen (Abs. 7) auf der anderen Seite differenziert. Vorliegend soll aber nicht an die im Umweltrecht gewählte Terminologie angeknüpft werden, sondern eine Annäherung über den allgemeinen Sprachgebrauch erfolgen. Dementsprechend soll der Begriff der Selbstprogrammierung in dem Sinne verstanden werden, dass die Verwaltung für sich Programmvorgaben entwickelt, die ihr anschließendes Verhalten (in Einzelfällen) steuern, etwa durch Vorgabe von Kriterien, wie das zu vollziehende Gesetzesprogramm auszuführen ist. Insoweit lässt sich eine Parallele zu den Computerprogrammen ziehen, die auf einer Vorstufe entwickelt werden, um sie sodann mehrfach zum Einsatz zu bringen. Auf dieser Linie liegen auch die Ausführungen von *Martini*,[25] wonach die exekutive Selbstprogrammierung als ein Scharnier zwischen externen, für die Verwaltung maßgeblichen Vorgaben, insbesondere der Verfassung und solchen des unmittelbar demokratisch legitimierten Gesetzgebers, und ihrer Umsetzung in nachfolgenden Verwaltungsentscheidungen zu begreifen ist.[26] Unter Zugrundelegung eines solchen Begriffsverständnisses spielt sich die Selbstprogrammierung der Verwaltung auf einer der einzelfallbezogenen Rechtsanwendung vorausgehenden Konkretisierungsebene ab, deren Ziel in der Erzeugung eines abstrakten Entscheidungsmaßstabs[27] bzw. eines entscheidungsübergreifenden Ordnungsrahmens[28] besteht.

Die Selbstprogrammierung erfolgt also auf einer abschichtenden und zugleich verbindenden Zwischenebene.[29] Dadurch rückt – so *Schmidt-Aßmann* – „die administrative Normsetzung als Form einer zwischen das parlamentarische Gesetz und den Einzelvollzug tretenden Konkretisierung und Selbstprogrammierung“ stärker in den Blick.[30] Denkbar ist es, den Begriff der Selbstprogrammierung äußerst weit zu verstehen, indem nicht

25 *Martini* (Fn. 13), § 33 Rn. 6.

26 Siehe hierzu *Martini* (Fn. 13), § 33 Rn. 6, der von einem Scharnier zwischen abstrakter gesetzlicher Steuerung und praktischem Vollzug spricht. Zur Umsetzung in weiteren Entscheidungen *Hoffmann-Riem*, VVDStRL 40 (1982), S. 187 (191).

27 *Jachmann*, Die Verwaltung 28 (1995), S. 17 (18).

28 *Wollenschläger*, Wissensgenerierung im Verfahren, 2009, S. 195.

29 *Martini* (Fn. 13), § 33 Rn. 6; *Rossen* (Fn. 1), S. 33 spricht von einer Zwischenschicht administrativer Normen auf mittlerer Abstraktionshöhe.

30 *Schmidt-Aßmann*, Das allgemeine Verwaltungsrecht als Ordnungsidee, 2. Aufl. 2004, Kap. 6 Rn. 139.

mehr auf die Gesetze als primäre Steuerungsquelle abgestellt wird, sondern nur noch auf die Urheber der zu erlassenden Programme.[31] Unter Selbstprogrammierung der Verwaltung würde dann die Erstellung übergreifender Maßstäbe bzw. abstrakt-genereller Regelungen durch die Verwaltung fallen, unabhängig davon, an wen diese adressiert sind. Gegen dieses weite Begriffsverständnis spricht jedoch, dass dadurch Aspekte der Fremdprogrammierung zu sehr vernachlässigt werden, aus denen sich etwa andere Anforderungen an die Bekanntmachung dieser Maßstäbe oder aber auch eine andere Ausbalancierung verschiedener konfligierender Belange ergeben können.

Im verwaltungsrechtswissenschaftlichen Schrifttum findet sich der Begriff der Selbstprogrammierung oft im Kontext der viel bekannteren und auch gebräuchlicheren Terminologie der Selbstbindung der Verwaltung.[32] Ist man um Abgrenzung bemüht, so lassen sich mit dem zuletzt genannten Terminus ggf. unter Zugrundelegung eines weiten Begriffsverständnisses[33] die Folgen der Selbstprogrammierung umschreiben. Dementsprechend vertrat auch *Hoffmann-Riem* in seinem Referat auf besagter Staatsrechtslehrertagung die Meinung, Selbstbindungen der Verwaltung könnten sich aus Selbstprogrammierungen der Verwaltungen kombiniert mit selbstgewählten oder oktroyierten Bindungswirkungen ergeben.[34] Dafür, dass eine Selbstprogrammierung mit einer gewissen Bindung einhergeht, spricht, dass das Verb „programmieren" nach dem allgemeinen Sprachgebrauch im Sinne von „sich von vornherein auf etwas festlegen" verstanden wird.[35]

---

31 Dazu *Siegel*, in: Stern/Sodan/Möstl (Hrsg.), Staatsrecht, Bd. 2, 2. Aufl. 2022, i. E., § 46 Rn. 36.

32 Siehe zur Selbstbindung *Guckelberger*, Allgemeines Verwaltungsrecht, 11. Aufl. 2022, i. E., § 27 Rn. 7; *Ossenbühl*, in: Isensee/Kirchhof (Hrsg.), HStR, Bd. 5, 3. Aufl. 2007, § 104 Rn. 61; *Sachs*, in: Stelkens/Bonk/Sachs (Hrsg.), VwVfG, 9. Aufl. 2018, § 40 Rn. 103 ff.; *Schmidt-Aßmann* (Fn. 30), Kap. 2 Rn. 14.

33 Dazu, dass die Selbstbindung normalerweise aus Art. 3 Abs. 1 GG entnommen wird, *Kluckert*, JuS 2019, S. 536 ff.; BVerfGE 116, 135 (153); dazu, dass daneben auch auf den Vertrauensschutz abgestellt wird, *Sachs* (Fn. 32), § 40 Rn. 83, 104; *Schönenbroicher*, in: Mann/Sennekamp/Uechtritz (Hrsg.), VwVfG, 2. Aufl. 2019, § 40 Rn. 248; *Schwarz*, in: Fehling/Kastner/Störmer (Hrsg.), Verwaltungsrecht, 5. Aufl. 2021, § 114 VwGO Rn. 25. Im Übrigen können sich Selbstbindungen auch aus Verwaltungsakten im Einzelfall, Zusicherungen (§ 38 Abs. 1 VwVfG) und Zusagen ergeben.

34 *Hoffmann-Riem*, VVDStRL 40 (1982), S. 187 (190). Nach *Ossenbühl* (Fn. 32), § 104 Rn. 61 bedeutet Selbstbindung der Verwaltung die Bindung an ein selbst gesetztes Entscheidungsprogramm im originären Funktionsbereich.

35 Dazu Duden, unter „programmieren", https://www.duden.de/rechtschreibung/programmieren (zuletzt abgerufen am 5. 9. 2022). Siehe auch *Rossen* (Fn. 1), S. 32,

Angesichts dessen, dass es verschiedene Instrumente der Selbstprogrammierung gibt, ist es durchaus möglich, dass die damit verbundene Selbstbindung, je nachdem, welches Instrument der Selbstprogrammierung sich die Verwaltung bedient, unterschiedlich ausfallen kann.

Demzufolge wird hier mit Selbstprogrammierung der Verwaltung die eigenständige Entwicklung von und die Festlegung auf Vorgaben oder Kriterien für das Handeln oder Entscheiden der Verwaltung verstanden,[36] die noch der Umsetzung durch eine weitere Entscheidung bedürfen.[37] Motiv des Programmierens ist es auch, sich an diesen Vorgaben bzw. Kriterien messen und festhalten zu lassen. Dies darf aber keinesfalls dahingehend missverstanden werden, dass dadurch eine Änderung oder gar Aufhebung der Selbstprogrammierung ausgeschlossen ist.[38]

3. *Verwaltung als Bezugspunkt der Selbstprogrammierung*

Aus verfassungsrechtlicher Perspektive wird seit langem zwischen zwei Erscheinungsformen der Exekutive unterschieden,[39] nämlich der für die politische Gestaltung zuständigen, parlamentarisch verantwortlichen Regierung,[40] die als Gubernative bezeichnet wird,[41] und der Verwaltung im engeren Sinne,[42] zu deren Tätigkeit u. a. die Vollziehung der Gesetze gehört.[43] Die Gubernative unterscheidet sich von der Verwaltung durch ihre

---

welcher zwischen Programmierung, Programmbindung und Vollzugsentscheidung unterscheidet.

36 Nach *Ossenbühl* (Fn. 32), § 104 Rn. 61 werden mit einem Programm die Maßstäbe umrissen.

37 *Junk*, Die Rolle des Verwaltungsverfahrens in Deutschland und England, 2012, S. 182 will unter Selbstprogrammierung eine eigene Art der Normsetzung innerhalb eines gesetzlichen Rahmens verstehen, die nicht nur der Nachvollziehung gesetzgeberisch vorgeformter Entscheidungen, sondern auch der zukunftsorientierten Strukturierung exekutiver Entscheidungen dient.

38 Zu derartigen Modifikationen und Abweichungen *Ossenbühl* (Fn. 32), § 104 Rn. 61 f.

39 Eingehend dazu *Mehde*, in: Kahl/Ludwigs (Hrsg.), HVwR, Bd. 3, 2022, § 82 Rn. 1 ff. 16 ff.

40 BVerfGE 93, 37 (67); *Kirchhof*, in: Dürig/Herzog/Scholz (Begr./Hrsg.), GG, 95. EL Juli 2021, Art. 83 Rn. 57; *Schönenbroicher* (Fn. 33), § 1 Rn. 37.

41 *Gröpl*, Staatsrecht I, 13. Aufl. 2021, Rn. 1241; *Kirchhof* (Fn. 40), Art. 83 Rn. 57; *Schönenbroicher* (Fn. 33), § 1 Rn. 37.

42 ThürVerfGH, DÖV 2021, S. 841 (846); *Kirchhof* (Fn. 40), Art. 83 Rn. 57.

43 *Gröpl* (Fn. 41), Rn. 1243; *Schönenbroicher* (Fn. 33), § 1 Rn. 37.

schöpferische, gestaltende Tätigkeit mit dem Ziel der Staatsleitung,[44] wozu auch die Wahrnehmung politischer Leitungsaufgaben, das Treffen richtungsweisender Entscheidungen (gesellschafts-)politischer Art, aber auch die Gesetzesvorbereitung gehören.[45] Demgegenüber stellt die administrative Rechtsetzung in Gestalt untergesetzlicher Rechtsnormen eine klassische Form des Verwaltungshandelns auf einer der Gesetzgebung nachgelagerten Ebene dar.[46] Da aber auch die Regierung Entscheidungen verwaltender Art treffen kann,[47] bereitet die Abgrenzung zwischen den beiden Erscheinungsformen der Exekutive bis heute Probleme.[48]

Streitig ist unter anderem, ob Regierungsakte in Gestalt staatsleitender Hoheitsakte justiziabel sind.[49] Zunehmend zeichnet sich die Tendenz ab, dies aufgrund der Rechtsschutzgarantie des Art. 19 Abs. 4 S. 1 GG grundsätzlich zu bejahen, der besonderen Art der Tätigkeit aber durch die Einräumung gerichtlich nicht nachprüfbarer Entscheidungsspielräume Rechnung zu tragen.[50] Im Jahre 2019 kam das VG Berlin zu dem Ergebnis, dass den Klägern die Klagebefugnis in Bezug auf das Aktionsprogramm der Bundesregierung Klimaschutz 2020 fehlt, denn als bloß rechtspolitische Absichtserklärung enthalte es keine rechtsverbindliche Regelung mit Außenwirkung.[51] Es sei aufgrund eines bloßen Kabinettsbeschlusses gefasst worden, der nur die Mitglieder der Bundesregierung berechtigt und verpflichtet.[52] Auch wenn es sich dabei um ein Aktionsprogramm handle, gebe es keinerlei Hinweise auf die Rechtsverbindlichkeit dieses, in einer bunten Broschüre veröffentlichten, spezifischen Maßnahmen vorgelagerten Kabinettsbeschlusses.[53] Inzwischen hat jedoch der Bundesgesetzgeber in § 9 KSG der Bundesregierung klare Vorgaben zum Zeitpunkt, Verfahren

---

44 *Gröpl* (Fn. 41), Rn. 1241; *Schönenbroicher* (Fn. 33), § 1 Rn. 38.

45 *Gröpl* (Fn. 41), Rn. 1241 f.; siehe auch *Kirchhof* (Fn. 40), Art. 83 Rn. 59.

46 *Schoch*, IFG, 2. Aufl. 2016, § 1 Rn. 123; zur nachgelagerten Tätigkeit auf der Zeitachse *Rossen* (Fn. 1), S. 42.

47 Dazu *Schoch*, in: Schoch/Schneider (Hrsg.), Verwaltungsrecht, 1. EL August 2021, § 1 VwVfG Rn. 66.

48 *Schönenbroicher* (Fn. 33), § 1 Rn. 38.

49 Verneinend *Klein*, VVDStRL 67 (2007), S. 120; *Schneider*, Gerichtsfreie Hoheitsakte, 1951, S. 39 ff.; bejahend hingegen, wenn auch teilweise mit eingeschränkter Kontrolldichte, etwa *Schmidt-Aßmann*, in: Dürig/Herzog/Scholz (Fn. 40), Art. 19 Abs. 4 GG Rn. 81 f. m. w. N.; *Jarass*, in: Jarass/Pieroth, GG, 16. Aufl. 2020, Art. 19 GG Rn. 43.

50 VG Berlin, NVwZ 2020, S. 1289 (1290 Rn. 42).

51 VG Berlin, NVwZ 2020, S. 1289 (1291 Rn. 51 ff.).

52 VG Berlin, NVwZ 2020, S. 1289 (1291 Rn. 52).

53 VG Berlin, NVwZ 2020, S. 1289 (1291 Rn. 53 f.).

und Inhalt der von ihr zu erlassenden Klimaschutzprogramme gemacht. Auch wenn ein so erlassenes Klimaschutzprogramm mangels gesetzlicher Anordnung keine unmittelbare Bindungswirkung etwa für andere Planungen zeitigt, stellt es sich als ein verhaltenslenkendes Steuerungsinstrument dar, das zu einer Bindung der Bundesregierung führt, mit einer Informations- und Transparenzfunktion verbunden und nach Maßgabe des § 1 Abs. 1 S. 1 Nr. 4 lit. a UmwRG umweltrechtsbehelfsfähig ist.[54] Je nachdem, ob es zur Umsetzung seiner Maßnahmen erst noch der Einleitung eines Gesetzgebungsverfahrens bedarf oder die Exekutive ohne Weiteres Umsetzungsmaßnahmen ergreifen kann, vereint ein Klimaschutzprogramm Elemente, die sich auf das Policy-Making sowie die der Gesetzgebung nachgelagerte Programmierung beziehen.[55]

Alles in allem zeigt sich, dass nicht nur das der operativen Ebene zugehörige einzelfallorientierte Tätigwerden der Verwaltung, sondern ebenso das Handeln der oberen Ebene der Exekutive auf bestimmte programmatische Leitlinien angewiesen sein kann.[56] Außerdem lässt ein Blick auf Art. 80 Abs. 1 GG den Schluss zu, dass Rechtsetzungsmacht nicht nur auf die Bundesregierung oder ihre Mitglieder oder die Landesregierungen übertragen, sondern nach Maßgabe des Art. 80 Abs. 1 S. 4 GG auch eine Weiterdelegation erfolgen darf.[57] Daher soll nachfolgend der Begriff der Verwaltung in einem weiten Sinne verstanden werden. Damit geht u. a. der Vorteil einer besseren Anschlussfähigkeit an die Unionsebene und das Unionsrecht einher. Deshalb soll hier auch die gubernative Rechtsetzung, also der Erlass von Rechtsverordnungen der Bundes- und Landesregierungen, unter dem Blickwinkel der Selbstprogrammierung beleuchtet werden.[58] Da diese beim Gebrauch einer Ermächtigung zum Erlass einer Rechtsverordnung oder speziell die Bundesregierung beim Erlass eines Klimaschutzprogramms nach § 9 Abs. 1 KSG dabei gem. Art. 20 Abs. 3 GG an die gesetzlichen Vorgaben gebunden sind und diese umzusetzen haben, lässt sich durchaus von einer im weiten Sinne verstandenen „vollziehenden“ Tätigkeit sprechen, auch wenn sich die gubernative Rechtsetzung durch eine größere Gestaltungsfreiheit oder ein anders geartetes Genese-

---

54 Siehe nur *Guckelberger*, in: Fellenberg/Guckelberger (Hrsg.), Klimaschutzrecht, 2022, § 9 KSG Rn. 24 ff.

55 Ohne Bezug zum Klimaschutzprogramm, aber zu dieser Differenzierung der Programmierung auf der Zeitachse *Rossen* (Fn. 1), S. 32 f.

56 *Martini* (Fn. 13), § 33 Rn. 1.

57 *Mehde* (Fn. 39), § 82 Rn. 20.

58 So auch *Stelkens*, VVDStRL 71 (2011), S. 369 (371).

verfahren von anderen Formen der Selbstprogrammierung der Verwaltung unterscheidet.[59]

4. *Selbst- versus Fremdprogrammierung*

Wie bereits in der Einleitung deutlich wurde, ist die Verwaltung gem. Art. 20 Abs. 3 GG an Gesetz und Recht gebunden. Es handelt sich dabei um externe Vorgaben, über die sie nicht disponieren kann. Will sie etwa eine Rechtsverordnung erlassen, bedarf sie hierfür einer Verordnungsermächtigung. Nach Art. 80 Abs. 1 S. 2 GG und den vergleichbaren Regelungen auf Landesebene müssen Inhalt, Zweck und Ausmaß der erteilten Ermächtigung zum Erlass einer Rechtsverordnung im Gesetz bestimmt werden (sog. Schrankentrias). In den Worten des BVerfG soll der unmittelbar demokratisch legitimierte Gesetzgeber „die Grenzen der übertragenen Kompetenzen bedenken und diese nach Tendenz und *Programm* so genau umreißen, dass schon aus der Ermächtigung selbst erkennbar und vorhersehbar ist, was dem Bürger gegenüber zulässig sein soll",[60] bzw. „der ermächtigten Stelle darüber hinaus ein ‚*Programm*' an die Hand geben, das mit der Ermächtigung verwirklicht werden soll".[61] Macht der Gesetzgeber der Verwaltung Vorgaben dazu, was sie tun darf bzw. soll und/oder wie sie sich etwa beim Gesetzesvollzug zu verhalten hat, lässt sich dies in Abgrenzung zur Selbstprogrammierung als Fremdprogrammierung umschreiben. Denn auf diese Weise werden Vorgaben aufgestellt, die einen Anderen, namentlich eine andere Gewalt, betreffen.[62] Rechtsverordnungen werden deshalb auch im Schrifttum als „delegierte Fremdprogrammierungen" bezeichnet.[63]

Ausgehend vom allgemeinen Sprachgebrauch bezieht sich die Selbstprogrammierung auf denjenigen, der die Programmierung selbst vornimmt und diese auf seinen Bereich bezieht. Durch die Verwendung

59 *Martini* (Fn. 13), § 33 Rn. 12 f.; dazu, dass es sich beim Erlass einer Rechtsverordnung nicht bloß um einen Nachvollzug gesetzlich vorprogrammierter Entscheidungen handelt, OVG Münster, NWVBl. 1996, S. 149 (150); siehe weiter auch *Schmidt-Aßmann* (Fn. 30), Kap. 2 Rn. 84.

60 BVerfGE 150, 1 (100 Rn. 201) (Hervorhebung durch die Verf.).

61 BVerfGE 150, 1 (101 Rn. 202) (Hervorhebung durch die Verf.).

62 Dazu, dass das Design der Fremdprogrammierung der Verwaltung keineswegs vollständig der Disposition des Gesetzgebers unterliegt, *Rossen* (Fn. 1), S. 19.

63 *Dreier*, Hierarchische Verwaltung im demokratischen Staat, 1991, S. 178. Siehe auch *Saurer*, Die Funktionen der Rechtsverordnung, 2005, S. 305 ff.

der Vorsilbe „selbst“ wird zum Ausdruck gebracht, dass sich nur die Verwaltung und somit niemand anderes für die Festlegung der Vorgaben verantwortlich zeichnet. Selbstprogrammierungen der Verwaltung finden insbesondere dort statt, wo es um den Eigenbereich der Verwaltung geht. Exemplarisch sei dafür der Erlass organisatorischer Regelungen genannt, etwa von Standards für die ordnungsgemäße Aktenführung.[64] Erlässt die Verwaltung aufgrund einer gesetzlichen Ermächtigung eine Rechtsverordnung, in der sie hinsichtlich der Rechtsstellung von Bürgern oder Unternehmen konkretisierende Regelungen trifft, erscheint die Annahme einer Selbstprogrammierung der Verwaltung auf den ersten Blick kontraintuitiv. Bei genauerer Betrachtung können derartige Festlegungen aber gleichwohl auch für das Verhalten der Behörden Relevanz erlangen, indem sie etwa für Entscheidungen über beantragte Genehmigungen oder ein behördliches Einschreiten wegen Verstoßes gegen die Vorgaben in der Rechtsverordnung von zentraler Bedeutung sind. So enthält z. B. die Verordnung zur Regelung des Betriebs von Kraftfahrzeugen mit automatisierter und autonomer Fahrfunktion Regelungen zum Antrag auf Erteilung einer Betriebserlaubnis oder Festlegung eines Betriebsbereichs und zu den Genehmigungsmaßstäben, die sowohl für den Antragsteller als auch die Verwaltung gleichermaßen bedeutsam sind. Da die Verwaltung innerhalb des vom Gesetzgeber gezogenen Programms dazu ermächtigt ist, eigenständige Festlegungen zu treffen, beinhaltet der Erlass einer solchen Verordnung neben Elementen der Fremdprogrammierung von Bürgern oder Unternehmen ebenfalls eine Selbstprogrammierung der Verwaltung. Im Hinblick auf die vielfältigen Wechselbezüglichkeiten leuchtet es durchaus ein, dass eine Programmierung eine Selbst- und zugleich Fremdprogrammierung sein kann.[65]

Die durch den Gesetzgeber fremdprogrammierte Verwaltung kann also gleichzeitig ihren Bereich betreffende Festlegungen setzen, die sich dann wiederum für andere als Fremdprogrammierung darstellen. So sah das OVG Bremen in dem Umstand, dass die festlegenden Aussagen in einer Verwaltungsvorschrift nicht durchgängig ausdrücklich als Anordnungen an die mit der Angelegenheit befassten nachgeordneten Stellen formuliert wurden, keinen Grund für die Infragestellung des Charakters des gesamten Regelwerks „als nach innen gerichtete Eigenprogrammierung des Ver-

64 Siehe zur ordnungsgemäßen Aktenführung, aber ohne Bezug zur Selbstprogrammierung, etwa *Schoch* (Fn. 46), § 2 Rn. 41 ff.

65 So auch bezogen auf die Rechtsanwendung im Einzelfall *Jestaedt* (Fn. 21), § 11 Rn. 9.

waltungshandelns".[66] Für die Annahme einer Selbstprogrammierung der Verwaltung reicht es also aus, wenn die von ihr getroffenen Festlegungen auch in ihrem Bereich Relevanz erlangen.

5. Umfang der Selbstprogrammierung der Verwaltung

Weil die Verwaltung an Gesetz und Recht gebunden ist (Art. 20 Abs. 3 GG), bleibt ihr nur innerhalb dieser Grenzen Raum zur Selbstprogrammierung. Im Bereich der sog. gesetzesfreien Verwaltung verfügt die Verwaltung daher über eher weite Möglichkeiten zur Selbstprogrammierung, während die sog. gesetzesakzessorisch handelnde Verwaltung durch Vorgaben des Gesetzgebers stärker eingeschränkt ist.[67] Auch wenn die Aussage, dass der Vorbehalt des Gesetzes das erforderliche Maß an Fremdprogrammierung der Verwaltung regelt,[68] in die richtige Richtung weist, darf der Gesetzgeber ihr gegenüber mehr Vorgaben machen, als dies nach dem Vorbehalt des Gesetzes geboten ist.[69] Unter Beachtung seiner Bindung an das Grundgesetz, insbesondere die Grundrechte, aber etwa auch den Gewaltenteilungsgrundsatz, kann er das Verhalten und die Entscheidungen der Verwaltung mehr oder weniger stark determinieren.[70]

Eröffnen die von der Verwaltung zu vollziehenden Rechtsnormen ihr etwa auf Tatbestandsseite einen Beurteilungsspielraum oder auf der Rechtsfolgenseite ein Ermessen, kann es sich aus Gründen der gleichmäßigen Rechtsanwendung anbieten, allgemeine Festlegungen für das behördliche Vorgehen zu treffen. Denn gerade dort, wo die Verwaltung über Freiräume verfügt, eröffnet sich die Möglichkeit für eigenständige Festlegungen hinsichtlich ihres Verhaltens.

Dies darf aber nicht dahingehend missverstanden werden, dass bei gebundenen Verwaltungsentscheidungen eine Selbstprogrammierung der Verwaltung von vornherein ausscheiden müsste.[71] Auch hier gibt es Be-

---

66 OVG Bremen, Urt. v. 6.7.2016 – 2 D 34/12 – juris, Rn. 29; siehe auch schon VGH Mannheim, Beschl. v. 30.6.1992 – 4 S 1213/90 – juris, Rn. 40.

67 Siehe zur Unterscheidung zwischen gesetzesfreier und gesetzesakzessorischer Verwaltung am Beispiel von Subventionen *Kluckert* (Fn. 33), S. 536.

68 *Jestaedt* (Fn. 21), § 11 Rn. 34.

69 Siehe nur BVerwG, NVwZ 2021, S. 1608 (1611).

70 BVerwG, Beschl. v. 6.11.2020 – 6 B 31/20 – juris, Rn. 34.

71 In diese Richtung aber möglicherweise OVG Münster, NWVBl 1996, S. 149 (150 f.), das die administrative Selbstprogrammierung beim Erlass einer Rechtsverordnung vom bloßen Nachvollzug gesetzlich vorgeformter Entscheidungen unterscheidet.

reiche, etwa bei der Sachverhaltsermittlung, bei denen sie über Freiräume verfügt.[72] Andererseits werden seit langem in norminterpretierenden Verwaltungsvorschriften Festlegungen zur engen oder weiten Auslegung eines in einer Rechtsvorschrift enthaltenen unbestimmten Rechtsbegriffs getroffen. Weil der Verwaltung der erste Zugriff in Bezug auf die Normauslegung zukommt[73] und gerade bei verschiedenen in Betracht kommenden Auslegungsweisen eines unbestimmten Rechtsbegriffs ein Bedarf für eine einheitliche Auslegung besteht, stellt der Erlass norminterpretierender Verwaltungsvorschriften in der Praxis keine Seltenheit dar. Sie dienen der Vollzugsfähigkeit der Gesetze durch die Verwaltung. Da nach der Rechtsordnung aber die Judikative über die letztverbindliche Auslegung unbestimmter Rechtsbegriffe entscheidet,[74] kann dies zur Folge haben, dass die Verwaltung ihre Programmierung entsprechend der Auslegung des Rechtsbegriffs durch die Gerichte nachjustieren muss.

Zusammenfassend lässt sich also festhalten, dass je nach der vom Gesetzgeber gewählten Regelungstechnik und -dichte den Verwaltungen größere oder kleinere Freiräume für eigenständige Selbstprogrammierungen verbleiben.[75] In Bereichen, in denen die Verwaltung wenig(er) durch den Gesetzgeber determiniert und auch die Gerichtskontrolle stark zurückgeführt ist, etwa bei Beurteilungsspielräumen und/oder den seltenen Fällen aufgrund Unionsrechts unabhängiger Behörden, vergrößert sich der Raum für verwaltungsautonome Selbstprogrammierungen.[76] Aber auch im Bereich gebundenen Verwaltungshandelns kann es durchaus sinnvoll sein, den Behördenbediensteten durch den Erlass norminterpretierender Verwaltungsvorschriften den Gesetzesvollzug zu erleichtern. Ob von dieser Möglichkeit Gebrauch gemacht wird, dürfte stark von den zu vollziehenden Rechtsvorschriften abhängen. Selbstprogrammierungen der Verwaltung liegen dort nahe, wo es an einer hinreichenden Steuerung der Verwaltung durch ein Gesetz fehlt[77] oder ein Konkretisierungsbedarf besteht, bevor Einzelfallentscheidungen getroffen werden. Sind zum Beispiel die zu vollziehenden Rechtsvorschriften klar und präzise gefasst und keine Probleme beim Normvollzug zu erwarten, dürfte sich eine Selbstprogrammierung in Gestalt norminterpretierender Verwaltungsvorschriften

---

72 *Mehde* (Fn. 1), S. 171.
73 *Mehde* (Fn. 1), S. 165; *Ossenbühl* (Fn. 32), § 104 Rn. 78.
74 BVerfGE 129, 1 (21 f.); *Guckelberger* (Fn. 32), § 14 Rn. 27 f.
75 *Jestaedt* (Fn. 21), § 11 Rn. 7.
76 In diese Richtung auch *Klafki* (Fn. 23), S. 78.
77 *Stelkens* (Fn. 58), S. 380.

erübrigen.[78] Da Verwaltungsvorschriften das Handeln der Verwaltung generalisierend steuern sollen,[79] sind sie nur dort sinnvoll, wo sich Generalisierungen vornehmen lassen. Je einmaliger der konkrete Sachverhalt ist und je vielfältiger die Entscheidungskriterien samt zu berücksichtigender Interessen sind, desto schwieriger und auch unwahrscheinlicher stuft *Hoffmann-Riem* derartige generelle Selbstprogrammierungen ein.[80]

6. *Bereiche der Selbstprogrammierung*

Der Verwaltung stehen diverse Instrumente der Selbstprogrammierung zur Verfügung. Je nach Einsatzbereich, aber auch dem Ausmaß der Fremdprogrammierung divergieren die Instrumente der Selbstprogrammierung. Diese können den Gesetzesvollzug in materiell-sachlicher Hinsicht betreffen. So kann die Verwaltung durch den Erlass von Rechtsverordnungen materiell-rechtliche Vorgaben in einem Gesetz konkretisieren, etwa aufgrund der Ermächtigung in § 7 Abs. 1 Nrn. 1, 2 BImSchG zur Erfüllung der sich aus § 5 BImSchG ergebenden Pflichten, bestimmte Anforderungen an genehmigungsbedürftige Anlagen aufzustellen. Ein Paradebeispiel für einen Bereich, in dem es oft an detaillierteren gesetzlichen Vorgaben fehlt, ist das Zuwendungsrecht.[81] Häufig werden Gelder im Haushaltsplan nur für einen oft vage umrissenen Zuwendungszweck ausgewiesen[82] und auch die Vorgaben an die Gewährung von Zuwendungen sind in den §§ 23, 44 BHO sehr allgemein gehalten. Soweit der Gesetzgeber keine weitergehenden Fremdprogrammierungen trifft, überlässt er es der Verwaltung, durch die selbstständige Aufstellung von Förderrichtlinien die materiellen und verfahrensbezogenen Voraussetzungen für die Vergabe von Zuwendungen festzulegen, um so eine gleichmäßige Zuwendungsvergabe sicherzustellen.[83]

---

78 Siehe auch *Krebs*, VerwArch 70 (1979), S. 259 (268). Unter solchen Gegebenheiten liegt jedoch ein Vollzug der Gesetze durch IT-Programme der Verwaltung nahe, siehe dazu näher *Guckelberger* (Fn. 10), Rn. 432 ff.

79 *Krebs*, VerwArch 70 (1979), S. 259 (265).

80 *Hoffmann-Riem*, VVDStRL 40 (1982), S. 187 (202).

81 Als weiteres Beispiel benennt *Hegenbarth*, JbRSoz 7 (1980), S. 130 (134) das Schulrecht; siehe zur verhältnismäßig geringen Determinierung im Bereich des Schulwesens auch *Boysen*, in: von Münch/Kunig (Hrsg.), GG, Bd. 1, 7. Aufl. 2021, Art. 7 Rn. 28 f.

82 *Kluckert* (Fn. 33), S. 536.

83 Siehe nur *Kluckert* (Fn. 33), S. 536.

Oftmals werden materiell-rechtliche Vorgaben durch Selbstprogrammierungen zum verfahrensgemäßen Vollzug ergänzt. Im föderalen Bundesstaat kommt der Vereinheitlichung und Rationalisierung des Verwaltungsvollzugs eine nicht zu unterschätzende Bedeutung zu.[84] Nicht zu vernachlässigen sind ferner Vorgaben zur Gestaltung binnenorganisatorischer Strukturen oder auch zum Personaleinsatz.[85] Als Beispiel für organisationsrechtliche Programmierungen von erheblicher Tragweite sei etwa § 28 Abs. 3 S. 1 TEHG genannt, welcher das Bundesministerium für Umwelt, Naturschutz, nukleare Sicherheit und Verbraucherschutz (BMU) dazu ermächtigt, eine juristische Person des Privatrechts mit der Wahrnehmung aller oder eines Teils der Aufgaben des BMU und den hierfür erforderlichen Befugnissen zu beleihen. Bereits aus der Erkenntnis, dass Handlungsweisen, Ressourcen, Verfahren und Organisationszusammenhänge für die Funktionsfähigkeit der Verwaltung von entscheidender Bedeutung sind,[86] erhellt sich die Gebotenheit diesbezüglicher Selbstprogrammierungen.

7. *Instrumentenvielfalt*

Im Hinblick auf die Vielgestaltigkeit der Einsatzfelder, aber auch des unterschiedlichen Ausmaßes der Fremdprogrammierung der Verwaltung stehen ihr diverse Instrumente der Selbstprogrammierung zur Verfügung.[87] Diese lassen sich in formale und informale Instrumente unterteilen.[88] Zu den formalen Handlungsformen werden dabei Rechtsverordnungen und Satzungen, sowie die Verwaltungsvorschriften gezählt.[89] Darüber hinaus gibt es aber auch informale Mechanismen für die Ordnung, Gestaltung und Programmierung des eigenen Bereichs, wie z.B. organisationsinterne

84 *Martini* (Fn. 13), § 33 Rn. 3.

85 *Martini* (Fn. 13), § 33 Rn. 122.

86 *Schmidt-Aßmann* (Fn. 30), Kap. 4 Rn. 44.

87 Eingehend dazu *Martini* (Fn. 13), § 33 Rn. 4 ff.; siehe auch *Hoffmann-Riem* (Fn. 21), S. 384 ff.

88 So auch *Hoffmann-Riem* (Fn. 21), S. 138; *Martini* (Fn. 13), § 33 Rn. 4.

89 *Hoffmann-Riem* (Fn. 21), S. 138; *Martini* (Fn. 13), § 33 Rn. 4.; *Reimer*, Jura 2014, S. 678 (679) bezeichnet Verwaltungsvorschriften als rechtsaktförmige Handlungsform.

Verwaltungskulturen, Heuristiken,[90] Leitbilder[91] oder die Steuerung der Verwaltung über die Weitergabe von Informationen.[92]

Es gibt kein abschließendes Arsenal an Handlungsformen für die Selbstprogrammierung der Verwaltung. Soweit sich nicht aus der Verfassung und dem Gesetz Aussagen zur Handlungsform ergeben, obliegt der Exekutive die Auswahl des passenden Instruments der Selbstprogrammierung. Da sie jedenfalls in gewissen Bereichen, insbesondere solchen, in denen weder der Vorbehalt des Gesetzes noch der Vorrang des Gesetzes greifen, auch aufgrund ihrer Eigenschaft als eigenständige Gewalt über die Art und Weise ihrer Selbstprogrammierung autonom entscheiden kann, ist es für einen Außenstehenden schwierig, sich das vielfältige Instrumentenarsenal zu erschließen. Hinzu kommt, dass sich die ihren internen Bereich programmierenden Stellen oftmals keiner einheitlichen Terminologie bedienen. Insoweit sei nur an die unterschiedliche Nomenklatur von Verwaltungsvorschriften in der Praxis erinnert.[93]

Sofern die Selbstprogrammierungsinstrumente rechtlich eingehegt sind, stellt sich dabei insbesondere die Frage nach ihren Unterschieden und ihren Wirkungen. Tendenziell wird von den verbindlichen Handlungsformen grundsätzlich eine stärkere Steuerungswirkung ausgehen.[94] In diesem Kontext lässt sich weiter differenzieren, ob der Verwaltung die Selbstprogrammierung anheimgestellt oder sie dazu sogar verpflichtet ist. Letzteres ist anzunehmen, wenn der Gesetzgeber verbindliche Vorgaben etwa zur Aufstellung eines Klimaschutzprogramms (siehe § 9 Abs. 1 KSG) oder zum Erlass einer Rechtsverordnung trifft,[95] weil andernfalls ein Gesetz gar nicht vollzugsfähig ist. Auch kann sich aus anderen Gründen, etwa im Hinblick auf die Grundrechte angesichts fehlender hinreichender gesetzlicher Vorgaben zur Steuerung der Verwaltung eine Verpflichtung zur Selbstprogrammierung ergeben.[96]

---

90 *Hoffmann-Riem* (Fn. 21), S. 139; siehe auch *Martini* (Fn. 13), § 33 Rn. 4, welcher von „nicht typisierte[n] Mechanismen der Ordnung, Gestaltung und Programmierung“ spricht.

91 Näher zu den Leitbildern *Guckelberger* (Fn. 10), Rn. 29 ff.

92 *Mehde* (Fn. 39), § 82 Rn. 50.

93 Siehe zu diesen unterschiedlichen Bezeichnungen z. B. *Guckelberger* (Fn. 32), § 27 Rn. 1; *Maurer/Waldhoff*, Allgemeines Verwaltungsrecht, 20. Aufl. 2020, § 24 Rn. 1.

94 Dazu, dass dies nicht immer unverbrüchliche Realität ist, *Mehde* (Fn. 1), S. 147 (168).

95 *Uhle*, in: Kluth/Krings (Hrsg.), Gesetzgebung, Rechtsetzung durch Parlamente und Verwaltungen sowie ihre gerichtliche Kontrolle, 2014, § 24 Rn. 8.

96 *Martini* (Fn. 13), § 33 Rn. 10.

8. Motive für die Selbstprogrammierung

Der Gesetzgeber setzt zunehmend auf Selbstprogrammierungen der Verwaltung, etwa um so Engpässen und Ablaufhindernissen auf seiner Ebene zu begegnen, weil die Exekutive über eine größere Sachnähe, speziellere Problemverarbeitungskompetenzen und -routinen, Zugriffsmöglichkeiten auf externen Sachverstand, Flexibilitätsreserven sowie einen voraussichtlich geringeren Politisierungsgrad verfügt.[97] Angesichts der Vielfalt an Instrumenten zur Selbstprogrammierung der Verwaltung ist Vorsicht vor zu weitreichenden Verallgemeinerungen der damit verfolgten Motive geboten. Ihnen allen dürfte der Gedanke der Verbesserung der Wahrnehmung der Verwaltungsaufgaben, insbesondere des Vollzugs der Gesetze im Einzelfall, zugrunde liegen. Indem sich die Verwaltung selbst programmiert, kann sie sich des besonderen Wissens aus ihrem eigenen Bereich repetierend bedienen und ihre Steuerung zumindest auch an ihren Bedürfnissen und, soweit dies nicht in Kollision mit den rechtlichen Vorgaben tritt, unter Einbeziehung von Erwägungen, etwa der Wirtschaftlichkeit, Bürgernähe und Akzeptanzerhöhung, ausrichten.[98] Im Zuge der Ausarbeitung der Selbstprogrammierung wird innerhalb der Verwaltung ein Bewusstsein für ein bestimmtes Problem geschaffen und nach adäquaten Lösungen gesucht.[99] Auch mit einzelnen Selbstprogrammierungen der Verwaltung kann eine Ordnungs-, Speicher- und Entlastungsfunktion verbunden sein.[100] So kann etwa durch Erläuterung von Komponenten für eine gute Informationstätigkeit der Behörden das bis dahin bestehende Fachwissen einschließlich des Erfahrungsschatzes der Bediensteten zusammengetragen werden.[101] Durch die Verarbeitung von positiven und negativen Erfahrungen, Rügen und Dritthinweisen kann Erfahrungswissen institutionalisiert werden.[102] Den Behördenbediensteten wird so ein standardisierter, sicherer Umgang in künftigen Fällen ermöglicht.[103] Indem infolge der Erläuterungen weniger Überlegungen angestellt werden müssen, werden

97 *Rossen* (Fn. 1), S. 40 ff.

98 Zu den diversen Maßstäben *Jestaedt* (Fn. 21), § 11 Rn. 1; *Martini* (Fn. 13), § 33 Rn. 104 und eingehend *Pitschas*, in: Hoffmann-Riem/Schmidt-Aßmann/Voßkuhle (Hrsg.), GVerwR, Bd. II, 2. Aufl. 2012, § 42 Rn. 201 ff.

99 In diese Richtung *Mast*, Staatsinformationsqualität, 2020, S. 396.

100 *Mast* (Fn. 99), S. 396 f.; allgemein zu diesen Funktionen bei der Formenlehre *Hoffmann-Riem*, in: Hoffmann-Riem/Schmidt-Aßmann/Voßkuhle (Fn. 98), § 33 Rn. 3; *Schmidt-Aßmann* (Fn. 30), Kap. 6 Rn. 34.

101 *Mast* (Fn. 99), S. 397; siehe auch *Martini* (Fn. 13), § 33 Rn. 7, 104.

102 *Mast* (Fn. 99), S. 397.

103 *Mast* (Fn. 99), S. 397.

Bearbeitungsressourcen geschont.[104] Durch die Selbstprogrammierung der Verwaltung wird ihr Handeln berechenbarer,[105] die Gleichförmigkeit der Praxis gesichert und diese je nach Programmierungsform auch transparenter.[106]

Selbstprogrammierungen der Verwaltung liegen insbesondere dort nahe, wo die Verwaltung über gewisse Freiräume verfügt. Dadurch setzt sie sich selbst Maßstäbe, die ihr Agieren bestimmen. Je nach Programmierung kann dadurch der sich aus dem Gesetz ergebende Freiraum der Amtswalter erheblich eingeschränkt werden. Sinnvollerweise sollte die Selbstprogrammierung der Verwaltung auf eine solche Art und Weise erfolgen, dass die damit angestrebten Ziele auch erreicht werden. So sollten Überregulierungen vermieden werden, bei denen die Amtswalter die einschlägigen Programmierungen und ihr Verhältnis zueinander nicht mehr oder nur noch mit allergrößter Mühe begreifen können. Möglicherweise lässt sich derartigen Unsicherheiten auch durch unterstützenden IT-Einsatz begegnen.

III. Ausgewählte Selbstprogrammierungsinstrumente

Nachfolgend soll auf einige wenige, aber bedeutsame Instrumente zur Selbstprogrammierung der Verwaltung eingegangen werden, derer sich in Deutschland bedient wird. Wie bereits erwähnt, gehören zu den typischen formalen Instrumenten der Selbstprogrammierung der Verwaltung Rechtsverordnungen, Satzungen und Verwaltungsvorschriften. Während die Außenwirkung von Rechtsvorschriften in Rechtsverordnungen und Satzungen unumstritten ist, wird seit langem diskutiert, ob und unter welchen Voraussetzungen Vorgaben in Verwaltungsvorschriften Außenwirkung zukommt. Der für derartige Selbstprogrammierungen zur Verfügung stehende Rahmen wird dabei durch den unmittelbar demokratisch legitimierten Gesetzgeber bestimmt. Dieser muss insbesondere im Bereich der Grundrechtsausübung alle wesentlichen Entscheidungen mit solcher Bestimmtheit selbst regeln, wie er dies nach der Eigenart der zu regelnden Lebenssachverhalte mit Rücksicht auf den Normzweck tun kann.[107]

---

104 *Mast* (Fn. 99), S. 397; zur Vorhersehbarkeit und etwaigem Vertrauensschutz auch *Hoffmann-Riem* (Fn. 21), S. 385.

105 *Martini* (Fn. 13), § 33 Rn. 2.

106 Siehe auch *Schmidt-Aßmann* (Fn. 30), Kap. 2 Rn. 24.

107 BVerfGE 101, 1 (34); 126, 170 (195); 150, 1 (96 ff. Rn. 191 ff.); 157, 30 (172 f. Rn. 260); BVerfG, NJW 2022, S. 1160 (1161 Rn. 91).

Rechtsvorschriften des Parlamentsgesetzgebers gehen aus einem Verfahren hervor, das sich durch eine besondere Transparenz und Beteiligung der parlamentarischen Opposition auszeichnet.[108] Außerdem wird der Öffentlichkeit die Gelegenheit zur Ausbildung und Vertretung ihrer Auffassungen eröffnet und ist die Volksvertretung dazu angehalten, die von ihr verabschiedeten Regelungen in öffentlicher Debatte zu klären.[109] Der rechtsstaatliche Bestimmtheitsgrundsatz erlaubt dem Gesetzgeber dabei die Verwendung unbestimmter Rechtsbegriffe, sofern sich deren jeweilige Inhalte mithilfe der üblichen Auslegungsmethoden bestimmen lassen.[110] Würde man dies anders sehen, „bestünde die Gefahr, dass die Gesetze zu starr und kasuistisch würden und dem Wandel der Verhältnisse oder der Besonderheit des Einzelfalls nicht mehr gerecht werden könnten".[111] Zugleich wird so dem Umstand Rechnung getragen, dass Entscheidungen nach dem grundgesetzlichen Gewaltenteilungsgrundsatz möglichst durch das Organ getroffen werden sollen, das dafür nach Organisation, Zusammensetzung, Funktion und Verfahrensweise am besten geeignet ist.[112] Bei Vorliegen hinreichend gewichtiger Gründe kann der Gesetzgeber der Verwaltung auf der Tatbestandsseite einer Rechtsnorm einen Beurteilungsspielraum[113] oder auf der Rechtsfolgenseite zur Herbeiführung einer dem Verhältnismäßigkeitsgrundsatz genügenden Entscheidung im Einzelfall einen Ermessensspielraum einräumen.[114] Da der Gesetzgeber nach der Verfassung gerade nicht zu einer allumfassenden Fremdprogrammierung der Verwaltung verpflichtet ist, ergibt sich daraus für die Verwaltung die Möglichkeit zur Selbstprogrammierung.

1. *Rechtsverordnungen*

Schon die Erwähnung der Rechtsverordnungen in Art. 80 GG sowie in vergleichbaren Normen der Landesverfassungen deutet auf deren enorme

---

108 Siehe etwa BVerfGE 157, 30 (172 f. Rn. 260).
109 Siehe etwa BVerfGE 157, 30 (172 f. Rn. 260).
110 Z. B. BVerfGE 134, 33 (81 Rn. 112); BVerfG, NJW 2022, S. 1160 (1161 Rn. 92).
111 BVerfG, NJW 2022, S. 1160 (1161 Rn. 92).
112 BVerfGE 157, 30 (172 f. Rn. 260).
113 BGH, NJW 1982, S. 1057 (1058); BVerfG, NStZ 1998, S. 430 f.
114 BVerfG, NVwZ 2017, S. 1526 (1528 f. Rn. 41 f.).

praktische Relevanz hin.[115] Laut einer Antwort der Bundesregierung standen im Jahr 2021 1.738 Bundesgesetzen mit 49.370 Einzelbestimmungen 2.800 Rechtsverordnungen des Bundes gegenüber, deren Anzahl an 41.823 Einzelnormen jedoch hinter derjenigen in den Parlamentsgesetzen zurückblieb.[116] Die verfassungsrechtliche Notwendigkeit einer nach Inhalt, Zweck und Ausmaß bestimmten Ermächtigung der Exekutive zum Erlass von Rechtsverordnungen verhindert eine Selbstentmachtung des Gesetzgebers durch Blankoermächtigungen an die Exekutive.[117] Auf diese Weise wird dem Gewaltenteilungsgrundsatz sowie der abgeleiteten demokratischen Legitimation der Rechtsverordnungen Rechnung getragen.[118] Im Hinblick auf die Wesentlichkeitstheorie hat der Gesetzgeber darüber zu befinden, ob er alle wesentlichen Regelungen unter Einschluss der Verwendung unbestimmter Rechtsbegriffe unmittelbar selbst trifft oder die Exekutive durch eine entsprechend bestimmte Regelung von Inhalt, Zweck und Ausmaß der Verordnungsermächtigung mit dem Erlass konkretisierender Rechtsvorschriften betraut.[119] Welcher dieser Wege bevorzugt wird, obliegt seiner Entscheidung. Abgesehen von den funktionalen Grenzen der Gesetzgebung[120] liegt eine Ermächtigung der Verwaltung zum Verordnungserlass vor allem aus Erwägungen arbeitsteiliger, dekonzentrierter Normsetzung nahe.[121]

Den Ermächtigungen zum Erlass delegierter Rechtsverordnungen liegt oftmals weniger die Idee der Setzung hierarchischer Steuerungsimpulse als die Entlastung der Legislative von Detailregelungen zugrunde,[122] weil die Exekutive die jeweiligen Rechtsvorschriften aufgrund der bei ihr gebündelten Expertise und Ressourcen sachgerechter erlassen und mit

115 Zur praktischen Relevanz *Guckelberger/Gluding*, in: Schenke/Seok (Hrsg.), Probleme der Rechtsetzung in Korea und Deutschland, 2019, S. 21 f.; *Martini* (Fn. 13), § 33 Rn. 28.

116 BT-Drs. 20/721, S. 2.

117 BVerfGE 150, 1 (99 f. Rn. 199); *Martini* (Fn. 13), § 33 Rn. 30 und in Rn. 36 dazu, dass es reicht, wenn sich Inhalt, Zweck und Ausmaß der Ermächtigung durch Auslegung aus dem Gesetz im Ganzen entnehmen lassen; dazu auch *Guckelberger/Gluding* (Fn. 115), S. 28 f.

118 *Schenke*, in: Kahl/Ludwigs (Hrsg.), HVwR, Bd. 1, 2021, § 7 Rn. 49.

119 BVerfGE 157, 30 (172 f. Rn. 260).

120 Etwa weil es dem Gesetzgeber an den erforderlichen Wissensgrundlagen fehlt, siehe dazu *Wollenschläger* (Fn. 28), S. 196, anders jedoch, wenn aufgrund der fehlenden Wissensgrundlagen nicht einmal eine programmierende Ermächtigung möglich ist, siehe dazu *Junk* (Fn. 37), S. 185.

121 *Martini* (Fn. 13), § 33 Rn. 28, 50; *Sennekamp*, in: Mann/Sennekamp/Uechtritz (Fn. 33), § 9 Rn. 12; zur Dekonzentration auch *Stelkens* (Fn. 58), S. 399.

122 *Mehde* (Fn. 39), § 82 Rn. 40.

der gebotenen Schnelligkeit an die Dynamik der Lebensverhältnisse anpassen kann.[123] In Sachen Zensus 2011 judizierte das BVerfG, dass sich der Gesetzgeber bei der Regelung stark technisch geprägter Sachverhalte auf die Vorgabe hinreichend genauer Zielvorgaben beschränken darf.[124] „Die fachlich-technischen, die Zielvorgaben nachvollziehenden, Konkretisierungen kann er demgegenüber dem Verordnungsgeber [...] überlassen."[125] Auch bei der Bekämpfung der Corona-Pandemie kam den sich rasch an die jeweilige Lage anpassbaren und flexiblen Corona-Verordnungen eine zentrale Bedeutung zu.[126] Insoweit sah das BVerfG vor allem in der Rechtsverordnung zur Konkretisierung großflächiger Schutzmaßnahmen die „exekutive Handlungsalternative zum Gesetz", ohne dass diese jedoch zwangsläufig die Besonderheiten des Einzelfalls ohne Weiteres genauer als das Gesetz regeln müsse.[127]

a) Formelle Rechtmäßigkeit

Abgesehen von den verfassungsrechtlichen Vorgaben zum Ermächtigten ergibt sich der Ermächtigungsadressat aus der Rechtsgrundlage,[128] der unter den (verfassungs-)rechtlichen Vorgaben (s. Art. 80 Abs. 1 S. 4 GG) diese Ermächtigung übertragen kann.[129] Sofern bundesgesetzlich nichts anderes geregelt ist, bedürfen die in Art. 80 Abs. 2 GG genannten Rechtsverordnungen der Zustimmung des Bundesrates, der gem. Art. 80 Abs. 3 GG hinsichtlich derartiger Verordnungen auch über ein entsprechendes Verordnungsinitiativrecht verfügt.[130] Relativ häufig werden in den einzelnen Fachgesetzen Anhörungs-, Kenntnisgabe-, Zustimmungs- und Aufhebungsvorbehalte zugunsten des Parlaments vorgesehen.[131] Auch wenn diese in verfassungsrechtlicher Hinsicht nicht ganz unumstritten sind, werden besagte Vorbehalte mit wenigen Ausnahmen als von der Delegationsbefugnis mitumfasstes, wesensgleiches Minus als verfassungsgemäß erach-

---

123 *Martini* (Fn. 13), § 33 Rn. 28; *Sennekamp* (Fn. 121), § 9 Rn. 12; siehe auch *Guckelberger/Gluding* (Fn. 115), S. 26.

124 BVerfGE 150, 1 (117 f. Rn. 243).

125 BVerfGE 150, 1 (117 f. Rn. 243).

126 *Martini* (Fn. 13), § 33 Rn. 35.

127 BVerfG, NJW 2022, S. 139 (147 Rn. 150).

128 *Guckelberger/Gluding* (Fn. 115), S. 29.

129 *Guckelberger/Gluding* (Fn. 115), S. 30 f.

130 Dazu *Guckelberger/Gluding* (Fn. 115), S. 31.

131 *Martini* (Fn. 13), § 33 Rn. 39.

tet.[132] Darüber hinaus kann im Fachgesetz die Involvierung weiterer staatlicher Stellen aus Gründen einer möglichst adäquaten Normierung vorgeschrieben werden. Dabei ist jedoch zu berücksichtigen, dass bei steigender Zahl von Ministerien, die ihr Einvernehmen zu der jeweiligen Rechtsverordnung erklären müssen, deren Verabschiedung schwieriger werden und dementsprechend länger dauern kann. Eine allgemeine Beteiligung der Öffentlichkeit beim Erlass von Rechtsverordnungen ist bislang nicht vorgesehen.[133] Teilweise finden sich jedoch Regelungen, wie in § 10 Abs. 1 S. 1 BSIG, wonach die Rechtsverordnung erst nach Anhörung von Vertretern der Wissenschaft, der betroffenen Betreiber und der tangierten Wirtschaftsverbände erlassen werden darf.[134] Derartige Einbeziehungen machen vor allem in Bereichen Sinn, in denen die Verordnung zugleich zu Fremdprogrammierungen führt und/oder der Verordnungsgeber auf eine besonders fundierte Wissensgrundlage angewiesen ist.[135] Auf diese Weise kann ein Mehr an Transparenz erreicht und je nach Konstellation die Verhältnismäßigkeit der Regelungen besser beurteilt werden. Mangels entgegenstehender fachrechtlicher Vorgaben ist es der Verwaltung im Übrigen unbenommen, von sich aus Stellungnahmen Externer zum Entwurf einer Verordnung einzuholen.

Aus Gründen der Selbst- und Fremdkontrolle des Verordnungsgebers bestimmt Art. 80 Abs. 1 S. 3 GG, dass in der Verordnung die Rechtsgrundlage anzugeben ist. Nach der Rechtsprechung des BVerwG beansprucht das Zitiergebot auf Landesebene jedoch nur Geltung, wenn es von der jeweiligen Landesverfassung vorgegeben wird.[136] Nur selten ordnet der Fachgesetzgeber, wie in § 28a Abs. 5 S. 1 IfSG aus Gründen des Grundrechtsschutzes geschehen, eine allgemeine Begründung von Rechtsverordnungen an.[137] Tut er dies nicht, kann die Verwaltung durchaus von sich aus eine Begründung für den Vorschlag einer Rechtsverordnung, etwa im Kontext mit der Einholung von Stellungnahmen, zur Verfügung stellen. Aus rechtsstaatlichen Gründen sind Rechtsverordnungen auszufertigen

---

132 *Martini* (Fn. 13), § 33 Rn. 40.

133 *Guckelberger/Gluding* (Fn. 115), S. 31 f.

134 Zur zunehmenden Installierung solcher Mitwirkungen auch *Sennekamp* (Fn. 121), § 9 Rn. 13.

135 Zu letzterem *Guckelberger/Gluding* (Fn. 115), S. 32.

136 BVerwGE 157, 54 (66 Rn. 28 ff.).

137 Für eine solche Begründung aus verfassungsrechtlichen Gründen aber *Groß*, NordÖR 2015, S. 467 (470); zum IfSG *Mangold*, VVDStRL 80 (2021), S. 7 (19 f.). Skeptisch gegenüber pauschalierenden Aussagen *Guckelberger/Gluding* (Fn. 115), S. 21 (33 f.); *Ossenbühl*, in: Isensee/Kirchhof (Fn. 32), § 103 Rn. 74; *Uhle* (Fn. 95), § 24 Rn. 73.

und zu verkünden (s. auch Art. 82 Abs. 1 S. 2 GG),[138] was ihrer Außenwirkung geschuldet ist.

Abgesehen von den wenigen verfassungsrechtlichen Anforderungen an den Erlass von Rechtsverordnungen kann der Fachgesetzgeber zwar in seiner Ermächtigung weitere Anforderungen an das Verfahren und die Form normieren. Insgesamt wird davon aber bislang nur zurückhaltend Gebrauch gemacht.[139] Der Umstand, dass Rechtsverordnungen ganz unterschiedliche Gegenstände betreffen, dürfte erklären, warum man von allgemeinen formellen Anforderungen Abstand nimmt und sich die jeweils maßgebliche Rechtslage erst durch einen Blick ins Fachrecht erschließt. Angesichts dessen ist z. B. vor pauschalierenden Aussagen, Rechtsverordnungen könnten schneller als ein Gesetz erlassen werden, Vorsicht geboten.[140] Dies trifft vor allem bei fehlender Normierung von Beteiligungs- und Mitwirkungserfordernissen zu. Da dann dem mit der Normsetzung betrauten Verordnungsgeber aber auch in verfahrensrechtlicher Hinsicht ein Ermessen zukommt, hindert ihn dies nicht daran, aus wohl überlegten Erwägungen andere Personen oder Stellen zu seinen beabsichtigten Regelungen zu konsultieren. Sofern das Rechtsetzungsverfahren, abgesehen von den wenigen verfassungsrechtlichen Vorgaben und etwaigen Anforderungen des Fachgesetzgebers, nicht determiniert ist, kann der Verordnungsgeber über die nach seiner Einschätzung der jeweiligen Angelegenheit am besten gerecht werdende Verfahrensweise befinden. In einer jüngeren Entscheidung in Sachen Pandemiebekämpfung meinte das BVerfG, dass die verfahrensrechtlichen Sicherungen, insbesondere auch durch Partizipation im Verfahren, beim Erlass von Rechtsverordnungen „tendenziell wie bei der Gesetzgebung hinter denen zurück[bleiben], die das administrative Einzelverfahren bieten kann".[141]

b) Materielle Rechtmäßigkeit

Aufgrund der Notwendigkeit einer gesetzlichen Ermächtigung sowie ihres ausgreifenden Bindungsanspruchs handelt es sich bei Rechtsverordnungen

---

138 *Guckelberger/Gluding* (Fn. 115), S. 34; *Sennekamp* (Fn. 121), § 9 Rn. 12.

139 *Sennekamp* (Fn. 121), § 9 Rn. 13.

140 Dazu, dass die Zeit oft genauso lange wie bei einem Gesetzgebungsverfahren dauert, aber Aktualisierungen in der Regel schneller möglich sind, *Junk* (Fn. 37), S. 186.

141 BVerfG, NJW 2022, S. 139 (147 Rn. 150).

um delegierte Rechtsetzung.[142] Innerhalb des vom Gesetzgeber gezogenen Rahmens verfügt die Exekutive bei Ausübung des ihr eingeräumten Normsetzungsermessens über einen eigenen Gestaltungsspielraum hinsichtlich der zu erlassenden Regelungen,[143] weshalb bei dieser Handlungsform in besonderem Maße zur Annahme einer administrativen Selbstprogrammierung geneigt wird.[144] Dabei müssen die Verordnungsregelungen in Einklang mit dem höherrangigen Recht, insbesondere den Grundrechten (siehe Art. 1 Abs. 3 GG), stehen.[145] Sie müssen dem rechtsstaatlichen Bestimmtheitsgebot entsprechen[146] und dürfen nicht unverhältnismäßig oder unvertretbar sein.[147] Verlangt man für die Annahme einer Selbstprogrammierung Regelungen auch mit Bezug auf den eigenen Bereich, ergibt sich, dass die diesen Bereich betreffenden Erwägungen umso stärker an Bedeutung verlieren, je mehr die zu erlassenden Rechtsvorschriften der Fremdprogrammierung dienen.

So betraf eine Vielzahl von Regelungen in den Corona-Verordnungen zur Eindämmung des Infektionsgeschehens das Verhalten der Einzelnen ohne direkten Bezug zur Verwaltung, manche Vorschriften, wie die Pflicht zum Tragen von Masken oder das Abstandsgebot, galten dagegen gleichermaßen im Kontakt mit der Verwaltung. Im Vordergrund der Ausgestaltung dieser Vorschriften stand dabei die Verhältnismäßigkeit der Einschränkungen der Grundrechte, bei denen mit direktem Bezug auf die Verwaltung Erwägungen wie die Aufrechterhaltung der Funktionsfähigkeit der Verwaltung oder die staatliche Fürsorgepflicht für die Bediensteten (§ 78 BBG, § 45 BeamtStG) hinzukamen. Dass sich die Pflicht zur Absonderung von mit Corona infizierten oder krankheitsverdächtigen Personen ab einem bestimmten Zeitpunkt nicht mehr infolge individuell-behördlicher Anordnungen, sondern aus sogenannten Absonderungsverordnungen ergeben hat, wurde vom rheinland-pfälzischen Verordnungsgeber damit begründet, dass derartige Einzelanordnungen aufgrund der hohen Fall- und Verdachtszahlen damals nicht mehr leistbar gewesen waren und

142 *Martini* (Fn. 13), § 33 Rn. 34 und in Rn. 51 zu neueren Überlegungen, etwa des Verständnisses von Rechtsverordnungen als gesetzesakzessorisches Instrument, etwa bei *Schmidt-Aßmann* (Fn. 30), Kap. 6 Rn. 85.

143 *Guckelberger/Gluding* (Fn. 115), S. 34; *Martini* (Fn. 13), § 33 Rn. 45.

144 OVG Münster, NWVBl. 1996, S. 149 (150); siehe auch *Schmidt-Aßmann* (Fn. 30), Kap. 6 Rn. 84 („administrative Selbstprogrammierung innerhalb eines gesetzlichen Rahmens“).

145 Siehe nur *Guckelberger/Gluding* (Fn. 115), S. 34.

146 Siehe auch *Guckelberger/Gluding* (Fn. 115), S. 35; *Martini* (Fn. 13), § 33 Rn. 47.

147 *Martini* (Fn. 13), § 33 Rn. 46.

auch den Anforderungen schnellstmöglichen Infektionsschutzes nicht gerecht wurden.[148] Bestätigt wird die hier vertretene These durch einen Blick auf landesrechtliche Ermächtigungen zum Erlass von Polizeiverordnungen, in denen oft explizit geregelt wird, dass Polizeiverordnungen nicht lediglich, d. h. ausschließlich, den Zweck verfolgen dürfen, der Polizei die ihr obliegende Aufsicht zu erleichtern (z. B. § 113 Abs. 1 BremPolG, § 71 Abs. 1 Rh.-Pf. POG, § 60 S. 2 SPolG).

Je mehr die Ermächtigungen über einen direkten Bezug zur Verwaltung verfügen oder sich gar nur auf den Innenbereich der Verwaltung beziehen, desto mehr können ihre Belange beim Normerlass berücksichtigt werden. So finden sich etwa im OZG hinsichtlich des auf die Verwaltung bezogenen Portalverbunds (siehe § 2 Abs. 1 OZG) eine Reihe von Verordnungsermächtigungen, welche die Verwendung bestimmter IT-Komponenten (§ 4 Abs. 1 OZG), die Festlegung von für die IT-Sicherheit erforderlichen Standards (§ 5 OZG) oder Kommunikationsstandards (§ 6 OZG) betreffen.

c) Verbindlichkeit und Rechtsschutz

Rechtsverordnungen müssen von ihren Adressaten ebenso wie Gesetze beachtet werden. Ungeachtet ihrer Einordnung in die Normenhierarchie entspricht ihre Steuerungswirkung derjenigen von Parlamentsgesetzen, wobei aufgrund ihres höheren Konkretisierungsgrades ihre Steuerungswirkung sogar noch größer als bei den Parlamentsgesetzen sein dürfte.[149] Rechtsverordnungen sind für die Verwaltung in Gestalt der getroffenen Regelungen bindend (Art. 20 Abs. 3 GG). Wird eine Regelung in einer Rechtsverordnung etwa als Ermessensnorm ausgestaltet oder dort eine Ausnahmemöglichkeit vorgesehen, erlaubt dies der die Rechtsverordnung vollziehenden Verwaltung mehr Freiraum bei ihren Einzelfallentscheidungen als bei strikt gebundenen Rechtsvorschriften.

Im Unterschied zu Parlamentsgesetzen, die gem. Art. 100 Abs. 1 GG nur vom Verfassungsgericht verworfen werden können, verfügen die Gerichte bei Rechtsverordnungen über eine inzidente Normverwerfungskompe-

---

148 Begründung zur Landesverordnung zur Absonderung von mit dem Coronavirus SARS-CoV-2 infizierten oder krankheitsverdächtigen Personen (Absonderungsverordnung – AbsonderungsVO) vom 29. 4. 2022, S. 3, abrufbar unter: https://corona.rlp.de/fileadmin/corona/Verordnungen/AbsonderungsVo/220427_AbsonderungsVO_Begruendung_final.pdf (zuletzt abgerufen am 5. 9. 2022).

149 *Siegel* (Fn. 31), § 46 Rn. 36; siehe auch *Mehde*, Neues Steuerungsmodell und Demokratieprinzip, 2000, S. 438 f.

tenz.[150] Soweit der Anwendungsbereich der Normenkontrolle eröffnet ist, können sie im Falle ihrer Ungültigkeit vom Oberverwaltungsgericht gem. § 47 Abs. 5 S. 2 VwGO sogar mit *erga-omnes*-Wirkung für unwirksam erklärt werden.[151]

2. *Satzungen*

Zwar werden Satzungen im Grundgesetz nicht erwähnt, verfügen aber jedenfalls in Bezug auf Gemeinden aufgrund der durch Art. 28 Abs. 2 S. 1 GG gewährleisteten Satzungsautonomie[152] über einen verfassungsrechtlichen Hintergrund. Auch die Befugnis juristischer Personen des öffentlichen Rechts zum Erlass von Satzungen bedarf der Rückführung auf eine im Verfassungs- oder einfachen Recht verortete Einräumung einer solchen Regelungsmacht.[153] Weil bei der Übertragung der Satzungsbefugnis im Unterschied zu den Ermächtigungen zum Verordnungserlass nicht nur eine Zuständigkeit, sondern ein gesamter Regelungsgegenstand ausgelagert wird, werden die Organe zur dezentralisierten Rechtsetzung ermächtigt.[154] Da eine solchermaßen autonome Rechtsetzung ein gewisses Maß an Selbstbestimmtheit bedingt, können nur Verwaltungseinheiten, die nicht unmittelbar der hierarchischen Behördenstruktur angehören, Inhaber von Satzungsgewalt sein.[155] Beispielhaft dafür seien kommunale Gebietskörperschaften, berufsständische Selbstverwaltungskörperschaften, Universitäten oder Sozialversicherungsträger genannt.[156]

---

150 *Martini* (Fn. 13), § 33 Rn. 33; näher dazu auch *Guckelberger/Gluding* (Fn. 115), S. 36 ff.

151 *Martini* (Fn. 13), § 33 Rn. 33; siehe auch *Guckelberger/Gluding* (Fn. 115), S. 38.

152 *Schenke* (Fn. 118), § 7 Rn. 51.

153 *Ellerbrok*, Die öffentlich-rechtliche Satzung, 2020, S. 81 f.; *Martini* (Fn. 13), § 33 Rn. 53; siehe auch *Guckelberger* (Fn. 32), § 26 Rn. 2.

154 *Ellerbrok* (Fn. 153), S. 83; *Martini* (Fn. 13), § 33 Rn. 53; *Sennekamp* (Fn. 121), § 9 Rn. 14; *Stelkens* (Fn. 58), S. 399. Dass darin auch der Grund für den Bezug zum Vollzug liegt, *Rossen* (Fn. 1), S. 51 ff. Dazu, dass Satzungen nicht der Steuerung des einen durch einen anderen Teil der Exekutive dienen, *Mehde* (Fn. 39), § 82 Rn. 40.

155 *Ellerbrok* (Fn. 153), S. 84; zur Autonomie und den Adressaten auch *Gröpl* (Fn. 41), Rn. 1223 f.

156 *Guckelberger* (Fn. 32), § 26 Rn. 1; *Gröpl* (Fn. 41), Rn. 1224; *Martini* (Fn. 13), § 33 Rn. 54.

Satzungen sind ein Produkt autonomer, territorial, persönlich und/oder sachlich radizierter Rechtsetzung.[157] Sie enthalten Rechtsvorschriften, die von einer juristischen Person des öffentlichen Rechts im Rahmen der ihr gesetzlich eingeräumten Autonomie zur Regelung ihrer Angelegenheiten erlassen werden.[158] Weil in Satzungen nur Regelungen für die der jeweiligen juristischen Person des öffentlichen Rechts angehörigen und unterworfenen Personen getroffen werden dürfen,[159] sind sie in gewisser Weise Ausdruck der Eigenbestimmung[160] und stellen jedenfalls dort, wo etwa die Kommunen ihre Selbstverwaltungsangelegenheiten ohne weitere gesetzliche Einschränkungen regeln können, einen Prototyp für die Programmierung des eigenen Handelns dar.[161] Dementsprechend spricht *Siegel* auch von „(Eigen-)Steuerung durch Satzungen" sowie einem Instrument der „Selbststeuerung juristischer Personen".[162] Da sich durch den Erlass abstrakt-genereller Regelungen in Satzungen Probleme abschichten lassen, wird ihnen auch eine Funktion als materieller Speicher oder Anwendungsspeicher beigemessen.[163] Die Satzungsunterworfenen können ihr jetziges und künftiges Verhalten an diesen Maßstäben ausrichten und erlangen dadurch Orientierungsgewissheit.[164] Weil dem Gesetzgeber aus verfassungsrechtlichen Gründen die Regelung wesentlicher Fragen des Gemeinwesens sowie die hinreichende Ermächtigung zum Eingriff in Grundrechte obliegt, bedarf es jedoch in diesen Bereichen für die Ermächtigung zum Erlass von Satzungsregelungen einer besonderen Ausformung durch den Gesetzgeber und ist der Freiraum des Satzungsgebers insoweit durch gesetzliche Regelungen stärker eingeschränkt.[165] Vergleichbares gilt im Bereich gemeindlicher Auftragsangelegenheiten.

Durch die Betrauung juristischer Personen des öffentlichen Rechts mit dem Erlass von Satzungen wird ihnen die eigenverantwortliche Regelung derjenigen Angelegenheiten ermöglicht, die sie selbst betreffen und die sie

---

157 *Ellerbrok* (Fn. 153), S. 83.

158 *Sennekamp* (Fn. 121), § 9 Rn. 14; *Siegel* (Fn. 31), § 46 Rn. 37; siehe auch *Guckelberger* (Fn. 32), § 26 Rn. 1; *Schenke* (Fn. 118), § 7 Rn. 51.

159 BVerfGE 10, 20 (49 f.); *Kahl*, in: von Bogdandy/Cassese/Huber (Hrsg.), Ius Publicum Europaeum, Bd. 5, 2007, § 74 Rn. 81; *Schenke* (Fn. 118), § 7 Rn. 51; zur ausnahmsweisen Bindung Externer *Martini* (Fn. 13), § 33 Rn. 66.

160 *Sennekamp* (Fn. 121), § 9 Rn. 14.

161 Zur Eigenprogrammierung durch Satzungen auch *Ellerbrok* (Fn. 153), S. 93.

162 *Siegel* (Fn. 31), § 46 Rn. 37.

163 *Ellerbrok* (Fn. 153), S. 92 f.

164 *Ellerbrok* (Fn. 153), S. 93.

165 *Ellerbrok* (Fn. 153), S. 99 f.; *Guckelberger* (Fn. 32), § 26 Rn. 2; *Gröpl* (Fn. 41), Rn. 1235; *Kahl* (Fn. 159), § 74 Rn. 81.

aus ihrer Warte besonders sach-, problem- und interessennah beurteilen können.[166] Dies zeitigt regelmäßig positive Effekte für die Ausgestaltung und Passgenauigkeit der Regelungen in den Satzungen[167] und dient dem Grundrechtsschutz.[168] Außerdem besteht auf diese Weise die Möglichkeit zur Aktivierung bzw. Integration gesellschaftlicher Interessen.[169] Das damit verbundene Mitspracherecht kann sich positiv auf die Akzeptanz der Satzungsregelungen auswirken und einen Beitrag zur besseren Anpassung parlamentsgesetzlicher Leitentscheidungen leisten.[170] Die Verkürzung des regulativen Abstands zwischen Normgeber und Normadressaten[171] ermöglicht eine schnellere Reaktion auf geänderte Verhältnisse.[172] Durch die Verleihung von Satzungsautonomie kann sich der Gesetzgeber entlasten, indem er sich nicht mit sachlichen und örtlichen Besonderheiten auseinandersetzen muss, die er möglicherweise gar nicht oder nur unter erheblichen Schwierigkeiten kennen und bewerten kann.[173] Mit Satzungen kann in den Worten von *Ellerbrok* eine Differenzierungsfunktion einhergehen, die die Vielfältigkeit und -gestaltigkeit von Regelungen aufgrund der Berücksichtigung unterschiedlicher Entwicklungen wirtschaftlicher, sozialer oder sonstiger struktureller Art fördert.[174]

a) Formelle Rechtmäßigkeit

Die formellen Anforderungen an den Erlass von Satzungen ergeben sich regelmäßig aus dem Fachrecht.[175] Angesichts unterschiedlicher Organisati-

---

166 BVerfGE 33, 125 (156 f.); *Martini* (Fn. 13), § 33 Rn. 55; *Rossen* (Fn. 1), S. 48; *Ellerbrok* (Fn. 153), S. 102 f. spricht insoweit von Sachgerechtigkeitsfunktion.

167 *Schenke* (Fn. 118), § 7 Rn. 51.

168 Näher dazu *Ellerbrok* (Fn. 153), S. 107 ff.

169 Näher *Ellerbrok* (Fn. 153), S. 110 ff.; *Schenke* (Fn. 118), § 7 Rn. 51.

170 *Martini* (Fn. 13), § 33 Rn. 56; zur Innovationsfunktion der Satzungen *Ellerbrok* (Fn. 153), S. 103 ff.

171 *Martini* (Fn. 13), § 33 Rn. 55; *Schenke* (Fn. 118), § 7 Rn. 51; dazu auch *Ellerbrok* (Fn. 153), S. 112 und auf S. 114 ff. zur Aktivierungs- und Befriedungsfunktion.

172 *Martini* (Fn. 13), § 33 Rn. 55.

173 *Martini* (Fn. 13), § 33 Rn. 55; *Schenke* (Fn. 118), § 7 Rn. 51; zur Entlastung des Parlamentsgesetzgebers auch *Ellerbrok* (Fn. 153), S. 98 ff., der zugleich die sich aus dem Verfassungsrecht ergebenden Grenzen betont.

174 *Ellerbrok* (Fn. 153), S. 100 f. und auf S. 105 f. zur damit verbundenen Wettbewerbsfunktion.

175 *Guckelberger* (Fn. 32), § 26 Rn. 3. Auch zur Frage der Anwendbarkeit des allgemeinen Verwaltungsverfahrensrechts *Ellerbrok* (Fn. 153), S. 302 ff.

onsstrukturen der Selbstverwaltungseinheiten und den andersartigen Einsatzbereichen von Satzungen gibt die Rechtsordnung bislang kein allgemeines Satzungsverfahren vor.[176] Je nach Satzungsfunktion kann die gesetzliche Statuierung von Mitwirkungserfordernissen (siehe § 3 BauGB) sinnvoll sein.[177] Die Satzungsvorschriften müssen sich als Ergebnis eines demokratischen Willensbildungsprozesses des jeweiligen Satzungsträgers darstellen, insbesondere muss dessen Beschlussorgan nach demokratischen Grundsätzen gebildet werden.[178] Jedenfalls aus dem Rechtsstaatsprinzip folgt die Notwendigkeit der Ausfertigung und Bekanntmachung von Satzungen.[179] Infolgedessen ist diese Form der Eigenprogrammierung der Verwaltung mit einer besonderen Sichtbarkeit verbunden.[180] Das Zitiergebot des Art. 80 Abs. 1 S. 3 GG findet bei Satzungen weder direkte noch analoge Anwendung.[181] Besondere Vorschriften zur Begründung von Satzungen sind selten.[182] Aus § 9 Abs. 8 BauGB ergibt sich z. B., dass einem Bebauungsplan eine Begründung mit den Angaben nach § 2a BauGB beizufügen ist.

b) Materielle Rechtmäßigkeit

Im Rahmen der verliehenen Autonomie verfügt der Satzungsgeber über ein Satzungsermessen, das ihm einen autonomen Entscheidungskorridor eröffnet.[183] Die erlassenen Regelungen müssen sich innerhalb des Rah-

---

176 *Sennekamp* (Fn. 121), § 9 Rn. 14.

177 Näher dazu *Ellerbrok* (Fn. 153), S. 309 ff.

178 *Gröpl* (Fn. 41), Rn. 1234; eingehend zum Satzungsbeschluss und zu den betrauten (Kollegial-)Organen *Ellerbrok* (Fn. 153), S. 318 ff.

179 *Guckelberger* (Fn. 32), § 26 Rn. 3; eingehend zur Ausfertigung und Bekanntmachung *Ellerbrok* (Fn. 153), S. 322 ff.

180 *Ellerbrok* (Fn. 153), S. 94, welcher den diesbezüglichen Unterschied zu informalen Eigenprogrammierungen betont, und ebd., S. 94 f. zur damit verbundenen entwicklungs-, freiheitssichernden und gleichheitsgewährleistenden Funktion.

181 *Gröpl* (Fn. 41), Rn. 1231.

182 Eingehend zur Begründung von Satzungen *Ellerbrok* (Fn. 153), S. 331 ff., nach dem ein transparentes, den Satzungsunterworfenen nahes Verfahren ebenso gut die Kontrollfunktion der Begründung zu erfüllen vermag.

183 *Martini* (Fn. 13), § 33 Rn. 73; dazu auch *Ellerbrok* (Fn. 153), S. 233 ff., auch eingehend zu den Grenzen.

mens der verliehenen Autonomie halten[184] und dürfen nicht gegen höherrangiges Recht verstoßen.[185]

c) Verbindlichkeit und Rechtsschutz

Gem. Art. 20 Abs. 3 GG ist die Verwaltung an die Vorschriften in der Satzung bis zu deren Änderung oder Aufhebung gebunden. Auch die Gerichte haben ihren Entscheidungen die Satzungsvorschriften zugrunde zu legen, sofern sie nicht unwirksam sind. Hinsichtlich des Rechtsschutzes gilt das Gleiche wie bei den Rechtsverordnungen, allerdings ist bei Satzungen nach dem BauGB gem. § 47 Abs. 1 Nr. 1 VwGO das Normenkontrollverfahren bundesweit eröffnet.[186]

3. Verwaltungsvorschriften

Bereits die mehrfache Erwähnung der Verwaltungsvorschriften im Grundgesetz (Art. 85 Abs. 2 S. 1, Art. 86 S. 1, Art. 87b Abs. 2 S. 2 Hs. 2, Art. 108 Abs. 7, Art. 129 Abs. 1 S. 1 GG) deutet auf deren enorme praktische Relevanz hin.[187] Nach ihrer klassischen Konzeption sind Verwaltungsvorschriften allgemeine Anordnungen von übergeordneten Verwaltungsstellen an nachgeordnete Behörden oder Bedienstete,[188] weshalb sie teilweise auch als „gebündelte Weisungen" beschrieben werden.[189] Verwaltungsvorschriften wurden schon früh als Instrument der Selbstprogrammierung identifiziert. So charakterisierte *Scheuing* sie in seinem Referat auf der Staatsrechtslehrertagung als „formalisierte Eigenprogramme der Verwaltung".[190] Diese Kategorisierung liegt nahe, zumal Verwaltungsvorschriften bereits ihrer Bezeichnung nach Regelungen von der Verwaltung für die Verwaltung be-

---

184 *Guckelberger* (Fn. 32), § 26 Rn. 4.

185 *Guckelberger* (Fn. 32), § 26 Rn. 4.

186 *Guckelberger* (Fn. 32), § 26 Rn. 5.

187 Zur praktischen Bedeutung auch *Guckelberger*, Die Verwaltung 35 (2002), S. 61 f.; *Maurer/Waldhoff* (Fn. 93), § 24 Rn. 5; *Wahl*, in: Festg. 50 Jahre BVerwG, S. 571 (571 f.).

188 BayVerfGH, BayVBl. 2020, S. 412; siehe auch *Guckelberger* (Fn. 32), § 27 Rn. 1.

189 *Martini* (Fn. 13), § 33 Rn. 79; siehe auch *Dreier* (Fn. 63), S. 193.

190 *Scheuing*, VVDStRL 40 (1981), S. 155 (158); siehe auch *Dreier* (Fn. 63), S. 191; *Siegel* (Fn. 31), § 46 Rn. 38 spricht von Eigensteuerung durch Verwaltungsvorschriften.

inhalten.[191] Verwaltungsvorschriften gehören nach vorherrschender Meinung zum Innenrecht[192] und müssen von den Behördenbediensteten im Rahmen ihrer Gehorsamspflicht und Weisungsgebundenheit befolgt werden.[193] Obschon diese Regelungen in der Mehrzahl aller Fälle keine Bindungswirkung nach außen zeitigen, können sie jedenfalls faktisch eine erhebliche Steuerungswirkung nach außen erzeugen.[194]

a) Typenvielfalt

Entsprechend des weiten Aufgabenfelds der Verwaltung und des für diese vielfältig auszumachenden Konkretisierungsbedarfs wird meist zwischen verschiedenen Typen von Verwaltungsvorschriften differenziert.

Durch Organisationsvorschriften werden die Voraussetzungen für die Aufgabenwahrnehmung geschaffen, indem neben der inneren Ordnung der Verwaltungsstellen auch die Dienstabläufe innerhalb der Verwaltung, also die Aufgaben- und Geschäftsverteilung, Bearbeitung der Akten, Dienstzeiten und dergleichen geregelt werden.[195]

Ein Großteil der Verwaltungsvorschriften beinhaltet dagegen Vorgaben, die sich auf den Inhalt zu erlassender konkreter Verwaltungsentscheidungen beziehen. Zu diesen sog. verhaltenslenkenden Verwaltungsvorschriften gehören die bereits erwähnten norminterpretierenden Verwaltungsvorschriften, in denen Festlegungen zur Auslegung von Tatbestandsmerkmalen in Rechtsnormen getroffen werden.[196] Derartige Verwaltungsvorschriften stellen eine enorme Arbeitshilfe für die Behördenbediensteten dar, wenn eine Gesetzesvorschrift neu in Kraft getreten ist oder es sich um spezielle Gesetze handelt, zu denen es keine Fachliteratur gibt, oder aber auch in der Verwaltungsvorschrift die Rechtsprechung zu einer Gesetzes-

---

191 Zu den mit dieser Sichtweise verbundenen Gefahren *Wahl* (Fn. 187), S. 595.

192 Z. B. *Kahl* (Fn. 159), § 74 Rn. 82; *Ossenbühl* (Fn. 32), § 104 Rn. 5; siehe zu den kritisierenden Ansichten m. w. N. *Wahl* (Fn. 187), S. 582 ff.

193 *Guckelberger* (Fn. 32), § 27 Rn. 6; eingehend *Reimer*, JURA 2014, S. 678 (679 f.).

194 *Mehde* (Fn. 1), S. 147 (159); dazu, dass diese in bestimmten Konstellationen über die innerexekutive Steuerung hinausgehende Funktionen entfalten, *ders.* (Fn. 39), § 82 Rn. 44.

195 *Guckelberger* (Fn. 32), § 27 Rn. 2; *Martini* (Fn. 13), § 33 Rn. 90; *Maurer/Waldhoff* (Fn. 93), § 24 Rn. 7; siehe auch *Ossenbühl* (Fn. 32), § 104 Rn. 19 f. und eingehender zu den Organisationsvorschriften *Schuppert*, Verwaltungswissenschaft, 2000, S. 262.

196 *Guckelberger* (Fn. 32), § 27 Rn. 2; *Siegel* (Fn. 31), § 46 Rn. 39.

norm kommentarähnlich aufbereitet wird.[197] In einer norminterpretierenden Verwaltungsvorschrift kann festgelegt werden, ob ein unbestimmter Rechtsbegriff eng oder weit ausgelegt wird. Auch wenn in derartigen Verwaltungsvorschriften eher unwesentliche Probleme abgeschichtet werden, sind sie in der Praxis unentbehrlich, da – so *Rainer Wahl* – auch das „Unwesentliche" der detaillierenden Regelung bedarf.[198] Norminterpretierende Verwaltungsvorschriften sind für die Behördenbediensteten strikt verbindlich.[199] Wird gegen die getroffene Verwaltungsentscheidung gerichtlich vorgegangen, entscheiden die Gerichte aber autonom über die Auslegung des jeweiligen Rechtsbegriffs, da derartige Verwaltungsvorschriften keine Außenwirkung haben.[200]

Ermessenslenkende Verwaltungsvorschriften enthalten Vorgaben zur Ausübung des vonseiten des Gesetzgebers eingeräumten Ermessens[201] und sollen zur Gleichmäßigkeit der Ausübung des Ermessens durch alle Bearbeiter beitragen.[202] Da der Sinn und Zweck der gesetzlichen Einräumung von Ermessen in der Herbeiführung von Einzelfallgerechtigkeit besteht, ermessenslenkende Verwaltungsvorschriften aber nur eine abstrakt-generelle Selbstprogrammierung bewirken, dürfen die Verwaltungsbediensteten von diesen nach zutreffender Ansicht in atypischen Situationen abweichen.[203] Ermessenslenkende Verwaltungsvorschriften führen über die ausgeübte Verwaltungspraxis und den Gleichheitsgrundsatz zu einer Selbstbindung der Verwaltung und können daher im Außenverhältnis mittelbar

197 *Stelkens*, Vorlesungsfolien Einführung in das Verwaltungsrecht, 3. Rechtsquellen und Rechtserkenntnisquellen im Verwaltungsrecht, Sommersemester 2022, Folie 46, https://www.uni-speyer.de/fileadmin/Lehrstuehle/Stelkens/Lehrveranstaltungen/Einfuehrung_in_das_Verwaltungsrecht/3_Rechtsquellen_EinVerwR-1.pdf (zuletzt abgerufen am 5. 9. 2022).

198 *Wahl* (Fn. 187), S. 572.

199 *Guckelberger* (Fn. 32), § 27 Rn. 6.

200 *Guckelberger* (Fn. 32), § 27 Rn. 6; *Geis*, in: Schoch/Schneider (Fn. 47), § 40 VwVfG Rn. 184; zur Befugnis der Gerichte zur letztverbindlichen Auslegung BVerfGE 157, 177 (213); insoweit wird auch davon gesprochen, dass solche Verwaltungsvorschriften nur die Bedeutung eines Auslegungsvorschlags für die Gerichte haben, dazu etwa *Guckelberger* (Fn. 187), S. 79 f.; *Martini* (Fn. 13), § 33 Rn. 92.

201 *Guckelberger* (Fn. 32), § 27 Rn. 2.

202 *Guckelberger* (Fn. 32), § 27 Rn. 2; siehe auch VGH Mannheim, VBlBW 2022, S. 127 (129 f.).

203 *Guckelberger* (Fn. 32), § 27 Rn. 6; dazu auch *Geis*, in: Schoch/Schneider (Fn. 47), § 40 VwVfG Rn. 181; *Siegel* (Fn. 31), § 46 Rn. 40.

über Art. 3 Abs. 1 GG Außenwirkung entfalten.[204] Vergleichbar gestaltet sich die Rechtslage im Falle gesetzesvertretender Verwaltungsvorschriften, etwa wenn die Verwaltung mangels näherer gesetzlicher Determinierung Subventionsrichtlinien erlässt.[205]

Bei sog. normkonkretisierenden Verwaltungsvorschriften, zu deren bekanntesten Ausprägungen die TA Lärm und TA Luft gehören,[206] werden offene Gesetzestatbestände (Stichwort: Beurteilungsspielräume der Verwaltung) in einem Prozess mit erheblichen dezisionistischen Anteilen konkretisiert.[207] Ihnen wird ausnahmsweise unmittelbare Außenwirkung beigemessen, da sie aufgrund besonderer gesetzlicher Ermächtigung (§ 48 BImSchG) in einem zur Richtigkeitsgewähr beitragenden formalisierten Verfahren unter Anhörung von Vertretern zu beteiligender Kreise (§ 51 BImSchG) ergehen und die Exekutive insoweit über bessere Voraussetzungen zur Normkonkretisierung als die Judikative verfügt.[208] Ist die in der normkonkretisierenden Verwaltungsvorschrift getroffene Regelung infolge von Erkenntnisfortschritten in Wissenschaft und Technik inhaltlich überholt oder eine atypische Situation gegeben, vermag eine solche Verwaltungsvorschrift aber keine Bindungswirkung mehr zu erzeugen.[209]

Ferner wird zwischen intersubjektiven und intrasubjektiven Verwaltungsvorschriften differenziert. Während intrasubjektive Verwaltungsvorschriften innerhalb desselben Trägers der öffentlichen Gewalt ergehen und auf Grundlage der Organisations- und Geschäftsleitungsgewalt der übergeordneten Stelle erlassen werden können,[210] bedürfen intersubjektive Verwaltungsvorschriften einer besonderen Rechtsgrundlage, um Bindungswirkung gegenüber Stellen anderer Verwaltungsträger erzeugen zu können.[211] So entschied das BVerfG, dass durch Art. 85 Abs. 2 S. 1 GG die der Exekutive inhärente Befugnis zum Erlass allgemeiner Verwaltungsvor-

---

204 *Guckelberger* (Fn. 32), § 27 Rn. 7; *Martini* (Fn. 13), § 33 Rn. 93; *Stelkens* (Fn. 58), S. 405; BVerwG, Urt. v. 13.10.2021 – 2 C 6/20 – juris, Rn. 23.

205 *Guckelberger* (Fn. 32), § 27 Rn. 7; näher zu den gesetzesvertretenden Verwaltungsvorschriften *Martini* (Fn. 13), § 33 Rn. 94 f. und zur unglücklich gewählten Terminologie *Siegel* (Fn. 31), § 46 Rn. 40.

206 *Guckelberger* (Fn. 32), § 27 Rn. 8; *Maurer/Waldhoff* (Fn. 93), § 24 Rn. 12.

207 *Guckelberger* (Fn. 32), § 27 Rn. 2; siehe auch *Siegel* (Fn. 31), § 46 Rn. 39.

208 *Guckelberger* (Fn. 32), § 27 Rn. 8; siehe auch *Martini* (Fn. 13), § 33 Rn. 97 f.

209 *Guckelberger* (Fn. 32), § 27 Rn. 8; *Siegel* (Fn. 31), § 46 Rn. 39; näher *Martini* (Fn. 13), § 33 Rn. 98.

210 *Guckelberger* (Fn. 32), § 27 Rn. 3; *Martini* (Fn. 13), § 33 Rn. 84; *Maurer/Waldhoff* (Fn. 93), § 24 Rn. 10.

211 *Guckelberger* (Fn. 32), § 27 Rn. 3; *Martini* (Fn. 13), § 33 Rn. 85; *Maurer/Waldhoff* (Fn. 93), § 24 Rn. 10; *Mehde* (Fn. 39), § 82 Rn. 44.

schriften zugunsten des Bundes über seinen Bereich hinausgehend auf die Länderverwaltung erstreckt wird.[212]

b) Motive für den Erlass von Verwaltungsvorschriften

Die Motive für den Erlass von Verwaltungsvorschriften können abhängig von ihren Funktionen durchaus variieren.[213] Ihr zentrales Anliegen besteht in der Eigensteuerung der Verwaltung,[214] in der Erleichterung der Aufgabenwahrnehmung[215] und in Abhängigkeit zu ihrem Inhalt auch in der Vereinheitlichung von Verwaltungsentscheidungen.[216] Insbesondere wenn aus Sicht der Verwaltung die von ihr zu vollziehenden Gesetze nicht hinreichend konkretisiert erscheinen, liegt der Erlass von Verwaltungsvorschriften zur Herstellung oder Verbesserung der Vollzugsfähigkeit nahe.[217] Im Idealfall können die Behördenbediensteten etwa aufgrund einer norminterpretierenden Verwaltungsvorschrift schneller entscheiden, da sie sich nicht jedes Mal Gedanken über die richtige Auslegung eines unbestimmten Rechtsbegriffs machen müssen.[218] Verhaltenslenkende Verwaltungsvorschriften dienen der Vereinheitlichung, Vereinfachung, Rationalisierung sowie einem gleichmäßigen Gesetzesvollzug.[219] Sie tragen zur Berechenbarkeit und Konstanz des Verwaltungshandelns bei.[220] Insbesondere wenn die Verwaltungsvorschriften publik gemacht wurden, enthalten sie auch eine Orientierungshilfe für außerhalb der Verwaltung stehende Personen, die sich so auf das Gesetzesverständnis der Verwaltung einstellen können.[221]

---

212 BVerfGE 100, 249 (259 ff.).

213 Siehe auch *Ossenbühl* (Fn. 32), § 104 Rn. 31.

214 *Siegel* (Fn. 31), § 46 Rn. 38.

215 *Martini* (Fn. 13), § 33 Rn. 81 spricht von Entlastung der Amtswalter.

216 *Siegel* (Fn. 31), § 46 Rn. 38; siehe auch *Mehde* (Fn. 1), S. 147 (159).

217 *Martini* (Fn. 13), § 33 Rn. 78; *Ossenbühl* (Fn. 32), § 104 Rn. 15.

218 *Guckelberger* (Fn. 187), S. 61.

219 Allgemein zu Verwaltungsvorschriften *Sennekamp* (Fn. 121), § 9 Rn. 15; siehe auch *Martini* (Fn. 13), § 33 Rn. 81; *Ossenbühl* (Fn. 32), § 104 Rn. 24; *Stelkens* (Fn. 58), S. 379.

220 *Hill/Martini*, in: Hoffmann-Riem/Schmidt-Aßmann/Voßkuhle (Fn. 98), § 34 Rn. 37.

221 *Martini* (Fn. 13), § 33 Rn. 81; *Maurer/Waldhoff* (Fn. 93), § 24 Rn. 27.

c) Erlass der Verwaltungsvorschriften

Eine besondere Rechtsgrundlage wird grundsätzlich nur für den Erlass intersubjektiver Verwaltungsvorschriften benötigt. Nur selten, etwa in § 51 BImSchG, finden sich besondere Verfahrensvorgaben, welche beim Erlass von Verwaltungsvorschriften zu beachten sind.[222] Im Falle des Art. 84 Abs. 2 GG und des Art. 85 Abs. 2 S. 1 GG benötigt die Bundesregierung die Zustimmung des Bundesrates für den Erlass allgemeiner Verwaltungsvorschriften.[223] Die Schlankheit des „Rechtsetzungsverfahrens“[224] bei Verwaltungsvorschriften lässt sich damit erklären, dass sie primär der Steuerung der Verwaltung dienen.[225] Dies ist auch der Grund, warum Verwaltungsvorschriften und ihre Änderungen – sieht man von den normkonkretisierenden Verwaltungsvorschriften mit ihrer unmittelbaren Außenwirkung ab – aus rechtsstaatlichen Gründen nicht allgemein publik gemacht werden müssen.[226] Grundsätzlich kann die Verwaltung nach ihrem Ermessen über die Bekanntmachung von Verwaltungsvorschriften entscheiden.[227] Zunehmend finden sich aber Regelungen in den Informationsfreiheits- und Transparenzgesetzen, aufgrund derer Antragsteller Zugang zu Verwaltungsvorschriften erhalten können[228] oder Verwaltungsvorschriften sogar aktiv publik zu machen sind.[229]

Die Wesentlichkeitstheorie steht gewissen Regelungen ausschließlich durch eine Verwaltungsvorschrift entgegen. Im Jahr 2021 entschied das BVerwG, dass allein die Bandbreite der Vorgaben der zahlreichen, insoweit stark divergierenden Beurteilungsrichtlinien der obersten Dienstbehörden des Landes Rheinland-Pfalz zur Bildung eines Gesamturteils über die Leistungen der Amtswalter die Notwendigkeit einer gesetzlichen Regelung des Beurteilungswesens belege. Weil dienstliche Beurteilungen ihre wesentliche Aussagekraft erst im Vergleich zu den dienstlichen Beurteilun-

222 *Sennekamp* (Fn. 121), § 9 Rn. 15; *Ossenbühl* (Fn. 32), § 104 Rn. 79; *Voßkuhle/Kaufhold*, JuS 2016, S. 314 (314).

223 *Mehde* (Fn. 39), § 82 Rn. 44, wonach dadurch ein hierarchieähnliches Verhältnis für den Vollzug der Bundesgesetze geschaffen wird.

224 *Sennekamp* (Fn. 121), § 9 Rn. 15.

225 *Guckelberger* (Fn. 187), S. 62; siehe auch *Martini* (Fn. 13), § 33 Rn. 86.

226 *Sennekamp* (Fn. 121), § 9 Rn. 15; *Voßkuhle/Kaufhold* (Fn. 222), S. 315.

227 *Sennekamp* (Fn. 121), § 9 Rn. 15.

228 Zu Verwaltungsvorschriften als amtliche Information *Debus*, in: BeckOK Informations- und Medienrecht, 35. Ed. 2022, § 2 IFG Rn. 8.1.

229 § 3 Abs. 1 Nr. 6 HmbTG; § 7 Abs. 1 Nr. 6 LTranspG RP. Dazu auch *Brink*, in: Brink/Polenz/Blatt, Informationsfreiheitsgesetz, 2017, § 11 Rn. 29 ff.; *Schnabel*, in: BeckOK Informations- und Medienrecht (Fn. 228), § 11 IFG Rn. 19 f.

gen anderer Beamten erhalten, müsse zur Verwirklichung des grundrechtsgleichen Rechts aus Art. 33 Abs. 2 GG von dem unmittelbar demokratisch legitimierten Gesetzgeber jedenfalls selbst eine Entscheidung über das Beurteilungssystem und die Vorgabe der Bildung des abschließenden Gesamturteils unter Würdigung aller Einzelmerkmale getroffen werden.[230] Verwaltungsvorschriften müssen gem. Art. 20 Abs. 3 GG mit Gesetz und Recht in Einklang stehen. Zutreffend wird darauf hingewiesen, dass sich die Arten der Verwaltungsvorschriften auf das große Spektrum zwischen der nahezu voll gebundenen Verwaltung bis zur kaum noch gebundenen Verwaltung beziehen.[231] Daraus ergeben sich bedeutsame Konsequenzen für den Umfang der Selbstprogrammierung der Verwaltung. Soweit ihr auf Tatbestands- oder Rechtsfolgenseite einer Norm oder mangels gesetzlicher Determinierung Spielräume hinsichtlich des Inhalts ihrer Vorschriften eingeräumt wurden, verfügt sie über eine größere Gestaltungsmacht.[232] Beim Erlass von norminterpretierenden Verwaltungsvorschriften kommt der Verwaltung dagegen kein Spielraum zu und ist sie gut beraten, bei einer anderen Auslegung des Rechtsbegriffs durch die Judikative ihre Festlegungen schleunigst nachzujustieren, um drohenden gerichtlichen Aufhebungen der Verwaltungsentscheidungen in einer Vielzahl von Fällen vorzubeugen.

Angesichts der geringen formellen Anforderungen können Verwaltungsvorschriften schnell geändert werden.[233] Im Bereich der ermessenslenkenden Verwaltungsvorschriften entspricht es ständiger Rechtsprechung, dass eine solchermaßen festgelegte Verwaltungspraxis aus willkürfreien, d. h. sachlichen Gründen geändert werden kann, zumal die Selbstbindung der Verwaltung ihr eine Veränderung der Maßstäbe für die Zukunft nicht verbietet.[234] Wie überraschend solche Änderungen sein können, zeigte sich anhand der Medienberichte über den plötzlichen Stopp des KfW-Programms für Effizienzhäuser.[235] Zwischenzeitlich wurde die diesbezügliche Richtlinie überarbeitet, sodass nunmehr daran ausgerichte-

---

230 BVerwG, NVwZ 2021, S. 1608 (1611 ff.) auch unter Eingehung auf die Kritik an dieser Haltung.

231 *Wahl* (Fn. 187), S. 578.

232 *Schuppert* (Fn. 195), S. 258 bezeichnet Verwaltungsvorschriften dagegen ohne Differenzierung als einzige Form der autonomen Rechtsetzung.

233 Dazu auch *Guckelberger* (Fn. 187), S. 68.

234 BVerwGE 104, 220 (223, 228); BVerwG, Urt. v. 13. 10. 2021 – 2 C 6/20 – juris, Rn. 23.

235 KfW-Programm für Effizienzhäuser gestoppt, Tagesschau v. 24. 1. 2022, https://www.tagesschau.de/wirtschaft/verbraucher/kfw-foerderung-fuer-energieeffiziente-gebaeude-gestoppt-101.html (zuletzt abgerufen am 5. 9. 2022).

te Zuwendungen beantragt werden können. Allerdings war auch hier das Fördervolumen innerhalb kürzester Zeit ausgeschöpft.[236] Nur wenn durch die Änderung der Verwaltungspraxis nachträglich in abgewickelte, der Vergangenheit angehörende Tatbestände eingegriffen wird, ergeben sich aus dem verfassungsrechtlich verbürgten Gebot des Vertrauensschutzes Grenzen.[237] Soweit Verwaltungsvorschriften – wie im Regelfall – keine unmittelbare Außenwirkung haben, geht die Rechtsprechung aufgrund ihrer Formfreiheit davon aus, dass sie, auch wenn sie publik gemacht wurden, dennoch durch einen nicht veröffentlichten Erlass[238] oder konkludent geändert werden können.

Alles in allem stellen Verwaltungsvorschriften ein flexibles und attraktives Steuerungsinstrument mit niedrigem Formalisierungsgrad dar.[239] Erklären lässt sich dies zum einem mit ihrer leichten Abänderbarkeit und zum anderen mit ihrer differenzierten Bindungswirkung,[240] wofür beispielhaft auf das Ende der Bindungswirkung bei normkonkretisierenden Verwaltungsvorschriften verwiesen sei. In den Worten von *Schenke* erlauben Verwaltungsvorschriften „eine flexiblere Selbstprogrammierung der Verwaltung, die als Steuerungsressource und Wissensspeicher dient".[241]

4. *Konzepte*

Erst in jüngerer Zeit erfahren Konzepte als Instrumente zur Selbstprogrammierung der Verwaltung wissenschaftliche Aufmerksamkeit.[242] Im Verwaltungsbereich stößt man auf diverse administrative Konzepte. Beispielsweise wurde zur Umsetzung des ebenenübergreifenden Portalverbunds angesichts seiner Größe und des zeitlich begrenzten Umsetzungsrahmens mit den Adressaten des Onlinezugangsgesetzes kooperativ ein Umsetzungskonzept erarbeitet.[243] Da die Behörden aufgrund von Art. 3

---

236 Tagesschau (Fn. 235).

237 BVerwGE 104, 220 (228); BVerwG, Urt. v. 13. 10. 2021 – 2 C 6/20 – juris, Rn. 23.

238 BVerwGE 104, 220 (223 f.); dazu auch *Guckelberger* (Fn. 187), S. 69.

239 *Voßkuhle/Kaufhold* (Fn. 222), S. 314; siehe auch *Rossen* (Fn. 1), S. 71.

240 *Martini* (Fn. 13), § 33 Rn. 88. Nach *von Bogdandy* (Fn. 20), S. 245 regeln Verwaltungsvorschriften die Rechtssphäre in einem weicheren Modus als Rechtsverordnungen; dazu, dass es weitgehend dem Gesetzgeber obliegt, wie er den Legislativbereich ordnet, *Martini* (Fn. 13), § 33 Rn. 101.

241 *Schenke* (Fn. 118), § 7 Rn. 48.

242 *Reiling*, Der Hybride, 2016, S. 324.

243 Dazu sowie allgemein zu den Konzepten im Bereich der Digitalisierung *Starosta*, Der Portalverbund zwischen Bund und Ländern, 2022, S. 435 ff.

Abs. 1 GG ihr Ermessen beim Einschreiten gegen mehrere bauliche Anlagen nicht ohne erkennbaren Grund unterschiedlich, systemwidrig oder planungslos ausüben dürfen und die Gerichte es beanstanden, wenn es einem derartigen Einschreiten an jedem System fehlt,[244] kann durch die Erarbeitung eines entsprechenden Eingriffskonzepts solchen Beanstandungen zuvorgekommen werden.[245] Vor kurzem entschied der Bayerische Verwaltungsgerichtshof, dass aus Gründen der Rechtsschutzgarantie des Art. 19 Abs. 4 S. 1 GG das Auswahlermessen des Dienstherrn, das sich naturgemäß auf mehrere (konkurrierende) Auswahlentscheidungen bezieht, nicht nur eines geregelten Verfahrens (Ausschreibung) bedarf, sondern „auch gleichheitsgemäßer Auswahlkriterien, die zu Beginn festzulegen und bekanntzugeben sind (Konzeptpflicht)".[246] Teilweise wird auch in gesetzlichen Regelungen die Erarbeitung von Konzepten vorgeschrieben, etwa das in § 2 Abs. 2 Nr. 4, Abs. 3 Nr. 1 TKG erwähnte „Regulierungskonzept".[247]

Mangels Legaldefinition gibt es bis dato kein einheitliches Verständnis vom Wesen und Begriff sowie der Wirkung administrativer Konzepte.[248] Möglicherweise erklärt sich dieser Befund auch damit, dass Konzepte auch außerhalb der Verwaltung eingesetzt werden und ihr Inhalt daher vorausgesetzt wird.[249] Nach dem allgemeinen Sprachgebrauch versteht man unter einem Konzept einen klar umrissenen Plan bzw. ein Programm für ein Vorhaben, das von Vernunfterwägungen getragen ist.[250] Nach Ansicht von *Wollenschläger* beinhalten Konzepte selbstvorgegebene Programme, denen nachfolgende Entscheidungen der Verwaltung genügen müssen.[251] Auf einer ähnlichen Linie liegen die Ausführungen von *Rottenwallner*, wonach sich die Verwaltung durch Erarbeitung konzeptioneller Grundlagen „selbst ein Programm vor[gibt], dem spätere – erst ins Detail gehende –

---

244 BVerwG, BRS 82 Nr. 195.

245 Dazu, dass die Verwaltung aber nicht zur Erstellung eines solchen Konzepts verpflichtet ist, VG Saarlouis, Urt. v. 19. 6. 2019 – 5 K 2001/18 – juris, Rn. 33.

246 VGH München, Beschl. v. 31. 1. 2022 – 3 ZB 21/2172 – juris, Rn. 13; zu den Konzeptpflichten auch *Hoffmann-Riem* (Fn. 21), S. 385.

247 Speziell zu den Konzepten im Regulierungsrecht *Broemel*, JZ 2014, S. 286 ff.

248 *Herzmann*, VerwArch 104 (2013), S. 429; *Rottenwallner*, VR 2014, S. 109 ff.; *Starosta* (Fn. 243) S. 436 ff.; siehe auch *Schmidt-Aßmann* (Fn. 30), Kap. 6 Rn. 98 f.; zum schillernden Begriff auch *Eifert*, VVDStRL 67 (2008), S. 286 (317 f.).

249 *Starosta* (Fn. 243), S. 437; zu anderen Disziplinen auch *Hartleb*, ZBP 2011, S. 109 ff.

250 Duden, Wort „Konzept", https://www.duden.de/rechtschreibung/Konzept (zuletzt abgerufen am 5. 9. 2022); siehe auch *Starosta* (Fn. 243), S. 438.

251 *Wollenschläger* (Fn. 28), S. 197; siehe auch *Hoffmann-Riem* (Fn. 1), § 10 Rn. 116.

Entscheidungen oder Handlungsweisen genügen müssen".[252] Insbesondere die Konzepte der Verwaltung zum Einschreiten bei mehreren vorhandenen Schwarzbauten dienen der Vermeidung unabgestimmter Entscheidungen in Parallelfällen[253] und sorgen für ein kohärentes Verwaltungshandeln.[254] Durch administrative Konzepte werden rationalere Grundlagen für das Verwaltungshandeln geschaffen.[255] Sie können die Berechenbarkeit und Nachvollziehbarkeit nachfolgender Entscheidungen der Verwaltung verbessern.[256] In den Worten von *Schmidt-Aßmann* sichern Konzepte vor allem für Querschnittsaufgaben „einen ganzheitlichen Ansatz und erhöhen dadurch die Rationalität gerade solcher Folgeentscheidungen, die gesetzlich nur schwach vorgezeichnet sind".[257]

Mithin ist für Konzepte charakteristisch, dass sie sich im Vorfeld weiterer, anstehender Entscheidungen bewegen und ein wichtiges Instrument der Entscheidungsfindung bilden.[258] Ausweislich *Martini* gehört zu den Kernmerkmalen der Konzepte ein ganzheitlicher, mittel- bis langfristiger, programmatischer und zukunftsgestaltender Ansatz zur Sicherung der Einheitlichkeit, Gleichmäßigkeit und Verhältnismäßigkeit des behördlichen Vorgehens.[259] Da Konzepte in ganz verschiedenen Bereichen zum Einsatz gelangen, können sie ganz unterschiedliche Inhalte und einen variierenden Detaillierungsgrad aufweisen.[260] Wie an den anfangs erwähnten Einschreitens- und Auswahlkonzepten deutlich wurde, können sich administrative Konzepte unmittelbar auf das Staat-Bürger-Verhältnis beziehen.[261] In diesem Fall kann ihnen neben einer rechtsstaatlichen eine grundrechts- bzw. rechtsschutzfördernde Funktion zukommen.[262] Administrative Konzepte können aber auch lediglich den Binnen- bzw. Organisationsbereich

252 *Rottenwallner* (Fn. 248), S. 109.

253 *Stelkens* (Fn. 58), S. 380.

254 *Stelkens* (Fn. 58), S. 381.

255 *Herzmann* (Fn. 248), S. 433; *Junk* (Fn. 37), S. 194; *Starosta* (Fn. 243), S. 440; *Wollenschläger* (Fn. 28), S. 197 f.

256 *Hoffmann-Riem* (Fn. 21), S. 385; *Wollenschläger* (Fn. 28), S. 198; siehe auch *Herzmann* (Fn. 248), S. 433; *Junk* (Fn. 37), S. 194.

257 *Schmidt-Aßmann* (Fn. 30), Kap. 6 Rn. 98; siehe auch *Starosta* (Fn. 243), S. 441.

258 *Starosta* (Fn. 243), S. 440.

259 *Martini* (Fn. 13), § 33 Rn. 114.

260 *Starosta* (Fn. 243), S. 441.

261 *Rottenwallner* (Fn. 248), S. 120; *Starosta* (Fn. 243), S. 441.

262 *Starosta* (Fn. 243), S. 439. Dazu und zur Herleitung von Konzeptpflichten aus verfassungsrechtlichen Gründen *Wollenschläger* (Fn. 28), S. 203 ff.; siehe auch *Herzmann* (Fn. 248), S. 437 ff.

der Verwaltung betreffen.[263] Da Konzepte jederzeit für die Zukunft geändert werden können,[264] sind sie flexibel und revisionsoffen.[265]

Konzepte dienen neben Verfahrens- oder Institutionenarrangements[266] und Strategien der Selbstorientierung bzw. -programmierung der Verwaltung.[267] Konzepte sind mit administrativen Strategien, die als „das Bemühen um eine längerfristig angelegte, regelmäßig verschiedene Handlungsschritte erfassende und mehrere Beteiligte berücksichtigende Vorstellung über einen möglichst Erfolg versprechenden Weg zur Erreichung bestimmter Verwaltungsziele" beschrieben werden,[268] eng verwandt.[269] Es gibt gute Gründe für die Annahme, dass die allgemeiner gehaltenen Strategien den Konzepten übergeordnet sind.[270] So ist etwa der in § 2 Nr. 7 KSG als deutsche Langfriststrategie nach dem Übereinkommen von Paris und nach Art. 15 EU-Governance-Verordnung beschriebene Klimaschutzplan durch den Erlass sog. Klimaschutzprogramme zu operationalisieren.[271] Zur Rechtsnatur der Konzepte existiert ein breites Meinungsspektrum,[272] das vom informellen Handeln[273] über die Einordnung als Verwaltungsvorschrift[274] bis hin zur Annahme einer Handlungsform *sui generis* reicht.[275] Angesichts des vielfältigen Einsatzbereiches von Konzepten ist bei deren abstrakter Zuordnung zu einer rechtlichen Kategorie Zurückhaltung geboten.[276] In § 17 Abs. 1 TKG hat der Gesetzgeber bestimmt, dass die Bundesnetzagentur zur Verfolgung eines einheitlichen Regulierungskonzepts Verwaltungsvorschriften zu ihren grundsätzlichen Herangehensweisen und Methoden erlassen kann. Angesichts ihrer Eigenschaft als Instrument der

---

263 *Starosta* (Fn. 243), S. 441.

264 *Rottenwallner* (Fn. 248), S. 119; *Starosta* (Fn. 243), S. 442.

265 *Röhl*, in: Hoffmann-Riem/Schmidt-Aßmann/Voßkuhle (Fn. 98), § 30 Rn. 44; siehe auch *Starosta* (Fn. 243), S. 442; *Wollenschläger* (Fn. 28), S. 199 f.

266 Dazu *Hoffmann-Riem* (Fn. 1), § 10 Rn. 119; *ders.* (Fn. 21), S. 386.

267 *Hoffmann-Riem* (Fn. 1), § 10 Rn. 117; *Rottenwallner* (Fn. 248), S. 119; *Starosta* (Fn. 243), S. 439; *Wollenschläger* (Fn. 28), S. 199.

268 *Hoffmann-Riem* (Fn. 1), § 10 Rn. 118; *ders.* (Fn. 21), S. 386.

269 *Hoffmann-Riem* (Fn. 1), § 10 Rn. 118; siehe auch *Starosta* (Fn. 243), S. 442.

270 So *Starosta* (Fn. 243), S. 442. Nach *Franz*, Einführung in die Verwaltungswissenschaft, 2013, S. 170 soll ein Konzept die Leitgedanken zu einem bestimmten Thema im Sinne der Eckpunkte eines Projekts umfassen.

271 Näher dazu *Guckelberger* (Fn. 54), § 9 KSG Rn. 3 ff.

272 Siehe auch *Starosta* (Fn. 243), S. 443 f.

273 *Herzmann* (Fn. 248), S. 442; *Schmidt-Aßmann* (Fn. 30), Kap. 6 Rn. 99; dies ablehnend *Wollenschläger* (Fn. 28), S. 199.

274 In diese Richtung *Eifert*, VVDStRL 67 (2008), S. 286 (319).

275 *Wollenschläger* (Fn. 28), S. 199.

276 *Wollenschläger* (Fn. 28), S. 199; siehe auch *Starosta* (Fn. 243), S. 444.

Selbstprogrammierung liegt es nahe, dass Konzepte die Eigenschaft von Verwaltungsvorschriften haben können, ohne diese aber stets haben zu müssen.[277] Gegen eine generelle Einordnung der Konzepte als Verwaltungsvorschrift spricht bereits, dass diese nicht stets hierarchisch von oben nach unten erlassen werden,[278] sondern teils kollaborativ bzw. heterarchisch[279] erarbeitet werden. Sofern der Gesetzgeber nicht ausnahmsweise für den Erlass eines Konzepts die Handlungsform eines materiellen Gesetzes vorgibt, unterscheiden sich die zum Behördenrecht gehörenden Konzepte von Satzungen und Rechtsverordnungen durch ihre fehlende gesetzesgleiche Bindungswirkung.[280]

IV. Kombination der Selbstprogrammierungsinstrumente

Das Verhältnis der verschiedenen Selbstprogrammierungsinstrumente ist noch kaum beleuchtet. Dies dürfte auf die Vielzahl der verschiedenen Selbstprogrammierungsinstrumente zurückgehen. Vorausgeschickt sei, dass Selbstprogrammierungen durch Rechtsverordnungen oder Satzungen stets eine entsprechende gesetzliche Ermächtigung voraussetzen. Hinsichtlich der hier näher erläuterten Selbstprogrammierungsinstrumente lässt sich feststellen, dass der Gesetzgeber die Verwaltung entweder zum Erlass einer Rechtsverordnung oder einer Satzung ermächtigen kann. In der Praxis kann die Bestimmung der „richtigen" Ermächtigungsgrundlage zwischen diesen beiden Regelungsinstrumenten durchaus Probleme bereiten. So entschied der VGH Baden-Württemberg, dass eine auf Grundlage der Generalermächtigung im Polizeigesetz erlassene Polizeiverordnung nicht das Benutzungsverhältnis einer öffentlichen Einrichtung durch abschließende Festsetzung positiver Nutzungszeiten der Einrichtung regeln kann, sich dies vielmehr nach deren Widmung und ggf. einer ausgestaltenden Benutzungsregelung bestimmt.[281] Da Rechtsvorschriften in einer Rechts-

---

277 So auch *Rottenwallner* (Fn. 248), S. 110 f.

278 *Wollenschläger* (Fn. 28), S. 199; siehe auch *Stelkens* (Fn. 58), S. 382.

279 *Junk* (Fn. 37), S. 197; *Reiling* (Fn. 242), S. 324 spricht von heterarchischer Generierung von Rationalität. Nach *Brohm*, VVDStRL 30 (1971), S. 245 (262) eignet sich Hierarchie weniger für Tätigkeiten, die Flexibilität und innovatorische Fähigkeiten verlangen.

280 Siehe auch *Stelkens* (Fn. 58), S. 401 f. Da nach *Reiling* (Fn. 242), S. 323 ff. Konzepte heterarchisch erarbeitet werden müssen, vertritt sie den Standpunkt, dass Rechtsverordnungen und Verwaltungsvorschriften hierarchisch, Satzungen und Konzepte dagegen dezentral sind.

281 VGH Mannheim, NVwZ-RR 2012, S. 939 ff.

verordnung oder Satzung unbestimmte Rechtsbegriffe enthalten oder ein Ermessen einräumen können, ist es durchaus möglich und naheliegend, dass die Verwaltung insoweit zusätzlich norminterpretierende oder ermessenslenkende Verwaltungsvorschriften erlässt.

Unter anderem im Kontext der Bewältigung der Corona-Pandemie stellte sich das Problem, ob Vorschriften in einem Gesetz durch Rechtsverordnung oder Vorschriften in einer Rechtsverordnung durch Verwaltungsvorschrift geändert werden können. Dabei handelt es sich um Phänomene, die noch keinesfalls abschließend geklärt sind. Während Stimmen in der Literatur sich gegen die Abänderung eines Gesetzes durch den Verordnungsgeber aussprechen, weil dies im Hinblick auf Art. 20 Abs. 3 GG[282] und aus Gründen der Rechtssicherheit unzulässig sei, hatte ein Kammerbeschluss des BVerfG aus dem Jahre 1997 daran keine Bedenken, wenn sich eine solche Änderungsbefugnis aus der Ermächtigung ergibt und für diese sachliche Gründe bestehen.[283] Diese Rechtsprechung wird durch einen jüngst ergangenen Beschluss des BVerfG bestätigt.[284] Auf jeden Fall aber muss der Gesetzgeber die wesentlichen Entscheidungen selbst treffen.[285]

Da der Erlass von Rechtsverordnungen und Verwaltungsvorschriften der Exekutive obliegt, bereitet eine Abänderung einer Verordnungsvorschrift durch Verwaltungsvorschrift unter dem Aspekt der Gewaltenteilung weniger Probleme.[286] Nach zutreffender Ansicht können jedoch Regelungen, die aufgrund ihrer Grundrechtsrelevanz in einer dem Außenrecht angehörenden Rechtsverordnung enthalten sind, nicht durch Verwaltungsvorschriften modifiziert werden. Denn mit der verfassungsrechtlich vorgegebenen Publikationspflicht von Rechtsverordnungen geht im Vergleich zu den zum Innenrecht gehörenden Verwaltungsvorschriften ein Mehr an Rechtssicherheit einher.[287] Dies dürfte auch der Grund sein, warum etwaige Subdelegationen gem. Art. 80 Abs. 1 S. 4 GG ebenfalls durch Rechtsverordnung erfolgen müssen.[288] Erst vor kurzem judizierte das BVerwG, dass im Falle einer Ermächtigung des Gesetzgebers an die Exekutive zur Konkretisierung der Grundsätze für dienstliche Beurteilun-

---

282 *Uhle*, Parlament und Rechtsverordnung, 1999, S. 421.

283 BVerfG, NJW 1998, S. 669 (670); zu dieser Thematik auch *Guckelberger*, DVBl. 2020, S. 1441 (1442 ff.).

284 BVerfG, Beschl. v. 27. 4. 2022 – 1 BvR 2649/21 – juris, Rn. 130 ff.

285 Dazu *Guckelberger* (Fn. 283), S. 1445 f.

286 Dazu *Guckelberger* (Fn. 283), S. 1447.

287 *Guckelberger* (Fn. 283), S. 1447, jedenfalls müssen dann die abändernden Verwaltungsvorschriften aus rechtsstaatlichen Gründen bekannt gemacht werden.

288 *Guckelberger* (Fn 283), S. 1447.

gen oder des Beurteilungsverfahrens durch Rechtsverordnung diese Regelungen auch in Gestalt einer Rechtsverordnung getroffen werden müssen.[289] „Die pauschale Weiterleitung der Ermächtigung in der Rechtsverordnung auf die Ebene der bloßen Verwaltungsvorschrift, wie etwa in § 15 Abs. 1 S. 2 RhPfLbVO, ist ausgeschlossen."[290]

Abzuwarten bleibt, wie die Gerichte in den Hauptsacheverfahren die am 18. 3. 2022 außer Kraft getretene Regelung in § 2 Nr. 5 SchAusnahmV beurteilen werden, wonach im Sinne dieser Verordnung ein Genesenennachweis ein Nachweis hinsichtlich des Vorliegens eines durch vorherige Infektion erworbenen Infektionsschutzes ist, wenn dieser den vom Robert-Koch-Institut (RKI) auf seiner Homepage im Internet veröffentlichten Vorgaben hinsichtlich der vom Verordnungsgeber konkretisierten Kriterien entspricht. Erklären lassen dürfte sich diese Regelung wohl mit dem Anliegen, die Rechtslage dynamisch ohne weitere Zwischenschritte an die Erkenntnisse des RKI als zentraler Institution der für den Infektionsschutz besonders wichtigen Wissensverwaltung[291] anzupassen. In den einstweiligen Rechtsschutzverfahren gab es Gerichte, die keinerlei Bedenken an dieser Verweisungstechnik hatten.[292] Demgegenüber äußerte das OVG Lüneburg verfassungsrechtliche Bedenken, weil es schon keine ausreichende gesetzliche Grundlage für eine solche Subdelegation gebe und ein pauschaler Verweis auf die Ausführungen des RKI wegen eines Verstoßes gegen das Publizitäts- und Bestimmtheitsgebot voraussichtlich verfassungswidrig sei.[293] In einem Beschluss des BVerfG betreffend eine einstweiligen Anordnung warf es nur die Frage auf, ob und inwieweit sich eine hinreichende Grundlage im Gesetz für eine bindende Außenwirkung der dynamisch in Bezug genommenen Regelungen des Bundesinstituts findet und ein tragfähiger Sachgrund dafür vorliegt, die Konkretisierung des Genesenennachweises dem RKI zu überlassen.[294] Ausgehend vom Gewaltenteilungsgrundsatz sollen die maßgeblichen Entscheidungen von dem Organ getroffen

---

289 BVerwG, NVwZ 2021, S. 1608 (1611 Rn. 33 ff.).

290 BVerwG, NVwZ 2021, S. 1608 (1611 Rn. 36).

291 *Poscher*, in: Huster/Kingreen (Hrsg.), Handbuch Infektionsschutzrecht, 2. Aufl. 2022, Kap. 4 Rn. 20; dazu, dass den Einschätzungen des RKI im Bereich des Infektionsschutzes besonderes Gewicht beizumessen ist, BayVerfGH, Entsch. v. 28. 1. 2022 – Vf. 65-VII-21 – juris, Rn. 27 f.; zur Rolle des RKI auch *Winkelmüller*, in: BeckOK Infektionsschutzgesetz, 11. Ed. 2022, § 4 Rn. 3 f.

292 VG Stade, Beschl. v. 14. 3. 2022 – 6 B 247/22 – juris, Rn. 54 ff., weil durchaus dynamisch auf andere Regelungen verwiesen werden darf und weder eine wirkliche noch verdeckte Subdelegation vorliege.

293 OVG Lüneburg, Beschl. v. 14. 3. 2022 – 14 ME 175/22 – juris, Rn. 37.

294 BVerfG, NVwZ 2022, S. 319 (320 Rn. 14).

werden, das dafür über die besten Voraussetzungen verfügt. Betrachtet man § 4 IfSG, lässt sich das RKI als wissenschaftliche Behörde charakterisieren, dessen Aufgaben nach § 4 Abs. 2 IFSG vor allem in der Erstellung von Richtlinien, Empfehlungen, Merkblättern und sonstigen Informationen (Nr. 1), der Auswertung von Daten (Nr. 2), dem Zurverfügungstellen von Ergebnissen infektionsepidemiologischer Auswertungen an Behörden und Institutionen (Nr. 3), der periodischen Veröffentlichung solcher Ergebnisse (Nr. 4) und der Unterstützung der Länder und sonstigen Beteiligten bei der Wahrnehmung ihrer Überwachungsaufgaben nach diesem Gesetz (Nr. 5) bestehen.[295] Da die Dauer eines Genesenennachweises auf einer wertenden Entscheidung beruht, welche immense Auswirkungen für die Ausübung der Grundrechte der Betroffenen zeitigt sowie auch Erwägungen des Vertrauensschutzes Relevanz erlangen können, zeigt sich schnell, dass das RKI nach seinem Zuständigkeitszuschnitt nicht die ideale Stelle für derartige Festlegungen ist. Die vom RKI selbst so bezeichnete „wissenschaftliche Begründung" seiner Festlegungen beinhaltet nicht die an sich gebotene rechtliche Begründung der Dauer eines solchen Nachweises.

Alles in allem zeigen die soeben erwähnten Beispiele, dass innerhalb der Exekutive durchaus gewisse Neigungen bestehen, von dem einen Selbstprogrammierungsinstrument zu einem anderen Modus der Selbstprogrammierung zu wechseln. Über die Motive dafür kann man als Außenstehender nur spekulieren. Möglicherweise gibt es solche Tendenzen, weil es die Verwaltung von anderen Bereichen ihres Wirkens gewohnt ist, dass sie ergänzend weitere Selbstprogrammierungen erlassen kann, oder sie die Vorzüge des jeweiligen Selbstprogrammierungsinstruments am besten beurteilen kann. Im Kontext der Corona-Pandemie dürfte man sich von einem solchen Instrumentenwechsel eine flexiblere und unkomplizierte Änderung der Regelungen versprochen haben, etwa weil sich beim Erlass einer Verwaltungsvorschrift bestimmte, beim Verordnungserlass zu beachtende Mitwirkungsrechte erübrigten.[296] Dies legt es nahe, sich gerade mit derartigen Phänomenen näher zu befassen.

---

295 Hierzu *Brechmann*, in diesem Band, S. 105 ff. (119).

296 *Guckelberger* (Fn. 283), S. 1447.

V. Fazit

Zwar wird der Begriff der Selbstprogrammierung der Verwaltung teils in der Rechtswissenschaft verwendet, oftmals aber nicht näher erläutert. Dies sollte sich in Zukunft ändern. Wie gezeigt wurde, gibt es vielfältige Instrumente zur Selbstprogrammierung der Verwaltung, die sich in formale und informale Instrumente unterteilen lassen. Weil die Verwaltung mangels anderweitiger Vorgaben für die Ausgestaltung ihres eigenen Bereichs zuständig ist, tritt zur Erschließung der Instrumente erschwerend oft eine fehlende einheitliche Bezeichnung hinzu, an die dann möglicherweise wiederum vom Gesetzgeber angeknüpft wird.

Bei der dogmatischen Bewältigung der informalen Instrumente stößt man auf Grenzen, da man sich als Außenstehender nur schwer einen umfassenden Überblick über den Binnenraum der Verwaltung verschaffen kann. Dies dürfte erklären, warum bis heute bei rechtswissenschaftlichen Abhandlungen zur Selbstprogrammierung die exekutive Rechtsetzung im Zentrum der Aufmerksamkeit steht. Nicht zu Unrecht betont daher *Hoffmann-Riem*, dass jenseits der normativen Vorgaben Orientierungen für den Umgang mit den verschiedenen Handlungsoptionen Sinn machen können, „die gegebenenfalls im Zuge der Selbstprogrammierung der Verwaltung erarbeitet werden (müssen)".[297] Zur Systematisierung der vielfältigen Instrumente liegt es nahe, deren Zweck, Tragweite und Rechtsnatur herauszuarbeiten,[298] und sollte man sich bewusst machen, dass Selbstprogrammierungen nicht nur in Gestalt bindender Rechtsnormen, sondern auch genuiner administrativer Maßnahmen ergehen können.[299]

Letztlich sollte man sich vergegenwärtigen, dass sowohl Fremd- als auch Selbstprogrammierungen einem gewissen Wandel unterliegen können. Deshalb sind auch Fortentwicklungen der Selbstprogrammierungsinstrumente im Auge zu behalten.[300] Legt man den aktuellen Koalitionsvertrag der Bundesregierung zugrunde, wonach die Verwaltung digitaler und agiler werden soll,[301] ist etwa zu prüfen, wie sich bislang nur auf Amtswalter bezogene Programmierungen infolge der zunehmenden Automatisierung von Abläufen verändern und wie man eine stimmige Gesamtkonzeption zwischen Programmierungen von Maschinen und menschlichen Amtswal-

---

297 *Hoffmann-Riem* (Fn. 21), S. 384.

298 Siehe auch *Mögele*, in diesem Band, S. 203 ff. (209 ff.).

299 Siehe auch *Mögele* (Fn. 297).

300 Dazu etwa *Siegel* (Fn. 31), § 46 Rn. 41.

301 Mehr Fortschritt wagen, Koalitionsvertrag zwischen SPD, BÜNDNIS 90/DIE GRÜNEN und FDP, 2021, S. 9.

tern erreichen kann. Auch wird sich zeigen müssen, ob zur Herbeiführung von agilerem Verwaltungshandeln[302] in einzelnen Bereichen nicht andere Programmierungsinhalte oder eine Rückführung von Selbstprogrammierungen geboten sein könnte.

---

302 Auch zu den diesbezüglichen Grenzen *Siegel*, in: Hill/Mehde (Hrsg.), Herausforderungen für das Verwaltungsrecht, i. E.

Selbstprogrammierung der Verwaltung – Europäische Union

Rudolf Mögele[*]

I. Selbstprogrammierung und Unionsrecht

Die Themenstellung verknüpft die Vorstellung vom Zustandekommen exekutiven Handelns mit der Begriffswelt der Informatik. Danach bedarf die Staatsfunktion Verwaltung ähnlich einem Computer eines aus Einzelanweisungen bestehenden Handlungsprogramms, um die ihr anvertrauten Aufgaben oder Probleme bearbeiten und lösen zu können. Lässt man sich unter den Prämissen des demokratischen Verfassungsstaats auf dieses Gedankenexperiment ein, so kann es sich dabei nur um Handlungsanweisungen handeln, die ihren Geltungsgrund auf verfassungsrechtliche Normen und Ermächtigungen zurückführen können.

Der Rückgriff auf den Begriff der Selbst-Programmierung verweist überdies auf eine spezifische Spielart der Entstehung administrativer Handlungsprogramme. Diese setzen sich nämlich nicht nur aus verfassungsrechtlichen, gesetzlichen und politischen Vorgaben zusammen, die – um in der gewählten Begrifflichkeit zu bleiben – der Fremd-Programmierung durch verwaltungsexterne Gewalten zuzurechnen sind. Vielmehr können sie auch solche Anweisungen enthalten, die durch die Verwaltung selbst im Rahmen und in den Grenzen der ihr eingeräumten Handlungsspielräume hervorgebracht werden. Dabei muss es sich nicht um bindende Rechtsnormen handeln, vielmehr kann Selbstprogrammierung auch in Gestalt genuin administrativer Handlungsformen erfolgen. Vor diesem Hintergrund wird in diesem Beitrag unter Selbstprogrammierung die selbstständige Entwicklung und Festlegung von für das eigene Handeln und Entscheiden maßgeblichen Vorgaben (Handlungsprogramm) innerhalb eines vorgegebenen rechtlichen Rahmens verstanden.

Aus dieser Perspektive betrachtet, erschöpft sich die Analyse administrativer Handlungsprogramme in einer konkreten Fallkonstellation nicht in der Klärung der Frage, ob sie entweder im Wege der Selbst- oder der

---

* Herrn Prof. *Dr. Clemens Ladenburger*, stellvertretender Generaldirektor des Juristischen Dienstes der Europäischen Kommission, danke ich für wertvolle Anregungen und Hinweise.

Fremdprogrammierung entstanden sind. Vielmehr handelt es sich in der Regel um „Mischprogramme“, deren Selbstprogrammierungsanteile zu ermitteln und rechtlich einzuordnen und zu beurteilen sind.

Es gibt keinen Grund, warum man diesen Ansatz nicht auch auf die Ebene der Europäischen Union übertragen könnte. Daran ändert auch der Umstand nichts, dass die Union nicht einem klassischen, für Staaten typischen Gewaltenteilungsmodell folgt. Als auf fortschreitende Integration ausgerichtete supranationale Organisation[1] verfügt sie über ein eigenständiges und komplexes System von *Checks* und *Balances*.[2] Dort kommt es weniger auf die Unterscheidung zwischen Staatsfunktionen an als auf die konstitutionelle Verteilung der Aufgabenwahrnehmung auf mit spezifischen Zuständigkeiten und Befugnissen ausgestattete und der loyalen Zusammenarbeit verpflichtete Institutionen (Art. 13 Abs. 1 EUV). Dabei handelt, wie es Art. 13 Abs. 2 EUV zum Ausdruck bringt, „Jedes Organ […] nach Maßgabe der ihm in den Verträgen zugewiesenen Befugnisse nach den Verfahren, Bedingungen und Zielen, die in den Verträgen festgelegt sind.“[3] Auf diese Weise rückt im vorliegenden Zusammenhang die Kommission in den Fokus, die gemäß Art. 17 Abs. 1 EUV „nach Maßgabe der Verträge Koordinierungs-, Exekutiv- und Verwaltungsfunktionen“ ausübt, so dass man sie als Hauptträgerin der unionsrechtlichen Exekutivfunktionen bezeichnen kann.[4] Vor diesem Hintergrund liegt es nahe, in erster Linie die Selbstprogrammierungsspielräume der Kommission sowie ihre Modalitäten und Grenzen im Hinblick auf die Wahrnehmung der in Art. 17 Abs. 1 EUV genannten exekutiven Regierungs- und Verwaltungsaufgaben in den Blick zu nehmen. Zu diesen gehören insbesondere

- das Initiativrecht,
- die Überwachung der Anwendung des Unionsrechts unter der Kontrolle des Gerichtshofs der Europäischen Union (Hüterin der Verträge),
- die Durchführung des Unionsrechts,
- die Ausführung des Haushaltsplans und Verwaltung der EU-Programme,
- die Außenvertretung und

1 Art. 1 Abs. 2 EUV.

2 Siehe dazu *Rosas/Armati*, EU Constitutional Law, 3. Aufl. 2018, S. 84 ff.; *Calliess*, in: Calliess/Ruffert (Hrsg.), EUV/AEUV, 6. Aufl. 2022, Art. 13 EUV Rn. 17 f.

3 *Calliess* (Fn. 2), Art. 13 EUV Rn. 19 f.

4 Dazu *Ruffert*, in: Calliess/Ruffert (Fn. 2), Art. 17 EUV Rn. 3. Siehe auch Art. 291 Abs. 2 AEUV.

- die Einleitung der jährlichen und der mehrjährigen Programmplanung der Union mit dem Ziel, interinstitutionelle Vereinbarungen zu erreichen (Agendasetting)

In diesem Beitrag soll die Selbstprogrammierungsproblematik für die eben genannten Exekutivfunktionen der Kommission anhand konkreter Funktionstypen erläutert werden. Ausgeklammert bleibt wegen ihrer Besonderheit lediglich die Außenvertretung. Zu diesem Zweck soll für jeden Funktionstypus zunächst der Fremdprogrammierungsanteil am Handlungsprogramm der Kommission ermittelt werden. Sodann werden ihre jeweiligen Selbstprogrammierungsspielräume ausgelotet und die von ihr insoweit zur Selbstprogrammierung ergriffenen Maßnahmen herausgearbeitet. Vorab soll jedoch auf die in der Rechtsprechung des EuGH entwickelten Grundsätze für die Wahrnehmung von Ermessensspielräumen durch die Unionsinstitutionen und somit auch durch die Kommission eingegangen werden.

II. Ermessen

1. Rechtsbindung, Ermessen und gerichtliche Kontrolle

Wie jede demokratisch legitimierte und dem Rechtsstaatsprinzip unterworfene Exekutivinstitution ist auch die Kommission an zahlreiche Rechtsnormen gebunden, die ihr Handeln determinieren und von außen „programmieren" (Fremdprogrammierung). Zu diesen gehören

- das Primärrecht, d. h. die Verträge und die Grundrechtecharta,
- die von der Union geschlossenen internationalen Abkommen und
- das von Europäischem Parlament und Rat erlassene Sekundärrecht.

Im normativen Kontext gehört auch die Rechtsprechung der Unionsgerichte zu den von der Kommission zu beachtenden Vorgaben.

Dessen ungeachtet verbleibt der Kommission in vielen Fällen ein nicht unerhebliches Ermessen, das ihr z. T. weite Handlungs- und Entscheidungsspielräume eröffnet. Anders als im deutschen Recht umfasst der unionsrechtliche Ermessensbegriff sämtliche Fallkonstellationen, in denen der zuständigen Institution beim Erlass eines Rechtsakts oder einem anderweitigen rechtsrelevanten Tätigwerden ein mehr oder weniger großer

Entscheidungsspielraum zusteht. Dabei geht es im Wesentlichen um drei Konstellationen, die nicht selten in Kombination miteinander auftreten:[5]

- zum einen um Wertungs- oder Beurteilungsspielräume auf der Tatbestandsseite, die sich aus der Offenheit und Konkretisierungsbedürftigkeit gesetzlicher Merkmale ergeben (Beurteilungsermessen),
- zum anderen um Fälle, in denen die einschlägige Befugnisnorm auf der Rechtsfolgenseite ausdrücklich einen Entscheidungsspielraum vorsieht („kann" - Entscheidungsermessen), und
- schließlich um Situationen, in denen der zur Entscheidung berufenen Institution keine präzise Rechtsfolge vorgegeben ist, sondern eine Palette von Entscheidungsoptionen zur Verfügung steht (Maßnahmenermessen).

In allen drei Fällen geht die Rechtsprechung von EuGH und EuG im Grundsatz davon aus, dass der europäische Normgeber bei der Ausübung ihm übertragener komplexer Bewertungen etwa wirtschaftlicher, sozialer oder technischer Natur über einen weiten Ermessensspielraum verfügt,[6] der nur einer begrenzten gerichtlichen Überprüfung zugänglich ist. Gerichtlich überprüft werden darf insoweit lediglich, ob

- die Verfahrens- und Begründungsanforderungen eingehalten und
- der Sachverhalt zutreffend ermittelt wurden sowie
- kein Rechtsfehler,
- keine offensichtlich fehlerhafte Würdigung des Sachverhalts und
- kein Ermessensmissbrauch vorliegen.[7]

Auch wenn die Anwendung dieser Kontrollkriterien durch die EU-Gerichte nicht durchweg konsistent sein mag und deshalb immer wieder Kritik auf sich zieht,[8] werden vor dem Hintergrund dieses Kontrollrasters zumindest die abstrakten Umrisse der normativen Selbstprogrammierungsspiel-

---

5 Siehe etwa *Streinz*, Europarecht, 11. Aufl. 2019, Rn. 662.

6 EuGH, Rs. C-226/20 P (Eurofer/Kommission), ECLI:EU:C:2022:122 Rn. 55; Rs. C-269/90 (HZA München-Mitte/TU München), ECLI:EU:C:1991:438 Rn. 13; EuG, Rs. T-333/10 (Animal Trading Company u. a./Kommission), ECLI:EU:T:2013:451 Rn. 82.

7 Siehe beispielhaft EuGH, Rs. C-928/19 P (EPSU/Kommission), ECLI:EU:C:2021:656 Rn. 96 m. w. N.; *Gaitanides*, in: von der Groeben/Schwarze/Hatje (Hrsg.), Europäisches Unionsrecht, 7. Aufl. 2015, Art. 17 EUV Rn. 52 f.

8 Siehe etwa *Mendes*, Discretion, Care and Public Interests in the EU Administration: Probing the Limits of Law, CMLR 2016, S. 419; *Dörr*, in: Grabitz/Hilf/Nettesheim (Hrsg.), Das Recht der Europäischen Union, 49. EL 11/2012, Art. 263 AEUV Rn. 187.

räume erkennbar, über die die Kommission bei der Ausübung ihrer Exekutivbefugnisse verfügt.

Dieser Rechtsprechung liegen im Kern zwei Erwägungen zugrunde. Zum einen besteht die EuGH und EuG vertraglich zugewiesene Aufgabe in der „Wahrung des Rechts bei der Auslegung und Anwendung" des Unionsrechts (Art. 19 Abs. 1 EUV). Insofern könnte ein tieferes gerichtliches Eindringen in die legislativen und exekutiven Prärogativen zur Verdrängung von Gesetzgeber und Kommission aus den ihnen vorbehaltenen Funktionen und somit zu einer Störung des institutionellen Gleichgewichts führen.[9] Damit einher geht zum anderen die Überlegung, dass die fachliche Kernkompetenz der Judikative in der rechtlichen Kontrolle exekutiver Akte liegt, während die Kompetenz für die inhaltliche Klärung komplexer Regelungsfragen und zur Konkretisierung der öffentlichen Interessen primär bei Gesetzgeber und Exekutive liegen.[10] Im Hinblick auf die Kommission wird das in Art. 17 Abs. 1 EUV ausdrücklich zum Ausdruck gebracht.[11]

2. *Rechtliche Kontrolle und politische Orientierung des Kommissionshandelns*

Die normative Selbstprogrammierung der Kommission wird zunächst durch die rechtlichen Kontrollbefugnisse geprägt, die den Mitgliedstaaten und den beiden Mitgesetzgebern im Bereich der „tertiären" Normsetzung[12] verbleiben. Gemeint sind damit zum einen die Befugnisse von Europäischem Parlament und Rat, der Kommission gewährte Ermächtigungen zum Erlass delegierter Akte zu widerrufen und deren Inkrafttreten durch die Erhebung von Einwänden zu verhindern (Art. 290 Abs. 2 AEUV). Zum anderen verfügen die Mitgliedstaaten im Rahmen der Komitologie (Art. 291 Abs. 2 AEUV)[13] über weitreichende Mitwirkungsrechte am Erlass von Durchführungsrechtsakten durch die Kommission, die neben der Beratung geplanter Maßnahmen ggf. auch in deren Ablehnung

9 Siehe etwa EuG, Rs. T-13/99 (Pfizer Animal Health /Rat), ECLI:EU:T:2002:209 Rn. 393; *Dörr* (Fn. 8), Art. 263 AEUV Rn. 193.

10 *Breyer*, Making our Democracy Work, 2010, S. 110 ff. zum amerikanischen Recht.

11 *Mendes* (Fn. 8), S. 423.

12 Gemeint sind die von der Kommission erlassenen Rechtsakte.

13 Verordnung (EU) Nr. 182/2011 des Europäischen Parlaments und des Rates vom 16. 2. 2011 zur Festlegung der allgemeinen Regeln und Grundsätze, nach denen die Mitgliedstaaten die Wahrnehmung der Durchführungsbefugnisse durch die Kommission kontrollieren, ABl. 2011 L Nr. 55, S. 13.

durch negative Stellungnahmen der beteiligten Ausschüsse bestehen können. Ungeachtet der rechtlichen Unterschiede zwischen diesen beiden Kontrollmechanismen gehen von dem mit ihnen verbundenen Risiko der Blockade von Entscheidungen für die Kommission bereits im Vorfeld Impulse zur Kompromissfindung aus. Nähere Einzelheiten des Zusammenwirkens zwischen den Institutionen sind überdies in Nr. V der Interinstitutionellen Vereinbarung über bessere Rechtsetzung v. 13. 4. 2016 und in dem dieser als Anhang beigefügten Verständigung zwischen dem Europäischen Parlament, dem Rat und der Kommission über delegierte Rechtsakte niedergelegt.[14]

Politische Orientierungswirkung für das Kommissionshandeln im Sinne einer Fremdprogrammierung geht zunächst von den Zielvorstellungen, Prioritäten und Impulsen aus, die der Europäische Rat der Union in seinen Schlussfolgerungen vorgibt (Art. 15 Abs. 1 EUV).[15] Diese entfalten nicht zuletzt für die gesetzesvorbereitenden Arbeiten der Kommission, aber auch darüber hinaus ermessensrelevante Wirkungen.[16] Die vom Europäischen Parlament und Rat an die Kommission gerichteten Aufforderungen zur Vorlage eines Vorschlags (Art. 225 und 241 AEUV) sind für sie letztlich zwar rechtlich nicht bindend. Allerdings hat Kommissionspräsidentin von der Leyen 2019 in ihren Politischen Leitlinien zugesagt, auf Aufforderungen des Europäischen Parlaments zur Vorlage von Legislativvorschlägen „– unter uneingeschränkter Wahrung der Grundsätze der Subsidiarität, Verhältnismäßigkeit und besseren Rechtsetzung – mit einem Rechtsakt zu reagieren."[17] Im Übrigen beeinflussen auch die Entschließungen und Schlussfolgerungen, mit denen beide Mitgesetzgeber auf solche Mitteilungen der Kommission reagieren, in denen die Konturen und Optionen beabsichtigter Gesetzgebungsprojekte dargestellt werden,[18] die Wil-

---

14 Interinstitutionelle Vereinbarung v. 13. 4. 2016 zwischen dem Europäischen Parlament, dem Rat der Europäischen Union und der Europäischen Kommission über bessere Rechtsetzung, ABl. 2016 L Nr. 123, S. 1.

15 *Pechstein*, in: Streinz (Hrsg.), EUV/AEUV, 3. Aufl. 2018, Art. 15 EUV Rn. 2.

16 *Kumin*, in: Grabitz/Hilf/Nettesheim (Hrsg.), Das Recht der Europäischen Union, 45. EL August 2011, Art. 15 EUV Rn. 61 ff.

17 Siehe Punkt 6 der Politischen Leitlinien von Präsidentin von der Leyen für die künftige Europäische Kommission 2019-2024, Website der Kommission, https://ec.europa.eu/info/sites/default/files/political-guidelines-next-commission_de.pdf (zuletzt abgerufen am 15. 8. 2022).

18 Ein Beispiel aus jüngerer Vergangenheit ist etwa die Mitteilung zur Farm to Fork-Strategie (COM(2020) 381 final). Siehe dazu die Entschließung des Europäischen Parlaments v. 20. 10. 2021 P9_TA(2021)0425 sowie die Schlussfolgerungen des Rats v. 19. 10. 2020 12099/20. Kommissionsvorschläge hierzu sind vor der

lensbildung der Kommission. Auch das in Art. 17 Abs. 7 EUV verankerte Erfordernis der Wahl des Kommissionspräsidenten durch das Europäische Parlament bleibt nicht ohne politische Steuerungseffekte, da sie im Vorfeld regelmäßig mit Absprachen über politische Kernanliegen des Europäischen Parlaments verknüpft wird.[19]

Weiter unterliegt das Handeln der Kommission einer Reihe nachträglicher politischer Kontrollmechanismen. Dazu zählen ganz generell die politischen Kontrollrechte des Europäischen Parlaments (Art. 14 Abs. 1 EUV) wie etwa die Einrichtung von Untersuchungsausschüssen (Art. 226 AEUV) oder das Misstrauensvotum gegen die Kommission (Art. 234 AEUV). Ein scharfes Schwert stellt insbesondere die externe Finanzkontrolle dar, die vom Europäischen Parlament und seinem Haushaltskontrollausschuss im Hinblick auf die Durchführung des Haushalts durch die Kommission (Art. 317 AEUV) ausgeübt wird. In deren Mittelpunkt steht die jährliche Entscheidung über die Entlastung der Kommission (Art. 319 AEUV), die insbesondere auf der Grundlage der umfassenden Prüfungstätigkeit des Europäischen Rechnungshofs (ERH) getroffen wird.[20] Besonders ins Gewicht fällt dabei die Pflicht der Kommission, „alle zweckdienlichen Maßnahmen [zu ergreifen], um den Bemerkungen im Entlastungsbeschluss nachzukommen (Art. 319 Abs. 3 AEUV).[21] Zum Bereich der politischen Kontrolle der Kommission wird man schließlich auch den beim Europäischen Parlament angesiedelten Bürgerbeauftragten (Ombudsman) mit seinen umfassenden Untersuchungsrechten zählen müssen (Art. 228 Abs. 1 AEUV).

III. Instrumente und Verfahren der Selbstprogrammierung

Die Instrumente und Verfahren, mittels derer die Kommission ihre Selbstprogrammierungsspielräume ausfüllt, sind vielfältig, unterscheiden sich in

---

Sommerpause 2022 geplant, siehe *Politico*, Morning Agriculture and Food v. 23. 3. 2022.

19 Siehe Nr. II der Rahmenvereinbarung über die Beziehungen zwischen dem Europäischen Parlament und der Europäischen Kommission, ABl. 2010 L Nr. 304, S. 47; Europäisches Parlament, Pressemitteilung v. 16. 7. 2019, Ursula von der Leyen stellt dem Plenum ihre Leitlinien vor, Website des Europäischen Parlaments, https://www.europarl.europa.eu/news/de/headlines/priorities/eu-kommissionsvorsitz-2019/20190711IPR56823/ursula-von-der-leyen-stellt-dem-plenum-ihre-leitlinien-vor (zuletzt abgerufen am 15. 8. 2022).

20 Art. 319 i. V. m. Art. 287 AEUV.

21 Siehe dazu etwa *Mögele*, EuR 2016, S. 489 (502 ff.).

Zweck, Tragweite und Rechtsnatur und bemessen sich nach den Spezifika der jeweiligen Exekutivfunktion und konkreten Maßnahme. Bevor jedoch die Art und Weise ihrer Selbstprogrammierung anhand konkreter Fallty- pen untersucht wird, erscheint es sinnvoll, einen allgemeinen Überblick über das Selbstprogrammierungsinstrumentarium der Kommission zu ge- ben.

- Die politische und administrative Gesamtleitung der Kommission liegt bei ihrem Präsidenten, dem Art. 17 Abs. 6 lit. a und b EUV ausdrück- lich die Befugnis zuspricht, „die Leitlinien fest[zulegen], nach denen die Kommission ihre Aufgaben ausübt", und „über die interne Organi- sation der Kommission" zu beschließen.[22] Zu diesem Zweck weist der Kommissionspräsident den Mitgliedern der Kommission ihre Portfoli- os zu, strukturiert die internen Arbeitsprozesse[23] und erstellt bei Amts- antritt politische Leitlinien,[24] die er mittels sog. „*Mission Letters*", die an die einzelnen Mitglieder der Kommission gerichtet sind, auf die diesen zugewiesenen Portfolios herunterbricht.[25]
- Ungeachtet der starken Stellung ihres Präsidenten[26] funktioniert die Kommission weitgehend als Kollegialorgan, dessen Entscheidungen[27] vom Kollegium als Ganzes getroffen und verantwortet werden.[28] Die zu diesem Zweck erforderlichen Beschlussverfahren sind in ihrer Ge- schäftsordnung (GO) ebenso geregelt[29] wie ihre internen Verfahrensab- läufe und die ihrer Dienste sowie die internen Konsultationspflichten

---

22 *Ruffert* (Fn. 4), Art. 17 EUV Rn. 27 ff.

23 *Loewenthal*, in: Kellerbauer/Klamert/Tomkin (Hrsg.), The EU Treaties and the Charter of Fundamental Rights, 2019, Art. 17 EUV Rn. 20 ff.

24 Siehe etwa die Politischen Leitlinien von Präsidentin von der Leyen für die künftige Europäische Kommission 2019-2024, Website der Kommission, https://ec.europa.eu/info/sites/default/files/political-guidelines-next-commission_de.pdf (zuletzt abgerufen am 15. 8. 2022).

25 Siehe etwa den Mission Letter für Vizepräsident *Timmermans*, Website der Kom- mission, https://ec.europa.eu/commission/commissioners/sites/default/files/commissioner_mission_letters/mission-letter-frans-timmermans-2019_en.pdf (zuletzt abgerufen am 15. 8. 2022).

26 *Martenczuk*, in: Grabitz/Hilf/Nettesheim (Hrsg.), Das Recht der Europäischen Union, 59. EL Juli 2016, Art. 17 EUV Rn. 88 ff.

27 Z. B. der Beschluss von Gesetzgebungsvorschlägen, der Erlass von Rechtsakten, die Einleitung von Vertragsverletzungsverfahren oder die Genehmigung staatli- cher Beihilfen.

28 Siehe Art. 250 AEUV und Art. 17 Abs. 6 lit. b und 8 EUV.

29 Geschäftsordnung der Kommission, ABl. 2000 L Nr. 308, S. 26.

und Vertretungsregelungen.[30] Die gewachsene Bedeutung des Generalsekretariats für die Unterstützung des Präsidenten sowie für die inhaltliche Kohärenz und das abgestimmte Vorgehen der Kommission und ihrer Dienste kommt in Art. 20 und 23 Abs. 5 GO zum Ausdruck, der die Aufgaben und Zuständigkeiten des Generalsekretärs festlegt. Schließlich enthält der ihrer GO als Anhang beigefügte Kodex für gute Verwaltungspraxis, dem in erster Linie organisationsrechtlicher Charakter zukommt,[31] eine Zusammenfassung der an das Verwaltungshandeln der Kommission gestellten Anforderungen[32].

- Die Umsetzung dieser Vorgaben erfolgt im Rahmen eines jährlichen Strategieplanungs- und Programmzyklus,[33] der im Wesentlichen das Jahresarbeitsprogramm der Kommission, die Strategie- und Managementpläne ihrer Dienststellen und deren jährliche Tätigkeitsberichte sowie den an das EP, den Rat und den ERH gerichteten jährlichen „*Management and Performance Report for the EU Budget*"[34] umfasst. Die Erstellung des jährlichen Arbeitsprogramms ist eingebettet in die zwischen EP, Rat und Kommission abgestimmten mehrjährigen politischen Ziele und Prioritäten;[35] ihr wird ein Dialog mit Europäischem Parlament und Rat vorgeschaltet.[36] Vor diesem Hintergrund erschließt sich auch, dass viele der Initiativen der Kommission ihren Ursprung in Anregungen, Wünschen und Forderungen aus den Mitgliedstaaten und dem Europäischen Parlament haben.
- Zur Vorbereitung ihrer politisch sensiblen und wichtigen Gesetzgebungs- und Rechtsetzungsinitiativen bedient sich die Kommission

30 *Martenczuk* (Fn. 26), Art. 17 EUV Rn. 95 f.

31 *Mögele*, AUR 2021, S. 406 (408).

32 Dazu gehören nicht zuletzt die für die Amtsausübung der Unionsbediensteten relevanten Vorschriften des EU-Dienst- und Haushaltsrechts etwa im Hinblick auf die zu beachtenden Amtspflichten und die Vermeidung von Interessenkonflikten.

33 Website der Kommission, https://ec.europa.eu/info/strategy/priorities-and-goals/how-priorities-are-set_en#howstrategybecomesreality (zuletzt abgerufen am 15. 8. 2022).

34 Siehe etwa den für 2020 erstellten Bericht, COM(2021) 301 final.

35 Siehe dazu die Gemeinsamen Schlussfolgerungen zu den politischen Zielen und Prioritäten für den Zeitraum 2020-2024 v. 17. 12. 2020, Website der Kommission, https://ec.europa.eu/info/files/joint-conclusions-policy-objectives-and-priorities-2020-2024_en (zuletzt abgerufen am 15. 8. 2022), sowie die Nr. 4 ff. der Interinstitutionellen Vereinbarung zwischen dem Europäischen Parlament, dem Rat der Europäischen Union und der Europäischen Kommission über bessere Rechtsetzung (IIV über bessere Rechtsetzung), ABl. 2016 L Nr. 123, S. 1.

36 Siehe Nr. 6 der IIV über bessere Rechtsetzung.

seit vielen Jahren der von ihr unter dem Oberbegriff „Bessere Rechtsetzung" entwickelten Instrumente und Verfahren,[37] die mittlerweile auch Eingang in die Interinstitutionelle Vereinbarung mit Europäischem Parlament und Rat aus dem Jahr 2016[38] gefunden haben.[39] Neben der bereits erwähnten politischen Planung gehören dazu im Kern die Evaluierung der bestehenden Politik, die Konsultation der Betroffenen und die Durchführung von Folgenabschätzungen, auf deren Grundlage die Kommission ihre Entscheidung über neue Initiativen trifft. Ziel ist eine möglichst evidenzbasierte, zielorientierte, kosteneffektive und partizipative Rechtsetzung.[40] Die Kommission hat freilich nie einen Hehl daraus gemacht, dass Folgenabschätzungen in dringlichen Fällen oder bei stark begrenzten politischen Wahlmöglichkeiten entbehrlich sein können.[41] Insofern ist aufschlussreich, dass etwa im Zeitraum 2015–2018 rund 28% der Vorschläge nicht von einer Folgenabschätzung begleitet wurden.[42]

---

37 Mitteilung der Kommission v. 29. 4. 2021, Bessere Rechtsetzung: Mit vereinten Kräften für bessere Rechtsvorschriften, COM(2021) 219 final. Zur operativen Umsetzung des Konzepts dienen die ausdrücklich als interne Weisung an die Kommissionsdienststellen dienenden *Better Regulation*-Guidelines v. 3. 11. 2021, SWD(2021) 305 final und eine umfassende und detaillierte *Better Regulation Toolbox*, Website der Kommission, https://ec.europa.eu/info/law/law-making-process/planning-and-proposing-law/better-regulation-why-and-how/better-regulation-guidelines-and-toolbox_en (zuletzt abgerufen am 15. 8. 2022).

38 IIV über bessere Rechtsetzung.

39 Dazu ausführlicher *Mögele*, EuR 2020, S. 3 (6 ff.).

40 Siehe dazu die prägnante Aussage auf S. 5 der *Better Regulation*-Guidelines: „It is a way of working that allows political decisions to be prepared in an open and transparent manner, informed by the best available evidence, including via the comprehensive involvement of stakeholders. This is to ensure that the EU acts in line with the overarching principles of subsidiarity and proportionality, i.e. only where necessary and in a way that does not go beyond what is needed to address the problem at hand."

41 Commission Staff Working Document, Better Regulation: taking stock and sustaining our commitment, Accompanying the document Communication from the Commission to the European Parliament, the Council, the European Economic and Social Committee and the Committee of the Regions, SWD (2019) 156 final v. 15. 4. 2019, S. 19.

42 Commission Staff Working Document (Fn. 41), S. 20. Siehe auch den vom Europäischen Parlament für den Zeitraum v. 4. 7. 2014 bis 31. 12. 2016 erstellten Tätigkeitbericht, nach dem in dem genannten Zeitraum lediglich 68 der von der Kommission vorgelegten Vorschläge von Folgenabschätzungen begleitet gewesen seien, http://www.epgencms.europarl.europa.eu/cmsdata./upload/3e04lc7-9e08-44b8-8bb1-f84e0a2562a4lActivity-report-ordinary-legislative-procedure-2014-2016-en.pdf (zuletzt abgerufen am 15. 8. 2022).

- Zur Wahrnehmung der ihr regelmäßig vom Gesetzgeber übertragenen Befugnisse zur weiteren Konkretisierung und Durchführung von Gesetzgebungs- und anderen verbindlichen Rechtsakten erlässt die Kommission eine Vielzahl von delegierten und Durchführungsakten. Dabei besitzt sie unterschiedlich große Gestaltungsspielräume, deren Ausfüllung sich in den Grenzen bewegen muss, die für delegierte Akte von Art. 290 Abs. 1 UAbs. 2 AEUV und für Durchführungsakte durch die Rechtsprechung zu Art. 291 Abs. 2 AEUV[43] gezogen werden.
- In vielen Fällen vollzieht die Kommission ihre Selbstprogrammierung allerdings unterhalb der Schwelle förmlicher Rechtsakte i. S. von Art. 288 AEUV. Dabei handelt es sich wie etwa im Kartell- und Beihilfenrecht häufig um Leitlinien, die in der Form von Mitteilungen der Kommission oder von Arbeitsdokumenten der Kommissionsdienststellen beschlossen werden und den Zweck verfolgen, die Verwaltungspraxis der Kommission zu vereinheitlichen und nach außen zu dokumentieren. Ein aktuelles Beispiel betrifft die politisch kontroverse sog. Konditionalitäts-VO (EU, Euratom) 2020/2092.[44] Deren praktische Anwendung wurde in dem vom Europäischen Rat gefundenen und von der Kommission mitgetragenen politischen Kompromiss von der Entwicklung und (mittlerweile erfolgten) Annahme von Leitlinien durch die Kommission abhängig gemacht.[45] In diesen Kontext gehören schließlich auch die nach den Grundsätzen der internen Kontrolle[46] in den

43 Dazu *Gellermann*, in: Streinz (Hrsg.), EUV/AEUV, 3. Aufl. 2018, Art. 291 AEUV Rn. 15 m. w. N.

44 VO (EU, Euratom) 2020/2092 über eine allgemeine Konditionalitätsregelung zum Schutz des Haushalts der Union, ABl. 2020 L Nr. 433 I, S. 1.

45 Schlussfolgerungen des Europäischen Rats v. 11. 12. 2020, EUCO 22/20, Nr. I. 1. c). Mittlerweile sind die Leitlinien von der Kommission publiziert worden, siehe Mitteilung der Kommission, Leitlinien für die Anwendung der Verordnung (EU, Euratom) 2020/2092 über eine allgemeine Konditionalitätsregelung zum Schutz des Haushalts der Union, ABl. 2022 C 123/12.

46 Siehe für ausgabenwirksame Vorgänge Art. 36 VO (EU) 2018/1046, ABl. 2018 L 193/1 (HO) und im Übrigen die Mitteilung der Kommission v. 19. 4. 2017, Revision of the Internal Control Framework, C(2017) 2373 final. Siehe allgemein zur internen Kontrolle in der öffentlichen Verwaltung die Website des ERH, https://methodology.eca.europa.eu/aware/GAP/Pages/CA-FA/Planning/Internal-control.aspx. (zuletzt abgerufen am 15. 8. 2022): „Internal control is an integral process (i.e. a series of actions that permeate an entity's activities) that is effected by an entity's management and personnel and is designed to address risks and to provide reasonable assurance that, in pursuit of the entity's mission, the following general objectives are being achieved:
fulfilling accountability obligations;

Kommissionsdiensten erstellten Handbücher, Vademeca oder Verfahrensmanuals, die zur internen Festlegung und Darstellung ihrer Vorgehensweise dienen.

IV. *Selbstprogrammierung nach Funktionstypen*

1. *Initiativrecht: Richtlinie (EU) 2019/633* [47]

a) Fremdprogrammierung und Selbstprogrammierungsspielraum

Das Recht zur Einleitung von Gesetzesinitiativen und zur Mitwirkung am Gesetzgebungsverfahren gehört gem. Art. 17 Abs. 1 und 2 EUV zum primärrechtlichen Kernbestand der Exekutivfunktionen der Kommission. Insofern verfügte sie im Fall der UTP-RL[48] zwar über ein weites Ermessen, das sich sowohl auf das Ob als auch auf das Wie seiner Ausübung bezog.[49] Allerdings musste sie dabei eine Reihe primärrechtlicher Bindungen beachten, die insbesondere die Zuständigkeit der Union (Art. 5 Abs. 2 EUV), das Subsidiaritäts- und Verhältnismäßigkeitsprinzip (Art. 5 Abs. 3 und 4 EUV) und die Grundrechte betrafen.[50]

Im konkreten Fall traten zwei weitere ermessensrelevante Aspekte hinzu, nämlich die Aufforderung des Europäischen Parlaments gem. Art. 225 AEUV aus dem Jahr 2016,[51] einen Vorschlag für einen Rechtsrahmen der Union im Zusammenhang mit unlauteren Handelspraktiken im Agrarbereich vorzulegen,[52] und der Wunsch des Rates, eine Folgenabschätzung mit dem Ziel durchzuführen, einen EU-Rechtsrahmen oder nichtlegislative Maßnahmen zur Eindämmung unlauterer Handelspraktiken vorzu-

---

complying with applicable laws and regulations;
safeguarding resources against loss, misuse and damage;
executing orderly, ethical, economical, efficient and effective operations."

47 RL (EU) 2019/633 über unlautere Handelspraktiken in den Geschäftsbeziehungen zwischen Unternehmen in der Agrar- und Lebensmittelversorgungskette (UTP-RL), ABl. 2019 L Nr. 111, S. 59.

48 „UTP" steht für *„unfair trading practices"*.

49 EuGH, Rs. C-409/13 (Rat/Kommission), ECLI:EU:C:2015:217 Rn 70.

50 Siehe die Begründung des UTP-Vorschlags, COM(2018) 173 final, S. 8 ff.

51 Entschließung des Europäischen Parlaments v. 7. 6. 2016 zu den unlauteren Handelspraktiken in der Lebensmittelversorgungskette (2015/2065 (INI)), ABl. 2018 C Nr. 86, S. 40.

52 Entschließung des Europäischen Parlaments (Fn. 51).

schlagen.[53] Außerdem hatte sich die von der Kommission selbst eingesetzte Task Force „*Agricultural Markets*“ im gleichen Sinne geäußert.[54] Zwar hätte sich die Kommission, was durchaus im Bereich des Möglichen lag, gegen ein Tätigwerden entscheiden können; sie hätte dies allerdings gegenüber Europäischem Parlament und Rat begründen müssen. So legte die Kommission dem Europäischen Parlament und Rat jedoch im April 2018 einen Vorschlag für eine entsprechende Richtlinie vor.[55]

b) Selbstprogrammierung

Der der Vorlage des Vorschlags vorangehende Selbstprogrammierungsprozess folgte den Schritten, die in den *Better Regulation*-Regeln dafür vorgesehen sind: Die Kommission nahm die Initiative in ihr Arbeitsprogramm 2018 auf,[56] führte eine öffentliche Konsultation und eine Folgenabschätzung[57] durch und beschloss auf deren Grundlage ihren Vorschlag im Einklang mit den dafür in ihrer GO vorgesehenen internen Verfahren.[58] Hierzu gehörte neben der engen Zusammenarbeit zwischen den betroffenen Generaldirektionen[59] insbesondere die verpflichtende Konsultation ihres Juristischen Dienstes.[60] In diesem Prozess wurden wesentliche inhaltliche Elemente des Vorschlags konkretisiert, nämlich insbesondere die Anwendung der agrarrechtlichen Rechtsgrundlage in Art. 43 Abs. 2 AEUV, die Ausgestaltung der Maßnahme als europäische Mindestharmonisierung der UTP-Regeln und in Anwendung von Art. 296 AEUV der im Agrarbereich

---

53 Schlussfolgerungen des Rates v. 12. 12. 2016, Stärkung der Position der Landwirte in der Lebensmittelversorgungskette und Bekämpfung unlauterer Handelspraktiken.

54 Report of the Agricultural Markets Task Force, Brussels, November 2016, siehe auf der Website der Kommission, https://ec.europa.eu/info/food-farming-fisheries/key-policies/common-agricultural-policy/market-measures/agri-food-supply-chain/agricultural-markets-task-force_en (zuletzt abgerufen am 15. 8. 2022).

55 Vorschlag für eine Richtlinie des Europäischen Parlaments und des Rates über unlautere Handelspraktiken in den Geschäftsbeziehungen zwischen Unternehmen in der Lebensmittelversorgungskette, COM(2018) 173 final.

56 Arbeitsprogramm 2018 v. 24. 10. 2017, COM(2017) 650 final.

57 Siehe Website der Kommission, https://eur-lex.europa.eu/legal-content/EN/TXT/?uri=CELEX%3A52018SC0092 (zuletzt abgerufen am 15. 8. 2022).

58 Siehe dazu die Begründung des Vorschlags, COM(2018) 173 final, S. 8 ff. Siehe allgemein *Martenczuk* (Fn. 26), Art. 249 AEUV Rn. 2 ff.

59 Neben GD Landwirtschaft und Ländliche Entwicklung (federführend) insbesondere GD Wettbewerb und GD Markt, siehe Art. 23 Abs. 1 bis 3 GO.

60 Art. 23 Abs. 4 GO.

eher unübliche Rückgriff auf die Rechtsform der Richtlinie.[61] Alles in allem basierte der Vorschlag auf dem Erfahrungswert, dass Gesetzesinitiativen der Kommission bereits die für einen erfolgreichen Abschluss des Gesetzgebungsverfahrens nötigen „Andockstellen" für die politische Kompromissfindung enthalten sollten.

Im Rahmen der ihr im ordentlichen Gesetzgebungsverfahren zustehenden Handlungsspielräume vertrat die Kommission zwar aktiv ihren Vorschlag, ohne sich freilich einer Reihe vom Rat, insbesondere aber vom Europäischen Parlament erhobener Änderungswünsche zu verschließen. Da Ausrichtung und Grundstrukturen des Vorschlags nicht in Frage gestellt wurden, ergab sich auch nicht die Problematik seiner Rücknahme durch die Kommission in Anwendung der ihr gem. Art. 293 Abs. 2 AEUV dazu eingeräumten Befugnis.[62] Diese Option kommt im regulären Gesetzgebungsbetrieb nur sehr selten zum Tragen, wenn nämlich ein Vorschlag im Gesetzgebungsverfahren so „denaturiert" wird, dass er die mit ihm verbundenen politischen Zielsetzungen ganz oder weitgehend verfehlen würde.[63] Demgegenüber entfaltet sich der Einfluss der Kommission auf die Gesetzesberatungen insbesondere dadurch, dass gem. Art. 293 Abs. 1 AEUV in erster Lesung Änderungen an Vorschlägen ihrer Zustimmung bedürfen, es sei denn, sie werden vom Rat einstimmig angenommen.[64] Im Fall des UTP-Vorschlags akzeptierte die Kommission das im Dezember 2018 in erster Lesung erreichte politische Verhandlungsergebnis. Im Hinblick auf die Beachtung des für die Kommission geltenden Kollegialprinzips[65] spielte intern neben der Koordinierung zwischen den beteiligten Generaldirektionen wie in anderen Gesetzgebungsprozessen auch das *GRI*[66]

---

61 Siehe zu diesen Punkten die Begründung des Vorschlags, COM(2018) 173 final.

62 *Loewenthal* (Fn. 23), Art. 293 AEUV Rn. 4.

63 EuGH, Rs. C-409/13 (Rat/Kommission), ECLI:EU:C:2015:217 Rn 74. *Kuijper*, Commission's right of withdrawal of proposals: Curtailment of the Commission's Right or Acceptance by the Court of the Commission's long-standing position?, BlogActiv, http://acelg.blogactiv.eu/2015/06/01/commissions-right-of-withdrawal-of-proposals-curtailment-of-the-commissions-right-or-acceptance-by-the-court-of-the-commissions-long-standing-position/ (zuletzt abgerufen am 15. 8. 2022). Demgegenüber hat sich die Praxis herausgebildet, dass die Kommission obsolete Vorschläge zurückzieht, etwa weil sie vom Gesetzgeber auf die lange Bank geschoben wurden oder sich anderweitig überholt haben.

64 Dazu *Böttner*, EuR 2016, S. 105 (107).

65 *Kugelmann*, in: Streinz (Hrsg.), EUV/AEUV, 3. Aufl. 2018, Art. 217 EUV Rn. 107.

66 Abkürzung für „groupe des relations interinstitutionnelles", Website der Kommission, https://ec.europa.eu/dgs/secretariat_general/relations/relations_council/index_fr.htm (zuletzt abgerufen am 15. 8. 2022).

eine zentrale Rolle. Dabei handelt es sich um eine aus Mitgliedern aller Kabinette zusammengesetzte, im Grundsatz wöchentlich tagende Gruppe zur Verfolgung sämtlicher die Kommission betreffender interinstitutioneller Angelegenheiten. Dazu zählen insbesondere die laufenden Gesetzgebungsverfahren. Es trifft zwar selbst keine Entscheidungen; seine Empfehlungen werden jedoch über die wöchentliche Sitzung der Kabinettschefs („*Hebdo*") in den Entscheidungsprozess des Kollegiums eingespeist. Das *GRI* wurde fortlaufend über den Verhandlungsfortschritt unterrichtet und präzisierte nach eingehenden Diskussionen jeweils die Verhandlungsspielräume der Kommission.

2. *Überwachung der Anwendung des Unionsrechts: Vertragsverletzungsverfahren*

a) Fremdprogrammierung und Selbstprogrammierungsspielraum

Auch bei der Einleitung und Durchführung von Vertragsverletzungsverfahren gem. Art. 258 AEUV handelt es sich um eine originäre Kommissionszuständigkeit qua Vertrag. In der Rechtsprechung des EuGH ist anerkannt, dass die Kommission nicht zur Verfahrenseinleitung verpflichtet ist, sondern auf diesem Gebiet über ein weites Ermessen verfügt.[67] Zwar wird ihr von Art. 17 Abs. 1 S. 2 EUV die Überwachung der Anwendung des Unionsrechts unter der Kontrolle des EuGH anvertraut, doch kann sie weitgehend frei entscheiden, ob, zu welchem Zeitpunkt und in welchem Umfang sie auf Art. 258 AEUV zurückgreifen will.[68] Dafür spricht, dass Art. 258 AEUV die Abgabe einer mit Gründen versehenen Stellungnahme von der „Auffassung der Kommission" hinsichtlich des Vorliegens eines Verstoßes abhängig macht und die Befassung des EuGH ausdrücklich in ihr Ermessen stellt („kann"). Während diese mehr oder weniger unbegrenzte Möglichkeit der Kommission zur Selbstprogrammierung vom EuGH hingenommen wird, gibt es durchaus Stimmen, die etwa die Beachtung des Gleichheitsgebots gem. Art. 4 Abs. 1 EUV oder eine Verfolgungs-

---

67 EuGH, verb. Rs. C-514/11 P und C-605/11 P (Liga para a Protecção da Natureza (LPN) und Finnland/Kommission), ECLI:EU:C:2013:738 Rn. 60; Rs. C-107/95 P (Bundesverband der Bilanzbuchhalter e. V./Kommission), ECLI:EU:C:1997:71 Rn. 10 f. Siehe dazu *Karpenstein*, in: Grabitz/Hilf/Nettesheim (Hrsg.), Das Recht der Europäischen Union, 65. EL 8/2018, Art. 258 AEUV Rn. 14.

68 *Karpenstein* (Fn. 67), Art. 258 Rn. 42.

pflicht bei schwerwiegenden und evidenten Verstößen einfordern.[69] Jedenfalls „unterliegen nach dem Kollegialitätsprinzip alle konstitutiven Etappen des Vertragsverletzungsverfahrens einem gemeinsamen Beschluss der Kommission".[70] *Karpenstein* weist zurecht darauf hin, dass dies „einerseits einer einseitigen Handhabung der zuständigen Generaldirektionen und Kommissare entgegenwirkt, andererseits jedoch der politischen Einflussnahme durch dritte Kommissare schon im Vorverfahren breiten Raum gibt." In ihrer Praxis bemüht sich die Kommission um ein möglichst kohärentes Vorgehen, indem sie ihre Entscheidungen nicht punktuell, sondern im Rahmen von monatlichen Paketen (*„infringements packages"*) trifft.[71]

b) Selbstprogrammierung

Gegenwärtig übt die Kommission ihre Spielräume auf der Grundlage von Leitlinien aus, die sie 2017 in ihrer Mitteilung „EU-Recht: Bessere Ergebnisse durch bessere Anwendung"[72] festgelegt hat. Darin betont sie zum einen die Bedeutung einer möglichst guten Rechtsetzung für die Anwendung des EU-Rechts in und durch die Mitgliedstaaten und legt einen Schwerpunkt auf eine möglichst enge Kooperation mit den nationalen Regierungen und Stellen. Was zum anderen die Verfolgung von Rechtsverletzungen angeht, verschreibt sie sich einem auf strikter Prioritätensetzung basierenden strategischen Ansatz, den sie mit dem Motto *'bigger and more ambitious on big things, and smaller and more modest on small things'* versieht. Dazu richtet sie die Konzentration auf „die schwerwiegendsten Verstöße gegen das EU-Recht [...], die die Interessen der Bürger und der Wirtschaft beeinträchtigen", und somit auf ein entschlossenes Vorgehen „gegen Verstöße [...], die der Verwirklichung wichtiger politischer Ziele der EU entgegenstehen oder die vier Grundfreiheiten zu beeinträchtigen drohen." Vor diesem Hintergrund verfolgt die Kommission vorranging Fälle

---

69 *Karpenstein* (Fn. 67), Art. 258 Rn. 16; *Cremer* (Fn. 68), m. w. N.

70 *Karpenstein* (Fn. 67), Art. 258 Rn. 31 m. w. N.

71 Siehe etwa die Pressemitteilung der Kommission v. 6. 4. 2022, April infringements package: key decisions, Webite der Kommission, https://ec.europa.eu/commission/presscorner/detail/en/inf_22_1769 (zuletzt abgerufen am 15. 8. 2022).

72 Mitteilung der Kommission, EU-Recht: Bessere Ergebnisse durch bessere Anwendung, ABl. 2017 C Nr. 18, S. 10.

- mangelnder Umsetzung von Richtlinien,
- der Nichtumsetzung von Urteilen des EuGH, insbesondere wenn dies „systemische Schwächen in der Rechtsordnung des Mitgliedstaats“ offenbart, etwa im Hinblick auf die wirksame Durchsetzung des EU-Rechts (Vorrang) oder Rechtsstaatsprobleme, sowie
- der Unvereinbarkeit nationaler Rechtsvorschriften mit dem Unionsrecht.

Im Übrigen behält sie sich ausdrücklich die Möglichkeit vor, im Sinne eines weit verstandenen Opportunitätsprinzips zu „berücksichtigen, welcher Mehrwert bei einem Vertragsverletzungsverfahren erzielt werden kann, und den Vorgang [zu] schließen, wenn ihr dies aus politischer Sicht angebracht erscheint.“[73]

Trotz der Ausrichtung ihrer Praxis auf prioritäre Fälle waren Ende 2020 insgesamt 1786 Vertragsverletzungsverfahren anhängig, und die Zahl der 2020 neu eröffneten Verfahren erhöhte sich gegenüber dem Vorjahr von 786 auf 903.[74]

Gleichzeitig stützt sich die Kommission auf zwei prozedurale Mechanismen. Zum einen auf das im Anhang der Mitteilung detailliert ausgestaltete Beschwerdeverfahren, in dem Betroffene bei der Kommission „unentgeltlich Beschwerde gegen eine Maßnahme (Rechts- oder Verwaltungsvorschrift), eine Unterlassung oder eine Verwaltungspraxis in einem Mitgliedstaat einlegen [können], die seiner Auffassung nach gegen Unionsrecht verstößt.“ In diesem soll in der Regel binnen eines Jahres nach Registrierung der Beschwerde entschieden werden, ob ein Vertragsverletzungsverfahren eingeleitet oder der Vorgang geschlossen wird. Zum anderen bedient sich die Kommission seit Jahren des sog. „EU-Pilot“-Verfahrens, das sie als strukturierten Dialog zur Problemlösung zwischen Kommission und Mitgliedstaaten betrachtet, „um bei etwaigen Verstößen gegen das EU-Recht außerhalb von Art. 258 AEUV frühzeitig Lösungen zu finden.“[75] Zu diesem Zweck werden die Mitgliedstaaten in geeigneten Fällen vorab

---

73 Siehe unter Punkt 3. Ein strategischerer Ansatz für die Maßnahmen der Kommission zur Rechtsdurchsetzung *Prioritätensetzung*, ABl. 2017 C Nr. 18, S. 10 (15).

74 Siehe die Übersicht auf der Website der Kommission, https://ec.europa.eu/info/law/law-making-process/applying-eu-law/infringement-procedure/2020-annual-report-monitoring-application-eu-law_en#infringements (zuletzt abgerufen am 15. 8. 2022).

75 Siehe unter Punkt 2. Zusammenarbeit mit den Mitgliedstaaten bei der Durchsetzung des EU-Rechts *Dialog*, ABl. 2017 C Nr. 18, S. 10 (11). Dazu *Wunderlich*, in: von der Groeben/Schwarze/Hatje (Hrsg.), Europäisches Unionsrecht, 7. Aufl. 2015, Art. 258, Rn. 14.

zu potentiellen Verstößen konsultiert. Auch hier wird eine Klärung innerhalb von zwölf Monaten angestrebt. Im Jahr 2020 wurden von der Kommission 212 EU Pilot-Verfahren gestartet.[76] Im Hinblick auf beide Verfahren praktiziert die Kommission intern ein stringentes Nachverfolgungssystem, das von seinem Generalsekretariat gesteuert wird.

3. *Durchführung des Unionsrechts: Staatliche Beihilfen*

a) Fremdprogrammierung

Die Zuständigkeiten zur Durchführung des Staatsbeihilfenrechts sind bis auf die Ausnahme in Art. 108 Abs. 2 UAbs. 3 AEUV allein der Kommission zugewiesen. Sie unterliegt dabei in erster Linie den materiellen und formellen Vorgaben in Art. 107 und 108 AEUV. Diese werden durch zwei sekundärrechtliche Akte konkretisiert und ergänzt: zum einen durch die VO (EU) 2015/1588[77] (sog. *Enabling*-VO), die der Kommission erlaubt, im Einklang mit Art. 108 Abs. 4 AEUV sog. *De-Minimis*-Beihilfen[78] von der Anwendung des Art. 107 AEUV auszunehmen und Gruppenfreistellungsverordnungen zu erlassen, zum anderen durch die VO (EU) 1589/2015[79] mit detaillierten Verfahrensregelungen. Speziell im Agrarbereich wurde auf der Grundlage von Art. 42 AEUV eine Reihe von Sonderbestimmungen erlassen, die bestimmte Arten von Beihilfen entweder dem Anwendungsbereich des Art. 107 AEUV und damit auch dem Zugriff der Kommission entziehen oder spezifische Kommissionsbefugnisse vorsehen.[80]

---

76 Siehe die Übersicht auf der Website der Kommission, https://ec.europa.eu/info/law/law-making-process/applying-eu-law/infringement-procedure/2020-annual-report-monitoring-application-eu-law_en#infringements (zuletzt abgerufen am 15. 8. 2022).

77 Verordnung (EU) 2015/1588 des Rates vom 13. 7. 2015 über die Anwendung der Artikel 107 und 108 des Vertrags über die Arbeitsweise der Europäischen Union auf bestimmte Gruppen horizontaler Beihilfen, ABl. 2015 L 248/1.

78 Dabei handelt es sich um Beihilfen, die wegen ihrer Geringfügigkeit und mangelnden Wettbewerbsrelevanz „nicht allen Bedingungen des Artikels 107 Absatz 1 AEUV entsprechen und deshalb von dem Anmeldungsverfahren gemäß Artikel 108 Absatz 3 AEUV freigestellt sind", siehe Art. 2 Abs. 1 VO 2015/1588.

79 Verordnung (EU) 2015/1589 des Rates vom 13. 7. 2015 über besondere Vorschriften für die Anwendung von Artikel 108 des Vertrags über die Arbeitsweise der Europäischen Union, ABl. 2015 L 248/9.

80 Art. 211 ff. VO (EU) Nr. 1308/2013 (GMO), ABl. 2013 L Nr. 347, S. 671; Art. 13 VO (EU) Nr. 1307/2013 (Direktzahlungen), ABl. 2013 L Nr. 347, S. 608; Art. 81 f.

b) Selbstprogrammierungsspielraum

In diesem rechtlichen Rahmen verfügt die Kommission über erhebliche Spielräume zur Selbstprogrammierung der Beihilfenkontrolle.

- Zwar ist die rechtliche Auslegung des Beihilfenbegriffs in Art. 107 Abs. 1 AEUV im Wesentlichen durch die Rechtsprechung vorgegeben.[81] Da die Anwendung seiner Merkmale jedoch regelmäßig komplexe wirtschaftliche Bewertungen erfordert, beschränken sich die Unionsgerichte im Einklang mit ihrer generellen Linie auf eine eingeschränkte Ermessensprüfung.[82]
- Ähnlich liegen die Dinge im Hinblick auf die Anwendung der Zulässigkeitstatbestände in Art. 107 Abs. 2 AEUV, da der Kommission auch hier ein gewisses Beurteilungsermessen zusteht.[83]
- Weiter reicht das Ermessen der Kommission bei der Anwendung von Art. 107 Abs. 3 AEUV. Hier kommt nämlich zum Beurteilungs- ein Handlungsermessen („kann") hinzu, das es der Kommission auch erlaubt, beihilfenpolitische Erwägungen umzusetzen.[84] Insofern besitzt sie signifikante Auslegungs- und Ermessensspielräume, die sie nach Maßgabe von auf die Union als Ganzes zu beziehender, komplexer wirtschaftlicher und sozialer Wertungen ausübt, und die von den Unionsgerichten nur eingeschränkt kontrolliert werden.[85]
- Ähnliches gilt für die Handhabung der *Enabling-VO* in den Bereichen *De-Minimis* und Gruppenfreistellung. Die Ermittlung der *De-Minimis*-Grenzen etwa erfordert gem. Art. 2 Abs. 1 VO 2015/1588 eine diffizile Analyse und Einschätzung der Wettbewerbsrelevanz geringfügiger Beihilfen,[86] die im Agrar- und Fischereibereich durch die Existenz komple-

VO (EU) Nr. 1305/2013 (Politik der ländlichen Entwicklung), ABl. 2013 L Nr. 347, S. 487.

81 *Heidenhain*, European State Aid Law, 2010, § 3 Rn. 10.

82 *Heidenhain* (Fn. 81),§ 3 Rn. 13.

83 *Heidenhain* (Fn. 81), § 10 Rn. 1-3.

84 *Bartosch*, EU-Beihilfenrecht, 3. Aufl. 2020, Art. 107 Abs. 3 AEUV Rn. 1.

85 Dazu etwa EuGH, Rs. C-372/97 (Italien/Kommission), ECLI:EU:C:2004:234 Rn. 83; EuG, Rs. T-349/03 (Corsica Ferries France SAS/Kommission), ECLI:EU:T:2005:221 Rn. 137; EuG, verb. Rs. T-254/00, T-270/00 und T-277/00 (Hotel Cipriani SpA u. a./Kommission), ECLI:EU:T:2008:537 Rn. 290.

86 „(1) Die Kommission kann mittels nach dem Verfahren des Artikels 8 dieser Verordnung erlassenen Verordnungen feststellen, dass in Anbetracht der Entwicklung und Funktionsweise des Binnenmarktes bestimmte Beihilfen nicht alle Tatbestandsmerkmale des Artikels 107 Absatz 1 AEUV erfüllen und deshalb von der Anmeldungsverpflichtung nach Artikel 108 Absatz 3 AEUV freigestellt sind,

xer EU-Maßnahmen noch zusätzlich beeinflusst wird. Demgegenüber sind die Verfahrensvorschriften stringenter gefasst,[87] wenngleich auch dort in gewissem Umfang prozedurale Ermessensspielräume verbleiben, etwa im Hinblick auf ein Tätigwerden von Amts wegen bei rechtswidrigen Beihilfen oder bei der Durchsetzung von Rückforderungsanordnungen nach Art. 16 VO 2015/1589.

c) Selbstprogrammierung

Die ihr zur Selbstprogrammierung eingeräumten Spielräume konkretisiert die Kommission durch tertiäre Rechtsakte, durch administrative Leitlinien sowie durch die unmittelbare Anwendung der ihr qua Vertrag zustehenden Befugnisse.

- Ihr Verständnis des Beihilfenbegriffs gem. Art. 107 Abs. 1 AEUV hat die Kommission 2016 in einer im Amtsblatt publizierten umfangreichen Bekanntmachung dargelegt,[88] in der sie ihre Bindung an den objektiven Beihilfenbegriff ausgehend von der Rechtsprechung der Unionsgerichte anerkennt und darauf verweist, dass sie „bei dessen Anwendung nur insoweit über begrenztes Ermessen [verfügt], als sie Bewertungen technischer oder komplexer Art vornimmt, was insbesondere in Situationen der Fall ist, die komplexe wirtschaftliche Beurteilungen erfordern".[89]
- Auf der Grundlage der vor 2015 geltenden *Enabling*-VO[90] hat die Kommission in mehreren Verordnungen die Voraussetzungen für die Einstufung von Beihilfen als *De-Minimis*-Beihilfen festgelegt.[91] Diese Voraussetzungen unterscheiden sich inhaltlich und betragsmäßig nicht

---

sofern die einem Unternehmen über einen bestimmten Zeitraum gewährten Beihilfen nicht einen festgesetzten Betrag überschreiten."

87 Siehe etwa die Art. 4, 12 Abs. 1, 16 und 22 f. VO 2015/1589. Siehe auch EuG, Rs. T-745/17 (Kerkosand spol. s r. o./Kommission), ECLI:EU:T:2020:400 Rn. 40 ff.

88 Bekanntmachung der Kommission zum Begriff der staatlichen Beihilfe im Sinne des Artikels 107 Absatz 1 des Vertrags über die Arbeitsweise der Europäischen Union (Bekanntmachung), ABl. 2016 C Nr. 262, S. 1.

89 Bekanntmachung, Rn. 3 und 4.

90 Verordnung (EG) Nr. 994/98 des Rates vom 7. 5. 1998 über die Anwendung der Artikel 92 und 93 des Vertrags zur Gründung der Europäischen Gemeinschaft auf bestimmte Gruppen horizontaler Beihilfen, ABl. 1998 L Nr. 142, S. 1.

91 VO (EU) Nr. 1407/2013 (allgemein), ABl. 2013 L Nr. 352, S. 1; VO (EU) Nr. 1408/2013 (Landwirtschaft), ABl. L Nr. 352 S. 9; VO (EU) Nr. 717/2014 (Fischerei), ABl. 2014 L Nr. 190, S. 45.

unerheblich voneinander. Dem Erlass von *De-Minimis*-Vorschriften gehen in aller Regel eine Evaluierung und eine Folgenabschätzung voraus, zu der eine eingehende ökonomische Prüfung der Konsequenzen gehört, die sich aus der Herausnahme solcher Leistungen aus der Beihilfenkontrolle ergeben können.

- Zur Wahrnehmung der ihr gem. Art. 107 Abs. 2 und 3 AEUV eröffneten Spielräume greift die Kommission primär auf den Erlass ausführlicher Leitlinien[92] zurück, in denen sie im Rahmen von Art. 108 Abs. 3 AEUV die Grundsätze und Kriterien darlegt, nach denen sie die Vereinbarkeit der von den Mitgliedstaaten notifizierten Beihilfen mit dem Binnenmarkt zu bewerten gedenkt.[93] Zwar handelt es sich dabei nicht um Rechtsakte mit Außenwirkung, doch bewirken solche Leitlinien aufgrund des Gleichbehandlungs- und Vertrauensschutzprinzips eine Selbstbindung der Kommission, von der sie nicht ohne solide Gründe abweichen darf.[94] Das schließt allerdings weder aus, dass die Kommission ihre Praxis für die Zukunft ändert,[95] noch eine von den Leitlinien nicht erfasste Beihilfenkonstellation unmittelbar auf der Grundlage von Art. 107 AEUV behandelt. Insofern prüfen die Unionsgerichte, „ob die Anforderungen, die sich die Kommission selbst gestellt und in den Leitlinien erwähnt hat, beachtet sind.“[96]

---

92 Siehe etwa die Leitlinien für Regionalbeihilfen 2014–2020, ABl. 2013 C Nr. 209, S. 1, die Leitlinien für staatliche Beihilfen zur Rettung und Umstrukturierung nichtfinanzieller Unternehmen in Schwierigkeiten, ABl. 2014 C Nr. 249, S. 1 und die Rahmenregelung der Europäischen Union für staatliche Beihilfen im Agrar- und Forstsektor und in ländlichen Gebieten 2014-2020, ABl. 2014 C Nr. 204, S. 1.

93 So heißt es in Nr. 4 der Rahmenregelung für den Agrarbereich: „In dieser Rahmenregelung sind die Voraussetzungen und Kriterien, unter bzw. nach denen Beihilfen im Agrar- und Forstsektor und für ländliche Gebiete als mit dem Binnenmarkt vereinbar erachtet werden können, festgesetzt und die Kriterien festgelegt, anhand deren festgestellt werden kann, ob ein Gebiet die Voraussetzungen des Artikels 107 Absatz 3 AEUV erfüllt.“

94 EuGH, R. C-654/17 P (Bayerische Motoren Werke/Kommission), ECLI:EU:C:2019:634 Rn. 81 ff. m. w. N. *Bartosch* (Fn. 84), Art. 107 Abs. 3 AEUV Rn. 4 m. w. N. *Oppermann/Classen/Nettesheim*, Europarecht, 9. Aufl. 2021, § 21 Rn. 19. Dazu Allgemein *Craig*, EU Administrative Law, 3. Aufl. 2018, S. 630 ff. m. w. N.

95 EuG, verb. Rs. T-254/00, T-270/00 und T-277/00 (Hotel Cipriani SpA u. a./Kommission), ECLI:EU:T:2008:537 Rn. 293; *Bartosch* (Fn. 84), Art. 107 Abs. 3 AEUV Rn. 4 f.

96 EuG, Rs. T-35/99 (Keller SpA und Keller Meccanica SpA/Kommission), ECLI:EU:T:2002:19 Rn. 77.

- In besonderen Krisensituationen wie etwa in der Finanzkrise 2008/2009,[97] in der Corona-Pandemie[98], oder gegenwärtig im Zusammenhang mit den Folgen des russischen Überfalls auf die Ukraine[99] fasst die Kommission ihre Erwägungen zu den zur Bewältigung der Lage von den Mitgliedstaaten einsetzbaren staatlichen Beihilfen in sog. befristeten Krisenrahmen zusammen. Damit verbunden sind auch erhebliche Ausweitungen der Beihilfeleistungen, die aufgrund der allgemeinen Leitlinien mit dem Binnenmarkt nicht vereinbar wären.
- Weiter sind die Gruppenfreistellungsverordnungen zu nennen, in denen die Kommission bestimmte Beihilfetypen unter genau festgelegten Voraussetzungen für mit dem Binnenmarkt vereinbar erklärt[100] und von der allgemeinen Notifizierungspflicht gem. Art. 2 VO 2015/1589 ausnimmt.[101]

Vor der Verabschiedung durch die Kommission wird der Entwurf von Rechtsakten auf der Grundlage der *Enabling*-VO mit dem Ziel veröffentlicht, den interessierten Kreisen Möglichkeit zur Äußerung zu geben.[102] Zudem muss der Entwurf gem. Art. 8 Abs. 1 VO 2015/1588 zweimal dem

---

97 Mitteilung der Kommission — Vorübergehender Gemeinschaftsrahmen für staatliche Beihilfen zur Erleichterung des Zugangs zu Finanzierungsmitteln in der gegenwärtigen Finanz- und Wirtschaftskrise, ABl. 2009 C Nr. 83, S. 1; dazu *Lowe*, State Aid Policy in the context of the financial crisis, Competition Policy Newsletter, Nr. 2 (2009), Website der Kommission, https://ec.europa.eu/competition/publications/cpn/2009_2_1.pdf (zuletzt abgerufen am 15. 8. 2022).

98 Mitteilung der Kommission, Änderung des Befristeten Rahmens für staatliche Beihilfen zur Stützung der Wirtschaft angesichts des derzeitigen Ausbruchs von COVID-19, ABl. 2020 C Nr. 112 I, S. 1.

99 Mitteilung der Kommission, Befristeter Krisenrahmen für staatliche Beihilfen zur Stützung der Wirtschaft infolge der Aggression Russlands gegen die Ukraine, ABl. 2022 C Nr. 131 I, S. 1.

100 Siehe etwa Art. 3 VO 651/2013 (allgemeine Gruppenfreistellungs-VO), ABl. 2013 L Nr. 187, S. 1: „Beihilferegelungen, Einzelbeihilfen auf der Grundlage von Beihilferegelungen und Ad-hoc-Beihilfen sind im Sinne des Artikels 107 Absatz 2 oder 3 AEUV mit dem Binnenmarkt vereinbar und von der Anmeldepflicht nach Artikel 108 Absatz 3 AEUV freigestellt, sofern diese Beihilfen alle Voraussetzungen des Kapitels I dieser Verordnung sowie die für die betreffende Gruppe von Beihilfen geltenden Voraussetzungen des Kapitels III erfüllen."

101 Art. 9 VO (EU) Nr. 702/2014 sieht anders als die allgemeine Gruppenfreistellungs-VO im Agrarbereich noch eine Ex-Ante-Mittelung durch den Mitgliedstaat vor, die spätestens zehn Arbeitstage vor dem Inkrafttreten der Beihilfe erfolgen muss.

102 Siehe etwa den Entwurf einer *De-Minimis*-VO im Fischereisektor, ABl. 2014 C Nr. 92, S. 22.

mit Vertretern der Mitgliedstaaten besetzten Beratenden Ausschuss für staatliche Beihilfen vorgelegt werden. Dieser kann die Annahme durch die Kommission zwar nicht blockieren. Die Kommission ist gem. Art. 8 Abs. 5 VO 2015/1588 jedoch verpflichtet, die Stellungnahme des Ausschusses so weit wie möglich zu berücksichtigen und ihn darüber zu unterrichten, inwieweit sie seiner Stellungnahme Rechnung getragen hat. Bei ihren Leitlinien, die nicht von der *Enabling*-VO erfasst werden, verfährt die Kommission im Grundsatz entsprechend.

Was die prozedurale Seite des Staatsbeihilfenrechts angeht, verdienen neben verschiedenen Durchführungsverordnungen zur VO 2015/1589 vor allem diverse Bekanntmachungen der Kommission zu einzelnen Aspekten des Beihilfeverfahrens (Rückforderung bzw. Beurteilung unrechtmäßiger staatlicher Beihilfen oder Durchsetzung der Vorschriften über staatliche Beihilfen durch die nationalen Gerichte) Aufmerksamkeit.[103] Besonders hervorzuheben ist der Verhaltenskodex für die Durchführung von Beihilfeverfahren[104] aus dem Jahr 2018, in dem die Kommission den Mitgliedstaaten „Orientierungshilfen hinsichtlich des praktischen Ablaufs von Beihilfeverfahren an die Hand" gibt. Diese sind zwar rechtlich nicht bindend, können in der Praxis jedoch erhebliche Steuerungswirkung entfalten.

4. *Durchführung des Unionsrechts: Erneuerung der Zulassung von Glyphosat*

a) Fremdprogrammierung

Glyphosat gilt im europäischen Pflanzenschutzrecht als Wirkstoff i. S. von Art. 2 Abs. 2 VO 1107/2009.[105] Somit fällt seine Zulassung gem. Art. 13 Abs. 2 VO 1107/2009 in die Zuständigkeit der Kommission, während die Zulassung zum Inverkehrbringen der unter Verwendung von Glyphosat hergestellten Pflanzenschutzmittel den Mitgliedstaaten obliegt (Art. 41 VO 1107/2009). Gegenwärtig besitzt Glyphosat eine unionsrechtliche Zulas-

---

103 Siehe die Website der Kommission, https://ec.europa.eu/competition-policy/state-aid/legislation/procedural-regulation_en#ecl-inpage-475 (zuletzt abgerufen am 15. 8. 2022).

104 Mitteilung der Kommission, Verhaltenskodex für die Durchführung von Beihilfeverfahren, ABl. 2018 C Nr. 253, S. 14.

105 Verordnung (EG) Nr. 1107/2009 des Europäischen Parlaments und des Rates vom 21. 10. 2009 über das Inverkehrbringen von Pflanzenschutzmitteln und zur Aufhebung der Richtlinien 79/117/EWG und 91/414/EWG des Rates, ABl. 2009 L Nr. 309, S. 1.

sung bis zum 15. 12. 2022, die auf der Durchführungs-VO 2017/2324 beruht.[106] Die Erneuerung der Zulassung durch die Kommission richtet sich nach Art. 14 Abs. 1 VO 1107/2009. Danach müssen die für die Zulassung gem. Art. 4 Abs. 1 i. V. mit Abs. 3 und 4 VO 1107/2009 geltenden Voraussetzungen weiterhin erfüllt sein, was *grosso modo* erfordert, dass aufgrund des wissenschaftlichen und technischen Kenntnisstandes zu erwarten ist, dass von dem Wirkstoff keine schädlichen Wirkungen auf die menschliche, tierische und pflanzliche Gesundheit (Abs. 2) und auf die Umwelt (Abs. 3) ausgehen. Die Entscheidung der Kommission fällt gem. Art. 7 ff. VO 1107/2009 auf der Grundlage einer Erstbewertung durch den berichterstattenden Mitgliedstaat (Art. 11 VO 1107/2009) und einer Abschlussbewertung durch die europäische Behörde für Lebensmittelsicherheit EFSA (Art. 12 VO 1107/2009). Die von der Kommission gem. Art. 13 VO 1107/2009 zu erlassende Genehmigungsverordnung bedarf allerdings einer positiven Stellungnahme des Ständigen Ausschusses für die Lebensmittelkette und Tiergesundheit (Art. 79 Abs. 3 VO 1107/2009 i. V. mit Art. 5 und 13 VO 182/2011).

b) Selbstprogrammierungsspielraum

In diesem rechtlichen Rahmen ist die Kommission gem. Art. 14 Abs. 1 VO 1107/2009 zwar verpflichtet, die Zulassung zu erneuern, „wenn festgestellt wird, dass die in Artikel 4 genannten Genehmigungskriterien erfüllt sind." Allerdings verfügt sie „im Hinblick darauf, dass sie komplexe technische Beurteilungen vorzunehmen hat" auch hier über ein weites Ermessen. Das gilt, wie das EuG in einem anderen die VO 1107/2009 betreffenden Fall entschieden hat, insbesondere „für die Entscheidungen im Bereich des Risikomanagements, die sie nach dieser Verordnung zu treffen hat."[107] Die gerichtliche Ermessenskontrolle beschränkt sich dabei im Einklang mit

---

106 Durchführungsverordnung (EU) 2017/2324 der Kommission vom 12. 12. 2017 zur Erneuerung der Genehmigung des Wirkstoffs Glyphosat gemäß der Verordnung (EG) Nr. 1107/2009 des Europäischen Parlaments und des Rates über das Inverkehrbringen von Pflanzenschutzmitteln und zur Änderung des Anhangs der Durchführungsverordnung (EU) Nr. 540/2011 der Kommission, ABl. 2017 L Nr. 333, S. 10.

107 EuG, Rs. T-476/17 (Arysta LifeScience Netherlands BV/Kommission), ECLI:EU:T:2019:618 Rn. 85. Im gleichen Sinne zur Vorgängerregelung RL 91/414/EWG siehe EuGH, Rs. C-326/05 P (Industrias Químicas del Vallés SA/Kommission), ECLI:EU:C:2007:443 Rn. 75 ff.

der Rechtsprechung des EuGH auf die Prüfung, ob eine sorgfältige und unparteiische Untersuchung aller relevanten Gesichtspunkte des Einzelfalls, eine hinreichende Begründung der Entscheidung und eine möglichst erschöpfende wissenschaftliche und transparente Risikobewertung vorgenommen wurden.[108]

c) Selbstprogrammierung

Im Rahmen ihres Selbstprogrammierungsspielraums hat die Kommission zunächst die Durchführungsverordnung (EU) Nr. 844/2012 „zur Festlegung der notwendigen Bestimmungen für das Erneuerungsverfahren für Wirkstoffe gemäß der Verordnung (EG) Nr. 1107/2009 des Europäischen Parlaments und des Rates über das Inverkehrbringen von Pflanzenschutzmitteln" erlassen. Hinzu kommt die Durchführungsverordnung (EU) Nr. 686/2012, in deren Anhang in Teil C Frankreich, Ungarn, die Niederlande und Schweden als „Gruppe von gemeinsam als berichterstattender Mitgliedstaat fungierende Mitgliedstaaten" bestimmt werden.[109] Die Kommission wird sich somit auf Basis der von diesen Mitgliedstaaten und der EFSA vorgenommenen Bewertungen eine Auffassung über die Unbedenklichkeit des Wirkstoffs Glyphosat i. S. von Art. 4 VO 1107/2009 bilden müssen. Zur Orientierung der Bewertung haben die Kommissionsdienststellen eine ganze Reihe technischer und prozeduraler Leitlinien (*Guidelines on Active Substances and Plant Protection Products*) aufgestellt.[110] Unabhängig von ihrer eigenen Beurteilung und Risikobewertung hängt die Entscheidung der Kommission gem. Art. 14 Abs. 2 VO 1107/2009 allerdings

---

108 EuG, Rs. T-476/17 (Arysta LifeScience Netherlands BV/Kommission), ECLI:EU:T:2019:618 Rn. 88 f.

109 Die Möglichkeit der Berichterstattung durch mehrere Mitgliedstaaten wurde im Hinblick auf Glyphosat durch die VO (EU) 2019/724, ABl. 2019 L Nr. 124, S. 32, in die VO 686/2012 eingefügt, da in Ausnahmefällen „die erwartete Arbeitsbelastung sowie die Komplexität der Überprüfung eines bestimmten Wirkstoffs die Kapazitäten eines einzelnen als Berichterstatter fungierenden Mitgliedstaats mit Unterstützung eines einzelnen mitberichterstattenden Mitgliedstaats übersteigen" könnte.

110 Siehe Guidelines on Active Substances and Plant Protection Products, Website der Kommission, https://ec.europa.eu/food/plants/pesticides/approval-active-substances/guidelines-active-substances-and-plant-protection-products_en (zuletzt abgerufen am 15. 8. 2022). Siehe zur Zulässigkeit und Selbstbindungswirkung von Leitlinien EuG, Rs. T-75/06 (Bayer CropScience AG u. a./Kommission), ECLI:EU:T:2008:317 Rn. 119.

von einer im Prüfverfahren mit qualifizierter Mehrheit[111] zu fassenden positiven Stellungnahme des Ständigen Ausschusses ab.[112] Insoweit mag daran erinnert werden, dass 2017 die Erneuerung der Zulassung des Wirkstoffs Glyphosat nach einer langen Hängepartie erst dadurch zustande kam, dass der Ständige Ausschuss nach einem Positionswechsel der deutschen Delegation in der Lage war, eine zustimmende Stellungnahme abzugeben.[113]

5. *Durchführung des Unionsrechts: Krisenmaßnahmen im Agrarbereich*

a) Fremdprogrammierung

Der Agrarbereich ist vom regelmäßigen Auftreten von Marktkrisen gekennzeichnet, die in der Regel mit der akuten Verschlechterung der Erlöse auf Erzeugerebene verknüpft sind. Neben den Instrumenten der klassischen Marktpolitik (öffentliche und private Lagerhaltung) werden zur Krisenabwehr und -bewältigung vorwiegend punktuelle Stützungsmaßnahmen getroffen. Zentrale Befugnisnorm hierfür ist Art. 219 Abs. 1 UAbs. 1 VO 1308/2013, der die Kommission ermächtigt, die zur Bereinigung der Krisenlage erforderlichen Maßnahmen durch den Erlass delegierter Rechtsakte zu treffen.[114] Auf der Rechtsfolgenseite wird diese Befugnis

---

111 Art. 5 Abs. 1 VO 182/2011 i.V.m. Artikel 16 Abs. 4 und 5 EUV.

112 Erreicht der Berufungsausschuss keine qualifizierte Mehrheit für oder gegen die Maßnahme, so dass er keine Stellungnahme abgibt, kann die Kommission die betreffende Maßnahme gem. Art. 6 Abs. 3 UAbs. 2 VO 182/2011 dennoch annehmen.

113 Top agrar online v. 27. 11. 2017, https://www.topagrar.com/acker/news/glyphosat lyphosate-abstimmung-bruesseler-top-agrar-korrespondent-mit-weiteren-stimme n-9850182.html (3. 8. 2022).

114 „(1) Um effizient und wirksam gegen drohende Marktstörungen vorzugehen, die durch erhebliche Preissteigerungen oder -rückgänge auf Binnen- oder Außenmärkten oder andere Ereignisse oder Umstände hervorgerufen werden, durch die der betreffende Markt erheblich gestört wird oder gestört zu werden droht, und soweit diese Situation oder ihre Wirkung auf den Markt voraussichtlich andauert oder sich verschlechtert, wird der Kommission die Befugnis übertragen, gemäß Artikel 227 delegierte Rechtsakte zu erlassen, um die erforderlichen Maßnahmen zur Bereinigung dieser Marktsituation zu treffen, wobei den Verpflichtungen Rechnung zu tragen ist, die sich aus den gemäß dem AEUV geschlossenen internationalen Übereinkünften ergeben, und sofern andere verfügbare Maßnahmen im Rahmen dieser Verordnung offenbar unzureichend oder unpassend sind."

durch den Verweis auf die internationalen Verpflichtungen der EU sowie durch die Angabe von Regelbeispielen der in Betracht kommenden Maßnahmen (UAbs. 4) präzisiert.[115] Da in Krisensituationen oftmals rasches Handeln geboten ist, erlaubt UAbs. 2 der Kommission, ihre delegierten Akte ggf. nach dem Dringlichkeitsverfahren des Art. 228 Abs. 1 VO 1308/2013 in Kraft zu setzen, ohne die für die Ausübung des Einspruchsrechts von Europäischem Parlament und Rat vorgesehen Fristen[116] abzuwarten.[117]

b) Selbstprogrammierungsspielraum

Art. 219 Abs. 1 VO 1308/2013 kombiniert alle drei der weiter oben genannten Ermessenstypen. So verwendet er auf der Tatbestandsseite in hohem Maße konkretisierungsbedürftige wirtschaftliche Kriterien (Beurteilungsermessen), belässt es jedoch, selbst wenn diese gegeben sind, beim Handlungsermessen der Kommission („kann“) und gewährt ihr auf der Rechtsfolgenseite große Spielräume zur Auswahl und Ausgestaltung der nötigen Maßnahmen. Die Bestimmung ist deshalb ein Paradebeispiel für einen weiten Selbstprogrammierungsspielraum der Kommission, dessen effektivste Begrenzung darin besteht, dass sie nur im Rahmen der für Krisenmaßnahmen zur Verfügung stehenden Haushaltsmittel handeln kann. Dieser Punkt ist durchaus auch praktisch relevant, da die für Krisenmaßnahmen einschlägige Haushaltslinie[118] regelmäßig mit einem *p.m.*-Vermerk[119] versehen ist, so dass die erforderlichen Mittel erst durch die Haus-

---

115 „Mit diesen Maßnahmen können der Geltungsbereich, die Dauer oder andere Aspekte anderer in dieser Verordnung vorgesehener Maßnahmen in dem zur Behebung der Marktstörung oder der drohenden Marktstörung erforderlichen Umfang und Zeitraum ausgeweitet oder geändert und erforderlichenfalls Einfuhrzölle, auch für bestimmte Mengen oder Zeiträume, ganz oder teilweise angepasst oder ausgesetzt werden, oder diese Maßnahmen können eine vorübergehende freiwillige Regelung zur Verringerung der Erzeugung darstellen, insbesondere im Falle eines Überangebots.“

116 Gem. Art. 227 Abs. 5 VO 1308/2013 haben Europäisches Parlament und Rat zwei plus zwei Monate zur Verfügung, um Einwände i. S. von Art. 290 Abs. 2 lit. b AEUV zu erheben.

117 Das Einspruchsrecht kann allerdings nachträglich ausgeübt werden, siehe Art. 228 Abs. 2 VO 1308/2013.

118 08 02 03 11 Außergewöhnliche Maßnahmen.

119 Sog. „*pro-memoria*“-Ansätze i. S. von Art. 28 Abs. 2 UAbs. 2 HO. Siehe Europäische Kommission, Public Finances, 5. Aufl. 2014, S. 166 f.

haltsbehörde von anderen Teilen des Haushalts dorthin übertragen werden müssen.[120] Zu einer gerichtlichen Überprüfung, die nach den allgemeinen Grundsätzen stark eingeschränkt wäre, kommt es in diesen Fällen kaum, da Krisenmaßnahmen sowohl für Landwirte als auch für Mitgliedstaaten begünstigenden Charakter haben und somit so gut wie nicht angegriffen werden.

c) Selbstprogrammierung

Die Ausübung der weiten Ermessenspielräume gem. Art. 219 VO 1308/2013 erfolgt durchweg im Rahmen von Ad-hoc-Entscheidungsprozessen, in denen die Kommission nach Diskussionen mit dem Europäischen Parlament und Rat und der internen Klärung der haushaltsrechtlichen Spielräume die ihr tunlich und möglich erscheinenden Maßnahmen ergreift. Die Forderung des ERH in seinem Sonderbericht 23/2019,[121] „den Interventionsbereich für außergewöhnliche Maßnahmen klar[zu]stellen, indem sie […] für die Entscheidung darüber, wann eine ausreichende Grundlage gegeben ist, um außergewöhnliche Maßnahmen in Betracht zu ziehen, objektive marktbezogene und wirtschaftliche Parameter und Kriterien festlegt", hat sich die Kommission ausdrücklich nicht zu eigen gemacht. In ihrer Antwort führte sie insbesondere aus, „Die Festlegung objektiver Marktparameter und Ex-Ante-Kriterien würde jedoch dem Wesen der Maßnahme widersprechen und ihrem Zweck entgegenstehen: die Bewältigung von plötzlichen und unvorhersehbaren Katastrophenrisiken, die von Landwirten und Behörden im Rahmen von Risikomanagementstrategien nicht bewältigt werden können."[122]

Zur Beurteilung der sich im Hinblick auf Art. 219 VO 1308/2013 stellenden komplexen wirtschaftlichen Fragen kann sich die Kommission in der Praxis auf eine breite Datenbasis und auf erhebliche interne analytische Kapazitäten stützen.[123] Diese wurden außerdem in den zurückliegen-

---

120 Siehe etwa Nr. 22 der Interinstitutionellen Vereinbarung über die Haushaltsdisziplin, die Zusammenarbeit im Haushaltsbereich und die wirtschaftliche Haushaltsführung (IIV 2013), ABl. 2013 L Nr. 373, S. 1.

121 *ERH*, Stabilisierung der Einkommen von Landwirten: umfassendes Instrumentarium, doch geringe Inanspruchnahme der Instrumente und Überkompensation müssen angegangen werden, Sonderbericht 23/19, Empfehlung 3.

122 *ERH*, Sonderbericht 23/19, Antworten der Kommission, S. 10.

123 Siehe dazu *Mögele*, in: Norer/Holzer (Hrsg.), Jahrbuch 19, Agrarrecht, 2019, S. 27 ff.

den Jahren durch die Schaffung von mittlerweile sechs Marktbeobachtungsstellen („*observatories*")[124] ergänzt, in denen Marktsituation und -entwicklung unter Einbeziehung der am Marktgeschehen Beteiligten aufgearbeitet, erörtert und nach außen kommuniziert werden.[125] Ein Blick in die Erwägungsgründe der während der Milchkrise auf der Basis von Art. 219 Abs. 1 GMO ergangenen Rechtsakte lässt erkennen, dass ihrem Erlass eingehende Analysen der wirtschaftlichen Lage, ihrer Auswirkungen auf Märkte und landwirtschaftliche Einkommen sowie der zu erwartenden Entwicklung vorangingen.[126] Im Rahmen der jüngsten Reform der gemeinsamen Agrarpolitik wurde das Marktbeobachtungsinstrumentarium durch seine Aufnahme in die VO 1308/2013 nunmehr auch gesetzgeberisch konsolidiert und ausgebaut.[127]

Zur Abfederung der im Gefolge des Ukrainekriegs aufgetretenen Marktstörungen erließ die Kommission am 23. 3. 2022 auf der Grundlage von Art. 219 VO 1308/2013 die VO (EU) 2022/467 über eine außergewöhnliche Anpassungsbeihilfe für Erzeuger in den Agrarsektoren.[128] Danach steht den Mitgliedstaaten eine Unionsbeihilfe in Höhe von insgesamt 500 Mio. EUR „zur Verfügung, um Erzeugern in den in Artikel 1 Absatz 2 der Verordnung (EU) Nr. 1308/2013 aufgeführten Sektoren unter den in der vorliegenden Verordnung festgelegten Bedingungen eine außergewöhnliche Anpassungsbeihilfe zu gewähren."[129] Die ihnen zugewiesenen Beträge können die Mitgliedstaaten durch nationale Mittel um bis zu 200% aufstocken.[130] Zur Vorbereitung dieser Maßnahme hatte die Kommission dem Rat am 13. 3. 2022 ein *Non-Paper* zu den „Zur Bewältigung der Marktlage in Betracht gezogene Maßnahmen und Überlegungen zur Ernährungssi-

---

124 Für die Bereiche Milch, Fleisch, Zucker, Ackerkulturen, Obst und Gemüse sowie Wein.

125 Siehe dazu https://ec.europa.eu/info/food-farming-fisheries/farming/facts-and-figures/markets/overviews/market-observatories_de (zuletzt abgerufen am 15. 8. 2022).

126 Siehe dazu beispielshalber die Erwägungsgründe der VOen (EU) 2015/1853 (befristete Sonderbeihilfe für Erzeuger der Tierhaltungssektoren), ABl. 2015 L Nr. 271, S. 25, (EU) 2016/1612 (Beihilfe zur Verringerung der Milcherzeugung), ABl. 2016 L Nr. 242, S. 4 und (EU) 2016/1613 (außergewöhnliche Anpassungsbeihilfe für Milcherzeuger und Landwirte in anderen Tierhaltungssektoren), ABl. 2016 L Nr. 242, S. 10.

127 Art. 222a f. VO 1308/2013. Dazu im einzelnen *Mögele*, RdL 2021, S. 429 (430 f.) m. w. N.

128 ABl. 2022 L Nr. 96, S. 4.

129 Art. 1 Abs. 1 VO 2022/467.

130 Art. 2 VO 2022/467. Diese nationalen Leistungen werden gem. Art. 211 Abs. 2 lit. a VO 1308/2013 nicht von Art. 107 Abs. 1 AEUV erfasst.

cherheit nach der Invasion der Ukraine" vorgelegt,[131] das auf ihren kontinuierlichen Marktbeobachtungsaktivitäten fußte. Zuvor hatte sie bereits eine spezifische Mitteilung zur Ernährungssicherheit erarbeitet,[132] die u. a. im Zusammenhang mit dem als Reaktion auf die Corona-Pandemie entstandenen sog. *Food Contingency Plan* aus dem Jahr 2021 zu sehen ist.[133]

6. *Ausführung des Haushaltsplans und Verwaltung der EU-Programme: Genehmigung der Strategiepläne der Mitgliedstaaten*

a) Fremdprogrammierung

Im Rahmen der jüngsten Reform wurde die gemeinsame Agrarpolitik (GAP) durch die VO (EU) 2021/2115[134] dahin umgebaut, dass die europäische Agrarförderung (Direktzahlungen und Politik der ländlichen Entwicklung) künftig im Wesentlichen von den Mitgliedstaaten im Einklang mit unionsrechtlichen Vorgaben durch nationale Strategiepläne ausgestaltet werden soll.[135] Ohne ihre Rechtsnatur zu definieren, verpflichtet der 4. Abs. von Art. 9 VO 2021/2115 die Mitgliedstaaten, „die GAP-Strategiepläne in der von der Kommission genehmigten Fassung um[zusetzen]."

Gem. Art. 118 Abs. 4 i. V. mit Abs. 5 und 6 VO 2021/2115 werden die von den Mitgliedstaaten vorgeschlagenen GAP-Strategiepläne von der Kommission innerhalb von 6 Monaten nach Einreichung durch den Erlass eines Durchführungsbeschlusses genehmigt. Als Genehmigungsvoraussetzungen nennt Abs. 4, dass

---

131 Ratsdokument 7099/22 v. 13. 3. 2022, Website des Rats, https://data.consilium.europa.eu/doc/document/ST-7099-2022-INIT/de/pdf (zuletzt abgerufen am 15. 8. 2022).

132 Mitteilung der Kommission v. 23. 3. 2022, Safeguarding food security and reinforcing the resilience of food systems, COM(2022) 133 final.

133 Mitteilung der Kommission v. 12. 11. 2021, Notfallplan zur Gewährleistung der Lebensmittelversorgung und Ernährungssicherheit in Krisenzeiten, COM(2021) 689 final.

134 VO (EU) 2021/2115 mit Vorschriften für die Unterstützung der von den Mitgliedstaaten im Rahmen der Gemeinsamen Agrarpolitik zu erstellenden und durch den Europäischen Garantiefonds für die Landwirtschaft (EGFL) und den Europäischen Landwirtschaftsfonds für die Entwicklung des ländlichen Raums (ELER) zu finanzierenden Strategiepläne (GAP-Strategiepläne), ABl. 2021 L 435/1. Siehe dazu *Mögele* (Fn. 127), S. 345 (347).

135 Art. 9 VO 2021/2115.

- „die erforderlichen Informationen vorgelegt wurden“ und
- „der Plan mit Artikel 9 und den anderen Anforderungen dieser Verordnung und der Verordnung (EU) 2021/2116 sowie den auf deren Grundlage erlassenen delegierten Rechtsakten und Durchführungsrechtsakten vereinbar ist.“

Außerdem ist festgelegt, dass „Die Genehmigung [...] sich ausschließlich auf Rechtsakte [stützt], die für die Mitgliedstaaten rechtlich bindend sind.“

Der Genehmigungsbeschluss der Kommission bedarf gem. Art. 118 Abs. 6 i. V. mit Art. 153 Abs. 2 VO 2021/2115 überdies einer positiven Stellungnahme des Ausschusses für die Gemeinsame Agrarpolitik nach dem Prüfungsverfahren gem. Art. 5 VO 182/2011, was eine qualifizierte Mehrheit voraussetzt. Kommt mangels qualifizierter Mehrheit keine Stellungnahme zustande, darf die Kommission den Genehmigungsbeschluss nicht erlassen.[136] Gelangt im Fall seiner Befassung auch der Berufungsausschuss nicht zu einer Stellungnahme, kann die Kommission die Genehmigung erteilen,[137] ist dazu aber nicht verpflichtet.

b) Selbstprogrammierungsspielraum

Vor diesem Hintergrund scheint sich die Genehmigung eines Strategieplans auf den ersten Blick als rechtlich gebundene Entscheidung der Kommission darzustellen. Allerdings wird man davon ausgehen müssen, dass sich die Prüfung einer ganzen Reihe der genehmigungsrelevanten Anforderungen nicht auf reine Rechtsfragen beschränkt, sondern komplexe Beurteilungen i. S. der Rechtsprechung des EuGH erfordert. So legen die Mitgliedstaaten gem. Art. 104 Abs. 3 VO 2021/2115 in den GAP-Strategieplänen „Auf der Grundlage der SWOT-Analyse gemäß Artikel 115 Absatz 2 sowie einer Bewertung der Bedarfe gemäß Artikel 108 eine Interventionsstrategie gemäß Artikel 109 fest, in der quantitative Zielwerte und Etappenziele zur Erreichung der spezifischen Ziele gemäß Artikel 6 Absätze 1 und 2 festgesetzt sind. [...] Zur Erreichung dieser Zielwerte legen die Mitgliedstaaten Interventionen auf der Grundlage der Interventionskategorien gemäß Titel III fest.“ Ohne in die Einzelheiten des damit verfolgten Performance-Ansatzes vorzudringen, lassen sich vor diesem Hintergrund

---

136 Art. 153 Abs. 2 UAbs. 2 VO 2021/2115.

137 Art. 153 Abs. 2 UAbs. 2 i. V. m. Art. 5 Abs. 4 UAbs. 3 i. V. m. Art. 6 Abs. 3 UAbs. 2 VO 182/2011.

die von der Kommission anzustellenden Bewertungen anhand einiger weniger Aspekte beispielhaft erläutern:

- Gem. Art. 105 Abs. 1 VO 2021/2115 bemühen sich „[d]ie Mitgliedstaaten […], über ihre GAP-Strategiepläne – und insbesondere über die Elemente der Interventionsstrategie gemäß Artikel 109 Absatz 2 Buchstabe a – einen Gesamtbeitrag zur Erreichung der spezifischen Ziele gemäß Artikel 6 Absatz 1 Buchstaben d, e und f zu leisten, der größer ist als der Gesamtbeitrag, der über die Unterstützung aus dem EGFL und dem ELER im Zeitraum 2014 bis 2020 zur Verwirklichung des Ziels gemäß Artikel 110 Absatz 2 Unterabsatz 1 Buchstabe b der Verordnung (EU) Nr. 1306/2013 geleistet wurde." In ihren Strategieplänen müssen die Mitgliedstaaten erläutern, „wie sie den größeren Gesamtbeitrag […] zu erreichen beabsichtigen." Es liegt nahe, dass die Bewertung dieses Erfordernisses im Genehmigungsverfahren komplexe Beurteilungen durch die Kommission erfordert.
- Art. 118 Abs. 4 VO 2021/2115 legt in seinem letzten Satz fest, dass „[d]ie Genehmigung […] sich ausschließlich auf Rechtsakte [stützt], die für die Mitgliedstaaten rechtlich bindend sind." Diese vermeintliche Selbstverständlichkeit bezieht sich auf kontroverse Diskussionen im Gesetzgebungsverfahren zwischen Rat und Kommission. Letztere vertrat die Auffassung, dass sich die Strategiepläne u. a. auch an den strategischen Zielen in der *Farm to Fork*-Strategie und der Biodiversitätsstrategie ausrichten müssten, während der Rat dem entgegentrat, weil beide Strategien zwar von der Kommission vorgelegt, aber noch keineswegs vom Gesetzgeber in Unionsrecht überführt worden seien. Umso erstaunlicher ist es, dass nach dem Erwägungsgrund 122 der VO 2021/2115 die Kommission „Bei der Bewertung der vorgeschlagenen GAP-Strategiepläne […] deren Vereinbarkeit mit und Beitrag zu den Umwelt- und Klimazielen sowie den Verpflichtungen der Union bewerten [sollte], insbesondere im Hinblick auf die von der Union bis 2030 angestrebten Ziele, die in der Mitteilung der Kommission vom 20. 5. 2020 mit dem Titel „‚Vom Hof auf den Tisch' – eine Strategie für ein faires, gesundes und umweltfreundliches Lebensmittelsystem" (Strategie „Vom Hof auf den Tisch") und in der Mitteilung der Kommission vom 20. 5. 2020 mit dem Titel „EU-Biodiversitätsstrategie für 2030: Mehr Raum für die Natur in unserem Leben" („EU-Biodiversitätsstrategie") verankert sind." Während die Frage der Genehmigungsrelevanz der beiden Kommissionsstrategien definitiv nur gerichtlich geklärt werden könnte, sprechen gute Gründe dafür, dass die dort genannten umweltpolitischen Anliegen, die eng mit den in Art. 6

Abs. 1 lit. d, e und f VO 2021/2115 genannten spezifischen GAP-Zielen zusammenhängen, zumindest über die Ermessensspielräume der Kommission in die Genehmigung einfließen können.
- Gem. Art. 109 Abs. 2 VO 2021/2115 muss „[d]ie Interventionsstrategie [...] die Kohärenz der Strategie und die Komplementarität der Interventionen zu den spezifischen Zielen gemäß Artikel 6 Absätze 1 und 2" belegen. Im Weiteren führt die Vorschrift aus, wie das zu geschehen hat. Auch hier ist nicht recht ersichtlich, wie die Kommission ohne ausreichenden Bewertungsspielraum Fragen wie die Kohärenz und Komplementarität mit den spezifischen Zielen im Hinblick auf die Genehmigungsfähigkeit eines Strategieplans beurteilen könnte.

In diesem Zusammenhang könnte sich auch jenseits der von der Rechtsprechung gezogenen Grenzen die Frage der Reichweite des Beurteilungsermessens der Kommission stellen. Die VO 2021/2115 räumt mit der Einführung eines neuen GAP-Umsetzungsmodells und der damit einhergehenden Reduzierung der unionsrechtlichen Regelungsdichte den Mitgliedstaaten nämlich ganz bewusst größere Umsetzungsspielräume ein als bislang.[138] Das Ziel besteht in einer stärker an Ergebnissen orientierten und auf die konkreten regionalen und nationalen Probleme zugeschnittenen Politikgestaltung, die sich zwar im Rahmen gemeinsamer Ziele bewegt, sich jedoch vom früher praktizierten „*One Size Fits All*"-Konzept löst.[139]

c) Selbstprogrammierung

Aussagen zur Selbstprogrammierung der Kommission im Hinblick auf ihre Genehmigungsaufgabe sind derzeit nur bedingt möglich. Zum einen werden die Genehmigungen von der Kommission als Institution nach den für sie geltenden Organisationsstrukturen und Verfahren (GO) ausgesprochen. Dazu gehören u. a. die bereits erfolgte Reorganisation der zuständigen Generaldirektion Landwirtschaft und Ländliche Entwicklung mit der Schaffung zweier für die Behandlung der Strategiepläne zuständiger Direktionen[140] und die Einrichtung eines internen Koordinierungsmechanis-

---

138 Siehe dazu *Mögele* (Fn. 127), S. 347.

139 Siehe insbesondere die Erwägungsgründe 3, 8 und 27 der VO 2021/2115. Dazu auch *Mögele* (Fn. 127), S. 347 ff.

140 Website der Kommission, https://ec.europa.eu/info/sites/default/files/organisation_charts/organisation-chart-dg-agri_en.pdf (zuletzt abgerufen am 15. 8. 2022).

mus. Zum anderen gab die Kommission den Mitgliedstaaten bereits während des Gesetzgebungsverfahrens im Rahmen einer Mitteilung[141] konkrete, auf ihre jeweilige nationale Situation zugeschnittene Empfehlungen an die Hand. Nach Einreichung der Planentwürfe hat die Kommission an die Mitgliedstaaten gem. Art. 118 Abs. 3 VO 2021/2115 sog. „*Observation Letters*“ gerichtet, in denen sie zum Inhalt der Entwürfe Stellung nimmt und auf Korrekturbedarf hinweist.[142] Im Übrigen dürften zahlreiche bilaterale Kontakte und Gespräche stattfinden, um offene Punkte zu klären. Wenn es der Kommission gelingt, diesen Prozess abzuschließen, ohne dass es zu grundsätzlichen Kontroversen etwa über die Umwelt- und Klimaanforderungen an die Strategieplangestaltung kommt, dürfte auch einer zustimmenden Stellungnahme des Ausschusses für die Gemeinsame Agrarpolitik nichts entgegenstehen.[143] Bei alledem wird auch der Umstand eine Rolle spielen, dass der Genehmigungsprozess insofern unter einem gewissen Zeitdruck steht, als die Durchführung weiter Teile der reformierten GAP und damit auch die Gewährung von Leistungen ab dem 1. 1. 2023 davon abhängen werden, dass die Strategiepläne rechtzeitig vor diesem Datum genehmigt wurden.

7. *Ausführung des Haushaltsplans und Verwaltung der EU-Programme: Finanzkorrekturen im Agrarbereich*

a) Fremdprogrammierung

Im Hinblick auf die Ausführung des Unionshaushalts wird die Kommission im ersten Absatz von Art. 317 AEUV auf die Beachtung des Grundsatzes der Wirtschaftlichkeit der Haushaltsführung („*sound financial management*“) verpflichtet. Dazu gehören der Schutz der finanziellen Interessen der EU und somit u. a. die Aufgabe, nur solche Ausgaben zu finanzieren,

141 Mitteilung der Kommission v. 18. 12. 2020, Empfehlungen an die Mitgliedstaaten bezüglich ihrer Strategiepläne für die Gemeinsame Agrarpolitik, COM(2020) 846 final.

142 Siehe die Zusammenfassung auf der Website der Kommission, https://ec.europa.eu/info/sites/default/files/food-farming-fisheries/key_policies/documents/overview-cap-plans-ol-220331.pdf (zuletzt abgerufen am 15. 8. 2022).

143 Insofern sprechen taktische Erwägungen dafür, jeden Strategieplan durch einen gesonderten Beschluss zu genehmigen, um zu vermeiden, dass punktuelle Probleme mit einzelnen Mitgliedstaaten das Erreichen der qualifizierten Mehrheit in Frage stellen.

die im Einklang mit dem Unionsrecht getätigt wurden.[144] Im Agrarsektor, der so gut wie ausschließlich in den Bereich der geteilten Mittelverwaltung (Art. 63 HO) fällt,[145] betrifft das insbesondere die Vermeidung von Ausgaben, die von den Mitgliedstaaten unter Verstoß gegen unionsrechtliche Bestimmungen vorgenommen wurden. Neben den allgemeinen Regeln in der HO (Art. 63 Abs. 8 lit. b HO) finden sich die dafür einschlägigen Bestimmungen in der VO 1306/2013. Dort sieht Art. 52 Abs. 1 (Konformitätsabschluss) vor, dass die Kommission, „Wenn sie feststellt, dass Ausgaben [...] nicht in Übereinstimmung mit dem Unionsrecht oder, für den ELER, nicht in Übereinstimmung mit dem anwendbaren Unions- und nationalen Recht [...] getätigt worden sind," Durchführungsrechtsakte zur Festlegung der Beträge erlässt, die von der Unionsfinanzierung auszuschließen sind. Die Bemessung der auszuschließenden Beträge sind in Abs. 2 und das zu beachtende Verfahren in Abs. 3 des Art. 52 VO 1306/2013 geregelt. Gleichzeitig gewähren die Art. 47 ff. VO 1306/2013 der Kommission umfängliche Kontroll-, Informations- und Zugangsrechte zu Dokumenten. Die Durchführung des Konformitätsabschlusses wird im Rahmen der externen Finanzkontrolle durch den ERH[146] und das EP[147] engmaschig überwacht.[148]

b) Selbstprogrammierungsspielraum

Hier ist zwischen verschiedenen Aspekten zu unterscheiden.

- Wird für bestimmte Ausgaben festgestellt, dass sie von einem Mitgliedstaat unter Verstoß gegen Unionsbestimmungen getätigt wurden, so muss sie die Kommission von der Finanzierung ausschließen, da ihr Art. 52 Abs. 1 VO 1306/2013 insoweit kein Ermessen einräumt.[149]

---

144 Siehe etwa die Erwägungsgründe 5 und 7 der VO (EU, Euratom) 2020/2092.

145 *Mögele* (Fn. 21), S. 490, 493 ff.

146 *Niedobitek*, in: Streinz (Hrsg.), EUV/AEUV, 3. Aufl. 2018, Art. 285 AEUV Rn. 3–7.

147 Siehe dazu etwa den Entlastungsbeschluss für das Haushaltsjahr vom 28. 4. 2021 über die Entlastung für die Ausführung des Gesamthaushaltsplans der Europäischen Union für das Haushaltsjahr 2019, Einzelplan III – Kommission und Exekutivagenturen, P9_TA(2021)0164.

148 Siehe zu den Wirkungen der externen Finanzkontrolle *Mögele* (Fn. 21), S. 501 ff.

149 Siehe etwa EuGH, Rs. C-332/00 (Belgien/Kommission), ECLI:EU:C:2002:235 Rn. 36, 45.

- Demgegenüber sind bei der Bemessung der auszuschließenden Beträge gem. Art. 52 Abs. 2 VO 1306/2013[150] relativ unbestimmte Kriterien zu beachten,[151] deren Anwendung in aller Regel nicht ohne Bewertungen durch die Kommission auskommt. In diesem Zusammenhang gestattet die Bestimmung der Kommission unter gewissen Bedingungen die Auswahl zwischen verschiedenen Berechnungsmethoden (konkrete Berechnung, Extrapolation oder pauschale Korrekturen). Bei der Anwendung von Pauschalkorrekturen akzeptiert die Rechtsprechung etwa, dass die Kommission in ihren Leitlinien die Anwendung bestimmter Korrektursätze „nach vernünftigem Ermessen" vornimmt.[152] Daher stehen der Kommission in diesem Bereich gewisse Spielräume zur Selbstprogrammierung zur Verfügung.
- Der Entscheidung über Finanzkorrekturen vorgelagert ist die Frage nach Ausrichtung, Umfang und Tiefe der von der Kommission anzustellenden Prüfungen in den Mitgliedstaaten. Dazu enthalten die einschlägigen agrarrechtlichen VOen keine spezifischen Vorgaben, so dass es der Kommission überlassen bleibt, ihre Prüfungsaktivitäten so zu gestalten, dass sie den Anforderungen in Art. 36 HO an ein leistungsfähiges internes Kontrollsystem entsprechen.
- Auch wenn die Gestaltung des Konformitätsverfahrens in Art. 52 Abs. 3 VO 1306/2013 vorgezeichnet ist, sieht die VO selbst vor, dass die Kommission insoweit konkretisierende Durchführungsvorschriften erlässt (Art. 53 Abs. 1 lit. b VO 1306/2013).

---

150 „Die Kommission bemisst die auszuschließenden Beträge insbesondere unter Berücksichtigung des Umfangs der festgestellten Nichtübereinstimmung. Sie trägt dabei der Art des Verstoßes sowie dem der Union entstandenen finanziellen Schaden Rechnung. Bei dem Ausschluss stützt sie sich auf die Ermittlung der zu Unrecht gezahlten Beträge oder, wenn die Beträge nur mit einem unverhältnismäßig hohen Aufwand ermittelt werden können, auf eine Extrapolation oder pauschale Korrekturen. Pauschale Korrekturen werden nur vorgenommen, wenn sich der finanzielle Schaden, der der Union entstanden ist, aufgrund der Natur des Falls oder weil der Mitgliedstaat der Kommission nicht die erforderlichen Informationen übermittelt hat, nur mit einem unverhältnismäßig hohen Aufwand genauer ermitteln lässt."

151 „[I]nsbesondere unter Berücksichtigung des Umfangs der festgestellten Nichtübereinstimmung. Sie trägt dabei der Art des Verstoßes sowie dem der Union entstandenen finanziellen Schaden Rechnung."

152 EuG, Rs. T-518/15 (Frankreich/Kommission), ECLI:EU:T:2018:54 Rn. 90 ff.; Rs. T-135/15 (Italien/Kommission), ECLI:EU:T:2019:155 Rn. 238 ff.

c) Selbstprogrammierung

Im Hinblick auf die Bemessung der Finanzkorrekturen und das Konformitätsverfahren hat die Kommission aufgrund der ihr zu diesem Zweck eingeräumten Ermächtigungen delegierte (Art. 12-14 VO 907/2014)[153] und Durchführungsbestimmungen (Art. 34 ff. VO 908/2014)[154] erlassen. In diesem Zusammenhang lässt sich anhand des in Art. 52 Abs. 3 UAbs. 2 VO 1306/2013 vorgesehenen Schlichtungsverfahrens ein illustrativer Beispielsfall exekutiver Programmierung studieren. Ursprünglich war dieses Verfahren nämlich 1994 von der Kommission selbst auf Empfehlung eines von ihr zuvor eingesetzten Beratergremiums eingeführt worden, um die Defizite des zwischen Kommission und Mitgliedstaaten geführten Dialogprozesses zu beheben.[155] Erst später wurde es vom Rat in die VO 1258/1999 integriert[156] und damit zu einem Element der Fremdprogrammierung. Die Einzelheiten der Zusammensetzung des Schlichtungsorgans, die Bestellung seiner Mitglieder und die genauen Verfahrensmodalitäten bilden nach wie vor den Gegenstand einer Durchführungsverordnung der Kommission.[157]

Die Einzelheiten der Bemessung finanzieller Korrekturen in Konformitätsverfahren werden zusätzlich zur VO 907/2013 in umfassenden Guidelines der Kommission präzisiert.[158] Darin geht es u. a. um die Festlegung der aufgrund eines Verstoßes risikobehafteten Ausgaben („*expenditure at*

153 Delegierte VO (EU) Nr. 907/2014 der Kommission vom 11. 3. 2014 zur Ergänzung der Verordnung (EU) Nr. 1306/2013 des Europäischen Parlaments und des Rates im Hinblick auf die Zahlstellen und anderen Einrichtungen, die finanzielle Verwaltung, den Rechnungsabschluss, Sicherheiten und die Verwendung des Euro, ABl. 2014 L Nr. 255, S. 18.

154 Durchführungsverordnung (EU) Nr. 908/2014 der Kommission vom 6. 8. 2014 mit Durchführungsbestimmungen zur Verordnung (EU) Nr. 1306/2013 des Europäischen Parlaments und des Rates hinsichtlich der Zahlstellen und anderen Einrichtungen, der Mittelverwaltung, des Rechnungsabschlusses und der Bestimmungen für Kontrollen, Sicherheiten und Transparenz, ABl. 2014 L Nr. 255, S. 59.

155 Entscheidung 94/442/EWG, ABl. 1994 L Nr. 182, S. 45. Siehe dazu *Mögele*, Die Behandlung fehlerhafter Ausgaben im Finanzierungssystem der gemeinsamen Agrarpolitik, 1997, S. 74 ff.

156 Art. 7 Abs. 4 UAbs. 3 VO (EG) Nr. 1258/1999 über die Finanzierung der Gemeinsamen Agrarpolitik, ABl. 1999 L Nr. 160, S. 103.

157 Art. 36 ff. VO 908/2014.

158 Mitteilung der Kommission v. 8. 6. 2015, Guidelines on the calculation of the financial corrections in the framework of the conformity and financial clearance of accounts procedures, C(2015) 3675 final.

risk"), die Kriterien für die Anwendung der verschiedenen Bemessungsmethoden v. a. im Zusammenhang mit Systemprüfungen und die Auswirkungen spezifischer Umstände auf die Bemessung (Verwaltungssanktionen, Rückforderungen). Auch die Voraussetzungen für den Verzicht auf die Einleitung eines Konformitätsverfahrens oder die Vornahme positiver Korrekturen sind erfasst. Diese Leitlinien werden von den Unionsgerichten im Ergebnis als Ausdruck der der Kommission zustehenden Ermessensspielräume akzeptiert,[159] im konkreten Einzelfall am Maßstab der Verhältnismäßigkeit überprüft und bei Nichtbeachtung der Kommission entgegengehalten.[160] Ein charakteristischer Aspekt dieser Rechtsprechung ist z. B. die grundsätzliche Anerkennung der Erhöhung des Prozentsatzes pauschaler Korrekturen in Wiederholungsfällen.[161]

Ihre Prüfungstätigkeit in den Mitgliedstaaten übt die Kommission im Rahmen einer von ihr erstellten Auditstrategie aus, die sie regelmäßig aktualisiert.[162] Sie bezieht sämtliche Aspekte des relevanten Prüfungsumfelds ein, wozu im Hinblick auf die Kontroll- und Prüfungstätigkeit der nationalen Zahlstellen und Bescheinigenden Stellen auch die Berücksichtigung des Single-Audit-Grundsatzes gehört.[163] Die jährlichen Audits werden insbesondere aufgrund der mit den Ausgaben verbundenen Risiken ausgewählt.[164]

---

159 Siehe etwa EuGH, Rs. C-418/06 P (Belgien/Kommission), ECLI:EU:C:2008:6 Rn. 136; EuG, Rs. T-28/16 (Deutschland/Kommission), ECLI:EU:T:2017:242 Rn. 128 ff.

160 So etwa EuGH, Rs. C-404/19 P (Frankreich/Kommission), ECLI:EU:C:2020:1041 Rn. 58 ff.; EuG, Rs. T-135/15 (Italien/Kommission), ECLI:EU:T:2019:155 Rn. 238, 247; Rs. T-518/15 (Frankreich/Kommission), ECLI:EU:T:2018:54 Rn. 109 ff.

161 EuGH, Rs. C-391/13 P (Griechenland/Kommission), ECLI:EU:C:2014:2061 Rn. 13 ff; EuG, Rs. T-294/11 (Griechenland/Kommission), ECLI:EU:T:2013:261.

162 *DG AGRI*, Annual Activity Report 2020, Annexes, S. 122 f.

163 Art. 127 HO.

164 *DG AGRI* (Fn. 162), Annexes, S. 121: „In order to determine which measures and/or Paying Agencies to audit each year, DG AGRI carries out, in accordance with the audit strategy, a comprehensive risk assessment, which includes both quantitative and qualitative analysis of risks. In the preparation of the audit work programme, the Member States, related Paying Agencies, Certification Bodies and the specific part of the control system to be audited in a 3-year time period are selected on the basis of risk mapping using all available information and the following main elements:

- Central Risk Analysis (CRA)
- Sector-specific risk analysis

Die rechtlichen Bindungen und die Ermessensausübung der Kommission bündeln sich schließlich in ihren Konformitätsentscheidungen gem. Art. 52 Abs. 1 VO 1306/2013, die als Durchführungsakte gem. Art. 116 Abs. 2 VO 1306/2013 dem Beratungsverfahren unterliegen (Art. 4 VO 182/2011). Anders als es im Prüfungsverfahren der Fall wäre, hat der Beratende Ausschuss gem. Art. 4 Abs. 2 VO 182/2013 allerdings keine Möglichkeit, von der Kommission vorgeschlagene Finanzkorrekturen zu blockieren.

V. Fazit

Angesichts der Heterogenität der besprochenen Falltypen und ihres rechtlichen Umfelds ist es wenig verwunderlich, dass sich aus der Analyse kein einheitliches Bild der Selbstprogrammierungsspielräume der Kommission und ihrer diesbezüglichen Praxis ableiten lässt. Die weitesten Spielräume bestehen in den Bereichen, in denen die Kommission originäre, ihr vom Primärrecht eingeräumte Funktionen ausübt, wie etwa ihr Initiativrecht, ihre Aufsichtsfunktion zur Wahrung des Unionsrechts oder im Bereich des Wettbewerbs- und Beihilferechts. Im Rahmen ihrer sekundärrechtlichen Befugnisse variieren ihre Spielräume zur Selbstprogrammierung entsprechend der Ausgestaltung der gesetzlichen Vorgaben. Generell spielt aber die relative Zurückhaltung der Unionsgerichte bei der Ermessenskontrolle eine entscheidende Rolle.

Die Selbstprogrammierung der Kommission vollzieht sich im Wesentlichen in zwei Formen: rechtlich durch die Wahrnehmung ihrer delegierten und Durchführungsermächtigungen, die durch die vertraglich vorgesehenen Kontrollrechte der Mitgesetzgeber und der Mitgliedstaaten begrenzt wird. Während das Einspruchsrecht von Europäischem Parlament und Rat gegen den Erlass delegierter Akte eine demokratische Rückbindung des Kommissionshandelns bewirkt, wird man im Komitologiemechanismus eher einen Ausfluss der mitgliedstaatlichen Durchführungsprärogative erblicken müssen, bei dem es um die Gewährleistung von Verwaltungsrationalität i. S. von Koordinierung und gegenseitiger Abstimmung geht. Unterhalb der normativen Ebene vollzieht sich die Selbststeuerung der

- Risk mapping based on the Annual Activity Report and Certification Bodies opinion on legality and regularity
- Risk mapping with information from the implementation of new measures and external factors.“

Kommission durch die Aufstellung von Leitlinien, durch die ihr Handeln gleichzeitig vorgeprägt und gebunden wird. Es geht somit um die Verstetigung der Ermessensausübung durch die Kommission. Schließlich findet Selbstprogrammierung auch durch die Ausübung ihrer Selbstorganisationshoheit statt, d. h. durch ihre Geschäftsordnung, ihre interne Organisation und Aufgabenverteilung sowie die Bindung ihrer Aufgabenwahrnehmung durch selbstgewählte Strukturen und Verfahren.

Wie es auch in der Ermessensrechtsprechung des EuGH mit ihren Anforderungen an Sachverhaltsaufklärung und Begründung anklingt, ist eine möglichst große Transparenz der Selbstprogrammierungspraxis der Kommission entscheidend für ihre Akzeptanz und ihre demokratische und rechtsstaatliche Legitimation gegenüber Gesetzgeber, Mitgliedstaaten und Bürgern. Insoweit wird man sagen können, dass dem Transparenzgebot im Allgemeinen Genüge getan wird, da die von der Kommission zu ihrer Selbstprogrammierung ergriffenen Schritte ganz überwiegend öffentlich zugänglich und damit verifizierbar sind. Sie werden entweder im Amtsblatt publiziert oder sind über den Internetauftritt der Kommission auch für Außenstehende nachvollziehbar. Insbesondere die Gesetzesinitiativen der Kommission sind durch den stetigen Ausbau ihres *Better Regulation*-Instrumentariums deutlich nachvollziehbarer und damit transparenter geworden als etwa das sich nach wie vor zumindest teilweise „hinter verschlossenen Türen" vollziehende Gesetzgebungsverfahren.

Aus der Selbstprogrammierungspraxis der Kommission kann man auch ihr Bemühen um ein möglichst evidenzbasiertes und rationales exekutives Handeln herauslesen, das ihrem Auftrag zur Förderung der „allgemeinen Interessen der Union" gerecht wird (Art. 17 Abs. 1 EUV). Dies sollte trotzdem nicht den Blick auf den Umstand verstellen, dass zu ihrer Selbstprogrammierung insbesondere in politisch aufgeladenen Fällen auch gehört, dass ihre Repräsentanten eigene politische Grundüberzeugungen und solche der sie tragenden politischen Familien einbringen. Doch das ist wohl weniger ein Spezifikum der europäischen Exekutive als ein generelles Charakteristikum exekutiver Willensbildung.

Wahrnehmung von Entscheidungsspielräumen am Beispiel des Datenschutzrechts

Fruzsina Molnár-Gábor[*]

I. Kennzeichen moderner Datenverarbeitung und datenschutzrechtliche Grundlagen

1. Kennzeichen moderner Datenverarbeitung

Die Entstehung vernetzter Dateninfrastrukturen prägt die Verarbeitung personenbezogener Daten auf neue Weise. Dies zeigt sich besonders an drei Eigenschaften der Datenverarbeitung. Erstens vervielfältigen sich die technischen Möglichkeiten, individualisierte und individualisierbare Erkenntnisse über Einzelne zu verarbeiten, beispielsweise durch Datenverlinkungen. Dieses Wissen ermöglicht die Identifizierung der Person, und führt potenziell zu einer Ansammlung von immer vollständigeren Persönlichkeitsprofilen. Zweitens weisen die Verarbeitungsvorgänge eine Vielzahl involvierter Akteure auf; durch miteinander verbundene Verarbeitungsvorgänge und veränderliche Verarbeitungskontexte findet eine Erweiterung des Betroffenenkreises statt, auch bei singulären Datenprozessierungen. Drittens wird der Datenaustausch zwischen Verarbeitern innerhalb der Europäischen Union untereinander und mit Verarbeitern in anderen Rechtsräumen weiterhin intensiver, unterstützt von den technischen und datenanalytischen Möglichkeiten sowie teils wirtschaftlichen Motivationen.

Es ist ersichtlich, dass diese Kennzeichen moderner Datenverarbeitung zu einer Verschärfung des Potenzials führen, die Rechte und Freiheiten der betroffenen Personen zu beeinträchtigen. Diese Ausgangslage bewirkt auch, dass eine Eröffnung des Anwendungsbereichs des Datenschutzrechts der Europäischen Union eher früh anzunehmen ist.[1] Inhaltlich sind die

---

* *Lisa Kaldowski* und Dr. *Adam Dampc* gilt mein Dank für die hilfreichen Kommentare zu einer früheren Version dieses Beitrags. *Ameli Schenk* und *Andreas Merk* danke ich für ihre Unterstützung bei der Formatierung.

1 Verordnung (EU) 2016/679 des Europäischen Parlaments und des Rates vom 27. 4. 2016 zum Schutz natürlicher Personen bei der Verarbeitung personenbezo-

Regelungen sektorübergreifend[2] und technologieneutral[3] ausgestaltet und offen für die Entwicklungen in der modernen Prozessierung personenbezogener Daten.[4] Sie beanspruchen, für den internationalen Datenaustausch zu gelten.[5]

2. *Die DS-GVO als sekundärrechtliche Konkretisierung von Art. 8 GRCh*

Jede Form der Verarbeitung von personenbezogenen Daten gem. Art. 4 Nr. 1 DS-GVO durch Dritte stellt einen Eingriff in die Grundrechte dar, allen voran Art. 7 und 8 GRCh.[6] Dabei gilt, dass die Verarbeitung personenbezogener Daten grundsätzlich verboten ist. Welcher Eingriff in die Betroffenenrechte unter welchen Bedingungen rechtmäßig ist, wird durch die Erlaubnistatbestände der DS-GVO geregelt.[7] Diese Regel-Ausnahme-Systematik ist bereits in Art. 1 Abs. 1 DS-GVO angelegt und prägt die gesamte Verordnung. Zielsetzung der Verordnung ist es danach, sowohl den Schutz der Betroffenenrechte zu gewährleisten als auch den freien Datenverkehr zu garantieren. Einschränkungen der Betroffenenrechte zugunsten der Datenverarbeitung zur Verwirklichung des freien Datenverkehrs dürfen nur unter den Voraussetzungen des Art. 8 Abs. 2 GRCh und Art. 52 Abs. 1 GRCh vorgenommen werden.[8] Danach bedürfen Einschränkungen einer gesetzlichen Grundlage und haben den Wesensgehalt des Rechts auf Datenschutz zu achten. Des Weiteren müssen die ergriffenen Maßnahmen verhältnismäßig sein. Die Verhältnismäßigkeit ist in Art. 52 Abs. 1 S. 2 GRCh verankert und entspricht einem allgemeinen

---

gener Daten, zum freien Datenverkehr und zur Aufhebung der Richtlinie 95/46/EG (Datenschutz-Grundverordnung) (Text von Bedeutung für den EWR), OJ L 119, 4. 5. 2016, S. 1–88.

2 ErwG 15 DS-GVO.

3 Art. 2 und Art. 3 DS-GVO i. V. m. Art. 4 Nr. 2 DS-GVO.

4 Art. 2 Abs. 1 DS-GVO i. V. m. Art. 4 Nr. 1 DS-GVO.

5 Art. 44 DS-GVO i. V. m. ErwG 101 S. 2 DS-GVO.

6 Der EuGH wendet in seiner datenschutzrechtlichen Rechtsprechung Art. 7 GRCh (Schutz des Privat- und Familienlebens) und Art. 8 GRCh (Schutz personenbezogener Daten) nebeneinander an; dagegen beziehen sich die ErwG der DS-GVO lediglich auf Art. 8 GRCh. *Ernst*, in: Paal/Pauly (Hrsg.), DS-GVO, BDSG, 3. Aufl. 2021, Art. 1 DS-GVO Rn. 6. m. w. N. Weiterführend zum Schutzgegenstand siehe *Lang*, in: Taeger/Gabel (Hrsg.), DSGVO, BDSG, TTDSG, 4. Aufl. 2022, Art. 24 DS-GVO Rn. 35 f. Vgl. auch ErwG 4 S. 3 DS-GVO.

7 Art. 6 DS-GVO i. V. m. Erwägungsgrund 40 ff. DS-GVO; Art. 8 Abs. 2 GRCh.

8 ErwG 4 S. 2 DS-GVO; *Ernst* (Fn. 6), Art. 1 DS-GVO Rn. 8.

Grundsatz des Unionsrechts. Sie setzt eine Prüfung der Erforderlichkeit einer Maßnahme hinsichtlich der mit ihr verfolgten Zielverankerung voraus, ferner ihre Geeignetheit und Angemessenheit. Zwischen den verursachten Nachteilen und den verfolgten Zielen muss ein angemessenes Verhältnis bestehen.[9] Den Erlaubnistatbeständen liegen damit die Abwägungen des Grundrechts auf Datenschutz und informationelle Selbstbestimmung mit widerstreitenden Interessen zugrunde.[10] Im Datenschutzrecht wird mittlerweile ein Erlaubnisprinzip und kein, wie lange Zeit herrschend, Verbotsprinzip angenommen.[11] Dies ergibt sich aus der Notwendigkeit der Rechtfertigung von Eingriffen und damit dem Grundsatz der Verhältnismäßigkeit, der den Gesetzgeber auch bei der sekundärrechtlichen Ausgestaltung datenschutzrechtlicher Normen bindet.

3. „Geeignetheit" als Grundbegriff der DS-GVO

Der Begriff der „Geeignetheit" ist Tatbestandsmerkmal zahlreicher Vorgaben der DS-GVO zur Regelung der Art und Weise der Verarbeitung, so in Art. 32 Abs. 1, 40 Abs. 5 und 46 DS-GVO. Der Datenverarbeiter muss *geeignete* Maßnahmen in Bezug auf verschiedene Aspekte der Datenprozessierung umsetzen. Voraussetzung für eine Erlaubnis, personenbezogene Daten zu verarbeiten, ist die Implementierung von *geeigneten* technischen und organisatorischen Maßnahmen i. S. v. Art. 32 Abs. 1 DS-GVO. Falls kein Angemessenheitsbeschluss der Europäischen Kommission vorliegt, dürfen internationale Datentransfers nur vorbehaltlich *geeigneter* Garantien i. S. v. Art. 46 DS-GVO erfolgen. Sie können in Verbindung mit Verhaltensregeln nach Art. 40 Abs. 3 DS-GVO auch sektorspezifisch ausfallen. Unabhängig von Datentransfers werden Verhaltensregeln nach Art. 40

---

9 *Trstenjak/Beysen*, EuR 2012, S. 265 (268); *Jarass*, GrCh, 4. Aufl. 2021, Art. 52 Rn. 36 ff.; *Kingreen*, in: Calliess/Ruffert (Hrsg.), 6. Aufl. 2022, Art. 52 GRCh Rn. 65.

10 *Buchner*, in: Kühling/Buchner (Hrsg.), DS-GVO, BDSG, 3. Aufl. 2020, Art. 1 DS-GVO Rn. 16. Zur informationellen Selbstbestimmung siehe *Kingreen* (Fn. 9), Art. 8 GRCh Rn. 1.

11 Zur Kritik am Verbotsprinzip siehe etwa *Buchner/Petri*, in: Kühling/Buchner (Fn. 10), Art. 6 DS-GVO Rn. 14; *Härting/Schneider*, CR 2015, S. 819 (822 f.); befürwortend dagegen *Sydow*, in: Sydow (Hrsg.), DS-GVO, BDSG, 2. Aufl. 2018, Einl. DS-GVO Rn. 71; *Weichert*, DuD 2013, S. 246 ff. Zur ganzheitlichen Ablehnung des Verbotsprinzips und Herausarbeitung des Erlaubnisprinzips siehe statt vieler *Roßnagel*, NJW 2019, S. 1 ff.

Abs. 5 DS-GVO genehmigt, wenn sie ausreichende *geeignete* Garantien für eine Verarbeitung bieten.

Es ist zu untersuchen, inwieweit sich der Begriff der Geeignetheit der DS-GVO präzisieren lässt. Zunächst ist festzuhalten, dass allein die Förderung des Zwecks der Datenverarbeitung nicht ausreicht, um Maßnahmen als *geeignet* zu klassifizieren. Innerhalb des durch die Verhältnismäßigkeit vorgegebenen Rahmens rechtmäßiger Verarbeitung kann die Aufsichtsbehörde bei der Überwachung der Datenverarbeitung nach Art. 57 Abs. 1 lit. a) DS-GVO sowie bei der Genehmigung sektorspezifischer Verhaltensregeln nach Art. 40 Abs. 5 DS-GVO i. V. m. Art. 57 Abs. 1 lit. m) DS-GVO und bei der Genehmigung bestimmter Garantien für internationale Datentransfers nach Art. 46 Abs. 3 lit. b) i. V. m. Art. 57 Abs. 1 lit. r) DS-GVO eigene Entscheidungen etwa zur Auslegung von unbestimmten Rechtsbegriffen treffen. Daher ist auch der Frage nachzugehen, welche Beurteilungsspielräume der Auslegung dieser Vorschriften zugrunde liegen.

Der Fokus der Untersuchung liegt im Einklang mit den drei eingangs benannten Kennzeichen der Datenverarbeitung auf den technisch-organisatorischen Maßnahmen, den sektorspezifischen Konkretisierungen datenschutzrechtlicher Vorgaben und den Regelungen für internationale Datentransfers. Die Vorschriften in diesen Bereichen werden als Regulierungsrahmen für den Umgang mit dem erhöhten Potenzial einer Beeinträchtigung der Betroffenenrechte und zugleich als Umsetzung des Verhältnismäßigkeitsgrundsatzes verstanden. Bei dessen Anwendung ist ein Ausgleich zwischen Datenschutz und dem freien Datenverkehr i. S. v. Art. 1 Abs. 1 DS-GVO zu erzielen. Im Rahmen der Abwägung kommen hier dem besonderen Beeinträchtigungspotenzial sowie dem Verarbeitungszweck eine hohe Bedeutung zu.

II. Die Geeignetheit von technisch-organisatorischen Maßnahmen

Für die Frage, welche technisch-organisatorischen Maßnahmen im jeweiligen Einzelfall umzusetzen sind und wie diese ausgestaltet sein müssen, kommt es entscheidend darauf an, welche Risiken sich durch die Verarbeitung für die Rechte und Freiheiten der Betroffenen ergeben.[12] Ausgangs-

12 Das rechtliche Risiko wird dabei als die Wahrscheinlichkeit eines Schadenseintritts definiert. *Datenschutzkonferenz*, Risiken für die Rechte und Freiheiten natürlicher Personen, Kurzpapier Nr. 18; Stand: 26. 4. 2018, S. 1 f.; *Schultze-Melling*, in: Taeger/Gabel (Fn. 6), Art. 32 DS-GVO Rn. 23; *Hansen*, in: Simitis/Hornung/

punkt ist die Prüfung des Risikos einer Identifizierung, da die Anwendung der DS-GVO einen Personenbezug voraussetzt.

1. *Prüfung des Risikos der Identifizierung von Personen*

Der Anwendungsbereich der DS-GVO ist nur für personenbezogene Daten eröffnet, Art. 2 Abs. 1 DS-GVO. Personenbezogene Daten sind nach der Definition in Art. 4 Nr. 1 DS-GVO alle Informationen, die sich auf eine identifizierte oder identifizierbare natürliche Person beziehen.[13]

Entfällt der Personenbezug bzw. ist eine Identifizierung nicht mehr möglich, wird von einer Anonymisierung gesprochen. Die Begriffe Anonymisierung und Anonymität werden im Normtext der DS-GVO nicht erwähnt; sie kommen lediglich in ErwG 26 S. 5 und 6 DS-GVO vor und werden dort konzeptionell näher beschrieben. Daten gelten nach ErwG 26 S. 3 DS-GVO als anonym, wenn der Personenbezug weder vom Verantwortlichen noch von einer anderen Person hergestellt werden kann, wobei alle Mittel zu berücksichtigen sind, die zur Identifizierung dieser Person nach allgemeinem Ermessen wahrscheinlich eingesetzt werden können. Bei der Feststellung, ob Mittel nach allgemeinem Ermessen wahrscheinlich zur Identifizierung der natürlichen Person genutzt werden, sollten nach ErwG 26 S. 4 DS-GVO alle objektiven Faktoren herangezogen werden. Hierzu zählen etwa die Kosten einer Identifizierung und der dafür erforderliche Zeitaufwand.

Allerdings erlaubt ErwG 26 DS-GVO aufgrund vieler unbestimmter Rechtsbegriffe unterschiedliche Auslegungen der Anonymität.

Nach dem *absoluten Verständnis* werden rein hypothetische Möglichkeiten, einen Personenbezug herzustellen, exkludiert.[14] Demnach muss jede

Spiecker gen. Döhmann (Hrsg.), Datenschutzrecht, 1. Aufl. 2019, Art. 32 DS-GVO Rn. 62.

13 Auf eine breite Auslegung des Begriffs abstellend vgl. nur EuGH, Rs. C-434/16 (Nowak/Data Protection Commissioner), EU:C:2017:994 Rn. 33.

14 *Düsseldorfer Kreis*, Beschl. v. 26./27. 11. 2009. *Artikel-29-Datenschutzgruppe*, Stellungnahme 05/2014 zu Anonymisierungstechniken, angenommen am 10. 4. 2014, S. 10, siehe dagegen S. 19 f. Obwohl der Europäische Datenschutzausschuss diese Stellungnahme der Artikel-29-Datenschutzgruppe nicht explizit bestätigt hat, kann diese Auslegung aufgrund der inhaltlichen wie sprachlichen Nähe zwischen der Datenschutzrichtlinie und der DS-GVO weiterhin herangezogen werden. Der Ansatz wurde zuletzt 2020 in den Leitlinien zur Einwilligung und zur Verwendung von Daten im Zusammenhang mit dem Ausbruch von COVID-19 vom Europäischen Datenschutzausschuss ebenfalls vertreten: *Europäi-*

Anonymisierung vollständig unumkehrbar sein. Risiken werden in neuen Technologien gesehen, die für anonym gehaltene Datensätze wieder identifizierbar machen könnten, weshalb die Löschung von Originaldaten und die Entfernung von Merkmalen als ideale technische Maßnahmen der Anonymisierung dargestellt werden.[15] Nach dem *relativen Ansatz* kann dagegen über die Klassifizierung der Daten als personenbezogen nur anhand des konkreten Datenverarbeitungsvorgangs und des Verantwortlichen entschieden werden.[16]

Auf Grundlage der EuGH-Rechtsprechung hat sich eine *vermittelnde Ansicht* herausgebildet. Demnach sind bei der Beurteilung der Personenidentifizierbarkeit nur jene Mittel zu berücksichtigen, die „vernünftigerweise" zur Herstellung des Personenbezugs eingesetzt werden können.[17] Nach diesem Maßstab kann eine Identifizierung somit nicht erfolgen, wenn der Kontakt zu einem Dritten, der über das notwendige Zusatzwissen verfügt, einen sehr hohen personellen und wirtschaftlichen Aufwand erfordern würde oder wenn dies praktisch nicht durchführbar wäre.[18] Der Personenbezug entscheidet sich nicht nach theoretischen Möglichkeiten. Maßgeblich ist, ob die Mittel, die dem Verantwortlichen zur Verfügung stehen und sein Zusatzwissen einen Bezug herstellen können.[19] Damit ist die Einschätzung der Wahrscheinlichkeit entscheidend, den Bezug der Daten zu einer identifizierten oder identifizierbaren Person in einem bestimmten Verarbeitungskontext herzustellen.

Bei dieser Einschätzung wird eine Risikoprognose durchgeführt, bei der sowohl die Faktoren berücksichtigt werden, die im potenziellen Datenverarbeiter selbst angelegt sind, etwa sein Wissen, als auch die von den Datenverarbeitern einsetzbaren Mittel zur Zuordnung.[20] Deshalb hängt die Klassifizierung von Daten als „anonym" nicht davon ab, ob eine Zuordnung absolut ausgeschlossen werden kann, sondern von der Intensität des für

---

scher Datenschutzausschuss, Erklärung zur Verarbeitung personenbezogener Daten im Zusammenhang mit Covid-19, angenommen am 19. 3. 2020, S. 2.

15 *Artikel-29-Datenschutzgruppe* (Fn. 14), S. 29.

16 *Klar/Kühling*, in: Kühling/Buchner (Fn. 10), Art. 4 DS-GVO Nr. 1 Rn. 26.

17 EuGH, Rs. C-582/14 (Breyer/Deutschland), EU:C:2016:779 Rn. 43 ff.

18 EuGH, Rs. C-582/14 (Breyer/Deutschland), EU:C:2016:779 Rn. 31 ff.

19 EuGH, Rs. C-582/14 (Breyer/Deutschland), EU:C:2016:779 Rn. 46. *Arning/Rothkegel*, in: Taeger/Gabel (Fn. 6), Art. 4 DS-GVO Rn. 35.

20 *Roßnagel*, ZD 2021, S. 188 (189); *Ziebbarth*, in: Sydow (Fn. 11), Art. 4 DS-GVO Rn. 26.

die Herstellung eines Personenbezugs notwendigen Aufwands.[21] Bei der Beurteilung, ob der Aufwand so unverhältnismäßig ist, dass eine Identifizierung vernünftigerweise nicht zu erwarten ist, nimmt der Gesichtspunkt „Stand der Wissenschaft und Technik“ eine bedeutende Rolle ein.[22] Demnach ist der Anwendungsbereich der DS-GVO nicht eröffnet, wenn zwar die rein theoretische Möglichkeit zur Identifizierung einer Person besteht, dies aber vernünftigerweise nicht zu erwarten ist.

2. *Die Verarbeitung als Risiko für die Rechte und Freiheiten der Betroffenen*

Der Risikoansatz soll ermöglichen, den Pflichtenkreis der Datenverarbeiter an das jeweilige Risiko ihrer Verarbeitung anzupassen.[23] Das Konzept kommt nicht nur bei der Frage der Anonymität bzw. des Personenbezugs, sondern auch bei der Einschätzung der möglichen Beeinträchtigung der Betroffenenrechte zum Tragen.

Die Risikobewertung kann dadurch beeinflusst werden, dass die DS-GVO zahlreiche sektorspezifische Interessen privilegiert, das heißt die Betroffenenrechte zugunsten des freien Datenverkehrs verkürzt.[24] Insbesondere bei der Implementierung von technischen und organisatorischen Maßnahmen nach Art. 32 Abs. 1 DS-GVO und damit einhergehenden Fragen der Datensicherheit ist die Risikobewertung von Bedeutung.

Art. 32 Abs. 1 DS-GVO verlangt von Verantwortlichen und Auftragsverarbeitern, technische und organisatorische Maßnahmen festzulegen, die ein dem Risiko angemessenes Datenschutzniveau bieten. Das Risiko bestimmt sich anhand der Art und Weise der Verarbeitung, des Verarbeitungskontexts und der Intensität des drohenden Schadens für den Betroffenen.[25] Dabei sind das technisch Machbare und die wirtschaftlichen Faktoren bei der Bestimmung geeigneter Risikomaßnahmen mit in die Abwägung einzustellen.[26] Die zu treffenden Maßnahmen sind in einer multipo-

---

21 *Laue*, in: Laue/Kremer (Hrsg.), Das neue Datenschutzrecht in der betrieblichen Praxis, 2. Aufl. 2019, § 1 Rn. 16. Zur Differenzierung zwischen faktischer und absoluter Anonymität, siehe *Ziehbarth* (Fn. 20), Art. 4 DS-GVO Rn. 30.

22 *Arning/Rothkegel* (Fn. 19), Art. 4 DS-GVO Rn. 31; *Roßnagel* (Fn. 20), S. 189.

23 *Piltz*, in: Gola (Hrsg.). DS-GVO, BDSG, 2. Aufl. 2018, Art. 24 DS-GVO Rn. 19.

24 Siehe nur instruktiv *Veil*, ZD 2015, S. 347 (352).

25 *Martini*, in: Paal/Pauly (Fn. 6), Art. 32 DS-GVO Rn. 48; *Paulus*, in: Wolff/Brink (Hrsg.), BeckOK DatenschutzR, 40. Ed., Stand: 1. 11. 2021, Art. 32 DS-GVO Rn. 10.

26 *Jandt*, in: Kühling/Buchner (Fn. 10), Art. 32 DS-GVO Rn. 7; *Paulus* (Fn. 25), Art. 32 DS-GVO Rn. 8.

laren Abwägung zu bestimmen, wobei die Interessen der von einer Datenverarbeitung Betroffenen mit den Interessen derer, die eine Datenverarbeitung vornehmen, in einen Ausgleich zu bringen sind.[27] Auf diese Weise beeinflusst die Risikobewertung die Verhältnismäßigkeitsprüfung von Datenverarbeitungsvorgängen und wird vor allem im Prüfungspunkt der Angemessenheit berücksichtigt.[28]

Die Geeignetheit bezieht sich hierbei nach Art. 32 Abs. 1 i. V. m. ErwG 83 S. 2 DS-GVO auf die Umsetzung der Ziele des Art. 32 DS-GVO, also die Aufrechterhaltung der Sicherheit und die Vorbeugung einer gegen die DS-GVO verstoßenden Verarbeitung.[29]

3. *Der datenschutzrechtliche Risikobegriff*

Das Risiko für die Rechte und Freiheiten der betroffenen Person determiniert die technisch-organisatorischen Maßnahmen für die Datenverarbeitung. Dabei sind das Risiko der (Wieder-)Herstellung eines Personenbezugs und das Risiko der Verarbeitung für die Rechte und Freiheiten der Betroffenen zunehmend als einander bedingende Prognosen anzusehen, die in einer einheitlichen Folgenabschätzung der Datenverarbeitung integriert werden können. Mit der zunehmenden Etablierung eines vermittelnden Ansatzes der Anonymität wird ersichtlich, dass rechtliche Anonymität nicht binär gedacht werden kann. Die Wahrscheinlichkeit der Identifizierbarkeit nach allgemeinem Ermessen ist daher auch als veränderlicher Faktor der Beeinträchtigung der Rechte und Freiheiten der Betroffenen mit zu berücksichtigen.

Da durch den vermittelnden Ansatz zur Anonymität auch die Frage nach dem „Ob" der Datenverarbeitung zunehmend obsolet wird, rückt ihre technisch-organisatorische Gestaltung, das „Wie", ins Zentrum der Debatte. Zu klären ist, welche Mittel der Verarbeitung geeignet sind, den angestrebten Zweck der Datenprozessierung zu erreichen und welche Vorkehrungen ergriffen werden müssen, um die Betroffenen vor den Verarbeitungsrisiken im weiten Sinne zu schützen. Auf Grundlage der Prinzipien *Privacy-by-Design* und *Privacy-by-Default* nach Art. 25 DS-GVO i. V. m. Art. 1 Abs. 1 DS-GVO ist das Ergebnis der Abwägung widerstreitender Ver-

---

27 *Martini* (Fn. 25), Art. 32 DS-GVO Rn. 25; *Piltz* (Fn. 23), Art. 32 DS-GVO Rn. 22.

28 *Burton*, in: Kuner/Bygrave/Docksey (Hrsg.), The EU General Data Protection Regulation, 1. Aufl. 2020, Art. 32, S. 635 f.

29 *Piltz* (Fn. 23), Art. 32 DS-GVO Rn. 10; *Hladjk*, in: Ehmann/Selmayr (Hrsg.), DS-GVO, 2. Aufl. 2018, Art. 32 Rn. 11.

arbeiter- und Schutzinteressen auf der technischen Ebene abzubilden. *Geeignete* technisch-organisatorische Maßnahmen für die Datenverarbeitung können vor diesem Hintergrund auch als praktische Umsetzung der Verhältnismäßigkeit einer Datenverarbeitung angesehen werden. Damit lässt sich festhalten, dass technisch-organisatorische Maßnahmen dann geeignet sind, wenn sie die legitime, verhältnismäßige Datenverarbeitung auf der technisch-organisatorischen „Design"-Ebene verwirklichen, welche maßgeblich von den im weiten Sinne verstandenen Risiken für die Rechte und Freiheiten der Betroffenen durch die Datenverarbeitung bestimmt wird.

III. Sektorspezifische Beziehungen zwischen den Akteuren der Datenverarbeitung

Einzelne Datenverarbeitungen sind sowohl auf der Verarbeiter- als auch auf der Betroffenenseite durch die Vielzahl der Akteure gekennzeichnet. Der Bezug der Akteure zueinander ist jeweils vom konkreten Verarbeitungskontext und damit einhergehenden Interessen der Akteure abhängig. Die Interessen lassen sich dabei je nach Sektor zusammenfassen und bis zu einem gewissen Grad verallgemeinern. Das Verhältnis von Verarbeitern und Betroffenen zueinander beeinflusst die (vor allem verarbeitungsinhärenten) Risiken der Datenprozessierung wesentlich; ebenso die in die Abwägung im Rahmen der Verhältnismäßigkeit einzustellenden Belange. Dabei ist zu beachten, dass die DS-GVO verschiedene Verarbeiterinteressen privilegiert.[30] Diese ausdrücklichen Wertungen der Verordnung sind in der Abwägung angemessen zu berücksichtigen.

Die entstehenden komplexen Abwägungssituationen sind sektorspezifisch verschieden. Dies geht mit unterschiedlichen Anforderungen an den Datenschutz und der korrespondierenden Datensicherheit in den Sektoren einher. Im Rahmen der Abwägung zwischen Datenschutz und dem freien Datenverkehr i. S. d. Art. 1 Abs. 1 DS-GVO kommt der Untersuchung der zu ergreifenden besonderen Verarbeitungsmaßnahmen als Reaktion auf die sektorspezifischen Abwägungsergebnisse eine hervorgehobene Bedeutung zu. Rechtsgrundlagen und Ausnahmen vom Verbot der Verarbeitung sensitiver Daten, die auf besondere Datenverarbeitungsziele gerichtet sind,

---

30 Siehe bspw. die Zweckprivilegierungen der DS-GVO von Verarbeitungen personenbezogener Daten zu Archiv-, Forschungs- und Statistikzwecken; weiterführend dazu *Hense*, in: Sydow (Fn. 11), Art. 89 DS-GVO Rn. 5 ff.; *Pauly*, in: Paal/Pauly (Fn. 6), Art. 89 DS-GVO Rn. 13 f.; *Buchner/Tinnefeld*, in: Kühling/Buchner (Fn. 10), Art. 89 DS-GVO Rn. 13.

werden von der DS-GVO selbst zahlreich definiert.[31] Wenn sie einmal im Unionsrecht oder im mitgliedstaatlichem Recht ausdifferenziert sind, bestimmen sie den legitimen Zweck der Datenverarbeitung. Die Geeignetheit und Erforderlichkeit der Verarbeitung sind für die Erreichung dieser Zwecke im Sinne der Verhältnismäßigkeitsprüfung vor dem Hintergrund der Kontextbezogenheit und des Datenminimierungsgrundsatzes[32] wichtige Prüfungspunkte. Die Verhältnismäßigkeit der Verarbeitung wird aber insgesamt bei der zunehmend ausschließlich datenbestimmten Tätigkeit verarbeitender Stellen in der Regel nicht an ihnen scheitern. Dagegen bleiben die Art und Weise der Datenverarbeitung, das „Wie", vor dem Hintergrund von auf spezifische Ziele gerichteten Datenprozessierungen wesentliche Orientierungs- und Beurteilungsmaßstäbe für die Verwirklichung der Verhältnismäßigkeit.

Sektorspezifische Regelungen können die Komplexität der Abwägung reduzieren. Diese sind in der DS-GVO neben der unmittelbaren legislativen Privilegierung bestimmter Verarbeitungsvorgänge auch durch Vorgaben zur Zertifizierung[33] und die Möglichkeit der Erstellung von Verhaltensregeln[34] vorgesehen.

Mit Art. 40 DS-GVO erlaubt die Verordnung die Etablierung eines regulatorischen Instruments, das – im Einklang mit den geltenden datenschutzrechtlichen Regelungen – sektorbezogene Regeln definieren kann.[35] Der Europäische Datenschutzausschuss statuiert in seiner Leitlinie zu Verhaltenskodizes vom Juni 2019, dass diese als Regelwerk für die praktische und transparente Anwendung der DS-GVO beitragen können.[36] Gleichzeitig leisten die Verhaltenskodizes einen datenschutzrechtlichen Mehrwert, indem sie die Feinheiten eines bestimmten Sektors und der jeweiligen Verarbeitungstätigkeit präzisieren[37] und dadurch eine wirksame Anwendung der DS-GVO erleichtern. Im Gegensatz zu einer individuellen Vereinbarung bietet der Verhaltenskodex die Möglichkeit, sektorspezifische Herausforderungen für eine fachlich und technisch anspruchsvolle Verarbeitungs-

---

31 Art. 9 Abs. 2 i. V. m. Art. 6 Abs. 1 DS-GVO.

32 Art. 5 Abs. 1 lit. c) DS-GVO.

33 Art. 42 f. DS-GVO.

34 Art. 40 f. DS-GVO.

35 *Reifert*, ZD 2019, S. 305 (306); *Paal*, in: Paal/Pauly (Fn. 6), Art. 40 DS-GVO Rn. 3; *Spindler/Dalby*, in: Spindler/Schuster (Hrsg.), Recht der elektronischen Medien, 4. Aufl. 2019, Art. 40 DS-GVO Rn. 1.

36 *Europäischer Datenschutzausschuss*, Leitlinien 1/2019 über Verhaltensregeln und Überwachungsstellen gemäß der Verordnung (EU) 2016/679, 2. Fassung v. 4. 6. 2019, Rn. 11.

37 *Paal*, in: Paal/Pauly (Fn. 6), Art. 40 DS-GVO Rn. 15.

tätigkeit zu regeln, ohne dass im Vorfeld eine umfangreiche Prüfung der zulässigen Übermittlung und Verarbeitung von personenbezogenen Daten vorgenommen werden muss.[38] Dies geschieht insbesondere durch die nähere Bestimmung von Pflichten der Verantwortlichen und der Auftragsverarbeiter.[39] Gefordert ist damit an erster Stelle die Ausfüllung von unbestimmten Rechtsbegriffen und Ermessensspielräumen.[40] Da Verhaltensregeln nach ErwG 98 S. 1 DS-GVO innerhalb der Grenzen der Verordnung präzisierend auszuformulieren sind, tragen sie dazu bei, die Interessensabwägung klar und auf Grund der besonderen Umstände der sektorspezifischen Verarbeitung konkret durchzuführen.[41]

Gemäß ErwG 77 S. 1 DS-GVO können auch genehmigte Verhaltensregeln Anleitungen geben, „wie der Verantwortliche oder Auftragsverarbeiter geeignete Maßnahmen durchzuführen hat".[42] Die geeigneten Maßnahmen konkretisieren damit die Verarbeiterpflichten vor dem Hintergrund der sektorspezifischen Risikoeinschätzung und der daran angebundenen Interessensabwägung im Rahmen der von der DS-GVO vorgegebenen Verhältnismäßigkeit.

IV. Geeignete Garantien für internationale Datentransfers

In den vernetzten Gesellschaften ist der „Export" großer Datenmengen in andere Rechtsräume charakteristisch. Die DS-GVO weicht das strenge Territorialitätsprinzip des Datenschutzrechts mehrfach auf, unter anderem durch die Regelungen für Datentransfers in Drittstaaten. Kapitel V der DS-GVO sieht eine zweistufige Prüfung vor jeglichem internationalen Datentransfer vor. Im ersten Schritt wird geprüft, ob die Daten rechtmäßig verarbeitet werden, um im zweiten Schritt zu untersuchen, ob die Transfermechanismen den Vorschriften des Kapitel V der DS-GVO entsprechen.[43] Da der Schutz personenbezogener Daten, die in Länder außerhalb der EU/des EWR übermittelt werden, nach Unionsrecht vorgeschrieben ist, können die Vorschriften der DS-GVO zum grenzüberschreitenden Datenverkehr

---

38 *Molnar-Gabor/Kaldowski/Korbel*, ZD 2021, S. 313 (315).

39 ErwG 98 S. 2 DS-GVO.

40 *Bergt/Pesch*, in: Kühling/Buchner (Fn. 11), Art. 40 DS-GVO Rn. 16 mit Hinweis auf LG Heilbronn Urt. v. 11. 4. 2019 – 13 O 140/18, ZD 2020, S. 256 (257).

41 *Europäischer Datenschutzausschuss* (Fn. 36), Kap. 6.3 Rn. 37.

42 *Schneider*, in: Forgó/Helfrich/Schneider (Hrsg.), Betrieblicher Datenschutz, 3. Aufl. 2019, Kap. 6 Rn. 82.

43 *Wybitul/Ströbel/Ruess*, ZD 2017, S. 503 (504).

als eine Form des anwendbaren Rechts angesehen werden.[44] Die Bestimmungen der Art. 44 ff. DS-GVO sehen vor, dass die Datenübermittlungsregeln des Kapitel V DS-GVO so anzuwenden sind, dass das in der Verordnung vorgesehene Schutzniveau nicht untergraben wird, demzufolge das Schutzniveau mit den Daten „reisen" muss, wohin auch immer sie gehen.

Der Regelfall für die Zulässigkeit eines Datentransfers ist der Beschluss der Europäischen Kommission, mit dem die Angemessenheit des Datenschutzniveaus in einem Drittland bestätigt wird. Wie der Generalanwalt in seinem Schlussantrag zu *Schrems I* ausgeführt hat, verlangt das „angemessene Schutzniveau", dass das Drittland aufgrund seiner innerstaatlichen Rechtsvorschriften oder internationalen Verpflichtungen tatsächlich ein Datenschutzniveau gewährleistet, das dem in der Union (damals aufgrund der Richtlinie) durch die Grundrechtecharta garantierten Niveau der Sache nach gleichwertig ist.[45] Es wird demnach kein identisches Schutzniveau verlangt und die Mittel, auf die das Drittland zurückgreift, können sich von denen unterscheiden, die in der Union herangezogen werden. Diese Mittel müssen sich gleichwohl in der Praxis als wirksam erweisen.[46]

Dass die Gleichwertigkeit des Datenschutzniveaus, seine wirksame Durchsetzung vorausgesetzt, im Drittland nicht nur im Falle eines Angemessenheitsbeschlusses geprüft werden muss, hat der EuGH 2020 in *Schrems II* bestätigt.[47] Sender und Empfänger personenbezogener Daten, die ihren Datenaustausch auf Standardvertragsklauseln als Musterklauseln der Europäischen Kommission stützen, sind verpflichtet, vor jeder Übermittlung zu überprüfen, ob das nach Unionsrecht erforderliche Schutzniveau im Empfängerland eingehalten wird. Dieser Maßstab der Angemessenheit dürfte über die von der Europäischen Kommission bereitgestellten Standardvertragsklauseln hinaus damit für Datenübermittlungen vorbehaltlich sämtlicher geeigneter Garantien des fünften Kapitels der DS-GVO herangezogen werden.[48]

Ein Angemessenheitsbeschluss wird am Datenschutzniveau des Drittlandes und der DS-GVO gemessen. Die Gültigkeit von Standardvertrags-

44 *Kuner*, Transborder Data Flows and Data Privacy Law, 2013, S. 125 ff.

45 EuGH, Rs. C-362/14 (Schrems/Data Protection Commission), EU:C:2015:650 Rn. 73.

46 EuGH, Rs. C-362/14 (Schrems/Data Protection Commission), EU:C:2015:650 Rn. 74.

47 EuGH, Rs. C-311/18 (Data Protection Commissioner/Facebook Ireland Limited/Schrems), EU:C:2020:559 Rn. 95, 105, 131.

48 EuGH, Rs. C-311/18 (Data Protection Commissioner/Facebook Ireland Limited/Schrems), EU:C:2020:559, insbes. Rn. 131.

klauseln und weiterer standardisierter Transfermechanismen nach Art. 46 DS-GVO hängt davon ab, inwieweit sie das unionsrechtliche Schutzniveau *per se* sichern können. Dennoch bleibt es für die Annahme der Angemessenheit dabei: Das Schutzniveau von Drittstaaten muss dem Unionsrecht funktional nahekommen,[49] ohne dass Identität verlangt wird.

Der Ansatz zur Bewertung der Angemessenheit basiert traditionell auf der Feststellung, ob die Gesetze und Praktiken in Drittländern zur Umsetzung bestimmter grundlegender EU-Datenschutzpraktiken und -grundsätze führen. Diese Grundsätze wurden von der Artikel-29-Datenschutzgruppe im Jahr 1998 festgelegt und umfassen den Grundsatz der Zweckbindung, den Grundsatz der Datenqualität und der Verhältnismäßigkeit, den Grundsatz der Transparenz, den Grundsatz der Sicherheit, das Recht auf Auskunft, Berichtigung und Widerspruch sowie die Beschränkung der Weiterübermittlung.[50] Dies bedeutet, dass sich die Angemessenheit als Prüfungsmaßstab für die Datentransfers wiederum aus der DS-GVO ergibt und letztendlich auch die grundsätzliche Verhältnismäßigkeit der Datenverarbeitung widerspiegelt. So gesehen ist der Datentransfer lediglich ein sehr konkreter Verarbeitungsschritt, der aber seit *Schrems II* die Überprüfung der Verhältnismäßigkeit in einem neuen Umfang fordert.[51] Da der internationale Transfer einen Verarbeitungsschritt und kein Verarbeitungsziel an sich darstellt, hat er zur Erreichung der Verarbeitungsziele beizutragen. Die Durchführung des Transfers muss *geeignet* sein, das Datenschutzniveau der DS-GVO aufrechtzuerhalten. Dies wird durch die Zuordnung von datenschutzrechtlichen Pflichten in der überwiegenden Mehrheit der Verarbeiterkonstellationen auch untermauert, da der transferierende Verarbeiter für seine eigene Verarbeitungstätigkeit sowie für die Transfermaßnahme in der Regel als Verantwortlicher fungiert. Die rechtlichen Transfermechanismen der DS-GVO übertragen damit auch die am Maßstab der DS-GVO gemessene Verhältnismäßigkeit; der Blick muss sich erneut auf das „Wie" der Datenverarbeitung richten. Die Ausgestaltung des Transfers orientiert sich auch an den am Verhältnismäßigkeitsgrundsatz zu messenden *geeigneten* Garantien für die Betroffenenrechte. Die Maßnahmen sind dann geeignet, wenn sie für ein angemessenes Schutzni-

49 *Schantz*, in: Simitis/Hornung/Spiecker gen. Döhmann (Fn. 12), Art. 45 DS-GVO Rn. 6.

50 *Artikel-29-Datenschutzgruppe*, Referenzgrundlage für Angemessenheit, angenommen am 28. 11. 2017, zuletzt überarbeitet und angenommen am 6. 2. 2018, S. 5. Siehe Hinweis bei *Kuner*, in: Kuner/Bygrave/Docksey (Fn. 28), Art. 45, S. 787 f.

51 *Golland*, NJW 2020, S. 2593 (2594). Siehe auch *Gabel*, in: Taeger/Gabel (Fn. 6), Art. 45 DS-GVO Rn. 11.

veau, das mit dem der DS-GVO gleichwertig ist, sorgen, um die Zielsetzung der Verordnung zu verwirklichen, Schutz- und Verarbeiterinteressen in einen verhältnismäßigen Ausgleich zu bringen.[52]

V. Verhältnismäßigkeit als Rahmen der Beurteilung der Rechtmäßigkeit

Die Prüfung der Datenverarbeitung und der damit einhergehenden Eingriffe in die Betroffenenrechte erfolgt durch die Aufsichtsbehörde.

Maßgeblich für den verhältnismäßigen Ausgleich der Zwecksetzungen der DS-GVO nach Art. 1 Abs. 1 DS-GVO – Datenschutz und freier Datenfluss –, sind die materiell-rechtlichen Vorgaben der Verordnung. Diese sind allerdings in großen Teilen mit erheblichen Konkretisierungsspielräumen ausgestattet, vor allem in Form von Öffnungsklauseln für die mitgliedstaatlichen Gesetzgeber. Zusätzlich zu Ausgestaltungmöglichkeiten der nationalen Parlamente kommt den Aufsichtsbehörden an vielen Stellen ein Beurteilungsspielraum bei unmittelbarer Durchführung und Anwendung der Verordnung zu.

Die Aufsichtsbehörden sind bei der Wahrnehmung ihrer Aufgaben und Befugnisse nach Art. 51 Abs. 1 i. V. m. Art. 4 Nr. 21 DS-GVO angehalten, einen Ausgleich zwischen dem freien Datenfluss und den Betroffenenrechten nach den Maßgaben der einzelnen Vorschriften der DS-GVO zu finden.[53] Dies gilt auch im Rahmen der Aufgabenwahrnehmung auf Grundlage von Vorschriften, die ihnen einen Beurteilungsspielraum einräumen.

---

52 An dieser Stelle soll darauf hingewiesen werden, dass der Grund für die Nichtigerklärung der Angemessenheitsbeschlüsse der Europäischen Kommission in Bezug auf die USA durch den EuGH jeweils darin lag, dass nach Einschätzung des EuGH die Vorgaben im nationalen Recht der USA für die Verarbeitung personenbezogener Daten von EU-Bürgern den Wesensgehalt der Grundrechte nach Art. 7, 8 und 47 GRCh verletzten. Zum Verhältnis der Prüfung der Wahrung des Wesensgehalts der Grundrechte und der Umsetzung des Verhältnismäßigkeitsgrundsatzes siehe *Lenaerts*, GLJ 2019, S. 779 (782 ff., 786). Zur Verhältnismäßigkeitsprüfung siehe EuGH, Rs. C-293/12 und C-594/12 (Digital Rights Ireland Limited/Minister for Communications, Marine, Natural Resources/Kärntner Landesregierung), EU:C:2014:238 Rn. 45 ff.; EuGH, Schlussanträge GA *Mengozzi*, Gutachten 1/15 (Gutachtenantrag des Europäischen Parlaments), EU:C:2016:656 Rn. 195 ff.

53 *Schneider*, in: Wolff/Brink (Fn. 25), Art. 51 DS-GVO Rn. 6 f.; *Körffer*, in: Paal/Pauly (Fn. 6), Art. 51 DS-GVO Rn. 4 f. Kritisch: *Ziebarth*, in: Sydow (Fn. 11), Art. 51 DS-GVO Rn. 20.

Die einschlägigen Bestimmungen der DS-GVO verwenden den Begriff der Geeignetheit, um damit die Art der technisch-organisatorischen, sektorspezifischen und internationalen Maßnahmen zu definieren, die auf die Zielsetzung der DS-GVO nach Art. 1 Abs. 1 abgestellt sind. Geeignete technische und organisatorische Maßnahmen, mit denen die Risiken der Verarbeitung minimiert und die Verarbeitung abgesichert werden, sollen auch das Ergebnis der Abwägung von Verarbeiterinteressen und Schutzinteressen manifestieren. Verhaltenskodizes bieten dann eine Garantie, wenn sie an sektorspezifischen Abwägungspositionen ausgerichtet sind. Garantien für internationale Datentransfers sind dann geeignet, wenn sie die Aufrechterhaltung des durch die DS-GVO gewährleisteten Schutzniveaus in Verarbeitungskonstellationen bewirken, in denen die Daten den Unionsrechtsraum verlassen. Dabei muss die durch die Vorschriften der DS-GVO gewährleistete Verhältnismäßigkeit auch auf den internationalen Datentransfer nach dem jeweiligen Transfermechanismus übertragen werden.

Inwieweit bei diesen Vorschriften die DS-GVO noch Beurteilungsspielräume beispielsweise durch unbestimmte Rechtsbegriffe eröffnet und wie sie die Auslegung der Geeignetheit als Tatbestandsmerkmal dieser Vorschriften prägen, wird im Folgenden anhand von drei Beispielen aufgezeigt. Dem liegt das Verständnis zugrunde, dass die Verhältnismäßigkeit als Voraussetzung der Rechtmäßigkeit einer Datenverarbeitung den Rahmen für den Beurteilungsspielraum vorgibt.

VI. Geeignetheit: technisch-organisatorisch, sektor- und transferbezogen

Das Tatbestandsmerkmal der Geeignetheit knüpft nicht an das Ziel einer einzelnen Maßnahme, sondern an die Zielverwirklichung der DS-GVO an. Die Annahme einer Geeignetheit erfordert jeweils die Implementierung von Maßnahmen, die ihrerseits den Anforderungen der Verhältnismäßigkeit i. S. v. Art. 8 Abs. 2, Art. 52 Abs. 1 S. 2 GRCh genügen müssen.

1. Geeignete technische und organisatorische Maßnahmen gem. Art. 32 Abs. 1 DS-GVO

Art. 32 Abs. 1 DS-GVO bestimmt, dass unter Berücksichtigung des Stands der Technik, der Implementierungskosten und der Art, des Umfangs, der Umstände und der Zwecke der Verarbeitung sowie der unterschiedlichen Eintrittswahrscheinlichkeit und Schwere des Risikos für die Rechte und

Freiheiten natürlicher Personen der Verantwortliche und der Auftragsverarbeiter *geeignete technische und organisatorische Maßnahmen* zu treffen haben, um ein dem Risiko angemessenes Schutzniveau zu gewährleisten.

Nach dem risikobasierten Ansatz der DS-GVO müssen für die ermittelten Risiken der Verarbeitung durch die Prüfung gem. Art. 32 DS-GVO geeignete Maßnahmen zu ihrer Reduktion definiert werden.[54] Nach Art. 32 Abs. 2 DS-GVO sind bei der Beurteilung des Schutzniveaus an erster Stelle diejenigen Risiken zu berücksichtigen, die mit der Verarbeitung verbunden sind. Die Vorschrift nennt einen Katalog von Ereignissen, die Störungen darstellen (bspw. Vernichtung, Verlust), und knüpft damit das Schutzniveau an die Schutzbedürftigkeit der personenbezogenen Daten.[55] In der Praxis muss der jeweilige Schutzbedarf der unterschiedlichen personenbezogenen Daten auf Grundlage typischer Schadenszenarien ermittelt werden, bevor dann die Einteilung in Schutzbedarfskategorien erfolgt.[56] Auf Grundlage der Schutzbedarfskategorien werden geeignete technische und organisatorische Maßnahmen identifiziert und implementiert.

Die Auswahl der geeigneten technischen und organisatorischen Maßnahmen hat die Balance zwischen dem Schutzniveau, das dem Stand der Technik entspricht, und dem Risiko für die Rechte und Freiheiten der Betroffenen zu finden.[57] Schutzaufwand und Risiko müssen stets ins Verhältnis gesetzt werden und die technischen Maßnahmen, die dieses Verhältnis in der Gesamtschau widerspiegeln, bestimmen die Möglichkeiten und die Art und Weise der Datenverarbeitung. Durch die geeigneten Maßnahmen nach Art. 32 DS-GVO werden damit an erster Stelle die Vertraulichkeit, Integrität und die Zweckbindung als Hauptprinzipien des Datenschutzrechts nach Art. 5 Abs. 1 lit. f) und lit. b) DS-GVO verwirklicht.[58]

Innerhalb dieser komplexen Risikobewertung und -minimierung und unter Berücksichtigung der Geeignetheit der Maßnahmen ist die Behörde aufgrund der Aufgabenbeschreibung in Art. 57 Abs. 1 lit. a) DS-GVO für die Überwachung zuständig. Stellt die Aufsichtsbehörde fest, dass die Verhältnismäßigkeit nicht gewahrt ist, weil insbesondere die Geeignetheit nicht erfüllt ist, so ist sie befugt, die Verarbeitung zu untersagen und zu sanktionieren.

54 *Jandt*, in: Kühling/Buchner (Fn. 10), Art. 32 DS-GVO Rn. 5.
55 *Helfrich/Forgó/Schneider*, in: Helfrich/Forgó/Schneider (Fn. 42), Kap. 5 Rn. 98.
56 *Hladjk* (Fn. 29), Art. 32 Rn. 11.
57 *Paulus* (Fn. 25), DS-GVO Art. 32 Rn. 7.
58 Für die Referenz auf Art. 5 Abs. 1 lit. f) DS-GVO siehe *Schultze-Melling*, in: Taeger/Gabel (Fn. 6), Art. 32 DS-GVO Rn. 1.

Für die Aufsichtsbehörde heißt das, dass sie eine umfassende Untersuchung und Betrachtung anstellen muss, die sich nicht nur auf die Geeignetheit der technischen und organisatorischen Maßnahmen spezifisch in Bezug auf den Stand der Technik und die weiteren Tatbestandselemente des Art. 32 Abs. 1 DS-GVO beschränkt, wie vom Wortlaut auch gestützt, sondern die gesamte Verarbeitung einbezieht, welche auf Grundlage der Rahmenvorgaben der DS-GVO, vor allem durch die Ausdifferenzierung der Datenschutzprinzipien und der Betroffenenrechte begrenzt werden muss.

Zugleich wird diese umfassende Untersuchung durch die Auslegung unbestimmter Vorgaben des Art. 32 DS-GVO beeinflusst, wie z. B. „Stand der Technik". Ihre Auslegung erhält allerdings vor dem Hintergrund der Risikoeinschätzung eine gewisse *Dynamik*[59] und ist stets gemäß dem Stand der technischen Entwicklung zu verstehen, welche sich vor dem Hintergrund der konkreten Datenverarbeitung die erforderliche Wirksamkeit entfalten und die notwendige Sicherheit gewährleisten kann und dadurch *geeignet* ist.[60]

Im Zusammenhang mit Art. 25 DS-GVO weist der Europäische Datenschutzausschuss auf die Pflicht der Verantwortlichen bezüglich des Standes der Technik bei der Festlegung der geeigneten technischen und organisatorischen Maßnahmen hin, den gegenwärtigen technischen Fortschritt auf dem Markt zu berücksichtigen.[61] Die Verantwortlichen sind gehalten, den technischen Fortschritt zu kennen und sich diesbezüglich auf dem Laufenden zu halten; sie müssen wissen, welche datenschutzbezogenen Risiken oder Chancen die Technik für den Verarbeitungsvorgang bedeuten kann und wie die Maßnahmen und Garantien, die die wirksame Umsetzung der Grundsätze und der Rechte der betroffenen Personen gewährleisten, unter Berücksichtigung der in der Entwicklung befindlichen technischen Rahmenbedingungen, umzusetzen und zu aktualisieren sind.[62] Der EDPB bezieht sich auf den Kalkar-Beschluss des Bundesverfassungsgerichts, um eine Methode zur Ermittlung des Standes der Technik aufzuzeigen.[63] Zur Konkretisierung des Standes der Technik im Bereich der Daten-

59 *Hansen* (Fn. 12), Art. 32 DS-GVO Rn. 22.

60 Der Stand der Technik als untere und/oder obere Grenze, *Hansen* (Fn. 12), Art. 32 DS-GVO Rn. 24 f.

61 *Europäischer Datenschutzausschuss,* Leitlinien 4/2019 zu Artikel 25. Datenschutz durch Technikgestaltung und durch datenschutzfreundliche Voreinstellungen. Version 2.0, angenommen am 20. 10. 2020, S. 9 Nr. 18.

62 *Europäischer Datenschutzausschuss* (Fn. 61), S. 9 Nr. 18.

63 *Europäischer Datenschutzausschuss* (Fn. 61), S. 9 Fn. 10; BVerfGE 49, 89.

sicherheit in Deutschland soll an dieser Stelle auf die ISO-Bestimmungen[64] und den IT-Grundschutz des Bundesamts für Sicherheit in der Informationstechnik[65] hingewiesen werden.[66]

2. *Ausreichende geeignete Garantien nach Art. 40 Abs. 5 DS-GVO*

Nach Art. 40 Abs. 5 DS-GVO können Verbände und andere Vereinigungen Verhaltensregeln ausarbeiten und diese der zuständigen Aufsichtsbehörde vorlegen. Die Aufsichtsbehörde gibt eine Stellungnahme darüber ab, ob der Entwurf mit der DS-GVO vereinbar ist. Sie genehmigt den Entwurf, wenn sie der Auffassung ist, dass er ausreichende *geeignete Garantien* bietet.

Werden in einem Anwendungsbereich sogenannte Verhaltensregeln nach Art. 40 DS-GVO eingeführt, so handelt es sich dabei um eine Form der Selbstregulierung.[67] Nach ErwG 98 S. 1 DS-GVO dienen die Verhaltensregeln dem Zweck, die wirksame Anwendung der Verordnung zu erleichtern. Verhaltensregeln können ein Mittel darstellen, die Regelungslücken der DS-GVO im Wege der Standardisierung und Typisierung[68] zu schließen und hierdurch die Rechtssicherheit für Datenverarbeiter und Betroffene zu erhöhen.[69] Die Standardisierung u.a. von technischen und organisatorischen Maßnahmen sowie der Abwägung von Betroffenenrechten und Verarbeiterinteressen können durch sektorspezifisches Wissen dazu beitragen, die Verhältnismäßigkeit in diesen Bereichen zu wahren, aber auch umfangreicher zu gestalten und damit schnellere Entscheidungen in Bezug auf die Verarbeitung zu erlauben. Normanwender und Vollzugsorgane werden entlastet. So eignen sich etwa Verhaltensregeln, um die Kosten der zuständigen Aufsichtsbehörde zu senken.[70]

Nach Art. 40 Abs. 5 S. 1 DS-GVO legt der Verantwortliche den Entwurf der Verhaltensregeln bei der Aufsichtsbehörde vor. Daraufhin nimmt gem. Art. 40 Abs. 5 S. 2 DS-GVO die Aufsichtsbehörde zur Vereinbarkeit des

---

64 Siehe insbes. den neuen internationalen Standard ISO/IEC 27701 Datenschutz-Informationsmanagementsystem (Privacy Information Management System – PIMS), früher unter der Bezeichnung ISO/IEC 27552 bekannt, weiterführend vgl. *Schultze-Melling*, in: Taeger/Gabel (Fn. 6), Art. 32 DS-GVO Rn. 26 ff.

65 *BSI*, IT-Grundschutz-Kompendium, 2020.

66 *Martini* (Fn. 25), Art. 32 DS-GVO Rn. 57 m. w. N.

67 *Paal*, in: Paal/Pauly (Fn. 6), Art. 40 DS-GVO Rn. 3.

68 *Schneider* (Fn. 42), Kap. 6 Rn. 82.

69 *Reifert*, ZD 2019, S. 305 ff.; *Wittmann/Haidenthaler*, MMR 2022, S. 8 (9, 18).

70 *Bergt/Bertermann*, in: Koreng/Lachenmann (Hrsg.), Formularhandbuch Datenschutzrecht, 3. Aufl. 2021, 2. Verhaltensregeln (Art. 40 DS-GVO) Anm. 1 ff., Nr. 6.

Entwurfs mit der DS-GVO Stellung und genehmigt die Verhaltensregeln bei Vorliegen der Anforderungen, das heißt wenn sie ausreichende geeignete Garantien enthalten. Dabei sind die Aufsichtsbehörden „in angemessener Weise zufriedenzustellen", dass die Regeln geeignete und wirksame Gewährleistungen enthalten, die zur Eindämmung der mit der Datenverarbeitung verbundenen Risiken beitragen können.[71] Im Gegensatz zu den geeigneten Garantien für internationale Transfers nach Art. 46 DS-GVO nennt die Vorschrift keine Beispiele für „ausreichende geeignete Garantien". Die Behörden verfügen über einen gewissen Spielraum bei der Beurteilung, ob die geeigneten Bestimmungen ausreichend sind, wobei dieser durch die Bindung an den Zweck der DS-GVO und die Betroffenenrechte auf eine Rechtsmäßigkeitsprüfung der Verarbeitung im Sinne des Verhaltenskodex reduziert wird. Mit diesem im Einklang können Maßnahmen nach den Leitlinien des Europäischen Datenschutzausschusses als ausreichend gewertet werden, wenn sie dazu beitragen, dass die Datenverarbeiter ihre Pflichten umsetzen, also in diesem Sinne Vorkehrungen für die tatsächliche Einhaltung durch die Verpflichteten treffen; auch die rechtliche Bindungswirkung für die Verpflichteten (durch Satzungsrecht oder durch Selbstverpflichtungen[72]) und das Überwachungsverfahren zur Einhaltung der Regeln gem. Art. 40 Abs. 4 DS-GVO zählen zum Maßnahmenkatalog.[73]

3. *Geeignete Garantien für internationale Datenübermittlungen*

Personenbezogene Daten dürfen an ein Drittland ohne Angemessenheitsbeschluss nach Art. 46 Abs. 1 DS-GVO übermittelt werden, sofern *geeignete Garantien* vorgesehen sind und sofern den betroffenen Personen durchsetzbare Rechte und wirksame Rechtsbehelfe zur Verfügung stehen.

Die internationale Datenübermittlung setzt gem. Art. 44 ff. DS-GVO ein angemessenes Datenschutzniveau im Drittland bzw. geeignete Garantien voraus, die einen Verarbeitungsstandard entsprechend der DS-GVO gewährleisten. Hierzu hat der EuGH in den Rechtssachen *Schrems I* und *Schrems II* klargestellt, dass die Aufsichtsbehörden zu einer Überprüfung von Transfers verpflichtet sind und Verarbeitungen untersagen müssen,

71 *Europäischer Datenschutzausschuss* (Fn. 36), S. 15, 18.

72 *Roßnagel*, in: Simitis/Hornung/Spiecker gen. Döhmann (Fn. 12), Art. 40 DS-GVO Rn. 62.

73 *Europäischer Datenschutzausschuss* (Fn. 36), S. 15, 18.

wenn sie feststellen, dass eine Wahrung des angemessenen Datenschutzniveaus im Sinne einer Einhaltung der Grundprinzipien der DS-GVO nicht oder nicht mehr gewährleistet ist.[74] Individualisierte geeignete Garantien i. S. v. Art. 46 Abs. 3 DS-GVO können durch Bestimmungen verwirklicht werden, die in Verwaltungsvereinbarungen zwischen Behörden oder öffentlichen Stellen oder in spezifischen Vertragsklauseln aufzunehmen sind, wobei diese durch die Aufsichtsbehörde genehmigungsbedürftig sind.[75] Maßstab der Prüfung ist jeweils das Schutzniveau der DS-GVO, welches auch den Grundsatz der Verhältnismäßigkeit nach Art. 8 Abs. 2 i. V. m. Art. 52 Abs. 1 S. 2 GRCh sekundärrechtlich ausdifferenziert.[76]

Individualisierte Standardvertragsklauseln oder Verwaltungsvereinbarungen nach Art. 46 Abs. 3 DS-GVO können nach der Genehmigung ein geeignetes Mittel darstellen, um den Datentransfer entsprechend der DS-GVO und dem Datenschutzniveau angemessen abzuwickeln. Die Individualisierung ermöglicht es, sektorspezifische Regelungen zu treffen, wie etwa für Cloud Computing,[77] und ermöglicht den Verarbeitern zugleich, auch komplexe Datenverarbeitungen mithilfe von Transfers rechtssicher auszuführen.

Bei den genehmigungspflichtigen Vereinbarungen muss die zuständige Aufsichtsbehörde die praktische Wirksamkeit der vorgeschlagenen Garantien prüfen. Der Beurteilungsspielraum der Aufsichtsbehörde im Rahmen von Art. 46 Abs. 3 DS-GVO bezüglich der Angemessenheit der jeweiligen Vereinbarung als Garantie ist durch die EuGH-Rechtsprechung zu internationalen Datentransfers weitgehend eingehegt. Geeignete Garantien i. S. v. Art. 46 Abs. 3 DS-GVO müssen wie alle anderen Arten geeigneter Garantien nach Art. 46 DS-GVO alle wesentlichen Datenschutzgrundsätze der

---

74 EuGH, Rs. C-362/14 (Schrems/Data Protection Commission), EU:C:2015:650 Rn. 63; EuGH, Rs. C-311/18 (Data Protection Commissioner/Facebook Ireland Limited/Schrems), EU:C:2020:559 Rn. 109.

75 Siehe *Pauly*, in: Paal/Pauly (Fn. 6), Art. 46 DS-GVO Rn. 44 ff.; *Schröder*, in: Kühling/Buchner (Fn. 10), Art. 46 DS-GVO Rn. 42.

76 Dies wird auch durch ErwG 108 S. 3 DS-GVO nahegelegt. Demnach sollen diese Garantien sicherstellen, dass die Datenschutzvorschriften und die Rechte der betroffenen Personen auf eine der Verarbeitung innerhalb der Union angemessene Art und Weise beachtet werden. Des Weiteren bestimmt ErwG 108 S. 4 DS-GVO, dass die Garantien sich insbesondere auf die Einhaltung der allgemeinen Grundsätze für die Verarbeitung personenbezogener Daten, die Grundsätze des Datenschutzes durch Technik und durch datenschutzfreundliche Voreinstellungen beziehen sollten.

77 Siehe EU Cloud Code of Conduct, https://eucoc.cloud/en/home (zuletzt aufgerufen am 15. 8. 2022).

DS-GVO enthalten und den betroffenen Personen durchsetzbare Rechte und wirksame Rechtsbehelfe einräumen.[78] Bezüglich der Datentransfers kommt hinzu, dass ein höheres Maß an Harmonisierung angestrebt wird, um nach innen die Kohärenz des Datenschutzrechts zu gewährleisten und nach außen ein einheitliches Bild durch eine einheitliche Entscheidungspraxis zu gewährleisten.

An dieser Stelle ist auf die Leitlinien des Europäischen Datenschutzausschusses hinzuweisen, der die Auswahl und Anwendung von sogenannten zusätzlichen Maßnahmen erläutert, die erforderlich sind, um ein Schutzniveau für die übermittelten Daten zu erzielen, das der Sache nach dem unionsrechtlichen Standard gleichwertig ist.[79]

Dieser Schritt ist allerdings nur erforderlich, wenn die Beurteilung ergibt, dass die Rechtsvorschriften und/oder Praktiken im Drittland die Effektivität der vom Datenexporteur gewählten Übermittlungsinstrumente in Art. 46 DS-GVO im Kontext seiner Übermittlung beeinträchtigen.[80] Diese Empfehlungen enthalten eine nicht erschöpfende Liste von Beispielen für zusätzliche Maßnahmen und die Voraussetzungen für deren Effektivität. Ähnlich wie im Fall der geeigneten Garantien, die in den Übermittlungsinstrumenten nach Art. 46 DS-GVO enthalten sind, kann es auch bei den zusätzlichen Maßnahmen so sein, dass sie in einigen Ländern effektiv sind, in anderen jedoch nicht. Die zusätzlichen Maßnahmen dienen dem Zweck, die fehlende Angemessenheit des Datenschutzniveaus im Drittland zu kompensieren. Durch diese Kompensationswirkung können sie die fehlende Geeignetheit des jeweiligen Transfertools beheben und erfüllen eine ähnliche Funktion wie die technisch-organisatorischen Maßnahmen nach Art. 32 Abs. 1 DS-GVO in der Gewährleistung der Rechtmäßigkeit des Datentransfers durch die Minimierung der Risiken für die Rechte und Freiheiten der betroffenen Personen.

Sofern der EuGH Angemessenheitsbeschlüsse der Europäischen Kommission gemäß Art. 45 DS-GVO für nichtig erklärt, weil der Wesensgehalt der Betroffenenrechte nach Art. 7, 8, 47 GRCh im Drittland aus Gründen nicht gewahrt wird, die in der Rechtsordnung des Drittlands liegen (Schrems I und Schrems II), vermögen auch geeignete Garantien nach Art. 46 DS-GVO einen Datentransfer faktisch nicht abzusichern. Der Prüfungsmaßstab für alle Transfermechanismen des Kapitel V der DS-GVO ist

78 *Lange/Filip*, in: Wolff/Brink (Fn. 25), Art. 46 DS-GVO Rn. 61.

79 *Europäischer Datenschutzausschuss*, Empfehlungen 01/2020 zu Maßnahmen zur Ergänzung von Übermittlungstools zur Gewährleistung des unionsrechtlichen Schutzniveaus für personenbezogene Daten, angenommen am 10. 11. 2020.

80 *Europäischer Datenschutzausschuss* (Fn. 79), S. 3.

derselbe, nämlich die Vergleichbarkeit des Datenschutzniveaus im Drittland mit dem der Verordnung. Wesentliche Eckpfeiler der Vergleichbarkeit sind die wirksame Umsetzung der datenschutzrechtlichen Grundsätze und Prinzipien, von denen der Verhältnismäßigkeitsgrundsatz vor dem Hintergrund der Zielsetzung der Verordnung nach Art. 1 Abs. 1 DS-GVO hervorzuheben ist. Dennoch ist denkbar, dass auch bei dieser Rechtslage durch zusätzliche Sicherheitsmaßnahmen ein Fundament für legitime Datentransfers geschaffen werden kann. Der Europäische Datenschutzausschuss hat solche Sicherheitsmaßnahmen definiert. Diese Vorgehensweise dürfte den Prüfungsaufwand der Aufsichtsbehörden allerdings erheblich erhöhen.

VII. Zusammenfassung

Zu den Eigenschaften moderner Datenverarbeitung zählen ein vereinfachter Personenbezug, ein hoher Grad an Kontextspezifizität sowie intensive internationale Datenflüsse. Sie tragen dazu bei, die Risiken für die Beeinträchtigung von Rechten und Freiheiten der Betroffenen zu erhöhen. Die Zielsetzung der DS-GVO liegt nach Art. 1 Abs. 1 in einem verhältnismäßigen Ausgleich zwischen den Interessen des freien Datenverkehrs sowie des Datenschutzes. Diese Intention wird in der Verordnung durch einen differenzierten Maßnahmenkatalog konkretisiert. Hierzu zählen insbesondere Art. 32 Abs. 1 (Sicherheit der Verarbeitung), Art. 40 Abs. 5 (sektorspezifische Konkretisierungen) und Art. 46 (Regeln für internationale Datenexporte).

Zur Prüfung der Frage, welche dieser Maßnahmen umzusetzen ist, verwendet die DS-GVO den Begriff der Geeignetheit. Die Geeignetheit i. S. d. DS-GVO gibt ein Programm an Maßnahmen vor, das im Einklang mit dem Ziel der DS-GVO nach Art. 1 Abs. 1 die Verhältnismäßigkeit voraussetzt. Hierdurch soll erreicht werden, dass die Anforderungen an die Geeignetheit – und mit ihr die Verhältnismäßigkeit insgesamt – auch in anderen Kontexten und sich ändernden Umständen eingehalten werden können. Veränderungen im Verarbeitungskontext können sich dadurch ergeben, dass sich das Risiko bei der Verarbeitung aus technischen, wirtschaftlichen oder rechtlichen Gründen ändert. Akteurbezogene Veränderungen können sich daraus ergeben, dass sich der Kreis der Verarbeiter erweitert. Diese Situation erfordert ein dynamisches Verständnis der Geeignetheit.

Sofern sich die technischen Möglichkeiten, die sektorspezifischen Eigenschaften der Verarbeitung und die internationalen Zusammenhänge von Datentransfers ändern, kann die Situation eintreten, dass ursprünglich geeignete Maßnahmen als nicht mehr geeignet einzuordnen sind. Ein Kontinuum der Prüfung der Geeignetheit ist darin zu sehen, dass sie eng mit der Zielsetzung der Verordnung nach Art. 1 Abs. 1 DS-GVO verknüpft ist und an die Verhältnismäßigkeit der Datenverarbeitung als Eingriff in die Rechte der Betroffenen gebunden ist.

Die Vorschriften zum Umgang mit den Eigenschaften moderner Datenverarbeitung eröffnen nur geringe Beurteilungsspielräume. Hierzu gehören die Bewertung des Stands der Technik oder die Beurteilung der Frage, ob geeignete sektorspezifische Konkretisierungen ausreichend sind. Erhöhte Risiken für die Betroffenen durch die moderne Datenverarbeitung sind bei Abwägungen stets zu berücksichtigen. Das Ergebnis dieser Abwägung bestimmt, welche Maßnahmen aus dem Katalog der DS-GVO umzusetzen sind.

Die jeweilige Beurteilung von Risiken und Auswahl korrespondierender geeigneter Maßnahmen dient auch einer Dynamisierung des Rechtsgüterschutzes.[81] Für die Aufsichtsbehörden ergibt sich der Auftrag zum Vollzug der DS-GVO aus einer Kombination aus ausdrücklichen Aufgabenzuweisungen und unbestimmten Regelungen.[82]

81 BVerfGE 49, 89 (138-140); siehe hierzu auch BVerwGE 61, 256 (263); 72, 300 (316); 80, 207 (217).

82 *Roßnagel*, Datenschutzaufsicht nach der EU-Datenschutz-Grundverordnung, 2017, S. 33.

Wahrnehmung von Entscheidungsspielräumen

Norbert Wimmer[*]

Die Wahrnehmung von Entscheidungsspielräumen ist laufend Gegenstand rechtswissenschaftlicher Befassung[1] – und dies nicht ohne Grund: Die Zuweisung und Anerkennung derartiger Spielräume oder Prärogativen berührt Grundfragen der Letztentscheidung und damit der Machtverteilung im gewaltenteilenden Rechtsstaat. Liegt die Kompetenz zur Normauslegung und zur letztverbindlichen Anwendung auf einen Einzelfall im Regelfall bei den Gerichten, so sind Ausnahmen von dieser Regel seit jeher anerkannt, bedürfen aber besonderer Begründung.[2]

Dabei haben sich im Laufe der Zeit sowohl die Begründungen und methodischen Anforderungen an die Anerkennung derartiger Ausnahmen verschoben als auch die Interpretation dieser Anforderungen.[3] Eine zunehmende Verrechtlichung und Verdichtung richterlicher Kontrolle spielen hierbei eine Rolle, der wachsende Einfluss der EU auf das Verwaltungsrecht und die Herausbildung einer Regulierungsverwaltung in zentralen Wirtschaftsbereichen.[4] Die Reaktion des Rechtssystems auf die Herausforderungen der Corona-Pandemie lässt sich, soweit man dies als Zeitgenosse bereits tun kann, wohl am ehesten als Verstärkung des Trends zur Experto-

---

* Die Vortragsform wurde grundsätzlich beibehalten und einige Anregungen aus der Diskussion des Vortrags für die Druckfassung eingearbeitet. Für tatkräftige Unterstützung bei der Vorbereitung der Druckfassung dankt der Autor seinem wissenschaftlichen Mitarbeiter Herrn *Ali Ighreiz*. Internet-Quellen wurden am 15. 8. 2022 zuletzt abgerufen.

1 Z. B. *Kahl*, in: Voßkuhle/Eifert/Möllers (Hrsg.), GVerwR, Bd. II, 3. Aufl. 2022, § 45; *ders./Burs*, DVBl. 2016, S. 1157 ff.; *dies.*, DVBl. 2016, S. 1222 ff.; *Buchheim/Möllers*, in: Voßkuhle/Eifert/Möllers, ebd., § 46 Rn. 116 ff.; *Ziekow*, in: Kahl/Ludwigs (Hrsg.), HVwR, Bd. I, 2021, § 14 Rn. 65 ff.

2 Grundlegend BVerfGE 129, 1 (21 ff.); 149, 407 (414 f.); *Schübel-Pfister*, in: Eyermann (Begr.), VwGO, 16. Aufl. 2022, § 114 Rn. 51 ff.; *Huber*, in: von Mangoldt/Klein/Starck (Hrsg.), GG, 2018, Art. 19 Rn. 511 ff.; *Münkler*, DÖV 2021, S. 615 ff.

3 Zur historischen Entwicklung *Schübel-Pfister* (Fn. 2), § 114 Rn. 52 ff.

4 Vgl. insbesondere das Gutachten von *Masing* zum 66. DJT 2006: „Soll das Recht der Regulierungsverwaltung übergreifend geregelt werden?" und jüngst die Kurzfassung eines dem BDEW erstatteten Gutachtens von *Di Fabio*, EnWZ 2022, S. 291 ff.

kratie beschreiben,[5] in Kombination mit der Zuerkennung umfänglicher Prärogativen bei der Gefahrbewertung und Auswahl von Abwehrmaßnahmen zugunsten von Gubernative und Legislative bei weitreichender richterlicher Zurückhaltung. Die gerichtliche Perspektive war dabei nicht nur in der begleitenden Kontrolle von Maßnahmen in Eilentscheidungen,[6] sondern ist weiterhin bei der ex post-Beurteilung sichtlich von Verständnis für die Entscheidungsnöte der politisch Verantwortlichen und vom Bemühen um einen funktional angemessenen *judicial self restraint* getragen.[7]

Im Folgenden möchte ich die These zur Diskussion stellen, dass die – jenseits der Corona-Maßnahmen – zu beobachtenden längerfristigen Änderungen in Teilen mit einem sich wandelnden Rollenverständnis der deutschen (Verwaltungs-)Gerichte zusammenhängen, das sich hinsichtlich der Kontrolldichte von demjenigen anderer Gerichte in Europa sichtlich unterscheidet.[8] Im Übrigen spielen institutionelle Änderungen wie die dynamische Entwicklung der EU samt der selbstbewussten, nur der Eigenkontrolle unterliegenen Wahrnehmung der Rechtsprechungsaufgaben durch den EuGH eine gewichtige Rolle. Ein weiteres Schlaglicht soll die jüngeren gesetzgeberischen Ansätze beleuchten, Enforcement-Aufgaben unter Zuerkennung entsprechender Handlungsspielräume *privaten Marktakteuren* zuzuweisen.[9]

Dazu sollen einige Wahrnehmungen aus der anwaltlichen Praxis skizziert und klassifiziert werden, ohne damit den Anspruch einer systematischen oder gar rechtsvergleichenden Aufarbeitung zu verfolgen. Ziel ist es, als Grundlage für unseren Erfahrungsaustausch einige Konfliktfelder zu

---

5 So der Titel der Habilitationsschrift von *Münkler*, Expertokratie, 2020; hierzu etwa *Durner*, DVBl. 2021, S. 1153 f.

6 Instruktiv zur Gerichtspraxis in Frankreich insoweit *Ranquet/Amadori*, NVwZ 2022, S. 1183 ff.

7 BVerfGE, NVwZ 2020, S. 876 ff.; SächsOVG, Urt. v. 15. 10. 2021 – 3 C 15/20 (juris); OVG Hamburg, Beschl. v. 26. 4. 2022 – 5 Bs 59/22 (openjur); als Beispiel für die *ex post*-Kontrolle BGH, NJW 2022, S. 2252 ff.

8 Jeweils mit Darstellungen zur verwaltungsrechtlichen Kontrolldichte in Frankreich, Italien, Belgien, Dänemark, Irland, Luxemburg, Niederlande, Portugal und Spanien *Schwarze*, Europäisches Verwaltungsrecht, 2005, S. 246 ff.; vgl. auch *Behrendt*, in: von Bogdandy/Huber (Hrsg.), IPE, Bd. VIII, 2019, § 128 Rn. 96 f.; *Ziller*, ebd., § 130 Rn. 112 ff.; *Popowska/Lissoń*, ebd., § 134 Rn. 36 ff.

9 Ein Abgleich mit entsprechenden kartellrechtlichen oder zivilprozessual-verbraucherschützenden Entwicklungen (etwa in Form der jüngeren Musterfeststellungsklage oder der großzügigen Behandlung bestimmter Prozessfinanzierungsformen durch den BGH, etwa bei Abtretungsmodellen) wäre lohnend, kann an dieser Stelle aber nicht geleistet werden.

benennen, auf denen sich das Ringen um Letztentscheidungskompetenzen aus meiner Sicht aktuell besonders eindrucksvoll nachvollziehen lässt.

Ich beginne mit einer kleinen Typologie der Entscheidungsspielräume (I.), skizziere anschließend drei aktuelle Entwicklungen und Konfliktzonen (II.), bevor ich mit einer Schlussbemerkung (III.) zur Diskussion überleite.

I. Zur Typologie der Entscheidungsspielräume

Wenn von Entscheidungs-*Spielräumen* und ihrer Wahrnehmung die Rede ist, so betrifft dies unterschiedliche Kategorien von Entscheidungen. Entsprechend divers sind die Arten von Spielräumen und die Begründungen für ihre Anerkennung.

Ich nutze zur Strukturierung meiner Überlegungen die Kategorienbildung von *Martin Bullinger*, einem alten Heidelberger. Er unterschied in seinem Aufsatz über das Ermessen der öffentlichen Verwaltung vor bald 40 Jahren die Kategorien des *situativen* und *taktischen* Ermessens (1.), des *Dispens-* und des *planerischen* Ermessens (2. und 3.) sowie des Freiraums für *Sachverstand* (4.).[10] Heuristisch sind diese Kategorien nach wie vor nützlich, wenngleich die Zeit über manche der von *Bullinger* angeführten Beispiele hinweggegangen ist. Ich möchte meine Beobachtungen aus der Praxis daher entlang dieser Kategorien ordnen:

1. Beginnen wir mit dem *situativen* oder *taktischen* Ermessen. Es dient der situationsbezogenen Verfolgung eines gesetzlichen Ziels. Der Situationsbezug soll hierbei einen gerichtlich nur beschränkt überprüfbaren Beurteilungsspielraum rechtfertigen.[11]

Diese Kategorie scheint zunächst plausibel, soweit sie die normativen Konsequenzen aus Schwierigkeiten bei der späteren Überprüfung von Entscheidungen zieht, die unter Zeitdruck in nicht reproduzierbaren Situationen getroffen werden. Man sollte die Anerkennung eines Spielraums auch bezogen auf derartige Konstellationen (wie klassisch etwa mündliche Prüfungen) gleichwohl nicht mit Blick auf die Grenzen justizieller Prozesse als unausweichlich ansehen. Denn auch in anderen Rechtsbereichen betreiben die Gerichte erheblichen Aufwand, um einmalige Situationen oder Geschehensabläufe zu rekonstruieren, man denke nur an das Delikts- oder Strafrecht. Gleichwohl bleibt es dabei, dass es pragmatisch sinnvoll

10 *Bullinger*, JZ 1984, S. 1001 (1007 ff.).

11 *Bullinger* (Fn. 10), S. 1007.

sein kann, Grenzen der Aufklärbarkeit von Sachverhalten anzuerkennen – wie in anderem, etwa naturschutzrechtlichem Kontext oder bei Entscheidungen zur Pandemie-Bekämpfung die Grenzen des jeweils aktuellen fachlichen Erkenntnisstandes.[12]

Im normativen Kern berücksichtigt diese Kategorie die Probleme kurzfristig und situativ, also nicht nach einer ausführlichen und umfassenden Ermittlung und Bewertung des Sachverhalts zu treffenden Entscheidungen, die beispielsweise ein prognostisches Element der Gefahrenabschätzung einschließen. Neben den klassischen Prüfungsentscheidungen[13] dachte *Bullinger* hier an sicherheitsbehördliche oder währungspolitische Entscheidungen. Aktuell wird man in diese Kategorie wohl auch *außenwirtschaftsrechtliche* Entscheidungen einordnen können, denen einerseits ein erhebliches Prognoseelement inhärent ist, andererseits ein politisch-voluntatives Element.[14]

Bei diesen Fällen liegt die Rechtfertigung dafür, die gerichtliche Kontrolldichte auf eine Verfahrens- und materielle Vertretbarkeitsprüfung zurückzunehmen, gerade in gerichtlichen Eilverfahren, quasi in der Natur der Entscheidung selber, aus der Grenzen der späteren Überprüfbarkeit resultieren. Aus Praktikersicht wirft diese Kategorie vor allem Fragen nach den *Dokumentationsanforderungen* für die jeweilige Entscheidung auf,[15] die mit Überlegungen zur Entscheidungstransparenz zusammenhängen, auf die ich später zu sprechen kommen werde.

Auch die aus Sicht der wirtschaftsrechtlichen Praxis sehr bedeutsamen außenwirtschaftsrechtlichen Entscheidungen kann man dieser Kategorie zurechnen. Denken Sie etwa an die Untersagung ausländischer Direktinvestitionen in Deutschland, etwa im Fall geplanter Unternehmensübernahmen. Diese Entscheidungen beruhen auf einer situationsbezogenen

---

12 Von einer „faktischen Grenze verwaltungsgerichtlicher Kontrolle" spricht das BVerfG (E 149, 407 [414 f.]) mit Blick auf Grenzen der naturschutzfachlichen Erkenntnis.

13 Zuletzt BVerwG, NJW 2018, S. 2142 (2143) zur gerichtlichen Nachprüfung der juristischen Wertungen im juristischen Staatsexamen; diese werden freilich immer stärker einer gerichtlichen Kontrolle unterzogen, vgl. BVerfGE 84, 34; 59; BVerwG, DVBl. 1996, S. 1381 ff.; BVerwGE 129, 355 (359); 158, 387 (396).

14 Vgl. schon BVerwG, Urt. v. 21. 1. 1972 – VII C 29.70 (juris), Rn. 38, oder jüngst VG Berlin, Beschl. v. 27.01.2022 – 4 L 111/21 (juris) und OVG Berlin-Brandenburg, Beschl. v. 31.01.2022 – 1 S 10/22 (juris) (zur gescheiterten Übernahme eines Siliziumwafer-Herstellers).

15 Zur Kommunikationsinfrastruktur der Verwaltung *Ladeur*, in: Voßkuhle/Eifert/Möllers (Hrsg.), GVerwR, Bd. I, 3. Aufl. 2022, § 21; zu einer allgemeinen Rechtspflicht zur Aktenführung BVerwG, NVwZ 1988, S. 621 (622).

Einschätzung möglicher volkswirtschaftlicher Auswirkungen der Übernahme. Sie sind in der Regel relativ kurzfristig zu treffen, erlauben also meist nicht die Einschaltung externen wirtschaftswissenschaftlichen oder sonstigen fachkundigen Sachverstands, und schließen ein prognostisches und nicht zuletzt politisch-voluntatives Element ein. Bei ihrer Kontrolle üben sich die Verwaltungsgerichte traditionell auch deswegen in *judicial self-restraint*, um nicht bei solchen gesetzlich eher schwach, nämlich häufig nur generalklauselartig programmierten Entscheidungen eigene politische Vorstellungen an die Stelle derjenigen der politisch und parlamentarisch Verantwortlichen zu setzen.[16] So ist z. B. in §§ 55 ff. AWV nur von der Gefährdung der öffentlichen Ordnung oder Sicherheit der Bundesrepublik die Rede. Inwieweit der Export von Patrouillenbooten nach Saudi-Arabien oder der Verkauf eines Zulieferers für Halbleiterprodukte an ein taiwanesisches Unternehmen Interessen der Bundesrepublik Deutschland derart berührt, dass die Ausfuhr oder die Übernahme zu verbieten sind, sind ersichtlich stark politisch gefärbte Fragen und können (im ersten Beispielsfall) etwa abhängig von der Gewichtung von Menschenrechts- und energiepolitischen Aspekten situativ von der Bundesregierung unterschiedlich beantwortet werden.[17]

2. Zur zweiten Kategorie: Ein *Dispensermessen* ermächtigt zu einer *Anpassung oder Außerachtlassung* des im Gesetzestext geregelten Normprogramms, wenn dieses Programm sich im konkreten Fall als nicht angemessen, vom Gesetzgeber letztlich „nicht gemeint" erweist.

Aus praktischer Sicht ist zu beobachten, dass auch die sog. *gebundenen* Genehmigungsentscheidungen bei der Vorhabenzulassung regelmäßig in erheblichem Umfang auf Dispense (in einem weiten Sinn) angewiesen sind. Es ist praktisch keine BImSchG-Genehmigung für ein Kraftwerk oder größere Produktionsanlagen vorstellbar, die ohne eine erhebliche Zahl von Ausnahmen und Befreiungen erteilt werden kann. Die Nebenbestimmungen zur Genehmigung der *Gigafactory* von Tesla in Brandenburg umfassen zig Druckseiten.[18] Der rechtsdogmatisch stark betonte kate-

---

16 Vgl. BVerfGE 137, 185 (233 ff.); BVerwGE 61, 24 (30).

17 VG Berlin, Beschl. v. 27. 1. 2022 – 4 L 111/22 (juris); OVG Berlin-Brandenburg, Beschl. v. 31. 1. 2022 – OVG 1 S 10/22 (juris); VG Berlin, Beschl. v. 2. 5. 2022 – VG 4 K 132.19, dazu https://www.sueddeutsche.de/politik/ruestungsexporte-saudi-arabien-luerssen-werft-klage-bundesregierung-1.4450843; vgl. auch VG Berlin, Urt. v. 2. 11. 2020 – VG 4 K 385.19 (juris).

18 https://mluk.brandenburg.de/mluk/de/aktuelles/presseinformationen/detail/~04-03-2022-landesamt-fuer-umwelt-brandenburg-erteilt-genehmigung-fuer-tesla-fabrik-in-gruenheide-mar#.

goriale Unterschied zwischen solchen Genehmigungen und Planungsentscheidungen verschwimmt hier mitunter.[19] Die sich hieraus ergebenden Lenkungsmöglichkeiten der Umwelt- und Genehmigungsbehörden sind beträchtlich.

Auch die Betätigung dieses Dispensermessens wirft die Frage nach der zutreffenden Verfahrensgestaltung und Sachverhaltsermittlung, der korrekten Erfassung der rechtlichen Handlungsspielräume und ihrer zweckgerechten Ausfüllung auf.[20]

Wenn diese Kategorie aus Sicht der juristischen Praxis weniger große Probleme aufzuwerfen scheint, so dürfte dies nicht zuletzt mit den über die letzten Jahrzehnte von Gesetzgeber und Gerichten verfeinerten und praktisch gut erprobten Fehlerfolgenregelungen zu tun haben, also den weitreichenden Nachbesserungsmöglichkeiten auch noch in gerichtlichen Verfahren.

3. Beschränkt justitiable Spielräume finden sich – drittens – beim gestaltenden Planungsermessen, klassisch, soweit es um Fach- oder gesamträumliche Planungen geht.[21] Hier geht es darum (wie *Bullinger* formuliert hat), gesetzliche Leitentscheidungen ähnlich wie bei einem *Verordnungs*erlass *gestaltend auszufüllen.* Je dichter die Vorgaben der Gesetzgeber, etwa durch raumordnungsrechtliche Zielvorgaben, desto geringer die Spielräume der Planungsbehörden.

Zug der Zeit scheinen generell *Planungsgesetze* zu sein,[22] mit denen dieser Spielraum verengt wird, etwa für die Stromnetzplanung im Bundesbedarfsplangesetz (BBPlG).[23] Hier wird der Bedarf an Stromleitungen einer bestimmten Kapazität (etwa 2 oder 4 GW) in einer bestimmten Bauweise (Erdkabel oder Freileitung) von einem bestimmten Netzverknüpfungspunkt zu einem anderen gesetzlich vorgegeben. Das verbleibende planerische Ermessen, wo die Leitung also exakt entlangzuführen ist, wird zudem durch umfangreiche rechtliche Vorgaben und Planungsleitsätze beschränkt. Man könnte aus Sicht der Planungspraxis daher fast von einer strukturellen Annäherung dieser planungsrechtlichen Zulassungsformen

19 *Köck*, in: Voßkuhle/Eifert/Möllers (Fn. 1), § 36 Rn. 21.

20 *Bullinger* (Fn. 10), S. 1007.

21 *Bullinger* (Fn. 10), S. 1008.

22 Zur Abgrenzung von Planungsgesetzen und Legalplanungen *Köck* (Fn. 19), § 36 Rn. 21.

23 Hierzu nennt *Köck* ferner die Bauleitplanung im BauGB, die überörtliche Raumplanung im ROG sowie das Standortauswahlgesetz, welches den Ermittlungs- und Entscheidungsprozess zur Festlegung eines Atommüllendlagers regelt, vgl. *dens.* (Fn. 19), § 36 Rn. 16.

an *Genehmigungs*verfahren sprechen, bei allen selbstverständlich weiterhin bestehenden Unterschieden wie den weitreichenden Zwangsmitteln zur Planungsdurchsetzung.[24]

In diese Kategorie des gestaltenden, gesetzesausfüllenden oder gesetzesergänzenden Planungsermessens, das der längerfristigen Steuerung dient, kann man typologisch auch das Regulierungsermessen im Telekommunikations- und Energiesektor rechnen. Auch hier geht es nicht um situative Entscheidungen, sondern um eine mittel- und langfristige Ausrichtung von Industriesektoren unter Konkretisierung gesetzlicher Handlungsspielräume und unter Berücksichtigung erheblicher prognostischer Ungewissheiten und Unsicherheiten über wirtschaftliche Wirkzusammenhänge, etwa im Bereich der Anreizregulierung (ARegV) oder aktuell bei Fragen der Energiesicherung, einschließlich von Fragen der Netzstabilität.

Von besonderem Interesse ist hier, dass die *unions*rechtlichen Vorgaben für die Regulierung von den Behörden der Mitgliedsstaaten ohne weitergehende Strukturierung durch den nationalen Gesetzgeber anzuwenden sind.[25] Der regulierungsbehördliche Ermessenspielraum wird hier – vielleicht nicht ganz uneigennützig – von der EuGH-Rechtsprechung gegenüber den Trägern der Behörden, also den Mitgliedsstaaten mit ihren demokratisch legitimierten Institutionen, weithin abgeschirmt.[26] Auch nationale gesetzliche Vorgaben beeinträchtigen nach dem EuGH nämlich die unionsrechtlich vorgegebene *Unabhängigkeit* der BNetzA als Regulierungsbehörde.[27] Ich komme hierauf zurück.

4. Am intensivsten und vielleicht kontroversesten wird aktuell unter dem Eindruck der Pandemie-Bekämpfung in der politischen Öffentlichkeit, aber auch juristisch,[28] wohl die vierte Kategorie diskutiert, diejenige des Freiraums für Sachverstand von Experten.[29] Die Anerkennung solcher Spielräume setzt allerdings zumindest voraus, dass organisatorische

---

24 *Köck* (Fn. 19), § 36 Rn. 140.

25 Vgl. Richtlinie 2009/72/EG des Europäischen Parlaments und des Rates vom 13. 7. 2009 über gemeinsame Vorschriften für den Elektrizitätsbinnenmarkt und zur Aufhebung der Richtlinie 2003/54/EG bzw. Richtlinie (EU) 2019/944 des Europäischen Parlaments und des Rates vom 5. 6. 2019 mit gemeinsamen Vorschriften für den Elektrizitätsbinnenmarkt und zur Änderung der Richtlinie 2012/27/EU.

26 EuGH, Rs. C-718/18 (Kommission/Deutschland), ECLI:EU:C:2021:662.

27 EuGH, Rs. C-718/18 (Kommission/Deutschland), ECLI:EU:C:2021:662 Rn. 85 ff.

28 Exemplarisch die Habilitationsschrift von *Münkler* (Fn. 5), die freilich vor Beginn der Covid-Pandemie in Deutschland abgeschlossen wurde.

29 *Bullinger* (Fn. 10), S. 1008.

und Verfahrensvorkehrungen eine unparteiische Aufgabenwahrnehmung gewährleisten.[30]

Die Rechtsprechung scheint aber immer weniger bereit, solche Spielräume behördlicher Gremien anzuerkennen und sucht eine angemessene Lösung von Konfliktfällen eher über die dogmatischen Ansätze einer situations-adäquaten Interpretation der materiellen und prozeduralen Rechtmäßigkeitsmaßstäbe – Stichwort: Handeln unter Untersicherheit wie beispielhaft in der Pandemie. Oder sie nähert sich den Sachproblemen mit den prozessualen Ansätzen der Amtsermittlung, der Verteilung von Darlegungslasten und im Rahmen der Beweiswürdigung, wobei sie mitunter explizit einen umfassenden Prüfungs- und Kontrollanspruch postuliert, auch wenn dieser im Einzelfall an sachliche Grenzen stößt.

Hier verdienen neben dem Gesundheitswesen prominente Entwicklungen im Jugendschutz und beim Artenschutz Aufmerksamkeit, bei denen Gerichte zuvor langjährig anerkannte Entscheidungsprärogativen negiert haben. Die bisherige Sicht wurde im Jugendschutzrecht ersetzt durch die Überlegung, das Expertenvotum sei nicht mehr als ein (selbstverständlich gewichtiges) sachverständiges Gutachten, das zur richterlichen Überzeugungsbildung im Rahmen der Tatsachenwürdigung beitragen könne, das damit aber im Ergebnis auch beiseite geschoben werden kann, wenn es das Gericht sachlich nicht überzeugt. Dies hat das BVerwG im Jugendschutzrecht auch dort entschieden, wo der Gesetzgeber mit dem Zwölfer-Gremium der BPS/BPjM ein Gremium als Prüforgan vorgesehen hat, dem er eine sachverständige, ggf. auch plurale Sichtweisen reflektierende Entscheidung offenkundig in besonderer Weise zutraute.[31]

Damit wird eine richterliche Letztentscheidungsbefugnis auch in Bereichen postuliert, in denen Entscheidungen stark von fachlichen Einschätzungen abhängen. Wie sich die postulierte Letztverantwortung in der Entscheidungspraxis auswirkt – insbesondere ob sie nicht letztlich eher eine normative Fiktion darstellt und einen richterlichen Machtanspruch markiert –, wird zu beobachten sein.

Diese Beispiele führen uns zu den aktuellen Konfliktzonen der An- oder auch Aberkennung von Entscheidungsspielräumen.

---

30 *Bullinger* (Fn. 10), S. 1008.
31 BVerwGE 167, 33 (37 f.).

II. Entwicklungen und Konfliktzonen

Unsere Typologie hat verschiedene Grundkonflikte bei der Anerkennung von Entscheidungsspielräumen markiert. In jedem dieser Fälle geht es um die Frage, wer wen unter Einschränkung von wessen Kompetenzen dazu ermächtigt, eine Letztentscheidung zu treffen. Adressieren möchte ich drei Konfliktbereiche, die mir aktuell und dogmatisch herausforderungsreich scheinen:

- Ich beginne mit dem vom EuGH ausgesprochenen Verbot gegenüber den mitgliedsstaatlichen Gesetzgebern, in europarechtlich vorstrukturierte Ermessensspielräume nationaler Regulierungsbehörden im Energiesektor einzugreifen. Dies berührt das *Demokratieprinzip* (1.).
- Hieran schließe ich unter dem Gesichtspunkt der *Rechtsschutzgewähr* einige Beobachtungen zum Umgang der Fachgerichte mit Spielräumen anderer Akteure an (2.) und
- thematisiere schließlich gesetzliche Regelungen, die bei bestimmten Entscheidungen im Kontext der Kommunikationsgrundrechte privaten Einrichtungen ausdrücklich einen Beurteilungsspielraum einräumen, der die *privaten* Entscheidungen im grundrechtssensiblen kommunikativen Umfeld in gewissem Umfang der staatlichen Überprüfung entziehen soll. Dies ist unter grundrechtlichen und *rechtsstaatlichen* Gesichtspunkten diskussionswürdig (3.).

1. Der EuGH und das Regulierungsermessen: Schutz von Spielräumen gegen den nationalen Gesetzgeber

Zur ersten Konfliktzone: Ersichtlich berührt die Anerkennung nicht umfassend gesetzlich determinierter und nicht vollständig von der Regierung gegenüber dem Parlament verantworteter Entscheidungen das Demokratieprinzip. Als Regel muss die Ausübung öffentlicher Gewalt in letzter Instanz parlamentarisch verantwortet werden. Sie darf sich grundsätzlich nicht in einem „ministerialfreien" Raum vollziehen.[32]

Aktuell spielt dieser Grundkonflikt eine Rolle im Spannungsverhältnis zwischen nationalstaatlich-demokratischer Verantwortlichkeit und unionsrechtlichen Vorgaben für die Unabhängigkeit bestimmter Regulierungsbe-

---

32 Vgl. *Kahl* (Fn. 1), § 45 Rn. 66 ff.; zu den Einschränkungen des Grundsatzes dualer Legitimation *Sommermann*, in: von Mangoldt/Klein/Starck (Fn. 2), Art. 20 Rn. 171 ff. m. w. N.

hörden wie der Bundesnetzagentur, die materiell Europarecht vollziehen und hierbei über erhebliche Handlungsspielräume verfügen. Der EuGH besteht hier auf einer vollständigen Unabhängigkeit, einer Art Unions-Unmittelbarkeit der nationalen Regulierungsbehörden. Dies hat er in früheren Entscheidungen zum Telekommunikations- und Datenschutzrecht[33] und zuletzt auch für die Regulierung der Energiemärkte[34] entschieden. Die demokratische Legitimation werde – so der EuGH – über die *europäische* Gesetzgebung hinreichend vermittelt, einschließlich – so meint er – der materiellen Vorgaben u. a. in Form der Netzkodices der Europäischen Kommission.

Auf nationaler Ebene verblieben – so der EuGH – hinreichende Einflussmöglichkeiten durch die Auswahl der Behördenleitung (*die nach Vorstellung des EuGH dann aber vollständig unabhängig handeln soll)* und die Möglichkeit der parlamentarischen Kontrolle der Regulierungsbehörde,[35] von der freilich unklar ist, worauf sie zielen und was sie bewirken kann und darf.[36]

Diese Rechtsprechung ist bezogen auf Datenschutzbehörden einleuchtend, die als Sachwalter eines grundrechtlich geschützten Interesses gegenüber Regierung und Verwaltung zur effektiven Wahrnehmung ihrer Aufgaben auf geschützte Handlungsspielräume angewiesen sind. Sie war auch angesichts eines befürchteten und auch tatsächlich mitunter zu beobachtenden *bias* nationaler Regierungen und ggf. auch Behörden gegenüber den (vormals staatlichen) marktdominierenden Telekommunikationsunternehmen stichhaltig, jedenfalls in der Phase der Marktöffnung

---

33 Zum Datenschutzrecht EuGH, Rs. C-518/07 (Kommission/Deutschland), ECLI:EU:C:2010:125 dazu *Frenzel*, DÖV 2010, S. 925 ff.; *Roßnagel*, EuZW 2010, S. 296 ff.; *Balthasar*, ZÖR 2012, S. 5 ff.; *Petri/Tinnefeld*, MMR 2010, S. 352 ff.; zum Telekommunikationsrecht EuGH, Rs. C-240/15 (AGCOM/ISTAT) ECLI:EU:C:2016:608 (im Ergebnis die Einflussnahme auf die nationale Regulierungsbehörde ermöglichend) und Rs. C-227/07 (Kommission/Polen), ECLI:EU:C:2008:620; im Bereich der Strafverfolgung verb. Rs. C-508/18 und C-82/19, ECLI:EU:C:2019:456.

34 Zuletzt EuGH, Rs. C-718/18 (Kommission/Deutschland), ECLI:EU:C:2021:662; dazu *Ackermann*, ZEuP 2022, S. 456 ff.; *Gundel*, EnWZ 2021, S. 339 ff.; *Kreuter-Kirchhof*, NVwZ 2021, S. 589 ff.; im Übrigen bereits EuGH, Rs. C-474/08 (Kommission/Belgien), ECLI:EU:C:2009:681. Vgl. jetzt auch Kurzfassung eines Gutachtens für den BDEW von *Di Fabio* (Fn. 4).

35 EuGH, Rs. C-718/18 (Kommission/Deutschland), ECLI:EU:C:2021:662, Rn. 127 ff.

36 Vgl. EuGH, verb. Rs. C-202/18 und C-238/18 (Ilmārs Rimšēvičs und EZB/Lettland), ECLI:EU:C:2019:139.

und solange die Mitgliedsstaaten in erheblichem Umfang Anteile an den früheren *incumbents* halten.

Umso problematischer erscheint der Ansatz indes heute bei der Regulierung von Industriesektoren, die keiner Vollharmonisierung unterliegen und die erhebliche, unmittelbar greifbare Auswirkungen auf das private Leben und die unternehmerische Tätigkeit im betreffenden Land haben,[37] wie eben im Energiesektor.

Die vom EuGH geforderte Unabhängigkeit löst diese einflussreichen nationalen Behörden aus den Legitimationszusammenhängen der parlamentarischen Demokratie auf nationaler Ebene und macht sie zu europarechtlich programmierten Agenturen. Eine materielle Steuerung durch den nationalen Gesetzgeber wird selbst innerhalb des Rahmens des Unionsrechts ausgeschlossen. Die Maßstäbe für die Rechtmäßigkeit des Handelns der Regulierungsbehörden einschließlich ihrer Ermessensausübung setzt in letzter Instanz der EuGH, der das maßgebliche europäische Fachrecht verbindlich interpretiert und den die letztinstanzlichen Fachgerichte bei Auslegungszweifeln schon aus Gründen des gesetzlichen Richters im Vorabentscheidungsverfahren befassen müssen.[38]

Diese kategorische *Unabhängigkeitserklärung* bedeutet also auch eine (Selbst-)Ermächtigung des EuGH, dessen integrationspolitischer Ehrgeiz eine lange Tradition jedenfalls seit Costa/E.N.E.L. hat.[39] Der EuGH schirmt die vom Unions*gesetzgeber* den Regulierungsbehörden eröffneten Handlungsspielräume ab, und zwar auch gegenüber den unmittelbar demokratisch legitimierten nationalen Institutionen.[40]

Dass dies in einem Bereich, der angesichts der sehr unterschiedlichen Strukturen und Traditionen der Energiewirtschaft in den Mitgliedstaaten bewusst nicht vollharmonisiert wurde, den Vorstellungen dieser Mitgliedstaaten bei Verabschiedung der Strom- und Gasrichtlinien im Jahre 2009

37 Kritisch *Huber*, in: von Bogdandy/Cassese/Huber (Hrsg.), IPE, Bd. V, 2007, § 73 Rn. 148, 158; vgl. aus neuerer Zeit zur Auseinandersetzung um das PSPP-Urteil des BVerfG etwa *Gärditz*, EuZW 2020, S. 505 ff.

38 Zur Rspr. des BVerfG: BVerfGE 29, 198; 73, 399 (366); 82, 159 (193); BVerfG, ZIP 2015, S. 335 ff.; BVerfG, NJW 2018, S. 616 ff.; zur Rspr. des EuGH: EuGH, Rs. C-283/81, ECLI:EU:C:1982:335; Rs. C-495/03, ECLI:EU:C:2005:552; Rs. C-160/14, ECLI:EU:C:2015:565; Rs. C-461/03, ECLI:EU:C:2005:742.

39 EuGH, Rs. C-6/64 (Costa/E.N.E.L.), ECLI:EU:C:1964:66.

40 Vgl. *Eifert*, in: Voßkuhle/Eifert/Möllers (Fn. 15), § 19 Rn. 139 ff.

entsprochen haben soll,[41] ist nicht unbedingt evident. Das verbreitete Unbehagen an der Rechtsprechung spiegelt nicht zuletzt diese Zweifel.[42]

Gerade das aktuelle Beispiel möglicher *Verteilungskonflikte um Gaslieferungen* zeigt, dass es Entscheidungen geben kann, die eine derartige gesellschaftliche Sprengkraft bergen, dass sie nach traditioneller Sicht auf nationaler Ebene *politisch-demokratisch* verantwortet werden müssen, naturgemäß innerhalb des materiellen Rahmens, der durch das europäische Recht – wie die „SoS"-Verordnung[43] – abgesteckt wird.[44] Angesichts der Wesentlichkeit der zu treffenden Entscheidungen für die betroffenen nationalen Gesellschaften, deren Betroffenheit sich europaweit sehr unterschiedlich darstellt, würde man nach nationalem Verfassungsrecht und in Ansehung demokratischer Legitimations- und Mitwirkungszusammenhänge eine Entscheidung des parlamentarischen Gesetzgebers über die Grundzüge der Verteilungsregelung erwarten und sie jedenfalls nicht dem *fachlichen* Ermessen einer weitestgehend in die Unabhängigkeit entlassenen Regulierungsbehörde unter der Aufsicht eines fachlich nicht spezialisierten Gerichts überantworten.[45]

Hier zeigt sich, dass das Prinzip der *begrenzten Einzelermächtigung* (Art. 4 Abs. 1, Art. 5 Abs. 1 und Abs. 2 EUV) nicht wirkkräftig wird, wenn die Kompetenz zur Normkonkretisierung bei einer fachlich unabhängigen Regulierungsbehörde und die Kompetenz-Kompetenz bei einem Gericht liegt, das die Unabhängigkeit der unionsrechtlich programmierten Behörde gegenüber den unmittelbar demokratisch legitimierten nationalen Regierungen und Parlamenten absichert.[46]

Wenden wir uns nun der zweiten Konfliktzone zu, dem Umgang mit Expertenwissen und der Rechtsschutzgewährleistung durch Fachgerichte.

---

41 EuGH, Rs. C-718/18 (Kommission/Deutschland), ECLI:EU:C:2021:662, Rn. 105.

42 Etwa *Scholtka*, EuZW 2021, S. 893 (901); kritisch zu den Schlussanträgen des GA *Pitruzzella* bereits *Kreuter-Kirchhof*, NVwZ 2021, S. 589 (592); vgl. ferner *Ruffert*, JuS 2022, S. 88 (90).

43 Verordnung (EU) 2017/1938 des Europäischen Parlaments und des Rats vom 25. 10. 2017 über Maßnahmen zur Gewährleistung der sicheren Gasversorgung und zur Aufhebung der Verordnung (EU) Nr. 994/2010, ABl. L 280/1 v. 28. 10. 2017.

44 Auf Grundlage der § 1 Abs. 1 und 3, § 2 Abs. 3, § 3 Abs. 1 und 3 sowie § 16 Nr. 2 lit. a Gesetz zur Sicherung der Energieversorgung (EnSiG) erlassene und die SoS-Verordnung umsetzende Gassicherungsverordnung (GasSV).

45 Zur Kritik beispielsweise deutscher Landesregierungen an der weitreichenden Ermächtigung der BNetzA vgl. nur https://www.faz.net/agenturmeldungen/dpa/haseloff-fordert-mehr-mitsprache-bei-gasverteilung-18232190.html.

46 In diese Richtung zielt etwa auch die pointierte Kritik von *Gärditz* (Fn. 37).

Auch hier liegt die Kompetenz-Kompetenz bei den (*Bundes-*)Gerichten und auch sie machen hiervon in jüngerer Zeit weitergehend Gebrauch.

2. *Beweiswürdigung statt Einschätzungsprärogative: Gerichte reklamieren Letztentscheidungsrechte im Jugendschutz- und Artenschutzrecht*

Die Gewährung gerichtlichen Rechtsschutzes unterliegt sachlichen Grenzen: Beispielsweise sind Spielräume, die man traditionell als Beurteilungsspielräume einordnet, aufgrund des Situationsbezugs bestimmter Entscheidungen in gewissem Umfang unausweichlich, etwa bei der Bewertung nicht reproduzierbarer mündlicher Prüfungsleistungen.[47] Richterlicher *self-restraint* ist bei stark außenpolitisch gefärbten Entscheidungen im Rahmen des Außenwirtschaftsrechts- oder erst recht Kriegswaffenkontrollrechts bis in die jüngste Zeit die Regel.[48]

Die Überprüfung derartiger Entscheidungen des BMWi/BMWK durch die Berliner Verwaltungsgerichte erfolgt jedenfalls eher zurückhaltend.[49] Generell scheint der Trend jedoch weiterhin in Richtung einer erhöhten Kontrolldichte zu weisen.[50]

Zwei Beispiele möchte ich ansprechen, bei denen in jüngerer Zeit vormals anerkannte Entscheidungsprärogativen abgeschafft oder stark relativiert wurden, so dass sachverständige Voten zu reinen Beweismitteln werden:

Das erste Beispiel betrifft den Jugendmedienschutz, bei dem die Verwaltungsgerichte traditionell eher zurückhaltend agiert haben und Entscheidungen sachverständiger Gremien eher großzügig als bindend akzeptiert haben. Hier hat das BVerwG für den Jugendmedienschutz zunächst in seiner *Big Brother*-Entscheidung den Anspruch angemeldet, eine richterliche Vollprüfung der Wahrung des Jugendschutzes vorzunehmen, soweit nicht vorab eine Entscheidung einer anerkannten Selbstkontrolleinrichtung (hier: der FSF) eingeholt wurde.[51] Diesem „*we can*" folgte die erwähnte Abkehr von der Rechtsprechungstradition.

---

47 Vgl. BVerwGE 8, 272 (auch wenn inzwischen durch jüngere Rechtsprechung in Teilen relativiert [vgl. Fn. 13]).

48 *Buchheim/Möllers* (Fn. 1), § 46 Rn. 118; BVerwG, NVwZ 2010, S. 321 ff.; BVerwG, Urt. v. 21. 1. 1972 – VII C 29.70 (juris), Rn. 38.

49 Vgl. Fn. 17.

50 Vgl. hierzu bereits die Bestandsaufnahme bei *Wimmer*, JZ 2010, S. 433 ff.

51 BVerwGE 159, 49; aus der älteren Rechtsprechung vgl. BVerfGE 83, 130; BVerwGE 77, 75 (83).

In seinem *Bushido*-Urteil änderte das Gericht Ende 2019 seine langjährige Rechtsprechung und erkennt seither keine Prärogative der Bundesprüfstelle für jugendgefährdende Medien[52] mehr an, soweit es um die Abwägung der Belange von Jugendschutz und Kunstfreiheit geht.[53] Feststellungen und Wertungen des dem gesetzgeberischen Konzept nach plural und sachverständig besetzten Zwölfer-Gremiums der Behörde könnten nach den Regeln des Sachverständigenbeweises verwertet werden, mehr nicht.[54]

In einem grundrechtssensiblen Bereich, in dem der staatliche Schutzauftrag für die Jugend gegen die Freiheit der Kunst steht, ist diese Übernahme der Ergebnisverantwortung durch das BVerwG grundsätzlich nachvollziehbar, insbesondere gegenüber einer bundeseigenen Verwaltungsbehörde. Die Medienaufsicht der Länder ist ja nicht ohne Grund staatsfern in Form unabhängiger Anstalten des öffentlichen Rechts verfasst.

Gleichwohl überrascht die Rechtsprechungstendenz im Kontext der gesetzgeberischen Schritte zur Förderung privater Einrichtungen der Regulierten Selbstregulierung, über die gleich zu sprechen sein wird. Rein praktisch legt sie den betroffenen Künstlern und ihren Vermarktern den Weg durch die Instanzen nahe: Denn wer weiß schon, wer am Ende des Instanzenzugs auf der Richterbank die finale Abwägung trifft, ob bei einem Gangsta-Rap-Song oder -Album die *Gefahr sozial-ethischer Desorientierung gefährdungsgeneigter Minderjähriger* überwiegt, der das Jugendschutzrecht zu begegnen sucht, oder die künstlerische Freiheit.

Freilich: Die Option der Diskussion und ggf. lösungsorientierten Abstimmung auf Behördenebene bleibt für die Beteiligten durch die Verschiebung der Letztentscheidungskompetenz unberührt. Auch die Verhandlungsposition der Behörde gegenüber den Marktteilnehmern verändert sich nicht maßgeblich, solange sie bei sofort vollziehbaren Entscheidungen den wirtschaftlich relevanten Vorteil einer zeitnahen Klärung zu bieten hat, während eine höchstrichterliche Letztentscheidung Jahre in der Zukunft liegt. Perspektivisch wäre eine Studie von Interesse, inwieweit Verwaltungsgerichte auch künftig den Wertungen des Zwölfer-Gremiums folgen. Möglicherweise wirkt sich der Anspruch der Vollprüfung durch die Gerichte und die Aberkennung der Prärogative des Gremiums in der Entscheidungspraxis weniger stark aus, als rechtsdogmatisch erwartet wer-

---

52 Bundesprüfstelle für jugendgefährdende Medien (BPjM), früher: Bundesprüfstelle für jugendgefährdende Schriften (BPS). Die Bundeszentrale für Kinder- und Jugendmedienschutz (BzKJ) unterhält nach § 17a JuSchG eine BPjM, die gem. § 19 Abs. 5 JuSchG in Zwölfer-Besetzung entscheidet.

53 BVerwGE 167, 33 (39).

54 BVerwGE 167, 33 (52).

den könnte. Nur *verlagert* sich der Umgang mit dem Gremienvotum von der Prüfung, ob Verfahrens- und Organisationsvorschriften eingehalten, der Sachverhalt ordentlich ermittelt und zutreffende rechtliche Maßstäbe angelegt worden sind, auf die allgemeinere Prüfung, ob die Aussagen des Gremiums nachvollziehbar abgeleitet und als sachverständiges Gutachten im Rahmen der Beweiswürdigung für das Gericht überzeugend sind.

Eine Abkehr von einer anerkannten Prärogative hat es punktuell auch im Artenschutzrecht gegeben. Dort ging es allerdings nicht um die Spezies des Gangsta-Rappers und seine künstlerischen Ambitionen, sondern um den *Roten Milan* und sein spezifisches Tötungsrisiko durch Windkraftanlagen.[55]

Das BVerfG verabschiedete hier die Begründungsfigur der Entscheidungsprärogative, wenn der aktuelle fachwissenschaftliche Erkenntnisstand noch keinen sicheren Maßstab bietet.[56] Hier stoße vielmehr die richterliche Kontrolle an faktische Grenzen.[57] Zu dieser begrifflichen Einordnung ist wohl zutreffend angemerkt worden, dass sie zwar begriffliche Klarheit schaffe, aber wohl keine praktischen Auswirkungen habe.[58]

3. *Beurteilungsspielräume privater Selbstkontrolleinrichtungen: eine schutzbereichsadäquate Gestaltung im Jugendmedienschutzrecht?*

Zu beobachten ist schließlich – drittens – die ausdrückliche Nutzung der Figur des „Beurteilungsspielraums“ bei der Verlagerung *behördlicher* (und dann *gerichtlicher)* Entscheidungen auf Private im Zwischenbereich öffentlicher und gesellschaftlicher Verantwortung. Den Privaten werden entsprechende Spielräume bei einer Überprüfung ihrer Entscheidungen in Aussicht gestellt, sofern bestimmte organisatorische und Verfahrensanforderungen erfüllt werden, die nach Einschätzung des Gesetzgebers eine angemessene Entscheidungspraxis hinreichend sicher gewährleisten sollen.[59]

So sprechen die Landesgesetzgeber in § 19b Jugendmedienschutz-Staatsvertrag (JMStV) explizit von einem „Beurteilungsspielraum“ anerkannter privater Organisationen der Selbstkontrolle. Damit bestimmen die Gesetz-

55 BVerfGE 149, 407; vgl. auch zuletzt verkündetes Gesetz zur Erhöhung und Beschleunigung des Ausbaus von Windenergieanlagen an Land vom 20. Juli 2022 (BGBl. I S. 1353).

56 BVerfGE 149, 407 (412).

57 BVerfGE 149, 407 (413).

58 *Erbguth*, DVBl. 2020, S. 1050 (1053).

59 Dazu *Trute*, DVBl 1996, S. 950 ff.; *Eifert* (Fn. 15), § 19 Rn. 40 ff., 99 ff. m. w. N.

geber die Grenzen der Kontrolle der Entscheidungen dieser privaten Organisationen analog zur hergebrachten Dogmatik von Entscheidungsspielräumen bestimmter Behörden.

Die zuvor anerkannte Prärogative der Jugendmedienschutzbehörden – etwa bei der Frage, ob die Ausstrahlung eines Antikriegsfilms wie *Spielbergs* „Saving Private Ryan" im deutschen Fernsehen ab 20 Uhr oder aus Jugendschutzgründen wegen möglicher traumatisierender Wirkungen erst ab 22 Uhr erfolgen kann[60] – wird mit der Gesetzesänderung ersetzt durch einen Entscheidungsspielraum einer zuvor behördlich anerkannten privaten Einrichtung wie der FSF (Freiwillige Selbstkontrolleinrichtung Fernsehen).

Diese Zurücknahme staatlicher Verantwortung wurde mit dem Konzept der Regulierten Selbstregulierung begründet.[61] Nicht zu übersehen war hierbei jedoch das Motiv, für ein höheres Maß an Gleichbehandlung öffentlich-rechtlicher und privater Fernsehangebote und -veranstalter zu sorgen. Die Wahrnehmung von Jugendschutzaufgaben war bei den öffentlichen Rundfunkanstalten seit jeher rein anstaltsintern organisiert und wurde weder medienaufsichtlich noch rechtsaufsichtlich stringent überwacht. Es lag für die privaten Fernsehunternehmen nahe, hieraus resultierende Wettbewerbsnachteile gegenüber den Landesgesetzgebern zu reklamieren. Der grundrechtliche Schutzauftrag für die Jugend war bei der Reform jedenfalls schwerlich die leitende Erwägung.

An das Konzept der Regulierten Selbstregulierung knüpft auch der Bundesgesetzgeber in § 3 Abs. 2 S. 2 des Netzwerkdurchsetzungsgesetzes (NetzDG) an. Das NetzDG regelt eine Reihe von Pflichten großer Plattform-Betreiber im Kontext der Bekämpfung strafrechtlich relevanter sog. *Hate Speech*. Diese Pflichten sind teils bußgeldbewehrt.

Solche Verpflichtungen marktmächtiger Unternehmen werden zunehmend unter dem Gesichtspunkt der Drittwirkung der Grundrechte anerkannt, unter teilweiser Einebnung der Unterschiede zwischen unmittelbarer und mittelbarer Grundrechtsbindung.[62] Dies ändert freilich nichts an der Komplexität der auch in grundrechtlicher Hinsicht zu bewältigenden

---

60 VG Berlin, MMR 2003, S. 56 ff.

61 Zum Konzept der Regulierten Selbstregulierung *Eifert* (Fn. 15), § 19 Rn. 52 ff.; *Schmidt-Preuß*, in: Kahl/Ludwigs (Fn. 1), § 26.

62 BVerfGE 148, 267; BVerfG, NJW 2018, S. 1667 ff.; *Hellgardt*, JZ 2018, S. 901 ff.; *Michl*, JZ 2018, S. 910 ff.

Aufgabe, zwischen Äußerungs-, Informations- und Unternehmensfreiheiten verfahrens- und materiellrechtlich zu vermitteln.[63]

Hierbei eröffnet der Gesetzgeber den Plattform-Unternehmen die Möglichkeit einer Entlastung von ihrer gesetzlichen Pflicht zur Sperrung oder Löschung strafrechtswidriger Inhalte binnen sieben Tagen,[64] wenn sie sich den Entscheidungen einer vom Bundesamt für Justiz *anerkannten Einrichtung der Regulierten Selbstregulierung* unterwerfen.[65] Für Fehleinschätzungen dieser Organisationen haften die Plattform-Unternehmen selber dann nicht mehr. Hierin liegt ein erheblicher Anreiz.

Die skizzierten Regelungen sind im Jugendschutz- wie Äußerungsrecht in der Sache insofern nachvollziehbar, als der Vollzug des Jugendschutzrechts wie das Äußerungsrecht mit erheblichen Unschärfen der Bewertung zu kämpfen hat, gerade bei der Abwägung des persönlichkeitsrechtlichen Ehrschutzes mit Kommunikationsgrundrechten. Es sei in dieser Hinsicht nur an die – auch im Instanzenzug – kontroversen Entscheidungen zum vermeintlich durch die Kunstfreiheit geschützten satirischen Gedicht von *Jan Böhmermann* über den türkischen Staatspräsidenten *Erdogan* erinnert,[66] mit dem sich unlängst noch das BVerfG befasste,[67] u. a. auf der Grundlage eines Gutachtens von *Bernhard Schlink*.[68] Oder an die Auseinandersetzungen zwischen *Renate Künast* und u. a. Facebook über die Rechtswidrigkeit polemischer Äußerungen im Zusammenhang mit ihrer vermeintlichen früheren Unterstützung einer Freigabe einvernehmlicher Pädophilie.[69] Buchstäblich jedes mit diesem Fall befasste Gericht hat den Bereich der rechtmäßigen Kritik und der Beleidigung unterschiedlich abgegrenzt.[70] Zugleich kann die Bußgelddrohung potentiell ein *Overblocking* zu Lasten

---

63 *Eifert* u.a., Evaluation des NetzDG im Auftrag des BMJV, 2020, S. 16 ff.; *Lüdemann*, MMR 2019, S. 279 ff.

64 § 3 Abs. 2 Nr. 3 NetzDG.

65 § 3 Abs. 2 Nr. 3 lit. b) NetzDG.

66 LG Hamburg, ZUM 2016, S. 774 ff.; OLG Hamburg, ZUM-RD 2018, S. 484 ff.; BGH, Beschl. v. 25. 3. 2021 – I ZR 49/19 (juris).

67 Nichtannahmebeschluss des BVerfG, Kammerbeschl. ohne Begründung v. 26. 1. 2022 – 1 BvR 2026/19 (juris); dazu *Vasel*, NJW 2022, S. 740 ff.

68 *Schlink*, Gutachterliche Stellungnahme für ver.di zur Verfassungsbeschwerde Jan Böhmermanns, 2021, abrufbar unter https://www.verdi.de/++file++60ffe8eb416478b8a9c0c4e2/download/2021_07_16_Schm%C3%A4hkritik_Stellungnahme%20Prof%20Schlink.pdf.

69 BVerfG, NJW 2022, S. 335 ff.

70 KG Berlin, MMR 2020, S. 867 ff.; LG Berlin, MMR 2019, S. 754 ff.

der Meinungs- und Informationsfreiheit, ggf. auch der Kunstfreiheit fördern.[71]

Diese Unschärfen rechtfertigen sicherlich eine gewisse Zurückhaltung bei der staatlichen Sanktionierung vermeintlicher Defizite bei der Content-Moderation, also der Löschung strafrechtswidriger Inhalte auf Plattformen und möglicher Kontensperrungen. Zu hinterfragen ist jedoch, inwieweit die gewählte korporatistische Lösung rechtspolitisch glücklich, also zur Erreichung der gesetzgeberischen Ziele geeignet und in der Sache sinnvoll ist. Warum sollte Selbstkontrolleinrichtungen für das private Fernsehen oder Medienangebote bei der materiellen Subsumtion insbesondere unter die nach dem NetzDG relevanten Strafnormen ein Beurteilungsspielraum zukommen, den selbst spezifisch sachverständig und pluralistisch verfasste Gremien in Behörden nach der geänderten Rechtsprechung des BVerwG nicht (mehr) für sich in Anspruch nehmen können? Der richtige und rechtsstaatlich unbedenkliche Kern des gesetzgeberischen Ansatzes dürfte vielmehr darin liegen, dass ein Schuldvorwurf, der eine Bußgeldverhängung rechtfertigt, bei Einschaltung einer behördlich anerkannten Kontrolleinrichtung fernliegt.

Diese Kritik gilt zum einen mit Blick auf die Wirkung jeder, auch der hier gesetzlich nahegelegten Kartellierung: Die (Vereins-)Mitglieder der Standardisierungseinrichtung verfolgen primär ihre eigenen (regelmäßig kommerziellen) Interessen, auch soweit sie Mitglieder von Selbstkontrolleinrichtungen werden, also diese errichten und finanzieren. Der Gesetzgeber muss realistisch in Rechnung stellen, dass die Unternehmen strukturell daran interessiert sein müssen, die Vermarktbarkeit von Angeboten zu optimieren und zu diesem Zweck etwa Jugendschutzstandards tendenziell abzusenken oder die Bekämpfung von Hate Speech jedenfalls so zu betreiben, dass sie den kommerziellen Erfolg einer Plattform möglichst wenig beeinträchtigt.[72] Wie erwähnt stand am Anfang der Errichtung derartiger Selbstkontrolleinrichtungen das Bestreben des privaten Fernsehens, nicht aufgrund behördlicher Medienaufsicht schlechter zu stehen als die von den Medienanstalten nicht beaufsichtigten Öffentlich-Rechtlichen, also ein explizites Wettbewerbsinteresse.

Zum anderen irritiert es, wenn ein Gesetzgeber in einem globalisierten Kommunikationsumfeld, in dem die Zivilgerichte anerkennen,[73] dass glo-

---

71 *Eifert* u.a. (Fn. 63), S. 51 ff.

72 Zu den Risiken der regulierten Selbstregulierung *Trute*, DVBl 1996, S. 950 (954 ff.); zu den Interessen der Dienstanbieter *Nolte*, ZUM 2017, S. 552 (562).

73 Vgl. nur BGH, NJW 2021, 3179; aus der Flut der Instanzentscheidungen exemplarisch LG Bremen, ZUM-RD 2021, S. 36 ff.

bal tätige Plattformunternehmen einen einheitlichen *Community Standard* für die Kommunikations- und Umgangsformen auf ihren Plattformen definieren, einen nationalen Lösungsansatz verfolgt. Dementsprechend ist jedenfalls zu begrüßen, dass der nationale Regelungsansatz bald durch den unionsrechtlichen Digital Services Act abgelöst werden soll.[74]

III. Ausblick

Noch eine Wahrnehmung aus anderer Perspektive zum Schluss:

Der juristische Diskurs über Entscheidungsspielräume scheint vorauszusetzen, dass es erstrebenswert sei, über eine Prärogative zu verfügen, und dass das Bestehen eines Entscheidungsspielraums die Ausnahme sei. Beide Prämissen kann man aus soziologischer Perspektive auch hinterfragen. In einer nachgelassenen Schrift von *Niklas Luhmann*[75] findet sich die Überlegung, dass es für Akteure nicht unbedingt wünschenswert sei, Entscheidungsspielräume zu reklamieren und bewirtschaften zu können. Denn die Akteure setzen sich dadurch dem *sozialen Druck* aus, die erkannten Spielräume im Sinne bestimmter Personen oder Gruppen zu nutzen, die den Akteuren nahestehen oder auf sie einwirken können.

Aus dieser Perspektive erscheint die gebundene, *gesetzlich vollständig determinierte Entscheidung* jedenfalls als nützliche, vielleicht sogar notwendige Fiktion. Sie hilft, Interessenkonflikten vorzubeugen und Risiken für eine sachgerechte Entscheidung zu minimieren, indem sie die Verantwortung für kontroverse Entscheidungen einem Dritten, etwa dem parlamentarischen Gesetzgeber zuordnet.

Diese Überlegung wirft auch ein Licht darauf, warum es sinnvoll ist, die Einräumung von Letztentscheidungsbefugnissen jedenfalls an die sachgerechte Organisation eines Entscheidungsgremiums zu koppeln. Schon durch die Notwendigkeit einer Gremienentscheidung wird der einzelne Entscheidungsträger gegen unerwünschten sozialen Druck abgeschirmt. Dabei ist es prozedural nützlich, wenn dieses Gremium einem – möglichst sanktionierten – Beratungsgeheimnis unterliegt wie der Spruchkörper eines Gerichts. Dies ist vermutlich zur Entlastung des Entscheidungsträgers sogar wirkungsvoller als ein rein materieller Verweis auf den Gesetzgeber.

---

74 Vgl. Vorschlag für Verordnung des Europäischen Parlaments und des Rates über einen Binnenmarkt für digitale Dienste (Gesetz über digitale Dienste) und zur Änderung der Richtlinie 2000/31/EG, abrufbar unter: https://eur-lex.europa.eu/legal-content/de/TXT/?uri=COM:2020:825:FIN.

75 *Luhmann* in: Ernst/Tackle (Hrsg.), Schriften zur Organisation, Bd. 5, 2022, S. 79 ff.

Unweigerlich ergeben sich dann aber Konflikte mit heutigen Dokumentations- und Transparenzerwartungen an die Verwaltung, wenn das Zustandekommen von Gremienentscheidungen nur eingeschränkt dokumentiert und auf diese Weise für Außenstehende kaum nachvollziehbar ist.

Verständlich wird damit aber auch, warum für die *letztverbindlich entscheidenden Gerichte* derartige Transparenzforderungen an den Entscheidungsprozess nicht erhoben werden und von der Möglichkeit, abweichende Sichtweisen zu dokumentieren, auch am BVerfG nur selten Gebrauch gemacht wird. Auch dies trägt, greift man den *Luhmann*'schen Gedanken auf, dazu bei, die notwendige Fiktion der einen richtigen Lösung zu stabilisieren und den Blick von der Frage wegzulenken, wer den einer Entscheidung immanenten Spielraum im konkreten Fall wahrgenommen hat.

Verwaltungshandeln unter Unsicherheit

Christof Sangenstedt

I. Einführung und Eingrenzung des Themas

1. Beschränkung auf die umweltrechtliche Perspektive

Verwaltungshandeln unter Unsicherheit ist eine Materie, mit der sich die Exekutive auf vielen Tätigkeitsfeldern konfrontiert sieht. Im Rahmen dieses Beitrags soll der Schwerpunkt auf dem Umweltrecht liegen – wie gehen Behörden mit Umweltrisiken um, deren Beurteilung ungewiss ist?

Für das Umweltrecht ist Verwaltungshandeln unter Unsicherheit ein häufiges, ja geradezu typisches Phänomen. Kernaufgabe der Umweltverwaltung ist präventives Handeln zur Abwehr von Gefahren und zur Eindämmung von Risiken für die Umwelt. Zu den Schutzobjekten des Umweltrechts gehören auch Leben und Gesundheit von Menschen, die als Teil der Umwelt begriffen werden.[1] Die Entscheidung, ob angesichts eines bestimmten potentiell umweltschädigenden Geschehens behördlicherseits Maßnahmen ergriffen werden müssen oder können, erfordert eine Risikoeinschätzung der Behörde. Diese Einschätzung wird sich vielfach nicht mit Sicherheit treffen lassen. Häufig wird nur ein Wahrscheinlichkeitsurteil möglich sein: Es kann festgestellt werden, dass eine Schädigung der Umwelt mit mehr oder weniger großer Wahrscheinlichkeit zu erwarten und das Risiko damit als „Gefahr" zu betrachten ist.[2] Nicht selten ist die Ungewissheit darüber, ob ein geplantes Vorhaben oder ein vorgefundener Zustand (z. B. das Vorhandensein einer „Altlast") zu Beeinträchtigungen geschützter Umweltgüter führen kann, allerdings so groß, dass ein fachlich konsolidiertes Wahrscheinlichkeitsurteil nicht getroffen werden kann. Gemeint sind Schadensmöglichkeiten, die sich – so eine vielzitierte Formulierung des Bundesverwaltungsgerichts – nicht ausschließen lassen, weil nach derzeitigem Wissensstand bestimmte Ursachenzusammenhän-

---

1 Siehe bspw. zu den Schutzgütern der Umweltverträglichkeitsprüfung (UVP) § 2 Abs. 1 UVPG.

2 Näher dazu u. III.

ge weder bejaht noch verneint werden können.[3] Für solche besonders unsicher erscheinenden Risikosituationen werden üblicherweise Begriffe wie „Gefahrenverdacht" oder „Besorgnispotential" verwendet.[4] Besorgnispotentiale können insbesondere durch Einführung neuer „innovativer" Technologien, Produkte oder Stoffe (z. B. gentechnisch veränderte Organismen, Mobilfunk, Nanomaterialien) entstehen, solange wissenschaftlich ungeklärt ist, ob der Umgang mit ihnen schädliche gesundheitliche Effekte oder andere nachteilige Umweltauswirkungen zur Folge haben kann.

Das Umweltrecht bietet den großen Vorteil, dass sich hier über die Jahre eine bestimmte Systematik des Verwaltungshandelns unter Unsicherheit entwickelt hat. Sie unterscheidet zwischen verschiedenen Kategorien der Ungewissheit, für deren Bewältigung jeweils differenzierte Regeln und Grundsätze zur Anwendung kommen sollen. Dieser etablierte Ansatz soll nachfolgend dargestellt, kritisch gewürdigt und durch einige ergänzende Überlegungen angereichert werden.

Wenn das umweltrechtliche Vorgehen überzeugt, liegt es nahe, es als übergreifendes Modell administrativer Risikosteuerung zu begreifen und auch in anderen Rechtsbereichen entsprechend zu verfahren. Auf europäischer Ebene hat die Entwicklung genau diesen Verlauf genommen. Nach Art. 191 Abs. 2 S. 2 AEUV gehört zu den elementaren Zielen und Grundsätzen der europäischen Umweltpolitik u. a. das Vorsorgeprinzip, das in Situationen der Ungewissheit bei der Beurteilung von Risiken für geschützte Umweltgüter zur Anwendung kommen soll.[5] Die Gerichte der EU, d. h. der Europäische Gerichtshof (EuGH) und das Europäische Gericht erster Instanz (EuG), sowie die Europäische Kommission betrachten das Vorsorgeprinzip – über den unmittelbaren Anwendungsbereich von Art. 191 AEUV hinaus – jedoch mittlerweile als allgemeines Rechtsprinzip des Unionsrechts. Konkret bedeutet dies, dass die aus dem originär umweltrechtlichen Vorsorgeprinzip abgeleiteten Anforderungen auf anderen

3 Grundlegend BVerwGE 72, 300 (315) (AKW Wyhl) sowie nachfolgend BVerwGE 116, 347, (351) (niedersächsische Gefahrtierverordnung); 119, 329, (332 f.) (Nanopulver-Produktionsanlage).

4 So das BVerwG in st. Rspr. (Fn. 3). Aus der Literatur eingehend *Sachverständigenrat für Umweltfragen (SRU)*, Vorsorgestrategien für Nanomaterialien, Sondergutachten 2011, Tz. 32 f.; *Schenten*, Rechtliche Gewährleistung eines hohen Schutzniveaus bei Nanomaterialien in REACH, 2017, S. 73 ff. Aus EU-rechtlicher Perspektive ähnlich Kommission der Europäischen Gemeinschaften, Mitteilung der Kommission zur Anwendbarkeit des Vorsorgeprinzips, KOM (2000) 1 endg., S. 12: „begründeter Anlass zur Besorgnis möglicherweise gefährlicher Folgen für die Umwelt und die Gesundheit von Menschen, Tieren und Pflanzen".

5 *KOM* (Fn. 4), S. 10, 12, 15; *Schenten* (Fn. 4), S. 76 f.; *SRU* (Fn. 4), Tz. 21.

Politikfeldern der EU wie Gesundheitsschutz und Landwirtschaft gleichermaßen Geltung beanspruchen.[6] Da die Rechtsprinzipien des Unionsrechts Ausstrahlungs- und Bindungswirkungen für die Ausgestaltung des nationalen Rechts der Mitgliedstaaten entfalten[7], ist zu erwarten, dass die Reise hierzulande in die gleiche Richtung gehen wird.[8]

2. *Einbeziehung der Rechtsetzung*

Wer sich mit dem Verwaltungshandeln unter Ungewissheit beschäftigt, muss sich zugleich mit der Rolle der Rechtsetzung beim Umgang mit unsicheren Risikosituationen befassen. Im Rechtsstaat agieren Behörden gesetzesgebunden. Deshalb ist die Verwaltung auch und gerade in Fällen mit schwieriger und unsicherer Risikobeurteilung bei ihren Entscheidungen über gefahrenabwehrende oder risikominimierende Maßnahmen auf handlungsleitende Vorgaben des Gesetzgebers angewiesen. Überdies hat es sich – vor allem aus Gründen der Rechtssicherheit – als hilfreich erwiesen, wenn die gesetzlichen Bestimmungen auf untergesetzlicher Ebene durch Rechtsverordnungen, Verwaltungsvorschriften und technische Regelwerke untersetzt werden.

Solche – gesetzlichen und untergesetzlichen – Vorgaben finden sich in etlichen Bereichen des Umweltrechts. Sie enthalten zum einen materielle Anforderungen, denen Anlagen, Tätigkeiten oder Zustände mit Umweltschädigungspotential genügen müssen (etwa die Einhaltung bestimmter technischer Standards oder stoffbezogener Grenzwerte), zum anderen prozedurale Erfordernisse (u. a. Anzeige-, Melde-, Genehmigungs- oder Überwachungspflichten). Bei der Ausgestaltung dieser Regelungen wird unterschiedlichen Graden der Ungewissheit Rechnung getragen. Das Umweltrecht kennt sowohl Vorschriften zum Umgang mit Gefahren als auch solche, die der Eindämmung von Risiken in Gestalt bloßer Besorgnispotenziale dienen. Insgesamt ist die Rechtslage in weiten Teilen des Umwelt-

---

6 *KOM* (Fn. 4), S. 11 f.; *Köck*, in: Hansjürgens/Nordbeck (Hrsg.), Chemikalienregulierung und Innovationen zum nachhaltigen Wirtschaften, 2005, S. 85 (105 ff.); *SRU* (Fn. 4), Tz. 21.

7 Zur Notwendigkeit, Art. 20a GG im Lichte des europarechtlichen Vorsorgeprinzips auszulegen, *SRU* (Fn. 4), Tz. 24.

8 Im Schrifttum wird z. T. die Auffassung vertreten, dass das Vorsorgeprinzip im deutschen Recht bereits heute über den Umweltbereich hinaus für alle Fälle des Umgangs mit Risiken für verfassungsrechtlich geschützte Güter und Interessen gelte; so z. B. *Scherzberg*, ZUR 2010, S. 303 (305).

rechts dadurch gekennzeichnet, dass das Verwaltungshandeln unter Ungewissheit durch Rechtssätze mehr oder weniger stark vorprogrammiert ist. Soweit diese Programmierung reicht, ist die Behörde an sie gebunden. Die Entscheidung, ob und innerhalb welcher Grenzen trotz unsicherer Risikobeurteilung präventive Maßnahmen zum Schutz der Umwelt geboten oder zulässig sind, hat dann bereits der Gesetz- oder Normgeber getroffen.

Für die rechtliche Beurteilung verlagert sich der Blick hierdurch von der vollziehenden Verwaltung zum rechtsetzenden Normgeber. Zu fragen ist, wie weit der Gestaltungsspielraum staatlicher Organe bei der Schaffung gesetzlicher und untergesetzlichen Vorschriften zum Umgang mit ungeklärten Umweltrisiken reicht. Vor allem wenn „neue Technologien" mit Besorgnispotentialcharakter auf den Plan treten, löst dies in Politik, Öffentlichkeit und Rechtswissenschaft regelmäßig Diskussionen über die Notwendigkeit, Legitimität und Schranken rechtlicher Regulierung aus.[9] Von Bedeutung sind dabei insbesondere verfassungsrechtliche Vorgaben, denen allerdings unterschiedliche, z. T. auch gegenläufige Botschaften entnommen werden können. Die Problematik ist somit vielschichtig. Gefordert ist eine Abwägung und Optimierung, bei der widerstreitende Ziele und Belange bestmöglich miteinander in Einklang gebracht werden müssen.

Ähnliche Herausforderungen können sich im Rahmen des behördlichen Verwaltungsvollzugs bei Risikosituationen stellen, für deren administrative Bewältigung im gesetzlichen oder untergesetzlichen Regelwerk keine oder keine umfassende Feinprogrammierung vorgesehen ist. In solchen Fällen kann sich die Behörde bei Ihrer Entscheidung nur auf die Ermächtigungsgrundlage stützen, die im Gesetz selbst getroffen worden ist. Auf dieser Regelungsebene zeichnen sich die einschlägigen Bestimmungen jedoch typischerweise durch einen relativ hohen Abstraktionsgrad und begriffliche Unschärfe aus.[10] Es ist dann Aufgabe der Verwaltung, durch Auslegung zu bestimmen, ob das aktuelle Risikogeschehen von der gesetzlichen Ermächtigung erfasst wird und welche konkreten Schutzmaßnah-

---

9 Typisch hierfür etwa die Auseinandersetzung im rechtswissenschaftlichen Schrifttum über Notwendigkeit und Umfang einer umweltrechtlichen Regulierung des Einsatzes der Nanotechnologie, siehe dazu u. a. *Schenten* (Fn. 4); *Scherzberg* (Fn. 8); *SRU* (Fn. 4).

10 Beispiel: Nach § 7 Abs. 2 Nr. 3 und § 9 Abs. 2 Nr. 3 AtG dürfen bestimmte Anlagen zum Umgang mit Kernbrennstoffen sowie der Umgang mit Kernbrennstoffen außerhalb solcher Anlagen nur zugelassen werden, wenn u. a. „die nach dem Stand von Wissenschaft und Technik erforderliche Vorsorge gegen Schäden getroffen ist."

men auf dieser Grundlage gefordert und durchgesetzt werden können. Insoweit gelten für die inhaltliche Ausfüllung „offen" ausgestalteter Gesetzesvorschriften durch die Behörde dieselben Maßstäbe, nach denen sich die Zulässigkeit untergesetzlicher Rechtssätze bestimmt, die die Voraussetzungen und Grenzen behördlicher Risikosteuerung konkretisieren.

In der nachfolgenden Auseinandersetzung mit den Möglichkeiten und Schranken des Verwaltungshandelns unter Unsicherheit werden beide Seiten der Medaille betrachtet, also sowohl die Steuerung ungewisser Risikosituationen durch gesetzliche und untergesetzliche Normgebung als auch die fallbezogene Anwendung, Ausfüllung und Konkretisierung risikoregulierender Vorschriften durch die zuständigen Behörden.

II. Überblick über das umweltrechtliche System der Risikosteuerung

Üblicherweise folgt die Regulierung ungewisser Umweltrisiken einer rechtlichen Systematik, die man holzschnitthaft als „Drei-Töpfe-Theorie" bezeichnen kann. Bei den drei „Töpfen" handelt es sich um die Kategorien *Gefahr*, *Risiko* und *Restrisiko*, die sich tatbestandlich dadurch unterscheiden, ob der Eintritt eines Schadens hinreichend wahrscheinlich, lediglich möglich oder praktisch ausgeschlossen ist. Auch die Rechtsfolgen, die sich hinsichtlich der Notwendigkeit oder Zulässigkeit präventiven staatlichen Schutzes ergeben, werden differenziert gesehen. Während Gefahren zwingend abzuwehren sein sollen, den Staat also eine Handlungspflicht trifft, wird bei Risiken unterhalb der Gefahrenschwelle häufig etwas zurückhaltender formuliert, dass sie Anlass zu Vorsorgemaßnahmen geben können, womit eher die Rechtfertigungs- als die Pflichtendimension staatlichen Handelns angesprochen ist.[11] Es wird angenommen, dass staatliche Stellen im Bereich der Risikovorsorge über einen sehr weiten Spielraum bei der Einschätzung verfügen, ob ein Risiko hinnehmbar ist und damit Schutzmaßnahmen unterbleiben können. Restrisiken, bei denen die Entstehung eines Schaden praktisch ausgeschlossen ist, werden generell als rechtlich hinnehmbar betrachtet und sollen deshalb keinen staatlichen Handlungsbedarf begründen.[12] Die Wahl des Mittels, mit dem der Eintritt

---

11 Vgl. *Köck* (Fn. 6), S. 96.

12 Aus der uferlosen Rspr. und Literatur sollen im Rahmen dieses Beitrags nur beispielhaft einige Fundstellen aufgegriffen werden: BVerfGE 49, 89 (138 ff.) (Kalkar I); BVerwGE 72, 300 (315 f.) (AKW Wyhl); 116, 347 (351 f.) (niedersächsische Gefahrtierverordnung); *Breuer*, NVwZ 1990, S. 211 (213); *Sachverständigenrat für Umweltfragen (SRU)*, Sondergutachten 1999 „Umwelt und Gesundheit, Risiken

eines Schadens verhindert werden soll, soll im Übrigen grundsätzlich im Ermessen der Behörde stehen, wobei Grundrechten Betroffener und dem Verhältnismäßigkeitsgrundsatz Rechnung zu tragen ist.[13] Bei der Risikovorsorge soll der staatliche Handlungsspielraum allerdings größer sein als bei der Gefahrenabwehr, d. h. die verantwortlichen Stellen sollen hier aus einem besonders umfangreichen Repertoire formeller und informeller Maßnahmen schöpfen können.[14]

Schematische Darstellung des „Drei Töpfe-Modells“[15]

Für die meisten Vertreter des Umweltrechts gehört die vorstehende Systematik zum Allgemeingut und festen Orientierungsrahmen bei der Gefahren- und Risikosteuerung unter Unsicherheit. Unbestreitbar liefert das „Drei Töpfe-Modell“ einen ersten guten Einstieg in die Materie, weshalb sich die nachfolgende Darstellung auch an ihm orientieren soll. Allerdings zeigt sich bei näherem Hinsehen, dass das Dreigestirn aus Gefahrenabwehr, Risikovorsorge und Restrisiko in seiner bisherigen Ausformung und Begründung nicht in allen Punkten überzeugt. Es erscheint daher an der Zeit, über eine gewisse Auffrischung und Nachjustierung nachzudenken.

Vor allem zwei Aspekte des „Drei Töpfe-Ansatzes“ geben zu Zweifeln Anlass und sollen deshalb nachfolgend schwerpunktmäßig in den Fokus genommen werden. Zum einen geht es um die verbreitete Annahme,

richtig einschätzen“, BT-Drs. 14/2300, Tz. 61 ff.; *SRU* (Fn. 4), Tz. 8, 435; *Schenten* (Fn. 4), S. 70 ff.

13 *Appel/Mielke*, Strategien der Risikoregulierung, 2014, S. 109 f.; *Meyerholt*, Umweltrecht, 3. Aufl. 2020, S. 55 f.; *Schenten* (Fn. 4), S. 72.

14 *Köck* (Fn. 6), S. 97; *Schenten* (Fn. 4), S. 82.

15 Darstellung in Anlehnung an *SRU* (Fn. 4), S. 189 (Abbildung 5-1).

dass es sich bei den Tatbeständen *Gefahrenabwehr* und *Risikovorsorge* um qualitativ eigenständige Kategorien handele, für die jeweils gesonderte Konzepte der Risikobewältigung anzuwenden seien.[16] Die hier vertretene Antithese lautet demgegenüber: beide Kategorien bilden *Unterfälle eines übergreifenden einheitlichen Modells der Risikosteuerung*, für das methodisch und materiell im Kern die gleichen Grundsätze und Maßstäbe gelten. Der zweite Punkt hängt eng mit dem ersten zusammen. Er betrifft die *Bestimmung der rechtlich hinnehmbaren Risiken*, die sich nach hiesigem Verständnis bei der Gefahrenabwehr und bei der Risikovorsorge nach demselben Abwägungs- und Optimierungsmuster richtet. Das „Restrisiko" ist lediglich eine Spielart des hinnehmbaren Risikos. Für die Identifikation von Restrisiken sind dieselben Regeln, Prüfgesichtspunkte und Bewertungsfaktoren heranzuziehen, die auch sonst bei der Gefahren- und Risikobeurteilung gelten, um erlaubte (rechtlich hinnehmbare) von unerlaubten (rechtlich nicht hinnehmbaren) Risiken abzugrenzen.

III. Unterscheidung zwischen Gefahrenabwehr und Risikovorsorge

Die Gemeinsamkeit zwischen den Kategorien Gefahrenabwehr und Risikovorsorge besteht darin, dass es in beiden Fällen um die Bewältigung von Risikosituationen geht, die zu einem Schaden für geschützte Rechtsgüter führen können. Der Unterschied liegt im Grad der Sicherheit oder Unsicherheit, mit der der Eintritt eines Schadens zu erwarten ist. Bei der Gefahr handelt es sich um ein qualifiziertes Risiko, das sich mit mehr oder weniger großer Wahrscheinlichkeit zu einem Schaden auswachsen kann. Beim „einfachen" Risiko besteht dagegen lediglich die Möglichkeit eines Schadenseintritts, während die Wahrscheinlichkeit nicht bestimmbar ist. Risiken ohne Gefahrenqualität begründen daher nur einen „Gefahrenverdacht" oder ein „Besorgnispotential".[17] Die Feststellung einer Gefahr oder eines Risikos ohne Gefahrenqualität erfordert eine Risikoermittlung, die die Beurteilung der Wahrscheinlichkeit oder bloßen Möglichkeit eines Schadens einschließt. Sie ist auf der Grundlage des verfügbaren Erfahrungswissens und des fachlich-wissenschaftlichen Erkenntnisstandes vorzunehmen.[18]

---

16 So ausdrücklich *Schenten* (Fn. 4), S. 75.

17 BVerwGE 72, 300 (315) (AKW Wyhl); 116, 347, (351) (niedersächsische Gefahrtierverordnung); 119, 329, (332 f.) (Nanopulver-Produktionsanlage); *SRU* (Fn. 12), Tz. 62 f.; *Breuer* (Fn. 12), S. 213; *Schenten* (Fn. 4), S. 72 ff.

18 *Köck* (Fn. 6), S. 98 f.; *Schenten* (Fn. 4), S. 70, 73, 79 f.; *SRU* (Fn. 4), Tz. 37.

Bei der Beschäftigung mit dem Verwaltungshandeln unter Unsicherheit steht der Bereich der Risikovorsorge meist im Vordergrund. Allerdings kann die Einordnung eines Schadens als wahrscheinlich (= Gefahr) ebenfalls mit beträchtlichen Unsicherheiten verbunden sein. Das liegt nicht nur daran, dass Wahrscheinlichkeitsurteile wegen ihres prognostischen Charakters fehleranfällig sind – erwartete Entwicklungen können unvorhergesehen einen abweichenden Verlauf nehmen. Hinzu kommen weitere Gründe. Zum einen ist die Grenze zwischen der Annahme einer sehr geringen und einer nicht bestimmbaren Schadenswahrscheinlichkeit fließend, so dass sich die Einordnung hier in einer gewissen Grauzone bewegt.[19] Zum anderen entspricht es verbreiteter Praxis in der Wissenschaft, dass Wahrscheinlichkeitsurteile über die Wirkungen potentiell gesundheitsschädigender (z. B. kanzerogener) Stoffe bei fehlendem empirischem Wissen auf Fachkonventionen gestützt werden, die mit „vermuteten Kausalzusammenhängen" operieren. Beim rechtlichen Umgang mit solchen Wahrscheinlichkeitsvermutungen kann es dann dazu kommen, dass Risiken, die wissenschaftlich nicht abschließend geklärt sind, wie Gefahren behandelt werden, obwohl sie eigentlich nicht in diese Kategorie gehören.[20] Schließlich sollte nicht verkannt werden, dass Abschätzungen zur Häufigkeit eines Schadensereignisses nur einen begrenzten Erkenntniswert besitzen, soweit es sich dabei um statistische Größen oder Zahlen handelt, die nach mathematischen Wahrscheinlichkeitsregeln ermittelt worden sind. Solche Angaben bilden lediglich die *durchschnittliche Häufigkeit* ab, mit der der Eintritt eines Schadens rechnerisch bestimmt werden kann; ihnen ist hingegen nicht zu entnehmen, ob und wann sich ein entsprechendes Geschehen tatsächlich realisieren wird. So bedeutet bspw. die Kategorie des sog. „100jährigen Hochwassers (HQ 100)" nicht, dass der damit indizierte Pegelstand alle 100 Jahre einmal erreicht wird; vielmehr kann das Jahrhunderthochwasser auch mehrmals in 100 Jahren auftreten oder mehrere

---

19 *Schenten* (Fn. 4), S. 75 f.

20 Siehe dazu *Köck*, in: Bora (Hrsg.), Rechtliches Risikomanagement, 1999, S. 129 (146 ff.); *ders.*, in: Gawel (Hrsg.), Effizienz im Umweltrecht, 2001, S. 271 (281); *Schenten* (Fn. 4), S. 73. Beispiel für ein solches Vorgehen ist das von der Internationalen Strahlenschutzkommission ICRP empfohlene LNT-Modell, das trotz anhaltender wissenschaftlicher Unsicherheit über die gesundheitlichen Wirkungen niedriger ionisierender Strahlung von einer linearen Dosis-Wirkungsbeziehung ohne Schwellendosis ausgeht. Siehe dazu auch die Antwort der Bundesregierung vom 8. Mai 2019 auf eine Kleine Anfrage der AfD-Fraktion „Das LNT-Modell (‚Linear No Threshold') im Strahlenschutz", BT-Drs. 19/10109.

Jahrhunderte lang ausbleiben.[21] Ähnliches gilt für Angaben zur Häufigkeit von Unfällen in Atomkraftwerken, die auf der Grundlage probabilistischer Risikoanalysen getroffen werden.[22] Die dabei verwendeten Häufigkeitszahlen bezeichnen entweder die Eintrittswahrscheinlichkeit pro Jahr (z. B. $1 \cdot 10^{-6}$) oder die Zahl der Ereignisse innerhalb eines längeren Zeitintervalls (z. B. drei Fälle innerhalb von 100.000 Jahren). Dabei vermögen jedoch auch sehr niedrige Wahrscheinlichkeitswerte nichts daran zu ändern, dass das Auftreten eines derartigen Unfalls für keine Phase des betrachteten Zeitraums ausgeschlossen werden kann, sondern jederzeit möglich ist.[23]

Die vorstehenden Überlegungen nähren Zweifel daran, ob die „klassische" Unterscheidung zwischen „Gefahren" und (einfachen) „Risiken", an die sich jeweils unterschiedliche Rechtsfolgen knüpfen sollen, sachgerecht und notwendig ist, um bei der Bewältigung potentiell schadensauslösender Situationen zu rechtlich angemessenen Lösungen zu gelangen. Auf EU-Ebene wird für diese Differenzierung jedenfalls kein Bedarf gesehen.[24] Auch im deutschen Umweltrecht gibt es Regelungsmaterien, bei denen der Gesetzgeber anstelle des „Drei Töpfe-Modells" ein zweizügiges System der Risikosteuerung etabliert hat – so z. B. bei den sicherheitstechnischen Anforderungen an Atomanlagen, für die das Atomgesetz nur noch die Kategorien „Schadensvorsorge" und „hinnehmbares Restrisiko" kennt.[25]

IV. Verwaltungshandeln zur Abwehr von Gefahren

1. Handlungspflicht der Behörde

Nach allgemeiner Auffassung ist staatliches Handeln zum Schutz gefährdeter Umweltgüter geboten, wenn der Eintritt eines Schadens mit hinreichender Wahrscheinlichkeit zu erwarten ist. Die Verpflichtung der Exeku-

---

21 Vgl. https://www.lebensader-donau.de/fileadmin/Daten/Bilder/infozentrum_donau/panele/rmd_infozentrum_panel3e.pdf (zuletzt abgerufen am 5. 8. 2022).

22 Zu dieser Methodik aus rechtlicher Sicht *Breuer,* NuR 1994, S. 157 (159 ff., 162 ff.); *Rengeling,* Probabilistische Methoden bei der atomrechtlichen Schadensvorsorge, 1986, S. 20 f.

23 *Hagmann,* Risk and Resilience Research Group, Center for Security Studies (CSS) an der ETH Zürich, Factsheet ‚Fukushima und die Grenzen der Risikoanalyse', 2012, S. 14; *Rengeling* (Fn. 22), S. 19.

24 *Reese,* ZUR 2010, S. 339 (342); *Schenten* (Fn. 4), S. 76.

25 Vgl. BVerwGE 72, 300 (315) (AKW Wyhl) sowie aus der Literatur *Jaeckel,* Gefahrenabwehrrecht und Risikodogmatik, 2010, S. 64 ff.; *Schenten* (Fn. 4), S. 75 f.; *SRU* (Fn. 12), Tz. 65.

tive zur Abwehr von Gefahren wird traditionell aus den Grundrechten in ihrer Funktion als staatliche Schutzgewährleistungen abgeleitet. Danach obliegt es allen Stellen, die öffentliche Gewalt ausüben, sich schützend und fördernd vor grundrechtlich verbürgte Güter wie Leben, Gesundheit und Eigentum (Art. 2 Abs. 2 S. 1, Art. 14 GG) zu stellen.[26] Zunehmend werden Handlungspflichten staatlicher Organe zur Abwehr von Umweltgefahren aber auch auf das Staatsziel „Schutz der natürlichen Lebensgrundlagen" (Art. 20a GG) gestützt.[27] Bedeutsam ist dieses zweite verfassungsrechtliche Standbein der staatlichen Schutzpflicht vor allem dort, wo es um die Integrität überindividueller Umweltgüter (z. B. die Erhaltung gefährdeter Arten oder des Klimas) geht, deren Bestand und Unversehrtheit nicht grundrechtlich gewährleistet sind.

Gefahrenabwehrend tätig werden muss die Verwaltung allerdings nur, wenn der *Eintritt eines Schadens hinreichend wahrscheinlich* ist. Bei diesem Merkmal handelt es sich um einen Rechtsbegriff, dessen inhaltliche Substanz sich durch eine bloße Wortlautinterpretation nicht erschließt. Mit dem Attribut „hinreichend" soll die geforderte Wahrscheinlichkeit vielmehr als *relative Größe* ausgewiesen werden, die jeweils *im Verhältnis zur Höhe des drohenden Schadens* zu bestimmen ist. Es gilt die sog. „Je-desto-Formel": Je gewichtiger das bedrohte Rechtsgut und je größer und folgenschwerer der drohende Schaden ist, desto geringere Anforderungen sind an den Grad der Wahrscheinlichkeit zu stellen.[28]

Diese Relativierung der staatlichen Schutzpflicht hat wesentliche Konsequenzen für die rechtliche Einordnung eines Risikogeschehens. Bei „Hochrisikoanlagen" mit sehr hohem Schadenspotential (z. B. Atomkraftwerk oder Chemiefabrik) können auch Ereignisse mit sehr niedriger Ein-

---

26 St. Rspr. des BVerfG, u. a. BVerfGE 39, 1 (41) (§ 218 StGB); 46, 160 (164) (Schleyer-Entführung); 49, 89 (141 f.) (Kalkar I); 53, 30 (57) (AKW Mülheim-Kärlich); BVerfGK 17, 57 (61) (Teilchenbeschleuniger CERN); BVerfGE 157, 30 Rn. 145 (Klimaschutz). Aus der Literatur *Breuer* (Fn. 12), S. 213; *Calliess*, ZUR 2021, S. 323 (324); *Schenten* (Fn. 4), S. 72; *SRU* (Fn. 12), Tz. 62; *SRU* (Fn. 4), Tz. 47 ff.; *Sachverständigenrat für Umweltfragen (SRU)*, Demokratisch regieren in ökologischen Grenzen – Zur Legitimation von Umweltpolitik, Sondergutachten 2019, Tz. 153 ff.

27 BVerfGE 118, 79 (110) (Treibhausgas-Emissionshandel); 128, 1 (37) (Gentechnikgesetz); 157, 30 Rn. 198 ff. (Klimaschutz); *SRU* (Fn. 4), Tz. 22 ff.

28 Aus der Rspr. BVerfGE 49, 89 (138) (Kalkar I); BVerfGK 17, 57 (62) (Teilchenbeschleuniger CERN); BVerwGE 88, 348 (351) (Spielhallenaufsicht); 116, 347 (356) (niedersächsische Gefahrtierverordnung) jew. m. w. Nachw. Aus der Literatur *Breuer* (Fn. 12), S. 213; *Reese* (Fn. 24), S. 341; *Schenten* (Fn. 4), S. 73; *SRU* (Fn. 12), Tz. 62; *SRU* (Fn. 26), Tz. 158.

trittswahrscheinlichkeit – z. B. Absturz eines Flugzeugs auf die Anlage – als „hinreichend wahrscheinlich" beurteilt werden. Damit bildet dieses Szenario bei solchen Anlagen eine „Gefahr", der die Behörde dadurch zu begegnen hat, dass die Zulassung an ein geeignetes Sicherheits- und Schutzkonzept geknüpft wird.[29] Bei Anlagen mit niedrigerem Schadenspotential (z. B. Logistikzentrum eines Versandhandelsunternehmens in einem benachbarten Gewerbegebiet) wird hingegen das gleiche Ereignis (Flugzeugabsturz) nicht als hinreichend wahrscheinliche Schadensmöglichkeit und somit nicht als Gefahr, sondern als hinnehmbares Risiko betrachtet, das insoweit keine baulichen oder betrieblichen Schutzvorkehrungen erfordert.[30]

2. *Abgrenzung zwischen Gefahr und Restrisiko*

Obwohl Risiken der zuletzt genannten Art (Flugzeugabsturz auf das Logistikzentrum) erlaubt sind, erfüllen sie nicht die Begriffsmerkmale eines hinnehmbaren „Restrisikos". Nach den formelhaften Wendungen, die seit dem 1978 ergangenen Kalkar I-Urteil des Bundesverfassungsgerichts zur Beschreibung des Restrisikos herangezogen werden, sollen dieser Kategorie Ereignisse unterfallen, bei denen der Eintritt eines Schadens *praktisch ausgeschlossen* ist. Ungewissheiten jenseits der *Schwelle praktischer Vernunft*, so heißt es, hätten ihre Ursachen in den Grenzen des menschlichen Erkenntnisvermögens, sie seien unentrinnbar und insofern als sozialadäquate Lasten von allen Bürgern zu tragen.[31] Gemeint ist damit, dass bestimmte Risikoszenarien zwar theoretisch denkbar sind, ihre Realisierung aber so unwahrscheinlich erscheint, dass es unvernünftig wäre, sie bei Entscheidungen über die Zulässigkeit von Vorhaben als reale Bedrohungskulisse ins Kalkül zu ziehen.

---

29 Zum gezielten Flugzeugabsturz auf ein AKW BVerwGE 131, 129 Rn. 32 (Standortzwischenlager AKW Brunsbüttel); 142, 159 Rn. 20 (Standortzwischenlager AKW Unterweser). Ob das Szenario eines zufälligen (unfallbedingten) Flugzeugabsturzes rechtlich ebenso zu beurteilen ist, hat das Bundesverwaltungsgericht bislang noch nicht entschieden; wohl ablehnend, aber nicht ganz klar BayVGH, OpenJur 2020, 72615, Rn. 132 ff. (AKW Isar I). Als rechtlich hinnehmbares Restrisiko würde die Rechtsprechung vermutlich den Einschlag eines Meteoriten betrachten.

30 So zutr. *Breuer* (Fn. 12), S. 213.

31 BVerfGE 49, 89 (143) (Kalkar I).

Ob die Idee eines „praktischen Ausschlusses" denkmöglicher Schäden die Leistungsfähigkeit besitzt, die ihr gemeinhin zugesprochen wird, kann hier nicht vertieft erörtert werden. Der Lebenswirklichkeit ist dieser Ansatz in der Vergangenheit jedenfalls nicht immer gerecht geworden. So hat u. a. das Reaktorunglück, das sich im März 2011 im japanischen AKW Fukushima ereignete, gezeigt, dass Geschehensabläufe, die lange Zeit als praktisch ausgeschlossen galten, in der Realität vorkommen, so dass es verfehlt wäre, sie bei der Risikobeurteilung als bloß „hypothetisch" auszublenden.[32] Da die Schadenswahrscheinlichkeit bei Ereignissen, die von nur bedingt kalkulierbaren Randbedingungen (insbesondere Handlungen Dritter) abhängen, schwer einzuschätzen ist, hat die Feststellung, ob ein Schaden praktisch ausgeschlossen werden kann oder nicht, mitunter eher spekulativen Charakter.[33] Bei der Zulassung technischer Anlagen oder Tätigkeiten mit Hochrisikoqualität dürfte eine Orientierung an *Murphys* Gesetz[34] deshalb zuverlässiger funktionieren als ein Wahrscheinlichkeitsmaßstab, der auf „praktische Vernunft" setzt.

Unabhängig davon greifen die Restrisikoerwägungen des Bundesverfassungsgerichts erkennbar zu kurz, um die unterschiedliche Behandlung des Ereignisses „Flugzeugabsturz" in den o. g. Beispielen zu erklären. Die Grenzen des menschlichen Erkenntnisvermögens, die für die Einordnung als Restrisiko maßgebend sein sollen, sind im Falle eines Absturzes auf das AKW nicht weniger herausgefordert als bei der Vorstellung, dass das abstürzende Flugzeug in das benachbarte Logistikzentrum einschlagen

---

32 Siehe hierzu bereits o. III.

33 Beispiel: Nach der Rechtsprechung soll sich die Behörde beim Szenario „gezielter Flugzeugabsturz" in die krude Gedankenwelt von Terroristen hineinversetzen und prüfen, ob die betrachtete Anlage für solche Täter ein attraktives Ziel darstellt. Nur in diesem Fall soll Schadensvorsorge geboten sein, andernfalls soll der absichtliche Flugzeugabsturz ein Restrisiko bilden. Ein lohnendes Anschlagsziel ist aus Sicht der Gerichte das AKW selbst, nicht aber ein „Pufferlager" für schwach- und mittelradioaktive Materialien, das sich auf dem Gelände des AKW befindet (BVerwGE 171, 128 Rn. 29 ff. [AKW Isar I] im Anschluss an BayVGH, OpenJur 2020, 72615, Rn. 152 ff.). Der Schwachpunkt liegt bei dieser Differenzierung in der Annahme, dass terroristische Anschläge einer bestimmten kalkulierbaren Rationalität folgten. Das ist jedoch keineswegs sicher. Wenn den Tätern die Unterschiede zwischen Reaktor und Pufferlager nicht geläufig sind, wenn es sich bei ihnen um nicht rational agierende Psychopathen handelt oder ihnen das Geschehen unplanmäßig „aus dem Ruder läuft", können die Ereignisse völlig anders ablaufen. Nach der Lebenserfahrung können solche Fälle praktisch nicht ausgeschlossen werden.

34 Nach *Murphys* Gesetz wird alles, was schiefgehen kann, tatsächlich früher oder später auch schiefgehen.

könnte. Wenn derselbe Vorgang (Flugzeugabsturz) dennoch nur in einem der betrachteten Szenarien (Logistikzentrum) von den Betroffenen als schicksalhaft hinzunehmen ist und keinen Präventivschutz erfordert, liegt dies nicht am Grad der Ungewissheit des Geschehens, der in beiden Fällen ähnlich niedrig anzusetzen sein dürfte, sondern am unterschiedlichen Ausmaß des zu erwartenden Schadens. Die hohen Anforderungen, die das Bundesverfassungsgericht an die Annahme eines „Restrisikos“ stellt, setzen als ungeschriebenes Tatbestandsmerkmal voraus, dass es sich um Anlagen oder Tätigkeiten mit exzeptionell großem Schadenspotential handelt. Nur bei ihnen ist es gerechtfertigt, den Kreis der rechtlich hinnehmbaren Risiken auf solche zu verengen, deren Verwirklichung gleichsam unvorstellbar erscheint. Bei Vorhaben mit geringerem Schadenspotential kann der Bereich des erlaubten Risikos, das keine Schutzmaßnahmen verlangt, dagegen weiter gefasst werden.[35] Einbezogen werden können hier auch Risiken, bei denen die Entstehung eines Schadens praktisch nicht ausgeschlossen ist. Rechtlich werden diese Risiken aber ebenso behandelt wie praktisch auszuschließende Restrisiken.

Im Lichte der vorstehenden Überlegungen sollte die formale Trennung zwischen Restrisiken und anderen rechtlich hinnehmbaren Risiken ohne Gefahrenqualität aufgegeben werden. Die Rechtsordnung gestattet die Eingehung von Risiken nicht nur dort, wo Schäden praktisch ausgeschlossen sind, sondern – bei adäquatem Schadenspotential – auch in Fällen einer praktisch nicht auszuschließenden Schädigung. Sowohl beim Restrisiko als auch bei anderen Spielarten des erlaubten Risikos wird in Kauf genommen, dass sich das betrachtete Risiko unter ungünstigen Umständen realisieren und zur Beeinträchtigung von Rechtsgütern führen kann.[36] Wenn das Restrisiko nur ein Unterfall des erlaubten Risikos ist, besteht

35 Richtigerweise hat das Bundesverwaltungsgericht seine o. g. Entscheidung zum gezielten terroristischen Flugzeugabsturz auf das „Pufferlager“ beim AKW Isar I (Fn. 33) zusätzlich damit begründet, dass ein Zwischenlager für schwach- bis mittelradioaktive Stoffe ein wesentlich geringeres Schadenspotential aufweise als das AKW selbst. Dieses zweite Argument hätte bereits für sich ausgereicht, um die Einordnung als hinnehmbares Risiko zu rechtfertigen.

36 Das Bundesverfassungsgericht hat demgegenüber im Kalkar I-Urteil ausgeführt, dass das Grundgesetz zwar die Hinnahme eines Restrisikos, nicht aber die Zulassung eines Restschadens gestatte (BVerfGE 49, 89 [137, 140 f.]). Diese Auffassung überzeugt nicht. Wenn die Rechtsordnung Risiken mit sehr geringer Eintrittswahrscheinlichkeit zulässt und bestimmt, dass Schutzvorkehrungen gegen sie unterbleiben können, nimmt sie damit zwangsläufig in Kauf, dass sich das erlaubte Risiko verwirklichen und daraus Schäden erwachsen können, mag die Wahrscheinlichkeit eines solchen Geschehens auch äußerst niedrig sein. Es wäre inkon-

kein Grund, ihm eine besondere, qualitativ herausgehobene Rolle zuzuweisen und für Restrisiken eigenständige Prüfgrundsätze und Prüfmaßstäbe aufzustellen. Ziel muss es vielmehr sein, Restrisikosituationen so zu bewerten, dass sie sich stimmig in das Gesamttableau der erlaubten Risiken einfügen.

3. *Zur Bestimmung hinnehmbarer Risiken*

Die Einordnung von Risiken als „hinnehmbar“ gilt insbesondere im Bereich der technischen Anlagensicherheit seit jeher als rechtlich und politisch heikles Thema. Ob und inwieweit Schutzvorkehrungen gegen Unfälle oder ähnliche schadensauslösende Ereignisse getroffen werden müssen, bewegt die Öffentlichkeit massiv. Bei der Beteiligung in behördlichen Zulassungsverfahren nimmt die Erörterung solcher Szenarien meist breiten Raum ein. Wenn entsprechende Zulassungsentscheidungen Akzeptanz finden und Befriedungswirkung entfalten sollen, ist es unerlässlich, dass die Bestimmung der rechtlich zu vernachlässigenden Risiken tragfähig und plausibel begründet wird.

Als *Einstieg und Leitbild* bietet sich dabei der Gedanke der *sozialadäquaten Lastenverteilung* an. Dieses Motiv wird bereits im Kalkar I-Urteil angesprochen, dort allerdings nur in Bezug auf praktisch auszuschließende Schäden. Richtigerweise ist die Idee einer „gerechten“, sozial angemessenen Lastenverteilung jedoch auch über den engen Restrisikobereich hinaus geeignet, dem Rechtsanwender bei der Einordnung von Risiken Orientierung zu vermitteln. Die entscheidende Frage lautet: Soll bei Risiken mit relativ niedriger Schadenswahrscheinlichkeit der Verursacher (z. B. der Betreiber einer Hochrisikoanlage) für die Eindämmung verantwortlich sein – und sollen staatliche Stellen die Erfüllung dieser Aufgabe präventiv sicherstellen – oder sollen solche Risiken als Zivilisationslasten von der Allgemeinheit zu tragen und damit hinzunehmen sein?[37]

Bereits auf den ersten Blick ist die Beantwortung keine einfache Aufgabe. Gefordert ist eine komplexe Beurteilung auf einem verfassungsrechtlich eingehegten Spielfeld heterogener Schutzgüter und Interessen. Die Gewährleistung eines wirksamen Rechtsgüterschutzes konkurriert mit der Wahrung der Handlungsfreiheit risikoerzeugender Akteure. Auch wichti-

---

sistent, riskantes Handeln rechtlich zu gestatten, seine Folgen aber als rechtlich nicht hinnehmbar zu bewerten.

37 Vgl. *SRU* (Fn. 12), Tz. 133.

ge Gemeinwohlziele können die Hinnehmbarkeit von Risiken legitimieren. Alles in allem kommt es darauf an, die unterschiedlichen Belange, die im konkreten Fall relevant sein können, zu identifizieren, sie zu gewichten, gegen- und untereinander abzuwägen und bei Unverträglichkeiten und Konflikten bestmöglich miteinander in Ausgleich zu bringen.

Von den Gesichtspunkten, denen in diesem vielschichtigen Abwägungs- und Optimierungsprozess Rechnung zu tragen ist, können hier – ohne Anspruch auf Vollständigkeit – nur einige vorgestellt werden. Ein wichtiges Element ist, worauf bereits hingewiesen wurde,[38] der *Grad der Wahrscheinlichkeit eines Schadenseintritts*. Risiken sind umso eher tolerabel, je weniger nach der Lebenserfahrung und dem wissenschaftlichen Erkenntnisstand zu erwarten ist, dass sie sich realisieren und zur Beeinträchtigung geschützter Rechtsgüter führen werden. Das Schutzbedürfnis eines potentiell betroffenen Rechtsgutsträgers ist in Fällen mit sehr niedriger Schadenswahrscheinlichkeit vergleichsweise gering ausgeprägt, so dass die Anordnung von Schutzmaßnahmen einen unverhältnismäßigen Eingriff in die Handlungsfreiheit des Risikoerzeugers darstellen kann. Zutreffend ist in der Literatur allerdings darauf hingewiesen worden, dass die Rechtsordnung keinen Rechtssatz kennt, wonach Risiken beim Unterschreiten einer bestimmten quantifizierbaren Wahrscheinlichkeitsschwelle generell hinzunehmen sind.[39] Für die Festlegung der Grenzen des erlaubten Risikos ist die Schadenswahrscheinlichkeit nur eine *qualitative und relative Größe*, die *keinen Absolutheitsanspruch* besitzt, sondern jeweils ins Verhältnis zu anderen Bewertungsfaktoren gesetzt werden muss.

Zu diesen Faktoren gehören auch *Höhe und Ausmaß eines möglichen Schadens*. Risiken sind umso weniger hinnehmbar und schadensverhütende Präventivmaßnahmen umso dringlicher geboten, je größer und massiver die Schadensfolgen im Ereignisfall sind. Wenn extrem schwerwiegende Beeinträchtigungen drohen, wird man die Inanspruchnahme des Risikoverantwortlichen auch in Situationen mit geringer Schadenswahrscheinlichkeit nicht als unangemessen betrachten können. Das vorhin schon erwähnte „Je-desto-Prinzip“[40] hat somit seine Berechtigung. Auch die Restrisikoformel des Bundesverfassungsgerichts lässt sich hier zwanglos einordnen. Ob ein Schadenseintritt „praktisch ausgeschlossen“ werden kann, ist letztlich eine Ausprägung dieses Prinzips. Denn in der Sache vertritt das Gericht damit den Standpunkt, dass technische oder andere Risiken

38 Sub IV. 1.
39 So insbesondere *Breuer* (Fn. 12), S. 214; *ders.* (Fn. 22), S. 165.
40 Sub IV. 1.

bei Vorhaben mit katastrophalem Schadenspotential auch in Fällen einer nur minimalen Eintrittswahrscheinlichkeit nicht vernachlässigt und damit rechtlich nicht hingenommen werden dürfen.[41]

Ein dritter Prüfgesichtspunkt für die Eingrenzung des erlaubten Risikos wird im Kalkar I -Urteil des Bundesverfassungsgerichts ebenfalls bereits angedeutet. Nach Auffassung des Gerichts kann absolute Sicherheit nicht verlangt werden. Zur Begründung heißt es u. a., dass ein rechtlich gefordertes „Null-Risiko" jede staatliche Zulassung von Technik unmöglich machen würde.[42] Dieses Argument trägt indessen nicht nur für den Ausschluss jeglichen Risikos, sondern auch für Risiken mit geringer Schadenswahrscheinlichkeit. Auch hier können äußerst hohe Sicherheitsanforderungen dazu führen, dass bestimmte *Leistungen, auf die die Gesellschaft angewiesen ist* (z. B. Versorgung mit Gütern und Waren, Bereitstellung „sauberer" und „bezahlbarer" Energie), *praktisch nicht mehr erbracht werden* können, weil der *Aufwand untragbar* wird. Dabei geht es weniger um die Kostenlast, die einzelne Wirtschaftsakteure trifft („kleiner Verhältnismäßigkeitstest"), sondern um die ökonomischen Folgen aus gesamtgesellschaftlicher Perspektive („großer Verhältnismäßigkeitstest").[43] Um erneut an den obigen Beispielsfall anzuknüpfen: die Verpflichtung, eine begrenzte Zahl von „Hochrisikoanlagen" gegen Flugzeugabsturz abzusichern, ist gesamtwirtschaftlich verkraftbar. Eine Erstreckung desselben Sicherheitsstandards auf sämtliche Fabrikgebäude, Lagerhallen oder Einkaufszentren des Landes, dürfte hingegen – unabhängig von dem hier wesentlich geringeren Schadenspotential – volkswirtschaftlich nicht zu stemmen und deshalb unangemessen sein. Ähnliche Abwägungsfragen können sich dort stellen, wo sehr anspruchsvolle Schutz- und Sicherheitsanforderungen zum Hemmschuh für bestimmte Forschungs- und Entwicklungsvorhaben werden und damit Chancen schmälern können, an deren Wahrnehmung ein hohes Gemeinwohlinteresse besteht.

Für die Durchführung entsprechender Kosten-Nutzen-Betrachtungen ist es hilfreich, wenn auf *gesetzliche Gewichtungsvorgaben* zurückgegriffen werden kann. Beispiel hierfür ist § 1 S. 3 NABEG. Die Vorschrift bestimmt, dass die Schaffung der für den Ausbau der erneuerbaren Energien

---

41 Siehe dazu bereits o. IV. 2.

42 BVerfGE 49, 89 (143). I. Erg. ebenso die Rechtsprechung der EU-Gerichte, so z. B. EuG, Rs. T-13/99 (Phizer Animal Health/Rat), EU:T:2002:209 Rn. 151; Rs. T-257/07 (Frankreich/Kommission), EU:T:2011:444 Rn. 79.

43 Zur Unterscheidung zwischen dem „kleinen" und „großen" Verhältnismäßigkeitstest *Ossenbühl*, NVwZ 1986, S. 161 (167 f.) m. w. Nachw. Siehe zum „großen Verhältnismäßigkeitstest" auch u. V. 6. b).

notwendigen Leitungsinfrastruktur „aus Gründen eines überragenden öffentlichen Interesses (…) erforderlich" ist. Solche Regelungen sind Ausdruck einer Risiko- und Lastenverteilung: Schutzgüter, die durch den forcierten Ausbau des Höchstspannungsnetzes beeinträchtigt werden können, haben bei der Abwägung mit den energiewirtschaftlichen Zielen im Zweifel zurückzutreten, soweit es sich nicht um zwingend einzuhaltende Schutz- und Sicherheitsanforderungen handelt.[44] Damit hat der Gesetzgeber entschieden, dass bestimmte Risiken, die mit dem Stromnetzausbau verbunden sind, hingenommen werden sollen.

Insgesamt zeigen die vorstehenden Überlegungen, dass die Entscheidung über die Hinnehmbarkeit von Risiken Ergebnis eines komplizierten mehrpoligen Bewertungsvorgangs ist. Anders als bei einer Rechenaufgabe mit mehreren Variablen, bei der die korrekte Anwendung der mathematischen Regeln zu *einer* bestimmten Lösung führt, ist die Eingrenzung des erlaubten Risikos ergebnisoffener angelegt. Hier gibt es bei der Beurteilung meist nicht nur ein einziges zutreffendes Resultat, sondern eine Bandbreite rechtlich vertretbarer Optionen.

4. *Struktur der Risikobeurteilung*

Bevor darauf eingegangen wird, welche Konsequenzen aus dem vorstehenden Befund zu ziehen sind, soll zunächst in einem kurzen Überblick die Struktur der Risikobeurteilung im Bereich der Gefahrenabwehr skizziert werden. Zu unterscheiden sind hier grundsätzlich drei Prüfschritte:[45]

Schritt 1 ist die *Risikoermittlung*, d. h. die Feststellung, ob und welche Risiken (Art und Ausmaß, Schadenswahrscheinlichkeit) mit dem betrachteten Lebenssachverhalt verbunden sind. Das ist eine fachlich zu beurteilende Frage, die auf der Grundlage des verfügbaren Erfahrungswissens und des einschlägigen technischen und wissenschaftlichen Erkenntnisstandes zu beantworten ist. Die Risikoermittlung soll der Verwaltung, die sich mit der Zulassung eines potentiell gefahrenauslösenden Vorhabens und der Notwendigkeit risikoeindämmender und schützender Maßnahmen befasst, eine ausreichend breite und fachlich fundierte Entscheidungsgrund-

---

44 Dazu *Serong*, in: Steinbach/Franke (Hrsg.), Kommentar zum Netzausbau, 3. Aufl. 2021, § 1 NABEG Rn. 22 ff.

45 Zu dieser dreistufigen Struktur *Appel/Mielke* (Fn. 13), S. 102 ff.; *Köck*, in: Gawel (Fn. 20), S. 279 ff.; *Schenten* (Fn. 4), S. 70 f. Zur Notwendigkeit einer strikten Trennung der Prüfschritte „Risikoermittlung" und „Risikobewertung" *Appel/Mielke* (Fn. 13), S. 126 f.; *Breuer* (Fn. 22), S. 160 f., 165; *SRU* (Fn. 4), Tz. 39.

lage verschaffen. Neudeutsch ausgedrückt: Die zuständige Behörde soll in die Lage versetzt werden, eine *informed decision* zu treffen.

Schritt 2 betrifft die *Risikobewertung*. Gegenstand dieser Prüfung ist die normative Beurteilung, ob die – im Schritt 1 ermittelten – Risiken nach rechtlichen Maßstäben als „Gefahr" anzusehen sind, die zwingenden Handlungsbedarf auslöst, oder ob sie rechtlich hingenommen werden können. Dass Risiken rechtlich hinnehmbar sind, schließt indessen nicht aus, dass die Verwaltung gleichwohl berechtigt sein kann, auch unterhalb dieser Schwelle risikoeindämmende Maßnahmen oder Schutzvorkehrungen einzufordern und durchzusetzen. Voraussetzung hierfür ist eine entsprechende gesetzliche Ermächtigung sowie die Beachtung des Verhältnismäßigkeitsgrundsatzes.[46]

Bei *Schritt 3* geht es um das *Risikomanagement*, d. h. die Bestimmung eines geeigneten Sicherheits- oder Schutzkonzepts und die Festlegung der konkreten Maßnahmen, mit denen der – im Schritt 2 angenommenen – „Gefahr" begegnet werden soll. Die Maßnahmen müssen sicherstellen, dass das Level des rechtlich Hinnehmbaren nicht überschritten wird. Dazu muss das verbleibende Risiko ermittelt und bewertet werden.[47]

5. Entscheidungsspielraum und politische Verantwortung der Behörde

Wie in den vorangegangenen Abschnitten erläutert, handelt es sich bei der Risikobewertung um einen komplexen Abwägungs- und Optimierungsprozess. Bei der Beurteilung, ob eine abzuwendende „Gefahr" oder ein hinnehmbares Risiko ohne Gefahrenqualität vorliegt, müssen konkurrierende Interessen wie der verfassungsrechtliche Schutzanspruch potentiell Betroffener, die grundrechtlich verbürgte Handlungsfreiheit des Risikoverantwortlichen sowie hochrangige Gemeinwohlbelange, die von dem

---

46 So ist bspw. anerkannt, dass Behörden bei der Zulassung von Atomanlagen im Rahmen des Versagensermessens (vgl. § 7 Abs. 2 AtG) auch jenseits der atomrechtlich gebotenen Schadensvorvorsorge Maßnahmen zur weiteren Reduzierung des Restrisikos fordern können; siehe auch BVerfGE 143, 246 Rn. 283 ff. (beschleunigter Atomausstieg).

47 Meist wird den Schutz- und Sicherheitsanforderungen bereits konzeptionell bei der Planung von Vorhaben Rechnung getragen (Beispiel: Auslegung einer Hochrisikoanlage gegen bestimmte Unfälle). In diesen Fällen kommt dem Prüfschritt 3 keine eigenständige Bedeutung zu. Das Schutz- und Sicherheitskonzept ist dann vielmehr bereits Gegenstand der Prüfschritte 1 und 2 – geprüft wird die geplante Anlage einschließlich ihrer baulich-technischen oder betrieblich-organisatorischen Vorkehrungen gegen Unfälle.

Geschehen tangiert werden können, in ein gut austariertes Verhältnis sozialadäquater Lastenverteilung gebracht werden. Rechtliche Maßstäbe wie der Verhältnismäßigkeitsgrundsatz und gesetzliche Gewichtungsvorgaben spielen dabei eine wichtige Rolle. Insgesamt ist das Ergebnis aber rechtlich nur eingeschränkt vorprogrammiert. Wenn die einschlägigen gesetzlichen Vorschriften relativ allgemein gefasst und Konkretisierungen auf untergesetzlicher Ebene lückenhaft sind,[48] verfügt die *Exekutive* über einen *Einschätzungsspielraum*,[49] der ihren Beurteilungen eine *subjektiv-dezisionistische Prägung* verleiht.[50] Die damit eröffneten Auslegungs- und Gestaltungsmöglichkeiten können in der Praxis dazu führen, dass Behörden beim Umgang mit Risiken ihre eigene „Politik“ entwickeln. Zutreffend ist im Schrifttum darauf hingewiesen worden, dass Entscheidungen über das Maß des hinnehmbaren Risikos politischen Charakter haben.[51] Im Gegenzug hat die Verwaltung dann aber auch die politische Verantwortung für ihr Vorgehen zu übernehmen, etwa wenn ihre Risikoentscheidungen Gegenstand parlamentarischer Debatten oder Untersuchungen werden.

Bei der Zulassung von Atomanlagen hat die Rechtsprechung den Genehmigungsbehörden einen entsprechenden Beurteilungsspielraum für die Abgrenzung zwischen der atomrechtlich notwendigen Schadensvorsorge und rechtlich hinnehmbaren Restrisiken zuerkannt. Das Bundesverwaltungsgericht spricht insoweit von einem Funktionsvorbehalt zugunsten der Behörde; diese sei „für die Risikoermittlung und -bewertung, und also auch für die Entscheidung über Art und Ausmaß von Risiken, die hingenommen oder nicht hingenommen werden, allein verantwortlich“.[52] Folgen hat der Funktionsvorbehalt vor allem für die *Reichweite des Rechtsschut-*

---

48 Siehe dazu bereits o. I. 2.

49 *Breuer* (Fn. 22), S. 162.

50 *Appel/Mielke* (Fn. 13), S. 126 f.; *Breuer* (Fn. 22), S. 161; *SRU* (Fn. 4), Tz. 14.

51 So *SRU* (Fn. 12), Tz. 129; *SRU* (Fn. 4), Tz. 8. In seinem Urteil zur niedersächsischen Gefahrtierverordnung hat das Bundesverwaltungsgericht die Auffassung vertreten hat, dass behördliche Risikobewertungen lediglich im Vorsorgebereich „politisch geprägt“ seien. Zur Begründung hat das Gericht geltend gemacht, dass nur bei Vorsorgemaßnahmen eine Abschätzung der Hinnehmbarkeit von Freiheitseinschränkungen notwendig sei. Bei der Feststellung einer Gefahr handele es sich hingegen um einen einfachen „Rechtsanwendungsvorgang“ (BVerwGE 116, 347 [352]). Diese Argumentation verkennt, dass auch bei der Gefahrenabwehr jeweils zu prüfen ist, ob das in Frage stehende Risiko Gefahrenqualität hat oder rechtlich hinnehmbar ist. Insoweit besteht kein Unterschied zwischen Risikobeurteilungen im Gefahren- und im Vorsorgebereich.

52 BVerwGE 78, 177 (181) (AKW Brokdorf); 142, 159 Rn. 20 (Standortzwischenlager AKW Unterweser).

zes. Das Ergebnis der Risikobeurteilung ist *gerichtlich nur eingeschränkt überprüfbar.* Ausgiebig und mit z. T. erheblichem Tiefgang befassen sich die Gerichte zwar mit möglichen *Defiziten der Risikoermittlung*, wobei insbesondere darauf geachtet wird, ob die Datenbasis, auf der die anschließende Risikobewertung beruht, ausreichend war.[53] Die *Risikobewertung* selbst unterliegt dagegen nur einer richterlichen *Willkürkontrolle.*[54] Begründet hat das Bundesverwaltungsgericht dies u. a. mit dem Argument, dass der Inhalt der Risikoeinschätzung von der Behörde „letztlich nur politisch verantwortet werden" könne.[55]

Diese Überlegungen überzeugen nicht nur für den atomrechtlichen Bereich. Auf die Unterscheidung zwischen Gefahren und hinnehmbaren Risiken, die bei der Zulassung anderer Vorhaben vorzunehmen ist, treffen sie gleichermaßen zu. Auch hier bedarf es neben der Betrachtung aus fachlich-wissenschaftlicher Perspektive (Risikoermittlung) einer komplexen normativ-rechtlichen Beurteilung (Risikobewertung). Diese Parallelität rechtfertigt die Annahme, dass die Behörde bei der Bewertung von technischen, stofflichen und sonstigen Risiken mit Umweltschädigungspotential generell über einen nur begrenzt justiziablen Einschätzungsspielraum verfügt.

Die „starke" Verantwortlichkeit, mit der die Verwaltung bei der Beurteilung von Risiken ausgestattet ist, hat auch Konsequenzen für die *Verbindlichkeit der Empfehlungen von Experten, sachkundigen Ausschüssen oder Kommissionen*, die für bestimmte Themenfelder den aktuellen wissenschaftlich-technischen Kenntnisstand repräsentieren. Soweit es um Fragen der *Risikoermittlung* geht, ist die Nutzung externer Expertise hilfreich oder sogar unumgänglich, um behördliche Ermittlungsdefizite zu vermeiden. Nicht selten fühlen sich beratende Institutionen oder Sachverständige aber motiviert, auch zu *normativen Bewertungsfragen* Stellung zu nehmen, insbesondere dazu, ob die von ihnen ermittelten Risiken rechtlich vernachlässigt werden können. So verhält es sich bspw., wenn vorgeschlagen wird, staatliches Handeln von der Überschreitung bestimmter Grenz- oder Schwellenwerte abhängig zu machen, für deren Höhe nicht allein Risikogesichtspunkte, sondern – offen oder verdeckt – auch ökonomische, soziale oder

---

53 BVerwGE 106, 115 Rn. 80 (AKW Mülheim-Kärlich); 142, 159 Rn. 20 (Standortzwischenlager AKW Unterweser); ähnlich („ausreichende Ermittlungen") bereits BVerwGE 81, 185 (190, 192 f.) (Werksschutz AKW Neckarwestheim).

54 BVerwGE 81, 185 (191, 192 f.) (Werksschutz AKW Neckarwestheim); 106, 115 (122) (AKW Mülheim-Kärlich); 142, 159 Rn. 20 (Standortzwischenlager AKW Unterweser).

55 BVerwGE 142, 159 Rn. 20 (Standortzwischenlager AKW Unterweser).

politische Erwägungen ins Feld geführt werden.[56] In der Sache ist damit das Leitbild der sozialadäquaten Lastenverteilung angesprochen. Die Beurteilung dieser vielschichtigen Materie liegt außerhalb der Kompetenz von Beratungsgremien mit Fachexpertise. Wegen ihres subjektiven Einschlags und ihrer politischen Dimension ist die Einschätzung der Hinnehmbarkeit von Risiken Aufgabe der Exekutive und von ihr in eigener Verantwortung wahrzunehmen. Die Verwaltung darf diese Aufgabe nicht externen Fachleuten oder Expertenkommissionen überlassen und sich auch nicht hinter deren Empfehlungen „verstecken". Beiträgen von Fachberatern kommt bei der Entscheidungsfindung der Behörde nur eine vorbereitende und unterstützende Funktion zu: Die Behörde muss sich mit ihnen auseinandersetzen, anschließend aber selbst ihre Schlüsse ziehen und das Ergebnis rechtlich und politisch vertreten.[57]

V. *Verwaltungshandeln zur Vorsorge gegen Risiken*

1. *Bedeutung des Vorsorgeprinzips*

Zweck des Vorsorgeprinzips ist die Eindämmung von Risiken aufgrund eines Geschehens, das im Verdacht steht, Rechtsgüter schädigen zu können („Gefahrenverdacht", „Besorgnispotential"), dessen Schädlichkeit aber nicht erwiesen ist, weil der wissenschaftliche Erkenntnisstand keine belastbaren Aussagen zur Wahrscheinlichkeit eines Schadenseintritts gestattet.[58] Damit ist dieses Prinzip quasi das Gegenstück zur Methode *trial and error*, nach der in früheren Stadien der technischen Entwicklung häufig verfahren wurde.[59]

Die Legitimität, neben der klassischen Gefahrenabwehr auch Risikovorsorge zu betreiben, wird heute nicht mehr grundsätzlich in Frage gestellt.[60] Auf nationaler Ebene finden sich insbesondere im Umweltrecht diverse vorsorgeorientierte Vorschriften. Die EU hat das Vorsorgeprinzip so-

---

56 Die konkreten Gründe, auf denen solche Empfehlungen beruhen, werden nicht immer klar benannt. Gerne werden stattdessen abstrakte, neutral klingende Formulierungen verwendet, z. B. Begriffe wie „unangemessen" oder „überzogen".

57 *Breuer* (Fn. 22), S. 161.

58 Hierzu bereits o. III.

59 Vgl. *Breuer* (Fn. 22), S. 162 f.: „Mischung von Experimenten, Gedankenarbeit und Unfällen".

60 Zur Legitimität des Vorsorgeprinzips *Breuer* (Fn. 22), S. 162; *Köck* (Fn. 6), S. 94 f. m. w. Nachw.

gar in ihrem Primärrecht verankert (Art. 191 Abs. 2 S. 2 AEUV).[61] Darüber hinaus ist es Gegenstand wichtiger völkerrechtlicher Vereinbarungen.[62] Diese Entwicklung wieder zurückdrehen zu wollen, wäre politisch illusionär.

2. *Überzogene Anwendung des Vorsorgeprinzips?*

Kritische und mahnende Stimmen beklagen indessen eine ausufernde Anwendung des Vorsorgeprinzips. Gefordert wird, die staatlichen Regelungs- und Handlungsspielräume bei der Risikovorsorge enger zu fassen und die Risikosteuerung stärker zu rationalisieren. Andernfalls, so wird befürchtet, würden wissenschaftlich basierte Risikobewertungen zugunsten spekulativer oder irrational-populistischer Verdächtigungen verdrängt. Ferner wird die Sorge geäußert, dass sich bei einer überzogen vorsorgeorientierten Betrachtung der Fokus einseitig zur Risikoseite verschiebe, während Nutzen und Chancen aus dem Blick gerieten. Überdies hätten sich die anspruchsvollen Vorsorgeanforderungen, die nach deutschem und europäischem Recht zu beachten seien, vielfach als Hindernis für die Entwicklung innovativer Technologien und neuer Produkte erwiesen, wodurch die heimische Wirtschaft und Forschung im internationalen Wettbewerb benachteiligt würden.[63] Um solchen Entwicklungen entgegenzuwirken, sind im politischen Raum seit einiger Zeit Forderungen laut geworden, die Verträge der Europäischen Union durch Einführung eines „Innovationsprinzips" zu ergänzen, das in Konkurrenz zum Vorsorgeprinzip stehen und dieses in seiner Bedeutung relativieren soll.[64]

Aus hiesiger Sicht zeichnet die vorstehende Einschätzung ein zu undifferenziertes und einseitiges Bild des Vorsorgeprinzips. Dennoch sollte die Kritik ernst genommen und nicht in derselben Pauschalität zurückgewiesen werden. Nicht zu bestreiten ist, dass Risikovorsorge in manchen Ländern (USA, Vereinigtes Königreich) durch Ansätze wie den *risk-based approach* oder den *science-based approach* zurückhaltender praktiziert wird als dies innerhalb der EU und Deutschlands z. T. zu beobachten ist.[65] Erforderlich ist daher eine vertiefte Auseinandersetzung mit Inhalt und

61 Siehe o. I. 1.
62 *Köck* (Fn. 6), S. 90; *KOM* (Fn. 4), Anhang II; *SRU* (Fn. 4), Tz. 21.
63 Eine Zusammenstellung der Kritik am Vorsorgeprinzip findet sich bei *Köck* (Fn. 6), S. 92 f. m. zahlr. Nachw.
64 Eingehend zu diesen Bestrebungen *Calliess*, ZEuS 2021, S. 125 ff.
65 Eingehend hierzu *Appel/Mielke* (Fn. 13), S. 37 ff.; *Scherzberg* (Fn. 8), S. 306 ff.

Schranken des Vorsorgeprinzips. Dabei wird sich zeigen, dass dieses Prinzip bei sachgerechter Anwendung ausreichende Möglichkeiten bietet, die Schutz- und Sicherheitsbedürfnisse der Öffentlichkeit in einen angemessenen Ausgleich mit der Wirtschafts- und Forschungsfreiheit sowie anderen gewichtigen Belangen und Gemeinwohlinteressen zu bringen.

3. *Das Vorsorgeprinzip als rechtliches Leitprinzip*

Ausdiskutiert dürfte inzwischen sein, dass das Vorsorgeprinzip nicht lediglich ein politischer Programmsatz ist, sondern den Charakter eines rechtsverbindlichen Leitprinzips hat, dem sowohl bei der Gesetzgebung als – innerhalb gesetzlich vorgegebener Grenzen – auch im Verwaltungsvollzug Rechnung zu tragen ist.[66] Aus unionsrechtlicher Sicht folgt dies bereits aus der primärrechtlichen Verankerung in Art. 191 Abs. 2 S. 2 AEUV.[67] Mit Blick auf das deutsche Recht hat das Bundesverfassungsgericht in seiner Rechtsprechung zur atomrechtlichen Schadensvorsorge schon sehr frühzeitig geurteilt, dass Risikovorsorge dem Schutzbereich der Grundrechte in ihrer Dimension als Schutzgewährleistungen unterfällt.[68] In späteren Entscheidungen hat das Gericht klargestellt, dass dies nicht nur für Atomanlagen gilt, sondern auch für Risiken, die von anderen technischen Anlagen, Verkehrseinrichtungen (Gesundheitsrisiken durch Fluglärm an Flughäfen) und vom Umgang mit gentechnisch veränderten Organismen ausgehen.[69] In einem Urteil zum Gentechnikgesetz hat es darüber hinaus ausdrücklich festgestellt, dass der Auftrag staatlicher Stellen zum Schutz der natürlichen Lebensgrundlagen nach Art. 20a GG nicht nur Gefahrenabwehr, sondern auch Risikovorsorge umfasst.[70] Aus dieser Judikatur folgt, dass umweltbezogene Risikovorsorge in Deutschland verfassungsrechtlich verbürgt ist. Anforderungen, die sich aus dem Vorsorgeprinzip für staatliches und be-

---

66 Zur Einordnung des Vorsorgeprinzips als Rechtsprinzip näher *Köck* (Fn. 6), S. 88 ff.; *SRU* (Fn. 4), Tz. 17 ff.

67 *SRU* (Fn. 4), Tz. 21.

68 BVerfGE 49, 89 (142 ff.) (Kalkar I); 53, 30 (57) (AKW Mülheim-Kärlich).

69 BVerfGK 17, 57 (61) (Teilchenbeschleuniger CERN); BVerfGE 56, 54 (78) (Fluglärm); BVerfG, NVwZ 2009, S. 1489 ff. (Fluglärm); BVerfGK 16, 68 ff. (Fluglärm); BVerfG, NVwZ 2011, S. 991 (993) (Fluglärm); BVerfGE 128, 1 (37) (Gentechnik). Aus der Literatur *Köck* (Fn. 6), S. 91; *SRU* (Fn. 4), Tz. 28.

70 BVerfGE 128, 1 (37). Aus der Literatur *Calliess*, ZUR 2021, S. 323 (324); *Köck* (Fn. 6), S. 91; *SRU* (Fn. 4), Tz. 22 ff.

hördliches Handeln ableiten, entfalten nicht allein politische, sondern rechtliche Bindungen.[71]

Risikovorsorge bedarf allerdings der *Ausgestaltung durch den Gesetzgeber*. Bei der Entscheidung über das „Ob" und den Inhalt neuer Umweltvorschriften muss das Vorsorgeprinzip berücksichtigt und es muss eine möglichst vorsorgeorientierte Ausrichtung ins Auge gefasst werden. Umweltvorsorge kann indessen keinen unbedingten Vorrang gegenüber anderen Belangen beanspruchen. Im Konfliktfall muss ein Ausgleich zwischen dem Anliegen einer wirksamen Umweltvorsorge und entgegenstehenden Interessen und Verfassungsprinzipien gefunden werden, z. B. Grundrechten von Personen, deren Handlungsfreiheit durch Vorsorgeanforderungen eingeschränkt wird, und dem Verhältnismäßigkeitsgrundsatz.[72] Gesetzliche Risikosteuerung durch Vorsorge ist somit Ergebnis einer komplexen Abwägung und Optimierung – und unterscheidet sich damit in keiner Weise von der Risikosteuerung bei der Gefahrenabwehr.[73]

Ein gesetzlich unvermittelter Rückgriff der Exekutive auf das Vorsorgeprinzip ist ausgeschlossen. Behörden können Vorsorgemaßnahmen nur ergreifen oder anordnen, soweit sie hierzu durch ein Gesetz ermächtigt sind.[74] Die meisten Umweltgesetze sind in Deutschland inzwischen vorsorgeorientiert ausgestaltet; nur vereinzelt stößt man auf Regelungen, die ein Handeln aus Vorsorgegründen explizit ausschließen.[75] Eigene Spielräume zur Bestimmung von Inhalt und Schranken der Vorsorge bieten sich der Verwaltung dort, wo der Vorsorgeanspruch im Gesetz selbst nur relativ abstrakt und allgemein zum Ausdruck gebracht wird und die Anforderungen auch nicht durch ein untergesetzliches Regelwerk weiter konkretisiert werden. Bei der Ausfüllung dieser Spielräume können sich Behörden mit ähnlichen Abwägungs- und Optimierungsfragen konfrontiert sehen, wie sie bei der Vorsorgegesetzgebung auftreten. Praktische Konkordanz zwischen

---

71 Siehe dazu die prägnante Formulierung des Bundesverfassungsgerichts im Klimaschutzurteil: Art. 20a GG ist „nicht unverbindliches Programm, sondern Rechtsnorm, die den Gesetzgeber bindet" (BVerfGE 157, 30 Rn. 205).

72 So unlängst sehr klar das Bundesverfassungsgericht in seinem Klimaschutzbeschluss (BVerfGE 157, 30 Rn. 198 m. zahlr. w. Nachw.); ebenso bereits BVerfG, NVwZ 2009, S. 1489 ff. (Fluglärm); BVerfGK 16, 68 (72 f.) (Fluglärm). Aus der Literatur: *SRU* (Fn. 4), Tz. 22; *SRU* (Fn. 26), Tz. 159.

73 Siehe o. IV. 3.

74 *Köck* (Fn. 6), S. 91; *Scherzberg* (Fn. 8), S. 305.

75 Nach § 4 Abs. 3 BBodSchG ist die Pflicht zur Sanierung von verunreinigten Böden oder von Altlasten auf die Abwehr von Gefahren beschränkt, während gegen das Entstehen neuer schädlicher Bodenveränderungen nach § 7 BBodSchG Vorsorge zu treffen ist.

konkurrierenden Belangen muss dann durch eine adäquate Auslegung im Rahmen des Verwaltungsvollzugs hergestellt werden.[76]

Der guten Ordnung halber sei an dieser Stelle noch erwähnt, dass Personen, Unternehmen oder Forschungseinrichtungen, die mit neuartigen Besorgnispotentialen umgehen, hierfür keiner gesetzlichen Ermächtigungsgrundlage bedürfen. Die Gegenposition hatte unter Berufung auf die staatliche Schutz- und Vorsorgepflicht im Jahr 1989 der Hessische Verwaltungsgerichtshof vertreten. Danach sollte eine Nutzung der Gentechnologie voraussetzen, dass der Gesetzgeber zunächst eine Art Grund- oder Leitentscheidung über deren Zulässigkeit trifft.[77] Diese Auffassung ist verfassungsrechtlich unhaltbar. Wenn der Gesetzgeber angesichts neuer technischer Entwicklungen untätig bleibt, mag man darin u. U. einen Verfassungsverstoß durch Unterlassen sehen (Missachtung des aus grundrechtlichen Schutzpflichten und Art. 20a GG erwachsenden Vorsorgegebots).[78] Maßnahmen gegen eine gesetzlich ungeregelte Technologie kann die Behörde jedoch nur ergreifen, wenn sie hierzu ihrerseits gesetzlich ermächtigt ist. Wenn es daran fehlt, besteht Handlungsfreiheit. Zurecht ist die Entscheidung deshalb allenthalben auf Ablehnung gestoßen[79] und ein Solitär in der Rechtsprechungslandschaft geblieben.

4. Struktur und Grundsätze der Risikobeurteilung bei der Vorsorge

Strukturell folgt die Risikobeurteilung bei der Risikovorsorge dem gleichen Muster wie bei der Gefahrenabwehr: Es gilt die dreistufige Prüfkaskade „Risikoermittlung“, „Risikobewertung“ und „Risikomanagement“.[80] Jedoch gibt es einige Besonderheiten, die dem hohen Unsicherheitsgrad geschuldet sind, der für Risiken im Vorsorgebereich typisch ist.

Bei der *Risikoermittlung* sind, ebenso wie im Gefahrenbereich, Art und Ausmaß des Risikos anhand des fachlich-wissenschaftlichen Erkenntnisstandes zu bestimmen. Anders als dort ist die Schadenswahrscheinlichkeit von Risiken ohne Gefahrenqualität allerdings wissenschaftlich nicht

76 Hierzu bereits o. I. 2.

77 VGH Kassel, NVwZ 1990, S. 276 (278).

78 Siehe dazu *SRU* (Fn. 4), Tz. 22 m. w. Nachw.

79 OVG Lüneburg, NVwZ 1994, S. 390 ff.; NVwZ 1995, S. 917 (919); *Fluck*, UPR 1990, S. 81 ff.; *Köck* (Fn. 6), S. 86; *Rose*, DVBl. 1990, S. 279 ff.; *Rupp*, JZ 1990, S. 91 ff.; *Sendler*, NVwZ 1990, S. 231 ff.; *Wahl/Masing*, JZ 1990, S. 553 ff.; a. M. *Bizer*, KJ 1990, S. 127 ff.

80 Sub III. 4.

bestimmbar. An die Stelle dieses Merkmals tritt bei der Risikovorsorge die Frage, ob das Risikogeschehen die Annahme eines Gefahrenverdachts rechtfertigt, der Anlass zu Vorsorgemaßnahmen gibt. Vorsorge, die in die Handlungsfreiheit von Grundrechtsträgern eingreift, ist aus rechtsstaatlichen Gründen nur zu begründen, wenn sie nicht „ins Blaue hinein" getroffen wird,[81] sondern auf rationalen, objektiv nachvollziehbaren und wissenschaftlich plausiblen Erwägungen beruht. Dementsprechend gehen Rechtsprechung und Literatur einhellig davon aus, dass staatlich verordnete Vorsorgemaßnahmen eines *wissenschaftsbasierten Vorsorgeanlasses* bedürfen – dazu später mehr.[82] Wenn Gesetzgebung und Verwaltung diese Anforderung ernst nehmen, sind Befürchtungen, dass das Vorsorgeprinzip wissenschaftsferne, irrationale oder ausschließlich politisch motivierte Entscheidungen ermögliche, verfehlt.

Die *Feststellung eines hinreichenden Vorsorgeanlasses* löst für die zuständigen staatlichen Stellen eine *Verpflichtung zur Prüfung risikomindernder Maßnahmen* aus. Schlichtes Ignorieren oder „Aussitzen" ohne Auseinandersetzung mit der Materie ist im Lichte der einschlägigen verfassungsrechtlichen Schutzpflichten keine rechtlich vertretbare Option. Ob Vorsorgemaßnahmen ergriffen werden müssen oder dürfen, ist eine Frage der *Risikobewertung*. Hierfür kann als *Leitmotiv* wieder auf das Bild der *„gerechten" und sozialadäquaten Lastenverteilung* zurückgegriffen werden: Soll die Verantwortlichkeit für die Eindämmung von Besorgnispotentialen mit ungewisser Schadensmöglichkeit dem Verursacher obliegen – und sollen staatliche Stellen für die Wahrnehmung dieser Aufgabe sorgen – oder sollen die Risiken als Zivilisationslasten von der Allgemeinheit getragen werden und damit hinnehmbar sein?

Welche Gesichtspunkte von Bedeutung sein können, um dem dafür notwendigen Abwägungs- und Optimierungsprozess Konturen zu verleihen, soll später beleuchtet werden.[83] Bereits an dieser Stelle ist jedoch der Vorstellung entgegenzutreten, dass bei der Risikovorsorge lediglich die *Handlungsberechtigung*, nicht aber eine *Handlungspflicht* staatlicher Stellen zur Debatte stehe.[84] Das Bundesverfassungsgericht hat sich hierzu mehrfach geäußert. Nach seiner Judikatur können Träger öffentlicher Gewalt aufgrund verfassungsrechtlicher Schutzgewährleistungen, die sich aus Grundrechten oder Art. 20a GG ableiten, auch bei wissenschaftlicher Un-

---

81 *Ossenbühl* (Fn. 43), S. 166.
82 Sub IV. 5.
83 Sub IV. 6.
84 Siehe o. II.

gewissheit verpflichtet sein, Vorkehrungen gegen nicht auszuschließende Schäden zu treffen.[85] Eine unbedingte Vorsorgepflicht haben die Gerichte jedenfalls bei Risiken mit massivem Schadenspotential angenommen.[86] Ob Vorsorge darüber hinaus auch dann zwingend geboten sein kann, wenn weniger drastische Beeinträchtigungen drohen, hat die Rechtsprechung bislang offengelassen. Die Legitimation des Gesetzgebers, in solchen Fällen – innerhalb gewisser Grenzen – vorsorgeorientierte Regelungen zu treffen und Behörden zu Vorsorgemaßnahmen zu ermächtigen, ist jedoch unbestritten.

Mit Blick auf die Rechtsfolgenseite dürfte es im Übrigen weniger darauf ankommen, ob im jeweiligen Fall eine abstrakte Vorsorgeverpflichtung anzunehmen ist, sondern darauf, wie mit dem festgestellten Vorsorgeanlass konkret umgegangen werden soll. Die Bestimmung der zu ergreifenden Maßnahmen betrifft das *Risikomanagement*. Theoretisch ist zwar auch im Vorsorgebereich eine Trennung zwischen Risikobewertung und Risikomanagement möglich. In der Praxis werden diese beiden Prüfschritte aber meist kombiniert und als Einheit durchgeführt.[87] Geprüft wird, ob es gerechtfertigt und angemessen erscheint, dem ermittelten Besorgnispotential mit einem bestimmten Mittel zu begegnen.

Bei der Entscheidung über das „Wie" der Vorsorge hat die Rechtsprechung dem Gesetzgeber und der Verwaltung beträchtliche Entscheidungsspielräume zugebilligt.[88] Hierdurch relativiert sich auch der Stellenwert einer anzunehmenden Vorsorgepflicht. Der Instrumentenkasten der Vorsorge umfasst *nicht nur Verbote und andere ordnungsrechtliche Mittel*, die in die Handlungsfreiheit des Risikoverursachers eingreifen. In geeigneten Fällen können *auch informelle („weiche") Maßnahmen* ergriffen werden wie z. B. Information und Aufklärung der Öffentlichkeit, Publikation von Empfehlungen oder Förderung von Forschungsprojekten zur Vertiefung

---

85 BVerfGE 49, 89 (140 ff.) (Kalkar I); 53, 30 (57) (AKW Mülheim-Kärlich); 128, 1 (37, 39) (Gentechnik); BVerfGK 17, 57 (62 f.) (Teilchenbeschleuniger CERN).

86 BVerfGK 17, 57 (62 f.) (Teilchenbeschleuniger CERN): „Schäden mit katastrophalen oder gar apokalyptischen Ausmaßen". Angesichts der dramatischen Folgen des Klimawandels hat das Bundesverfassungsgericht in seinem Klimaurteil jüngst eine staatliche Verpflichtung zum Klimaschutz angenommen (BVerfGE 157, 30 Rn. 198).

87 *SRU* (Fn. 4), Tz. 39, 45.

88 BVerfG, NJW 2002, S. 1638 (1639) (elektromagnetische Strahlung); BVerfGK 10, 208 (211) (elektromagnetische Strahlung); 16, 68 (72) (Fluglärm); BVerfG, NVwZ 2009, S. 1489 (1489 f.) (Fluglärm). Ebenso aus europarechtlicher Sicht *KOM* (Fn. 4), S. 19; EuGH, Rs. C-284/95 (Safety Hi Tech), EU:C:1998:352 Rn. 36 f.

des wissenschaftlichen Kenntnisstandes.[89] Von solchen informellen Handlungsformen ist beim Auftreten neuer, in ihrer Dimension nur unsicher abschätzbarer Herausforderungen im Umweltbereich schon wiederholt Gebrauch gemacht worden.[90] Auch *reflektiertes Nichttätigwerden*[91] kann nach Auffassung der EU-Gerichte und der Europäischen Kommission eine legitime Reaktion auf ungeklärte Risiken sein. Beispielsfälle hierfür sind das Abwarten der Ergebnisse laufender wissenschaftlicher Untersuchungen[92] oder die Berücksichtigung von Selbstverpflichtungen, durch die die Hersteller bestimmter Produkte auch ohne staatliche Intervention zuverlässig für die Einhaltung anspruchsvoller technischer Vorsorgestandards sorgen.[93] Da die EU-Gerichte dem Schutz der öffentlichen Gesundheit und der Umwelt bei Entscheidungen über Vorsorgemaßnahmen einen hohen Stellenwert und Vorrang vor wirtschaftlichen Interessen beimessen,[94] ist reflektiertes Nichttätigwerden im Zweifel keine vertretbare Option, wenn ein ungesteuertes „Laufenlassen" der Entwicklung nach dem Ergebnis der

---

89 *KOM* (Fn. 4), S. 18; *Schenten* (Fn. 4), S. 82; zum „Instrumentenbaukasten" beim Umgang mit Nanomaterialien *SRU* (Fn. 4), Tz. 439.

90 Ein Beispiel hierfür sind die differenzierten Bestimmungen des Strahlenschutzgesetzes zum Schutz vor Radon in Gebäuden. Maßnahmen zur Verhinderung des Zutritts von Radon aus dem Untergrund sind bei Wohngebäuden nur für deren Neuerrichtung vorgeschrieben, während sie bei baulichen Veränderungen des Gebäudes lediglich in Betracht gezogen werden sollen (§ 123 Abs. 1, 4 StrlSchG). Für bestehende Wohngebäude, die nicht baulich verändert werden, setzt der Gesetzgeber auf Freiwilligkeit. Die Motivation für freiwilliges Handeln soll durch eine Verpflichtung der zuständigen Behörden gestärkt werden, die Bevölkerung über die Exposition durch Radon, die damit verbundenen Gesundheitsrisiken und die technischen Möglichkeiten zur Verringerung von Radonkonzentrationen zu unterrichten (§ 125 Abs. 1 StrlSchG).

91 Anders als beim schlichten Ignorieren (s. o.) geht es hier um eine bewusste Entscheidung in Auseinandersetzung mit den ermittelten Risiken.

92 EuG, Rs. T-13/99 (Phizer Animal Health/Rat), EU:T:2002:209 Rn. 161; *KOM* (Fn. 4), S. 18; *Schenten* (Fn. 4), S. 81 f.; *Scherzberg* (Fn. 8), S. 306.

93 Beispiel Mobilfunk: Die Regelungen der 26. BImSchV enthalten technische Anforderungen an Mobilfunksendeanlagen, aber keine Regelungen für mobile Endgeräte. Solche Regelungen werden für entbehrlich gehalten, weil nach Herstellerangaben alle im Handel befindlichen Mobiltelefone den von der Internationalen Kommission zum Schutz vor nicht-ionisierender Strahlung (ICNIRP) empfohlenen maximalen SAR-Wert von 2 Watt pro Kilogramm einhalten. Siehe dazu https://www.bfs.de/DE/themen/emf/mobilfunk/vorsorge/sar-handy/sar-handy_node.html (zuletzt abgerufen am 15. 8. 2022).

94 EuG, Rs. T-74/00 (Artegodan/Kommission), EU:T:2002:283 Rn. 186; Rs. T-392/02 (Solvay Pharmaceuticas/Rat), EU:T:2002:277 Rn. 125; ebenso *KOM* (Fn. 4), S. 23; dazu auch *Köck* (Fn. 6), S. 107 f.

Risikoermittlung zu erheblichen Gesundheits- oder Umweltbeeinträchtigungen führen kann.

5. Zur Risikoermittlung – Feststellung eines hinreichenden Vorsorgeanlasses

Eine „informierte Entscheidung“ über Vorsorgemaßnahmen setzt ausreichendes Risikowissen voraus. Aufgabe der Risikoermittlung ist die Klärung der Wissensbasis und des bestehenden Unsicherheitsfaktors, d. h. des Grades der zu verzeichnenden Ungewissheit. Das Ergebnis soll dem Gesetzgeber oder der Verwaltung die Beurteilung ermöglichen, ob das verfügbare Risikowissen die Annahme eines Gefahrenverdachts gestattet, der Anlass zu Vorsorgemaßnahmen gibt. Hierfür bedarf es einer umfassenden Auswertung des wissenschaftlich-technischen Erkenntnisstandes.[95] Diese Prüfung darf sich nicht auf den wissenschaftlichen „Mainstream“ beschränken, sondern muss auch abweichende Einschätzungen von Fachleuten in den Blick nehmen, „deren Glaubwürdigkeit und guter Ruf anerkannt ist“.[96] Ein hinreichender Vorsorgeanlass erfordert einen *auf wissenschaftliche Plausibilitätsgründe gestützten Gefahrenverdacht*.[97] Für die Berücksichtigung potentieller Schadensereignisse mit sehr großen und folgenschweren Auswirkungen kann es genügen, dass ein solches Geschehen bei seriöser wissenschaftsbasierter Betrachtung nicht auszuschließen ist.[98] Rein hypothetische oder spekulative Erwägungen, für deren Berechtigung es keine wissenschaftlich zu begründenden Anhaltspunkte gibt, schaffen

95 EuG, Rs. T-13/99 (Phizer Animal Health/Rat), EU:T:2002:209 Rn. 172; Rs. T-70/99 (Alpharma/Rat), EU:T:2002:210 Rn. 168 ff.; EuGH, Rs. C-236/01 (Monsanto), EU:C:2003:431 Rn. 112; *KOM* (Fn. 4), S. 16 ff.; BVerwGE 78, 177 (180) (AKW Brokdorf); BVerfGK 17, 57 (61 f., 63) (Teilchenbeschleuniger CERN): vorhandene Erkenntnisquellen müssen ausgeschöpft werden; *Schenten* (Fn. 4), S. 74; *Scherzberg* (Fn. 8), S. 305 f.; *SRU* (Fn. 4), Tz. 37.

96 *KOM* (Fn. 4), S. 20; ebenso BVerwGE 72, 300 (316 ff.) (AKW Whyl); 78, 177 (180 ff.) (AKW Brokdorf); 106, 115 (121) (AKW Mülheim-Kärlich); *Schenten* (Fn. 4), S. 74, 81; *SRU* (Fn. 4), Tz. 38.

97 *SRU* (Fn. 4), Tz. 32 f.; *SRU* (Fn. 26), Tz. 158; *Schenten* (Fn. 4), S. 74; *Scherzberg* (Fn. 8), S. 306. Ähnlich die Rechtsprechung der EU-Gerichte, z. B. EuG, Rs. T-13/99 (Phizer Animal Health/Rat), EU:T:2002:209 Rn. 144; Rs. T-392/02 (Solvay Pharmaceuticas/Rat), EU:T:2002:277 Rn. 135; Rs. T-74/00 (Artegodan/Kommission), EU:T:2002:283 Rn. 192; EuGH, Rs. C-236/01 (Monsanto), EU:C:2003:431 Rn. 113. Zu dieser Judikatur *Köck* (Fn. 6), S. 108 ff.

98 BVerfGK 17, 57 (62 f.) (Teilchenbeschleuniger CERN); i. Erg. ebenso in Anlehnung an das „Je-desto-Prinzip“ bei der Gefahrenabwehr *SRU* (Fn. 4), Tz. 32 f.; *SRU* (Fn. 26), Tz. 158.

hingegen keine ausreichende Grundlage für die Annahme eines Gefahrenverdachts.[99]

Die Möglichkeit, Vorsorgemaßnahmen an einen bloßen Gefahrenverdacht zu knüpfen, bedingt notwendigerweise eine *Lockerung der Beweislast zu Lasten von Grundrechtsträgern, in deren Freiheitsrechte durch Vorsorgemaßnahmen* eingegriffen wird.[100] Ein definitiver Nachweis, dass das ins Auge gefasste Geschehen zur Schädigung von Rechtsgütern führen kann, wird nicht verlangt. Daraus wird in der Literatur der Schluss gezogen, dass sich die Beweislastverteilung ändere: Bei der Risikovorsorge obliege es dem betroffenen Grundrechtsträger, die vermutete Gefährlichkeit zu widerlegen.[101] Diese Annahme erscheint indessen nicht zwingend. Die Situation unterscheidet sich im Vorsorgebereich nicht grundlegend von Risikoeinschätzungen im Bereich der Gefahrenabwehr, die ebenfalls mit Unsicherheiten verbunden sein können.[102] Auch hier bleibt es dem Verursacher einer angenommenen Gefahr unbenommen, das Ergebnis der Risikobeurteilung durch den Gesetzgeber oder die Behörde zu widerlegen, ohne dass damit für ihn eine Beweislastumkehr verbunden wäre. Überdies ist die Schließung vorhandener Wissenslücken nicht notwendigerweise Sache des Vorsorgeverpflichteten, sondern kann auch von staatlichen oder öffentlichen Stellen übernommen werden, z. B. durch Auflegung geeigneter Forschungsprogramme.[103]

Konsequent erscheint dagegen der Ansatz der Gerichte, wonach Vorsorgevorschriften und Vorsorgemaßnahmen unter dem Vorbehalt späterer *Nachbesserung* stehen. Mit Blick auf die „Gefährlichkeit" des Geschehens, das zur Vorsorge Anlass gibt, hat das Ergebnis der Risikoermittlung angesichts der vorhandenen Wissenslücken lediglich vorläufigen Charakter (Gefahrenverdacht). Nach ständiger Rechtsprechung des Bundesverfassungsgerichts und der EU-Gerichte sind gesetzliche oder behördliche Vorsorgeanforderungen nur gerechtfertigt, wenn damit zugleich eine Verpflichtung des Gesetzgebers und der Verwaltung einhergeht, die weitere

---

99 EuG, Rs. T-13/99 (Phizer Animal Health/Rat), EU:T:2002:209 Rn. 143; BVerfG, NJW 2002, S. 1638 ff. (elektromagnetische Strahlung); BVerfGK 17, 57 (63) (Teilchenbeschleuniger CERN); *Schenten* (Fn. 4), S. 74.

100 EuGH, Rs. C-236/01 (Monsanto), EU:C:2003:431 Rn. 118 ff.; *Jaeckel* (Fn. 25), S. 294 ff.; *Schenten* (Fn. 4), S. 81; *Scherzberg* (Fn. 8), S. 306; i. Erg. wohl auch *Appel/Mielke* (Fn. 13), S. 139 f.

101 *KOM* (Fn. 4), S. 25; *Calliess*, ZUR 2001, S. 1725 ff.; *Köck* (Fn. 6), S. 97, 101; *Schenten* (Fn. 4), S. 81; *Scherzberg* (Fn. 8), S. 306; *SRU* (Fn. 4), Tz. 40 ff.; krit. *Appel*, NVwZ 2001, S. 395 (398).

102 Sub III.

103 Siehe dazu bereits o. V. 4.

wissenschaftliche Entwicklung unter Kontrolle zu halten und zwischenzeitlich „überholte“ Rechtsvorschriften sowie auf ihnen basierende Behördenentscheidungen zu aktualisieren, d. h. an den fortschreitenden wissenschaftlich-technischen Erkenntnisstand anzupassen.[104] Dabei können sich sowohl Verschärfungen als auch Lockerungen der Vorsorgeanforderungen ergeben.[105]

6. *Zur Risikobewertung und zur Bestimmung der Vorsorgemaßnahmen*

Die Frage, ob und welche Vorsorgeanstrengungen ergriffen werden sollen, ist – ähnlich wie bei der Abgrenzung zwischen Gefahren, die staatliche Abwehrmaßnahmen auslösen, und Risiken, die rechtlich hingenommen werden können – mit Hilfe eines mehrpoligen Abwägungs- und Optimierungsprozesses zu klären.[106] Von den zahlreichen, z. T. auch gegenläufigen Prüfgesichtspunkten, die für die Entscheidungsfindung von Bedeutung sein können, sollen in der nachfolgenden Übersicht nur einige prominente Faktoren adressiert werden, die auch in der Auseinandersetzung über die Grenzen des Vorsorgeprinzips häufig zur Sprache kommen.

a) „Kleiner Verhältnismäßigkeitstest“

Bei dieser Spielart der Verhältnismäßigkeitsprüfung geht es um die *Auswirkungen auf Rechte und Interessen derjenigen, denen bestimmte Vorsorgeleis-*

---

104 EuGH, Rs. C-157/96 (National Farmers Union u. a.), EU:C:2011:444 Rn. 65; Rs. C-180/96 (Vereinigtes Königreich/Kommission), EU:C:1998:192 Rn. 101; *KOM* (Fn. 4), S. 23 f.; BVerfGE 49, 89 (130) (Kalkar I); 56, 54 (78 ff.) (Fluglärm); BVerfG, NJW 2002, S. 1638 ff. (elektromagnetische Strahlung); BVerfGK 10, 208 (211 f.) (elektromagnetische Strahlung); BVerfGK 16, 68 (72) (Fluglärm). Aus der Literatur *Breuer* (Fn. 22), S. 161 f.; *Köck* (Fn. 6), S. 97 f., 110; *Sachverständigenrat für Umweltfragen (SRU)*, Umweltgutachten 1994, BT-Drs. 12/6995, Tz. 77; *Schenten* (Fn. 4), S. 82; *SRU* (Fn. 4), Tz. 36, 39. Eine gesetzliche Regelung der Nachbesserungspflicht findet sich in § 7d AtG. Nach dieser Vorschrift hat der Inhaber einer Genehmigung zum Betrieb eines AKW dafür zu sorgen, dass entsprechend dem fortschreitenden Stand von Wissenschaft und Technik angemessene Sicherheitsvorkehrungen zur weiteren Vorsorge gegen Risiken für die Allgemeinheit verwirklicht werden. Zu dieser Regelung *Roller*, NVwZ 2011, S. 1431 (1433): „Dynamisierung der Vorsorge“.

105 *Breuer* (Fn. 22), S. 161 f.

106 Eingehend hierzu bereits o. IV. 3.

tungen abverlangt werden. Neben Eignung und Erforderlichkeit (Verfügbarkeit eines milderen, gleichermaßen wirksamen Mittels) steht hier vor allem die *Angemessenheit geforderter Vorsorgemaßnahmen* im Fokus. Art und Umfang der Vorsorge müssen proportional zum Schadenspotential (Größe und Ausmaß einer möglichen Beeinträchtigung geschützter Rechtgüter) festgelegt werden; Kosten und Aufwand, die dem Verantwortlichen durch Vorsorgeanforderungen erwachsen, müssen in einem ausgewogenen Verhältnis zum Nutzen der Maßnahme (z. B. Vermeidung von Gesundheitsschäden potentiell Betroffener) stehen.[107] Die Gerichte der EU vertreten hierzu die Auffassung, dass der Schutz der menschlichen Gesundheit erhebliche wirtschaftliche Nachteile rechtfertigen kann, wenn die Tätigkeit von Unternehmen (z. B. Herstellung und Verbreitung bestimmter Güter oder Stoffe) aus Vorsorgegründen eingeschränkt wird.[108]

Nach deutscher Rechtspraxis wird das Verhältnis zwischen Kosten und Nutzen von Vorsorgemaßnahmen üblicherweise allein *qualitativ* beurteilt. Der Grund liegt darin, dass es bei der Bemessung der Schutzeffekte und der belastenden Wirkungen solcher Maßnahmen schwierig ist, eine gemeinsame Maßeinheit zu finden, die gestattet, beide Komponenten direkt miteinander zu „verrechnen". Während es auf der Nutzenseite um den Schutz immaterieller Werte wie Leben, Gesundheit oder eine intakte Natur geht, bilden die Kosten eine materielle Größe, die durch Angabe eines bestimmten Geldwerts konkret beziffert werden kann. Bei der Abwägung wird deshalb meist nur verbal-argumentativ begründet, welcher Stellenwert dem ökonomischen Aufwand der Vorsorge in Relation zur Verhütung möglicher Todes- oder Krankheitsfälle oder zur Erhaltung einer gefährdeten Art beizumessen ist. Um hier zu einer rationaleren, weniger subjektiv geprägten Entscheidungsfindung zu gelangen, werden in manchen Ländern monetäre Kosten-Nutzen-Vergleiche durchgeführt. Dabei wird immateriellen Rechtsgütern unter Anwendung einer spezifischen Methodik ein Geldwert beigemessen, der dann unmittelbar in Bezie-

---

107 Aus EU-rechtlicher Sicht EuGH, Rs. C-331/88 (Fedesa u. a.), EU:C:1990:391 Rn. 13; EuG, Rs. T-13/99 (Phizer Animal Health/Rat), EU:T:2002:209 Rn. 411; Rs. T-70/99 (Alpharma/Rat), EU:T:2002:210 Rn. 324; *KOM* (Fn. 4), S. 21, 22 f. Aus Sicht des deutschen Rechts BVerwG, NVwZ 1997, S. 497 (499) (Sinteranlage); *Köck* (Fn. 6), S. 103 f.; *SRU* (Fn. 104), Tz. 77; *SRU* (Fn. 4), Tz. 39.

108 EuGH, Rs. C-331/88 (Fedesa u. a.), EU:C:1990:391 Rn. 17; EuG, Rs. T-13/99 (Phizer Animal Health/Rat), EU:T:2002:209 Rn. 456; Rs. T-70/99 (Alpharma/Rat), EU:T:2002:210 Rn. 356.

hung zum Vorsorgeaufwand gesetzt werden kann.[109] Hierzulande wird die Leistungsfähigkeit solcher Ansätze und der ihnen zugeschriebene Rationalitätsgewinn eher skeptisch beurteilt.[110] In Verwaltungsverfahren werden monetäre Kosten-Nutzen-Betrachtungen, auch wegen des mit ihnen verbundenen Aufwands, nur vereinzelt angestellt, und auch dann nur als ergänzendes oder unterstützendes Hilfsmittel.[111] Dabei sollte es auch bleiben, solange die Modalitäten dieser Verfahren rechtlich nicht fixiert sind.

b) „Großer Verhältnismäßigkeitstest"

Bei dieser Variante der Verhältnismäßigkeitsprüfung wird das Verhältnis zwischen Nutzen und Kosten der Vorsorge *aus übergreifender gesamtgesellschaftlicher Perspektive* bewertet.[112] Was bei diesem Vergleich die Nutzenseite betrifft, hat die Corona-Pandemie jüngst noch einmal ins Licht gerückt, dass die Vermeidung von Gesundheitsrisiken nicht nur denen zugutekommt, die von Krankheit verschont bleiben, sondern auch Vorteile für das Gemeinwohl insgesamt haben kann. Ohne Vorsorgemaßnahmen kann ein zu befürchtender hoher Krankenstand dazu führen, dass die *Funktionsfähigkeit systemrelevanter Einrichtungen* wie Polizei, Feuerwehr und Gesundheitswesen nicht mehr gewährleistet ist. Solche Effekte sind bei der Verhältnismäßigkeitsprüfung mit dem ihnen zukommenden Gewicht in Ansatz zu bringen. Auf der Kostenseite sind neben den *gesamtwirtschaft-*

---

109 Siehe dazu *Appel/Mielke* (Fn. 13), S. 130 ff.; *Fehling*; VerwArch 95 (2004), S. 443 ff.; *Köck*, in: Gawel (Fn. 20), S. 290 ff.; *Scherzberg* (Fn. 8), S. 307.

110 Eine differenzierte Auseinandersetzung mit den Herausforderungen monetärer Kosten-Nutzen-Analysen findet sich bei *Martini*, WiVerw 2009, S. 195 (222 ff.). Zu den Einwänden gegen eine Monetarisierung immaterieller Schutzgüter auch *Appel/Mielke* (Fn. 13), S. 130 ff.; *Fehling* (Fn. 109), S. 456 ff.

111 Ein Beispiel hierfür sind Gutachten, die das Bundesumweltministerium nach der deutschen Vereinigung zur Beurteilung von Sanierungsprojekten für Hinterlassenschaften des früheren Uranbergbaus in Sachsen und Thüringen in Auftrag gegeben hatte. Ziel war es, von den Erfahrungen in den USA und anderen Ländern zu profitieren, in denen monetäre Kosten-Nutzen-Analysen zum Standardprüfprogramm bei uranbergbaulichen Genehmigungsverfahren gehören.

112 So auch *KOM* (Fn. 4), S. 21: die Abwägung der Vor- und Nachteile darf sich nicht auf eine wirtschaftliche Kosten-Nutzen-Analyse beschränken, sondern muss auch andere als wirtschaftliche Erwägungen einbeziehen. Ähnlich die Rspr. der EU-Gerichte, wonach angemessene Beschränkungen der unternehmerischen Freiheit zur Verwirklichung wichtiger Gemeinwohlziele zulässig sind, z. B. EuGH, Rs. C-83/95 (Affish), EU:C:1997:373 Rn. 42; EuG, Rs. T-13/99 (Phizer Animal Health/Rat), EU:T:2002:209 Rn. 457.

lichen Folgen der Vorsorge auch die *Chancen* zu berücksichtigen, die das betrachtete Vorhaben *für die Erreichung gewichtiger Gemeinwohlziele eröffnet*, z. B. Fortschritte beim weltweiten Kampf gegen Hunger und Krankheiten, die Sicherung der künftigen Energieversorgung oder der Schutz des Klimas. Anspruchsvolle und kostenträchtige Sicherheitsauflagen können die Realisierung solcher Chancen erschweren oder sogar unmöglich machen, was ggf. Abstriche beim Vorsorgeniveau rechtfertigen kann. Damit bietet der „große Verhältnismäßigkeitstest" eine wirksame Handhabe gegen die behauptete „Innovationsfeindlichkeit" des Vorsorgeprinzips; der Verankerung eines „Innovationsprinzips" im Primärecht der EU bedarf es hierfür nicht.[113]

c) Kohärenztest und Risikovergleiche

Die Europäische Kommission hat sich in ihrer Mitteilung zum Vorsorgeprinzip dafür ausgesprochen, geplante Vorsorgemaßnahmen in Fällen wissenschaftlicher Unsicherheit mit Maßnahmen abzustimmen, die in vergleichbaren Fällen auf der Grundlage ausreichender wissenschaftlicher Daten getroffen wurden.[114] In eine ähnliche Richtung gehen Forderungen der Literatur, Risikovergleiche anzustellen, um überzogene Vorsorgeanforderungen zu vermeiden.[115] Diese zunächst plausibel erscheinenden Überlegungen erweisen sich bei näherer Betrachtung allerdings als nicht durchweg überzeugend. Der Teufel steckt im Detail, vor allem was die Vergleichbarkeit der betrachteten Sachverhalte betrifft. Bei stofflichen oder technischen Risiken, die auf den ersten Blick Ähnlichkeiten aufweisen mögen, ist eine Vergleichbarkeit wegen unterschiedlicher Eigenschaften oder Wirkweisen häufig nicht gegeben.[116] Noch problematischer erscheint der Vorschlag, das Vorsorgelevel bei technischen oder stofflichen Risiken am Maßstab „allgemeiner Lebensrisiken" auszurichten, wie sie etwa bei Arbeiten im Haushalt, bei Freizeitaktivitäten oder bei der Teilnahme am Straßenverkehr für akzeptabel gehalten werden.[117] Dieser Vorschlag

---

113 So i. Erg. auch *Calliess* (Fn. 64), S. 136 ff.

114 *KOM* (Fn. 4), S. 22.

115 *Breuer* (Fn. 12), S. 214 f.; *Di Fabio*, Risikoentscheidungen im Rechtsstaat, 1994, S. 453 f. (zur Arzneimittelzulassung).

116 Siehe dazu auch den Hinweis von *Köck* (Fn. 6), S. 111 f., dass die Gerichte der EU bei stofflichen Besorgnispotentialen einen Vergleich mit anderen stofflichen Risiken bislang abgelehnt haben.

117 So aber wohl *Breuer* (Fn. 12), S. 214 f.; a. M. *Köck* (Fn. 8), S. 102.

verkennt die jeweils unterschiedlichen Randbedingungen, denen bei der Risikoregulierung in verschiedenen Lebensbereichen Rechnung zu tragen ist. Im Ergebnis würde er zu einer politisch untragbaren Erhöhung des gesellschaftlich hinzunehmenden Gesamtrisikoniveaus führen. Festgehalten werden kann daher, dass Risikovergleiche und Kohärenzbetrachtungen bei der Entscheidung über Vorsorgemaßnahmen nur in sehr engen Grenzen Orientierungshilfe geben können.[118]

d) Alternativenvergleiche

Die Gerichte der EU stellen im Hinblick auf die Angemessenheit vorsorgeorientierter Regelungen oder Maßnahmen regelmäßig Überlegungen dazu an, ob vom Vorsorgeverpflichteten ein Ausweichen auf ein risikoärmeres („schonenderes") Vorgehen verlangt werden kann.[119] Alternativenvergleiche sind nach deutschem Recht allerdings ausgeschlossen, wenn die Zulassung von Anlagen oder Tätigkeiten durch eine gebundene Genehmigung erfolgt, auf deren Erteilung der Antragsteller bei Erfüllung bestimmter Voraussetzungen einen Anspruch hat. Beispiel hierfür sind technische Anlagen, die einer immissionsschutzrechtlichen Genehmigung bedürfen. Bei Einhaltung der für diese Anlagen geltenden Anforderungen hat die Genehmigungsbehörde keine Handhabe, aus Vorsorgegründen eine umweltschonendere Art der Durchführung zu fordern. Anders stellt sich die Situation dar, wenn der Gesetzgeber Vorschriften zum Umgang mit neuen Besorgnispotentialen erlässt. Für die Ausgestaltung solcher Regelungen ist die Möglichkeit risikoärmerer Alternativen ein wichtiger Prüfaspekt.

e) Akzeptanz der Öffentlichkeit

Die Europäische Kommission vertritt die Auffassung, dass Akzeptanz der Öffentlichkeit ein Faktor ist, der bei der Risikosteuerung im Vorsorgebereich in Rechnung zu stellen ist.[120] Auch in der Rechtsprechung der EU-Gerichte und des Bundesverfassungsgerichts klingt dieser Gedanke gele-

118 So i. Erg. auch *Köck* (Fn. 6), S. 102.

119 EuG, Rs. T-13/99 (Phizer Animal Health/Rat), EU:T:2002:209 Rn. 459, 472; Rs. T-70/99 (Alpharma/Rat), EU:T:2002:210 Rn. 354; ebenso *SRU* (Fn. 4), Tz. 39; wohl auch *Breuer* (Fn. 12), S. 217 f.

120 *KOM* (Fn. 4), S. 23.

gentlich an.[121] Für die Einbeziehung von Akzeptanzgesichtspunkten lassen sich in der Tat gute Gründe ins Feld führen. Akzeptanz sorgt dafür, dass Vorsorgeentscheidungen „sozial stabil“ sind und eine Befriedungswirkung erzielen können. Dieses Vorgehen hat jedoch Grenzen – nur „legitime“ Akzeptanz (oder Ablehnung) ist berücksichtigungsfähig. Wo kein wissenschaftsbasierter Gefahrenverdacht besteht, kann ein Vorsorgeanlass nicht durch eine verfehlte Risikowahrnehmung der Öffentlichkeit,[122] Verschwörungstheorien oder sachferne politische Überzeugungen geschaffen werden.[123] Raum für Akzeptanzbetrachtungen dürfte beim Vorliegen eines hinreichenden Vorsorgeanlasses vor allem die Ausgestaltung der Vorsorge bieten, etwa bei der Frage, ob dem Risikogeschehen ausschließlich mit informellen Mitteln oder durch bestimmte ordnungsrechtliche Maßnahmen begegnet werden soll.

7. *Entscheidungsspielräume und politische Verantwortung*

Als Resümee der vorangegangenen Ausführungen können zwei Erkenntnisse festgehalten werden. (1) Bei der Suche, ob und welche Vorsorgemaßnahmen zur Eindämmung eines Besorgnispotentials zu treffen sind, stößt der Entscheider (Gesetzgeber oder Behörde) auf ein „Potpourri heterogener Rechtsgüter“[124], Belange und Prinzipien, aus denen sich jeweils entscheidungserhebliche Hinweise in der einen oder anderen Richtung ergeben können. (2) Angesichts der Vielzahl und Vielfältigkeit der in die Entscheidungsfindung einzubeziehenden Faktoren ist das Ergebnis des Abwägungs- und Optimierungsprozesses regelmäßig nicht in der Weise determiniert, dass am Ende nur eine einzige „richtige“ Lösung „übrigbleibt“.[125] Rechtlich vertretbar sind meist mehrere Optionen.

---

121 EuG, Rs. T-13/99 (Phizer Animal Health/Rat), EU:T:2002:209 Rn. 462 (Wiederherstellung des Vertrauens der Verbraucher); BVerfGE 128, 1 (48, 50) (Gentechnik) zum Standortregister nach § 16a GenTG.

122 Zur den erheblichen Unterschieden zwischen der Risikowahrnehmung von Personen aus der Bevölkerung und von Experten näher *SRU* (Fn. 12), Tz. 105 ff., insbesondere Tabelle 2.3-1 bei Tz. 115.

123 *van den Daele*, in: Karl/Pohl/Zimmermann (Hrsg.), Risiken in Umwelt und Technik, Forschungs- und Sitzungsprotokolle der ARL, Bd. 223, 2005, S. 15 (21 ff.).

124 *Martini* (Fn. 110), S. 223.

125 BVerfGE 56, 54 (80 f.) (Fluglärm); BVerfGK 16, 68 (72) (Fluglärm); BVerfGE 121, 317 (356 f.) (Nichtraucherschutz).

In dieser Situation ist es ureigene Aufgabe der Legislative und der Verwaltung, ihrerseits festzulegen, welcher der rechtlich möglichen Vorsorgelösungen der Vorzug gegeben werden soll. *Gesetzgebung und Behörden verfügen bei Vorsorgeentscheidungen über einen eigenen Beurteilungs- und Gestaltungsspielraum.*[126] Bei der Ausfüllung dieses Spielraums hängt das Ergebnis davon ab, welches Gewicht jeweils dem Schutz potentiell gefährdeter Rechtsgüter, dem Freiheitsanspruch des Risikoerzeugers oder den Chancen eingeräumt wird, die das betrachtete Vorhaben für die Verwirklichung wichtiger Gemeinwohlbelange eröffnet. Das ist eine Frage politischer Bewertung. Da das Grundgesetz diesen Weg der Entscheidungsfindung gestattet, ist Kritik an einer „Politisierung der Vorsorge" insoweit fehl am Platz. Die Politisierung ist hier unvermeidlich, rechtlich „gewollt" und systemgerecht. Als Kehrseite ihrer politischen Entscheidungskompetenz haben Gesetzgeber und Verwaltung ihren Umgang mit dem Vorsorgeprinzip politisch zu vertreten und zu verantworten.

Die Gerichte der EU und das Bundesverfassungsgericht erkennen den Beurteilungs- und Gestaltungsspielraum, über den Legislative und Verwaltung im Bereich der Vorsorge verfügen, an. Dies äußert sich vor allem darin, dass gesetzliche Vorsorgeregelungen und behördliche Vorsorgeentscheidungen nur einer eingeschränkten gerichtlichen Überprüfung unterliegen, d. h. Reduktion auf eine Willkür- und Evidenzkontrolle. Ein Missachtung des europarechtlichen Vorsorgegrundsatzes oder grundgesetzlicher Schutzpflichten wird nur angenommen, wenn bei ausreichendem Vorsorgeanlass Schutzvorkehrungen gänzlich unterblieben sind oder die getroffenen Regelungen oder Maßnahmen offensichtlich völlig ungeeignet oder unzulänglich erscheinen.[127] Zu einer gewissen Verunsicherung haben hier vor einiger Zeit zwei Beschlüsse des Bundesverfassungsgerichts geführt, in denen neben dem Evidenzmaßstab auch das Untermaßverbot angeführt wurde.[128] Diese Judikatur hat Diskussionen ausgelöst, ob das Ge-

---

126 Ständige Rspr. des Bundesverfassungsgerichts und der EU-Gerichte, z. B. BVerfGK 17, 57 (62, 65) (Teilchenbeschleuniger CERN); BVerfGE 56, 54 (80 f.) (Fluglärm); BVerfGK 13, 303 (321) (Fluglärm); 16, 68 (72) (*Fluglärm*); BVerfG, NVwZ 2011, S. 991 (993 f.) (Fluglärm); BVerfGE 121, 317 (356 f.) (Nichtraucherschutz); EuGH, Rs. C-331/88 (Fedesa u. a.), EU:C:1990:391 Rn. 14; Rs. C-236/01 (Monsanto), EU:C:2003:431 Rn. 135; EuG, Rs. T-13/99 (Phizer Animal Health/Rat), EU:T:2002:209 Rn. 166 ff.; Rs. T-70/99 (Alpharma/Rat), EU:T:2002:210 Rn. 177 ff.; Rs. T-74/00 (Artegodan/Kommission), EU:T:2002:283 Rn. 201; *KOM* (Fn. 4), S. 19.

127 Siehe die Nachw. bei Fn. 126.

128 BVerfGK 16, 68 (72) (Fluglärm); BVerfG, NVwZ 2011, S. 991 (994) (Fluglärm). Damit hat das Gericht einen Prüfmaßstab „wiederentdeckt", den es 1993 in sei-

richt seine bisherige Evidenzkontrolle verschärfen und künftig in eine vertiefte Angemessenheits- und Wirksamkeitskontrolle einsteigen möchte.[129] Richtigerweise dürften die beiden genannten Beschlüsse so aber nicht zu verstehen sein. Ihre Begründung deutet vielmehr darauf hin, dass es dem Gericht auf eine Kombination von Untermaß und Evidenz ankam,[130] bei der die Evidenz weiterhin im Vordergrund stehen soll.[131] Konkret bedeutet dies, dass das Gericht gesetzliche oder behördliche Vorsorgelösungen weiterhin nur beanstandet, wenn sie offensichtlich unangemessen oder offensichtlich unwirksam und damit im Lichte der verfassungsrechtlichen Schutzanforderungen unvertretbar sind.

VI. Zusammenfassung – Thesen

1. Beim risikobezogenen Verwaltungshandeln reicht das Spektrum der Ungewissheit von Situationen, in denen eine Schädigung von Rechtsgütern relativ wahrscheinlich ist, über solche mit geringer Schadenswahrscheinlichkeit bis zu solchen, bei denen nur ein mehr oder weniger starker Gefahrenverdacht besteht.
2. Gesetzliche Vorschriften, nach denen Schutzmaßnahmen auch bei Risiken mit ungewissem Schadenseintritt ergriffen werden können oder müssen, zeichnen sich typischerweise durch einen hohen Abstraktionsgrad und begriffliche Unschärfe aus. Dadurch werden der Verwaltung Auslegungs- und Handlungsspielräume eröffnet.
3. Inwieweit eine Berechtigung oder Verpflichtung staatlicher Stellen besteht, Maßnahmen zum Schutz vor Risiken zu treffen, bestimmt sich in allen Fällen – unabhängig vom Grad der Ungewissheit – im Kern nach den gleichen Prüfgrundsätzen und Entscheidungsmaßstäben. Die zentrale Frage lautet, ob das Risiko hingenommen werden soll oder nicht. Diese Frage stellt sich bei der Gefahrenabwehr ebenso wie bei der Risikovorsorge. Zu den hinnehmbaren Risiken gehören neben den sog. „Restrisiken" auch andere Fälle, in denen ein Risikoverhalten rechtlich erlaubt ist.
4. Die Entscheidung über das „Ob" und „Wie" von Schutzmaßnahmen erfordert eine dreistufige Risikobeurteilung. Bei der Risikoermittlung

nem Urteil zum § 218 StGB (BVerfGE 88, 203 [254]) entwickelt, danach aber jahrelang nicht wieder aufgegriffen hatte.

129 So insbesondere *SRU* (Fn. 4), Tz. 28; *ders.* (Fn. 26), Tz. 160.

130 So auch *Voßkuhle*, NVwZ 2013, S. 1 (6 f.).

131 So insbesondere BVerfG, NVwZ 2011, S. 991 (993) (Fluglärm).

(Prüfschritt 1) geht es um die Feststellung von Art und Stärke des Risikos sowie des zu verzeichnenden Unsicherheitsgrades. Bei der Risikobewertung (Prüfschritt 2) ist normativ zu beurteilen, ob das Risiko rechtlich hingenommen werden soll. Beim Risikomanagement (Prüfschritt 3) wird geprüft, welche Eindämmungs- oder Schutzmaßnahmen ergriffen werden sollen. Die Palette staatlicher Reaktionsmöglichkeiten umfasst nicht nur Verbote und andere ordnungsrechtliche Mittel, sondern auch informelle („weiche") Instrumente bis hin zum reflektierten Nichttätigwerden. In der Praxis werden die Prüfschritte 2 und 3 meist miteinander verknüpft (Beurteilung, ob Risiken bei Durchführung bestimmter Schutzvorkehrungen hingenommen werden sollen).

5. Aus rechtsstaatlichen Gründen sind Schutzmaßnahmen, die in Freiheitsrechte eingreifen, nur bei ausreichendem Anlass gerechtfertigt. Nach dem Ergebnis der Risikoermittlung muss die Annahme, dass Rechtsgüter geschädigt werden können, auf einem wissenschaftsbasierten Wahrscheinlichkeitsurteil oder einem Gefahrenverdacht beruhen, der auf wissenschaftliche Plausibilitätsgründe gestützt werden kann. Hypothetische Betrachtungen ohne empirische oder fachliche Erkenntnisgrundlage genügen nicht.
6. Für die Risikobewertung gibt das Leitbild der „gerechten" und sozialadäquaten Lastenverteilung die Richtung vor: Soll die Verantwortung für die Eindämmung von Risiken, deren Eintritt ungewiss ist, dem Verursacher obliegen und sollen staatliche Stellen die Wahrnehmung dieser Aufgabe präventiv sicherstellen oder sollen solche Risiken als Zivilisationslasten von der Allgemeinheit getragen werden und damit rechtlich hinnehmbar sein? Zur Beantwortung bedarf es einer komplexen Abwägung und Optimierung, bei der unterschiedliche Belange berücksichtigt, gewichtet, gegen- und untereinander abgewogen und im Konfliktfall miteinander in Einklang gebracht werden müssen. Wesentliche Faktoren sind dabei u. a. (1) das Schadenspotential (Größe und Ausmaß einer möglichen Rechtsgutsbeeinträchtigung), aus dem sich als Reflex zugleich der Nutzen gefahrenabwehrender oder risikominimierender Maßnahmen ergibt, (2) die Schadenswahrscheinlichkeit oder Stärke eines festgestellten Gefahrenverdachts, (3) die Nachteile, die strenge Schutz- oder Sicherheitsvorkehrungen für den Verpflichteten und das Gemeinwohl haben können, und (4) die („legitime") Akzeptanz oder Ablehnung, auf die die erwogene Entscheidung in der Öffentlichkeit voraussichtlich stoßen würde.
7. Das Ergebnis der Entscheidungsfindung ist rechtlich nur eingeschränkt vorprogrammiert. Eine unbedingte Handlungspflicht ist bei Risiken mit sehr hohem („dramatischem") Schadenspotential anzunehmen. Im

Übrigen besteht eine „Grauzone“, in der dem Gesetzgeber und der Verwaltung Beurteilungs- und Gestaltungsspielräume eröffnet sind. Ob und welche Schutzmaßnahmen getroffen werden sollen, hängt letztlich davon ab, welches Gewicht dem Rechtsgüterschutz, der Handlungsfreiheit des Risikoverursachers oder bestimmten Gemeinwohlbelangen eingeräumt wird, die durch gefahrenabwehrende oder risikovermindernde Vorkehrungen beeinträchtigt werden können. Das ist eine Frage politischer Bewertung, für die der regelnde Gesetzgeber und die vollziehende Behörde die politische Verantwortung tragen. Die gewählte Lösung ist gerichtlich nur eingeschränkt überprüfbar (Beschränkung auf eine Evidenz- und Willkürkontrolle).

Verwaltungshandeln unter Unsicherheit

Liv Jaeckel

Nach einem Bonmot, das auf die antike Welt *Homers* bezogen ist, sind die Menschen zwar nicht wie die Götter unsterblich, aber sie haben den Göttern etwas Besonderes voraus, nämlich das Schicksal. Es wurde den Menschen zugewiesen durch die Schicksalsmacht *Moira*, die später manchmal auch dargestellt wurde als drei *Moiren*, die die Schicksalsfäden der Menschen spinnen und schließlich abschneiden.[1] Wieso aber konnte das Schicksal als etwas Besonderes verstanden werden, gar als etwas, das einen Vergleich mit der Unsterblichkeit aufnehmen konnte? Der Reiz lag in der Ungewissheit und dadurch begründeten Spannung, mit der sich der Mensch auseinandersetzen konnte. Er konnte seinem Schicksal nicht entrinnen, aber er konnte dagegen aufbegehren, sich ihm entgegenstellen und selbst durch sein Scheitern zum Helden werden.[2]

Ähnlich empfand das wohl *Friedrich Hölderlin*, wenn er Jahrhunderte später seinen *Hyperion* schreiben ließ: „Des Herzens Woge schäumte nicht so schön empor, und würde Geist, wenn nicht der alte stumme Fels, das Schicksal, ihr entgegenstände."[3] Auch hier begegnet uns das Schicksal als persönliche Ungewissheit und Zumutung, aber auch als Herausforderung und Chance.

Das Christentum wiederum hat ein spezielles Verhältnis zum Schicksal des Menschen, zu seiner Ungewissheit hierüber und zum weitergefassten Begriff der Erkenntnis schlechthin. Es ist in der Tendenz risikoaverser.

1 Zum Mythos siehe *Tripp*, Reclams Lexikon der antiken Mythologie (Übers.: *Rauthe*), 1974, unter: Moirai. Dabei wurde die Schicksalsmacht teilweise als den Göttern übergeordnet und teilweise als ihnen untergeordnet verstanden, siehe hierzu *Enders*, Imago Hominis (2011) 18(2): S. 121 ff., 1.1., 2. und 3. m. w. N., https://www.imabe.org/imagohominis/imago-hominis-2/2011/das-schicksal-in-der-antike-und-seine-bedeutung-fuer-das-machbarkeitsdenken-heute (zuletzt abgerufen am 15. 8. 2022); siehe auch das Aufgreifen und die Modifikation des Mythos bei *Platon*, Der Staat, 10. Buch (am Ende), in: Platon, Sämtliche Werke, Band 2, 1940.

2 So stand *Achill* vor der Wahl, gegen Troja zu kämpfen, früh zu sterben, aber ewigen Nachruhm zu erlangen, oder aber ein langes Leben, freilich ohne Ruhm, zu führen; *Homer*, Ilias, 9. Gesang, Z. 410–417; *Enders* (Fn. 1), 1.1.

3 *Hölderlin*, Hyperion oder der Eremit in Griechenland, 2 Bde., 1797 ff., Erster Bd., Erstes Buch, Hyperion an Bellarmin.

Eva, von der Schlange verführt, sah, dass der Baum der Erkenntnis „eine Augenweide (war) und verlockend, weil er Klugheit versprach.“[4] Wer hätte da auch widerstehen können? *Eva* jedenfalls sah die Chance und traf eine Risikoentscheidung unter Ungewissheitsbedingungen. Es ging bekanntlich nicht gut aus[5] und für das Übertreten des Verbots[6] folgte die Strafe der Erbsünde auf dem Fuß. Auch im Weiteren schätzt die Bibel anders als die griechische Mythologie eigenmächtige und risikofreudige Entscheidungen nicht. Die Helden sind *Abraham*, der bereit wäre, seinen Sohn zu opfern, und *Hiob*, der trotz des großen Unglücks am Glauben festhält.[7] Die Ungewissheit der Zukunft wird nicht durch eigene, rebellierende Entscheidungen, sondern durch Glauben und Vertrauen bewältigt.[8]

Wenn wir heute auf das Schicksal blicken, dann wesentlich rationaler. Stellen wir uns das Schicksal als eine Frucht vor, dann hat die Aufklärung die Schale des mystischen, göttlichen Ursprungs abgeschält; Dichterinnen und Dichter haben das bittere Fruchtfleisch teils recht süßlich weiterverarbeitet und wir blicken nun nüchtern auf den verbliebenen nackten Kern der Ungewissheit. Häufig empfinden wir ihn als eine Zumutung und übersehen dabei ein wenig, dass in einem Kern immer auch die Chance für etwas Neues liegt.

---

4 Altes Testament, 1. Buch Mose, Genesis 3,6, hier zit. nach: *Deutsche Bibelgesellschaft*, Basisbibel (Übers.: *Kaut*). Im Hebräischen wird das Wort שׂכל (ώâkal), Einsicht, verwendet; vgl. Bibelkommentare, Elberfelder Übersetzung, Strong H7919, https://www.bibelkommentare.de/strongs/elb_bk/H7919 (zuletzt abgerufen am 15. 8. 2022).

5 Nur am Rande sei angemerkt, dass die Flughöhe der Klugheit, die sich *Eva* erhoffte, durch die tatsächliche Erkenntnis der Nacktheit bei aller Interpretationsfähigkeit nicht wirklich gehalten wird.

6 Gott hat, auch das sei hier nur angemerkt, durch sein Verbot, vom Baum der Erkenntnis zu essen, dem Menschen eine freie Entscheidung überhaupt erst ermöglicht, nämlich die Entscheidung, gegen das Verbot zu verstoßen. Damit war die Unterscheidung von Gut und Böse im Grunde schon vor dem Pflücken der Frucht in der Welt. Zur Frage, ob es das Gesetz wegen der Sünde gibt oder aber die Sünde erst aufgrund des Verbotes existiert, *Paulus*, Römerbrief 7,7; vgl. zum Sündenfall und seiner Bedeutung für die Freiheit des Menschen *Kant*, Muthmaßlicher Anfang der Menschheitsgeschichte, in: Kants gesammelte Schriften, Bd. VIII, „Schriften nach 1781“. 1923, S. 112; zum Verhältnis der Freiheit zur Unterscheidung von Gut und Böse auch *Schelling*, in: Schelling (Hrsg.), Schelling, Sämmtliche Werke, 1856 ff., Bd. VII, S. 352; in jüngerer Zeit *Safranski*, Das Böse oder Das Drama der Freiheit, 10. Aufl. 2015, S. 25 ff.

7 Altes Testament, 1. Buch Mose, Genesis, 22, und Buch Hiob.

8 Ungewissheit und Zweifel sind in der Bibel negativ besetzt, Glauben und Vertrauen hingegen positiv; vgl. zu einschlägigen Stellen: Stuttgarter Biblisches Nachschlagewerk, 1931, Wortkonkordanz, jeweils bei den genannten Begriffen.

Wie nun das Recht mit unseren heutigen Ungewissheiten umgeht, möchte ich in folgenden Schritten erschließen. Ich zeige zunächst auf, wodurch sich Risikosachlagen unter dem Gesichtspunkt der Ungewissheit von den Situationen der klassischen polizeirechtlichen Gefahrenabwehr unterscheiden (I.) und welche Folgerungen das Risikoverwaltungsrecht hieran typischerweise knüpft (II.). Diese nun schon traditionell zu nennende Herangehensweise der Risikobewältigung wird allerdings in jüngerer Zeit zugunsten einer stärkeren Politisierung hinterfragt (III.). Die Atomendlagersuche bildet hierfür ein Beispiel (IV.). Der Umgang mit Corona hingegen ist vor allem in der frühen Phase wieder dem herkömmlichen Muster der Risikobewältigung gefolgt (V.). Der Beitrag wird mit einem kurzen Fazit und Ausblick beschlossen (VI.).

I. Gefahr und Risiko als grundlegende Kategorien für Entscheidungsunsicherheiten

Unsicherheiten[9] bei Verwaltungsentscheidungen beruhen auf fehlendem oder nicht vollständigem Wissen. Dies ist als solches für das Verwaltungsrecht nicht neu. Das Polizeirecht arbeitet bei der Handhabung des Gefahrbegriffs schon lange mit der Problematik unzureichenden Wissens und der Notwendigkeit von Voraussagen. Dementsprechend beinhaltet die Definition des Gefahrbegriffs ein prognostisches Element, wenn Gefahr gängig als eine Lage umschrieben wird, in der bei ungehindertem Ablauf des Geschehens ein Zustand oder ein Verhalten mit hinreichender *Wahrschein-*

9 Die Verwendung der Begriffe „Unsicherheit" und „Ungewissheit" folgt nicht der in der Betriebswirtschaft üblichen Unterscheidung, der zufolge „Unsicherheit" unterteilt wird in einerseits Ungewissheit (auch Unsicherheit im engeren Sinn), bei der keine Eintrittswahrscheinlichkeit angegeben werden kann, und andererseits Risiko, bei dem Eintrittswahrscheinlichkeiten angegeben werden können; vgl. exemplarisch *Peukert*, in: Gabler (Hrsg.), Wirtschaftslexikon, Stichwort Unsicherheit, https://wirtschaftslexikon.gabler.de/definition/unsicherheit-49831#definition (zuletzt abgerufen am 15. 8. 2022) sowie *Weber*, ebd., Stichwort Risiko, https://wirtschaftslexikon.gabler.de/definition/risiko-44896 (zuletzt abgerufen am 15. 8. 2022). Diese Unterscheidung wird im Recht, wenn auch nicht in allen Facetten deckungsgleich, maßgeblich durch die Begriffe „Gefahr" und „Risiko" abgebildet. Diese sind für die rechtliche Betrachtung derart grundlegend und etabliert, dass hiervon nicht Abstand genommen werden soll. Ungewissheit und Unsicherheit werden vorliegend daher weitgehend synonym verwendet, allenfalls mag Unsicherheit eher die Situation des Entscheidenden in der Situation der Ungewissheit nuancieren.

lichkeit zu einem Schaden für die Schutzgüter der öffentlichen Sicherheit oder Ordnung führen würde.[10]

1. Der Einzug des Risikobegriffs in das Recht

Allerdings hat der naturwissenschaftlich-technische Fortschritt zu Sachlagen geführt, die sich angesichts hoher Ungewissheit hinsichtlich der Zusammenhänge nicht mehr sinnvoll in dieses überkommene Produkt aus Wahrscheinlichkeit und Schadenshöhe einfügen lassen. Sie werden in der Rechtswissenschaft und Rechtsprechung mehrheitlich unter den Begriff des *Risikos* gefasst,[11] der sich mittlerweile auch in einigen einschlägigen öffentlich-rechtlichen Vorschriften findet.[12]

In schon klassischer Aufzählung werden dazu folgende Sachlagen gerechnet:

- zum einen Gefährdungen, die zeitlich und räumlich weit entfernt liegen und bei denen unklare Kausalzusammenhänge bestehen, wie dies in Einzelfragen des Klimawandels[13] oder bei Eingriffen in komplexe Ökosysteme der Fall ist,

---

10 Vgl. exemplarisch die Legaldefinition in § 2 Nr. 3 lit. a PolG Brem; ferner BVerfGE 115, 320 (364); 120, 274 (328 f.); 141, 220 (271); BVerwGE 45, 51 (57); 116, 347 (57); *Poscher*, Gefahrenabwehr, 1999, S. 17; *Pünder*, in: Ehlers/Fehling/Pünder (Hrsg.), Besonderes Verwaltungsrecht, Bd. 3, 4. Aufl. 2021, § 69 Rn. 98. Rechtsprechung und Schrifttum haben das Verständnis der unbestimmt gefassten Generalklausel anhand einer Vielzahl von Fällen konkretisiert.

11 Früh bereits *Kloepfer*, Umweltrecht, 1. Aufl. 1989, S. 45 Fn. 46; *Murswiek*, Die staatliche Verantwortung für die Risken der Technik, 1985, S. 80; weitere Nachweise bei *Jaeckel*, Gefahrenabwehrrecht und Risikodogmatik, 2010, S. 57 ff.

12 So etwa in § 3 Nr. 6a, § 6 Abs. 1, 2, § 7 Abs. 1 GenTG; § 40 Abs. 4 und Abs. 7 S. 1 Nr. 1 sowie § 62 Abs. 1 S. 1 und Abs. 5 Nr. 3 AMG; § 44 Abs. 5 S. 2 Nr. 1 BNatSchG. In anders gelagerten Zusammenhängen verwendet auch das Zivilrecht den Begriff Risiko.

13 Auch wenn die Veränderung des Klimas aufgrund menschlichen Einflusses durch zahlreiche Studien überzeugend nachgewiesen ist (zur Auswertung *Cook* u. a., Environmental Research Letters 8[2], 2013, DOI: 10.1088/1748-9326/8/2/024024, https://iopscience.iop.org/article/10.1088/1748-9326/8/2/024024; *Powell*, Bulletin of Science, Technology & Society 36 [2016], 157, https://journals.sagepub.com/doi/10.1177/0270467617707079 [zuletzt abgerufen am 15. 8. 2022]), bleiben die Zusammenhänge im Detail komplex. So lassen sich einzelne Wetterereignisse nicht nach dem Muster des polizeirechtlichen Gefahrenbegriffs linear kausal konkreten Emissionen zuordnen. Dies sollte freilich nicht als Argument missbraucht werden, um gar nicht zu handeln.

- ferner Sachlagen, die sich zwar durch eine geringe Wahrscheinlichkeit,[14] aber bei ihrer Realisierung durch ein katastrophal hohes Schadensausmaß auszeichnen, wie bei der Kernenergie,
- außerdem Situationen, bei denen sich im Einzelnen unbedeutende Wirkungen in der Summe zu einer bedenklichen Beeinträchtigung addieren können, wie wiederum beim Klimawandel oder dem Zusammenwirken unterschiedlicher Chemikalien.

Die Covid-Pandemie lässt sich diesen beispielhaften Sachlagen nicht ganz eindeutig zuordnen. Dennoch dürfte die Ausbreitung des Covid-Virus unzweifelhaft die Linearität des polizeilichen Gefahrenbegriffs übersteigen und den Risikosachlagen zuzurechnen sein. Hierfür sprechen die exponentielle, weltweite Ausbreitung des Virus mit zunächst unklaren Kausalzusammenhängen hinsichtlich der Übertragung, der Behandelbarkeit und der Vorbeugung sowie die dynamische Entwicklung.[15] Ich werde auf den Umgang mit dieser Herausforderung noch zurückkommen.

Die zuvor genannten Sachlagen bilden freilich nur eine deskriptive Zusammenstellung, nicht aber eine strukturelle Unterscheidung. Wie aber unterscheidet sich die Unsicherheit in Gefahr- und in Risikosachlagen in ihrer inneren Gliederung?

2. *Wissensperspektiven als strukturelles Unterscheidungsmerkmal von Gefahr und Risiko*

Wissen lässt sich anhand verschiedener Kategorien unterteilen. In zeitlicher Hinsicht kann zwischen dem Wissen vor und dem Wissen nach einem bestimmten Ereignis, etwa dem Eintritt eines Schadens oder dem Zeitpunkt einer behördlichen oder gerichtlichen Entscheidung unterschieden werden (*ex ante*- oder *ex post*-Perspektive). In sachlicher Hinsicht lässt sich zwischen Alltagswissen und spezialisiertem Fachwissen differenzieren. Eine weitere Unterscheidungsmöglichkeit, auf die es mir vorliegend ankommt, liegt in der perspektivisch-personellen Wissensdimension.[16] Sie

---

14 So die gängige Formulierung. Einige Fragen lassen sich aber kaum in konkrete Wahrscheinlichkeitszahlen fassen, zu konkreten Fragestellungen vgl. die Nachweise bei *Jaeckel* (Fn. 11), S. 17 ff.

15 *Rixen*, VVDStRL 80 (2021), S. 37 (39 ff.), der zutreffend darauf hinweist, dass in der Pandemie das bereits realisierte Risiko permanent neben dem potentiellen weiteren Risiko steht (ebd., S. 48 f.).

16 Grundlegend zu den genannten Unterscheidungen *Poscher* (Fn. 10), S. 112 ff.

stellt die Frage, auf welchen Akteur und damit auf *wessen* Wissenshorizont abgestellt wird.

a) Wissenshorizonte des polizeirechtlichen Gefahrbegriffs

Um die Bedeutung dieser letztgenannten Unterscheidung sichtbar zu machen, möchte ich als Kontrapunkt die Wissenshorizonte des polizeirechtlichen Gefahrbegriffs darstellen. Das klassische Polizeirecht setzt bei der Perspektive des handelnden Beamten an und nimmt dessen subjektiven Wissenshorizont zum Ausgangspunkt. Da im Recht erwartet wird, dass sich der Beamte korrekt verhält, wird von dem „pflichtgemäß handelnden Beobachter in der *Situation des konkreten Beamten*" gesprochen. Dieser Wissenshorizont ist stark begrenzt, denn nach dem herrschenden normativ-subjektiven Gefahrverständnis[17] bleiben all diejenigen Informationen ausgeblendet, die dem Beamten in der konkreten Situation nicht zur Verfügung stehen. Es sind durchaus Sachlagen denkbar, die dem Beamten aus seiner Perspektive als Gefahr erscheinen können, ohne dass tatsächlich eine Bedrohung gegeben wäre. Beispiele bilden das Üben für eine Filmszene, das aus der Perspektive des Beamten als Schlägerei wirkt, oder Fässer, deren Inhalt der Beamte aufgrund der äußeren Anzeichen für Gift halten darf, die aber tatsächlich nur mit Wasser gefüllt sind. Kurios, aber schon vorgekommen sind Polizeieinsätze aufgrund von Hilfeschreien aus einer Wohnung, die tatsächlich jedoch nicht von einem bedrohten Menschen, sondern von einem kreischenden Papagei stammten.[18]

In all diesen Fällen würden wir im Alltag sagen, dass „in Wirklichkeit" gar keine Gefahr bestand. Diese Aussage wird dadurch möglich, dass wir

---

17 Ständige Rechtsprechung, siehe BVerwGE 45, 51 (58); 49, 36 (44); BVerwG, DVBl. 1960, S. 725 (726); BGHZ 5, 144 (149); 117, 303 (305 f.); BGHZ 126, 279 (284); ferner OVG NRW, NJW 1980, S. 138 (139); DVBl. 1982, S. 653 ff.; DVBl. 1996, S. 1444 f.; VGH BW, VBlBW 1990, S. 469 (471); HessVGH, NVwZ 1993, S. 1009 f.; BayVGH, DÖV 1996, S. 82 f.; aus der Literatur exemplarisch *Drews/Wacke/Vogel/Martens*, Gefahrenabwehr, 9. Aufl. 1986, S. 223, 225 ff.; *Pünder* (Fn. 10), § 69 Rn. 103 ff.; *Meyer*, JURA 2017, S. 1259 ff.; kritisch dagegen *Poscher*, (Fn. 10), S. 83 ff.; *Jaeckel* (Fn. 11), S. 91 ff. m. w. N.

18 So in Nordrhein-Westfalen, vgl. *n-tv*, Nachricht v. 16. 8. 2016, 21:03 Uhr, https://www.n-tv.de/der_tag/Papagei-ruft-um-Hilfe-Polizei-rueckt-an-article18433566.html (zuletzt abgerufen am 15. 8. 2022), und in Hessen, siehe *Die Welt*, Nachricht v. 8. 12. 2014, https://www.welt.de/newsticker/news1/article135153965/Plappernder-Papagei-loest-Polizeieinsatz-aus.html (zuletzt abgerufen am 15. 8. 2022). Zu einer Gerichtsentscheidung ist es, soweit ersichtlich, allerdings noch nicht gekommen.

das Geschehen an einem weiteren Wissenshorizont spiegeln, nämlich dem Wissenshorizont eines objektiven Beobachters, dem das gesamte vorhandene Weltwissen zur Verfügung steht.[19] Denn unabhängig von der ontologischen Frage, ob die Welt für uns Menschen überhaupt objektiv erkennbar ist, können wir jedenfalls in epistemischer Hinsicht zwischen dem (oft eingeschränkten) subjektiven Wissen einzelner Personen und dem Wissen unterscheiden, das der gesamten Menschheit zur Verfügung steht und das wir im Alltag mit „Wirklichkeit" beschreiben.[20] Einem objektiven Beobachter wäre – schon *ex ante*! – bekannt, dass es sich bei der Schlägerei nur um das Üben für einen Film handelt, dass die Fässer mit Wasser und nicht mit Gift befüllt wurden und dass es sich nur um einen kreischenden Papageien und nicht um die Hilferufe eines Menschen handelt.

Ralf Poscher hat sehr detailliert und überzeugend herausgearbeitet, dass in diesen gemeinhin als Anscheinsgefahr bezeichneten Situationen nicht die Beurteilung in zeitlicher Hinsicht, *ex ante* oder *ex post*, maßgeblich ist, sondern vielmehr die Orientierung an einem subjektiven oder objektiven Wissenshorizont. Er plädiert vor diesem Hintergrund, ebenfalls überzeugend, für eine Beurteilung aus der Perspektive des gedachten objektiven Beobachters und damit für einen objektiven Gefahrbegriff.[21]

Auch im klassischen Polizeirecht stellen sich mithin Fragen des Verwaltungshandelns unter Unsicherheit, nämlich der subjektiven Unsicherheit des handelnden Beamten. Angesichts des weiterausgreifenden Themas möchte ich diese Fragen aber hier nicht vertiefen, sondern mich nun den risikobezogenen Sachlagen zuwenden.

b) Wissenshorizonte des Risikobegriffs

Risikosituationen unterscheiden sich von den Fällen der klassischen Gefahrenabwehr dadurch, dass die Unsicherheit nicht nur die subjektive Perspektive des einzelnen Beamten betrifft, sondern sich auf die Ebene des objektiven Wissenshorizonts verlagert. So kennen wir die komplexen Zusammenhänge in einzelnen Ökosystemen oder beim Klimawandel zwar in groben Zügen, wir können aber in vielen Fällen keine linearen Kausalitäten zwischen einzelnen Maßnahmen und konkreten Auswirkungen

---

19 Ausführlich hierzu *Poscher* (Fn. 10), S. 112 ff.

20 Zur Unterscheidung von ontologischer und epistemischer Objektivität *Stegmüller*, Probleme und Resultate der Wissenschaftstheorie, Bd. I, 2. Aufl. 1983, S. 775.

21 *Poscher* (Fn. 10), S. 110 ff.; ebenso *Schlink*, JURA 1999, S. 169 ff.

herstellen.[22] In der synthetischen Biologie können wir nicht präzise vorhersagen, wie sich künstlich geschaffene Zellen oder Organismen in der Umwelt verhalten würden und ob es sicher wäre, sie medizinisch einzusetzen.[23] Ebenso ist ungewiss, ob wir ein Atomendlager so bauen können, dass es auch für viele Generationen nach uns sicher ist.

Das bedeutet natürlich nicht, dass wir in all diesen Bereichen gar keine Anhaltspunkte hätten. Es handelt sich um Ungewissheit auf einem hohen Niveau. Denn erst unsere weit fortgeschrittenen wissenschaftlichen Kenntnisse und technischen Möglichkeiten haben uns an diese Ränder unseres Wissens geführt.

Aber es kann als Zwischenergebnis festgehalten werden, dass auch ein gedachter objektiver Beobachter, dem das gesamte menschliche Wissen zur Verfügung steht, an seine Grenzen gelangt, wenn dieses Weltwissen nicht weiter reicht. Die Ungewissheit auf dieser objektiven Ebene kennzeichnet aus meiner Sicht die Risikosituationen. Sie macht in der Folge auch die Auswahl der Instrumentarien transparenter, die das Recht zur Bewältigung dieser Situationen entwickelt hat.

II. Typische Instrumente der Risikobewältigung

Zunächst bedeutet Ungewissheit auf der objektiven Ebene nicht, dass staatliche Entscheidungen und ein darauf beruhendes Handeln nicht möglich[24] oder nicht notwendig wären. Auch ein Untätigbleiben bedeutet eine Entscheidung, meist in Form des Unterlassens von Chancen,[25] wie

---

22 Dies bedeutet wohlgemerkt nicht, dass das menschliche Verhalten keinen Einfluss auf den Klimawandel hätte, siehe bereits Fn. 14.

23 Zur synthetischen Biologie näher *Jaeckel*, in: Sturma/Lanzerath (Hrsg.), Synthetische Biologie, Naturwissenschaftliche, rechtliche und ethische Aspekte, 2020, S. 52 ff.

24 So ist nicht der *Staat* an die Grenzen seiner Leistungsfähigkeit gelangt, mich insoweit falsch zitierend *Klafki*, Risiko und Recht, 2017, S. 104 Fn. 592. Es geht bei der Definition des Risikos darum, dass unser *Wissen* an seine Grenzen gelangt und folgend darum, welche Methoden das Recht zur Bewältigung dieser Ungewissheit entwickelt hat.

25 *Spiecker gen. Döhmann*, in: Darnaculleta i Gardella/Esteve Pardo/Spiecker gen. Döhmann (Hrsg.), Strategien des Rechts im Angesicht von Ungewissheit und Globalisierung, 2016, S. 43 (54), die zudem (ebd., Fn. 27) auf verhaltenswissenschaftliche Untersuchungen dahingehend hinweist, dass der „Status Quo als wichtiger eingeschätzt wird als veränderte zukünftige Zustände; dies kann unter Unsicherheit dazu führen, dass eine Nicht-Entscheidung präferiert wird".

der Klimawandel und die Corona-Pandemie nachhaltig deutlich machen. Immer ist vor einer Entscheidung die zu diesem Zeitpunkt bestmögliche Aufklärung der Sachlage anzustreben.

Anders als im klassischen Gefahrenabwehrrecht steht aber in Risikosituationen der objektive Wissenshorizont nicht in gleicher Weise als Korrektiv zur Verfügung, um das Handeln des entscheidenden Beamten daran zu spiegeln.[26] Wenn daher Entscheidungen unter unaufklärbarer Ungewissheit getroffen werden müssen, kommt der Frage, *wer* die Entscheidung zu treffen hat und *wer* diese Entscheidung in welchem Maße überprüfen und gegebenenfalls abändern kann, eine gesteigerte Bedeutung zu. Mit der Abrüstung von Wahrheitsansprüchen[27] rückt daher die institutionelle Zuordnung in den Vordergrund; dies freilich nicht im Sinne eines biblischen Urvertrauens, sondern vielmehr im Rahmen einer kritischen Hinterfragung.

Der Gesetzgeber hat auf diese Herausforderung reagiert und die Kompetenzzuweisungen in Risikosachlagen differenziert geordnet. Prägend für das Risikorecht ist vor allem eine Verantwortungsverlagerung auf die Exekutive durch Ermächtigungen zu Rechtsverordnungen und die Einräumung von Beurteilungsspielräumen, verbunden mit der Einbeziehung von internen und externen Sachverständigen und unternehmerischem Wissen.[28] Ergänzend wird möglichen künftigen Veränderungen des Wissens durch die Möglichkeit von befristeten Zulassungen und nachträglichen Anordnungen Rechnung getragen.[29]

Diese Zuweisung von Entscheidungsbefugnissen an die Exekutive bei gleichzeitiger Rücknahme der gerichtlichen Kontrolldichte lässt sich aus

---

26 Das Risiko daher zutreffend als *aliud* gegenüber der Gefahr einordnend *Klafki* (Fn. 24), S. 15. Hingegen die perspektivisch-personelle und die zeitliche Ebene vermischend und zudem auf den Sonderfall der *ex post*-Perspektive (den das Risikorecht mithilfe temporär begrenzter Entscheidungen bewältigt) abstellend *Klafki*, ebd., S. 32. Auch *Klafki* räumt aber später, ebd., S. 97, ein, dass es gerade prägend für den Umgang mit Risiken sei, „dass eine vollkommene Klarheit über die zu treffende Entscheidung mangels ausreichenden Erfahrungswissens auf absehbare Zeit nicht erreichbar [sei] und die Regelungsentscheidung eine informierte Entscheidung im Bewusstsein des Nichtwissens darstell[e]“.

27 Diese bereits als Voraussetzung der Gewaltenteilung begreifend *Safranski* (Fn. 6), S. 186, 188.

28 Dies geschieht häufig, indem auf den „Stand von Wissenschaft und Technik“ Bezug genommen wird.

29 Dies hat vor allem *Udo Di Fabio* umfangreich herausgearbeitet, vgl. *dens.*, Risikoentscheidungen im Rechtsstaat, 1994, insb. S. 65 ff., 113 ff., 115 ff., 136 f., 153 f., 181 ff., 450 ff.; siehe auch *Jaeckel* (Fn. 11), S. 177 ff., 220 ff. m. w. N.

meiner Sicht in Analogie zur polizeirechtlichen Terminologie als Subjektivierung charakterisieren. Sie korrespondiert damit, dass mit dem Verblassen des objektiven Wissenshorizontes notwendigerweise subjektive Einschätzungen bleiben.

Betont sei, um etwaigen Missverständnissen vorzubeugen, dass kein rein subjektives Verständnis im Sinne eines willkürlichen Entscheidungsverhaltens gemeint ist, sondern ein normativ-subjektives Verständnis, das rechtsstaatlichen Anforderungen genügen muss. Insbesondere beschränkt sich die richterliche Zurückhaltung punktuell auf die besonderen naturwissenschaftlich-technischen Fragen an den Grenzen unseres Wissens, dessen Fehlen den sachlichen Grund für die Einräumung des Beurteilungsspielraums bildet. Auch insoweit kontrollieren die Gerichte weiterhin, ob die Verwaltung den Sachverhalt vollständig ermittelt und die Gesetzesvorschriften zutreffend ausgelegt hat, ob sie alle Verfahrensbestimmungen und allgemein anerkannten Bewertungsmaßstäbe eingehalten und sachfremde Erwägungen ausgeschlossen hat.[30]

Ebenso werden inhaltliche Maßstäbe an die Entscheidung nicht aufgehoben. Für den Gesetzgeber bedeutet dies insbesondere die Bindung an die Verfassung, wozu neben den demokratie- und rechtsstaatlichen Anforderungen insbesondere die Grundrechte in ihrer abwehrrechtlichen und in ihrer schutzpflichtenbezogenen Dimension zählen.[31] Nur innerhalb des von Übermaß- und Untermaßverbot gezogenen Korridors genießt der Gesetzgeber einen Entscheidungsspielraum.[32] Maßstab für die Verwaltung wiederum ist – neben den verfassungsrechtlichen Anforderungen – das vom Gesetzgeber erlassene jeweilige Fachrecht. Nur soweit dieses Beurteilungsspielräume gewährt, kann – im Sinne der normativen Ermächtigungslehre[33] – die gerichtliche Kontrolle zurückgenommen werden.

Dieses Modell einer Verantwortungsverlagerung auf die Exekutive durch die Ermächtigung zu Rechtsverordnungen und Einräumung von Beurteilungsspielräumen ist typisch für das Risikorecht – in Deutschland und mit einigen Modifikationen im Detail auch in der Europäischen

---

30 BVerfG, DVBl. 2012, S. 230 Rn. 40; BVerwGE 39, 197 (204); 70, 143 (151 ff.); 106, 115 (122).

31 BVerfGE 129, 1 Rn. 75; BVerfG, DVBl. 2012, S. 230 Rn. 25.

32 *Jaeckel*, Schutzpflichten im deutschen und europäischen Recht, 2001, S. 92 ff.

33 Grundlegend *Schmidt-Aßmann*, Das allgemeine Verwaltungsrecht als Ordnungsidee, 2. Aufl. 2006, Kap. 4 Rn. 65 ff., 69 f.

Union.[34] Es ist immer wieder durch höchstgerichtliche Urteile bestätigt worden.[35]

III. Kritik und Vorschläge zur Neujustierung

Allerdings wird um dieses Modell bis in die jüngere Zeit hinein gerungen.

1. Einige Stimmen im Schrifttum betonen schon bei der grundlegenden Einschätzung, dass in Risikosachlagen eine objektive Gewissheit der objektiven Ungewissheit gegeben sei, so dass für (normativ-)subjektive Überlegungen kein Raum bleibe.[36]

Dieser Ausgangspunkt steht jedoch den zuvor angestellten Überlegungen nicht entgegen. Denn es steht objektiv fest, dass das Weltwissen begrenzt ist. Problematisch ist jedoch, dass der objektive Ansatz genau an dem Punkt stehen bleibt, an dem es interessant wird, nämlich bei der Frage, wie wir mit dieser Ungewissheit umgehen. Was bleibt denn, wenn objektiv feststeht, dass es keine objektive Gewissheit gibt und daher der objektive Wissenshorizont nicht mehr zur Verfügung steht? Objektive Regelungen zum Umgang mit einer Risikosituation können dann allenfalls auf einer sehr hohen Abstraktionsebene gewonnen werden,[37] die aber zur

---

34 Aus der Perspektive der EU ist aufgrund der fehlenden Kompetenzen zur Gefahrenabwehr vor Ort eine Abgrenzung gegenüber einem juristisch vorgeprägten Gefahrbegriff weniger von Bedeutung, so *Arndt,* in: Jaeckel/Janssen (Hrsg.), Risikodogmatik im Umwelt- und Technikrecht, 2012, S. 35 (41). Der Umgang mit nicht aufklärbarer Ungewissheit ist aber ebenfalls, wenn nicht sogar noch stärker, durch Einschätzungsspielräume der Unionsorgane und eine Rücknahme der gerichtlichen Kontrolle sowie korrespondierend einer gesteigerten Bedeutung des Verfahrensrechts geprägt, exemplarisch EuGH, Rs. 269/90 (TU München/Hauptzollamt München-Mitte), EU:C:1991:438; Rs. C-120/97 (Upjohn), EU:C:1999:14 Rn. 33 ff.; Rs. C-236/01 (Monsanto Agricoltura Italie u. a.), EU:C:2003:431 Rn. 135; Rs. C-343/09 (Afton Chemical), EU:C:2010:419 Rn. 46; hierzu mit weiteren Nachweisen *Arndt,* ebd., S. 45 ff.; umfassend auch *Pache,* Tatbestandliche Abwägung und Beurteilungsspielraum, 2001.

35 Exemplarisch BVerfGE 49, 89 (133 ff.); BVerfG, NJW 2002, S. 1638 f.; BVerwGE 72, 300 (316 f.); 78, 177 (180 f.); 81, 85 (190 ff.); 106, 115 (120 f.); zur grundsätzlichen Zustimmung im Schrifttum siehe die zahlreichen Nachweise bei *Jaeckel* (Fn. 11), S. 185 Fn. 331.

36 *Schneider,* Normativität und Risikoentscheidung, 2008, S. 298.

37 Siehe exemplarisch *Schneider* (Fn. 36), S. 356 ff., der auf der Basis eines streng deduktiven Ansatzes eine Theorie der Rechtsgüterrelationen zur normativen Wechselwirkung von Prinzipien und Regeln entwickelt. Neben der Frage, ob naturwissenschaftliche Aussagen tatsächlich vornehmlich deduktiv oder nicht vielmehr

Lösung konkreter hochspezieller Risikofragen nicht dienlich ist. Letztlich können in diesen Situationen nur die bestmöglichen Einschätzungen der jeweils zuständigen Entscheider bleiben und das sind notgedrungen normativ-subjektive Entscheidungen. Je stärker wir uns dessen bewusst sind, desto transparenter wird unser Umgang mit Risikoentscheidungen und desto mehr wird, wie *Sabine Ammon* so schön formuliert hat, „das Subjektive seinen Schrecken verlieren, wie das Objektive seinen Glanz".[38]

2. Sodann wird in jüngerer Zeit verstärkt diskutiert, ob die Verantwortung bei der Verwaltung und ihrem Wissensnetzwerk gut aufgehoben ist. Dahinter steht die Frage, ob der Gesetzgeber der Verwaltung entsprechende Beurteilungsspielräume einräumen darf und ggf. sollte oder aber ob die Entscheidung stärker politisiert und beim Gesetzgeber selbst angesiedelt werden sollte. Hier zeichnen sich zwei gegenläufige Tendenzen ab.

Einerseits erkennen die Gerichte in ständiger Rechtsprechung Beurteilungsspielräume der Verwaltung an,[39] sie haben die Voraussetzungen näher präzisiert[40] und die Fallgruppen der richterlichen Zurückhaltung[41] in jüngerer Zeit um die eigenständige Figur der *tatsächlichen* Ungewissheit ergänzt.[42] Dieses Instrument hat das Bundesverfassungsgericht zur naturschutzrechtlichen Frage, ob eine bestimmte Vogelart, der Rotmilan, durch

(auch) induktiv gewonnen werden (dazu *Scherzberg/Meyer*, Der Staat 50 [2011], S. 649 [652 f.]), ist dem entgegenzuhalten, dass sich die zu treffenden Entscheidungen nicht allein auf den abstrakt definierten Wert eines Rechtsguts im Angesicht von jeweiligen quantifizierten oder nichtquantifizierten Gefährdungen beschränken, sondern die aktive Entwicklung detaillierter verwaltungsrechtlicher Instrumentarien und Differenzierungen auf naturwissenschaftlich noch unklarer Grundlage ggf. unter Berücksichtigung weiterer betroffener Rechtsgüter erfordern. Diese lassen sich nicht deduktiv ableiten, sondern erfordern ein wertendes Gewichten. Dies offen einzugestehen, dürfte sich als resilienter erweisen als eine nur scheinbare Objektivität.

38 *Ammon*, Wissen verstehen, 2009, S. 80.

39 Siehe Fn. 35; aus dem Schrifttum exemplarisch *Di Fabio* (Fn. 29), S. 265 ff., 270 ff., 286 ff.; *Wahl*, NVwZ 1991, S. 409 (411); *Degenhart*, DVBl. 2006, S. 1125 (1133 f.); in jüngerer Zeit werden vor allem Beurteilungsspielräume, die die Rechtsprechung im Bereich des Regulierungsrechts eingeräumt hat, im Schrifttum kritisch diskutiert, siehe *Sachs/Jasper*, NVwZ 2012, S. 649 ff.; *Gärditz*, NVwZ 2009, S. 1005 ff.

40 Grundlegend, wenn auch nicht speziell auf naturwissenschaftlich-technische Fragen bezogen, BVerfGE 129, 1 Rn. 72 ff.; folgend BVerfG, DVBl 2012, S. 230 Rn. 23 ff.

41 Dies gilt auch für andere, nicht naturwissenschaftlich-technisch geprägte Materien, deren Besonderheiten hier freilich nicht diskutiert werden können.

42 BVerfGE 149, 407. Die Eigenständigkeit der Figur neben dem Beurteilungsspielraum wird präzise dargelegt von *Kahl*, in: Liber Amicorum für Max-Jürgen Sei-

Windenergieanlagen besonders gefährdet wird, entwickelt. Dabei hat das Gericht die Rücknahme der gerichtlichen Kontrolle nicht mit einem gesetzlich eingeräumten Beurteilungsspielraum begründet, sondern damit, dass das Verwaltungsgericht an die objektiven Grenzen der Erkenntnisse der ökologischen Wissenschaft und Praxis stoße. Gleichzeitig hat es allerdings den Gesetzgeber zum Tätigwerden aufgerufen.[43]

Während also die Rechtsprechung die Verantwortungsverlagerung auf die Exekutive im Grundsatz trägt, gerät dieses Modell von zwei anderen Seiten unter Druck. Zum einen wird aus Bürgerperspektive immer mehr eigene Partizipation gefordert, zum anderen fordern einige Stimmen im Schrifttum eine Rückverlagerung der Verantwortung in das Parlament.[44] Argument ist in beiden Fällen, dass es bei Risikoentscheidungen nicht nur um naturwissenschaftliches Fachwissen, sondern vor allem auch um politische Bewertungen gehe. Beide lehnen eine „Expertokratie“ ab.

In der jüngeren Praxis sind mit der Suche nach dem Atomendlager einerseits und der Bewältigung der Corona-Pandemie andererseits die gegenläufigen Tendenzen realisiert worden. Beide Beispiele betreffen freilich herausgehobene und besonders gelagerte Sachlagen.

IV. Die Suche nach einem Atomendlager

Bei der Suche nach einem Atomendlager hat der Gesetzgeber versucht, den Wünschen nach Partizipation und Parlamentsentscheidung in hohem Maße entgegenzukommen. Zwar findet sich auch im Standortgesetz die allgemeine Vorgabe, dass die Vorsorge gegen Schäden nach dem Stand

---

bert, 2020, S. 167 ff. (insb. 175 ff.) und *Schmidt-Aßmann*, in: Dürig/Herzog/Scholz (Begr.), GG, Stand: 95. EL 7/2021, Art. 19 Abs. 4 GG Rn. 185a.

43 Auch wenn das Urteil im Kern naturschutzrechtliche Fragen zum Gegenstand hat, kann sich die Frage der fehlenden tatsächlichen Erkenntnisse typischerweise auch im engeren Bereich des naturwissenschaftlich-technisch geprägten Risikorechts stellen. Wegen der in der Regel bestehenden Grundrechtsrelevanz des Risikorechts gilt aber in besonderem Maße, dass der Gesetzgeber die Entscheidungen nicht auf Dauer einem „Erkenntnisvakuum“ überlassen kann, sondern „für eine zumindest untergesetzliche Maßstabsbildung [...] sorgen“ muss (hierzu BVerfGE 149, 407 Rn. 24). Auch soweit aufgrund der naturwissenschaftlich-technischen Unsicherheiten ein Sachgrund für einen Beurteilungsspielraum gegeben sein sollte, muss der Gesetzgeber diesen Spielraum gemäß der normativen Ermächtigungslehre ausdrücklich einräumen.

44 *Klafki* (Fn. 24), S. 102.

von Wissenschaft und Technik gewährleistet sein soll.[45] Ebenso ist, wie im klassischen Risikorecht, eine Fachbehörde zuständig, nämlich das Bundesamt für die Sicherheit der nuklearen Entsorgung (BASE), und auch dem Vorhabenträger selbst obliegen zahlreiche Aufgaben; freilich handelt es sich hierbei – anders als in vielen anderen Risikoverfahren – nicht um ein Privatunternehmen, sondern um eine bundeseigene Gesellschaft (BGE).[46]

Die geplante Durchführung des Auswahlverfahrens wird aber durch eine starke Öffentlichkeitsbeteiligung[47] geprägt, bei der die Bürgerinnen und Bürger als „Mitgestalter" des Verfahrens einbezogen werden sollen.[48] Vorgesehen sind neben der allgemeinen Information der Öffentlichkeit Stellungnahmeverfahren, ein Nationales Begleitgremium, ein Partizipationsbeauftragter und verschiedene Foren wie die Fachkonferenz Teilgebiete, die Regionalkonferenzen und die Fachkonferenz Rat der Regionen. Ihre jeweiligen Stellungnahmen sind im Verfahren zu berücksichtigen.

Im Laufe des Verfahrens wird die Auswahl an möglichen Standorten immer enger und jeder Etappenschritt wird durch eine Entscheidung des Gesetzgebers (Bundestag und Bundesrat) abgeschlossen. Dadurch wird eine hohe demokratische Legitimation erreicht.

Auf den ersten Blick mag das (hier nur in Kürze dargestellte) Verfahren wegen der Transparenz und des Austausches der Argumente optimal erscheinen. Allerdings haben auch stark partizipatorische Verfahren ihre Nachteile. Sie geraten in ein Dilemma. Je weniger Gewicht ihnen für das Endergebnis zukommt, desto mehr erscheinen sie als bloße Alibiprozesse. Je stärkeren Einfluss sie hingegen auf das Endergebnis nehmen, desto problematischer stellt sich ihre demokratische Legitimation dar. Denn die Bürger, die sich in dem Prozess engagieren, sind ihrerseits nicht vom Volk gewählt.[49] Sie vertreten kein Gesamtinteresse, sondern ihre eigenen Vorstellungen, die nicht selten von einer *Not in my backyard*-geprägten Haltung bestimmt sein können. Nicht zuletzt können starke Asymmetrien entstehen, da nicht jeder Bürger gleichermaßen die Zeit und die Fähigkeit hat, sich zu engagieren. Partizipation kann dadurch zu einer sozialen Verzerrung führen.[50]

---

45 § 19 Abs. 1 S. 3 StandAG.

46 Bundesgesellschaft für Endlagerung. Zu den Aufgaben siehe insb. §§ 13, 14, 16 und 18 StandAG.

47 Insb. §§ 5–11 StandAG.

48 § 5 Abs. 1 S. 2 StandAG.

49 *Schmidt-Aßmann*, AöR 116 (1991), S. 329 (374 ff.); *Klafki* (Fn. 24), S. 116 f.

50 Allgemein zum Problem sozialer Verzerrung *Krick*, PVS 2021, S. 281 (286 ff., 301 ff.).

Aufschlussreich, was die Gewichtung von Öffentlichkeitsbeteiligung einerseits und wissenschaftlicher Expertise andererseits angeht, war auch der dem jetzigen Auswahlverfahren vorangehende Prozess. Denn die wissenschaftlichen Kriterien für den jetzigen Auswahlprozess einschließlich der Ausschlusskriterien und Mindestanforderungen für den Standort wurden ihrerseits von einer pluralistisch besetzten Kommission erarbeitet und anschließend vom Gesetzgeber weitgehend identisch in das StandAG übernommen. Aus partizipatorischer Sicht kann dies als großer Erfolg angesehen werden, denn die Einflussnahme des Kommissionsberichts auf das Gesetz lag bei nahezu „1:1".[51] Betrachten wir die Besetzung der Kommission mit Blick auf das Verhältnis von Experten zu Vertretern der Gesellschaft, so fällt auf, dass nur 8 Mitglieder der insgesamt 33-köpfigen Kommission als Wissenschaftler berufen worden sind, davon wiederum sind 5 Naturwissenschaftler. Sie machen also nur einen Anteil von knapp einem Sechstel der gesamten Kommissionsmitglieder und etwa einem Drittel der stimmberechtigten Mitglieder aus.[52]

Bemerkenswert in dem Zusammenhang erscheint auch, dass bei diesem hochtechnischen Thema die von der Kommission vorgenommenen Anhörungen und die eingeholten Gutachten zu fast gleichen Teilen die Öffentlichkeitsbeteiligung, rechtliche Fragen und naturwissenschaftlich-technische Bewertungen betrafen.[53] Letztere überwiegen zwar etwas, aber sie betreffen auch eine Bandbreite an Fragestellungen.[54] Direkt zu den Ausschluss- und Mindestanforderungskriterien gibt es nur wenige Gutachten und Anhörungen.

Diese Gemengelage ist nicht ohne Einfluss auf das Ergebnis geblieben. So betont einer der Wissenschaftler in einem Sondervotum, dass die Festlegung einer einheitlichen Grenztemperatur für alle Wirtsgesteine, also Salz, Ton und kristallines Gestein, eine „politische Festlegung [sei], die um des Kompromisses Willen so vorgenommen wurde. Sie ha[be] mit irgendwelchen wissenschaftlichen Erkenntnissen nichts zu tun."[55] Nicht

---

51 So *Krick* (Fn. 50), S. 294, die von einer „ausgesprochen starke[n] Policy-Wirkung" spricht; dort auch zur Wirkdimension als Kriterium für die Beurteilung von Partizipation.

52 Siehe § 3 Abs. 1 und Abs. 5 StandAG 2013.

53 Auflistung im Abschlussbericht der Kommission Lagerung hoch radioaktiver Abfälle, BT-Drs. 18/9100 v. 19. 7. 2016, Teil B 11.4.2. und 11.4.4 (S. 476 ff.).

54 So zum Beispiel auch die Transmutation, die keine genuine Frage der Standortsuche ist, sondern ein Verfahren, mit dem die Halbwertzeiten nuklearer Stoffe deutlich verringert werden können, und damit eine Alternative zur Endlagerung.

55 Abschlussbericht der Kommission Lagerung hoch radioaktiver Abfälle, BT-Drs. 18/9100 v. 19. 7. 2016, Teil B 10.3, S. 423 f.; vgl. ebenso *Alt/Kallenbach-Her-*

ganz zufällig soll die besagte Festlegung auf Wunsch des niedersächsischen Vertreters aufgenommen worden sein und spricht gegen den Standort Gorleben. Das Kriterium ist – vorbehaltlich weiterer Forschung – in das StandAG übernommen worden.[56]

Meine Bewertung fällt daher gemischt aus: Partizipation und Öffentlichkeitsbeteiligung sind unzweifelhaft wichtig, um Transparenz zu schaffen und Argumenten und Besorgnissen Raum zu geben. Ein Allheilmittel sind sie dagegen nicht. Insbesondere sind partizipative Verfahren nicht per se mit Objektivität gleichzusetzen. Auch muss sich noch erweisen, ob eine stärkere Partizipation tatsächlich zu mehr Akzeptanz führen wird, da sich die betroffenen Bürger von einer Partizipation häufig nicht nur Gehör, sondern auch eine Entscheidung in ihrem Sinne versprechen. Auch für die Endlagersuche gilt, dass die Konflikte nur vorläufig insoweit befriedet sind, als der umstrittene Standort Gorleben ausgeschieden ist. Ob Betroffene in anderen Gebieten protestieren werden, wird sich erst zeigen, wenn sich die Standortauswahl weiter konkretisiert.

Was das Verhältnis der Partizipation zur wissenschaftlichen Expertise angeht, sollte aus meiner Sicht gerade in hochtechnisierten Verfahren darauf geachtet werden, dass partizipative Elemente das Expertenwissen nicht zurückdrängen oder überlagern, da dies zu einer verminderten

---

bert/Ustohalova, Bewertung der Einführung einer wirtsgesteinsunabhängigen Grenztemperatur unter Vorsorgeaspekten – Rev. 02, BMUB-Vorhaben UM-16E03210 Darmstadt, v. 31. 10. 2016: „Aufgrund des vorliegenden Forschungsstandes zur Langzeitsicherheit der Endlagerung in Steinsalz ergibt sich keine Notwendigkeit, aus Vorsorgegründen eine Grenztemperatur von 100°C anzunehmen". Siehe ferner *Gesellschaft für Anlagen- und Reaktorsicherheit (GRS)*, Endlagerung mit Temperaturlimit? Untersuchungen der GRS zur Temperatur an der Außenfläche von Endlagerbehältern, https://www.grs.de/de/aktuelles/endlagerung-mit-temperaturlimit-untersuchungen-der-grs-zur-temperatur-der-aussenflaeche (zuletzt abgerufen am 15. 8. 2022); *Bracke* u. a., in: Gesellschaft für Anlagen- und Reaktorsicherheit (GRS) (Hrsg.), Ressortforschungsberichte zur Sicherheit der nuklearen Entsorgung Untersuchungen zu den „maximalen physikalisch möglichen Temperaturen" gemäß § 27 StandAG im Hinblick auf die Grenztemperatur an der Außenfläche von Abfallbehältern – Vorhaben 4717E03241, Nov. 2019, https://www.base.bund.de/SharedDocs/Downloads/BASE/DE/fachinfo/fa/forschungsprojekt_grenztemperatur.pdf?__blob=publicationFile&v=2 (zuletzt abgerufen am 15. 8. 2022), S. 1: „Daher sollten ‚Grenztemperaturen' für die Außenfläche von Abfallbehältern für das jeweilige Sicherheits-, Endlagerkonzept und Wirtsgestein abgeleitet werden. Eine generelle ‚Grenztemperatur' könnte den Standortauswahlprozess wegen der eingeschränkten Möglichkeiten einer Optimierung des Endlagers erschweren.".

56 § 27 Abs. 4 StandAG.

Qualität der Entscheidung und damit letztlich zu einer Grundrechtsbeeinträchtigung führen kann.

Die starke Position des Gesetzgebers im Endlagersuchverfahren ist dagegen durch dessen demokratische Legitimation getragen. Auch wenn es für das Risikorecht bislang nicht typisch war, spricht wenig dagegen, dass der Gesetzgeber eine Materie stark selbst prägt. Die rechtlichen Grenzen für den Gesetzgeber sind weit gezogen und werden nur relevant bei einem Überschreiten seiner Funktion im Rahmen der Gewaltenteilung[57] und dem Verbot des Einzelfallgesetzes nach Art. 19 Abs. 1 S. 1 GG. Im Standortauswahlverfahren dürfte die Stellung des Gesetzgebers hiervon nicht tangiert sein.

V. *Die Corona-Pandemie*

Ich möchte mich jetzt, gewissermaßen als Kontrast, der Corona-Pandemie zuwenden. Hier war die Ausgangslage eine ganz andere. Während es sich bei der Suche nach einem Atomendlager um einen lange geplanten und äußerst aufwendigen Prozess handelt, musste die Corona-Pandemie im Schnelldurchlauf bewältigt werden.

Gerade der Beginn der Pandemie war durch ein hohes Maß an Ungewissheit geprägt. Bekannt war im Wesentlichen nur, dass es bei Ansteckung mit dem Virus zu verschiedenen Verläufen bis hin zu schweren Lungenentzündungen mit Lungenversagen und Tod kommen kann. Man wusste jedoch weder über die genauen Übertragungswege Bescheid, noch gab es in der Bevölkerung eine nennenswerte Immunität gegen das Virus oder Tests, Impfstoffe oder Medikamente. Es war daher eine typische Risikosituation gegeben und die Pandemie-Bewältigung folgte auch dem typischen Muster des Risikorechts, wobei insbesondere die starke Stellung der Exekutive als Verordnungsgeber und die Einbindung von wissenschaftlicher Expertise hervorzuheben sind (dazu sogleich).

Die Maßnahmen zur Bekämpfung der Pandemie haben zu erheblichen Einschränkungen in bislang unbekanntem Ausmaß geführt. Trotzdem sind sie gerade zu Beginn der Pandemie, aber auch in jüngeren Umfragen, mit Zustimmung in der Bevölkerung aufgenommen worden.[58] Sie sind an-

57 Bejaht nur in seltenen Fällen, so bzgl. einer personalisiert ausgerichteten gesetzgeberischen Entscheidung in BVerfGE 139, 321 Rn. 124 ff.

58 Aber auch für das Jahr 2021 verzeichnet infratest-dimap im ARD-Trendbarometer Dezember 2021 noch immer hohe Zustimmungswerte zu den Corona-Eindämmungsmaßnahmen. Soweit es abweichende Auffassungen gibt, gehen diese über-

dererseits aber auch auf Kritik nicht zuletzt in der Rechtswissenschaft gestoßen. Neben der Analyse einzelner Coronamaßnahmen[59] wurde grundlegend vor einer „parlamentarischen Selbstentmächtigung“,[60] vor einer „Blankovollmacht“ und „Systemverschiebung“[61] gewarnt.[62] Darüber weit hinausgehend haben einzelne Kritiker der Ersten und Zweiten Gewalt unterstellt, sich nur noch an das Recht zu halten, wenn sie durch Gerichte dazu gezwungen würden. Im gleichen Atemzug wurde ein Kontrollausfall durch die Verwaltungsgerichte konstatiert und die Frage aufgeworfen, was die Rechtswissenschaftler tun sollten, um kompensierend einzuspringen.[63]

Ungeachtet mancher Überspitzungen ist unzweifelhaft richtig, dass es sich um die weitreichendsten Grundrechtseingriffe seit Bestehen der Bundesrepublik gehandelt hat. Bei der Beurteilung ist zu beachten, dass alle staatlichen Gewalten durch das bedrohliche und weltweit präsente Virus in besonderer Weise gefordert waren, ihre Entscheidungen unter großer Ungewissheit bei gleichzeitig extremem Zeitdruck zu treffen. Gerade in der Anfangsphase der Pandemie galt es, Todesfälle und eine Überlastung des Gesundheitssystems zu vermeiden, wie sie aus anderen Staaten gemeldet wurde, in denen zahlreiche Patienten nicht mehr medizinisch versorgt werden konnten und starben.[64]

---

wiegend dahin, dass die Maßnahmen nicht weitreichend genug seien, während nur eine Minderheit der Auffassung ist, die Maßnahmen gingen zu weit. Freilich hat sich das Ausmaß der Zustimmung in Abhängigkeit von den Verläufen der Pandemie immer wieder geändert.

59 Die Nutzung der Rechtsverordnung analysierend auch *Gärditz/Abdulsalam*, GSZ 2020, S. 108 (114).

60 *Möllers*, VerfBlog v. 26. 3. 2020, https://verfassungsblog.de/parlamentarische-selbstentmaechtigung-im-zeichen-des-virus/ (zuletzt abgerufen am 15. 8. 2022).

61 Zu beidem *Kingreen*, Die Feststellung der epidemischen Lage von nationaler Tragweite durch den Deutschen Bundestag, Rechtsgutachten für die Fraktion der Freien Demokraten im Deutschen Bundestag v. 11. 6. 2020, S. 22 f.

62 Exemplarisch für die Kritik auch *Kingreen*, VerfBlog v. 20. 3. 2020, https://verfassungsblog.de/whatever-it-takes/ (zuletzt abgerufen am 15. 8. 2022); *Hollo*, in: Kießling (Hrsg.), IfSG, 2020, § 5 Rn. 21 ff.; siehe auch *Gärditz/Meinel*, FAZ v. 26. 3. 2020, S. 6.

63 *Lepsius,* VVDStRL 80 (2021), S. 193 f.; sich zu Recht gegen diese Behauptungen wendend *Reimer* und *Wegener*, VVDStRL 80 (2021), S. 200.

64 Auch in Deutschland hat es in den ersten zwölf Monaten der Pandemie von März 2020 bis Februar 2021 7,5 % oder fast 71 000 mehr Todesfälle als in den zwölf Monaten davor gegeben, wobei Covid-19 bei 47 860 Verstorbenen allein im Jahr 2020 entweder die Haupttodesursache war oder als Begleiterkrankung zum Tod beitrug; *Statistisches Bundesamt*, Sterbefallzahlen und Übersterblichkeit v. 22. 3. 2022, https://www.destatis.de/DE/Themen/Querschnitt/Corona/Gesellschaft/bevoelkerung-sterbefaelle.html (zuletzt abgerufen am 15. 8. 2022). Hätten die

Der Gesetzgeber, die Verordnungsgeber und Verwaltungsbehörden haben die Pandemiebewältigung tastend in zahlreichen Einzelschritten vorgenommen. Dabei ist es durchaus auch zu einzelnen Fehlentscheidungen gekommen, die durch die Gerichte korrigiert worden sind. Ein wichtiges Beispiel bildet das Versammlungsrecht, dessen Ausübung die Gerichte zu Recht auch während der Pandemie möglich gemacht haben.[65] Auch hat der Gesetzgeber auf Mahnungen der Rechtsprechung und Rechtswissenschaft reagiert, dass die allgemeine Verordnungsermächtigung des § 32 S. 1 i. V. m. § 28 Abs. 1 S. 1 IfSG auf Dauer den Bestimmtheitsanforderungen nicht genüge,[66] und im November 2020 den präzisierenden § 28a ISFG erlassen, der zahlreiche konkrete Maßnahmen benennt. Mit dem Vierten Gesetzes zum Schutz der Bevölkerung bei einer epidemischen Lage von nationaler Tragweite vom 22. April 2021 (BGBl I. S. 802) sind dann im Zuge der sog. Bundesnotbremse konkrete Maßnahmen wie Ladenschließungen, Kontakt- und Ausgangsbeschränkungen an bestimmte Schwellenwerte der Sieben-Tage-Inzidenzen geknüpft worden (damaliger § 28b IfSG). Inzwischen sind zahlreiche Vorschriften wieder aufgehoben oder entschärft worden und es wird aktuell eher diskutiert, ob die Schutzmaßnahmen noch ausreichend sind.

Es ist an dieser Stelle nicht möglich, die Vielzahl der Einzelmaßnahmen im Detail rechtlich zu beurteilen.[67] Ich möchte mich hier darauf beschränken, aus risikorechtlicher Perspektive das Zusammenspiel der verschiedenen Akteure anzusehen. Hier zeigen sich – in gewissem Unterschied zur Atomendlagersuche – die klassischen Strukturen der Risikobewältigung in zugespitzter Form.

1. *Der Zugriff auf Expertenwissen*

Der typischen Risikobewältigung entspricht zunächst die starke Einbindung von Experten. Eine wichtige Rolle spielt insbesondere das Robert-Koch-Institut als zuständige nationale Fachbehörde, die die Bundesmi-

---

staatlichen Organe keine Schutzmaßnahmen ergriffen, wären noch sehr viel mehr Menschen verstorben.

65 Exemplarisch BVerfG, NJW 2020, S. 1426 f.; DVBl. 2020, S. 764 ff.

66 OVG NRW, NWVBl. 2020, S. 251 Rn. 37 ff.; zustimmend OVG NRW, Beschl. v. 11. 11. 2020 – 13 B 1663/20.NE; LVerfG SA, LVerfGE 31, 464 (Rn. 41 f.).

67 Juris verzeichnet bei der Rechtsprechung zu Corona mittlerweile 10.999 Einträge (zuletzt abgerufen am 15. 8. 2022) und es gibt eine große Breite an Literaturbeiträgen.

nisterien hinsichtlich der Erkennung, Verhütung und Bekämpfung von Krankheiten berät und die ihrerseits mit weiteren Bundes- und Landesbehörden sowie den nationalen Referenzzentren, aber auch mit weiteren wissenschaftlichen Einrichtungen und Fachgesellschaften sowie mit internationalen und supranationalen Einrichtungen zusammenarbeitet.[68]

Während gemeinhin im jüngeren Risikorecht vor einem zu großen Einfluss der Experten gewarnt wird, sind in der Pandemie auch umgekehrt Überlegungen dahin angestellt worden, dass das Robert-Koch-Institut als staatliche Behörde einer zu starken politischen Einflussnahme unterliegen könnte.[69]

Hier gilt es abzuschichten. Zunächst ist die Einbindung des RKI in die staatliche Organisation keineswegs nur als negativ zu sehen, da sie zugleich auch eine Anbindung an die demokratische Legitimation ermöglicht und verhindert, dass die staatlichen Entscheidungsträger nur von dem Wissen externer, demokratisch nicht legitimierter Organisationen und Personen abhängig sind. Nichtsdestotrotz sollte mit Blick auf die künftige Stärkung des Robert Koch-Instituts sowie gegebenenfalls zusätzlicher Behörden darauf geachtet werden, dass diese in fachlichen Fragen weisungsunabhängig sind.[70]

Was die derzeitige Pandemie anbelangt, ist das Robert-Koch-Institut zudem keineswegs die einzige Instanz, deren Wissen herangezogen worden ist. So hat die Regierung parallel Wissenschaftler direkt angehört, zudem gab es zahlreiche wissenschaftliche Stellungnahmen, darunter zehn Ad hoc-Stellungnahmen der Nationalen Akademie der Wissenschaften Leopoldina[71] sowie eine gemeinsame Stellungnahme der Präsidenten der Fraunhofer-Gesellschaft, der Helmholtz-Gemeinschaft, der Leibniz-Gemeinschaft und der Max-Planck-Gesellschaft[72] und mehrere Ad hoc-Emp-

68 Die Aufgaben umfassen dabei auch den Auftrag, wissenschaftliche Erkenntnisse als Basis für gesundheitspolitische Entscheidungen zu erarbeiten, vgl. § 2 BGA-NachfG; § 4 IfSG, und im Fall einer epidemischen Lage von nationaler Tragweite die Zusammenarbeit zwischen den Ländern und zwischen den Ländern und dem Bund zu koordinieren, § 5 Abs. 7 IfSG.

69 *Frenz,* DVBl. 2022, S. 43 (45).

70 Siehe zum Prüfauftrag § 4 Abs. 1a S. 2 IfSG; in diesem Sinne auch *Frenz* (Fn 69), S. 45.

71 Ad hoc-Stellungnahmen zur Coronavirus-Pandemie, zu finden auf der Homepage der Leopoldina: https://www.leopoldina.org/presse-1/nachrichten/ad-hoc-stellungnahme-coronavirus-pandemie/ (zuletzt abgerufen am 15. 8. 2022).

72 Adaptive Strategien zur Eindämmung der COVID-19-Epidemie v. 28. 4. 2020, https://www.fraunhofer.de/content/dam/zv/de/presse-medien/2020/april/28-04-2020_Stellungnahme_Teil_01.pdf (zuletzt abgerufen am 15. 8. 2022).

fehlungen des Deutschen Ethikrats.[73] Dazu kommen breite Diskussionen in wissenschaftlichen Fachzeitschriften und ein starker Transfer wissenschaftlicher Erkenntnisse in die Öffentlichkeit.[74] Ergänzt werden die Informationen auf europäischer und internationaler Ebene durch Stellungnahmen, Hinweise und Datenbanken insbesondere der EU und WHO.[75]

Auch wenn uns die Pandemie unsere Abhängigkeit von wissenschaftlichen Fachkenntnissen deutlich vor Augen geführt hat, zeichnet sich der Umgang mit ihr durch ein Höchstmaß an breiter wissenschaftlicher und gesellschaftlicher Diskussion und Transparenz aus, sodass von einer Expertokratie im Sinne einer heimlichen Herrschaft von Experten nicht die Rede sein kann. Nicht zuletzt hat die Wissenschaft, einschließlich der wissenschaftlichen Arbeit in Unternehmen, ganz maßgeblich dazu beigetragen, die Pandemie in Schach zu halten, dies insbesondere durch die Erforschung von Übertragungswegen, des Nutzens von Masken und durch die Entwicklung von Impfstoffen.

2. *Das zeitliche Element*

Als weiteres typisches Merkmal des Risikorechts zeigt die Pandemiebewältigung, dass die raschen wissenschaftlichen Erkenntnisfortschritte rechtlich durch zeitliche Befristungen und schnelle Abänderungen der Maßnahmen aufgenommen worden sind.[76]

---

73 Übersicht über die Ad hoc-Empfehlungen unter https://www.ethikrat.org/publikationen/kategorie/ad-hoc-empfehlungen/ (zuletzt abgerufen am 15. 8. 2022); siehe nun auch *Deutscher Ethikrat*, Vulnerabilität und Resilienz in der Krise, Stellungnahme v. 4.4.2022, https://www.ethikrat.org/fileadmin/Publikationen/Stellungnahmen/deutsch/stellungnahme-vulnerabilitaet-und-resilienz-in-der-krise.pdf (zuletzt abgerufen am 15. 8. 2022).

74 Vgl. u. a. Coronavirus-Update: Der Podcast mit Drosten & Ciesek, https://www.ndr.de/nachrichten/info/Coronavirus-Update-Der-Podcast-mit-Christian-Drosten-Sandra-Ciesek,podcastcoronavirus100.html (zuletzt abgerufen am 15. 8. 2022).

75 Zu Aktivitäten der EU siehe https://ec.europa.eu/info/live-work-travel-eu/coronavirus-response_de (zuletzt abgerufen am 15. 8. 2022); zur von der WHO zur Verfügung gestellten weltweiten wissenschaftlichen Datenbasis siehe https://www.who.int/emergencies/diseases/novel-coronavirus-2019/global-research-on-novel-coronavirus-2019-ncov (zuletzt abgerufen am 15. 8. 2022). Für einen Überblick über die Aktivitäten der WHO siehe auch die Timeline: https://www.who.int/emergencies/diseases/novel-coronavirus-2019/global-research-on-novel-coronavirus-2019-ncov (zuletzt abgerufen am 15. 8. 2022).

76 Zu zeitlichen Befristungen siehe u. a. § 28a Abs. 5 S. 1, Abs. 8 S. 4, Abs. 10, § 28b Abs. 2 IfSG; siehe auch beispielhaft die 25-maligen Änderungen des IfSG inner-

3. *Verantwortungsverlagerung auf die Exekutive und Rücknahme der gerichtlichen Kontrolle*

Prägend – und besonders umstritten – ist, besonders zu Beginn der Pandemie, aber auch über die verschiedenen Gesetzgebungsschritte hinweg, die starke Stellung der Exekutive, die sich insbesondere in einer hohen Verordnungstätigkeit niedergeschlagen hat. Während ganz zu Beginn nur auf die Generalklausel des § 28 IfSG zurückgegriffen werden konnte, sind dann weiterreichende Verordnungs- und Anordnungsermächtigungen für die Bundesregierung, das Bundesministerium für Gesundheit und für die Landesregierungen aufgenommen worden.[77]

Anders als teilweise suggeriert wird, bedeutet dies aber keineswegs, dass es zu einem gesetzesfreien Durchregieren der Exekutive gekommen wäre. Zum einen stehen die Verordnungsermächtigungen im Wesentlichen[78] unter dem Vorbehalt, dass der Deutsche Bundestag zuvor das Vorliegen einer epidemischen Lage von nationaler Tragweite festgestellt hat. Zum anderen hat der Gesetzgeber die Pandemiebewältigung intensiv begleitet und mit zunehmenden Erkenntnissen rechtlich verdichtet.[79] Allein das In-

---

halb der letzten zwei Jahre. Dazu kommen unzählige Veränderungen im Bereich der Rechtsverordnungen; zur Beobachtungs- und Nachbesserungspflicht des Gesetzgebers bei unsicherer Tatsachen- und Prognosegrundlage BVerfG, NJW 2022, S. 167 Rn. 198 (Bundesnotbremse II).

77 Insb. in § 5 Abs. 2, § 28b Abs. 1 S. 2, § 28c und § 32 iVm §§ 28, 28a, 29–31 IfSG. Zu den zahlreichen Änderungen des IfSG in Reaktion auf die Pandemie siehe insb. das Erste und Zweite Gesetz zum Schutz der Bevölkerung bei einer epidemischen Lage von nationaler Tragweite v 27. 3. 2020 und 19. 5. 2020 (BGBl., I S. 587 und BGBl. I, S. 1018), das Dritte Gesetz zum Schutz der Bevölkerung bei einer epidemischen Lage von nationaler Tragweite vom 18. 11. 2020 (BGBl. I, S. 2397) sowie Vierte Gesetz zum Schutz der Bevölkerung bei einer epidemischen Lage von nationaler Tragweite vom 22. 4. 2021 (BGBl. I S. 802); zu letzterem BVerfG, NJW 2022, S. 139 ff. (Bundesnotbremse I) und NJW 2022, S. 167 ff. (Bundesnotbremse II).

78 Ausnahmen gelten für § 28a Abs. 7 und 8 IfSG. Danach sind unabhängig von einer Feststellung einer epidemischen Lage von nationaler Tragweite bestimmte Maßnahmen wie das Tragen einer Maske in medizinischen Einrichtungen, Verkehrsmitteln und bestimmten Gemeinschaftseinrichtungen und Testungen in solchen Einrichtungen sowie auch Schulen möglich. Zudem können unabhängig von der Feststellung einer epidemischen Lage von nationaler Tragweite bestimmte Maßnahmen in einzelnen Gebietskörperschaften ergriffen werden, wenn die konkrete Gefahr einer sich dynamisch ausbreitenden Infektionslage besteht (zuletzt geändert durch Art. 2 G v. 10. 12. 2021, BGBl. I, S. 5162).

79 So auch *Deutscher Ethikrat* (Fn. 73), S. 22 (Nr. 39), 151, der betont, dass die wesentlichen Entscheidungen durch die Parlamente getroffen wurden.

fektionsschutzgesetz ist zwischen März 2020 und März 2022 25-mal geändert worden, im Schnitt also jeden Monat einmal. Dazu kommen weitere Gesetzesänderungen sowie zahlreiche Anfragen, Reden und Debatten.[80]

Nicht zuletzt ist die starke Verordnungstätigkeit maßgeblich dem Umstand geschuldet, dass die Pandemie ein situationsadäquates und schnelles Handeln erfordert hat und Verordnungen rascher und einfacher an den neuesten Stand angepasst werden können als ein Gesetzgebungsvorhaben.[81] Die Nutzung der schnelleren Reaktionsmöglichkeiten dienten angesichts des dynamischen Infektionsgeschehens einem effektiven Schutz von Leben und Gesundheit und damit höchstrangiger Grundrechtsgüter. Auch ist zu bedenken, dass Verordnungen gerichtlich leichter überprüfbar sind als eine gesetzliche Regelung.[82]

Korrespondierend haben die Gerichte, geradezu prototypisch für das Risikorecht, den handelnden Organen Einschätzungs- und Gestaltungsspielräume zuerkannt. Dies gilt insbesondere gegenüber dem Gesetzgeber selbst,[83] aber auch gegenüber der verordnungsgebenden Exekutive.[84] Dabei beschränkt sich die Rechtsprechung gerade gegenüber dem Gesetzgeber nicht nur in Eilentscheidungen, sondern auch in Hauptsacheentscheidungen auf eine Vertretbarkeitskontrolle und begründet dies damit, dass zwar einerseits sehr schwere Grundrechtseingriffe gegeben sind, dass diesen aber andererseits dringende Schutzbedarfe für höchstrangige Rechtsgüter gegenüberstehen und zugleich die Möglichkeiten des Gesetzgebers, sich ein sicheres Bild zu machen, wegen der Unwägbarkeiten der wissenschaftlichen Erkenntnislage begrenzt sind.[85] Die Spielräume erfassen bei der grundrechtlichen Verhältnismäßigkeitsprüfung sowohl die Prüfung

---

80 *Hans Michael Heinig* kann am 16. 8. 2021 auf 50 Gesetze mit thematischem Bezug sowie mehr als 3000 parlamentarische Fragen und Anfragen und mehr als 400 Reden und Wortmeldungen im Plenum zur Pandemie verweisen, vgl. *dens.*, FAZ v. 16. 8. 2021, S. 6. Vgl. auch *Seiler*, JZ 2021, S. 924 (927), der die Heranziehung des § 28 IfSG angesichts seiner Unbestimmtheit kritisch sieht, aber betont, dass in der Verordnungsermächtigung des § 28a IfSG die in „ihr enthaltene legislative Verantwortungsübernahme hinreichend deutlich zum Ausdruck“ komme.

81 So auch die Einschätzung des OVG NRW, NWVBl. 2020, S. 251 Rn. 42; *Classen*, VVDStRL 80 (2021), S. 157; *Seiler* (Fn. 80), S. 926.

82 *Heinig* (Fn. 80), S. 6.

83 Exemplarisch BVerfG, NJW 2022, S. 139 (Bundesnotbremse I) (insb. Rn. 170 f., 204, 217, 277, 283, 290) und NJW 2022, S. 167 (Bundesnotbremse II) (Rn. 114 f., 123, 135).

84 Exemplarisch OVG NW, NWVBl. 2020, S. 251 (Rn. 82 ff).

85 BVerfGE NJW 2022, S. 139 (Bundesnotbremse I) (Rn. 171) und NJW 2022, S. 167 (Bundesnotbremse II) (Rn. 115).

der Geeignetheit als auch der Erforderlichkeit und der Angemessenheit der Maßnahme. Die Zuerkennung von Einschätzungsspielräumen hat das Bundesverfassungsgericht nicht erst mit Blick auf die Corona-Krise entwickelt, sondern auch in früheren Entscheidungen angewandt, wenn wissenschaftlich gesicherte Erkenntnisse fehlen.[86] Für die Corona-Pandemie als einzigartiges und dynamisches Geschehen hat es sie aber in besonders starkem Umfang anerkannt.

Die Zurückhaltung der Rechtsprechung ist stark kritisiert worden.[87] Allerdings wird dabei leicht übersehen, dass in einer Lage großer Ungewissheit schnell gehandelt werden musste, da ein Unterlassen oder eine Verzögerung der Maßnahmen zu einer erheblichen Gefährdung von Leben und Gesundheit und damit höchstrangiger Grundrechtsgüter geführt hätten.[88] Die bedrückenden Bilder aus Bergamo standen den Verantwortlichen dabei unmittelbar vor Augen. Wenn daher, wie eingangs dargelegt, ein objektiver Wissenshorizont als gefestigte Entscheidungsgrundlage nicht zur Verfügung stand, erscheint es folgerichtig, mit dem Bundesverfassungsgericht dem Parlament als unmittelbar demokratisch legitimierten Entscheidungsorgan und Forum für widerstreitende Interessen in dieser besonderen Ausnahmesituation einen weitreichenden Spielraum besonders hinsichtlich der Prüfung der Geeignetheit und Erforderlichkeit einzuräumen.[89] Bei der Prüfung der Angemessenheit einer Maßnahme als ureigener Domäne der Verfassungsgerichtsbarkeit wäre hingegen ein tieferer gerichtlicher Zugriff wünschenswert gewesen. Freilich ist damit nicht eine vollständige Kontrolle der Angemessenheit dergestalt gemeint, dass sich das Gericht an die Stelle des Gesetzgebers setzen dürfte. Zum einen darf auch im Rahmen der Angemessenheitsprüfung der aus den *Wissensdefiziten* abgeleitete Spielraum hinsichtlich der Einschätzung der Geeignetheit und Erforderlichkeit der Maßnahmen nicht unterlaufen werden. Zum anderen muss auch bei der Angemessenheitsprüfung ein gewisser Spielraum des Gesetzgebers im Sinne eines *politischen* Gestaltungs-

---

86 BVerfGE 153, 182 (Rn. 238) mit Bezugnahme auf BVerfGE 50, 290 (333 f.); 57, 139 (160); 65, 1 (55).

87 Exemplarisch *Schwarz*, NVwZ 2022, Beilage Nr. 1, S. 3; *Degenhart*, NJW 2022, S. 123 ff.

88 Dazu *Bamberger/Pieper*, NVwZ 2022, S. 38 (39 f.).

89 Dem weiten Spielraum der Legislative daher im Grundsatz zustimmend, aber Eindeutigkeit, Klarheit und Nachvollziehbarkeit von Normen einfordernd *Deutscher Ethikrat* (Fn. 73), S. 180 f.

spielraums mit Blick auf die Konfliktlage gewahrt bleiben.[90] Es wäre aber wünschenswert gewesen, das Bundesverfassungsgericht hätte Grund, Reichweite und Grenzen genauer deutlich gemacht. Dies gilt insbesondere für den Beschluss des Bundesverfassungsgerichts zu den Ausgangssperren im Rahmen der sog. „Bundesnotbremse“. Ob das Gericht insofern aber zu einem anderen Ergebnis gekommen wäre, ist damit freilich nicht gesagt.[91]

Allerdings bedeutet die grundsätzliche Zuerkennung eines weiten Einschätzungs- und Gestaltungsspielraums in dieser besonderen Sachlage nicht, dass jede Einzelmaßnahme gerechtfertigt gewesen wäre. Auch unter Berücksichtigung des gesetzgeberischen Spielraums sind die jeweiligen einzelnen Maßnahmen auf ihre Verhältnismäßigkeit zu prüfen. An dieser Stelle ist nicht der Raum, um die Vielzahl der Einzelmaßnahmen, die sich zudem durch verschiedene Änderungen, Ausnahmeregelungen und Befristungen bei einem sich fortlaufend änderndem Wissenshorizont auszeichnen, detailliert zu untersuchen. Ungeachtet der berechtigten Diskussion einzelner Maßnahmen und Entscheidungen hat sich der Rechtsstaat aber auch in dieser besonderen Krise bewährt,[92] wozu auch die Rechtsprechung beigetragen hat, etwa indem sie die Ausübung politisch-demokratisch sensibler Grundrechte wie der Versammlungsfreiheit trotz der Pandemie ermöglicht hat. Der Vorwurf eines pauschalen Versagens aller drei staatlichen Gewalten[93] wird der Pandemiebewältigung daher nicht im Ansatz

90 Auf dessen Bedeutung im Rahmen der Tagung dankenswerterweise und zutreffend hinweisend *Ute Mager*. Zum Gestaltungsspielraum des Gesetzgebers im Sinne eines Korridors zwischen Übermaß- und Untermaßverbot bei widerstreitenden Grundrechtsbelangen auch *Jaeckel* (Fn. 32), S. 94 ff.

91 Dabei ist auch zu beachten, dass die Ausgangssperren als Baustein im Gesamtkonzept der Corona-Bekämpfung standen. Deutschland hat hier, im Unterschied zu manchen anderen Ländern, vor allem der Offenhaltung der Schulen Priorität eingeräumt und parallel die Ausgangssperren auf die Nachtzeit beschränkt. Dies gilt es im Übrigen auch zu beachten, wenn (zur Erforderlichkeit) mit Studien zur Wirksamkeit der Ausgangssperren argumentiert wird; so wird etwa bei *Brauner* u. a., Science 371, 802 (2021) v. 19. 2. 2021, https://www.science.org/doi/10.1126/science.abcd9338 (zuletzt abgerufen am 15. 8. 2022) die Wirksamkeit der Ausgangssperren als zusätzliches Element nach Implementierung weitreichender anderer Maßnahmen wie Schulschließungen untersucht. Siehe zu Ausgangssperren unter dem Gesichtspunkt der Präzisierung gesetzgeberischer Zwecke im Folgenden unter F. III. 1.

92 So zutreffend *Schmidt*, FAZ v. 11. 3. 2021, S. 6; *Kersten*, Blätter für deutsche und internationale Politik 66/4 (2021), S. 87 ff.; *Mayer*, VerfBlog v. 12. 11. 2021, https://verfassungsblog.de/besser-gesetze-nicht-andern-als-schlecht-andern/ (zuletzt abgerufen am 15. 8. 2022).

93 So aber *Lepsius* (Fn. 63), S. 193 f.

gerecht.[94] Ich denke, dass hier ein wenig mehr Demut angesichts der Bewältigung einer Notlage mit mehr als Hunderttausend an oder mit Corona Verstorbenen allein in Deutschland guttäte.

VI. Schlussfolgerungen und Ausblick

Die Atomendlagersuche wie auch die Pandemiebewältigung zeigen, dass dem Risikorecht der Stoff nicht ausgeht. Die juristische Aufarbeitung findet ein weites Feld an weiterführenden Fragestellungen, das es noch zu bestellen gilt.

1. Recht und außerrechtliches Wissen

Gerade mit Blick auf die weitere Entwicklung des Risikorechts gehört dazu das Verhältnis von Recht und außerjuridischem Wissen, worauf jüngst *Stephan Harbarth* aufmerksam gemacht hat.[95] Hiermit ist ein weiter Fragenkreis angesprochen, der im Recht als einer – im Unterschied etwa zur reinen Mathematik – auf die Wirklichkeit bezogenen Wissenschaft bei weitem zu wenig Beachtung findet.[96] Dies betrifft verschiedene Fragenkreise wie etwa die Bedeutung der Tatsachengrundlage und der Gesetzesfolgenabschätzung im politisch geprägten Rechtssetzungsprozess, aber auch, wie die Entscheidungen des Bundesverfassungsgerichts zur Bundesnotbremse gezeigt haben, die Bedeutung der Beurteilung von außerrechtlichem Fachwissen im Rahmen der (verfassungs-)gerichtlichen Rechtsprechung.

2. Fachwissen und Partizipation

Eng hiermit verknüpft ist die im Risikorecht seit langem diskutierte, aber nach wie vor wichtige Frage, welche Bedeutung Fachwissen im Rahmen der Risikobewältigung eingeräumt werden kann und sollte. Die Atomendlagersuche und die Bewältigung der Corona-Pandemie haben hier sehr unterschiedliche Akzentuierungen gesetzt. Während bei der Atomendlager-

---

94 Zutreffend daher *Reimer* und *Wegener* (Fn. 63).

95 *Harbarth*, JZ 2022, S. 157 ff.

96 Die Bedeutung der wissenschaftlichen Aufarbeitung der Pandemie betonend nun *Deutscher Ethikrat* (Fn. 73), Empfehlung Nr. 2, S. 55 f., 246 f.

suche dem Expertenwissen dezidiert eine starke Partizipation zur Seite gestellt wurde, hat sich die Bewältigung der Corona-Pandemie dem klassischen Risikorecht entsprechend besonders auf Sachverständigenwissen gestützt. Partizipative Elemente haben dagegen kaum eine Rolle gespielt,[97] sieht man von der freilich sehr breiten öffentlichen Diskussion in den Medien ab. Für eine institutionelle Einrichtung partizipativer Elemente war dagegen angesichts der drängenden Sachlage keine Zeit. Die sehr gegenpolig angelegten Verfahren der Atomendlagersuche einerseits und der Pandemiebewältigung andererseits bieten aber Anlass, die Einbindung von Partizipation und fachlicher Expertise weiter zu untersuchen. Dabei sollte berücksichtigt werden, dass Partizipation gerade in der heutigen medialen Gesellschaft ein wichtiges Instrument ist, um die Situation der Betroffenen zu verdeutlichen, Argumente vorbringen und sammeln zu können. Ich würde aber davor warnen, partizipative Elemente an die Stelle von Fachwissen zu setzen. Denn der partizipierende Bürger verfolgt einerseits oft eigene Interessen, die nicht mit der Mehrheitsmeinung verwechselt werden dürfen, und kann andererseits auch nicht in gleichem Maße wie ein Sachverständiger qualifiziertes Fachwissen einbringen. Insofern sind die zunehmende Kritik[98] und teilweise sogar Polemisierung gegenüber Experten nicht ungefährlich. In unserer hocharbeitsteiligen Gesellschaft sind wir bei der Lösung komplexer Probleme dringend auf Expertenwissen angewiesen. Nicht ohne Grund ist die Wissenschaftsfreiheit im Grundgesetz besonders geschützt und erfüllt neben ihrer Funktion als Grundrecht auch eine wichtige Funktion für unsere freiheitliche demokratische Gesellschaft, indem sie „demokratische Verfahren der Willensbildung (...) mit rational begründbaren Richtigkeitsansprüchen konfrontiert.[99] Parallel dazu sichert auch das Leistungsprinzip des Art. 33 Abs. 2 GG die Qualität staatlicher Entscheidungen.[100] Angesichts der bevorstehenden Herausforderungen ist dies wichtiger denn je. Unbestreitbar wichtig bei der Einbindung von Expertenwissen ist die Einholung von und Auseinandersetzung mit plural ausgestalteter Expertise.[101]

---

97 Dies vermissend *Deutscher Ethikrat* (Fn. 73), S. 35 (unter 66), 184, vgl. auch die entspr. Empfehlung Nr. 10, S. 61 f., 253 f.

98 Zum Stichwort Expertokratie etwa *Steinbrück*, Unterm Strich, 2010, S. 313 ff.; das Schlagwort aufgreifend auch *Münkler*, Expertokratie, 2020.

99 *Gärditz*, in: Dürig/Herzog/Scholz (Fn. 42), Art. 5 Rn. 15, 20 ff. (Zitat: Rn. 21).

100 *Badura*, in: Dürig/Herzog/Scholz (Fn. 42), Art. 33 Rn. 2.

101 Das Verhältnis von Wissen und demokratischer Entscheidungsfindung diskutierend *Münkler* (Fn. 98), S. 386 ff.

3. Zuordnung von Verantwortung

Ein dauerhaftes Problem des Risikorechts bleibt schließlich die Zuordnung von Entscheidungslast und -verantwortung angesichts von Ungewissheit. Hier bleibt es eine beständige Aufgabe, jeweils abzuschichten, welche Bereiche einem gesetzgeberischen oder exekutiven Spielraum unterliegen dürfen und inwieweit sie (verfassungs-)gerichtlich eingehend überprüft werden können.

a) Präzise Herausarbeitung gesetzgeberischer Zwecke

Von besonderer Bedeutung erweist sich in diesem Zusammenhang, worauf jüngst *Anna Leisner-Egensperger* aufmerksam gemacht hat,[102] die präzise Herausarbeitung der gesetzgeberischen Zwecke. Im Rahmen der Corona-Pandemie standen unter diesem Gesichtspunkt besonders die Ausgangssperren in der Kritik, durch die die Einhaltung und Kontrolle der Kontaktbeschränkungen gefördert werden sollten. Sie bilden ein zweischneidiges Mittel, weil sie auch genutzt werden könnten, um politisch unliebsame Versammlungen und Meinungsäußerungen zu verhindern. Es handelt sich damit um ein in einer Demokratie höchst ungewöhnliches Instrument, für das nur ausnahmsweise unter besonderen Umständen Raum sein kann. Daher ist die Legitimität des verfolgten Zwecks in diesen Fällen von besonderer Bedeutung.

Gerade wenn mehrere Zwecke zugleich verfolgt werden, ist sorgfältig zu differenzieren, da nur so ein präziser Maßstab für die Verhältnismäßigkeitsprüfung gefunden werden kann.[103] Zwar kann der Staat meiner Auffassung nach mehrere Zwecke zugleich verfolgen.[104] Es sollte aber sorgfältig herausgearbeitet werden, in welchem Verhältnis diese Zwecke zueinander stehen. So können etwa das Ziel des Schutzes von Leben und Gesundheit und das Ziel der Bewahrung des Gesundheitssystems vor Überlastung parallel verfolgt werden. Sie sind nicht zwingend gestaffelt, denn eine Maßnahme kann gleichzeitig sowohl dem Ziel dienen, Todesfällen oder schweren Langzeitfolgen durch Corona als solchen vorzubeugen, als auch zusätzlich Überlastungen des Gesundheitssystems aus sozialstaat-

102 *Leisner-Egensperger*, JZ 2021, S. 913 ff.

103 *Leisner-Egensperger* (Fn. 102), S. 914 ff.

104 In diesem Sinn auch *Seiler* (Fn. 80), S. 927; auf jeweils nur einen legitimen Zweck abstellend hingegen *Leisner-Egensperger* (Fn. 102), S. 922.

lichen Gründen zu begegnen, um Zustände wie in Bergamo zu vermeiden.[105] Dagegen liegt eine Staffelung von Zwecken vor, wenn Ausgangssperren die Einhaltung von Kontaktbeschränkungen sichern sollen, die dann ihrerseits wiederum dem Schutz von Leben und Gesundheit dienen sollen. Hier zeigt sich eine gewisse Neigung des Staates, seinen eigenen Bürgern zu misstrauen, die sich zunehmend auch in anderen Bereichen wie etwa dem Bau-, Umwelt- und Wirtschaftsrecht findet, in denen immer mehr Kontrollen und Nachweise verlangt werden.

b) Die Gewaltenteilung im Risikorecht

Nicht zuletzt ist im Rahmen der Kernaufgabe des Risikorechts, das Verhältnis von gesetzgeberischer Regelung, exekutiver Umsetzung und Konkretisierung sowie gerichtlicher Kontrolle immer wieder aufs Neue auszutarieren, besonders die Rolle des Gesetzgebers in den Blick zu nehmen. Entgegen starker Tendenzen, die eine weitgehende Hochzonung auf den Gesetzgeber fordern,[106] ist vor einer Überkonstitutionalisierung zu warnen.[107] Es ist unzweifelhaft Aufgabe des Gesetzgebers, die wesentlichen politischen Grundsatzentscheidungen zu treffen, insbesondere darüber, ob wir eine bestimmte Technologie wie die Kernenergie oder die Gentechnik überhaupt nutzen wollen und unter welchen grundlegenden Bedingungen dies geschehen soll. Hierbei handelt es sich um grundlegende politische Wertentscheidungen, die parlamentarisch getroffen werden müssen.

Der Gesetzgeber *darf* aber der Verwaltung die nähere Konkretisierung durch Rechtsverordnung überantworten und auch eine dynamische Anknüpfung an den Stand von Wissenschaft und Technik ermöglichen.[108] In unserer hocharbeitsteiligen Gesellschaft dient eine solche Einbindung von Fachbehörden der Qualität und Effektivität von Entscheidungen, die ihrerseits zum Grundrechtsschutz beitragen. Zwar wird im Schrifttum darauf

---

105 Siehe auch zutreffend *Poscher*, in: Huster/Kingreen (Hrsg.), Handbuch Infektionsschutzrecht, 2021, Kap. 4 Rn. 110; dagegen, verkennend, dass es auch um den Schutz des Lebens geht, und den hohen Todeszahlen der Pandemie nicht gerecht werdend *Lepsius*, VerfBlog v. 6. 4. 2020, https://verfassungsblog.de/vom-niedergang-grundrechtlicher-denkkategorien-in-der-corona-pandemie/ (zuletzt abgerufen am 15. 8. 2022).

106 Diese Tendenz betrifft nicht nur die Corona-Pandemie, sondern auch das Risikorecht insgesamt, vgl. in diese Richtung argumentierend *Klafki* (Fn. 24), S. 105 ff., 123 ff.

107 *Heinig* (Fn. 80), S. 6; *Seiler* (Fn. 80), S. 930.

108 Etwa die Listung einzelner Arzneimittel oder Chemikalien.

hingewiesen, dass auch diese Konkretisierungen durch den Gesetzgeber getroffen werden könnten, indem die Parlamentsabgeordneten selbst Sachverständige anhören und Fragen stellen können, um die Plausibilität einer Aussage zu überprüfen.[109] Selbstverständlich bleibt die Nutzung dieser Möglichkeiten dem Parlament unbenommen und ist, gerade zur Vorbereitung wesentlicher Grundentscheidungen, dringend zu empfehlen. Was aber die konkrete Umsetzung einzelner Detailfragen anbelangt, ist es eine Illusion zu glauben, dass ein Abgeordneter in der Breite der anstehenden Fragen die gleichen Kenntnisse wie die jeweils ausgebildeten Spezialisten besitzen kann,[110] die kraft ihres besonderen Fachwissens weiterführende Fragen stellen und vor allem auch noch nicht benannte Probleme erstmalig kritisch ansprechen können. Die Verwaltungsbehörden beschäftigen zu diesem Zweck ausgebildetes Fachpersonal, dessen Wissen legitimer Weise genutzt werden darf und sollte. Zudem kann die Exekutive auf dynamische Probleme schneller reagieren und damit ein wissenschaftsadäquates Handeln möglich machen.[111] Davon unbenommen bleibt, dass der Gesetzgeber eine Frage an sich ziehen kann und muss, wenn sie politisch in Streit gerät und daher einer demokratischen Grundsatzentscheidung bedarf.[112]

Vor einer Überkonstitutionalisierung und damit auch Überforderung des Gesetzgebers ist auch deshalb zu warnen, weil für den Gesetzgeber genug grundsätzliche Fragen bereitstehen, die einer Antwort harren. Denn die wechselseitigen Abhängigkeiten, die berührten Interessen und die gesteigerte Sensibilität der Bürgerinnen und Bürger verlangen wichtige Grundsatzentscheidungen. Dies gilt vor allem, wenn sich gleichermaßen bedeutende Ziele gegenüberstehen. Beispielhaft seien nur genannt: der Schutz gefährdeter Tierarten gegenüber der Nutzung von Windkraftanlagen, Atomenergie contra Klimaschutz, Wohnbedarf contra Klimaschutz und Flächenverbrauch, Hygiene gegenüber Plastikverbrauch, Gentechnik gegenüber dem Hunger in der Welt wie auch gegenüber dem Klima-

---

109 *Klafki* (Fn. 24), S. 105 f.

110 Die Vorstellung, die Parlamentsabgeordneten könnten über die wesentlichen Grundentscheidungen hinaus auch die zahlreichen Detailfragen in einer Vielzahl von Fachgebieten jeweils auf dem neuesten Stand der Technik beherrschen, trägt der Tiefe des notwendigen Wissens in unserer hochspezialisierten und arbeitsteiligen Gesellschaft nicht hinreichend Rechnung.

111 So wurde dem Gesetzgeber, als er in der Corona-Pandemie mit der Bundesnotbremse selbst konkrete Maßnahmen getroffen hat, denn auch prompt vorgeworfen, dass die Anordnungen zu pauschal seien.

112 Dies kann dann durchaus auch einzelne Stoffe, etwa eine bestimmte Chemikalie, betreffen. Zutreffend *Rixen* (Fn. 15), S. 59, der in Bezug auf die Corona-Pandemie auf die parlamentarische Begleit- und Nachsteuerung hinweist.

schutz[113] und das Problem der Triage. Hier handelt es sich um tief politische Fragen, die der Gesetzgeber oft nur zögerlich angeht, weil die Parteien fürchten, an Tabus zu rühren und dadurch Wählerstimmen zu verlieren. Vielleicht nehmen aus diesem Grunde die Fälle immer mehr zu, in denen letztlich die Verwaltung und die Gerichte mit fehlenden Regelungen umgehen müssen. Hier wäre der Gesetzgeber gut beraten, wenn er zumindest die wesentlichen Entscheidungen entschlossener angehen würde.

113 Ein Beispiel aus jüngerer Zeit ist die Nutzung gentechnisch veränderter Bakterien zur Herstellung von Chemikalien aus Industrieabgasen durch Fermentation, durch die sowohl die Rohstoffe zur Herstellung der Chemikalien eingespart als auch die Abgase genutzt werden, siehe *Liew* u. a., Biotechnology Nature, Publ. 21. 2. 2022, https://www.nature.com/articles/s41587-021-01195-w (zuletzt abgerufen am 15. 8. 2022).

Verwaltungsvollstreckung im Verwaltungsverbund

Philipp Reimer

I. Vollstreckung im Verbund – Sonderstellung des Verwaltungsrechts

Das Thema der grenzüberschreitenden Vollstreckung stellt sich für alle drei rechtswissenschaftlichen Fachsäulen. Das Internationale Zivilverfahrensrecht kennt multilaterale[1] ebenso wie unionssekundärrechtliche[2] Regelungen dazu. Ähnliches gilt für die internationale Rechtshilfe in Strafsachen, wo mit dem Schengener Recht und einigen Sekundärrechtsakten ebenfalls eine Normierung durch die EU vorhanden ist.[3] Das öffentliche Recht, das insoweit nur recht punktuelle Regeln kennt,[4] scheint hier dagegen etwas unterversorgt zu sein.

---

1 Siehe die in § 1 AVAG genannten Übereinkommen.

2 Insb. Verordnung (EG) Nr. 805/2004 des europäischen Parlaments und des Rates vom 21. 4. 2004 zur Einführung eines europäischen Vollstreckungstitel für unbestrittene Forderungen (ABl. EU 2004 L 143/15); VO (EG) Nr. 1896/2006 des europäischen Parlaments und des Rates vom 12. 12. 2006 zur Einführung eines europäischen Mahnverfahrens (ABl. EU 2006 L 399/1); VO (EG) Nr. 861/2007 des europäischen Parlaments und des Rates vom 11. 7. 2007 zur Einführung eines europäischen Verfahrens für geringfügige Forderungen (ABl. EU 2007 L 199/1); VO (EU) Nr. 1215/2012 des europäischen Parlaments und des Rates vom 12. 12. 2012 über die gerichtliche Zuständigkeit und die Anerkennung und Vollstreckung von Entscheidungen in Zivil- und Handelssachen (ABl. EU 2012 L 351/1); innerstaatlich siehe § 794 Abs. 1 Nr. 7–9 und §§ 1082, 1093, 1107, 1112 ZPO.

3 Insb. Rahmenbeschluss 2005/214/JI des Rates vom 24. 2. 2005 über die Anwendung des Grundsatzes der gegenseitigen Anerkennung von Geldstrafen und Geldbußen (ABl. EU 2005 L 76/16), Rahmenbeschluss 2002/584/JI des Rates vom 13. 6. 2002 über den Europäischer Haftbefehl (ABl. EU 2002 L 190/1) und Richtlinie 2014/41/EU über die Europäische Ermittlungsanordnung in Strafsachen (ABl. EU 2014 L 130/1); innerstaatlich siehe §§ 84–90 IRG. Vgl. zur Entwicklung in diesem Bereich etwa *Ambos/Rackow*, JZ 2021, S. 329 ff., und speziell zur Vollstreckungshilfe bezüglich freiheitsentziehender Sanktionen *Hüttemann*, StV 2016, S. 519 ff.

4 Vom „allgemeinen Prinzip der verweigerten Rechtshilfe" in diesem Bereich will aber nicht mehr sprechen *Menzel*, Internationales Öffentliches Recht, 2011, S. 681. Zur gerichtlichen Durchsetzung ausländischer öffentlich-rechtlicher Forderungen

Da übergreifende Regeln fehlen,[5] von denen wir ausgehen könnten, bietet es sich an, zunächst die Konstellationen etwas allgemeiner zu umschreiben, die das Thema „Verwaltungsvollstreckung im Verwaltungsverbund" überhaupt aufruft (dazu II.). Sodann soll der Blick auf die zwei aus Sicht der deutschen Verwaltungsrechtswissenschaft nächstliegenden Anwendungsfälle gerichtet werden: zum einen den innerdeutschen bundesstaatlichen (dazu III.), zum anderen den europäischen Verwaltungsverbund (dazu IV.); abschließend sei nur noch kurz das Verhältnis zu Drittstaaten angesprochen (dazu V.).

II. Kartierung der Konstellationen

Verwaltungsvollstreckung weist – wie jede andere Vollstreckung auch – eine Zweiaktstruktur auf (dazu 1.). Im Verwaltungsverbund verbindet sich diese mit der Überschreitung einer Grenze zwischen zwei Verbundteilnehmern (dazu 2.). Beides zusammen ergibt mehrere Kombinationen, die auseinandergehalten werden müssen (dazu 3.).

1. Zweiaktstruktur: Titel und Vollstreckung

a) Ausgangspunkt: der Titel

Was zunächst die Zweiaktstruktur angeht, so ergibt sie sich daraus, dass Vollstreckung immer transitiv, also die „Vollstreckung von etwas" ist. Dieses Etwas nennen wir normalerweise den „Titel". Dabei handelt es sich stets um einen Rechtsakt[6] mit zumindest auch befehlendem Tenor:

---

vgl. *Dutta*, EuR 2007, S. 744 (750f.); im Folgenden soll es nur um behördliche Maßnahmen gehen.

5 „Konvergenzen" zwischen zivil- und verwaltungsrechtlicher Vollstreckung beobachtet aber *Dutta*, IPRax 2010, S. 504 ff. Beispiele dafür sind in der Tat die Einbeziehung der Steuer- und Sozialabgabengläubiger in das europäische Insolvenzrecht, siehe Art. 2 Nr. 12 VO (EU) 2015/848 vom 20. 5. 2015 über Insolvenzverfahren (ABl. EU 2015 L 141/19), und im Ansatz auch der Jugendämter in das europäische Familienverfahrensrecht, siehe VO (EU) 2019/1111 vom 25. 6. 2019 über die Zuständigkeit, die Anerkennung und Vollstreckung von Entscheidungen in Ehesachen und in Verfahren betreffend die elterliche Verantwortung und über internationale Kindesentführungen (ABl. EU 2019 L 178/1).

6 Zu überlegen wäre, ob als Titel der Rechtsakt als Handlung, als dadurch hervorgebrachte Urkunde (woran § 724 ZPO mit der „vollstreckbaren Ausfertigung" und

der Titel muss irgendjemandem eine Verhaltenspflicht zusprechen. Diese Pflicht kann auf ein positives Tun, insbesondere eine Zahlung, aber auch auf ein Unterlassen gerichtet sein.

Der Titel ist regelmäßig das Produkt eines Erkenntnisverfahrens, dessen Details spielen im Vollstreckungskontext aber grundsätzlich keine Rolle mehr.[7] Hier geht es vielmehr nur noch um die Wirksamkeit und Vollstreckbarkeit des Titels. „Wirksamkeit“ bezeichnet die Voraussetzungen, unter denen ein Rechtsakt nach dem jeweils anwendbaren Recht – sei es VwVfG, VwGO oder ZPO – überhaupt Wirkungen hervorbringen kann; „Vollstreckbarkeit“ bezeichnet die zusätzlichen Voraussetzungen, unter denen außerdem die vollstreckungsrechtlichen Befugnisse freigeschaltet werden.

b) Anschlussverfahren: die Vollstreckung

Die Vollstreckung bildet, nachdem der Titel in der Welt ist, den zweiten Akt des Geschehens. Sie bildet ein „anknüpfendes Verfahren“ zum Erkenntnisverfahren.[8] Zielhandlung[9] eines einzelnen Vollstreckungs*verfahrens* ist eine hoheitliche Vollstreckungs*maßnahme*; das eigentliche Ziel der Vollstreckung besteht aber darin, dass das im Titel befohlene Verhalten verwirklicht, etwa die Zahlung geleistet wird.

Welche Maßnahmen zu diesem Ziel etwas beitragen können, wird von der Art des befohlenen Verhaltens abhängen. Das geltende deutsche Recht unterscheidet insoweit in erster Linie zwischen der Vollstreckung wegen Geldforderungen und der Vollstreckung wegen sonstiger Pflichten. Für erstere gibt es Befugnisse zum Zugriff auf Vermögensgegenstände und zu deren Verwertung,[10] für letztere im Wesentlichen[11] Befugnisse zur Auf-

---

§ 451 StPO mit der „beglaubigten Abschrift der Urteilsformel“ anknüpfen) oder als dadurch gesetzte Individualnorm (wie es die Rede von der „Wirksamkeit des Grundverwaltungsakts“ voraussetzt) angesprochen sein soll. Diese Frage kann für unsere Zwecke aber einstweilen ausgeblendet bleiben.

7 Und zwar auch in Verbundkonstellationen, vgl. etwa *Hofmann*, Rechtsschutz und Haftung im Europäischen Verwaltungsverbund, 2005, S. 55.

8 *Reimer*, Verfahrenstheorie, 2015, S. 55f.

9 *Reimer* (Fn. 8), S. 29–31.

10 Siehe §§ 802a–882i ZPO, 1–5b VwVG, 259–327 AO und aus dem Landesrecht etwa §§ 13–17 LVwVG BW.

11 Einzelne Pflichtinhalte werden daneben mitunter separat angesprochen, etwa die Herausgabe bestimmter Sachen (§§ 883–885 ZPO), die Herausgabe von Personen

erlegung von Zwangsgeldern, zur Ersatzvornahme und zur Anwendung unmittelbaren Zwangs.

Gruppiert man übergreifend nach der Art der zugelassenen Vollstreckungsmaßnahmen, so hat man in erster Linie zu unterscheiden zwischen

(1) einerseits Rechtsakten insbesondere zur Auferlegung eines Rechtsnachteils (etwa der Zwangsgeldfestsetzung) oder zur Entziehung oder Verkürzung einer Rechtsposition (etwa der Forderungspfändung und -überweisung[12]) und
(2) andererseits Realakten, die insbesondere gerichtet sein können
   (a) auf die Entziehung einer tatsächlichen Position, insbesondere[13] des Gewahrsams an Sachen (so etwa die Sachpfändung wegen Geldforderungen,[14] die Wegnahme herauszugebender Sachen[15] oder die Wegnahme eines Hypothekenbriefs zur Pfändung gesicherter Forderungen[16]), oder
   (b) auf die Erzwingung des Stillhaltens (bei Unterlassungspflichten[17] oder als Begleitmaßnahme bei Herausgabepflichten[18]).

c) Rollen: Gläubiger, Titulierer, Vollstrecker

Die Vorstellung von der Zweiaktstruktur erinnert daran, dass die beiden Akte in verschiedenen Händen liegen können[19] – und die Inhaberschaft

(§§ 88–94 FamFG), die Abgabe von Willenserklärungen (§ 894 ZPO) oder die Räumung von unbeweglichen Sachen u. ä. (§ 27 Abs. 1 LVwVG BW).

12 §§ 829, 835 ZPO, 305, 309 AO. Ein Spezialfall ist die „Selbstpfändung" öffentlich-rechtlicher Forderungen des Vollstreckungsschuldners wie in BFHE 239, 501 (2012): Pfändung eines Steuererstattungsanspruchs durch ein deutsches Finanzamt bei sich selbst auf Betreiben eines spanischen Finanzamts.

13 Die Obhut über ein Kind – materiellrechtlich ggf. nach § 1632 Abs. 1 BGB herauszugeben – wäre ebenfalls hierher zu rechnen. Das wird in grenzüberschreitenden Fällen aber wohl eher ein Fall für den Familiengerichts- als für den Verwaltungsverbund sein.

14 § 808 Abs. 1 ZPO, § 286 Abs. 1 AO. An den Realakt knüpft sich hier kraft Gesetzes die Entstehung des Pfändungspfandrechts, §§ 804 ZPO, 282 AO.

15 § 883 Abs. 1 ZPO und z. B. § 28 Abs. 1 LVwVG BW.

16 § 830 Abs. 1 ZPO, § 310 Abs. 1 AO und aus dem Landesrecht etwa die Verweisung in § 15 Abs. 1 LVwVG BW.

17 § 892 ZPO.

18 § 758 Abs. 3 ZPO, § 287 Abs. 3 AO.

19 Eine der „Bauformen eines Kooperationsrechts" nennt dieses Verhältnis *Schmidt-Aßmann*, EuR 1996, S. 270 (292, Begriff: 289).

der titulierten und zu vollstreckenden Forderung noch in einer dritten, von der typischerweise auch das aktive Betreiben der Vollstreckung erwartet wird. Die naheliegende Einteilung in Selbst- und Fremdvollstreckung bliebe deshalb unterkomplex; die drei Funktionen stehen vielmehr in charakteristisch unterschiedlichem Verhältnis in den Rechtsgebieten. Im Zivilrecht betreibt der Gläubiger das Erkenntnis- und das Vollstreckungsverfahren, das Prozessgericht tituliert, und für das Vollstreckungsverfahren bestehen eigene Organe[20] (also Fremdtitulierung und Fremdvollstreckung). Im Strafrecht initiiert die Staatsanwaltschaft das Erkenntnisverfahren,[21] das Prozessgericht tituliert, und mit der Vollstreckung ist wieder die Staatsanwaltschaft betraut[22] (also Fremdtitulierung und Selbstvollstreckung).

Im Verwaltungsbereich rechnen wir demgegenüber normalerweise damit, dass ein Verwaltungsträger Inhaber einer öffentlich-rechtlichen Forderung ist, dass seine Behörde diese durch Verwaltungsakt tituliert (Selbsttitulierung) und dass dieselbe Behörde diesen Verwaltungsakt dann auch vollstreckt (in diesem Sinne: Selbstvollstreckung).[23] Doch gibt es von der Selbstvollstreckung hier sowohl obligatorische als auch fakultative Ausnahmen.

Obligatorisch ist etwa die Zuständigkeit der besonderen Vollstreckungsbehörden nach § 3 VwVG bei Geldforderungen,[24] die Zuständigkeit anderer Behörden nach § 7 Abs. 2 VwVG aufgrund besonderer Rechtsverordnung[25] und die gesonderte Zuständigkeit nach § 8 VwVG für Zwangsmaßnahmen außerhalb des eigenen Bezirks.

---

20 Insbesondere die Gerichtsvollzieher nach §§ 153, 154 GVG, 753 ZPO; aber auch das Vollstreckungsgericht nach § 764 ZPO ist funktional vom Gericht des Erkenntnisverfahrens unterschieden. Nur einzelne Aufgaben sind ausdrücklich dem „Prozessgericht“ zugewiesen, siehe namentlich §§ 767, 769, 770, 788, 856, 887–890 ZPO.

21 Was selbst natürlich wiederum den Abschluss ihres Ermittlungsverfahrens darstellt. Schon das Erkenntnis- ist insofern ein Fortsetzungsverfahren: *Reimer* (Fn. 8), S. 58f.

22 § 451 Abs. 1 StPO.

23 § 7 Abs. 1 VwVG, § 249 Abs. 1 AO, § 92 Var. 1 OWiG und aus dem Landesrecht etwa § 4 Abs. 1 LVwVG BW. Für die Verwaltungsgerichte regelt Entsprechendes § 167 Abs. 1 S. 2 VwGO.

24 Ähnlich aus dem Landesrecht etwa Art. 25 VwZVG BY.

25 Entsprechend aus dem Landesrecht etwa § 4 Abs. 2 LVwVG BW; auf dieser Grundlage weist § 1 VO vom 23. 6. 1990 (GBl. 1990, S. 230) die Vollstreckung den „Kassen“ zu, die haushaltsrechtlich angesprochen werden (§§ 70, 79 LHO BW), aber organisationsrechtlich nicht leicht einzuordnen sind; das Landesverwaltungsgesetz kennt den Begriff nicht, und Nr. I AO vom 14. 7. 1998 (GBl. 1998,

Zu einer fakultativen Fremdvollstreckung kommt es in den Fällen der „Vollstreckungshilfe", wie sie das Bundes- und manches Landesrecht kennen.[26] Sie wird vor allem erforderlich, wenn Realakte in einem anderen Zuständigkeitsbereich vorgenommen werden müssen.[27] Für Rechtsakte kommt es darauf an, ob die Behörde sie in den anderen Zuständigkeitsbereich hinein erlassen und zustellen kann und darf.[28]

2. *Verbundstruktur: Grenze und Überschreitung*

Die Verbundkonstellation bringt in das Auseinanderfallen der Zuständigkeiten eine weitere Komplikation ein: das Kreuzen einer staatlichen Grenze,[29] weil die Vollstreckung ganz oder teilweise nicht im Hoheitsgebiet des eigenen Staates vorgenommen werden kann[30] und nicht im Hoheitsgebiet des auswärtigen Staates vorgenommen werden darf.[31] Normalerweise wird es sich um eine territoriale Kompetenzgrenze handeln und konsequenterweise um „horizontale" Zusammenarbeit; in organisatorisch verfestigten Verbünden mit zentralen Institutionen kann es auch eine sachliche Kompetenzgrenze sein, die „vertikale" Zusammenarbeit erforderlich macht.[32]

S. 502) errichtet etwa die Landesoberkasse Baden-Württemberg „[b]ei der Oberfinanzdirektion Karlsruhe".

26 § 250 AO und aus dem Landesrecht etwa § 4 Abs. 3 LVwVG BW. Zur Begriffsbildung im Umkreis der „Vollzugshilfe" vgl. auch *Reimer*, in: Kahl/Waldhoff/Walter (Hrsg.), BK-GG, Art. 35 (2017) Rn. 115.

27 *Wetzel*, KKZ 2001, S. 97 (121, 122, 124).

28 Zu dieser Frage der Territorialhoheit noch kurz bei Fn. 31.

29 Zu dieser elementaren Struktur vgl. *Reimer* (Fn. 26), Art. 35 Rn. 44–50.

30 Insoweit gibt *Menzel* (Fn. 4), S. 681, zu bedenken, dass die Festsetzung eines Zwangsgelds und die Erzwingungshaft prinzipiell auch im Inland erfolgen könnten, selbst wenn die titulierte Pflicht nur im Ausland erfüllt werden kann.

31 Zu dieser Grenze siehe für das internationale Verhältnis nur *Reimer*, in: Holoubek/Lang (Hrsg.), Verfahren der Zusammenarbeit in Europa, 2012, S. 63 (67–70), für das intraföderale etwa BVerfGE 11, 6 (19); BGHZ 54, 157 (keine wirksame Pfändungsverfügung durch nordrhein-westfälische Behörde gegenüber saarländischem Schuldner und Drittschuldner); *Isensee*, in: Isensee/Kirchhof (Hrsg.), HStR, Bd. VI, 3. Aufl. 2008, § 126 Rn. 41. Zur genannten Entscheidung des BGH vgl. aber die Kritik von *Wetzel* (Fn. 27), S. 122–124; den Grundsatz relativiert auch BVerwGE 22, 299 (307) (allerdings in dem Sonderfall eines allseitigen Staatsvertrags, also des Einverständnisses der anderen Länder); BVerwGE 79, 339 (341–344).

32 Das Begriffspaar etwa bei *Schneider*, in: Schoch/Schneider (Hrsg.), Verwaltungsrecht, 2. EL 2022, Vorbemerkung § 4 VwVfG Rn. 1.

a) Wirkungsweise: Bindung oder Kulanz

Fremdvollstreckung über eine Grenze hinweg bringt mit sich, dass das Recht, das die normalerweise zuständige Stelle bindet, nicht unbedingt auch für die Stelle gilt, die zweckmäßigerweise zuständig sein sollte.

„Nicht unbedingt“: Das heißt, eine Bindung ist durchaus möglich, indem ein übergeordnetes Recht die andere Stelle verpflichtet, sei es (völker)vertraglich oder durch ein verbindendes föderales Gebilde. Soweit ein übergeordnetes Recht fehlt, wird die andere Stelle dagegen höchstens als „Kulanzleistung“ tätig, und dies typischerweise nur, wenn die Gegenseitigkeit verbürgt ist.[33]

Der Begriff „Verwaltungsverbund“ ist vage genug,[34] um beides abzudecken – sowohl die zu gemeinsam verbindlicher Rechtsförmlichkeit verfestigte Zusammenarbeit als auch die bloß einseitig gewährte. Bei letzterer ist überdies danach zu unterscheiden, ob die Kulanz nur von der Behörde ausgeht – dann schließt sich die Frage nach dem Vorbehalt des Gesetzes an[35] – oder ob sie sich zumindest aus dem Blickwinkel der innerstaatlichen Behörde als Pflicht darstellt, weil sie auf innerstaatlicher Gesetzgebung beruht – auch das wirft für den fremden Titel immerhin noch die Frage nach der demokratischen Legitimation auf.[36]

b) Anwendungsfälle: gestaltende oder befehlende Verwaltungsakte

Die Verbundstruktur wird für den Verwaltungsbereich meist nicht im Zusammenhang mit befehlenden, sondern mit gestaltenden Verwaltungsakten erörtert.[37] Es geht dann um die Anerkennung jenseits der Grenze gewährter oder entzogener Rechtspositionen (wie etwa Aufenthalts-[38] oder

33 Siehe nur § 117 Abs. 3 S. 1 Nr. 1 AO und allgemein *Seer*, IWB 2011, S. 144 (147).

34 Zur Problematik dieser Begriffsbildung vgl. *Jestaedt*, in: Hoffmann-Riem/Schmidt-Aßmann/Voßkuhle (Hrsg.), GVerwR, Bd. 2, 2. Aufl. 2012, § 14 Rn. 18.

35 Siehe nur *Isensee* (Fn. 31), § 126 Rn. 232; *Starski*, Der intraföderale Verwaltungsakt, 2014, S. 154 f.

36 So bereits *Papier/Olschewski*, DVBl. 1976, S. 475 (477).

37 Siehe aber *Kahl*, in: Holoubek/Lang (Hrsg.), Verfahren der Zusammenarbeit in der europäischen Union, 2012, S. 15 (24f.), der in den Verwaltungs- als „Vollzugsverbund“ implizit beides einordnet.

38 In § 4 Abs. 1 AufenthG realisiert durch eine Ausnahme vom Erfordernis eines Aufenthaltstitels, soweit Unionsrecht den Aufenthalt gestattet.

Fahrerlaubnisse[39]) – darüber wird beim „transnationalen Verwaltungsakt“[40] und der „Anerkennung ausländischer Verwaltungsakte“[41] bisher fast ausschließlich gesprochen. Diese Anerkennung[42] ist im Kern ein Abweichungsverbot:[43] Deutsche Behörden dürfen einer Entscheidung nicht zugrunde legen, die im Ausland gewährte Rechtsposition sei nicht vorhanden (bzw. die im Ausland entzogene sei noch vorhanden). Wenn A eine anzuerkennende dänische Fahrerlaubnis hat, dann darf die deutsche Polizei sie eben nicht wegen Fahrens ohne Fahrerlaubnis (§ 21 StVG) an der Weiterfahrt hindern.

Unsere Konstellation geht über das Abweichungsverbot *technisch* einen Schritt hinaus, weil sie ein positives Tun in Gestalt innerstaatlicher Vollstreckungsmaßnahmen betrifft, die dem auswärtigen Befehl zur Durchset-

---

39 In § 28 Abs. 1 FeV realisiert durch ausdrückliche Berechtigung; hier spielt die bekannte Problematik des „Führerscheintourismus“, dazu zuletzt etwa *Koehl*, DAR 2018, S. 588 ff.; *Rebler*, JuS 2018, S. 134 ff.

40 Vgl. etwa *Schmidt-Aßmann*, DVBl. 1993, S. 924 (935f.; begriffsprägend, mit dem Beispiel „Gewerbe- oder Produktzulassungen“); *von Coelln*, in: Isensee/Kirchhof (Hrsg.), HStR, Bd. XI, 3. Aufl. 2013, § 239 Rn. 11 f. (die Vollstreckung wird zu Rn. 13 zumindest genannt); *Sydow*, Verwaltungskooperation in der Europäischen Union, 2004, S. 138–180; *Burbaum*, Rechtsschutz gegen transnationales Verwaltungshandeln, 2003, S. 53; *Ruffert*, Die Verwaltung 34 (2001), S. 453 ff. (von Zwang ist nur die Rede auf S. 469); *Neßler*, NVwZ 1995, S. 863 ff.; *Lührs*, JuS 2022, S. 721ff. Auch bei *Kment*, Grenzüberschreitendes Verwaltungshandeln, 2010, erscheint die Möglichkeit vollstreckbarer, also befehlender, Verwaltungsakte nur punktuell (S. 456f., 491). Siehe aber zur bundesstaatlichen Konstellation *Starski* (Fn. 35), S. 69 („Dimension II“), S. 152–159.

41 *König*, Die Anerkennung ausländischer Verwaltungsakte, 1965, S. 10 f., hebt schlicht auf „irgendwelche Folgen in der inländischen Rechtsordnung“ ab. Ohne Unterscheidung zwischen Regelungsinhalten, die doch so verschiedene Konsequenzen haben, auch *Vogel*, Der räumliche Anwendungsbereich der Verwaltungsrechtsnorm, 1965, S. 333–335. Die funktionale Einteilung in „Rechtsregelungen“, „Legalisierungen“ und „Ausweise“ bei *Schwarz*, Die Anerkennung ausländischer Staatsakte, 1935, S. 7–9 und passim, ist der Sache nach eine Untergliederung gerade der nichtbefehlenden Rechtsakte.

42 Gegen „Anerkennung“ als Oberbegriff im europäischen Kontext *Schwarz*, in: Debus u. a. (Hrsg.), Verwaltungsrechtsraum Europa, 2011, S. 55 ff., der zwischen „Anerkennungs- und unmittelbarer Transnationalität“ je nach zugrundeliegendem Rechtsakt – Richtlinie bzw. Verordnung – unterscheidet (ebd., S. 73). Ebenfalls gegen den Begriff „Anerkennung“, weil dieser unrichtig die Erforderlichkeit von „Anerkennungsakten“ insinuiere, *Ruffert* (Fn. 40), S. 458. Dass es verschiedene „Anerkennungstechniken“ gibt, verdeutlicht *Schmidt-Aßmann* (Fn. 19), S. 301.

43 Der Begriff beschreibt auch sonst präjudizielle Wirkungen, namentlich in der Rechts- und Bestandskraftdogmatik. Vgl. nur *Seibert*, Die Bindungswirkung von Verwaltungsakten, 1989, S. 63.

zung verhelfen sollen. Zugrunde liegt ein Unterschied der *Interessenlage*: während die Anerkennung von Erlaubnissen den Verwaltungsaktadressaten begünstigt, belastet die Anerkennung[44] und Vollstreckung von Befehlen diesen. Wenn sonst im Verwaltungsrecht die Begünstigungs- und im Strafrecht die Belastungswirkung dominiert,[45] zeigt die hier zu betrachtende Fallgestaltung, dass eine Belastung auch im Verwaltungsrecht auftreten kann.

3. *Kombinationen*

a) Ausgehende und eingehende Vollstreckungsersuchen

Bei der Systematisierung der „Verwaltungsvollstreckung im Verwaltungsverbund" wird man zunächst zwischen der Vollstreckung aus einem eigenen Titel jenseits der Grenze und der Vollstreckung aus einem fremden Titel innerhalb der eigenen Grenzen unterscheiden wollen, also zwischen ausgehenden und eingehenden Ersuchen um Vollstreckungsmaßnahmen. Das ist allerdings eine Frage der Perspektive, deren Bedeutung umso geringer ist, je intensiver (und symmetrischer) ein gemeinsames übergeordnetes Recht ausgestaltet ist.

b) Vollstreckungsübertragung und Vollstreckungsunterstützung

Systematisch unterscheiden kann man sodann zwischen der vollständigen Übertragung der Vollstreckung auf die andere Seite – also Hilfe *durch*

---

44 Es soll hier offenbleiben, ob die Anerkennung eines befehlenden Verwaltungsakts sich in der Vollstreckung erschöpft oder ob sie vielmehr deren Voraussetzung ist. Im letzteren Sinne *Wettner*, Die Amtshilfe im Europäischen Verwaltungsrecht, 2005, S. 240; *Glaser*, Internationale Verwaltungsbeziehungen, 2010, S. 230. Eine vollstreckungsunabhängige Anerkennung des Bestands der Forderung könnte etwa für eine mögliche Aufrechnung eine Rolle spielen (vgl. *Glaser*, ebd., S. 246); freilich wird mindestens so wichtig dann die Anerkennung der Rechtsgestaltung durch das Aufrechnungsgeschäft sein.

45 Vgl. *Nettesheim*, EuR 2009, S. 24 (40 f. Fn. 71); *Schallmoser*, in: Effer-Uhe u. a. (Hrsg.), Einheit der Prozessrechtswissenschaft?, 2016, S. 297 (298–300); siehe auch *Neßler*, NVwZ 1995, S. 863 (864): „Anerkennungsprinzip [...] erleichtert die Ausübung der Freiheiten". Natürlich ist es umgekehrt bei der Anerkennung von *actus contrarii*, etwa der ausländischen Entziehung einer Fahrerlaubnis.

Vollstreckung – und einer bloß punktuellen Unterstützung – also einer Hilfe *bei der* Vollstreckung.[46]

- Bei einer Vollstreckungsübertragung braucht es im Grunde keine innerstaatliche Vollstreckungsbehörde mehr. Die auswärtige Vollstreckungs- steht der innerstaatlichen Ausgangsbehörde ähnlich gegenüber, wie es eine innerstaatliche Vollstreckungsbehörde tun würde.
- Bei einer Vollstreckungsunterstützung besteht dagegen zumindest funktional ein Drei-Behörden-Verhältnis: die Ausgangsbehörde schafft den Titel, die innerstaatliche Vollstreckungsbehörde betreibt die Vollstreckung, die auswärtige Vollstreckungsbehörde übernimmt gewisse einzelne Aufgaben dabei (ähnlich dem ersuchten Richter). Dabei kann es sich um die Beschaffung von Informationen – etwa zum dort belegenen Schuldnervermögen – ebenso wie um die Vornahme von Zwangsmaßnahmen handeln.

In beiden Fällen hat die ersuchende Behörde freilich keinen Einfluss darauf, wie intensiv die Tätigkeit der ersuchten Behörde ausfällt.[47]

Außer Betracht soll im Folgenden der weitere Fall bleiben, dass die innerstaatliche Vollstreckungsbehörde die Vollstreckung jenseits der Grenze selbst vornimmt.[48] Denn das ist weniger ein Thema eines Verwaltungsverbunds als der Territorialhoheit und deren ausnahmsweiser Erstreckung. Für Rechtsakte zur Forderungspfändung haben einige Länder diesen Fall explizit geregelt.[49]

4. *Falltypen*

Neben dem Ausmaß der Beteiligung der ersuchten Behörde – Übertragung oder Unterstützung – wird man vor allem zwischen den verschiedenen Arten von Vollstreckungsmaßnahmen zu unterscheiden haben, die in

46 Vgl. *Wettner* (Fn. 44), S. 134, der sich im Ergebnis für eine grundsätzlich einheitliche Betrachtung ausspricht.

47 Diesen Aspekt betont *Seer* (Fn. 33), S. 149.

48 Zur Unterscheidung dieser und der hier zu behandelnden Konstellation *Starski* (Fn. 35), S. 153, die beides als „Vollstreckungshilfe" bezeichnet.

49 Jeweils aktiv und passiv z. B. § 15 Abs. 2, 3 LVwVG BW, Art. 26 Abs. 5 S. 2, 3 VwZVG BY, § 10 VwVfG BE, § 45 Abs. 4, 5 NVwVG, § 40 Abs. 4, 5 VwVG NRW, § 43 Abs. 4, 5 LVwVG RP, § 45 Abs. 3, 4 VwVG LSA. Für deklaratorisch hält derartige Vorschriften *Wetzel* (Fn. 27), S. 124, für zwingend *Nolte*, Die Vollstreckungshilfe, 1996, S. 94, für problematisch *Thomas*, DVBl. 1964, S. 337 (337 f.).

der Verbundkonstellation jeweils eine besondere Färbung annehmen. Die abstrakte Einteilung in Rechtsakte und Realakte wurden bereits angesprochen. Betrachten wir etwas konkreter die vier verschiedenen Gleise des deutschen Vollstreckungsrechts, um die Falltypen zu erschließen.

(1) Im Vordergrund steht die Beitreibung durch Verwaltungsakt titulierter Geldforderungen. Neben Steuern und Abgaben ist dabei etwa an die Anforderung von Kosten und Gebühren oder an die Rückforderung ausgekehrter Leistungen (§ 49a des jeweiligen Verwaltungsverfahrensgesetzes, im Folgenden: VwVfG) zu denken – nicht zuletzt auch an unionsrechtlich gebotene Rückforderungen (Beihilfen![50]), wenn sie einmal gegen Subventionsempfänger mit Sitz im Ausland durchzusetzen sein sollten.

(2) Geht es im Ausgangspunkt um andere Pflichten, so kann die Vollstreckung durch das Zwangsmittel der Festsetzung eines Zwangsgelds erfolgen. Hier kann möglicherweise auch im Ausland zugestellt, normalerweise aber jedenfalls nicht beigetrieben werden. Dieser zweite Falltyp wandelt sich so in eine neue Geldforderung und fällt mit dem ersten zusammen.

(3) Geht es um Pflichten zur Vornahme einer vertretbaren Handlung, dann kommt auch das Zwangsmittel der Ersatzvornahme in Betracht. Aus der Verbundkonstellation lassen sich hier zunächst die häufigen grundstücksbezogenen Fälle aussondern, etwa die baurechtlichen Abbruchverfügungen, weil hierfür kaum die Mitwirkung einer auswärtigen Vollstreckungsbehörde erforderlich werden wird.[51] Gehen muss es also um Fahrnis. Um einen Beispielsfall zu bilden, etwas *ad absurdum*, aber plastisch:

> A betreibt ein Taxi. Die Genehmigungsbehörde im Land L, wo § 26 BOKraft noch gilt, weist sie an (§ 54 Abs. 1 PBefG), das Fahrzeug endlich vorschriftsgemäß in hellelfenbein, RAL 1015, zu lackieren. A verbringt das Auto nach Frankreich, um die Sache auszusitzen. Die Behörde ersucht den Präfekten in Straßburg, im Wege der Ersatzvornahme die Umlackierung vorzunehmen.

---

50 Art. 16 (Beihilfenverfahrens-)VO des Rates (EU) 2015/1589 vom 13. 7. 2015 (ABl. EU 2015 L 248/9), nachfolgend BVVO.

51 Zu denken wäre an eine Änderung der Verwaltungsgrenzen, die das Grundstück doch dem Bezirk der auswärtigen Behörde zuschlägt; doch hätten wir es dann eher mit einem Fall der Funktionsnachfolge als einem der Vollstreckungshilfe zu tun.

Oder, etwas realistischer:[52] B betreibt in Zypern eine deutschsprachige Website mit in Deutschland verbotenen Inhalten. Die Landesmedienanstalt verfügt die Unterlassung und ersucht die zypriotische Medienaufsicht um zwangsweise Abschaltung des Servers.

(4) Vor allem bei Pflichten zur Vornahme einer unvertretbaren Handlung kommt schließlich auch das Zwangsmittel des unmittelbaren Zwanges in Betracht. Wieder ein Fall:

Die Bundesgesetzgebung führt doch noch eine scharfe Impfpflicht ein. C erhält eine Impfverfügung und setzt sich nach Frankreich ab. Das Gesundheitsamt ersucht den Präfekten in Straßburg, C zwangsweise zu impfen.
Oder: Die Wehrersatzbehörde fordert den Wehrpflichtigen D auf, sich persönlich zu melden (§ 24 Abs. 6 S. 1 Nr. 3 WPflG). D setzt sich nach Frankreich ab. Die Behörde ordnet die Vorführung an (§ 44 Abs. 2 WPflG) und ersucht den Präfekten in Straßburg, D festzunehmen und an der Bundesgrenze zu überstellen.

Außer der Beitreibung von Geldforderungen erscheint als Hilfeleistung realistisch eigentlich nur die Festnahme und Überstellung. Auch wenn dies der intensivste Eingriff sein dürfte, ist er verhältnismäßig standardisiert; daran dürfte es bei Ersatzvornahme und unmittelbarem Zwang sonst oft fehlen (nicht nur in den Beispielsfällen).

In unserem Zusammenhang lautet die entscheidende Frage jeweils: Muss die ersuchte Behörde – z. B. eben der Präfekt in Straßburg – die fragliche Vollstreckungsmaßnahme treffen? Diese Frage (die hier stellvertretend für die aus- wie die eingehenden Ersuchen steht) haben wir nacheinander für den innerdeutschen und den europäischen Verwaltungsverbund zu beantworten. Dabei können wir für unsere Zwecke das „Ob“ der Vollstreckung fokussieren – von Bedeutung wären daneben aber natürlich jeweils auch noch Regelungen zum „Wie“, etwa zur Form der zwischenbehördlichen Kommunikation, zu Mitwirkungsrechten der ersuchenden Behörde und zur Berücksichtigung der späteren Änderung oder Aufhebung des Vollstreckungstitels.

52 Eine entsprechende Grundverfügung gegenüber einem Anbieter in Zypern erließ die Landesmedienanstalt Nordrhein-Westfalen im Jahr 2020; weil eine Vollstreckung nicht möglich war, griff man im Jahr 2022 stattdessen zu einer Verfügung gegenüber einigen Access-Providern nach § 109 Abs. 3 MStV, § 20 Abs. 4 JMStV. Vgl. zu diesem Fall etwa Legal Tribune Online v. 27. 5. 2022, https://www.lto.de/recht/nachrichten/n/pornoportal-xhamster-netzsperren-gescheitert-neue-loesungsmoeglichkeit-in-zypern/ (zuletzt abgerufen am 15. 8. 2022).

III. Der innerdeutsche Verwaltungsverbund

1. Bundesgesetzlich geschaffener Spezialverbünde

Innerhalb der Bundesrepublik Deutschland kann es mit dem Bundesrecht prinzipiell – im Rahmen der Bundeskompetenzen – gemeinsames Recht für die Behörden von Bund und Ländern geben,[53] das dann auch die grenzüberschreitende Fremdvollstreckung vorsehen könnte. Auf diese Weise würde die Bundesgesetzgebung einen „Vollstreckungsverbund" schaffen, innerhalb dessen die Grenzen zwischen Bund und Ländern transparent wären und eine fremde Vollstreckungsbehörde ebenso angesprochen werden könnte wie eine, die zur selben staatlichen Einheit gehört wie die Ausgangsbehörde.

Die prominentesten Fälle betreffen die Judikative, die durch die Prozessgesetzgebung des Bundes zu einem innerdeutschen Rechtsprechungsverbund zusammengeschlossen ist.[54] Das zeigt sich im Rechtshilferecht der §§ 156–168 GVG, aber auch in der nicht auf Titel aus dem eigenen Land beschränkten Zuständigkeit der Vollstreckungsgerichte[55] sowie der Amtshilfepflicht aller Vollstreckungsbehörden nach dem Justizbeitreibungsgesetz.[56]

Für den Verwaltungsbereich fehlt es an einer ähnlich generellen Zusammenschließung durch Bundesgesetz. Das Reichsbeistandsgesetz von 1895[57] gilt höchstens als Landesrecht fort.[58] Selbst das bundeseinheitlich

---

53 Wie es angenommen wird für die bundesweite Anerkennung von Landesverwaltungsakten in Ausführung von Bundesgesetzen: BVerfGE 11, 6 (19); *Ule*, JZ 1961, S. 622 (623 f.); *Bleckmann*, NVwZ 1986, S. 1 ff. (der auf eine dahinterliegende verfassungsrechtliche Pflicht abhebt); *Ruffert* (Fn. 40), S. 470 f.

54 Der Begriff wird, soweit ersichtlich, nur im Unionskontext gebraucht. Von einem „einheitlichen Rechtspflegegebiet" spricht *Ule* (Fn. 53), S. 623, von einer intraföderalen „Rechtspflegeeinheit" BFHE 108, 10 (sub II. 1.) (1972), von einem „Rechtsprechungsraum" *Wetzel* (Fn. 27), S. 104.

55 § 764 Abs. 2 ZPO, funktional entsprechend auch § 462a StPO. In diesen Zusammenhang gehört auch die Vollstreckung aus landesrechtlichen Schuldtiteln in anderen Ländern nach § 801 Abs. 2 ZPO.

56 § 2 Abs. 4 JBeitrG; hierzu: *Berendt/Rieder*, in: Dörndorfer/Wendtland/Gerlach/Diehn (Hrsg.), BeckOK Kostenrecht, 35. Ed. 2021, § 2 JBeitrG Rn. 24–32; zu diesem „unauffälligsten" Gesetz insgesamt auch *App*, MDR 1996, S. 769 ff.

57 Gesetz über den Beistand bei Einziehung von Abgaben und Vollstreckung von Vermögensstrafen vom 9.6.1895 (RGBl. 1895, S. 256).

58 Über die kompetenzielle Zuordnung hatte anfangs noch Uneinigkeit bestanden. Von Landesrecht gingen etwa aus *Kautz/Riewald*, Verwaltungszwangsverfahren zur Beitreibung von Geldbeträgen, 8. Aufl. 1955, S. 425; später dann auch BGHZ

das Bußgeldverfahren regelnde Ordnungswidrigkeitengesetz enthält sich einer Aussage zu Vollstreckungsübernahme oder -unterstützung.[59] Immerhin für einen Tätigkeitsbereich der Verwaltung, nämlich die Finanzverwaltung von Bund und Ländern, besteht nach der Abgabenordnung ein bundesgesetzlicher Verbund;[60] Bedeutung hat das freilich praktisch nur für die Sachpfändung, weil die grundsätzlich[61] durch einen weiteren Verwaltungsakt erfolgende Forderungspfändung innerhalb Deutschlands jeder Finanzbehörde direkt möglich ist.[62]

2. *Geöffneter oder erstreckter innerstaatlicher Amtshilfeverbund*

Soweit sich in Bundesgesetzen keine verbindliche gemeinsame Regelung für Bundes- und Landesbehörden findet, die von vornherein auch die Gegenseitigkeit der Unterstützung absichern würde, kann die staatliche Einheit, deren Unterstützung von jenseits der Grenze begehrt wird, ihren Vollstreckungsbehörden zumindest noch einseitig eine Pflicht dazu auferlegen. Ausdrücklich werden solche Pflichten kaum jemals auf grenzüberschreitende Fälle bezogen – mit der bemerkenswerten[63] Ausnahme des bereits erwähnten Reichsbeistandsgesetzes, das zumindest in Hessen als Lan-

---

54, 157 (sub III. 2.). Das Bundesjustizministerium nahm das Gesetz dagegen 1960 in die Sammlung des Bundesrechts auf (BGBl. III 201-1 – freilich mit dem Hinweis: „Nach Ansicht der Länderkommission zur Rechtsbereinigung gem. Art. 123 ff. GG 100-1 kein Bundesrecht"; später meinte der Bund das Gesetz auch noch einmal ändern zu können, siehe Art. 287 Nr. 2 G vom 2. 3. 1974 (BGBl. I 1974, S. 469), und wurde zumindest gelegentlich auch im Schrifttum bundesrechtlicher Charakter angenommen, siehe *Huken*, KKZ 1980, S. 15 ff. Aufhebung „als Bundesrecht" erfolgte dann jedenfalls durch Art. 35 Zweites RechtsbereinigungsG vom 16. 12. 1986 (BGBl. I 1986, S. 2441).

59 Die GVG-Vorschriften zur Rechtshilfe sollen nur für das Gericht, nicht für die Verwaltungsbehörde gelten, siehe etwa *Mayer*, in: Hannick (Hrsg.), KK-StPO, 8. Aufl. 2019, § 156 GVG Rn. 2; *El-Ghazi*, in: Graf (Hrsg.), BeckOK GVG, 13. Ed. 2021, § 156 Rn. 10.

60 Vollstreckungsersuchen nach § 250 AO; wohl überwiegend als Spezialfall der (hier ebenfalls ausnahmsweise unmittelbar Bundes- und Landesbehörden umfassenden) Amtshilfe nach §§ 111–115 AO begriffen, vgl. m. w. N. *Klüger*, in: Koenig (Hrsg.), AO, 4. Aufl. 2021, § 250 Rn. 1.

61 Zu Ausnahmen siehe oben bei und in Fn. 16.

62 *Werth*, in: Klein (Hrsg.), AO, 15. Aufl. 2020, § 309 Rn. 7.

63 Auch inhaltliches Lob findet *Nolte* (Fn. 49), S. 10 f.

desrecht fortgelten soll[64] und in § 1 u. a. den „Beistand [...] zum Zweck der Erhebung und Beitreibung" gewisser Abgaben anordnet.[65] Daneben statuiert das hessische Recht allgemein und mit seltener Deutlichkeit: „Vollstreckungshilfe wird auch auf Ersuchen einer Vollstreckungsbehörde mit Sitz außerhalb des Landes geleistet" (§ 5 Abs. 4 S. 1 HessVwVG).

Ansonsten sind die Landesrechte uneinheitlich und zurückhaltend. Das Saarland gewährt Vollstreckungshilfe auch „den Behörden des Bundes und der anderen Bundesländer" (§ 3 Abs. 1 S. 1 SVwVG),[66] Sachsen und Brandenburg den „[i]nländischen" (§ 4 Abs. 2 S. 1 SächsVwVG, § 4 Abs. 1 S. 1 VwVGBbg). Andere Länder erwähnen immerhin bei der Vollstreckung wegen Geldforderungen die „Vollstreckungshilfe" für landesfremde Behörden, ohne diese allerdings prinzipal zu regeln.[67] Bayern kennt überhaupt nur ausgehende Ersuchen (Art. 24 Abs. 1 Nr. 1 VwZVG BY), Niedersachsen gewährt die Vollstreckungshilfe nur „niedersächsischen Behörden" (§ 7 Abs. 1 S. 1 NVwVG).

Im Übrigen bleibt der Weg über die Amtshilfe[68] – insbesondere für nichtmonetäre Pflichten, aber nur als „ergänzende Hilfe", also im Sinne

---

64 In Hessen wurde das Gesetz auch mehrfach geändert, was zeigt, dass die Landesgesetzgebung von seiner Geltung ausging (FFN 304-17); so im Ergebnis auch *Hagemann*, KKZ 2000, S. 121 (123). Auch in Berlin ist offenbar keine Aufhebung erfolgt, siehe Anlage Teil I Nr. 2 Drittes RechtsbereinigungsG vom 12. 10. 1976 (GVBl. 1976, S. 2452). Aufgehoben dagegen insbesondere in Baden-Württemberg durch § 1 RechtsbereinigungsG vom 12. 2. 1980 (GBl. 1980, S. 98), in Bremen durch Art. 2 G vom 17. 7. 1984 (GBl. 1984, S. 212), in Hamburg durch Art. 1 Nr. 2 G vom 5. 2. 1985 (GVBl. 1985, S. 62), in Niedersachsen durch § 80 Abs. 1 Nr. 18 Niedersächsisches Verwaltungsvollstreckungsgesetz vom 2. 6. 1982 (GVBl. 1982, S. 139), in Nordrhein-Westfalen durch § 1 Abs. 1 S. 1 G zur Bereinigung des als Landesrecht fortgeltenden ehemaligen Reichsrechts vom 13. 1. 1970 (GV. NW. 1970, S. 18), vgl. hier ausdrücklich die Regierungsbegründung, 15. 4. 1969, LT-Drucks. VI/1214, 11 (sub III.1), und in Rheinland-Pfalz durch Art. 10 Nr. 1 G vom 23. 12. 1976 (GVBl. 1976, S. 301).

65 Keinen Anwendungsbereich mehr sieht dagegen *Wetzel* (Fn. 27), S. 125, der freilich generell die Vollstreckbarkeit auswärtiger Verwaltungsakte auf anderen Grundlagen für möglich hält. – Nichtmonetäre Pflichten sind hier jedenfalls nicht erfasst: *Idziok*, Die Vollstreckungshilfe nach deutschem Recht und europäischem Gemeinschaftsrecht, 1997, S. 70.

66 Ausdrücklich sind hier sowohl Vollstreckungsübernahme als auch -unterstützung möglich.

67 Z. B. § 7 Abs. 2 S. 1 Hs. 1, siehe auch § 20 Abs. 3, § 40 Abs. 5 lit. a VwVG NRW, § 322 Abs. 3 LVwG SH.

68 Auch in Niedersachsen, wie die ausdrückliche Kostenregelung erweist, siehe § 67b Abs. 2 NVwVG. Den Verweis in § 73 Abs. 3 S. 1 NVwVG darauf darf man

einer Vollstreckungsunterstützung.[69] Aus der Amtshilfepflicht nach § 4 Abs. 1 VwVfG, die aus kompetenziellen Gründen nur verbandsinterne Behörden treffen kann, lässt sich eine Berechtigung auch auswärtiger Behörden ableiten, sei es unmittelbar[70] oder vermittelt durch Art. 35 Abs. 1 GG.[71]

Insgesamt ergibt sich damit für die bundesstaatliche Konstellation ein wenig klares und jedenfalls durchwachsenes Bild.

IV. Der europäische Verwaltungsverbund

1. Unionsgesetzlich geschaffene Spezialverbünde

Der andere naheliegende Anwendungsfall eines Verwaltungsverbunds ist der europäische. Wir können auch hier zunächst darauf schauen, ob ein gemeinsames Recht den Behörden der Mitgliedstaaten eine grenzüberschreitende Fremdvollstreckung wegen Forderungen eines anderen Mitgliedstaats – oder auch der Europäischen Union selbst[72] – vorschreibt. In diesem Fall wäre es nicht die Bundes-, sondern die Unionsgesetzgebung, die einen „Vollstreckungsverbund" schüfe. Auch hier stehen, wie eingangs bereits festgestellt, die „Rechtsprechungsverbünde" für Zivil- und Strafsachen im Vordergrund. Die Vollstreckungshilfe in Strafsachen umfasst zwar teilweise auch Bußgeldbescheide ausländischer Verwaltungsbehörden[73] (mit der Besonderheit, dass die Erlöse hier beim ersuchten Staat

---

wohl so verstehen, dass eine landesübergreifende Amtshilfe auch für die Vollstreckung wegen nichtmonetärer Pflichten zugelassen ist.

69 Vgl. *Schmitz*, in: Stelkens/Bonk/Sachs (Hrsg.), VwVfG, 9. Aufl. 2018, § 4 Rn. 28. Wenig klar das Verhältnis zwischen Amts- und Vollstreckungshilfe in § 5 Abs. 3 VwVG HH.

70 Für Einbeziehung der anderen staatlichen Einheiten *Schneider* (Fn. 32), Vorbemerkung § 4 Rn. 8; offen insoweit *Reimer* (Fn. 26), Art. 35 Rn. 124.

71 *Reimer* (Fn. 26), Art. 35 Rn. 124. Liest man Art. 35 Abs. 1 GG dagegen unmittelbar als Verpflichtung, könnte man die Vorschrift auch den bundesrechtlich geschaffenen Verbünden zuordnen (oben III. 1).

72 Betont von *Wettner* (Fn. 44), S. 131.

73 Art. 1 lit. a Nr. iii Rahmenbeschluss 2005/214/JI (ABl. EU 2005 L 76/16), umgesetzt in § 87 Abs. 2 Nr. 3, § 87o Abs. 1 S. 2 IRG. Vgl. zum Anwendungsbereich im Hinblick auf Verwaltungssanktionen *Trautmann*, in: Schomburg/Lagodny (Begr.), Internationale Rechtshilfe in Strafsachen, 6. Aufl. 2020, § 87 IRG Rn. 6 f., § 87o IRG Rn. 4.

verbleiben[74]). Im Übrigen bleibt man für den Verwaltungsbereich aber auf sektorale Regeln verwiesen.[75]

Wie um das Instrumentarium zu illustrieren, finden sich Pflichten zur Leistung von Vollstreckungshilfe zwischen den Mitgliedstaaten in je einer Verordnung und einer Richtlinie.

a) Vollstreckung wegen Sozialabgaben – Koordinierungsverordnung

Die Geschichte beginnt hier bereits 1958 mit der ersten sozialrechtlichen Koordinierungsverordnung, die eine Möglichkeit der Beitreibung von Beiträgen „im Hoheitsgebiet eines anderen Mitgliedstaats" vorsah, hierfür allerdings noch auf bilaterale Regelungen verwies.[76] Dies änderte sich grundlegend mit dem Recast von 2004,[77] denn seitdem begründet die Verordnung unmittelbar eine Vollstreckungspflicht, und zwar sowohl für Beitrags-, Zins- und Kostenforderungen als auch für Rückforderungen nichtgeschuldeter Leistungen.[78] Die Modalitäten regelt – einer Tradition

74 Art. 13 Rahmenbeschluss 2005/214/JI.

75 Vgl. etwa *von Coelln* (Fn. 40), § 239 Rn. 28–33; zur Rechtslage vor Lissabon etwa *Wettner* (Fn. 44), S. 240 f. Angesichts der Unzuträglichkeiten für Kommunen etwa hinsichtlich Ersatzvornahmekosten plädiert *App*, KKZ 2002, S. 157 ff., für Erweiterungen.

76 Art. 51 VO (EWG) Nr. 3/58 über die Soziale Sicherheit der Wanderarbeitnehmer (ABl. EG 1958, S. 561); entsprechend auch noch Art. 92 VO (EWG) Nr. 1408/71 (ABl. EG 1971 L 149/2); vgl. *Voelzke*, in: Schlegel/Voelzke (Hrsg.), juris-PK SGB I, 3. Aufl. 2018, Art. 84 VO (EG) 883/2004, Rn. 10–13.

77 Zu diesem Punkt enthielt der Kommissionsentwurf bemerkenswerterweise keine Einzelbegründung, siehe KOM(1998) 779 endg., S. 16, 57 f. (Art. 68).

78 Art. 84 VO (EG) Nr. 883/2004 des Europäischen Parlaments und des Rates vom 29. 4. 2004 zur Koordinierung der Systeme der sozialen Sicherheit (ABl. EU 2004 L 166/1); seinerzeit als Chance auf „erhebliche Erleichterung" angesehen, siehe *Spiegel*, in: Deutsche Rentenversicherung Bund (Hrsg.), Die Reform des Europäischen koordinierenden Sozialrechts, 2007, S. 25 (68).

entsprechend[79] – eine separate Verordnung.[80] Einen Ordre-public-Vorbehalt im strengen Sinne gibt es nicht.[81]

b) Vollstreckung (vor allem) wegen Steuern – Beitreibungsrichtlinie

Es sind insofern doch die auf Harmonisierungskompetenzen gestützten[82] Richtlinien, mit denen die Geschichte eigentlich beginnt. Sie gelten im Kern den Steuerforderungen der Mitgliedstaaten.

Die erste Beitreibungsrichtlinie von 1976 sah für bestimmte, in deutschen Begriffen öffentlich-rechtliche, Forderungen aus anderen Mitgliedstaaten (insbesondere Zöllen und Erstattungen in der Landwirtschaftsförderung sowie zugehörige Kosten und Zinsen) eine auf Antrag eintretende Pflicht zur Vollstreckungsübernahme vor.[83] Der Anwendungsbereich der Richtlinie wurde im Laufe der Zeit erweitert, zunächst 1979 um die Mehrwertsteuer[84] und dann 2001 um einzelne weitere Steuerarten sowie zuge-

---

79 Siehe bereits Art. 55 VO (EWG) Nr. 3/58 und die dort angekündigte VO (EWG) Nr. 4/58 zur Durchführung und Ergänzung der VO Nr. 3 über die Soziale Sicherheit der Wanderarbeitnehmer (ABl. EG 1958, 597).

80 Art. 78–85 VO (EG) Nr. 987/2009 des Europäischen Parlaments und des Rates vom 16. 9. 2009 zur Festlegung der Modalitäten für die Durchführung der VO (EG) Nr. 883/2004 über die Koordinierung der Systeme der sozialen Sicherheit (ABl. EU 2004 L 284/1).

81 Den Begriff verwendet gleichwohl *Leopold*, in: Rolfs/Giesen/Meßling/Udsching (Hrsg.), BeckOK Sozialrecht, VO (EG) 883/2004, Stand: 1. 6. 2021, Art. 84 Rn. 22. Als „Grenzen der Unterstützung" kennt Art. 82 Abs. 1 lit. a VO (EG) Nr. 987/2009 jedoch nur die „ernsten wirtschaftlichen oder sozialen Schwierigkeiten im Mitgliedstaat", die allerdings für inländische Forderungen ebenfalls als Einwendung zugelassen sein müssen. Der Text ist an die Beitreibungsrichtlinie angelehnt (zu dieser sogleich), die laut Erwägungsgrund 19 VO (EG) Nr. 987/2009 Vorbild war.

82 Vgl. *Braun Binder*, Rechtsangleichung in der EU im Bereich der direkten Steuern, 2017, S. 101.

83 Art. 2 und 6 RL 76/308/EWG des Rates vom 15. 3. 1976 über die gegenseitige Unterstützung bei der Beitreibung von Forderungen im Zusammenhang mit Maßnahmen, die Bestandteil des Finanzierungssystems des Europäischen Ausrichtungs- und Garantiefonds für die Landwirtschaft sind, sowie von Abschöpfungen und Zöllen (ABl. EG 1976 L 73/18). Die Umsetzung erfolgte im Beitreibungsgesetz-EG vom 10. 8. 1979 (BGBl. I 1979, 1429).

84 RL 79/1071/EWG des Rates vom 6. 12. 1979 zur Änderung der RL 76/308/EWG über die gegenseitige Unterstützung bei der Beitreibung von Forderungen im Zusammenhang mit Maßnahmen, die Bestandteil des Finanzierungssystems des Europäischen Ausrichtungs- und Garantiefonds für die Landwirtschaft sind, so-

hörige verwaltungsrechtliche Geldsanktionen,[85] bevor – nach einer „kodifizierten Fassung“ von 2008[86] – die neue Beitreibungsrichtlinie 2010/24/EU (BeitrRL)[87] eine Generalklausel einführte. Sie gilt jetzt für „Steuern und Abgaben aller Art“ außer Sozialabgaben, einschließlich verwaltungsrechtlicher Sanktionen, Gebühren, Zinsen und Kosten, und daneben nach wie vor für Erstattungen u.ä. im Rahmen der Landwirtschaftsfonds (sowie, etwas obskur, für Abgaben im Zuckersektor[88]).[89] Die Vollstreckungshilfe erfolgt hier durch Vermittlung sogenannter Verbindungsbüros, in Deutschland – gemäß der Umsetzung im EU-Beitreibungsgesetz[90] – das Bundeszentralamt für Steuern und die Bundesstelle Vollstreckung Zoll beim Hauptzollamt Hannover (§ 3 EUBeitrG); für Streitigkeiten um ausgehende Ersuchen wird der Finanzrechtsweg eröffnet (§ 13 Abs. 1 EUBeitrG),[91] bei eingehenden Ersuchen wird wegen des Titels[92] auf die Gerichtsbarkeit des Gläubigerstaates verwiesen.[93] Kern ist eine Vollstreckungspflicht der deutschen Vollstreckungsbehörden bezüglich „Forde-

---

wie von Abschöpfungen und Zöllen (ABl. EG 1979 L 331/10). Zu diesem Rechtsstand etwa *Schmidt-Aßmann* (Fn. 19), S. 278 f.

85 RL 2001/44/EG des Rates vom 15. 6. 2001 zur Änderung der RL 76/308/EWG über die gegenseitige Unterstützung bei der Beitreibung von Forderungen im Zusammenhang mit Maßnahmen, die Bestandteil des Finanzierungssystems des Europäischen Ausrichtungs- und Garantiefonds für die Landwirtschaft sind, sowie von Abschöpfungen und Zöllen und bezüglich der Mehrwertsteuer und bestimmter Verbrauchsteuern (ABl. EG 2001 L 175/17).

86 RL 2008/55/EG des Rates vom 26. 5. 2008 über die gegenseitige Unterstützung bei der Beitreibung von Forderungen in Bezug auf bestimmte Abgaben, Zölle, Steuern und sonstige Maßnahmen (ABl. EU 2008 L 150/28).

87 RL 2010/24/EU des Rates vom 16. 3. 2010 über die Amtshilfe bei der Beitreibung von Forderungen in Bezug auf bestimmte Steuern, Abgaben und sonstige Maßnahmen (ABl. EU 2010 L 84/1).

88 Zu den Besonderheiten des Zuckersektors auch noch im jüngsten Recast der Gemeinsamen Agrarpolitik vgl. Erwägungsgründe 114–122, 156 und 179 VO (EU) Nr. 1308/2013 vom 17. 12. 2013 (ABl. EU 2013 L 347/671). Für eine Erläuterung dazu danke ich *Rudolf Mögele*.

89 Art. 2 RL 2010/24/EU.

90 EU-BeitreibungsG vom 7. 12. 2011 (BGBl. I 2011, 2592); dazu im Überblick *Gabert*, FR 2012, S. 707 ff., und *Kortz*, DB 2012, S. 2422 ff.

91 Zur Rechtsnatur ausgehender Ersuchen vgl. einerseits *Hartman*, DVBl. 2011, S. 142 ff, andererseits *Seer* (Fn. 33), S. 151.

92 Anders wegen der einzelnen Vollstreckungsmaßnahmen selbst: *Seer* (Fn. 33), S. 152.

93 So *BMF*, Merkblatt zur zwischenstaatlichen Amtshilfe bei der Steuererhebung (Beitreibung), BStBl I 2014, S. 188. § 13 Abs. 2 EUBeitrG setzt dieses Verständnis wohl voraus.

rungen […], für die in einem anderen Mitgliedstaat ein Vollstreckungstitel besteht"; diese Forderungen werden wie inländische behandelt und der Vollstreckungstitel als vollstreckbarer Verwaltungsakt (§ 9 Abs. 1 EUBeitrG), der inhaltlich nicht mehr zu überprüfen ist.[94] Einen Ordre-public-Vorbehalt gibt es auch hier nicht.[95]

c) Vollstreckung wegen Duldungspflichten

Neben diesen Rechtsakten zur horizontalen Vollstreckungshilfe finden sich punktuelle Unterstützungspflichten zugunsten unionaler Behörden.

Der nächstliegende Fall, Geldforderungen der Union von einem geeigneten Mitgliedstaat vollstrecken zu lassen, wird unmittelbar vom Primärrecht angesprochen, aber sogleich aus unserer Betrachtung verwiesen. Denn Art. 299 AEUV weist die Vollstreckung von Zahlungstiteln des Rates, der Kommission oder der Europäischen Zentralbank nicht dem Verwaltungsweg, sondern dem Zivilprozessrecht zu.[96]

Da Art. 299 AEUV kein Verbot sekundärrechtlicher Schaffung weiterer Vollstreckungstitel enthält,[97] kommen solche insbesondere noch in Bezug auf nichtmonetäre Pflichten – und damit auf die Zwangsmittel der Verwaltung – in Frage. Hierher könnte man etwa den unmittelbaren Zwang zur Duldung von Inspektionen durch die Europäische Kommission[98] rech-

---

94 Etwas vage zur Vorgängerrichtlinie EuGH, C-233/08 (Kyrian), EU:C:2010:11 Rn. 41–44 und Tenor zu 2: „grundsätzlich nicht zuständig"; kritisch *Blaesing*, ZfZ 2011, S. 117 (118 f.).

95 Es gilt nur Art. 18 Abs. 1 BeitrRL, wonach „erhebliche wirtschaftliche oder soziale Schwierigkeiten" die Pflicht ausschließen, freilich nur insoweit, als innerstaatlich „eine solche Ausnahme für nationale Forderungen zu[ge]lassen" ist. Vgl. *Seer*, IWB 2017, S. 595 (604–606), der aber einen primärrechtlichen Hebel findet.

96 Die Vollstreckungsklausel erteilt dabei für Deutschland der Bundesminister der Justiz, siehe Bek. vom 3. 2. 1961 (BGBl. II 1961, S. 50).

97 Ein solches wird weder von Wortlaut oder Systematik noch vom Regelungszweck gefordert. Ebenso *Kotzur*, in: Geiger/Khan/Kotzur (Hrsg.), EUV/AEUV, 6. Aufl. 2017, Art. 299 Rn. 2; *Krajewski/Rösslein*, in: Grabitz/Hilf/Nettesheim (Hrsg.), Das Recht der Europäischen Union, Art. 299 AEUV (2017) Rn. 7. Einen Umkehrschluss aus Art. 192 Abs. 1 EGV (Maastricht), heute Art. 299 Abs 1 AEUV zieht dagegen *Idziok* (Fn. 65), S. 139f.

98 Etwa nach Art. 27 Abs. 6 BVVO oder Art. 9 VO (EURATOM, EG) Nr. 2185/96 des Rates vom 11. 11. 1996 (ABl. EG 1996 L 292/2).

nen, wenn man in deren Nachprüfungsbeschluss einen Titel und in der Duldungserzwingung dessen Vollstreckung sieht.[99]

2. *Geöffneter oder erstreckter innerstaatlicher Amtshilfeverbund*

Soweit die Spezialverbünde nicht reichen, kann die deutsche staatliche Einheit, deren Unterstützung von jenseits der Grenze begehrt wird, auch im Verhältnis zu anderen Mitgliedstaaten und zur Union, ihren Vollstreckungsbehörden im Übrigen noch einseitig eine Pflicht dazu auferlegen. Kompetenziell hätten sowohl der Bund für die Bundes- als auch jedes Land für seine Landesbehörden dazu die Möglichkeit. Das allgemeine Amtshilferecht macht davon jedoch keinen Gebrauch; selbst wenn man die „anderen Behörden" in § 4 Abs. 1 VwVfG* noch so weit lesen zu können meinte, stünde doch systematisch klar § 8a VwVfG* entgegen, wonach den Behörden anderer Mitgliedstaaten der Europäischen Union Hilfe eben nur geleistet werden muss, „soweit dies nach Maßgabe von Rechtsakten der Europäischen Gemeinschaft geboten ist". Auch unter den „Verwaltungsakt" in § 6 VwVG und den Parallelvorschriften wird man ausländische Rechtsakte nicht subsumieren können; Sachsen und Brandenburg schließen die ausländischen Behörden explizit aus (§ 4 Abs. 2 S. 2 SächsVwVG, § 4 Abs. 1 S. 2 VwVGBbg). Der Erstreckungsmechanismus des Art. 35 Abs. 1 GG hilft an dieser Stelle nicht, weil er von vornherein nur auf die „Behörden des Bundes und der Länder" beschränkt ist,[100] und eine europäische Parallelnorm gibt es nicht.

V. *Vollstreckungskooperation mit Drittstaaten*

Nur ein kurzer Blick sei noch über die Europäische Union hinaus gewagt. Von einem Verwaltungsverbund kann hier natürlich kaum die Rede sein, doch die Konstellation einer grenzüberschreitenden Verwaltungsvollstreckung kann auch hier auftreten. Die Funktion des Bundes- oder Unionsrechts kann hier nur ein völkerrechtlicher Vertrag übernehmen, mit dem sich Staaten wechselseitig zur Vollstreckung ihrer Verwaltungsakte verpflichten. Mit diesem Mechanismus kann auch zwischen EU-Mitglied-

---

99 So kann man wohl EuGH, C-46/87 und 227/88 (Hoechst/Kommission), EU:C:1989:337 Rn. 32–35 verstehen.

100 Zu diesem Merkmal *Reimer* (Fn. 26), Art. 35 Rn. 65–90.

staaten die Vollstreckung weiter erleichtert werden.[101] Verfassungsrechtliche Grenzen hat das Bundesverfassungsgericht dem Rechtsstaatsprinzip entnommen.[102]

Unter den Verträgen der Bundesrepublik Deutschland reicht im Hinblick auf die Verwaltungsvollstreckung am weitesten das Rechtshilfeabkommen mit Österreich von 1990, das grundsätzlich auf alle öffentlich-rechtlichen Geldforderungen anwendbar ist.[103] Vollstreckungspflichten enthalten des Weiteren einige Doppelbesteuerungsabkommen, insbesondere die dem OECD-Musterabkommen folgenden,[104] sowie einige Sozialversicherungsabkommen.[105]

VI. Schlussbetrachtung

Das Verwaltungsvollstreckungsrecht gehört innerhalb des Allgemeinen Verwaltungsrechts zu den eher randständigen Materien – sowohl im Hinblick auf die gesetzliche Regelungsintensität[106] als auch im Hinblick auf die wissenschaftliche Durchdringung.[107] Das gilt grundsätzlich auch für die Verwaltungsvollstreckung innerhalb des deutschen wie des europä-

---

101 Der Mechanismus der BeitrRL wird dabei in seinem Anwendungsbereich zumindest praktisch vorrangig angewandt, vgl. *Zimmermann*, KKZ 2014, S. 121 (122 mit Fn. 8).

102 BVerfGE 63, 343 (366). Dem folgend etwa *Classen*, VVDStRL 67 (2008), S. 365 (400).

103 Vollstreckungsverpflichtung nach Art. 9 Abkommen vom 31. 5. 1988 (BGBl. II 1990, S. 358). In diesem bilateralen Verhältnis gab es zuvor schon lange eine Vollstreckungsverpflichtung in Abgabensachen, siehe Art. 5, 11–13 Abkommen vom 4. 10. 1954 (BGBl. II 1955, S. 834).

104 Vgl. *Seer* (Fn. 95), S. 597–599. Siehe auch bereits Art. 23 DBA Frankreich vom 21. 7. 1959 (BGBl. II 1961, 398), jetzt in der Fassung Art. XIV Abkommen vom 31. 3. 2015 (BGBl. II 2015, S. 1332). Zu älteren Abkommen mit Steuervollstreckungspflichten, auch aus den 1930er Jahren, vgl. *Papier/Olschewski* (Fn. 36), S. 475 f.

105 Etwa Art. 30 Abkommen mit Jugoslawien über soziale Sicherheit vom 12. 10. 1968 (BGBl. II 1969, 1438), das gegenüber einzelnen Nachfolgestaaten noch immer anwendbar ist. Vgl. *Glaser*, Internationales Sozialverwaltungsrecht, in: Möllers/Voßkuhle/Walter (Hrsg.), Internationales Verwaltungsrecht, 2007, S. 73 (104), und *Voelzke* (Fn. 76), Art. 84 VO (EG) 883/2004, Rn. 17.

106 Zumindest im Hinblick auf die Zwangsmittel; weniger Lücken lässt die ZPO-ähnliche Regelung der Beitreibung.

107 Selbst bei *Schmidt-Aßmann*, Das allgemeine Verwaltungsrecht als Ordnungsidee, 2. Aufl. 2006, nur Kap. 6 Rn. 74. Ähnliche Beobachtung wie hier schon bei *Schnapp/Nolte*, KKZ 1993, S. 145 (145).

ischen Verwaltungsverbunds, welch letzterer ansonsten bekanntlich großes Interesse auf sich gezogen hat. Für das europäische Verwaltungsrecht kann man hier nur feststellen: für Steuerforderungen, für Sozialabgaben und für Geldbußen gibt es Regelungen; im Übrigen bleibt eine innerstaatliche Behörde auf auswärtige Courtoisie angewiesen, wenn sie Vollstreckungshilfe benötigt, und wird, wenn selbst ersucht, aus einem auswärtigen Titel wegen des Vorbehalts des Gesetzes nicht vollstrecken dürfen.[108]

Wenn man das im europäischen Kontext für einen unbefriedigenden Zustand halten wollte, dann gäbe es einen naheliegenden Weg zur Reform, nämlich die fortgesetzte gegenständliche Erweiterung der Beitreibungsrichtlinie. Politische Voraussetzung bleibt dafür immer das Vertrauen auf die Fairness und Nachvollziehbarkeit der auswärtigen Entscheidungen. Die Vertrauensfrage wird im Verwaltungsbereich selten so schwer wiegen wie bei Strafverfolgung und -vollstreckung, aber sie bleibt auch hier immer ein Wagnis.[109]

---

108 Das Erfordernis einer Rechtsgrundlage betont *Starski* (Fn. 35), S. 154 f. Besonders deutlich das gleichsinnige Urteil von *Nolte* (Fn. 49), S. 94, 107, und *Idziok* (Fn. 65), S. 78; siehe zuvor bereits *Schnapp/Nolte* (Fn. 107), S. 147–149, und *Schnapp*, KKZ 1993, S. 165 (169).

109 Vgl. auch *Bleckmann*, JZ 1985, S. 1072 (1074), und *Schmidt-Aßmann* (Fn. 40), S. 936. Optimistisch insoweit *Weiß*, Die Anerkennung ausländischer Verwaltungsakte, 1932, S. 67.

Verwaltungsvollstreckung im Verwaltungsverbund

Ralf Klomfaß

I. Blickrichtung und Fokus

Das Feld der Verwaltungsvollstreckung ist bereits für sich genommen weitgefasst. Nochmals schwieriger gestaltet es sich, wenn dazu Fragen etwaiger Kooperationsmöglichkeiten insbesondere zwecks erhoffter Effizienzsteigerungen gestellt werden, zumal dann, wenn die zu beteiligenden Akteure weitgehend in Eigenverwaltung und -verantwortung (bis hin zur Selbstverwaltungsautonomie) vorgehen. Werden etwaige Kooperationsmöglichkeiten gar – wie vorstehend anhand des gesetzten Tagungsthemas – auf etwaige Möglichkeiten der internationalen Zusammenarbeit erstreckt, entfaltet sich eine hohe Komplexität. Vor diesem Hintergrund wird, maßgeblich dem Werdegang des Vortragenden geschuldet, bewusst die insoweit einschränkende Blickrichtung aus der kommunalen Verwaltungsvollstreckung heraus eingenommen. Ferner wird dem Ansinnen der Einladung Rechnung getragen, vornehmlich aus der Praktikerperspektive zu berichten. Weil in Bezug etwaiger kooperativer Zusammenarbeit kommunaler Verwaltungsvollstreckung praktisch überwiegend auf Geldforderungen abgestellt wird, bilden diese grundsätzlich den Schwerpunkt dieser Abhandlung.

1. Kommunale Verwaltungsvollstreckung als Ausgangsgröße

Die Betrachtung vornehmlich aus der Perspektive der kommunalen Verwaltungsvollstreckung begründet sich maßgeblich verfassungsrechtlich. Dabei tritt mit Fragen bis hin zu etwaigen internationalen Möglichkeiten der Kooperation – namentlich zum oft verwandten Begriff des Verwaltungsverbundes[1] – die europäische Ebene als weiterer Betrachtungswinkel hinzu. Der

1 Der seinerseits allerdings keinen eigenständigen Rechtsbegriff darstellt, sondern – mal mehr, mal weniger eng – sprachlich faktische Formen der (ggf. horizontalen wie vertikalen) Kooperation zusammenzufassen versucht, vgl. exemplarisch, jew. m. w. N. *Röhl*, DVBl. 2006, S. 1070 ff.; *Ruffert*, DÖV 2007, S. 761 ff. oder *Kahl*, Der

als wohl größte Errungenschaft nach den beiden Weltkriegen gebildeten EU als Ebene oberhalb (jedenfalls bis dato) verbleibender Einzelstaaten sind insoweit notwendig Kooperationsprinzipien inhärent. Richtig wie gewichtig besetzt deshalb die EU mit ihren Verwaltungsabläufen einen Pol. Bekanntermaßen unterfällt sie jedoch ob der begrüßenswerten Pluralität sinnvollerweise dem Subsidiaritätsprinzip bzw. dem Grundsatz der begrenzten Einzelermächtigung (Art. 5 Abs. 1 EUV). Früh erkannt und weit vorne bei den Grundprinzipien geregelt findet sich insofern in Art. 5 Abs. 3 EUV die Kernaussage, dass grundsätzlich eine überregionale Tätigkeit auszuschließen ist, sofern die gemeinsamen Ziele auf „lokaler Ebene ausreichend verwirklicht werden können." Darüber lässt sich mithin gar eine Stärkung der kommunalen Selbstveraltungsgarantie herleiten, die bei uns sowohl auf den zwischengeschalteten Ebenen des Bundes in Art. 28 Abs. 2 GG und den jeweiligen Bundesländern wie z. B. in Art. 49 LV RP[2] seit jeher anerkannt sind. Wenn vom EU-Blickwinkel insofern also grundlegend berücksichtigt wird, dass jedenfalls die Verwaltungsaufgaben in Bezug auf Grundbedürfnisse (oft in „Masse") notwendig auf lokaler – bei uns: kommunaler – Ebene verortet liegen und diese in der Folge praktisch auch nur über Verwaltungsvorgänge gewisser räumlicher Nähe sinnvoll abzuwickeln sind[3], bildet mithin die kommunale Ebene – gerade ob ihrer großen Ortskenntnis im Zusammenspiel mit räumlicher Eigenverantwortung – auch zu Vollstreckungsfragen den notwendigen Gegenpol. Darauf wird im Laufe der Abhandlung einzugehen sein.

2. *Praktikerperspektive*

Zur Arbeitstagung geladen als Vertreter der Praxis, wird auch die entsprechende Perspektive vorwiegend einzunehmen versucht (dabei – der Herkunft wegen – zur Veranschaulichung meist auf Basis der Regelungen zum

---

Staat 50 (2011), S. 353 ff.; zusammenfassend *Schoch*, in: Schoch/Schneider (Hrsg.), Verwaltungsrecht, 1. EL 2021, Einl. Rn. 559. Weitere Fundstellen bei *Maurer/Waldhoff*, Allgemeines Verwaltungsrecht, 20. Aufl. 2020, § 2 Rn. 40.

2 Dort insbesondere in Abs. 1 S. 1 (*ausschließlicher* Träger der gesamten örtlichen öffentlichen Verwaltung *in eigener Verantwortung*) sowie Abs. 3 S. 1 (das Recht der Selbstverwaltung).

3 Dies bestätigt sich mitunter hinsichtlich der jüngst herbeigeführten kommunalen Fusionen in Rheinland-Pfalz (z. B. Auflösung der Verbandsgemeinden Hillesheim wie Obere Kyll mit Anschluss an Gerolstein), welche teils Nachteile erkennbar werden lassen. Zu schon früher negativen Erfahrungen (bis hin zur Rückabwicklung), spezifisch zu Gießen vgl. *Piper*, SZ Nr. 17 v. 22./23. 1. 2022, S. 21.

Lande Rheinland-Pfalz). Dies ist auch sinnvoll, weil so besser auf die ganz praktischen Nöte eingegangen werden kann, bei vielen kommunalen Vollstreckungsbehörden vornehmlich bestehend in personeller Hinsicht. Teils findet sich kaum adäquates Personal, weshalb es durchaus häufiger zur Einstellung sog. Quereinsteiger kommt. Aber selbst zu regulär an den Verwaltungs(hoch)schulen ausgebildeten Mitarbeitern ist festzustellen, dass Vollstreckungsthemen weder in der Beamtenausbildung noch den Lehrgängen für Beschäftigte eigenständig vertiefend vorkommen. Wenig belastbares Fachwissen ist mithin nicht verwunderlich. Hinzu treten zudem teils falsche Erwartungshaltungen Außenstehender. Führt z. B. – sinnvollerweise – *Klüger* aus, dass die Abnahme der Vermögensauskunft und der damit zwangsläufig verbundenen eidesstattlichen Versicherung von einem Angehörigen des öffentlichen Dienstes mit Befähigung zum Richteramte erfolgen müsse,[4] mag dies mit Blick auf die staatlichen Finanzämter (über deren Behördenleiter) ggf. noch abbildbar sein, so jedoch nicht im Hinblick auf die Kommunen. Einerseits fällt gemäß § 106 Abs. 2, Abs. 1 GemO RP dem Kassenverwalter eine Teilorganstellung gerade in Abgrenzung zum Behördenleiter (dem Bürgermeister bzw. Landrat) zu, so dass auf letztgenannten gar nicht abgestellt werden kann, wenn jenem – als Kassengeschäft – die „Befugnisse der Vollstreckungsbehörde" zugewiesen sind (so § 19 Abs. 1 S. 1 LVwVG RP).[5] Wird sodann andererseits berücksichtigt, dass selbst zur größten Stadt in Rheinland-Pfalz der Kassenverwalter lediglich dem III. Einstiegsamt – also bereits nicht vergleichbar einem Richteramte – zugeordnet ist, erklärt sich, warum faktisch mitunter (zumal bei kleineren Vollstreckungsbehörden) die Abnahme gar durch Personal des II. Einstiegsamtes erfolgt.[6] Diese Personalnöte in quanti-, quali- wie vergütungstechnischer Hinsicht, ggf. gepaart mit überdies schwacher Softwareausstattung einzelner Kommunen, mag etwaige festzustellende Vollstreckungsdefizite ein Stück weit verständlicher machen.

---

4 Vgl. *Klüger*, in: Koenig (Hrsg.), AO, 4. Aufl. 2021, § 284 Rn. 24 (aufbauend insofern auf dem früheren Kommentator *Fritsch*).

5 Vgl. zur besonderen Stellung des kommunalen Kassenverwalters gerade auch als Leiter der kommunalen Vollstreckungsbehörde (in Bezug auf Geldleistungen) *Klomfaß*, KKZ 2012, S. 154 ff. sowie bekräftigend aus aktuellen Corona-Anlässen *ders.*, KKZ 2021, S. 106 ff.; allgemein *ders.*, Kommunales Kassenwesen, 2. Aufl. 2021, S. 26–28. NRW weicht insofern ab, weil dort schwierigerweise im Zuge der Umstellung auf das Neue Kommunale Finanzwesen die Position des Kassenverwalter abgeschafft wurde (dort gibt es nur noch einen Verantwortlichen für die Zahlungsabwicklung, vgl. § 93 V GO NRW).

6 Vgl. zu alledem auch *Klomfaß*, in: App†/Wettlaufer/Klomfaß (Hrsg.), Verwaltungsvollstreckungsrecht, 6. Aufl. 2018, Kap. 20 Rn. 76 f.

3. Die Verwaltungsvollstreckung von Geldforderungen als Schwerpunkt

Wurden vorstehend bereits praktische Schwierigkeiten aufgrund divergierendem Technikeinsatz schon zur Vollstreckung von Geldforderungen angedeutet, steigert sich dies nochmals vielschichtiger zur HDU-Vollstreckung,[7] die überwiegend gänzlich dezentral innerhalb einer Kommunalverwaltung verfolgt wird (da insoweit weitgehend nicht vom Grundsatz der Einheitskasse oder von Zentralisierungsvorgaben wie bei der Geldforderungsvollstreckung erfasst). Allerdings beziehen sich die – fallzahlmäßig ohnehin deutlich unterlegenen – HDU-Vollstreckungsverfahren meist belegenheitsbezogen auf das Gebiet der Kommune, Beispiele: Auszuübender Verwaltungszwang zur Abrissverfügung eines baufälligen Gebäudes oder der ggf. zwangsweise herbeizuführende Besuch einer ganz konkreten Schule im Gemeindegebiet. Der zur Tagung vornehmlich kooperativ gewählte Ansatz ist insofern weniger relevant, weshalb sich schwerpunktmäßig auf Geldforderungen bezogen wird.

II. Kooperative Verwaltungsvollstreckung

Hält sich der Schuldner jenseits des Hoheitsgebietes der Kommune auf bzw. finden sich gewisse Vermögenswerte entsprechend außerhalb, kann die – ggf. internationale – Einschaltung der zum Aufenthalts- bzw. Belegenheitsort zuständigen Vollstreckungsbehörde erforderlich werden. Im Optimalfall führt diese den Vollstreckungserfolg für die Ausgangskommune herbei, was insoweit kooperativ wirkt.

7 Vgl. zur Vollstreckung von Handlungs-, Duldungs- oder Unterlassenspflichten *App†/Wettlaufer/Klomfaß* (Fn. 6), Dritter Teil.

1. International

a) EUBeitrG

Das EUBeitrG[8] trifft auf Basis der

- EU-Beitreibungsrichtlinie 2010/24/EU (EUBeitrRL),[9]
- EU-Durchführungsverordnung Nr. 1189/2011[10] und dem
- Durchführungsbeschluss der Kommission vom 18. November 2011[11]

die umsetzenden nationalen Regelungen zur EU-Amtshilfe insbesondere zu Beitreibungs- und Sicherungsverfahren (§§ 9–16) bezogen auf „Steuern und Abgaben aller Art" (§ 1 Abs. 1 S. 2 Nr. 1)[12] nebst „Geldstrafen, Geldbußen, Gebühren und Zuschläge[n]" (§ 1 Abs. 2 Nr. 1) oder „Zinsen und Kosten" (§ 1 Abs. 2 Nr. 3), wozu Standardformblätter und spezifische elektronische Kommunikationsmittel bereitstehen (§ 19).

Aus der kommunalen Perspektive ist für die praktische Bearbeitung beachtlich, dass die im jeweiligen EU-Mitgliedsstaat gemäß Art. 4 Abs. 1 EU-BeitrRL zu bestimmende zuständige Behörde in Deutschland das Bundesministerium der Finanzen ist, welches zugleich als „zentrales Verbindungsbüro" fungiert (§ 3 Abs. 1 S. 1 EUBeitrG). Diesem nachgeordnet ist als wei-

---

8 Gesetz über die Durchführung der Amtshilfe bei der Beitreibung von Forderungen in Bezug auf bestimmte Steuern, Abgaben und sonstige Maßnahmen zwischen den Mitgliedstaaten der Europäischen Union (EU-Beitreibungsgesetz), Art. 1 des Gesetzes v. 7. 12. 2011, BGBl. I 2011, S. 2592 (Geltung seit dem 1. 1. 2012), zuletzt geändert durch Art. 21 des Gesetzes v. 26. 6. 2013, BGBl. I 2013, S. 1809, ausgestaltet als Nebengesetz zur AO (die grundsätzlich gemäß Verweis in § 1 IV 1 EUBeitrG anzuwenden ist).

9 Richtlinie v. 16. 3. 2010 über die Amtshilfe bei der Beitreibung von Forderungen in Bezug auf bestimmte Steuern, Abgaben und sonstige Maßnahmen (ABl. EU 2010 L 84/1 v. 31. 3. 2010); dies bezogen auf natürliche wie juristische Personen, Personenvereinigungen oder „alle anderen Rechtsvereinbarungen [bzw. national: jede andere Rechtsform] gleich welcher Art" (vgl. Art. 3 lit. c EUBeitrRL = § 2 Abs. 1 EUBeitrG).

10 Verordnung v. 18. 11. 2011 (ABl. EU 2011 L 302/16 v. 19. 11. 2011), zuletzt geändert durch die EU-Durchführungsverordnung 2017/1966 v. 27. 10. 2017 (ABl. EU 2017 L279/38 v. 28. 10. 2017); unmittelbare Geltung in allen EU-Mitgliedsstaaten.

11 Durchführungsbeschluss zur Festlegung der Durchführungsbestimmungen zu bestimmten Artikeln der Richtlinie 2010/24/EU über die Amtshilfe bei der Beitreibung von Forderungen in Bezug auf Steuern, Abgaben und sonstige Maßnahmen; Az.: K(2011) 8193.

12 Vgl. ausführlicher, was „aller Art" umfasst (insbes. in Bezug zu nationalen Abgabedefinitionen, zu Nebenforderungen oder Inhaftungnahmen), *Klomfaß* (Fn. 6), Kap. 5 Rn. 41.

teres Verbindungsbüro jenseits des für Kommunen grundsätzlich irrelevanten Hauptzollamtes das Bundeszentralamt für Steuern (§§ 3 Abs. 1 S. 2 Nr. 1 EUBeitrG, 5 Abs. 1 Nr. 5 FVG), welches in der Verwaltungsvollstreckung als wohlbekannt und schon anderweitig nutzbare (elektronische) Kommunikation dorthin zwischenzeitlich als überwiegend etabliert gelten darf.[13] Für die Kommunen deutlich entlastend wirkt insoweit, dass diese letztlich (sofern die Voraussetzungen des § 10 EUBeitrG zur Vollstreckung bzw. ausnahmsweise des § 12 EUBeitrG zur Sicherung gegeben sind sowie 1.500 € überschritten werden, § 14 Abs. 1 EUBeitrG) schlicht ein ordnungsgemäßes Ersuchen zu erstellen haben, wozu Standardformblätter nutzbar sind, die ihrerseits bereits unmittelbar auf rein elektronischen Austausch angelegt (§ 19 Abs. 1 S. 1 EUBeitrG)[14] und insofern grundsätzlich technisch einfacher an bestehende Vollstreckungssoftware anbindungsfähig sind. Vornehmlich das Bundeszentralamt für Steuern übernimmt dann als Verbindungsbüro die weitergehende Kommunikation mit den anderen Verbindungsbüros (im EU-Ausland) oder der Europäischen Kommission (§ 3 Abs. 1 S. 3, Abs. 2 S. 2 EUBeitrG). Hinzu tritt eine faktisch merkliche Aufwandsminimierung auf kommunaler Seite durch die im Gesetz angelegte Asymmetrie. So können die Gemeinden und Gemeindeverbände Amtshilfe gemäß § 4 Abs. 2 S. 1 EUBeitrG in Anspruch nehmen, haben aber umgekehrt nach dessen Absatz 1 keine zu leisten.

Maßgeblich auf Basis der EUBeitrRL ermöglicht das umsetzende EUBeitrG folglich vergleichsweise leicht zu nutzende wie durchaus weitreichende Amtshilfeersuchen in das EU-Ausland seitens deutscher Kommunen. Dies wird nach Erfahrungen des Autors auch praktisch genutzt, sofern in der jeweiligen Kommune diese Möglichkeiten denn bekannt

---

13 Vgl. zum automatisierten Abrufverfahren von (Bank-)Kontoinformationen insbes. §§ 93 Abs. 7 S. 1 Nr. 4, 2, Abs. 8, 93b Abs. 2 AO. Jüngst wurde gerade für die Vollstreckungsbehörden zum Zwecke höherer Vollstreckungseffektivität § 93 Abs. 8 S. 2 AO ausgeweitet, vgl. die letzte Fassung aufgrund des Gesetzes zur Verbesserung des Schutzes von Gerichtsvollziehern vor Gewalt sowie zur Änderung weiterer zwangsvollstreckungsrechtlicher Vorschriften und zur Änderung des Infektionsschutzgesetzes v. 7. 5. 2021 (BGBl. I 2021, S. 850), wirksam seit dem 1. 1. 2022. Dazu kann wiederum spezifisches Verwaltungsvollstreckungsrecht beachtlich werden, vgl. exemplarisch § 25h LVwVG RP. Begründet wurde das Kontenabrufverfahren durch das Gesetz zur Förderung der Steuerehrlichkeit v. 3. 12. 2003 (BGBl. I 2003, S. 2928), vollumfänglich in Kraft seit dem 1. 4. 2005.

14 Erfolgt die Übermittlung nicht auf elektronischem Weg oder auf Standardformblättern, so berührt dies nicht die Gültigkeit der erhaltenen Auskünfte oder der im Rahmen eines Ersuchens um Amtshilfe ergriffenen Maßnahmen, § 19 Abs. 5 EUBeitrG.

sind. Bemerkbar machen sich insofern spezifisch die bereits allgemein angedeuteten Ausbildungsdefizite. Von nutzenden Praktikern der kommunalen Verwaltungsvollstreckung wird darauf hingewiesen, dass der Mindestbetrag von 1.500 € mitunter besonders für kleinere Kommunen im Verhältnis zu den Abgaben jenseits der Gewerbesteuer(haupt)forderungen als zu hoch empfunden wird (potentielles Vollzugsdefizit in Relation zur Festsetzungspflicht). Erwähnenswert ist mit Blick auf die Praxis ferner, dass die vorhandene Verwaltungsvollstreckungssoftware – soweit ersichtlich – bislang keine standardmäßige Integration dieser Möglichkeiten im Hinblick auf EU-Auslandssschuldner vorsieht. Demnach notwendige manuelle Bearbeitung vermag womöglich – gerade vor dem Hintergrund des mitunter gegebenen Personalmangels – die hinter den Möglichkeiten zurückbleibende Nutzung erklären.

b) Kommunale[15] Bußgelder

Am 28. Oktober 2010 trat das Gesetz zur Umsetzung des Rahmenbeschlusses 2005/214/JI des Rates vom 24. Februar 2005 über die Anwendung des Grundsatzes der gegenseitigen Anerkennung von Geldstrafen und Geldbußen (Rahmenbeschluss Geldsanktionen) in Kraft, vornehmlich relevant danach die Regelungen in §§ 86 ff. IRG.[16] Über den in allen Mitgliedsstaaten umgesetzten Rahmenbeschluss werden Geldsanktionen und -bußen (insbesondere auch inklusive zugehöriger Verfahrenskosten) innerhalb der EU gegenseitig anerkannt und vollstreckbar, worunter explizit neben gerichtlichen solche der Behörden[17] und damit auch jene der Kommunalverwaltungen gefasst werden. Grundlegend ist die Festlegung des Bundesamtes für Justiz als zentrale Bewilligungsbehörde. Zu den aus anderen EU-Mitgliedsstaaten eingehenden Ersuchen zu Schuldnern mit Sitz oder Einkommen in Deutschland leistet es selbst Vollstreckungshilfe[18] (beginnend mit

---

15 Vgl. weiterführend für einen prägnanten Überblick (anhand Bußgeldfestsetzungen gegen Unternehmen bei Nichtabführungen von Sozialversicherungsbeiträgen) *Zieglmeier*, NJW 2016, S. 2163 ff.

16 Vgl. dazu ausführlicher *Karitzky/Wannek*, NJW 2010, S. 3393 ff., mit Schwerpunkt Straßenverkehrsrecht *Trautmann*, NZV 2011, S. 57 ff.

17 Entweder als strafbare Handlung (Art. 1 lit. a-ii RB-Geld = § 87 Abs. 2 Nr. 2 IRG) oder als Verwaltungsunrecht (Art. 1 lit. a-iii RB-Geld= § 87 Abs. 2 Nr. 3 IRG).

18 Vgl. spezifisch zu verkehrsrechtlichen Geldsanktionen *Riedmeyer*, NZV 2014, S. 18 ff.

einer schriftlichen Anhörung unter zweiwöchiger Stellungnahmefrist[19]). Umgekehrt leiten deutsche Vollstreckungsbehörden – auch solche der Kommunen – zu Schuldnern im EU-Ausland ausgehende Ersuchen über selbiges, was stark entlastend wirkt, weil insbesondere dort etwaige notwendige Übersetzungen herbeigeführt werden.[20] Die insofern auch hier festzustellende Asymmetrie lässt sich insofern als einen zeitlichen Vorläufer für die zuvor beschriebenen Abläufe zum EUBeitrG verstehen.

Generell können deutsche Vollstreckungsbehörden „rasch und mit wenig Aufwand"[21] Ersuchen an andere EU-Mitgliedstaaten über das Bundesamt für Justiz zur Vollstreckung bringen. Dies allerdings leider noch papieren, was Automatismen durch weitergehende Programmeinbindungen ausschließt und Fehlerpotentiale birgt. Nach Erfahrungen des Autors nochmals stärker als schon zuvor zum EUBeitrG festzustellen, sind diese Geldsanktionsvollstreckungsmöglichkeiten in der kommunalen Vollstreckungspraxis teils unbekannt. Dies mag – anders als bei zu vollstreckenden Abgaben – anteilig darin begründet liegen, dass die Bußgeldstellen in der kommunalen Praxis mitunter eine organisatorische Eigenständigkeit ausleben, die schon nicht immer mit dem kommunalen Kassenrecht[22] optimal harmonieren mag, jedenfalls aber Vollstreckungserfolge mindert, wenn die Zuordnung der kommunalen Vollstreckungsbehörde zwingend zur kommunalen Kasse – so z. B. eindeutig § 19 Abs. 1 S. 1 LVwVG RP – nicht

19 Zu Rechtsbehelfsmöglichkeiten wie -notwendigkeiten vgl. *Pletter*, NJW 2020, S. 824 ff. (insbes. auch bei zurückzuweisender etwaiger vorheriger – insoweit unnützer – Einschaltung privatrechtlicher Inkassobüros seitens des EU-Mitgliedsstaates; vgl. zu solchermaßen grundsätzlich ausgeschlossenen Beauftragungen jedenfalls seitens kommunaler Vollstreckungsbehörden m. w. Nachw. *Klomfaß* (Fn. 6), Kap. 1 Rn. 22 ff.), ausführlicher zur Abgrenzung zwischen Einspruch und gerichtlichem Verfahren *Krumm*, NJW 2021, S. 3767 ff.; ferner *Haller*, KKZ 2015, S. 175 ff. (insbes. zur zuständigen Behörde).

20 Zur diesbezüglichen Notwendigkeit vgl. Art. 5 Abs. 3 EU-RHÜbk wie Art. 52 Abs. 2 SDÜ.

21 *Karitzky/Wannek* (Fn. 16), S. 3397.

22 Vgl. zum Einstieg *Klomfaß*, Kassenwesen (Fn. 5), dort insbes. (bundeslandabhängig, in Rheinland-Pfalz z. B. trotz Umstellung auf die kommunale Doppik spätestens ab 2009 inhaltlich in unverändert starker Stellung nach § 106 GemO) Grundsatz der Einheitskasse (S. 21 f., 33 ff.), die Abgrenzung zur Zahlstelle (S. 45 f.), das maßgebliche (digitale) Kassenanordnungswesen (S. 51 ff.) und letztlich auch die darauf aufbauende Sonderstellung des – in Rheinland-Pfalz bewusst unverändert existenten (anders z. B. NRW) – Kassenverwalters (§ 106 Abs. 2 GemO; dazu S. 26 ff.).

vollumfänglich ernsthaft praktiziert wird.[23] Von jenen informierten Praktikern, welche Ersuchen wie vorbeschrieben in andere EU-Mitgliedsstaaten entsenden (wollen), wird zurückgemeldet, dass der vorgeschriebene Mindestbetrag von 70 € (§ 87b Abs. 3 Nr. 2 IRG; selbst, wenn Nebenforderungen bereits inkludierend, § 87 Abs. 3 S. 1 Nr. 2 IRG) im kommunalen Umfeld oftmals nicht erreicht wird, gerade zu den tendenziell mitunter massenhaften Verstößen im (ruhenden) Straßenverkehr. Jedenfalls vereinzelt wird insofern im Rahmen etwaiger künftiger Novellierungen der Verzicht einer Betragsvorgabe angeregt, um unabhängig von einem solchen Schwellenwert auch niederwertiger ggf. notwendige Geldsanktionsfestsetzungen überhaupt effektiv durchsetzen zu können.

c) Kindesunterhalt

Gegenüber Kindern bestehen verständigerweise umfassende Fürsorgepflichten. Dem unterfallen auch ausreichende Unterhaltsleistungen. Wird Unterhalt nicht in ausreichendem Maße gewährt, können Ansprüche auf Kindesunterhalt geltend gemacht werden (§§ 1601 ff. BGB,[24] dort spezifisch zum Mindestunterhalt § 1612a BGB i. V. m. der Düsseldorfer Tabelle). Bereits danach kann die erforderlichenfalls zivilprozessuale Geltendmachung auch Kommunalverwaltungen beschäftigen, insbesondere bei beantragter Beistandschaft des Jugendamtes (§§ 1712–1717 BGB), ggf. auch zu Vormundschaftsfällen (§§ 1773–1895 BGB).

Ob der besonderen Bedeutung, sowohl nach der betraglichen Höhe wie des Schweregrades insbesondere etwaig unterlassener Unterhaltsleistungen trotz Leistungsfähigkeit (mit dann schnell auch denkbaren strafrechtlichen Implikationen, vgl. § 170 Abs. 1 StGB), erlangt demgegenüber die etwaige Unterhaltsvorschussleistung im Einzelfall größeres Gewicht, auf welche demgegenüber als öffentlich-rechtliche Verwaltungsleistung etwas näher einzugehen ist. Weil gemäß § 68 Nr. 14 SGB I das UVG als einer dessen besonderer Teile gilt, werden in der Folge grundsätzlich die Verfahrensvorschriften des SGB I wie X anwendbar. Auf Basis des zu stellenden Antrages

---

23 Vgl. insofern auch zur Teilorganstellung des Kassenverwalters als Leiter der kommunalen Vollstreckungsbehörde *Klomfaß*, KKZ 2012, S. 154 ff. Zur Stadtkasse als Vollstreckungsbehörde auch in Bezug auf Bußgeldforderungen erg. hinsichtlich von Rechtsbehelfen *Haller* (Fn. 19), S. 175 ff.

24 Vgl. zum Kindesunterhalt im Überblick exemplarisch *Langeheine*, in: Säcker/Rixecker/Oetker/Limperg (Hrsg.), Münchener Kommentar zum Bürgerlichen Gesetzbuch, Bd. 10, 8. Aufl. 2020, § 1601 Rn. 4–9.

des zusammenlebenden Elternteils bzw. des gesetzlichen Vertreters (§ 9 Abs. 1 S. 1 UVG)[25] ergehen deshalb Verwaltungsakte gemäß § 31 S. 1 SGB X mit eröffnetem Verwaltungsrechtsweg (§§ 51 SGG, 62 SGB X).[26] Zu den danach (öffentlich-rechtlich) gewährten Unterhaltsvorschussleistungen gehen kraft Gesetzes (zivilrechtliche) Unterhaltsansprüche auf das jeweilige Bundesland über, § 7 Abs. 1 S. 1 UVG. Der Bezug zu Kommunen stellt sich ein, weil diese – nach jeweiligem Landesrecht, klassifiziert typischerweise als Auftragsangelegenheit – zur konkreten Verwaltung verpflichtet werden (was ob der notwendigen Beurteilung der persönlichen Verhältnisse *vor Ort* sinnvoll ist), so z. B. nach § 3 Abs. 1 KJHGRZustV RP:[27] „[1]Zuständige Stelle nach § 9 Abs. 1 S. 2 des Unterhaltsvorschussgesetzes [...] ist die Kreisverwaltung, in kreisfreien und großen kreisangehörigen Städten mit eigenem Jugendamt die Stadtverwaltung. [2]Die Landkreise sowie die kreisfreien und großen kreisangehörigen Städte nehmen die Aufgabe als Auftragsangelegenheit wahr." Die in der Folge seitens dieser Kommunalverwaltungen bereits ungewohntere notwendige Geltendmachung zivilrechtlicher Unterhaltsansprüche mündet überdies in die nochmals weniger vertraute ZPO-Zwangsvollstreckung, und diese wiederum nicht bloß oberflächlich, sondern (bei richtiger Behandlung) ob der besonderen Bedeutung detailtief insbesondere bezüglich zu erweiterten[28] Zwangsvollstreckungszugriffen (vgl. § 850d ZPO,[29] bei vorsätzlicher Unterhaltsnichtgewährung zudem §§ 823 Abs. 2 BGB i. V. m. 170 Abs. 1 StGB; 850f Abs. 2 ZPO; besonders bedeutsam wird dies bei etwaiger nachfolgender Eröffnung eines Insolvenzverfahrens, wozu dann §§ 89 Abs. 2 S. 2; 174 Abs. 2,

---

25 Auch andere, nachrangige Leistungen gewährende Leistungsträger können Anträge stellen, so der Sozialhilfeträger nach § 95 SGB XII oder jener zum SGB II, vgl. *von Koppenfeld-Spies*, in: Knickrehm/Kreikebohm/Waltermann, (Hrsg.), Kommentar zum Sozialrecht, 7. Aufl. 2021, UnterhVG §§ 1–12a Rn. 22.

26 Aufgrund des zum 14. 8. 2017 eingefügten § 7 V UVG kann der Nachweis des behördlichen Unterhaltsanspruchs durch Bescheid erfolgen, vgl. zu den vollstreckungsrechtlichen Folgen den Praxishinweis bei *Klomfaß* (Fn. 6), Kap. 3 Rn. 51. Zusammenfassend zum Verwaltungsrechtsweg *von Koppenfels-Spies* (Fn. 25), UnterhVG §§ 1–12a, Rn. 24.

27 Landesverordnung über Zuständigkeiten nach dem Achten Buch Sozialgesetzbuch, dem Jugendschutzgesetz, dem Unterhaltsvorschussgesetz, dem Bundeselterngeld- und Elternzeitgesetz und dem Adoptionsvermittlungsgesetz v. 23. 12. 2004, GVBl. 2005, S. 13.

28 Bis hin zum sozialrechtlichen Existenzminimum, vgl. insoweit bestätigend BGH, NJW 2016, S. 1663 ff. Vgl. allgemein zum erweiterten Pfändungzugriff zur Verwaltungsvollstreckung *Klomfaß* (Fn. 6), Kap. 25 Rn. 36–40 (inkl. erläuterndem Beispiel).

29 Vgl. anschaulich bestätigend BGH, NJW 2015, S. 1830 ff.

302 Nr. 1 InsO greifen[30]). Stellt sich vollstreckungsrechtlich auch noch ein Auslandsbezug zum Schuldner ein, stößt dies in nachvollziehbarer Weise bei so manchem Verwaltungspraktiker auf Perplexität.

Diese lässt sich jedoch auflösen, denn international bestehen Möglichkeiten. Nachdem Art. 64 Abs. 1 EG-Unterhaltsverordnung (EG-UntVO)[31] in Bezug auf europäische Mitgliedstaaten[32] „eine öffentliche Aufgaben wahrnemende Einrichtung, die für eine unterhaltsberechtigte Person handelt [insbes. Beistandschaft, Anm. des Autors], oder eine Einrichtung, der anstelle von Unterhalt erbrachte Leistungen zu erstatten sind [Unterhaltsvorschussstelle, Anm. des Autors]" als „berechtigte Person" anerkennt, kann diese Einrichtung (Abs. III) die Vollstreckung beantragen zu

„a) einer Entscheidung, die gegen eine verpflichtete Person auf Antrag einer öffentliche Aufgaben wahrnehmenden Einrichtung ergangen ist, welche die Bezahlung von Leistungen verlangt, die anstelle von Unterhalt erbracht wurden;
b) einer zwischen einer berechtigten und einer verpflichteten Person ergangenen Entscheidung, soweit der berechtigten Person Leistungen anstelle von Unterhalt erbracht wurden."

Diese „Entscheidung" setzt mithin stets eine Titulierung voraus, auf deren Basis dann aber die Vollstreckung auch europarechtlich eingeleitet werden kann.

Noch weitergehende internationale Vollstreckungsmöglichkeiten eröffnen das:

- Haager Unterhaltsübereinkommen 2007,[33] via Art. 36 auch in Bezug auf Unterhaltsvorschuss- oder evtl. Sozialleistungen, und das

30 Vgl. dazu ausführlicher insbes. *App†/Klomfaß*, Insolvenzrecht, 3. Aufl. 2020, Rn. 805 ff., 1088.

31 Verordnung (EG) Nr. 4/2009 des Rates v. 18. 12. 2008 über die Zuständigkeit, das anwendbare Recht, die Anerkennung und Vollstreckung von Entscheidungen und die Zusammenarbeit in Unterhaltssachen, ABl. L 7 v. 10. 1. 2009, S. 1–79.

32 Ohne Dänemark, welches den Siebten Abschnitt nicht für anwendbar erklärt hat und insoweit – in Bezug auf diese Verordnung – nicht als Mitgliedstaat zu behandeln ist, vgl. https://www.bundesjustizamt.de/DE/Themen/Buergerdienste/AU/Fragen/2.html (zuletzt abgerufen am 15. 8. 2022). Zum insoweit maßgeblichen Abkommen vgl. sodann § 1 Abs. 1 S. 1 Nr. 1 lit. b AUG.

33 Übereinkommen über die internationale Geltendmachung der Unterhaltsansprüche von Kindern und anderen Familienangehörigen v. 23. 11. 2007 (HUÜ), über die Internetseiten des Bundesjustizamtes abrufbar in der zwischen Deutschland, Österreich und der Schweiz abgestimmten deutschen Übersetzungsfassung (nach

- UN-Übereinkommen von 1956,[34] allerdings grundsätzlich nicht zu Unterhaltsvorschussleistungen,

womit wir im Völkerrecht ankommen und sich die schon zuvor angedeutete Perplexität womöglich steigert.

Vor dem Hintergrund der bedeutsamen Unterhaltsgewährung bzw. bei deren Unterlassen einhergehender Gefahrenmomente wurde jedoch seitens des Bundesgesetzgebers das AUG[35] mit grundsätzlicher Wirkung ab dem 18. Juni 2011[36] geschaffen. Wenngleich in § 1 Abs. 2 AUG klargestellt wird, dass innerstaatlich geltende völkerrechtliche Vereinbarungen sowie insbesondere die EG-UntVO als unmittelbar geltendes Europarecht vorgehen, kanalisiert dieses zur konkreten Durch- bzw. Ausführung anderweitig bestehender Rechtsgrundlagen vorgesehene Bundesgesetz die grundlegenden Verfahrensabläufe. Dabei wird eingangs zusammengefasst, dass das AUG übergreifend insbesondere zur EG-UntVO und den vorstehend erwähnten völkerrechtlichen Vereinbarungen anwendbar ist, aber ergänzend auch für die etwaige Geltendmachung von Unterhaltsansprüchen im Rahmen gegenseitig verbürgerter Anerkennung (§ 1 Abs. 1 AUG). Als zentrale Behörde wird umfassend in § 4 Abs. 1 S. 1 AUG das Bundesamt für Justiz festgelegt. Dieses fungiert sowohl im Rahmen der gerichtlichen wie außergerichtlichen Geltendmachung von Unterhaltsansprüchen insoweit als zentrale Empfangs- und Übermittlungsstelle (§ 5 Abs. 1 AUG), kann aber ggf. auch einen Vergleich bzw. ein Anerkenntnis regeln, ggf. Unterhaltsanträge stellen oder die *Vollstreckung* eines Unterhaltstitels betreiben (§ 5 Abs. 5 AUG).[37] Zusammenfassen lässt sich, dass über das AUG zumindest Möglichkeiten der etwaigen Auslandsvollstreckung benannt, zugehörig notwendige Verfahrensabläufe dargestellt und über die Verweise die Form-

---

der Übersetzungskonferenz in Bern v. 16. und 17. 7. 2008). An dieses ist Deutschland gebunden, vgl. Art. 15 EG-UntVO.

34 UN-Übereinkommen v. 20. 6. 1956 über die Geltendmachung von Unterhaltsansprüchen im Ausland, BGBl. 1959 II, S. 150 ff.

35 Gesetz zur Geltendmachung von Unterhaltsansprüchen im Verkehr mit ausländischen Staaten (Auslandsunterhaltsgesetz), ergangen als Art. 1 Gesetz v. 23. 5. 2011, BGBl. 2011 I, S. 898; zuletzt geändert durch Art. 4 Gesetz v. 10. 8. 2021, BGBl. 2021 I, S. 3424.

36 Vgl. Art. 20 I des vorbenannten Gesetzes zur Durchführung der Verordnung (EG) Nr. 4/2009 und zur Neuordnung bestehender Aus- und Durchführungsbestimmungen auf dem Gebiet des internationalen Unterhaltsverfahrensrechts v. 23. 5. 2011, BGBl. 2011 I, S. 898 (919). Schon zuvor gab es das Auslandsunterhaltsgesetz v. 19. 12. 1986.

37 Grundsätzlich nach dem Recht des Staates, in welchem die Vollstreckung erfolgt, vgl. insbes. Art. 23 Abs. 1 HUÜ.

blätter zur EG-UntVO bzw. zum HUÜ insbesondere zur Einschaltung des Bundesamtes für Justiz als zentrale Behörde abrufbar werden. Weil über die EG-UntVO grundsätzlich (mit Ausnahme Dänemarks) die EU-Mitgliedsstaaten sowie über das HUÜ dessen nochmals zahlreichere Vertragsstaaten (z. B. insbesondere auch die USA, die Türkei) adressierbar sind, lassen sich potentiell zu zahlreichen Schuldnern mit Sitz jenseits Deutschlands Verfahren einleiten. Dies mitunter deutlich entlastend, weil durch Standardisierungen gewissen Übersetzungen bereits gar nicht notwendig werden bzw. diese ggf. vom Bundesamt für Justiz herbeizuführen sein können, insbesondere durch dieses ins Ausland weitergeleitete Ersuchen selbst überwacht werden (§ 11 Abs. 2 AUG).

Wie schon in den vorherigen Unterkapiteln angesprochen, lassen sich ähnlich zu Unterhaltsforderungen Umsetzungsdefizite jedenfalls im Einzelfall vermuten. Einerseits mag dies damit anteilig zu erklären sein, dass nur Kommunen mit Jugendämtern betroffen sind. Es handelt sich zugehörig also nicht um allgemein die kommunalen Kassen betreffende Fragestellungen, weshalb über deren Austauschformate typischerweise dazu auch eher selten und wenn, dann nur eingeschränkt Informationen vermittelt werden. Vielmehr noch dürfte aber durchaus häufiger zu konstatieren sein, dass die Jugendämter (sowohl zum Unterhaltsvorschuss wie zur Beistand- bzw. Vormundschaft) auch Beitreibungsaufgaben selbst wahrnehmen. Dies für sich genommen lässt sich – jedenfalls ohne weitergehende Ausnahme- bzw. Sonderregelungen – kassenrechtlich bereits durchaus kritisch einordnen, denn die kommunale Kasse ist als bewusst bestimmte zentrale Einheitskasse (nach jeweiligem Landesrecht) grundsätzlich für „alle Kassengeschäfte" zuständig (so expliziter Wortlaut § 106 Abs. 1 Halbs. 1 GemO RP), worunter neben der Vereinnahmung etwaiger Gelder explizit wie zweifelsfrei die Beitreibung (mit Mahnwesen und Vollstreckung, sowohl zu öffentlich-rechtlichen wie etwaigen privatrechtlichen Forderungen) gehört (vgl. z. B. § 25 Abs. 2 S. 1 Nr. 4 GemHVO RP[38]). Erfolgt bei

38 Die Begriffe und Formulierungen jedenfalls in § 25 GemHVO RP sind seit der Umstellung auf die kommunale Doppik (spätestens seit 2009) als mindestens unglücklich und nicht mit der GemO harmonierend festzustellen (wenngleich es zumindest über die 2017 novellierte zugehörige VV zu Klarstellungen kam, vgl. dazu erg. – mit Blick auf die kommunale Doppik als Drei-Komponenten-Rechnung – *Klomfaß*, KKZ 2020, S. 200 ff.). Interpretieren lässt sich zu dieser Nr. 4, dass über die seit jeher wie selbstverständliche Zuordnung der Verwaltungsvollstreckung (zu Geldforderungen) zur Gemeindekasse auch deutlicher werden möge, dass die Zuständigkeit ebenso die etwaige Einleitung der zivilprozessualen Zwangsvollstreckung mit abdeckt.

einzelnen Kommunen auch die Beitreibung dezentral beim Jugendamt, lässt sich nicht ausschließen, dass dort ggf. aufwendig Zwangsvollstreckungsmaßnahmen eingeleitet werden, obwohl bei der Vollstreckungsstelle der zentralen Einheitskasse der Kommune bereits ein eröffnetes Insolvenzverfahren zu eben jenem Schuldner in Bearbeitung anhängig ist, bzw., dass mit der dezentral eingeleiteten Maßnahme gerade dort bereits herbeigeführte Stundungs- bzw. Ratenzahlungslösungen zerstört werden.

Besonders negativ wirkt eine solche dezentrale Beitreibung, wenn das jeweilige Bundesland[39] u. a. explizit zu Ansprüchen nach dem § 7 UVG und zugehörig kraft Gesetzes übergegangenen *zivilrechtlichen* Unterhaltsansprüchen die *öffentlich-rechtliche* Verwaltungsvollstreckung ermöglicht (so explizit § 1 Abs. 1 lit. m) LVwVGpFVO zu § 71 Abs. 1 Nr. 3 LVwVG RP[40]). Solange der Schuldner „gegen den Anspruch als solchen" (§ 74 Abs. 1 S. 1 LVwVG RP) keinen Widerspruch erhebt, werden damit die üblichen Abläufe zur Verwaltungsvollstreckung nutzbar[41], was insbesondere Automatisierungen anhand der dazu bereits eingesetzten Vollstreckungssoftware auch auf diese Forderungsarten erstrecken lässt[42]. Durch die Ausnahmebestimmungen solchermaßen zur Verwaltungsvollstreckung zugelassener privatrechtlicher Forderungen wird folglich der bereits dem Grundsatz der Einheitskasse[43] u. a. innewohnende Gedanke eines höheren Professionalisierungsgrades Rechnung getragen, was neben erhöhter Wirtschaftlichkeit (geboten via § 93 Abs. 3 Alt. 2 GemO RP) der Reduzierung von Fehlerquellen zugutekommt, damit die Kassensicherheit gefördert wird, welche ihrerseits eine der tragenden Säulen des kommunalen Kassenwesens bildet. Kurzum: Etwaige Vollzugsdefizite mögen sich im Einzel-

---

39 Vgl. im Überblick *Klomfaß* (Fn. 6), Kap. 3 Rn. 53.

40 Landesverordnung über die Vollstreckung privatrechtlicher Geldforderungen nach dem Landesverwaltungsvollstreckungsgesetz v. 8. 6. 2004, GVBl. 2004, S. 349.

41 Vgl. ausführlich *Klomfaß*, NJOZ 2016, S. 121 ff.

42 Dies mit eigenständigem EU-Rechtsbezug ganz praktisch zu den mitunter beinahe schon als „Massegeschäft" eingeordneten Bankkontopfändungen der Vollstreckungsstellen kommunaler Kassen. Zwar greift die EuKoPfVO explizit gemäß deren Art. 1 Abs. 1 S. 2 bewusst nicht für steuer- wie abgabenrechtliche Angelegenheit, sehr wohl werden aber Unterhaltsforderungen als privatrechtliche Ansprüche erfasst, vgl. bestätigend insoweit im Erwägungsgrund 18 den Unterabschnitt 2 Satz 2; vgl. *Lugani*, in: Krüger/Rauscher (Hrsg.), Münchener Kommentar zur Zivilprozessordnung mit Gerichtsverfassungsgesetz und Nebengesetzen, Bd. 3, 6. Aufl. 2022, EuKoPfVO Art. 2 Rn. 3. Vgl. erg. zur EuKoPfVO aus Sicht des Bundesamtes für Justiz *Schlauß*, RIW 2017, S. 205 ff.

43 Vgl. zusammenfassend *Klomfaß*, Kassenwesen (Fn. 5), S. 21–26.

fall schon auf lokaler Ebene im kommunalen Binnenverhältnis begründen und zeigen darüber in der Folge auf, warum ggf. weitergehende Vollstreckungsmöglichkeiten – hier spezifisch international – ggf. nicht umfassend genutzt werden. Es scheint insoweit weniger an rechtlichen Möglichkeiten zu mangeln, als an konsequent praktischer Umsetzung professionell aufzubauenden (Kassen-)Personals.

d) Staatsabkommen

Sofern kommunale Forderungen international zu vollstrecken anstehen, die entweder den bis hierher erläuterten Rechtsgrundlagen nicht oder dort etwaigen Betragsgrenzen unterfallen, ist ggf. auf Staatsabkommen der Bundesrepublik Deutschland mit dem Staate zurückzugreifen, in welchem sich der Schuldner aufhält.

Hervorgehoben nennenswert ist insoweit der Vertrag zwischen der Bundesrepublik Deutschland und der Republik Österreich über Amts- und Rechtshilfe in Verwaltungssachen vom 31. Mai 1988,[44] welcher für Forderungsarten jenseits von Abgaben anwendbar ist.[45] Danach kommt es zur vergleichsweise ähnlich weitgehenden Vollstreckungshilfe wie zwischen innerstaatlichen Vollstreckungsbehörden, grundsätzlich mit direkter Adressierbarkeit an die jeweils vor Ort zuständige Vollstreckungsbehörde, lediglich mit staatlicher Vermittlung zur Weiterleitung (Art. 9 Abs. 2 des Vertrages). Um Vollstreckungshilfe kann ersucht werden (Art. 9 Abs. 1 des Vertrages), wenn – zu deutschen Bußgeldern – mindestens 50 DM (zwischenzeitlich „glatt“ gerundet anerkannt 25 €) offenstehen. Dies ist vornehmlich in Bezug auf Bußgelder zum (ruhenden) Straßenverkehr interessant, welche den bereits benannten Schwellenwert von 70 € (§ 87b Abs. 3 S. 1 Nr. 2 IRG, wenngleich dort inklusive zugehöriger Verfahrenskosten) oft unterschreiten. Deshalb drängt sich die Frage auf, ob bei IRG-unterschwelligen Vollstreckungsbeträgen auch weiterhin über den vorstehenden Verwaltungsvertrag vorgegangen werden kann. Dies wird – auch mit dem lex posteriori-Argument – teils abgelehnt.[46] Es lässt sich hingegen ebenso interpretieren, dass der benannte Rahmenbeschluss 2005/214/JI in-

---

44 BGBl. II 1990, S. 358 ff.

45 Wozu auf den Vertrag v. 4. 10. 1954 zwischen der Bundesrepublik Deutschland und der Republik Österreich über Rechtsschutz und Rechtshilfe in Abgabensachen (BGBl. II 1955, S. 833–836, in Kraft getreten am 26. 11. 1955, vgl. Bekanntmachung in BGBl. II 1955, S. 926) zurückzugreifen sein kann.

46 Vgl. *Trautmann*, NZV 2011, S. 57 (62).

soweit lediglich Mindestanforderungen zur verstärkten wie insbesondere flächendeckenden Zusammenarbeit setzen möchte, die Grundlage der entsprechend umsetzenden IRG-Regelungen wurden und deshalb etwaig bereits bestehende Vollstreckungsmöglichkeiten nicht verdrängen wollte. Insofern lässt sich vertreten[47] (und wird teilweise auch vollstreckend praktiziert), dass IRG-unterschwellige Vollstreckungshilfe auf Basis des Verwaltungsvertrages zulässig bleibt.[48]

Im Kontext des gesetzten Themenschwerpunktes zum Verwaltungsvollstreckungsrecht können sodann ggf. Doppelbesteuerungsabkommen relevant werden. Zwar gibt es solche zu einer Vielzahl von Staaten.[49] Wie der Begriff aber schon andeutet, werden typischerweise bereits nicht Abgaben in Gänze, sondern lediglich – meist einzeln ausgewählte – Steuern (zu Kommunen meist die Gewerbesteuer, manchmal auch die Grundsteuer) erfasst, dies wiederum vereinzelt (z. B. betraglich) eingeschränkt. Ferner wird ebenfalls bereits begrifflich deutlich, dass es bei solchen Abkommen um die Vermeidung von Doppelbesteuerung geht, nicht hingegen um weitergehende Vollstreckungskooperation. So ist beispielsweise auch zu China die Gewerbesteuer erfasst (Art. 2 Abs. 3 lit. b a. E. DBA China[50]), aber letztlich lediglich zum gegenseitigen Informationsaustausch (Art. 27 DBA China), so dass der jeweilige Staat in eigener Zuständigkeit entsprechende Werte bei eigenen Steuerfestsetzungen berücksichtigen kann. Ähnliches

---

47 Entsprechend festgestellt seitens FG Sachsen, Urt. v. 12. 3. 2015 – 6 K 174/14 (3. Tenor; juris): Verletzung einer Parkgebührenpflicht mit einer Geldstrafe von 50 €.

48 Damit im Ergebnis dann ähnlich wie zu Abgaben, wobei sich die Streitfrage ungeachtet des dortigen Schwellenwertes von 1.500 € ob des expliziten Wortlautes von § 22 I EUBeitrG zwar so nicht stellt, wegen des Vorrangs der EUBeitrRL bzw. des EUBeitrG jedoch kaum Anwendungsspielraum verbleibt, jedenfalls sind die vertraglichen Behördenzuständigkeiten wie die Regelungen für Zuständigkeiten nicht länger anwendbar, vgl. *Bundesministerium der Finanzen*, Merkblatt zur zwischenstaatlichen Amtshilfe bei der Steuererhebung (Beitreibung) mit Stand 1. 7. 2013 v. 23. 1. 2014, S. 35 (BMF-Schreiben IV B 6 – S 1320/07/10011 :011 –, BStBl. I 2014, S. 188 ff.); vgl. dazu auch *Klomfaß* (Fn. 6), Kap. 5 Rn. 68.

49 Vgl. die insoweit regelmäßig aktualisierte Übersicht des *Bundesministeriums der Finanzen*, abrufbar via https://www.bundesfinanzministerium.de/Web/DE/Themen/Steuern/Internationales_Steuerrecht/Staatenbezogene_Informationen/staatenbezogene_info.html (zuletzt abgerufen am 9. 9. 2022).

50 Abkommen zwischen der Bundesrepublik Deutschland und der Volksrepublik China zur Vermeidung der Doppelbesteuerung auf dem Gebiet der Steuern vom Einkommen und Vermögen v. 10. 6. 1985, BGBl. II 1986, S. 447 ff.

gilt z. B. für die USA.[51] Weitergehend ist insofern das DBA Türkei:[52] Einerseits inkludiert es zur kommunalspezifisch auch hier lediglich berücksichtigten Gewerbesteuer explizit auch etwaige zu erhebende „Zuschläge" (Art. 2 Abs. 3 lit. b iii DBA Türkei), andererseits wird vor allem aber in Art. 26 Abs. 3 S. 2 DBA Türkei geregelt: „Der Steueranspruch wird vom anderen Staat nach dessen Rechtsvorschriften über die Vollstreckung und Erhebung seiner eigenen Steuern erhoben, als handele es sich bei dem Steueranspruch um einen Steueranspruch des anderen Staates."[53] Nach diesem kurzen Abriss dürfte ersichtlich werden, dass in jedem Einzelfall das etwaige relevante Doppelbesteuerungsabkommen daraufhin zu durchforsten ist, welche Steuerarten ggf. wie erfasst werden und ob es über den meist reinen Informationsaustausch hinausgehend ausnahmsweise die (gegenseitige) Vollstreckung ermöglicht.[54]

2. *National*

Die Vollstreckungsbehörde und damit das ihr zugeordnete Personal darf verständigerweise grundsätzlich nur auf Personen einwirken bzw. auf Vermögensgegenstände zugreifen, die ihrem Hoheitsgebiet unterfallen. Befinden sich pfändbare Gegenstände z. B. in einer benachbarten Kommune (bzw. im Bezirk eines anderen Hauptzollamtes), wäre ob der eigenen örtlichen Unzuständigkeit die zuständige Vollstreckungsbehörde im Wege der Vollstreckungshilfe (definiert z. B. in § 5 Abs. 1 LVwVG RP[55]) um Durch-

---

51 Vgl. dazu grundlegend Abkommen zwischen der Bundesrepublik Deutschland und den Vereinigten Staaten von Amerika zur Vermeidung der Doppelbesteuerung und zur Vermeidung der Steuerverkürzung auf dem Gebiet der Steuern vom Einkommen und vom Vermögen und einiger anderer Steuern v. 29. 8. 1989, BGBl. 1991 II, S. 355 ff., darin insbes. Art. 2 I lit. b cc (Gewerbesteuer) sowie Art. 26 (Informationsaustausch und Amtshilfe).

52 Abkommen zwischen der Bundesrepublik Deutschland und der Republik Türkei zur Vermeidung der Doppelbesteuerung und der Steuerverkürzung auf dem Gebiet der Steuern vom Einkommen v. 19. 9. 2011, BGBl. II 2012, S. 527 ff.

53 Vgl. zu Sicherungsmaßnahmen sodann Art. 26 IV DBA Türkei.

54 Dass die regelmäßig nicht mögliche Vollstreckung auch ein Problem für die Insolvenzverwalter darstellt, beschreibt *Harder*, VIA 2022, S. 17 (18). Vgl. zu Doppelbesteuerungsabkommen in Bezug auf Kommunen (rudimentär wie teils, z. B. zu Großbritannien, überholt) ggf. ergänzend *Zimmermann*, KKZ 2014, S. 121 ff.; *ders.*, KKZ 2014, S. 149 ff.

55 Unterfall der Amtshilfe, vgl. dazu § 4 BVwVfG.

führung zu ersuchen[56]. Hinzu treten Amtshilfeersuchen von solchen Gläubigern, welche – vornehmlich verfassungsrechtlich – zwar autonom gewisse Ansprüche festsetzen, aber nicht selbst vollstrecken dürfen, wie z. B. namhaft die Rundfunkanstalten (in Masse), die Industrie- und Handelskammern oder die Handwerkskammern. Zwar gestalten sich die zugehörigen Abläufe jedenfalls zu den durchgängig im öffentlich-rechtlichen Bereich verbleibenden[57] Vollstreckungs- bzw. Amtshilfeersuchen grundsätzlich[58] rechtlich als vergleichsweise einfach,[59] denn die ersuchende Vollstreckungsbehörde kann nach der Bestätigung der Vollstreckbarkeit des Verwaltungsaktes (so z. B. § 5 Abs. 4 S. 3 HessVwVG) weitergehend *formlos* das Vollstreckungsersuchen an die zuständige Vollstreckungsbehörde senden, welche „nur für die Art und Weise der Vollstreckung verantwortlich [ist]“ (§ 5 Abs. 4 LVwVG RP). Übermittelt werden kann dies grundsätzlich in elektronischer Form gemäß § 3a BVwVfG, sofern nicht landesrechtlich anderes geregelt ist, wie z. B. in Thüringen mit dortiger Nutzungspflicht der elektronischen Signatur.[60]

Praktisch lösen diese Vollstreckungshilfeersuchen – insgesamt betrachtet – nicht zu unterschätzenden Arbeitsaufwand aus und bergen im Einzelfall Fehlerquellen, vornehmlich aufgrund uneinheitlichem Technikeinsatz. Dabei stehen technische Austauschformate zumindest theoretisch zur Verfügung. Weg von etwaigen Herstellerangeboten zum letztlich darüber immer nur realisierungsfähigen Datenaustausch zwischen zwei Vollstreckungsbehörden[61] braucht es übergreifend sichere Schnittstellenformate

---

56 Vgl. ausführlicher, inkl. Rechtsgrundlagen, *Klomfaß* (Fn. 6), Kap. 5 Rn. 23–27.

57 Schwieriger kann sich praktisch schon der etwaige Wechsel zu den ordentlichen Gerichten und damit zum Einsatz von Gerichtsvollziehern auf ZPO-Basis erweisen, so besonders weitgehend zu Bayern, vgl. *Klomfaß* (Fn. 6), Kap. 17 Rn. 4.

58 Als bemerkenswert erweist sich beispielsweise jüngst die Weigerung einer Kölner Obergerichtsvollzieherin zur Bearbeitung eines (insoweit wohl ordnungsgemäß öffentlich-rechtlichen) Amtshilfeersuchens von einer Kommune des Landes Sachsen-Anhalt, die letztlich (falscher Rechtsweg) zu bestätigen war, vgl. BVerwG, NVwZ 2022, S. 421 ff. Die Banalität des Rechtlichen muss mithin nicht zwingend in eine ebensolche Praktische münden.

59 Zumal das Vollstreckungshilfeersuchen selbst – auch bei etwaigem außenwirksamem Bekanntwerden – keinen Verwaltungsakt darstellt und insofern selbst grundsätzlich keine gesonderten Rechtsbehelfsmöglichkeiten eröffnet, vgl. m. w. Nachw. *Klomfaß* (Fn. 6), Kap. 5 Rn. 27.

60 Vgl. dazu m. w. Nachw. *Klomfaß* (Fn. 6), Kap. 5 Rn. 30.

61 Auch bzw. besonders an dieser Stelle erfordert die Gemeinwohlorientierung überwiegend durch Zwangsabgaben finanzierter öffentlich-rechtlicher Träger die Orientierung auf herstellerunabhängige Open-Source-Lösungen, vgl. dazu allgemein *Klomfaß*, <kes> 2019#2, S. 34 ff.

auf Basis verschlüsselter Kommunikation (vgl. zu diesem Erfordernis Art. 32 Abs. 1 lit. a DSGVO). Dazu versucht der Autor nunmehr schon seit vielen Jahren zu vermitteln, dass sich als Basis die Schnittstelle vom ARD ZDF Deutschlandradio Beitragsservice (vormals GEZ) aufdrängt, weil: Dadurch, dass via § 10 Abs. 6 Rundfunkbeitragsstaatsvertrag[62] für die Vollstreckung rückständiger Rundfunkbeiträge die jeweils zuständige kommunale Verwaltungsvollstreckungsbehörde einzuschalten ist, besteht eine über nunmehr Jahrzehnte hin entwickelte und folglich etablierte Schnittstelle über alle Bundesländer hinweg, die von allen namhaften Programmanbietern standardmäßig abgebildet wird. Würde diese für alle (kommunalen) Vollstreckungshilfeersuchen nutzbar gemacht, ließe sich ein großer praktischer Vereinfachungseffekt ohne weitergehende technische Anpassungsnotwendigkeiten grundsätzlicher Art in kurzer Zeit realisieren[63]. Und genau dies wird nunmehr seit wiederum geraumer Zeit von diversen Fachvertretern (insbesondere des Beitragsservice selbst), mittels der sog. XAmtshilfe aufzugreifen versucht, die darauf aufbaut.[64] Allerdings wird dies (jenseits des Beitragsservice) allenfalls kaum genutzt.

Ein weiterer Vorteil entgegen anderweitig maximal individueller Schnittstelleneinspielung (wenn nicht ggf. gar weiterhin in Papierform) bietet XAmtshilfe auch dahingehend, dass erstmals ein digitaler Rückkanal eröffnet wird. Darüber können insofern standardisiert seitens der ersuchenden Stelle zu bereits von der Vollstreckungsbehörde zur Bearbeitung übernommene Vollstreckungsfälle geändert, ausgesetzt oder gar zurückgenommen werden, ebenso kann die Vollstreckungsbehörde unmittelbar digital eine Rückgabe vornehmen. Bei individueller Übernahme bisheriger Schnittstellendateien müssten diese Schritte allesamt einzelfallbezogen vorgenommen werden – mit entsprechend zusätzlichen Erfass-, Überwachungs- und Buchungsaufwänden, hinzu tritt Fehlerpotential.

Kurzum: Innerstaatlich werden hohe Zeitanteile für die Erfassung bzw. Nachbearbeitung von Vollstreckungshilfeersuchen verwendet, die bei Nutzung moderner technischer Funktionalitäten durchaus deutlicher reduziert werden könnten und damit den Vollstreckungserfolg im Einzelfall höher vermuten lassen, wozu aber keine verbindliche Nutzungspflicht normiert ist, wenngleich sich eine solche über das in allen Bundesländern

---

62 Rundfunkbeitragsvertrag v. 13. 12. 2011, insoweit aber schon frühere Regeln übernehmend.

63 Vgl. dazu als Praxistipp *Klomfaß* (Fn. 6), Kap. 5 Rn. 31.

64 In Erinnerung zu rufen ist insoweit insbesondere der zugehörige Vortrag seitens des Beitragsservice zur Bundesarbeitstagung des Fachverbandes der Kommunalkassenverwalter e. V. des Jahres 2019 in Würzburg (nur Mitgliedern zugänglich).

vorgegebene Wirtschaftlichkeitsgebot wie z. B. nach § 93 Abs. 3 Alt. 2 GemO RP – auch (rechnungs-)prüfend – zumindest indirekt herleiten lässt.

3. Interkommunal

Über die voranstehend beschriebenen, vornehmlich praktisch-technischen Schwierigkeiten im Umgang mit Ersuchen hinausgehend, rücken zwei weitere – vornehmlich organisatorische – Kritikbereiche in den Lichtkegel.

In den letzten Jahrzehnten kam es teils über im Einzelnen womöglich unangebrachte Orientierungen an vermeintlich flexibleren zivilrechtlichen Gesellschaftsformen, womöglich aber auch aus haushaltsrechtlichen Erwägungen (jedenfalls erhoffte Vermeidung einzelner Auseinandersetzungen mit der Kommunalaufsichtsbehörde[65]) zu Aus- bzw. Verlagerungen. Vollstreckungsrechtliche Fragestellungen spielten dabei typischerweise keine entscheidende Rolle, sondern waren (wenn überhaupt) mitunter erst in der Folge, so wie erste konkrete Probleme entscheidungserheblich wurden, aufzuklären (zu jener Zeit dann oft aber nur noch im Einzelfall, nicht länger grundlegend). Werden jedoch bis dato klassisch hoheitliche Tätigkeiten, wie z. B. zur Entsorgung, in private Rechtsformen überführt (wie z. B. bei der Koblenzer Entsorgungs- und Verwaltungsgesellschaft mbH), können in der Folge auch nicht länger – jedenfalls vollstreckungsrechtlich – privilegierte öffentlich-rechtliche Ansprüche geltend gemacht werden. Selbst wenn die ausgelagerte Organisationseinheit im öffentlichen Recht verbleibt, so z. B. der Entsorgungs- und Wirtschaftsbetrieb Landau AöR,[66] kommt es gleichwohl zur anteiligen Auslagerung auch zugehöriger Kassen- und damit Vollstreckungsgeschäfte. Ohne weitergehende (Vorfeld-)Regelungen kann dann die Situation eintreten, dass nicht nur der Vollziehungsbeamte des Finanzamtes, der Gerichtsvollzieher und der kommunale Vollstreckungsbeamte ein und denselben Schuldner besu-

---

65 Dies bildet eine gewichtige Erklärung heutiger Gesamtabschlusspflichten wie z. B. nach § 109 GemO RP (vgl. dazu auch § 15 KomDoppikLG RP), worüber gerade aus der Perspektive der (staatlichen) Haushaltsaufsicht wieder ein Gesamtüberblick (insbesondere auch zur Liquiditätslage) zu gewinnen versucht wird. Dieser löst seinerseits mitunter komplexe Konsolidierungsfragen aus und verursacht jedenfalls Personalaufwände bei allen betroffenen Organisationseinheiten – auf Dauer. Immerhin dürften über ihn im Einzelnen ggf. vorzufindende Bestrebungen weitergehender Auslagerungen weniger attraktiv geworden sein.

66 Vgl. zur Anstalt öffentlichen Rechts rheinland-pfälzischer Prägung §§ 86a GemO, §§ 28 ff. EigAnVO.

chen, sondern dass nunmehr auch noch ein beitreibender Vertreter der AöR hinzutritt. Besonders obskur wird dies, wenn solches Beitreibungspersonal gar von kommunalen Eigenbetrieben, also rechtlich unselbständigen (vgl. z. B. § 86 Abs. 1 GemO RP) und insofern nochmals stärker an die Trägerkommune gebundenen Einheiten, entsandt wird und sich dadurch im Einzelfall Vollstreckungsrangverhältnisse gar im Binnenverhältnis ein und derselben Kommune einstellen. Ohne langatmig (sowohl zum öffentlich-rechtlichen wie – eingeschränkter – auch zum privatrechtlichen Rechtsformenspektrum) Möglichkeiten zu wiederholen, wie denn bei solchermaßen faktisch zu konstatierenden Auslagerungen gleichwohl eine Bündelung wenigstens der Vollstreckungstätigkeiten zu einer Kommune erfolgen könnten,[67] dürfte auch nach diesem kurzen Anreißen einleuchten, dass ein noch weitergehendes Ausfransen von Zuständigkeiten im Verwaltungsvollstreckungsbereich sinnvollerweise zu unterbinden ist, da schlicht unwirtschaftlich.

Selbst wenn die Vollstreckungstätigkeiten weitgehend bei der Vollstreckungsstelle der kommunalen Kasse gebündelt werden, stoßen wir dort durchaus häufiger auf Personalfindungs- wie -auslastungsprobleme. Dabei gilt es zu berücksichtigen, dass wir in manchen Regionen Deutschlands vergleichsweise kleine Kommunalkassen vorfinden, bei welchen ob der geringen Stellenzahl der Kassenverwalter selbst die ihm nachgelagerten Vollstreckungsgeschäfte in persona mit abzudecken hat, was – ungewollt – Verdrängungstendenzen bergen mag. Im Hinblick auf die schon einmal erwähnte wie begrüßenswerte Ortsnähe gerade zu Vollstreckungsvorgängen lässt sich dieser stellenbezogene Größennachteil durchaus rechtfertigen. Umgekehrt ist allerdings ebenso klar, dass gänzlich ungeachtet der Verwaltungsgröße oder insgesamt dünner bevölkerter Regionen dort ebenso komplizierte Vollstreckungssachverhalte auftreten können, wie z. B. in Metropolregionen – dazu ein Beispiel:

Im Hintergrund mag Interesse eines ausländischen Investors zur Übernahme einer Gießerei im ländlichen Raum bekundet worden sein, jedoch unter der Prämisse massiver Personalrückführung. In der Folge kam es zur

67 Vgl. ausführlicher *Klomfaß*, VR 2017, S. 189 ff., wo über reine Vollstreckungstätigkeiten hinausgehend (insbesondere auch aufgrund besserer Refinanzierungsmöglichkeiten der Kommune als ausfallsicherer Gebietskörperschaft) eine noch weitergehende Bündelung der kommunalen Kassengeschäfte insgesamt vorgeschlagen wird. Spezifischer zur Bündelung von Kassengeschäften zu Eigenbetrieben und Zweckverbänden (vornehmlich zu Verrechnungslösungen, insbes. hinsichtlich der finanztechnischen Einheitskasse) vgl. ferner *Klomfaß*, KKZ 2017, S. 4 ff.; *ders.*, KKZ 2017, S. 30 ff.

Eröffnung eines Insolvenzverfahrens über die Gießerei, die sich über mehrere GmbHs erstreckte (z. B. Betreiber-, Grundbesitz-GmbH), die ihrerseits in einem Konzernverbund mit zumindest anteilig zentraler Buchführung verbunden waren. Zugehörig wurde auch eine Sondermülldeponie zur Entsorgung von Quarzsanden auf dem Firmengelände geführt (und im Laufe der Insolvenz wohl zu Lasten des Landes ausgelagert). Es kam zu diversen Verfahren, insbesondere auch Stundungs- bzw. Erlassantragsverfahren über die kommunalen Gremien (teils entscheidungsbefugt die Ortsgemeinde, z. B. zur Grundsteuer, teils zur Verbandsgemeinde, z. B. zum – hier sehr hohen – Wasserbezug usw.). Aus der Insolvenz heraus erfolgte eine Übernahme des Kerngeschäftes durch den Investor. Solchermaßen komplexe wie vielschichtige Sachverhalte kommen selbst in größeren Städten nur selten (wenn überhaupt) vor, jedenfalls überfordern sie einen kommunalen Kassenverwalter mit lediglich zwei weiteren Mitarbeitern.

Wie kann nun aber unter Achtung möglichst maximaler kommunaler Selbstverwaltung und weitestmöglicher Nutzung der dargestellt vorteilhaften Ortskunde durch die räumliche Nähe der Verwaltung *auch* zu kleineren Vollstreckungsbehörden die Verwaltungsvollstreckung professionalisiert werden? Dazu regt der Autor seit Jahren an, im Rahmen der interkommunalen Zusammenarbeit eine Art von kommunalem „Ringverbund“ aufzubauen. Ohne grundsätzliche Abgabe von Kompetenzen (häufig ein faktisches k. o.-Kriterium bei kommunalpolitischen Entscheidungsträgern) könnten z. B. die benachbarten Städte wie der Landkreis untereinander Schwerpunkte abstimmen. So könnte sich die Vollstreckungsstelle der Stadt X beispielsweise auf Vermögensauskunfts-, jene der Stadt Y auf Insolvenz-, die der Stadt Z auf Immobiliarvollstreckungs- und z. B. der Kreis auf Bußgeldverfahren spezialisieren. Jede Vollstreckungsbehörde nähme danach noch die üblichen Verfahrensschritte eigenständig wahr (z. B. die Forderungsanmeldung nach § 174 Abs. 1 InsO). Schon dazu bestünde im Hintergrund jedoch die Rückfragemöglichkeit bei einem spezialisierten und nicht anderweitig interessengeleitetem Verwaltungsmitarbeiter. Sofern gewisse, zu definierende Komplexitätsgrade überschritten werden (z. B. das Forderungsbestreiten durch den Insolvenzverwalter[68] oder die Insolvenzanfechtung[69]) käme es – im behördlichen Binnenverhältnis, z. B. wiederum via elektronischer Amtshilfe – zur Abgabe an die speziali-

68 Vgl. gerade ob der zahlreichen Vollstreckungstitel in Rede von Abgabenbescheiden nicht immer direkt zu durchschauenden Abläufe beim Bestreiten ausführlicher (insbes. Entscheidungsmatrix) *App†/Klomfaß* (Fn. 30), Rn. 905 ff.

69 Zusammenfassend für Kommunen siehe *App†/Klomfaß* (Fn. 30), Rn. 640 ff.

sierte Vollstreckungsbehörde. Die zugehörig kleineren Vollstreckungsbehörden wie zum obigen Beispiel in Rede einer Verbandsgemeinde könnten diese Spezialisten ebenfalls nutzen, ohne anderweitig mit eigenem gesteigerten (und gar nicht leistbarem) Kompetenzaufbau als Surrogat auftreten zu müssen, verständigerweise aber gegen anteilig erhöhten Ersatz der tatsächlich entstandenen Kosten.[70] Bei allen Teilnehmern wie letztlich auch beim Schuldner selbst käme es zu Mehrwerten: Höherer Professionalisierungsgrad, bessere Auslastung, geringere Kosten. Solche Denkmodelle sollten seitens der Kommunen eigenverantwortlich näher in die Umsetzungserwägung gezogen werden, weil andernfalls – früher oder später – erkannte Defizite durch etwaige Zentralisierungsansätze zu bereinigen versucht werden könnten.[71]

III. Auswahl rechtlicher Verbesserungsmöglichkeiten

1. Konzentration

Mehr als einmal von Personen in Führungsfunktionen damit konfrontiert, dass Konkurrenz das Geschäft belebe, entfaltet sich die zurückweisende Gegenargumentation schon rein begrifflich. So ist der Begriff Konkurrenz auf eine Marktsituation bezogen. Es gibt jedoch keinen „Vollstreckungsmarkt“, auf dem vergleichsweise Angebot und Nachfrage über den Vollstreckungserfolg entscheiden. Vielmehr wurde vorstehend bereits angedeutet, dass es mitunter kontraproduktiv, jedenfalls aber unwirtschaftlich wirkt, wenn Vollstreckungsorgane verschiedener staatlicher Stellen auf ein und denselben Schuldner einzuwirken versuchen, obwohl letztlich alle – über entsprechende Verweisungen – die Pfändungsschutzvorschriften der

---

70 Vgl. zu solchermaßen sinnvoller Kooperation auf kommunaler Ebene anlässlich des seinerzeit geschaffenen Konzerninsolvenzrechts schon *Klomfaß*, KKZ 2018, S. 28 f. (als Teil II, aufbauend auf *ders.*, KKZ 2018, S. 6 ff.); zu jenem ausführlicher *App†/Klomfaß* (Fn. 30), Rn. 1257 ff. Ähnlich und zumindest „eine zentrale landesweite kommunale Vollstreckungsinstitution“ für Niederschlagungsfälle fordernd *Hagemann*, KKZ 2018, S. 217 ff.; *ders.*, KKZ 2018, S. 241 ff., dort auch den gemeinsamen XML-Datenstandard propagierend.

71 Verweisen lässt sich insofern beispielsweise auf eine schon 2012 abgehaltene Fachveranstaltung in Frankfurt am Main, wo der seinerzeitige rheinland-pfälzische Finanzstaatssekretär *Barbaro* äußerte, dass bei weiterführend festzustellenden Vollzugsdefiziten ja auch die Installation einer Kommunalkasse des Landes (vergleichbar den Landeskassen der Oberfinanzdirektionen) eine Denkoption sein könnte.

ZPO anzuwenden haben.[72] Hat beispielsweise bereits der Gerichtsvollzieher beim Schuldner die Unpfändbarkeit eines bestimmten Personalcomputers festgestellt[73] (nach § 811 Abs. 1 Nr. 1 lit. b ZPO), *kann* weder der Vollziehungsbeamte des Finanzamtes (durch Verweis auf diese Norm via § 295 S. 1 AO), noch der Vollstreckungsbeamte (durch entsprechenden Verweis z. B. in § 33 S. 1 LVwVG RP) richtigerweise zu anderen Ergebnissen kommen. Wenn aber letztlich alle staatlichen Vollstreckungsorgane die Pfändungsschutzvorschriften einheitlich anzuwenden haben, erscheint die aufwendige Vorhaltung und Unterhaltung mehrerer staatlicher Vollstreckungsorgane[74] nicht sinnig. Kurzum: Für die Konzentration des Hoheitsaktes in Rede des Vollstreckungszugriffes auf letztlich eine exekutierende staatliche Stelle finden sich gute Gründe, zumal sich über diese auch besser eine Gleichbehandlung sowohl der Gläubiger wie der Schuldner realisieren ließe.

Natürlich sind solche Gedankenführungen keineswegs neu. Notwendig in unregelmäßigen Abständen immer wieder aufkeimende Reformüberlegungen zum Vollstreckungswesen, schließlich ist die Welt eine dynamische, knüpfen dabei zunehmend an Digitalisierungszwänge auf Basis anderweitig (insbesondere zur Vermögensauskunft) positiv gemachter Erfahrungen an. Besonders weitreichend erscheinen in dieser Hinsicht Vorschläge von *Stamm* und einer seinerseits initiierten Arbeitsgruppe, deren „Zielvorstellung […] ein bundesweit einheitliches Vollstreckungsregister [ist], das alle vollstreckungsrechtlichen Informationen vom Titel bis zur Vollstreckungsmaßnahme umfasst."[75] Aber: Regelmäßig, so auch zu diesen sehr konkreten Vorschlägen, wird dabei wie selbstverständlich auf – hier gar „zentral zuständige"[76] – Gerichtsvollzieher abgestellt. Wenn – allgemein begrüßenswert – die Ausweitung vornehmlich technischer Vereinfachungsmöglichkeiten bis hin zu einem zentralen Titelregister über Portalverbünde mit in der Folge deutlich erhöhter Transparenz angestrebt

---

72 Vgl. insoweit z. B. schon *Klomfaß* (Fn. 6), Kap. 13 Rn. 4 (dort Fn. 3).

73 Vgl. dazu m. w. Nachw. *Klomfaß*, KKZ 2012, S. 27 ff.

74 Noch weniger die Schaffung gar noch zusätzlicher Vollstreckungsakteure wie z. B. zum Bundesamt für Justiz in Bezug auf die ausländischen Amtshilfe- bzw. Vollstreckungshilfeersuchen erwähnt, welches seither zusätzlich bei den Schuldnern pfändend in Erscheinung tritt, vgl. dazu auch *Klomfaß* (Fn. 6), Kap. 5 Rn. 76 f. Das „Problem der Atomisierung von Zuständigkeiten" sieht auch *von Arnauld*, in: Terhechte (Hrsg.), Verwaltungsrecht der Europäischen Union, 1. Aufl. 2011, § 2 Rn. 29.

75 *Stamm*, NJW 2021, S. 2563 (2566).

76 Vgl. *Stamm* (Fn. 75), S. 2566.

wird, ist gleichwohl die danach gedachte Bündelung auf Gerichtsvollzieher nicht zwingend.

Bereits aufgegriffen wurde (konkret zum Kindesunterhalt), dass gerade die feingliedrigen Kommunalverwaltungen mit ihren Vollstreckungsbehörden über ortsnahe Sachkenntnisse wie Ermittlungsmöglichkeiten verfügen, die breiter nutzbar gemacht werden könnten. Stärkend wirkt der bereits zitierte Art. 5 Abs. 3 UAbs. 1 EUV, wonach Maßnahmen vorrangig auf „lokaler Ebene" erfolgen sollen, nochmehr jedoch über die Zielbestimmung des Art. 1 Abs. 2 EUV, wonach Entscheidungen bürgernah zu treffen sind. Art. 28 Abs. 2 S. 1 GG deutet ähnliches an, wenn danach *alle Angelegenheiten* der örtlichen Gemeinschaft seitens der Gemeinden eigenverantwortlich zu regeln sind. Konkreter fasst dies z. B. Art. 49 Abs. 1 Verf RP: „[1]Die Gemeinden sind in ihrem Gebiet unter eigener Verantwortung die *ausschließlichen Träger* der *gesamten örtlichen öffentlichen Verwaltung.* [2]Sie können *jede öffentliche Aufgabe* übernehmen, soweit sie nicht durch ausdrückliche gesetzliche Vorschrift anderen Stellen *im dringenden öffentlichen Interesse* ausschließlich zugewiesen werden."[77] Die Vollstreckung bildet das klassische Beispiel exekutiver Tätigkeit, womit insoweit eindeutig die zweite Gewalt angesprochen wird (vgl. Art. 20 Abs. 3 GG). Unter dem Primat, möglichst alles lokal und damit bürgernah zu entscheiden, was möglich ist, richtet sich der exekutive Auftrag mithin gewichtig an die Kommunalverwaltungen, zumal gerade dortige Verortung demokratiefördernd wirkt. Zu hinterfragen gilt es demnach, worin heutzutage das dringende öffentliche Interesse begründet liegen soll, wenn – gar ausschließlich – Tätigkeiten zum konkreten Vollstreckungszugriff vor Ort anderen staatlichen Stellen zugewiesen werden. Natürlich erfordert dies den Aufbau übergreifend grundlegenden Verständnisses für die Vorteilhaftigkeit kommunaler Verwaltungsvollstreckung (beginnend bei den kommunalpolitischen Entscheidungsträgern selbst, aber auch bei staatlichen Akteuren) wie belastbarer Personalressourcen (auf Basis wiederum technisch standardisierter Verfahrensweisen). Eine Utopie? Mag sein, aber: eine konstruktive.[78]

---

77 Hervorhebungen zu beiden Artikeln seitens des Autors.

78 Jenseits der Umgangssprache wird Utopie allgemein verstanden als Entwurf einer möglichen, zukünftigen, meist aber fiktiven Lebensform oder Gesellschaftsordnung, die nicht an zeitgenössische historisch-kulturelle Rahmenbedingungen gebunden ist (so zutreffend zusammenfassend auch Wikipedia, vgl. https://de.wikipedia.org/wiki/Utopie; zuletzt abgerufen am 9. 9. 2022). Abgrenzend zum Eskapismus verfolgt der konstruktive Utopiebegriff aktiv realisierbares.

2. *Einzelfälle*

Abschließend werden kontextbezogen[79] ausgewählte Impulse für die Weiterentwicklung des Verwaltungsvollstreckungsrechtes geliefert, insbesondere zu deren nochmals gesteigerter Effizienz.

a) Ruhendstellung

Obwohl zwischenzeitlich gar höchstrichterlich festgestellt ist,[80] dass – jedenfalls in bestimmten Konstellationen – die Ruhendstellung von Vollstreckungsmaßnahmen (insbesondere zwecks Rangwahrung, z. B. zur Absicherung von Billigkeitsmaßnahmen nach Vollstreckungsbeginn, vornehmlich aber auch im insolvenzrechtlichen Zusammenhang) zulässig, wenn nicht im Einzelfall gar geboten ist,[81] führt dies in der Praxis unverändert zu Zurückweisungsversuchen insbesondere seitens der Banken als Drittschuldner zu ergehenden Bankkontopfändungen.[82] Nach Gesprächen des Autors mit mehreren Vertretern kommunaler Kassen würde sehr begrüßt, wenn es auf dieser Basis zur Aufnahme einer klarstellenden Norm zur rechtssicheren Aussetzung von Vollstreckungsmaßnahmen in die jeweiligen Verwaltungsvollstreckungsgesetze käme.

In diesem (Verstrickungs-)Zusammenhang:

b) Auflösung Theorienstreit

Würde verstärkt auf die öffentlich-rechtliche Theorie (anstatt auf die wohl unverändert als herrschend geltende gemischt privat-öffentliche-rechtliche

---

79 Denn nur kontextual erschließe sich die Realität, so die Nachweisführung von *Benoist*, L'adresse du réel, S. 53.

80 Vgl. insbes. BGH, NZI 2017, S. 892 ff.; früher schon BGH, NJW-RR 2011, S. 1495 (1496), dort Tz. 10. Zuletzt erneut bestätigend BGH, NZI 2022, S. 439 ff.

81 Vgl. dazu m. w. Nachw. ausführlich *Klomfaß*, NJOZ 2018, S. 481 ff.

82 Vgl. dazu konkret wie aktuell bzgl. der *zivilprozessualen* Zwangsvollstreckung die Aussetzung zwar bestätigend, aber hinderlich wahrnehmend und Gesetzesanpassungsvorschläge (hin zur Aufhebung) andeutend die Zusammenfassung der intensiven Diskussion zum 19. Deutschen Insolvenzrechtstag von *Pollmächer*, VIA 2022, S. 33 (33–35).

Theorie) abgestellt, käme es nicht zum Wechsel der Rechtsgebiete, was ggf. die dogmatische Begründung liefern könnte, die *Gruber* vermisst[83].

c) Streichung ZPO-Verweisung zu Drittschuldnererklärungen

Nicht in Masse, aber doch immer wieder kommt es vor, dass ein mittels einer Pfändungs- und Überweisungsverfügung in Anspruch genommener Drittschuldner keine Drittschuldnererklärung abgibt, obwohl er dazu verpflichtet ist (z. B. bei entsprechender Anordnung in der Forderungspfändung nach § 52 Abs. 1 S. 1, Abs. 2 S. 1 LVwVG RP[84]). Zwar mag er dadurch in die Haftung geraten (§ 52 Abs. 2 S. 4 LVwVG RP), allerdings handelt es sich lediglich um einen ersatzweisen wie nachzuweisenden Sekundäranspruch. Weil „der Pfändungsgläubiger von der Beitreibbarkeit des gepfändeten Anspruchs ausgehen und diesen ohne Kostenrisiko einklagen [kann]"[85], darf der gepfändete Anspruch (also z. B. ein Bankkontenguthaben, eine Versicherungsleistung etc.) aus Sicht der Vollstreckungsbehörde (und damit des pfändenden Gläubigers) als bestehend fingiert werden,[86] wenngleich der BGH damit keinesfalls urteilt, dass der gepfändete Anspruch auch tatsächlich als existierend festgestellt würde.[87] Wegen einer für Verwaltungspraktiker mitunter schwierig einzuordnen Verweisung auf §§ 841 bis 843 ZPO z. B. in § 52 Abs. 3 LVwVG RP (identisch insofern § 316 Abs. 3 AO) ist der solchermaßen fingierte Anspruch zivilprozessual durchzusetzen, was praktisch höchst selten erfolgt und in der Folge gewisse erklärungslos bleibende Drittschuldner begünstigt. Zur Effizienzsteigerung wird angeregt, diese ZPO-Verweise ersatzlos zu streichen, wodurch es an dieser Stelle nicht erzwungen zum fehlerträchtigen Rechtsgebietswech-

83 Vgl. *Gruber*, in: Krüger/Rauscher (Hrsg.), Münchener Kommentar zur Zivilprozessordnung mit Gerichtsverfassungsgesetz und Nebengesetzen, Bd. 2, 6. Aufl. 2020, § 804 Rn. 14 a. E. Vgl. m. w. Nachw. zum Theorienstreit *Klomfaß* (Fn. 6), Kap. 21 Rn. 23–29.

84 Inhaltlich entsprechend § 316 Abs. 1 S. 1 AO (anwendbar ggf. via § 5 Abs. 1 BVwVG).

85 BGH, NJW 1984, S. 1901 (1902); bestätigt insbes. durch BGH, NJOZ 2013, S. 1541 (1542), dort Tz. 13.

86 Vgl. in diesem Sinne auch *Klomfaß* (Fn. 6), Kap. 26 Rn. 26.

87 In diesem Sinne dürfte insoweit *Flockenhaus*, in: Musielak/Voit (Hrsg.), Zivilprozessordnung mit Gerichtsverfassungsgesetz, 19. Aufl. 2022, § 840 Rn. 12 zu interpretieren sein.

sel und ferner besserer Integration der Folgeschritte in der Verwaltungsvollstreckungssoftware käme.[88]

d) Ergänzung des § 80 Abs. 2 S. 1 VwGO um Arrestanordnungen

Wie die unaufschiebbaren Anordnungen und Maßnahmen von Polizeivollzugsbeamten (§ 80 Abs. 2 S. 1 Nr. 2 VwGO) sind auch geldbezogene Arrestanordnungen ihrer Natur nach auf sofortige Vollziehung angelegt. Diese sind aber nicht in § 80 Abs. 2 VwGO aufgelistet, weshalb Rechtsbehelfe trotz regelmäßig gegebener Dringlichkeit grundsätzlich aufschiebende Wirkung entfalten (insbesondere, wenn die mögliche Anordnung nach § 80 Abs. 2 S. 1 Nr. 4 VwGO vergessen wurde). Folglich wird eine Ergänzung des § 80 Abs. 2 S. 1 VwGO vorgeschlagen.[89]

e) Einheitliche Vollstreckungsgebühren zur Immobiliarvollstreckung

Verwunderlich erscheint, dass vergleichsweise einfache Vollstreckungsmaßnahmen oder gar Vorfeldmaßnahmen wie z. B. seit dem 9. Juni 2020 die – durchaus diskussionswürdige – Vollstreckungsankündigung (vgl. § 2a Abs. 1 LVwVGKostO RP) Gebühren zur Abdeckung des einhergehenden Verwaltungsaufwandes auslösen. Weitgehend fehlen Gebührentatbestände jedoch zu einer besonders eingriffsintensiven wie arbeitsaufwendigen Maßnahme: der Zwangsversteigerung.[90] Solche scheinen nicht bloß aus Wirtschaftlichkeits- wie Gerechtigkeitsaspekten (im Sinne der Gleichbehandlung) geboten, sondern wären vor allem verursachungsgerecht, da jedenfalls die mit öffentlichen Lasten gesicherten kommunalen Forderungen in aller Regel (vgl. insbesondere zu den Vorrangpositionen § 10 Abs. 1 Nr. 3 ZVG; ggf. selbst bei Insolvenzverfahren, vgl. § 49 InsO) erfüllt werden – und zwar entweder vom Erwerber oder ggf. von nachrangigen Gläubigern im Wege der Ablösung (vgl. dazu § 268 Abs. 3 S. 1 BGB).[91] Vereinzelt wird dies zwischenzeitlich aufgegriffen, vgl. z. B. die zugehörig neuen

---

88 Vgl. zum Ganzen ausführlicher *Klomfaß*, KKZ 2020, S. 121 ff.

89 Vgl. ergänzend *Klomfaß* (Fn. 6), Kap. 8 Rn. 15 f.

90 Ebenso zu den übrigen Immobiliarvollstreckungsmöglichkeiten, die jedoch praktisch nachrangig relevant sind.

91 In diesem Sinne auch *Klomfaß* (Fn. 6), Kap. 3 Rn. 22.

Gebührentatbestände Hessens (§ 4b VwVGKostO[92]). Bundesweit insoweit vereinheitlichte Gebührenregelungen würden gerade die Position der kommunalen Vollstreckungsbehörden stärken, welche zu diesen anspruchsvollen Verfahren die interkommunale Zusammenarbeit anstreben, die anteilig über diese fallbezogenen Gebühreneinnahmen (indirekt erfolgs-)finanziert werden könnte.

f) Die Schnittstellenfrage als Rechtsproblem?

Durch die Digitalisierung setzt sich die Plattformabhängigkeit beschleunigt fort. Die wesentlichen Plattformen transformieren sich so de facto zum öffentlichen Raum.[93] Digitale Prozesse jenseits dieser Plattformen sind zwar denkbar, faktisch aber ausgeschlossen. Ist dieses Faktum ausreichend im öffentliche Recht abgebildet? Zwar sind Plattformen wie www.insolvenzbekanntmachungen.de oder das www.vollstreckungsportal.de (mit besonderen Zugangsvoraussetzungen für Vollstreckungsbehörden) auf belastbare Rechtsgrundlagen zurückzuführen.[94] Gilt dies beispielsweise aber auch für den digitalen Austausch von Amtshilfeersuchen? Mitunter bieten die Anbieter *im Programm* (damit nicht für andere nutzbar, ja nichtmal erkennbar) Datenabgleichungsmöglichkeiten mit anderen Programmkunden an (bis hin zu automatisierten Pings nach dem Motto: Zu dem von Ihnen in Stadt X gesuchtem Vollstreckungsschuldner wurde heute ein neuer Wohnsitz in Gemeinde Y erfasst). Auch eine Verständigung auf Schnittstellen zum Austausch von Amtshilfeersuchen zwischen den Vollstreckungsbehörden wäre insofern ggf. eigenständig regelungsbedürftig, weil darüber äußerst belastende Eingriffe ggf. gar vollautomatisiert ausgelöst und durchgeführt werden. Jenseits solcher Plattformen wären Folgen immer auf explizite Bearbeitungstätigkeiten einzelner Mitarbeiter zurückzuführen – gilt dies aber durchgängig auch bei solchermaßen künftig automatisierten Vollstreckungsmaßnahmen? Annex: Dies greift auch jenseits der klassischen Vollstreckungstätigkeit, beispielsweise beim Austausch zwi-

---

92 Gebühr für die Beantragung der Zwangsversteigerung und Zwangsverwaltung, eingefügt durch die neunte Verordnung zur Änderung der Hessischen Verwaltungsvollstreckungskostenordnung v. 26. 3. 2020, GVBl. 2020, S. 233 (dazu weitere Hinweise in der 7. Aufl. bei *Klomfaß* [Fn. 6], Kap. 41).

93 Vgl. *Gekker/Hind*, New Media & Society, 2019-10, https://journals.sagepub.com/doi/10.1177/1461444819879426, (zuletzt abgerufen am 15. 8. 2022).

94 § 9 Abs. 2 S. 2 InsO, vgl. dazu Hinweise bei *App†/Klomfaß* (Fn. 30), Rn. 27, 459, 1143 oder Fn. 678 bei Rn. 509 bzw. §§ 882b ff. ZPO sowie § 802k Abs. 2 ZPO.

schen Sozialbehörden bei Verrechnung anderweitig bereits erbrachter Leistungen (insbesondere nach §§ 52, 51 SGB I) oder zwischen den Kfz-Zulassungsbehörden zu Offenständen bei anderen Kfz-Behörden (vgl. dazu z. B. § 1 Abs. 1 S. 1 Halbs. 2 KFZZulKostRG RP[95]). Kurzum: Bedarf dieser de facto öffentliche Raum weitergehender Ausarbeitung seitens der Rechtswissenschaften?

Darauf aufbauender Ausblick:

g) Ein „smart adminstrative act" als counterpart zu den smart contracts?

Die in vielen Landesteilen bestehenden (insbesondere qualitativen) Personalfindungssorgen führen vermehrt zu erhofften, wenigstens anteilig ausgleichenden Digitalisierungsgewinnen durch zumindest teilautomatisierte Abläufe. Wie kann die künftig ggf. vollautomatisierte Bearbeitung gewisser Vollstreckungsvorgänge rechtlich zulässig herbeigeführt werden? Beispielsweise müssen Praktiker (digital) auf das jeweilige Melderegister (in Masse), ggf. auf das Grundbuch oder das Handelsregister zugreifen. U. a. datenschutzrechtlich (vgl. grundlegend Art. 5 Abs. 1 lit. b DSGVO – Zweckbindung), ggf. z. B. aber auch in Bezug auf das Abgabengeheimnis und dessen etwaiger Verletzung (§§ 1 Abs. 1 Nr. 1 KAG RP i. V. m 30 AO – dortiger Ausnahmetatbestand z. B. von Abs. 4 Nr. 1, Abs. 2 Nr. 1 lit. a) ist ein solcher Zugriff jedoch nur legitim, wenn – als Regelfall – ein vollstreckbarer Verwaltungsakt (vgl. z. B. § 2 LVwVG RP) bzw. – allgemeiner – ein Vollstreckungstitel vorliegt. Könnten nicht künftig Festsetzungsbescheide solchermaßen digital abgebildet werden, dass diese sich für die etwaigen Folgeverfahrensschritte (beginnend ab der Mahnung, dann im Rahmen der Verwaltungsvollstreckung z. B. zu den angedeuteten Maßnahmen) selbst legitimieren? Dass dies allgemein machbar erscheint, zeigen sog. *smart contracts*, die typischerweise bis dato – soweit erkennbar – jedoch oft auf zivilrechtliche Prozesse abstellen und z. B. anteilig im Bankensektor bereits relativ weit entwickelt sind.[96] Wenn durch solche Entwicklungen

---

95 Landesgesetz über die Entrichtung rückständiger Kosten im Verfahren der Zulassung von Fahrzeugen zum Straßenverkehr v. 19. 12. 2006, GVBl. 2006, S. 441; ähnlich in anderen Bundesländern.

96 Für einen Außenstehenden eindrucksvoll waren beispielsweise bereits die zum „Second R3 Smart Contract Templates Summit" am 16. 11. 2016 online insbesondere von der Barclays-Bank gezeigten Softwaredemos zu sich quasi selbst verwaltenden Krediten bzw. Derivatgeschäften. Vgl. zur (rechtlichen) Einordnung von *smart contracts* bereits *Djazayeri*, jurisPR-BKR 12/2016, Anm. 1 bzw. zur Zulässig-

jedoch (als Grundfall) zweiseitige Rechtsgeschäfte abbildbar werden, scheint dies nochmals leichter zu Vorgängen einseitiger Festsetzung aus dem Subordinationsverhältnis heraus leistbar. Selbstverständlich dürfen die (Manipulations-)Gefahren solcher Automatismen nicht unterschätzt werden. Wenn aber schon heute Vollstreckungssoftware in der Lage ist, z. B. siebenschichtig automatische Abgleiche (im Hintergrund) gegen das Vollstreckungsportal zum Auffinden etwaiger Einträge selbst mit abweichenden Namensschreibweisen oder früherer Adressen des Schuldners auszuführen, scheinen solche Überlegungen nicht so abwegig, wie der erste Kontakt mit dieser Fragestellung es vermuten lassen mag. Wäre beispielsweise die aufgrund festgestellten Verfassungsverstoßes[97] ausgelöste Grundsteuerreform dazu genutzt worden, insbesondere das Zusammenspiel zwischen den staatlichen Finanzämtern (Messbescheide) und den festsetzenden Kommunen auf eine (geschützte, bundeseinheitliche) Blockchain umzustellen, wäre bereits der kommunale Bescheiderlass in diesem Sinne automatisierbar,[98] erst recht etwaige Vollstreckungsmaßnahmen bei ausbleibender Bezahlung. Zu solchen Ideen werden bis dato kaum spezifisch auf das öffentliche Recht bezogene Auseinandersetzungen seitens der Rechtswissenschaften wie der Verwaltungen breitenwirksam erkennbar, wozu angeregt wird.

IV. Zusammenfassung

Aufgezeigt wurde, wie die Verwaltungsvollstreckung außerhalb des eigenen Zuständigkeitsbereiches zu dort notwendig werdenden Vollstreckungszugriffen grundsätzlich erfolgen kann. In Bezug auf die EU-Mitgliedsstaaten ist dies zu Abgaben vergleichsweise weitreichend über das EUBeitrG möglich, wenngleich erst ab Offenständen über 1.500 €. Vorzu-

---

keit *Heckelmann*, NJW 2018, S. 504 ff. Zu Rechtsfragen des unternehmensübergreifenden „Smart Data-Austauschs" *Roßnagel*, NJW 2017, S. 10 ff. Zur Versorgungssperre per Fernzugriff auf Basis von *smart contracts* und *smart metern Paulus/Matzke*, NJW 2018, S. 1905 ff. Zu Nachteilen (Selbstjustiz) *Lobe*, SZ Nr. 80 v. 7./8. 3. 2018 oder *ders.*, SZ Nr. 229 v. 5. 10. 2020. Zum praktischen Beispiel der Absicherung von Warenlieferungen *Hofmann*, SZ Nr. 206 v. 7. 9. 2017. Zu einem ausnahmsweise gemeinwohlorientiertem Ökoprojekt einer Berliner Forschungsgruppe vgl. *Sippenauer*, SZ Nr. 137 v. 18. 6. 2018.

97 Vgl. BVerfGE 148, 147.

98 Automationen sind auf Grundlage der eingefügten §§ 24 Abs. 1 S. 3, 35a BVwVfG jedenfalls verwaltungsrechtlich (aber – noch? – nicht identisch abgabenrechtlich) möglich, vgl. dazu kritisch *Stegmüller*, NVwZ 2018, S. 353 ff.

gehen ist dabei über das Bundeszentralamt für Steuern. Ähnliches gilt zu Bußgeldern ab 70 € (inklusive zugehöriger Verfahrenskosten), dazu über das Bundesjustizamt. Zum bedeutsamen Kindesunterhalt gibt es weitreichende Möglichkeiten über das AUG, wegen des Haager- wie (eingeschränkt) des UN-Abkommens dabei auch deutlich über die EU-Mitgliedsstaaten hinausgehend. Im Übrigen kann im Einzelfall auf Staatsabkommen zur internationalen Vollstreckung zurückgegriffen werden, umfassender in Bezug auf Österreich, ansonsten allerdings kaum. Dargestellt wurden sodann nationale Vorgehensweisen über Vollstreckungs- bzw. Amtshilfeersuchen, um zum Austausch spezifisch auf Ebene der Kommunen zu diskutieren, warum ein weitergehendes Ausfransen von Zuständigkeiten durch Auslagerungen vermieden werden sollte und welche Vorteile sich bei einer Zusammenarbeit im „Ringverbund“ bieten.

Abschließend wurden Impulse zu Verbesserungen der Verwaltungsvollstreckung gesetzt. Einerseits zur gebotenen Konzentration staatlicher Vollstreckungsabläufe, verbunden mit dem vornehmlich verfassungsrechtlich untermauerten Argument, diese ob großer Ortsnähe künftig stärker auf der kommunalen Ebene zum praktischen Vollstreckungszugriff zu bündeln. Andererseits zu ausgewählten Einzelfällen wie zur Ergänzung um eine klarstellende Norm zur Ruhendstellung, zu einer ZPO-Verweisungsstreichung und zugehörig möglicher Auflösung eines Theorienstreites, um ausblickend die Schnittstellenfrage als etwaiges Rechtsproblem oder die Schaffung eines *„smart adminstrative act“* fragend in den Diskursraum zu entsenden.

Verwaltungshandeln – Schlussbemerkungen

*Ute Mager**

I. Einleitung

Thema der Tagung war das Verwaltungshandeln. Grundlegend hierfür ist zunächst die Frage nach den Maßstäben dieses Handelns (Thema Nr. 1). Für ihr Handeln stehen der Verwaltung eine Vielzahl verschiedener Handlungsformen zur Verfügung, deren Auswahl und Einsatz genauerer Betrachtung bedarf (Thema Nr. 2). Aufeinander bezogen sind die Themen Selbstprogrammierung der Verwaltung und die Wahrnehmung von Entscheidungsspielräumen (Themen Nr. 3 und 4). Beide Aspekte spielen auch im Verwaltungshandeln unter Unsicherheit, also dem Risikoverwaltungsrecht, eine zentrale Rolle (Thema Nr. 5). Die Vollstreckung im Verwaltungsverbund schließlich wirft schwierige Fragen der Kooperation zwischen den Verwaltungsebenen auf (Thema Nr. 6).

II. Zu 1. Maßstäbe des Verwaltungshandelns

1. Rechtliche und außerrechtliche Maßstäbe

Der zentrale verfassungsrechtliche Maßstab des Verwaltungshandelns findet sich in Art. 20 Abs. 3 GG: „Die vollziehende Gewalt ist an Gesetz und Recht gebunden". Hinzutreten als weitere Maßstäbe die Grundrechte mit ihren Anforderungen der Verhältnismäßigkeit und der Gleichbehandlung. Dies lässt sich als Mindeststandard bezeichnen.[1]

Zentraler Rechtmäßigkeits- und Richtigkeitsmaßstab ist der Grundsatz der Verhältnismäßigkeit, bei dem es um das angemessene Verhältnis zwischen Mittel und Zweck, um die Wahl des schonendsten Mittels und um

---

* Für wertvolle Unterstützung danke ich meinen Mitarbeitern *Felix Bruckert* und *Annika Siry*. Alle Internetquellen wurden zuletzt am 15. 8. 2022 abgerufen.

1 Siehe *Funke*, in diesem Band, S. 56; zur Gesetzmäßigkeit der Verwaltung als Rechtsmaßstab *Augsberg*, in: Voßkuhle/Eifert/Möllers (Hrsg.), GVerwR, Bd. II, 3. Aufl. 2022, § 8 Rn. 16.

die Zumutbarkeit geht.[2] Eingebettet in den Verhältnismäßigkeitsgrundsatz sind die Aspekte der Effektivität verstanden als Wirksamkeit einer Maßnahme[3] und Effizienz verstanden als angemessene Aufwand-Nutzen-Relation.[4] Weitere Prinzipien sind etwa das Vertrauensschutzprinzip im Sinne der Beschränkung rückwirkender Belastung, das Willkürverbot, das Koppelungsverbot, insbesondere in Bezug auf öffentlich-rechtliche Verträge, sowie der Grundsatz von Treu und Glauben.[5] Daneben treten als nichtrechtliche Maßstäbe Kohärenz, Folgenorientierung und Nachhaltigkeit sowie Vertrauens- und Akzeptanzsicherung, um nur einige zu nennen.[6]

Auch das Verwaltungsverfahren unterliegt Anforderungen. Gemäß § 10 VwVfG des Bundes, dem die Landesverwaltungsverfahrensgesetze entsprechen, ist das nichtförmliche Verfahren möglichst einfach, zweckmäßig und zügig durchzuführen. Es gilt ein Beschleunigungsgebot. Gemäß § 25 VwVfG Bund ist die Verwaltung zudem verpflichtet, Antragsteller zu beraten, über ihre Rechte und Pflichten aufzuklären und für eine zügige Verfahrensdurchführung zu sorgen. In hochkomplexen Verfahren besteht die Möglichkeit der Verfahrenskonzentration bei einer Behörde sowie der Verfahrensabschichtung, beispielsweise durch vorläufigen Verwaltungsakt, Vorbescheid oder Teilverwaltungsakt.[7]

In Art. 41 GRCh finden sich zusammengefasst die wesentlichen Grundsätze eines rechtsstaatlichen Verwaltungsverfahrens.[8] Dort heißt es:

„(1) Jede Person hat ein Recht darauf, dass ihre Angelegenheiten von den Organen … der Union unparteiisch, gerecht und innerhalb einer angemessenen Frist behandelt werden.

(2) Dieses Recht umfasst insbesondere
   a) das Recht jeder Person, gehört zu werden, bevor ihr gegenüber eine für sie nachteilige individuelle Maßnahme getroffen wird;

---

2 *Augsberg* (Fn. 1), § 8 Rn. 26 f.

3 *Schmidt-Aßmann*, Das allgemeine Verwaltungsrecht als Ordnungsidee, 2. Aufl. 2004, Kap. 6 Rn. 64; *Augsberg* (Fn. 1), § 8 Rn. 47 f.

4 Siehe zum Maßstab der Effizienz ausführlich *Schmidt-Aßmann* (Fn. 3), Kap. 6 Rn. 64 ff.; siehe auch *Augsberg* (Fn. 1), § 8 Rn. 49 f.

5 Siehe zu diesen Prinzipien *Augsberg* (Fn. 1), § 8 Rn. 24 ff.

6 Siehe die Auflistung bei *Augsberg* (Fn. 1), § 8 Rn. 3; siehe auch *Hoffmann-Riem/Bäcker*, in: Voßkuhle/Eifert/Möllers (Hrsg.), GVerwR, Bd. II, 3. Aufl. 2022, § 32 Rn. 76 mit Fn. 253; *Funke*, in diesem Band, S. 56 spricht von Rechtmäßigkeit plus X.

7 *Pitschas*, in: Hoffmann-Riem/Schmidt-Aßmann/Voßkuhle (Hrsg.), GVerwR, Bd. II, 2. Aufl. 2012, § 42 Rn. 148 f.

8 Zu dieser Vorschrift auch *Herrmann/Rimbach*, in diesem Band, S. 82 f.

b) das Recht jeder Person auf Zugang zu den sie betreffenden Akten unter Wahrung des berechtigten Interesses der Vertraulichkeit sowie des Berufs- und Geschäftsgeheimnisses;
c) die Verpflichtung der Verwaltung, ihre Entscheidung zu begründen."

Diese Anforderungen binden zwar grundsätzlich allein die Unionsgewalt. Sie reflektieren aber in der Sache allgemeine Grundsätze einer guten Verwaltung, die der EuGH im Laufe seiner Rechtsprechung auf der Grundlage gemeinsamer Überzeugungen der Mitgliedstaaten entwickelt hat.[9] Alle diese Anforderungen sind in den Verwaltungsverfahrensgesetzen des Bundes und der Länder zu finden.[10]

Als Maßstäbe, die der Gesetzesanwendung vorausliegen und das Personal betreffen, welches die Gesetze anwendet, lassen sich Unparteilichkeit, Integrität, Objektivität, Verantwortungsbewusstsein und Ehrlichkeit nennen.[11] In den Grundsätzen des öffentlichen Dienstes als Leitbild für EU-Beamte[12] und im Europäischen Kodex für die gute Verwaltungspraxis finden sich solche Anforderungen.[13] Sie sind entscheidend für den schwer fassbaren Verwaltungsstil oder die Verwaltungskultur.[14] Inzwischen finden sich auch in Deutschland insbesondere auf der kommunalen Ebene, aber zum Teil auch für die Landesverwaltungen sowie vereinzelt auf Bundesebene derartige Leitbilder.[15]

---

9 EuGH, Rs. C-42/59 u. 49/59 (S.N.U.P.A.T/Hohe Behörde), ECLI:EU:C:1961:5; Rs. C-7/56 u. a. (Algera u. a./Europäisches Parlament), ECLI:EU:C:1957:7; Rs. C-17/61 u. 20/61 (Klöckner und Hoesch/Hohe Behörde), ECLI:EU:C.1962:30; siehe zum Verfahren ausführlich *Schmidt-Aßmann/Kaufhold*, in: Voßkuhle/Eifert/Möllers (Hrsg.), GVerwR, Bd. II, 3. Aufl. 2022, § 27.

10 §§ 20, 21 VwVfG – Befangenheit; §§ 10, 24–26 VwVfG – Zügigkeit und Beratung; §§ 28, 29 und 39 VwVfG – Anhörung, Akteneinsicht und Begründung. *Augsberg* (Fn. 1), § 8 Rn. 17 ff. weist darauf hin, dass die Regelungen wegen ihrer Begrenzung auf den Verwaltungsakt und den öffentlich-rechtlichen Vertrag nur einen eingeschränkten Anwendungsbereich haben.

11 *Pitschas* (Fn. 7), § 42, Rn. 48 dort in englischer Sprache aus den „Standards in Public Life" und „Seven Principles of Public Life"; siehe auch *Augsberg* (Fn. 1), § 8 Rn. 31 ff.

12 https://www.ombudsman.europa.eu. Grundsätze des öffentlichen Dienstes für EU-Beamte.

13 https://www.ombudsman.europa.eu/hr/publication/de/3510.

14 Hinweis von *Sangenstedt* in der Diskussion.

15 https://www.haushaltssteuerung.de/kommunale-leitbilder.html; für Landesverwaltungen siehe zum Beispiel https://im.baden-wuerttemberg.de/de/service/publikation/did/leitbild-der-landesverwaltung-baden-wuerttemberg/?tx_rsmbwpublications_pi3%5Bministries%5D=3&tx_rsmbwpublications_pi3%5Bpage%5D=2&cHa

2. *Maßstäbe des Verwaltungshandelns in der Europäischen Union und im europäischen Verwaltungsverbund*

Der rechtliche Maßstab für das Verwaltungshandeln der Unionsorgane lässt sich Art. 263 Abs. 2 AEUV entnehmen. Die Verfahrensanforderungen werden konkretisiert durch den bereits zitierten Art. 41 GRCh, die materiellen Rechtmäßigkeitsanforderungen richten sich nach dem jeweiligen Tatbestand und müssen darüber hinaus, wie im nationalen Recht, den Anforderungen der Gleichheit und Nichtdiskriminierung sowie der Verhältnismäßigkeit im Blick auf die jeweils betroffenen Grundrechte genügen.[16] Weitere Anforderungen an das Handeln der EU und an die Verwaltung der EU sind – auch insoweit dem nationalen Verwaltungshandeln vergleichbar – unter anderem Kohärenz und Effizienz, Unabhängigkeit und Offenheit.[17]

Für die Prüfung der Einhaltung dieser Vorgaben gibt es neben dem Gerichtshof der Europäischen Union den Bürgerbeauftragten der Europäischen Union (Art. 228 AEUV). Seine Aufgabe besteht darin, „Beschwerden über Missstände" in Bezug auf die Tätigkeit der Unionsorgane zu untersuchen, sofern diese nicht Gegenstand eines Gerichtsverfahrens sind. Der Begriff „Missstand" umfasst nicht allein rechtswidriges Handeln, sondern erstreckt sich auch auf sonstige Unregelmäßigkeiten oder Versäumnisse.[18]

Für die Zusammenarbeit im Europäischen Verwaltungsverbund finden sich die zentralen Anforderungen in Art. 4 Abs. 3 EUV. Es gilt der Grundsatz der loyalen Zusammenarbeit, der zu gegenseitiger Unterstützung verpflichtet. Für die Mitgliedstaaten bedeutet der Grundsatz der loyalen Zusammenarbeit in erster Linie die Beachtung der Grundsätze der Äquivalenz und Effektivität.[19] Art. 197 Abs. 1 AEUV bestimmt zudem, dass die effektive Durchführung des Unionsrechts durch die Mitgliedstaaten eine Angelegenheit von gemeinsamem Interesse ist und erlaubt Informationsaustausch und Unterstützungsmaßnahmen.

---

sh=e30e150477c253be228ed82b9d5200e1; für die Bundesverwaltung siehe https://www.bva.bund.de/DE/Das-BVA/Leitbild/leitbild_node.html.

16 *Herrmann/Rimbach*, in diesem Band, S. 82.

17 Siehe dazu *Kahl*, in diesem Band, S. 17.

18 Ausführlich zum Bürgerbeauftragten der EU *Hermann/Rimbach*, in diesem Band, S. 87 ff.

19 Siehe statt aller *Streinz*, Europarecht, 11. Aufl. 2019, Rn. 609 ff.

3. Verwaltungshandeln und Verwaltungskontrolle

Die Frage nach den Maßstäben ist eng verknüpft mit der Frage nach der Kontrolle. Im deutschen Recht ist die verwaltungsgerichtliche Kontrolle in dem Sinne defizitär, als sie in der Regel auf die Prüfung der Verletzung in subjektiven Rechten beschränkt ist.[20] Handlungsnorm und Kontrollnorm haben einen unvollständigen Überschneidungsbereich. Eine alternative Betrachtungsweise wäre die Unterscheidung zwischen Aktions- und Reaktionsperspektive.[21] Während die Aktionsperspektive auf die Herstellung von Entscheidungen gerichtet ist, betrifft die Reaktionsperspektive die Pflichten, die aus der Verletzung von Aktionspflichten erwachsen.[22] Insbesondere nimmt die Aktionsperspektive in den Blick, wie eine Entscheidung der Verwaltung im Hinblick auf die rechtlichen und nichtrechtlichen Maßstäbe möglichst richtig getroffen wird, nimmt also die Perspektive der Verwaltung und ihres Handelns ein und ist nicht reduziert auf die Kontrollperspektive. Dies ist ein Ansatz, über den weiter nachzudenken sich lohnt. Auch wenn zu bezweifeln ist, dass das Verwaltungshandeln sich auf das Schema Aktion und Reaktion reduzieren lässt,[23] so kann es doch im Hinblick darauf, dass es die Diskrepanz zwischen Verwaltungshandeln und Verwaltungskontrolle in den Blick nimmt, weiterführend sein.

III. Zu 2. Auswahl und Einsatz von Handlungsformen

Die Maßstäbe des Verwaltungshandelns zielen auf recht- und zweckmäßiges Verwaltungshandeln. Für das Verwaltungshandeln selbst stehen eine Vielzahl verschiedener Handlungsformen zur Auswahl. Zu nennen sind der Verwaltungsakt mit seinen zahlreichen Unterformen, Verwaltungsverträge, schlichtes Verwaltungshandeln bzw. Realakte, Pläne, die unterschiedliche Formen annehmen können, Rechtsverordnungen, Satzungen und als Innenrecht Verwaltungsvorschriften. Zudem gibt es ein weites Feld informellen Verwaltungshandelns.

---

20 Ausnahmen sind primär völker- und unionsrechtlich veranlasst und finden sich vor allem im Umweltrecht.

21 *Funke*, in diesem Band, S. 74 f.

22 *Funke*, in diesem Band, S. 74 f.

23 So kam in der Diskussion die Frage auf, ob im Falle antragsgebundener Verwaltungsakte eine Aktion oder Reaktion vorliege.

Die Handlungsformen sind relevant für die Rechtmäßigkeitsvoraussetzungen, die Rechtswirkungen, die Rechtsschutzmöglichkeiten und die Vollstreckung. Sie haben eine Ordnungs-, Speicher-, Orientierungs- und Entlastungsfunktion.[24] Inwieweit aber hat die Verwaltung überhaupt eine Wahl beim Einsatz von Handlungsformen? Dies soll zunächst in Bezug auf die exekutive Normsetzung untersucht werden, sodann in Bezug auf Einzelakte.

1. *Rechtsverordnungen und Satzungen*

a) Rechtsverordnungen

In Bezug auf Rechtsverordnungen gibt es keine Wahlfreiheit in dem Sinne, dass die Verwaltung zwischen Handlungsformen wählen könnte. Jede Rechtsverordnung setzt eine nach Inhalt, Zweck und Ausmaß eindeutige gesetzliche Ermächtigung voraus. Eine Wahl ist allenfalls dahingehend eingeräumt, ob von dieser Ermächtigung Gebrauch gemacht wird, so etwa bei Polizeiverordnungen.[25] Abgrenzungsschwierigkeiten können zur Allgemeinverfügung auftreten. Allerdings ergibt sich stets aus der in Anspruch genommenen Rechtsgrundlage eindeutig, welche Handlungsform gewählt wurde. Dabei kann sich die Handlungsform der Allgemeinverfügung bei der gerichtlichen Kontrolle im Nachhinein als falsch erweisen.[26]

Nur sehr wenige Gesetze enthalten eine explizite Verpflichtung zum Erlass von Rechtsverordnungen wie es etwa in der Formulierung „erlässt" oder „Das Nähere ... regelt eine Rechtsverordnung" zum Ausdruck kommt.[27] Die Formulierung „wird ermächtigt" soll dagegen den Erlass

---

24 *Schmidt-Aßmann* (Fn. 3), Kap. 6 Rn. 34 zur Ordnungs- und Speicherfunktion; siehe auch *ders.*, DVBl. 1989, S. 533 ff.; *Hoffmann-Riem*, in: Hoffmann-Riem/Schmidt-Aßmann/Voßkuhle, GVerwR, Bd. II, 2. Aufl. 2012, § 33 Rn. 7; *Hoffmann-Riem/Bäcker* (Fn. 6), § 32 Rn. 3.

25 Siehe z. B. § 17 PolG BW; § 17 Abs. 1 SOG-MV; § 69 Abs. 1 POG Rh.-Pf.; § 59 Abs. 1 PolG Saarl.

26 Z. B. VG Minden, Urt. v. 27. 5. 2009 – 11 K 2003/08 – juris, Rn. 21; OVG Saarland, NVwZ 2011, S. 190 ff.; VG Karlsruhe, Beschl. v. 10. 12. 2020 – 2 K 5102/20 – juris, Rn. 48 ff.; siehe im Zusammenhang mit der Pandemiebekämpfung VG Schleswig-Holstein, Beschl. v. 25. 3. 2020 – 1 B 30/20 – juris, Rn. 9 ff. lässt im Ergebnis offen, ob § 28 Abs. 1 IfSG i. d. F. vom 01. 3. 2020 in Bezug auf den Erlass von Allgemeinverfügungen eine hinreichende gesetzliche Grundlage ist.

27 Siehe § 6 StVG in der Fassung vom 19. 12. 1952 (BGBl. I, S. 837) auf den die geltende StVO verweist. Die Ermächtigung lautet: „Der Bundesminister für Verkehr

von Rechtsverordnungen in das Ermessen der ermächtigten Verwaltung stellen.[28] Tatsächlich sind viele Gesetze jedoch ohne die ausführenden Rechtsverordnungen nicht vollziehbar, so dass sich die Ermächtigung zu einer Pflicht wandelt.[29] Dies gilt m. E. für die zahlreichen Ermächtigungen in dem heutigen § 6 StVG ebenso wie für § 9a BauGB oder die immissionsschutzrechtlichen Rechtsverordnungen auf der Grundlage der §§ 7 und 43 BImSchG. Die Verdichtung zu einer Verpflichtung kann sich auch aus dem Gleichbehandlungsgrundsatz ergeben.[30] Geht es um die Umsetzung von unionsrechtlichen Vorgaben, folgt die Verpflichtung trotz der Formulierung „wird ermächtigt" aus dem Anwendungsvorrang des Unionsrechts.[31]

Die Handlungsform der Rechtsverordnung hat in der Corona-Pandemie einen ungeheuren Bedeutungszuwachs erlebt.[32] Zunächst auf unzureichender gesetzlicher Grundlage, die später nachgebessert wurde,[33] ergingen durch Rechtsverordnungen Maßnahmen mit gravierenden Auswirkungen auf Grundrechte; insbesondere die Berufsfreiheit, aber auch die Versammlungsfreiheit, die Religionsfreiheit oder die allgemeine Handlungsfreiheit waren betroffen. Dies hat zu zahlreichen Normenkontrollen bzw. inzidenten Überprüfungen der Rechtmäßigkeit der Verordnungen geführt mit dem Problem teils widersprechender Entscheidungen der Oberverwaltungsgerichte; zum Teil wurde in Eilverfahren die Frage nach der Rechtmäßigkeit der zugrundeliegenden Verordnungen auch offen ge-

---

erlässt mit Zustimmung des Bundesrates Rechtsverordnungen ...". In der heutigen Fassung des § 6 StVG heißt es „Der Bundesminister ... wird ermächtigt ...". Weitere Beispiele für verpflichtende Rechtsverordnungsermächtigungen finden sich in § 4 Abs. 5 und § 15b Abs. 2 Hessisches SchulG sowie in § 94 Abs. 2 und § 113 Abs. 2 SchulG BW.

28 Siehe das vom Bundesjustizministerium herausgegebene Handbuch der Rechtsförmlichkeit, Abschnitt 6.3 Rn. 332–334.

29 BVerfGE 13, 248 (254); 16, 332 (338); *Ossenbühl*, in: Isensee/Kirchhof (Hrsg.), HStR, Bd. V, 3. Aufl. 2007, § 103 Rn. 50 m. w. N.

30 BVerfGE 13, 248 (254 f.); 16, 332 (338).

31 Siehe *Nierhaus*, in: Kahl/Waldhoff/Walter (Hrsg.), BK-GG, Lfg. Nov. 1998, Art. 80 Rn. 347 ff. mit Beispielen.

32 Dazu *Brechmann*, in diesem Band, S. 108 ff.

33 Bayerischer VGH, NJW 2020, S. 1236 (1237, Rn. 34 ff.) sieht in § 32 S. 1 i. V. m. § 28 Abs. 1 S. 1 IfSG i. d. F. vom 27. 3. 2020 (BGBl. 2020 I S. 587) eine hinreichende gesetzliche Grundlage; ebenso VG Neustadt, Beschl. v. 2. 4. 2020 – 5 L 333/20.NW – juris, Rn. 14; OVG Nordrhein-Westfalen, NWVBl. 2020, S. 251 ff.; Hessischer VGH, Beschl. v. 7. 4. 2020 – 8 B 892/20.N – juris, Rn. 33 ff.; kritisch dagegen VGH Baden-Württemberg, VBlBW 2020, S. 322 ff.

lassen.[34] Eine Herabsetzung der verfassungsrechtlichen Anforderung an eine hinreichend spezifische gesetzliche Grundlage hat es jedoch langfristig nicht gegeben.[35]

b) Satzungen

Ebenso kann es zwischen Rechtsverordnung und Satzung keine Wahlfreiheit geben, denn erstere ist Ausdruck unmittelbar staatlicher Verwaltung, letztere Ausdruck von Autonomie der jeweiligen Körperschaft. Allerdings können im Rahmen von Weisungsaufgaben Satzungen erlassen werden, wenn das Gesetz dies vorsieht.[36] Die weisungsfreien Angelegenheiten können die Gemeinden aus ihrer Selbstverwaltungsautonomie heraus ohne Weiteres durch Satzung regeln. Notwendige Satzungen sind die städtische Hauptsatzung[37] und die Haushaltssatzung[38]. Auch § 1 Abs. 3 BauGB enthält eine Verpflichtung, insoweit die Gemeinden Bauleitpläne aufzustellen haben, sobald und soweit es für die städtebauliche Entwicklung und Ordnung erforderlich ist. Dies gibt den Gemeinden einen großen Spielraum, im Ausnahmefall ist eine kommunalaufsichtliche Weisung aber denkbar.[39] Es gibt weitere Bereiche, in denen Satzungen erlassen werden müssen.[40] Im Übrigen liegt der Erlass von Satzungen jedoch im gemeindlichen Er-

---

34 Vgl. zu Art. 8 GG: VGH Kassel, Beschl. v. 14. 4. 2020 – 2 B 985/20 – juris, Rn. 21 zur Verordnung; VGH Mannheim, Beschl. v. 15. 4. 2020 – VGH 1 S 1078/20 – BeckRS 2020, 5956, Rn. 7 zur Verordnung; Sächsisches OVG, Beschl. v. 30. 4. 2020 – 3 B 167/20 Rn. 6 zur Verordnung; Bayerischer VGH, Beschl. v. 11. 9. 2020 – 10 CS 20.2063 – juris, Rn. 11; vgl. zu Art. 12 GG im Hinblick auf ein Beherbergungsverbot: OVG Mecklenburg-Vorpommern, Beschl. v. 11. 5. 2020 – 2 KM 389/20 OVG – juris, Rn. 42 ff. („verhältnismäßig"); OVG Berlin-Brandenburg, LKV 2020, 468 ff. („unverhältnismäßig").

35 BVerfG, NJW 2022, 139 – Bundesnotbremse I; NJW 2022, S. 167 (186, Rn. 192) – Bundesnotbremse II.

36 Siehe § 4 Abs. 1 S. 2 GemO BW; entsprechende Regelungen finden sich in den Kommunalverfassungsgesetzen von Bayern (§ 23 Abs. 1 S. 2), Rheinland-Pfalz (§ 24 Abs. 1 S. 2), Mecklenburg-Vorpommern (§ 5 Abs. 1 S. 2), Brandenburg (§ 3 Abs. 1 S. 2), Sachsen (§ 4 Abs. 1 S. 4) und des Saarlands (§ 12 Abs. 1 S. 2).

37 In Baden-Württemberg gestützt auf § 4 GemO.

38 In Baden-Württemberg gemäß § 79 GemO.

39 BVerwGE 119, 25 (36 f.), allerdings zu einer Zeit, als es § 34 Abs. 3 BauGB noch nicht gab.

40 Z. B. Friedhofssatzungen gemäß § 15 Abs. 1 S. 1 Bestattungsgesetz BW.

messen.[41] In Baden-Württemberg ergibt sich die eindeutige Unterscheidung zwischen kommunaler Polizeiverordnung und Satzung auch daraus, dass erstere von den Polizeibehörden – in Baden-Württemberg also dem Bürgermeister[42] –, letztere vom Gemeinderat erlassen werden, unbeschadet der Tatsache, dass Polizeiverordnungen der Zustimmung des Gemeinderats bedürfen.[43] Es gibt allerdings auch Bundesländer, in denen Polizeiverordnungen vom Gemeinderat erlassen werden.[44]

2. *Verwaltungsakt und öffentlich-rechtlicher Vertrag*

Größere Wahlfreiheit besteht zwischen Verwaltungsakt und öffentlich-rechtlichem Vertrag, sofern kein Handlungsformverbot besteht, wie etwa für Beamtenernennungen (§ 12 BBG; 8 Abs. 2 BeamtStG) oder Einbürgerungen (§ 16 StAG). Gemäß § 3 Abs. 3 BNatSchG wird der öffentlich-rechtliche Vertrag für Maßnahmen des Naturschutzes und der Landschaftspflege sogar als vorzugswürdiges Instrument ausgewiesen. Beispielsweise kann durch öffentlich-rechtlichen Vertrag ein Anspruch auf die Erteilung einer Baugenehmigung begründet werden, etwa um dies mit der Ablösung der Stellplatzverpflichtung zu koppeln. Die Verwaltung könnte aber auch die Baugenehmigung mit einer Nebenbestimmung des gleichen Inhalts versehen.

Auch im Bereich der Subventionsvergabe besteht die Wahl zwischen einer vertraglichen Gestaltung oder dem Erlass eines begünstigenden Ver-

---

41 Z. B. Satzungen für die Nutzung öffentlicher Einrichtungen oder in Bezug auf den Anschluss- und Benutzungszwang. Siehe dazu auch noch unter V.

42 § 21 Satz 2 PolG BW. Wie in Baden-Württemberg noch Rheinland-Pfalz § 69 Abs. 3 S. 2 POG R-P.

43 Siehe zu zulässigen Inhalten in Rechtsverordnungen einerseits VGH Baden-Württemberg, VBlBW 2013, S. 27 ff. (Gültigkeit einer polizeilichen Umweltschutzverordnung); VBlBW 2010, S. 29 ff. (Vorsorgemaßnahmen zur Gefahrenabwehr durch Verbot des Alkoholkonsums auf öffentlich zugänglichen Flächen); VBlBW 2008, S. 134 ff. (Leinenzwang für Hunde); VBlBW 1983, S. 302 ff. (Verbot, „sich nach Art eines Land- oder Stadtstreichers herumzutreiben"); zu Satzungen andererseits BVerwGE 151, S. 27 ff. (Zweck für den Erlass einer Erhaltungssatzung); VGH Baden-Württemberg, VBlBW 2021, S. 161 ff. (Erhebung einer Kurtaxe); VGH München, BayVBl 2015, S. 455 ff. (Entwässerungssatzung); OVG Bautzen, SächsVBl 2001, S. 15 ff. (Bestimmtheit einer Klarstellungssatzung/Inhalt einer Abrundungssatzung).

44 Art. 42 Abs. 1 S. 1 Landesstraf- und Verordnungsgesetz Bayern; § 94 Abs. 1 Nr. 1, Abs. 2 SOG Sachsen-Anhalt „nach den für Satzungen geltenden Vorschriften"; § 27 Abs. 4 S. 1 Ordnungsbehördengesetz NRW.

waltungsakts. Die Entscheidung für die eine oder die andere Handlungsform steht der Verwaltung grundsätzlich frei, wobei sich Grenzen u.a. aus dem Grundsatz der Verhältnismäßigkeit oder aus der Selbstbindung der Verwaltung ergeben.[45] Der Vertrag ist nicht notwendig das geeignetere Mittel, denn er setzt voraus, dass die Vertragspartner über eine annähernd gleiche Verhandlungsmacht verfügen. Ein Beispiel, in dem dies nicht der Fall ist, findet sich im Sozialrecht. Danach ist die vertragliche Regelung in Bezug auf die Eingliederungsvereinbarung mit einem Vorrang ausgestattet, gelingt sie aber nicht, so handelt die Verwaltung durch Verwaltungsakt (§ 15 Abs. 3 S. 2 SGB II).[46]

Während der Corona-Pandemie war der öffentlich-rechtliche Vertrag insbesondere im Beschaffungswesen von Bedeutung.[47] Durch die Anschaffung von Schutzausrüstung, die Durchführung von Testungen und die Organisation von Impfungen hat der Staat das angesichts des massenhaften Bedarfs vorliegende Marktversagen kompensiert und ist auf diese Weise seiner Gewährleistungsverantwortung nachgekommen.[48]

Weite Verbreitung hat in der Pandemie der Verwaltungsakt in Gestalt der Allgemeinverfügung erfahren. So haben Gemeinden in Erfüllung ihrer infektionsschutzrechtlichen Verpflichtungen etwa die Nutzung von Parks oder Kinderspielplätzen durch Allgemeinverfügung eingeschränkt.[49] Weitere Allgemeinverfügungen sind zur Steuerung der Patientenzahlen in Krankenhäusern, zur Dauer der Isolation von Infizierten und der Quarantäne von Kontaktpersonen, Regelungen für Pflegeeinrichtungen oder Einrichtungen für Menschen mit Behinderungen erlassen worden.[50] Hinzukamen zahlreiche Allgemeinverfügungen in Bezug auf Versammlungen oder spezifische Örtlichkeiten, etwa Weihnachtsmärkte, Geschäftsschließungen sowie Test- und Maskenpflicht.[51] Dabei stößt das Handlungsinstrument

---

45 *Hoffmann-Riem/Bäcker* (Fn. 6), § 32 Rn. 122.

46 Das Beispiel findet sich bei *Bauer*, in: Voßkuhle/Eifert/Möllers (Hrsg.), GVerwR, Bd. II, 3. Aufl. 2022, § 35 Rn. 40.

47 Dazu *Brechmann*, in diesem Band, S. 125 ff.

48 *Brechmann*, in diesem Band, S. 125.

49 Vgl. etwa zu Parkanlagen: Allgemeinverfügung der Stadt Freiburg im Breisgau über ein Betretungsverbot für öffentliche Orte zur Eindämmung der Verbreitung des Corona-Virus SARS-CoV-2, https://www.freiburg.de/pb/1532091.html.

50 *Brechmann*, in diesem Band, S. 114 ff.

51 VGH Mannheim, Beschl. v. 4. 2. 2022 – 10 S 236/22 –, juris (Versammlungsverbot); VG Frankfurt, Beschl. v. 3. 9. 2021 – 5 L 2456/21.F –, juris (Testpflicht in Prostitutionsstätten); Niedersächsischer StGH, NVwZ 2021, S. 1606 ff. (Maskenpflicht im Landtagsgebäude); VG Regensburg, BayVBl. 2021, S. 710 ff. (Flächendeckendes Alkoholkonsumverbot); VG Freiburg (Breisgau), Beschl. v. 24. 6. 2021

der Allgemeinverfügung an seine Grenzen, wenn der Kreis der Personen nicht abschließend bestimmbar ist wie bei der Quarantäne von Kontaktpersonen.[52] Der Vorteil dieser Handlungsform liegt in der formlosen Änderbarkeit, was die Anpassung an ein dynamisches Infektionsgeschehen erheblich erleichterte.[53]

3. *Pläne*

Keiner Handlungsform eindeutig zuzuordnen sind Pläne. Sie finden sich vor allem im Bereich der Raumordnung und im Zusammenhang mit Infrastrukturvorhaben und setzen regelmäßig umfangreiche Verfahren unter Beteiligung der betroffenen Behörden und der Öffentlichkeit zur Ermittlung der relevanten Belange voraus, an die sich eine Abwägung anschließt.[54] In Bayern wurde das Instrument des Plans aber auch im Zusammenhang mit der Pandemie eingesetzt. So wurden im Zusammenwirken der betroffenen Ministerien und Verbände Rahmenhygienepläne erlassen, um den betroffenen Einrichtungen, etwa Schulen, ein Muster an die Hand zu geben.[55] Auf diese Weise konnten einheitliche Standards gesetzt und die Einrichtungen entlastet werden.

– 7 K 1948/21 –, juris (Testpflicht im Kindergarten); VG Gießen, Beschl. v. 21. 6. 2021 – 4 L 2171/21.GI –, juris (Maskenpflicht im Gerichtsgebäude); VG Bayreuth, Beschl. v. 7. 5. 2021 – B 7 S 21.541 –, juris (Maskenpflicht auf Spielplatz); VG Gera, Beschl. v. 6. 5. 2021 – 3 E 485/21 Ge –, juris (Maskenpflicht in der Schule); VG Karlsruhe, Beschl. v. 18. 1. 2021 – 9 K 66/21 –, juris (Maskenpflicht auf Wochenmärkten); VG Düsseldorf, Beschl. v. 25. 11. 2020 – 29 L 2317/20 –, juris (Maskenpflicht im Bahnhofsumfeld); VG Freiburg (Breisgau), Beschl. v. 30. 10. 2020 – 5 K 3403/20 –, juris (Maskenpflicht in der Fußgängerzone).

52 *Brechmann*, in diesem Band, S. 116.

53 *Brechmann*, in diesem Band, S. 116.

54 Siehe zum Instrument der Planung *Köck*, in: Voßkuhle/Eifert/Möllers (Hrsg.), GVerwR, Bd. II, 3. Aufl. 2022, § 36; zu Beteiligungsverfahren siehe *Kersten*, ebd., § 29.

55 *Brechmann*, in diesem Band, S. 123 f.

4. *Schlichtes Verwaltungshandeln*

Ein in seiner Bedeutung unterschätzter Bereich stellt Handeln dar, das der Verwaltung zurechenbar ist,[56] dem aber die Rechtsförmlichkeit fehlt.[57] Dieses Handeln dient zum Teil der Realisierung von Verwaltungsakten, etwa eine Vollstreckung durch unmittelbaren Zwang, die Auszahlung von Versorgungsleistungen oder die Durchsuchung von Personen, wenn man denn einen Duldungsverwaltungsakt annehmen will.[58] Tatsächliches Handeln umfasst jedoch sehr viel mehr, wie zum Beispiel die Erhaltung der Straßen- und Netzinfrastruktur, Feuerschutz, Katastrophenschutz, Abfallentsorgung, Sozialarbeit, Kinder- und Jugendhilfe, Alten- und Behindertenbetreuung, Schulunterricht, Warnungen oder sonstiges Informationshandeln.[59]

Insbesondere das Informationshandeln hat in der Pandemie an Bedeutung gewonnen, namentlich in Gestalt der täglichen Informationen durch das Robert-Koch-Institut.[60] Ein jedenfalls für die Gesundheitsverwaltung neues Instrument der Informationsverwaltung stellt auch das Format „Häufig gestellte Fragen" (Frequently Asked Questions) dar.[61] Derartige nichtförmliche Hinweise sind aus anderen, insbesondere unionsrechtlich beeinflussten Zusammenhängen bekannt. So finden sich im Bereich der Finanzmarktaufsicht neben den verbindlichen Verordnungen und adressatenlosen Beschlüssen auf der Unionsebene sowie den Rechtsverordnungen und Allgemeinverfügungen auf nationaler Ebene[62] eine Vielzahl von Handlungsformen, die nicht rechtsverbindlich sind, aber eine standardsetzende Funktion haben.[63] Hierzu gehören auf der Unionsebene die Leitlinien und Empfehlungen sowie Questions and Answers der European Supervisory Authorities[64] (ESAs) und ihres gemeinsamen Ausschusses, die von der Bundesanstalt für Finanzdienstleistungsaufsicht (BaFin) grundsätzlich übernommen werden, sowie deren eigene Verlautbarungen. Diese neuen Handlungsformen werfen für die deutsche Handlungsformenlehre erheb-

---

56 Zur Vernachlässigung dieser Kategorie *Hermes*, in: Voßkuhle/Eifert/Möllers (Hrsg.), GVerwR, Bd. II, 3. Aufl. 2022, § 38 Rn. 2.

57 *Hermes* (Fn. 56), § 38 Rn. 23.

58 *Hermes* (Fn. 56), § 38 Rn. 5.

59 *Hermes* (Fn. 56), § 38 Rn. 36, 41 f., 44 f., 46.

60 Dazu *Brechmann*, in diesem Band, S. 119.

61 *Brechmann* vergleicht sie mit Verwaltungsvorschriften, in diesem Band, S. 122.

62 Dazu *Gurlit*, in diesem Band, S. 138 ff.

63 *Gurlit*, in diesem Band, S. 143 ff.

64 EBA = European Banking Authority, ESMA = European Securities and Markets Authority, EIOPA = European Insurance and Occupational Pensions Authority.

liche Probleme auf.[65] Sie stellen eine Selbstprogrammierung der Verwaltung dar, die zwar zum Teil unter Beteiligung der Aufsichtsunterworfenen erarbeitet wird,[66] andererseits aber angesichts eines sich oftmals extrem kurzfristig ändernden Rechtsbestands die Rechtssicherheit gefährden.[67]

5. Zwischenfazit

Die Verwaltung verfügt über eine Vielzahl von Handlungsformen, die aber nur eingeschränkt untereinander austauschbar sind. Vor allem neue Steuerungsformen mit unklarer Rechtsverbindlichkeit stellen die Handlungsformenlehre vor Herausforderungen.

IV. Zu 3. Selbstprogrammierung der Verwaltung

Selbstprogrammierung ist zu verstehen als Erstellung eines die einzelne Entscheidung übergreifenden Ordnungsrahmens, mit dem die Verwaltung sich im Weiteren selbst bindet. Sie erfolgt zumeist im Anschluss bzw. in Ausführung der Fremdprogrammierung durch den Gesetzgeber.[68] Ihr Vorteil liegt in der Verbesserung des Verwaltungsvollzugs durch die Möglichkeit auf gespeichertes Wissen zurückzugreifen.[69]

1. Selbstprogrammierung im nationalen Recht

Es ist zu unterscheiden zwischen formalen und informalen Instrumenten, wobei zu ersteren Rechtsverordnungen, Satzungen und Verwaltungsvorschriften, zu letzteren Strategien, Programme, Konzepte, Leitbilder, Aktionspläne und Ähnliches zu zählen sind.[70]

---

65 *Gurlit*, in diesem Band, S. 151.

66 *Gurlit*, in diesem Band, S. 139, 144.

67 *Gurlit*, in diesem Band, S. 151.

68 *Guckelberger*, in diesem Band, S. 155 ff.

69 *Guckelberger*, in diesem Band, S. 172; *Martini*, in: Voßkuhle/Eifert/Möllers (Hrsg.), GVerwR, Bd. II, 3. Aufl. 2022, § 33 Rn. 2 ff.

70 *Guckelberger*, in diesem Band, S. 170 f.; *Martini* (Fn. 69), § 33 Rn. 4.

a) Rechtsverordnungen

Die Verbindung der Rechtsverordnung mit dem Begriff der Selbstprogrammierung erscheint auf den ersten Blick irritierend. Das ermächtigende Gesetz muss Inhalt, Zweck und Ausmaß für den Erlass der Rechtsverordnung hinreichend bestimmt regeln. Besteht eine Pflicht zum Erlass der Rechtsverordnung, so gibt es auch im Hinblick auf das „Ob" keine Wahl.[71] Damit bleibt nur noch ein gewisser Spielraum für die Ausgestaltung des Inhalts. Dieser Spielraum kann durch Beteiligungserfordernisse, wie sie sich in den §§ 51 BImSchG, 20 BBodSchG, 68 KrWG oder auch § 10 BSIG[72] finden, noch weiter eingeschränkt sein. Damit handelt es sich um eine sehr weitgehend fremdbestimmte Selbstprogrammierung. Hinzukommt, dass Rechtsverordnungen oftmals ihrerseits eine Fremdprogrammierung für Dritte enthalten.[73] Die Rede von der Selbstprogrammierung durch Rechtsverordnung ist daher m. E. nur eingeschränkt weiterführend.[74]

b) Satzungen

Auch in Bezug auf Satzungen wird von Selbstprogrammierung gesprochen. Hier beruht die Satzungsbefugnis auf der Autonomie der jeweiligen Körperschaft. Die Einordnung als Selbstprogrammierung ist in diesem Fall überzeugender, denn der Erlass der Satzung erfolgt in der Regel durch ein gewähltes Organ, und die Geltung erstreckt sich allein auf die der jeweiligen Körperschaft angehörenden Mitglieder. Mit der gemeindlichen Hauptsatzung und Haushaltssatzung werden die eigene Organisation und die Finanzplanung geregelt, mit der Bauleitplanung die Entwicklung des Gemeindegebiets vorausschauend festgelegt.[75] Aber auch die Nutzung gemeindlicher Einrichtungen, soweit sie durch Satzung geregelt wird, oder die Entscheidung über Anschluss- und Benutzungszwang kann in besonderer Weise „sach-, problem- und interessennah"[76] beurteilt werden.

Für Hochschulen als Körperschaften des öffentlichen Rechts ist der Erlass der Grundordnung verpflichtend. Sie bedarf in der Regel der Zustim-

71 Siehe schon oben III. 1. a).
72 § 10 BSIG nennt *Guckelberger* als Beispiel, in diesem Band, S. 177.
73 *Guckelberger*, in diesem Band, S. 179.
74 Dafür *Guckelberger*, in diesem Band, S. 174 ff.
75 Siehe schon oben III. 1. b).
76 *Guckelberger*, in diesem Band, S. 182 f. m. w. N.

mung des zuständigen Ministeriums.[77] Im Übrigen kann die Hochschule ihre Angelegenheiten durch Satzung regeln, soweit die Gesetze keine Vorschriften enthalten.[78]

Sozialversicherungsträger haben ebenfalls den Status einer Körperschaft des öffentlichen Rechts und beruhen auf einer Satzung. Sie sind im Übrigen befugt zum Erlass von „sonstigem autonomen Recht", wobei es sich um Satzungen im materiellen Sinne handelt.[79]

Demgegenüber sind die Rechtsanwaltskammern gesetzlich geregelte Körperschaften des Öffentlichen Rechts, welche die Aufgabe haben, sich durch Satzung eine Berufsordnung zu geben, deren Inhalt in § 59b Bundesrechtsanwaltsordnung (BRAO) ausführlich geregelt ist. Folglich ist die Selbstprogrammierung weitgehend vorgegeben.

Handwerksinnungen gründen sich gemäß §§ 53, 55 HwO durch Satzung, die der Genehmigung durch die Handwerkskammer des jeweiligen Bezirks bedarf. Die Satzung muss Organisation und Aufgaben regeln, wobei letztere in § 54 HwO näher bestimmt sind. Die Aufgaben selbst werden in den verschiedensten Handlungsformen wahrgenommen. Für die Handwerkskammern wird die Satzung eigenartiger Weise von der obersten Landesbehörde erlassen. Möglich ist alleine eine Änderung durch die Vollversammlung der Kammer, die wiederum der Genehmigung durch die oberste Landesbehörde bedarf (§ 105 Abs. 1 HwO). Von einer Selbstprogrammierung kann insoweit keine Rede sein. Eine Satzungsbefugnis steht der Handwerkskammer ebenfalls nicht zu. Die Selbstprogrammierung erfolgt durch Beschlüsse gemäß § 106 HwO, von denen ein großer Teil wiederum der Genehmigung durch die oberste Landesbehörde bedarf.

c) Verwaltungsvorschriften

Eine dritte Variante förmlicher Regelungen der Selbstprogrammierung stellen die Verwaltungsvorschriften dar. Ihre Bedeutung zeigt sich schon

---

77 Siehe z. B. § 8 Abs. 4 S. 2 LHG BW; § 13 Abs. 2 LHG Bayern (Staatsministerium); § 2 Abs. 5 LHG NRW beschränkt auf die Namensgebung; § 7 LHG SH; anders dagegen § 3 LHG Bremen: Akademischer Senat.

78 Siehe z. B. § 8 Abs. 4 und 5 LHG BW; § 13 Abs. 1 LHG Bayern; § 2 Abs. 4 LHG NRW bezeichnet als Ordnungen; § 6 Abs. 2 LHG Schleswig-Holstein.

79 § 33 Abs. 1 S. 1 SGB IV.

daran, dass sie mehrfach im Grundgesetz erwähnt werden.[80] Es handelt sich um Vorgaben innerhalb der hierarchischen Verwaltung.[81]

Einen wichtigen Anwendungsbereich haben sie in der gesetzesfreien Verwaltung, etwa in Bezug auf Förderrichtlinien bei der Vergabe von Subventionen, denen allein das formelle Haushaltsgesetz zugrunde liegt. Mit diesen Förderrichtlinien findet Selbstprogrammierung und Selbstbindung statt.[82]

Im Bereich der gesetzlich programmierten Verwaltung wird bekanntlich zwischen norminterpretierenden, normkonkretisierenden und ermessensleitenden Verwaltungsvorschriften unterschieden. Die gerichtliche Kontrolle erfolgt bei norminterpretierenden Verwaltungsvorschriften uneingeschränkt;[83] sie findet bei normkonkretisierenden Verwaltungsvorschriften angesichts besonderer Verfahren der Generierung grundsätzlich nicht statt[84] und entspricht bei ermessensleitenden Verwaltungsvorschriften der üblichen gerichtlichen Kontrolle von Ermessensentscheidungen, wobei der Selbstbindung der Verwaltung und dem Gleichbehandlungsgrundsatz ein besonderes Gewicht zukommen[85]. Daneben gibt es Verwaltungsvorschriften, welche die innere Organisation einer Behörde betreffen und die ihre Grundlage in der Weisungsbefugnis des Behördenleiters haben.[86]

d) Sonstige Formen der Selbstprogrammierung

Neben diesen förmlichen Rechtsakten der Selbstprogrammierung findet Selbstprogrammierung in Gestalt von Strategien, Programmen, Konzepten oder Aktionsplänen statt. Es gibt Vorsorgekonzepte (§ 5 Abs. 1 S. 1 Nr. 2 BImSchG), Sanierungskonzepte (§§ 140, 145 Abs. 2 BauGB), Entwicklungskonzepte (§ 171b Abs. 2, 171e Abs. 3 BauGB), Nummerierungskonzepte (§ 2 TNV), Regulierungskonzepte (§ 2 Abs. 3 Nr. 1, § 15 TKG) oder

---

80 Siehe Art. 84 Abs. 2, Art. 85 Abs. 2, Art. 86, Art. 87b Abs. 2, Art. 108 Abs. 7, Art. 129 Abs. 2 GG.

81 So *Martini* (Fn. 69), § 33 Rn. 79.

82 *Guckelberger*, in diesem Band, S. 188.

83 BVerwGE 34, 278; BVerfGE 78, 214 (226); OVG Lüneburg, Urt. v. 23. 10. 2003 – 12 LC 4/03 – juris, Rn. 79.

84 BVerwG, NVwZ 1995, 994; BVerwGE 114, 342 ff.; BVerwGE 129, 209 ff.; zu Ausnahmen siehe *Guckelberger*, in diesem Band, S. 188.

85 *Riese*, in: Schoch/Schneider (Hrsg.), Verwaltungsrecht, 36. EL Februar 2019, § 114 Rn. 76 m. w. N.

86 *Martini* (Fn. 69), § 33 Rn. 90 f.

Gleichstellungskonzepte.[87] Zudem gibt es insbesondere im Zusammenhang mit der Umsetzung unionsrechtlicher Vorgaben Aktionspläne wie etwa im Bereich der Luftreinhaltung (§ 47 BImSchG) und Lärmminderung (§ 47d BImSchG) oder Risikomanagementpläne im Hochwasserschutz (§ 75 WHG).[88]

Innerhalb der Verwaltung finden Risiko- und Qualitätsmanagementsysteme zunehmend Verbreitung.[89] Auch Leitbilder und Empfehlungen für eine gute Verwaltungspraxis, Berichtspflichten und Evaluationen dienen der stetigen Verbesserung des Verwaltungshandelns.[90] Das Potential, Selbstprogrammierung neu auszurichten, ergibt sich nicht zuletzt im Zusammenhang mit der Digitalisierung der Verwaltung.[91]

2. *Selbstprogrammierung in der Europäischen Union am Beispiel der Kommission*

Auf der Unionsebene ist die Kommission Hauptträgerin der unionsrechtlichen Exekutivfunktion. Zu ihren Aufgaben gehören aber auch die Gesetzesinitiative und die Überwachung der staatlichen Durchführung des Unionsrechts.[92] Auch die Selbstprogrammierung der Kommission ist im Zusammenhang von Rechtsbindung, Ermessen und gerichtlicher Kontrolle zu sehen. Insoweit ist hervorzuheben, dass die Unionsgerichtsbarkeit der Kommission in weitem Umfang Ermessen zugesteht, das sich in Anlehnung an die deutsche Dogmatik in Beurteilungsermessen, Entscheidungsermessen und Maßnahmeermessen unterteilen lässt.[93] Die Kontrolle erfolgt gemäß den Vorgaben des Art. 263 Abs. 2 AEUV dahingehend, dass der Sachverhalt zutreffend ermittelt und nicht offensichtlich fehlerhaft gewürdigt wurde, die Verfahrens- und Begründungserfordernisse eingehalten sowie kein Rechtsfehler und kein Ermessensmissbrauch vorliegen.[94]

---

87 *Martini* (Fn. 69), § 33 Rn. 115.

88 *Martini* (Fn. 69), § 33 Rn. 116.

89 *Martini* (Fn. 69), § 33 Rn. 118.

90 Siehe dazu schon oben Abschnitt II. 1.; *Hoffmann-Riem* (Fn. 24), § 33 Rn. 38; *Hill/Martini*, in: Hoffmann-Riem/Schmidt-Aßmann/Voßkuhle, GVerwR, Bd. II, 2. Aufl. 2012, § 34 Rn. 69.

91 *Martini* (Fn. 69), § 33 Rn. 145 ff.

92 *Mögele*, in diesem Band, S. 204 f.

93 *Mögele*, in diesem Band, S. 206.

94 Zum Maßstab des Ermessensmissbrauchs etwa EuGH, Rs. 23/76 (Pellegrini/Kommission), zur Tatsachenfeststellung ECLI:EU:C:1976:174; Rs. C-269/90 (TU

Hintergrund für diese gerichtliche Zurückhaltung ist die Wahrung des interinstitutionellen Gleichgewichts.[95]

Die Kommission hat ihre Selbstprogrammierung in einer Vielzahl von verbindlichen und unverbindlichen Verlautbarungen öffentlich gemacht. Hierzu gehört etwa die unter dem Oberbegriff „Bessere Rechtsetzung" erarbeiteten Instrumente und Verfahren, die inzwischen Eingang in eine interinstitutionelle Vereinbarung gefunden haben.[96] Zu nennen ist des Weiteren die Mitteilung aus dem Jahr 2017, welche die Grundsätze für die Einleitung von Vertragsverletzungsverfahren betrifft.[97] Auch in Bezug auf die Beihilfenaufsicht hat die Kommission in Verordnungen und Leitlinien unter Berücksichtigung der Rechtsprechung des Gerichtshofs der Europäischen Union die Grundsätze der Beihilfenaufsicht niedergelegt.[98] Im Bereich der delegierten und Durchführungsrechtssetzung (Art. 290, Art. 291 AEUV) findet die Selbstprogrammierung jeweils unter der Kontrolle von Parlament und Rat einerseits, der Mitgliedstaaten (Komitologie) andererseits statt.[99] Besonders groß ist das Ermessen im Bereich des Agrarsektors, da hier alle Facetten der Ermessensausübung – Beurteilungsermessen, Entscheidungsermessen, Maßnahmeermessen – zusammentreffen.[100] Für die Verwaltung der EU-Programme und die Ausführung des Haushaltsplans hat die Kommission die Anforderungen an die Durchführung von Finanzkorrekturen in umfassenden Leitlinien (Guidelines) konkretisiert.[101] Selbstprogrammierung findet nicht zuletzt statt als Selbstorganisation durch den Erlass der Geschäftsordnung, interne Aufgabenverteilung und Aufgabenwahrnehmung.[102]

München), ECLI:EU:C:1991:438; zur Selbstbindung der Kommission Rs. C-17/61 u. 20/61 (Klöckner und Hoesch/Hohe Behörde), ECLI:EU:C.1962:30.

95 *Classen* in: Schulze/Zuleeg/Kadelbach (Hrsg.), Europarecht, 3. Aufl. 2020, § 4 Rn. 12, 36.

96 *Mögele*, in diesem Band, S. 211 f.; monographisch *Mödinger*, Bessere Rechtsetzung, 2020.

97 *Mögele*, in diesem Band, S. 217 ff.

98 *Mögele*, in diesem Band, S. 220 ff.

99 *Mögele*, in diesem Band, S. 241.

100 *Mögele*, in diesem Band, S. 228 ff.

101 *Mögele*, in diesem Band, S. 239.

102 *Mögele*, in diesem Band, S. 210 f.

3. *Zwischenfazit*

Selbstprogrammierung setzt Entscheidungsspielräume voraus. Neben bekannten Handlungsformen wie untergesetzlicher Normsetzung oder Verwaltungsvorschriften sind neue Handlungsformen entstanden wie Strategien, Programme, Konzepte oder Aktionspläne. Sie sind im Unionsrecht verbreitet und oftmals über unionsrechtliche Vorgaben in das nationale Recht gelangt.

V. *Zu 4. Wahrnehmung von Entscheidungsspielräumen*

1. *Dogmatik der Entscheidungsspielräume*

Selbstprogrammierung und die Wahrnehmung von Entscheidungsspielräumen sind eng miteinander verknüpft. Nach deutscher Dogmatik sind Entscheidungsspielräume angesiedelt im Spannungsfeld von Gesetzesbindung, Rechtsschutzgarantie und Gewaltenteilung. Es ist zuallererst Aufgabe des Gesetzgebers, die Reichweite der Gesetzesbindung festzulegen.[103] Diese kann durch die Einräumung von Beurteilungsspielräumen auf Tatbestandsseite oder Ermessensspielräumen auf Rechtsfolgenseite zu einer modifizierten gerichtlichen Kontrolle führen. Im Zusammenhang mit final programmierten Entscheidungen beschränkt sich die Kontrolle auf Abwägungsfehler.[104]

Die Einräumung von Ermessen ist häufig. Grund ist regelmäßig das Bedürfnis, eine verhältnismäßige Entscheidung im Einzelfall zu ermöglichen. Auch die Ermessensausübung ist jedoch nicht völlig frei. Ist Ermessen eröffnet, muss es ausgeübt werden; es muss in Einklang mit dem Zweck der Ermächtigung erfolgen und die Grenzen des Ermessens sind einzuhalten. Dies bedeutet insbesondere, dass die Maßnahme im Lichte der betroffenen Grundrechte verhältnismäßig zu sein hat.[105]

---

103 *Schmidt-Aßmann*, in: Dürig/Herzog/Scholz (Begr.), GG, 95. EL 2021, Art. 19 IV Rn. 186 ff.

104 Siehe dazu *Mager*, StudZR 2016, S. 255 (256 ff.).

105 Zum Ermessen z. B. BVerfGE 9, 137 (Ermessensspielraum der Verwaltungsbehörden bei Eingriffen in den Rechtskreis des Einzelnen); BVerwGE 11, 95 (Einschreiten gegen baurechtswidrige Zustände); 75, 86 (Schutz der freiheitlichen demokratischen Grundordnung bei der Ermesseneinbürgerung); 152, 211 (Rückforderung einer staatlichen Zuwendung).

Demgegenüber sind Beurteilungsspielräume die seltene Ausnahme. Es bedarf besonderer, letztlich in unüberwindlichen Schwierigkeiten der Subsumtion liegender Gründe. Es muss eine Konstellation vorliegen, in der es dem Gesetzgeber nicht möglich ist, die Gesetzesbindung strikter zu fassen und es den Gerichten auch unter Hinzuziehung von Sachverständigen nicht möglich ist, eine richtigere Entscheidung zu treffen. Das legitimatorische Defizit, das sich aus dem Wegfall einer umfassenden gerichtlichen Kontrolle ergibt, kann durch besonderen Sachverstand in der Verwaltung oder durch die Einrichtung spezifischer Verfahren bei der Entscheidungsfindung kompensiert werden. Die gerichtliche Kontrolle beschränkt sich darauf, ob die Verwaltung den Tatbestand zutreffend verstanden und den Sachverhalt zutreffend ermittelt hat, ob allgemein anerkannte Bewertungsmaßstäbe beachtet und keine sachfremden Erwägungen angestellt wurden.[106]

Eine dritte Gruppe bilden die auf finaler gesetzlicher Steuerung beruhenden Bereiche, namentlich die Raum- und Bauleitplanung, aber auch die Verkehrswegeplanung oder die leitungsgebundene Energieversorgung. Die Bauleitplanung erhält ihre besondere Legitimation daraus, dass der Gemeinderat über die Planung entscheidet und dass das Aufstellungsverfahren mit einer breiten Öffentlichkeits- und Behördenbeteiligung versehen ist. Aber auch die anderen Planungsverfahren sind in der Regel mit einer Öffentlichkeits- und Behördenbeteiligung verbunden. Hier ist die gerichtliche Kontrolle auf Abwägungsfehler reduziert, namentlich Abwägungsausfall, Ermittlungs- und Bewertungsdefizit sowie Abwägungsdisproportionalität.[107]

2. *Eine alternative Dogmatik von Entscheidungsspielräumen*

Eine nicht völlig andere, aber doch abgewandelte Dogmatik liegt der Unterscheidung zwischen taktischem Ermessen, Dispensermessen, planerischem Ermessen und der Einräumung von Freiraum für Sachverstand zugrunde.[108]

---

106 Zum Beurteilungsspielraum siehe die Nachweise bei *Maurer/Waldhoff*, Allgemeines Verwaltungsrecht, 19. Aufl. 2017, § 7 Rn. 37 ff.; siehe auch *Mager* (Fn. 104), S. 259.

107 Zur Abwägungsfehlerlehre grundlegend BVerwGE 34, 301 (309).

108 So *Wimmer*, in diesem Band, S. 269 in Anschluss an *Bullinger*, JZ 1984, S. 1001 ff., der außerdem noch das Managementermessen nennt für die „flexible Optimierung staatlichen Leistungen“ (ebd., S. 1009).

a) Taktisches Ermessen und Dispensermessen

Während das taktische Ermessen dazu dient, im Einzelfall angemessen reagieren zu können,[109] bezieht sich das Dispensermessen auf grundsätzlich gebundene Genehmigungsentscheidungen, die mit einer Vielzahl von Ausnahmen und Befreiungen versehen werden, um ihre Rechtmäßigkeit zu ermöglichen. Derartige Ausnahmen und Befreiungen bedürfen stets ausdrücklicher gesetzlicher Ermächtigung. Beispiele sind § 31 BauGB oder § 12 BImSchG.[110] Grundsätzlich besteht insoweit volle gerichtliche Kontrolle, die in der Praxis aber vielfach zurückhaltend ausfallen dürfte, zumal angesichts der oftmals außerordentlich komplexen Genehmigungsvoraussetzungen die Fallgruppe des „Freiraums für Sachverstand" ebenfalls von Bedeutung ist. Die Auswirkungen von etwaigen Fehlern werden zudem durch die Fehlerfolgenregelungen der §§ 45, 46 VwVfG sowie durch die im UmwRG neu eingeführten Möglichkeiten der Entscheidungsergänzung oder eines ergänzenden Verfahrens sowohl in Bezug auf Verfahrensfehler (§ 4 Abs. 1b UmwRG) als auch in Bezug auf materielle Fehler (§ 7 Abs. 5 UmwRG) weiter beschränkt.[111]

b) Planerisches Ermessen

Das planerische Ermessen etwa im Bereich des Raumplanungsrechts unterliegt der gerichtlichen Abwägungskontrolle.[112] Ebenfalls einen Fall des planerischen Ermessens stellt das Regulierungsermessen im Energiesektor dar. Hier besteht die besondere Konstellation, dass eine unabhängige Behörde, die Bundesnetzagentur, für die Regulierung des Sektors verantwortlich ist. Insoweit hat der EuGH seine Rechtsprechung zu unabhängigen Behörden fortgesetzt.[113] Auf Grundlage der Annahme, dass das unions-

---

109 *Bullinger* (Fn. 108), S. 1007 nennt Polizeieinsätze, aber auch Maßnahmen der Bundesbank.

110 *Bullinger* (Fn. 108), S. 1008 nennt außerdem die kartellrechtliche Ministererlaubnis, heute § 42 GWB.

111 *Wimmer*, in diesem Band, S. 271 spricht von „gut erprobten Fehlerfolgenregelungen". Die neuen Regelungen des UmwRG müssen sich allerdings erst noch bewähren. Kritisch dazu *Seibert*, NVwZ 2018, S. 97 ff.

112 Zu den Maßstäben, siehe o. V. 1.

113 EuGH, Rs. C-718/18 (Kommission/Bundesrepublik Deutschland), ECLI:EU:C:2021:662; zuvor EuGH, Rs. C-518/07 (Kommission/Bundesrepublik Deutschland), ECLI:EU:C:2010:125.

rechtliche Regelwerk die Entgeltregulierung so genau umreißt, dass die Anwendung eine im Wesentlichen technische Angelegenheit sei, hat es das in Deutschland bestehende „System einer normativen Regulierung“[114] bestehend aus Gesetz, Rechtsverordnung und Einzelfallentscheidung für unionsrechtswidrig befunden. Das Argument, diese Art der Regulierung sei erforderlich, um die demokratische Legitimation zu gewährleisten, hat der EuGH erneut zurückgewiesen. Auch die unionsrechtlichen Richtlinien seien in einem demokratischen Verfahren erlassen worden. Zudem seien die Regulierungsbehörden an das Gesetz gebunden und unterlägen der gerichtlichen Kontrolle. Auch könne die Behördenleitung vom Parlament oder von der Regierung ernannt werden und bleibe eine parlamentarische Kontrolle möglich. Folge dieser Entscheidung könnte eine Intensivierung der bisher aufgrund des Regulierungsermessens sehr zurückhaltenden gerichtlichen Kontrolle sein.[115] Zu erwarten ist auch eine Zunahme an Vorabentscheidungsverfahren, da Zweifelsfragen zur Auslegung der Richtlinien dem EuGH vorzulegen sind.

c) Wandlungen im Bereich des Freiraums für Sachverstand (Beurteilungsspielraum)

Einen Fall des Beurteilungsspielraums, also des Freiraums für Sachverstand, gab es bis zur Änderung der Rechtsprechung im Bereich des Jugendmedienschutzes.[116] Hatte das Bundesverwaltungsgericht bisher noch dem Zwölfer-Gremium der Bundesprüfstelle für jugendgefährdende Medien bei der Abwägungsentscheidung zwischen Jugendschutz und Kunstfreiheit einen Beurteilungsspielraum zuerkannt, lehnt es diesen nunmehr ab. Es könne nicht mehr überzeugend begründet werden, dass die Verwaltungsgerichte zwar die jugendgefährdenden Wirkungen eines Kunstwerks nach § 18 Abs. 1 S. 1 und 2 JuSchG und im Rahmen der Abwägung das Gewicht der Belange Jugendschutz und Kunst letztverbindlich bestimmen, die Letztentscheidungsbefugnis für die abschließende Vorrangentscheidung aber dem Zwölfer-Gremium der BPS vorbehalten sein solle. Diese abschließende Entscheidung sei dann nicht mehr übermäßig schwierig.[117] Die Entscheidung des Zwölfer-Gremiums könne aber von den Verwal-

---

114 *Scholtka*, EuZW 2021, S. 900 f.
115 Diese Vermutung äußert *Scholtka* (Fn. 114), S. 901.
116 BVerwGE 167, 33 ff.
117 BVerwGE 167, 33 Rn. 18, 19.

tungsgerichten nach den Regeln des Sachverständigenbeweises verwertet werden.[118] In der vorangegangenen Big-Brother-Entscheidung hatte das Bundesverwaltungsgericht dieses Konzept bereits auf die Kommission für den Jugendmedienschutz angewandt. Inwieweit den vorrangig zu befassenden Stellen der freiwilligen Selbstkontrolle ein Beurteilungsspielraum zukommt, erscheint nach dieser Entscheidung unklar, denn das Bundesverwaltungsgericht spricht auch insoweit von einem mit Sachverständigen besetzten Gremium. In der Entscheidung heißt es: „Die gerichtliche Kontrolle erfordere, die einander widersprechenden Äußerungen zu würdigen und ggf. über weitere gerichtliche Aufklärungsmaßnahmen zu entscheiden."[119] Nach § 19b Abs. 1 des Jugendmedienschutz-Staatsvertrags ist den Einrichtungen der Freiwilligen Selbstkontrolle ausdrücklich ein „Beurteilungsspielraum" zuerkannt. Es ist jedoch widersprüchlich, den Einrichtungen der Freiwilligen Selbstkontrolle einen Beurteilungsspielraum zu gewähren, nachdem das Bundesverwaltungsgericht dem Zwölfer-Gremium der Bundesprüfstelle für jugendgefährdende Medien einen Beurteilungsspielraum abgesprochen hat. Dies legt den Schluss nahe, dass die Einräumung eines Beurteilungsspielraums für die Einrichtungen der Freiwilligen Selbstkontrolle verfassungswidrig ist.

Im Bereich des Artenschutzes hat das Bundesverfassungsgericht die Figur der Einschätzungsprärogative (Freiraum für Sachverstand) für den Fall aufgegeben, dass die fachwissenschaftliche Erkenntnis an faktische Grenzen stößt.[120] Die Kontrolle erstrecke sich vielmehr darauf, ob die fachlichen Maßstäbe und Methoden vertretbar seien.[121] Das Gericht mahnt aber auch an, dass der Gesetzgeber die Rechtsanwendung nicht auf Dauer in einem Erkenntnisvakuum belassen darf, sondern etwa durch die Verpflichtung zur Einsetzung fachkundiger Gremien Maßstäbe und Methoden oder Regeln für die behördliche Entscheidung zwischen mehreren vertretbaren Auffassungen vorgeben muss.[122] Ob hier tatsächlich ein neuer Typus von Entscheidungsvorrang geschaffen wurde oder ob es nicht schon immer um Erkenntnisdefizite ging, sei kritisch angefragt.[123] Jedenfalls ist es er-

118 BVerwGE 167, 33 Rn. 49.
119 BVerwGE 159, 49 Rn. 35.
120 BVerfGE 149, 407 ff.
121 BVerfGE 149, 407 Rn. 18 ff.
122 BVerfGE 149, 407 Rn. 24 ff.
123 Eine eigenständige Kategorie bejahend *Kahl*, in: Liber Amicorum Max-Jürgen Seibert, 2020, S. 167 ff, insb. 175 ff.; skeptisch *Schmidt-Aßmann* (Fn. 103), Art. 19 IV Rn. 185a.

forderlich, dass in den Verwaltungsbehörden in ausreichendem Umfang sachverständiges Personal zu Verfügung steht.[124]

2. *Das Beispiel der Datenschutzgrundverordnung*

Ein weiteres Beispiel für die Einräumung von Entscheidungsspielräumen findet sich in der Datenschutzgrundverordnung (DS-GVO). Von zentraler Bedeutung ist der Begriff der Geeignetheit, der sich etwa in Art. 32 Abs. 1 (Sicherheit der Verarbeitung), Art. 40 Abs. 5 (Verhaltensregeln von Verbänden) und Art. 46 (Datenübermittlung ins Ausland) DS-GVO findet. Der Begriff der Geeignetheit umfasst den Grundsatz der Verhältnismäßigkeit. In den jeweiligen Kontexten geht es letztlich um die Abwehr möglicher Beeinträchtigung des Grundrechts aus Art. 8 GRCh, als deren Konkretisierung die DS-GVO anzusehen ist. Es gibt sektorspezifische Regelungen, die von Verbänden erarbeitet und durch die Aufsichtsbehörde genehmigt werden, wenn diese „ausreichend geeignete Garantien" bieten. Zum Regelungsinhalt enthält Art. 40 Abs. 2 DS-GVO Vorgaben. Der Maßstab der „Geeignetheit" ist dennoch außerordentlich unscharf. Er wird konkretisiert durch den Stand der Technik, den Grundsatz der Datenminimierung sowie eine Risikobewertung, wobei „die zu treffenden Maßnahmen in einer multipolaren Abwägung zu bestimmen (sind)" unter Abwägung der Interessen der Datenverarbeiter mit den Interessen der von der Datenverarbeitung Betroffenen.[125]

Besondere Bedeutung hat der Datentransfer ins Ausland. Insoweit kann die Kommission feststellen, dass der Drittstaat über ein angemessenes Datenschutzniveau verfügt, wofür Art. 45 DS-GVO umfangreiche Vorgaben enthält. Das Datenschutzniveau des fremden Staates muss dem Datenschutzniveau in der Europäischen Union gleichwertig sein.[126] Angesichts der erheblichen Gefahren für den Schutz der personenbezogenen Daten im Falle des Datentransfers ins Ausland übt der EuGH eine strikte Kon-

---

124 Siehe dazu *Röhl*, in: Voßkuhle/Eifert/Möllers (Hrsg.), GVerwR, Bd. II, 3. Aufl. 2022, § 30.

125 *Molnár-Gabór*, in diesem Band, S. 249 f.

126 EuGH, Rs. C-362/14 (Schrems/Data Protection Commission), ECLI:EU:C:2015:650, Rn. 68 ff. (Schrems I); Rs. C-311/18 (Data Protection Commissioner/Facebook Ireland Limited/Schrems), ECLI:EU:C:2020:559, Tenor Nr. 5 und Rn. 163 ff. (Schrems II).

trolle in Bezug auf die Anforderungen der Gleichwertigkeit aus.[127] Hieran scheiterten bisher beide die USA betreffenden Angemessenheitsbeschlüsse. Solange ein solcher Beschluss nicht vorliegt, erfolgt die Datenübermittlung auf der Grundlage des Art. 46 DS-GVO, der geeignete Garantien für die Datenverarbeitung und wirksame Rechtsbehelfe verlangt.

Insgesamt ist die DS-GVO ein Beispiel für ein Gesetz, das aufgrund seiner unbestimmten Rechtsbegriffe den Aufsichtsbehörden erhebliche Spielräume gewährt, was mit einiger Rechtsunsicherheit verbunden ist. Diese wird dadurch relativiert, dass der Europäische Datenschutzausschuss für verschiedene Bereiche Leitlinien und Empfehlungen erlassen hat, die Orientierung ermöglichen.[128]

3. *Zwischenfazit*

Entscheidungsspielräume werden der Verwaltung durch Gesetz übertragen. Sie sind notwendig für die flexible, sachgerechte und zielorientierte Ausübung der verwaltungsrechtlichen Funktionen. Die zurückgenommene gerichtliche Kontrolle des materiellen Rechts kann durch die gerichtliche Kontrolle organisatorischer und verfahrensrechtlicher Vorgaben kompensiert werden.[129]

VI. *Zu 5. Verwaltungshandeln unter Unsicherheit*

1. *Allgemeine Dogmatik des Risikorechts*

Entscheidungsspielräume sind der Verwaltung insbesondere im Zusammenhang mit Risikoentscheidungen eingeräumt. Wir leben in einer Risikogesellschaft, wie der Soziologe *Ulrich Beck* bereits 1986 in seinem so betitelten Buch feststellte.[130] Diese sei unter anderem dadurch geprägt, dass Vermutungen über die Zukunft zur Ursache gegenwärtigen Handelns werden und die Wissenschaft die Zukunft nicht mehr nach den Kriterien

---

127 So ausdrücklich EuGH, Rs. C-362/14 (Schrems/Data Protection Commission), Ls. 6 Abs. 3.

128 Siehe dazu https://edpb.europa.eu/our-work-tools/general-guidance/guidelines-recommendations-best-practices_de?f%5B0%5D=opinions_publication_type%3A98. Es handelt sich zurzeit um 87 Guidelines und 12 Recommendations.

129 Siehe oben Abschnitt V. 1 sowie *Bullinger* (Fn. 108), S. 1009.

130 *Beck*, Risikogesellschaft:, 1986; 1998 folgte das Buch „Weltrisikogesellschaft:".

von wahr oder unwahr, sondern nur nach den ihr eigentlich fremden Kriterien von wahrscheinlich oder unwahrscheinlich beurteilen kann.[131] Anders ausgedrückt: „Auch ein gedachter objektiver Beobachter, dem das gesamte menschliche Wissen zur Verfügung steht, gelangt an seine Grenzen, wo das Weltwissen nicht weiterreicht."[132] Ebendies kennzeichnet die Risikosituation.

Die menschliche Nutzung von Risikotechnologie ist allgegenwärtig: Zu nennen sind Atomkraftwerke[133], Industrieanlagen, der Umgang mit Gefahrstoffen, Gentechnik oder die Zulassung von Arzneimitteln.[134] Aber auch die Erhöhung des Leitzinses oder sonstige finanzmarktpolitische Entscheidungen sind Risikoentscheidungen.[135] Neue Technologien wie die Nanotechnologie,[136] der Umgang mit künstlicher Intelligenz,[137] autonomes Fahren[138] oder die Carbon-Capture and Storage Technologie[139] stellen aktuelle Herausforderungen für die Gesetzgebung und die Verwaltung dar.

Damit stellt sich die Frage, wer über das Eingehen von Risiken zu entscheiden hat. Zweifellos verlangt das Demokratieprinzip, dass die grundlegenden Entscheidungen vom Gesetzgeber getroffen werden, unbeschadet des Grundsatzes, dass alles, was nicht verboten, erlaubt ist.[140] Der Gesetzgeber kann aber nicht alle Einzelheiten regeln. Dementsprechend muss

---

131 *Beck* (Fn. 130), S. 38 ff., 254 ff.

132 *Jaeckel*, in diesem Band, S. 334.

133 In Deutschland nunmehr in Bezug auf das Problem der Endlagerung des Atommülls, siehe dazu noch *Jaeckel*, in diesem Band, S. 339 ff.

134 Gesetzlich geregelt im Atomgesetz, Bundesimmissionsschutzgesetz, Chemikaliengesetz, Gentechnikgesetz, Arzneimittelgesetz jeweils mit zahlreichen Rechtsverordnungsermächtigungen.

135 Siehe zu den Aufgaben des ESZB Art. 127 AEUV.

136 Dazu *Scherzberg*, in: Eifert/Hoffmann-Riem (Hrsg.), Innovationsverantwortung, 2009, S. 185 ff.

137 Dazu *Kau*, ZG 2021, S. 217 ff.

138 Siehe nunmehr die Regelungen in §§ 1a–1l StVG mit der Verordnungsermächtigung in § 1j StVG, auf deren Grundlage die Verordnung zur Genehmigung und zum Betrieb von Kraftfahrzeugen mit autonomer Fahrfunktion in festgelegten Betriebsbereichen (Autonome-Fahrzeuge-Genehmigungs-und-Betriebs-Verordnung – AFGBV) erlassen wurde.

139 Siehe das Gesetz zur Demonstration und Anwendung von Technologien zur Abscheidung, zum Transport und zur dauerhaften Speicherung von Kohlendioxid vom 17. 8. 2012, BGBl. I, S. 1726 und dazu den Evaluierungsbericht der Bundesregierung über die Anwendung des Kohlendioxid-Speicherungsgesetzes sowie die Erfahrungen zur CCS-Technologie, BT-Drs. 19/6891 vom 21. 12. 2018.

140 *Sangenstedt*, in diesem Band, S. 311 weist auf die anderslautende Entscheidung des VGH Kassel, NVwZ 1990, S. 276 ff. hin, die nicht überzeugt.

die Exekutive zum Erlass von Verordnungen ermächtig werden.[141] Bei der Entscheidung im Einzelfall sind komplexe Wirkungszusammenhänge zu verarbeiten, so dass der Verwaltung Beurteilungsspielräume eingeräumt werden müssen mit der Folge zurückgenommener gerichtlicher Überprüfung.[142]

Der Verwaltung kommt dabei die Aufgabe zu, das Risiko zu ermitteln, zu bewerten und darauf aufbauend ein Risikomanagement bzw. Risikobewältigungskonzept zu entwickeln,[143] aus dem die dem Betreiber aufzuerlegenden Schutzmaßnahmen abgeleitet werden.[144] Im Rahmen der Risikoermittlung ist die Hinzuziehung von internem und externem Sachverstand essentiell. Dem korrespondiert eine gerichtliche Kontrolle, die in Bezug auf die Tatsachenermittlung strikt, in Bezug auf die Risikobewertung dagegen zurückgenommen ist.[145]

Von maßgeblicher Bedeutung im Rahmen von Risikoentscheidungen ist das in Art. 191 Abs. 2 AEUV ausdrücklich verankerte Vorsorgeprinzip. Es findet seine materielle Konkretisierung in Rechtsverordnungen, Verwaltungsvorschriften und sonstigen technischen Regelwerken. So verlangt § 5 Abs. 1 Nr. 2 BImSchG, dass es zu den Pflichten der Betreiber genehmigungsbedürftiger Anlagen gehört, Vorsorge gegen schädliche Umwelteinwirkungen und sonstige Gefahren, erhebliche Nachteile und erhebliche Belästigungen zu treffen, insbesondere durch die dem Stand der Technik entsprechenden Maßnahmen.[146] Auch in anderen Gesetzen werden explizit Vorsorgepflichten statuiert, etwa in § 7 BBodSchG (Vorsorgepflicht gegen schädliche Bodenveränderungen) oder in § 6 Abs. 1 Nr. 1 KrWG mit der Pflicht, Abfälle in erster Linie zu vermeiden. Als prozedurale Konkretisierung des Vorsorgeprinzips lassen sich die Umweltverträglichkeitsprüfungen verstehen, die unter Einbeziehung der Öffentlichkeit auf eine frühzeitige Ermittlung aller relevanten Umweltbelange gerichtet sind und damit dem medienübergreifenden Umweltschutz Rechnung tragen.[147]

---

141 *Sangenstedt*, in diesem Band, S. 289. Zur Funktion von Rechtsverordnungen auch *Guckelberger*, in diesem Band, S. 174 ff..

142 *Sangenstedt*, in diesem Band, S. 305.

143 Siehe dazu *Augsberg* (Fn. 1), § 8 Rn. 41 ff.

144 *Sangenstedt*, in diesem Band, S. 305 f.

145 *Sangenstedt*, in diesem Band, S. 306.

146 Zur Bedeutung der BVT-Merkblätter und Schlussfolgerungen in diesem Zusammenhang siehe *Kahl/Gärditz*, Umweltrecht, 12. Aufl. 2021, § 7 Rn. 9 f.

147 Siehe zur Funktion der UVP *Schmidt-Aßmann/Kaufhold*, in: Voßkuhle/Eifert/Möllers (Hrsg.), GVerwR, Bd. II, 3. Aufl. 2022, § 27 Rn. 61, allerdings ohne explizit den Bezug zum Vorsorgeprinzip herzustellen.

Sowohl bei der Gesetzgebung in Bezug auf die Zulassung riskanter Tätigkeiten wie auch bei der Entscheidung im Einzelfall geht es stets um die Zuweisung von Chancen und Risiken: Freiheitsanspruch und Schutzanspruch sind gegeneinander abzuwägen.[148] Dies stellt notwendig eine politische Entscheidung dar. Wesentlich ist, dass diese Entscheidung auf bestmöglich ermittelter Tatsachengrundlage erfolgt, es keine risikoärmere Variante gibt und die Entscheidung von der Öffentlichkeit akzeptiert werden kann.[149]

2. *Herausforderungen*

Das dargelegte Modell der Verantwortungsverlagerung auf die Exekutive und der Einräumung von Beurteilungsspielräumen durch die Gerichte gerät aus zwei Richtungen unter Druck.[150] Einerseits wird mehr Partizipation gefordert, andererseits eine Rückverlagerung der Entscheidung in die Parlamente. Beide Richtungen sind sich darin einig, dass eine „Expertokratie“ abzulehnen sei.[151] Symptomatisch für diese beiden Richtungen ist zum einen die Atomendlagersuche – Ausbau der Partizipation –, zum anderen die Covid-19 Pandemie – Rückverlagerung ins Parlament.[152] Im ersten Fall finden sich Ausbau der Partizipation und Parlamentsbeteiligung sogar kombiniert.[153]

a) Atomendlagersuche

Im Rahmen der Atomendlagersuche werden neben der gewöhnlichen Öffentlichkeits- und Behördenbeteiligung neue Beteiligungsformate erprobt wie ein Nationales Begleitgremium, verschiedene Fachkonferenzen sowie Regionalkonferenzen. Zudem ist der Gesetzgeber in Gestalt von Bundestag und Bundesrat umfassend in das Verfahren einbezogen. Diesem sind die Ergebnisse des Beteiligungsverfahrens sowie die Beratungsergebnisse

---

148 *Sangenstedt*, in diesem Band, S. 323.

149 Es kommt darauf an, dass eine Entscheidung akzeptiert werden kann, nicht notwendig, dass sie tatsächlich von der Öffentlichkeit insgesamt akzeptiert wird. Siehe auch *Sangenstedt*, in diesem Band, S. 321 f. und 325.

150 Dazu *Jaeckel*, in diesem Band, S. 339.

151 *Jaeckel*, in diesem Band, S. 339.

152 *Jaeckel*, in diesem Band, S. 339.

153 Siehe das Standortauswahlgesetz vom 5. 5. 2017, BGBl. I S. 1074.

des Nationalen Begleitgremiums für die endgültige Standortauswahl vorzulegen. Die abschließende Entscheidung erfolgt gemäß § 20 Abs. 2 StandAG durch Gesetz. Problematisch an diesem aufwändigen Verfahren ist vor allem, dass diejenigen, die sich in dem Prozess der Entscheidungsfindung engagieren, ihrerseits nicht demokratisch legitimiert sind.[154] Die Devise: Gerne woanders, aber nicht bei mir (not in my backyard) kann die Standortsuche erheblich belasten. Letztlich sollten in Verfahren, die wie die Endlagersuche in höchstem Maß auf technischen Sachverstand angewiesen sind, die partizipativen Elemente nicht allein ausschlaggebend sein.[155]

b) Corona-Pandemie

Demgegenüber haben im Zusammenhang mit der Corona-Pandemie Experten zunächst einen wesentlichen Einfluss auf die jeweils ergriffenen Maßnahmen gehabt, allen voran aber keineswegs ausschließlich das RKI.[156] Schon oben wurde festgestellt, dass die Exekutive die Rechtsverordnungen zunächst auf unzureichender gesetzlicher Grundlage erlassen musste, was die Gerichte in den Eilverfahren aber überwiegend akzeptierten. Der Ruf nach dem Gesetzgeber wurde aber auch von Seiten der Gerichte immer lauter. Der Gesetzgeber hat im Weiteren nachgebessert und schließlich mit der „Bundesnotbremse" eine belastbare Regelung geschaffen, deren Verfassungsmäßigkeit das Bundesverfassungsgericht bestätigt hat.[157] Es hat dem Gesetzgeber angesichts der Unsicherheiten in der Beurteilung der Pandemie zurecht einen großen Spielraum hinsichtlich der Einschätzung der Geeignetheit, Erforderlichkeit und Angemessenheit zugestanden, aber auch angemahnt hat, dass die Maßnahmen in ständigem Abgleich mit den sich weiter entwickelnden Erkenntnissen auf ihre Verhältnismäßigkeit überprüft werden müssen.[158] Die auf der Grundlage der Bundesnotbremse ergangenen Landesrechtsverordnungen waren nicht zuletzt deshalb problematisch, weil es trotz der regelmäßigen Treffen der Ministerpräsidenten im Bundeskanzleramt nicht gelang, zu einem einheit-

---

154 *Jaeckel*, in diesem Band, S. 340.

155 *Jaeckel*, in diesem Band, S. 342.

156 *Jaeckel*, in diesem Band, S. 345 f.

157 BVerfG, NJW 2022, S. 139 ff. – Bundesnotbremse I; NJW 2022, 167 ff. – Bundesnotbremse II.

158 Insbes. BVerfG, Bundesnotbremse II (Schulschließungen), NJW 2022, S. 167 ff., juris, Rn. 193 ff.; siehe auch *Jaeckel*, in diesem Band, S. 349 ff. .

lichen Vorgehen zu kommen. Allerdings waren die Unterschiede in den Bundesländern und selbst in einzelnen Regionen in den Bundesländern so groß, dass ein einheitliches Vorgehen wiederum Probleme der Verhältnismäßigkeit aufgeworfen hätte.

Die Gerichte haben angesichts der erheblichen Unsicherheit, die zunächst in Bezug auf die Übertragungswege und in Bezug auf die Schwere der Krankheit bestand, dem Gesetzgeber wie dem Verordnungsgeber einen großen Entscheidungsspielraum zugestanden. Dies entspricht der Gewaltenteilung, welche die Gerichte auf die Kontrolle von Rechtsfehlern beschränkt.[159]

3. *Zwischenfazit*

Im Risikoverwaltungsrecht bedarf es der sachgerechten Zuordnung von Entscheidungsmacht zum Rahmen setzenden Gesetzgeber, zur ausfüllenden und ausführenden Verwaltung und zur kontrollierenden Gerichtsbarkeit. Dem Fachwissen kommt eine überragende Bedeutung zu. Verfahren der Öffentlichkeitsbeteiligung sind für die Herstellung von Akzeptanz unabdingbar.

VII. Zu 6. Verwaltungsvollstreckung im Verwaltungsverbund

Jede Vollstreckung setzt einen Titel voraus. Das Besondere im Verwaltungsrecht im Unterschied zum Zivil- und Strafrecht ist, dass die Behörde sich diesen Titel selbst verschaffen und diesen in der Regel auch selbst vollstrecken kann. Dies stößt an Grenzen, sobald der Zuständigkeitsbereich der Behörde verlassen wird.

Es kann unterschieden werden zwischen ausgehenden und eingehenden Vollstreckungsersuchen und in diesem Rahmen zwischen Vollstreckungsübertragung und Vollstreckungsunterstützung. Vollstreckungshilfe kommt in Betracht in Bezug auf Geldforderungen, Zwangsgeld, Ersatzvornahme oder unmittelbarem Zwang, wobei das Zwangsgeld wiederum eine Geldforderung darstellt und Ersatzvornahmen praktisch nicht vorkommen.[160]

---

159 *Jaeckel*, in diesem Band, S. 349 f.
160 *Reimer*, in diesem Band, S. 368 ff.

1. *Vollstreckung im nationalen Bereich*

National gibt es im Bereich der Verwaltung keinen bundesweiten Vollstreckungsverbund.[161] Ausdrückliche Regelungen gibt es nur in § 5 Abs. 2 VwVG des Bundes sowie in einigen wenigen Landesgesetzen.[162] Ob die Verpflichtung zur Amtshilfe aus § 4 Abs. 1 der Länderverwaltungsverfahrensgesetze bzw. entsprechender Vorschriften auch Behörden erfasst, die nicht dem Anwendungsbereich des jeweiligen Landesgesetzes unterliegen, ist zweifelhaft, jedoch ergibt sich die Amtshilfeverpflichtung jedenfalls aus Art. 35 Abs. 1 GG.[163] Allerdings ist Art. 35 Abs. 1 GG keine Rechtsgrundlage für ein Tätigwerden der ersuchten Behörde gegenüber Privatpersonen. Vielmehr muss die angefragte Behörde auf die vollstreckungsrechtlichen Grundlagen des für sie geltenden Gesetzes zurückgreifen;[164] § 5 Abs. 2 VwVG des Bundes ordnet dies ausdrücklich an.

Gerade Gemeinden sind in erheblichem Umfang mit Vollstreckungshilfeersuchen befasst. Deren Bearbeitung ließe sich erheblich vereinfachen, wenn eine einheitliche Software und eine einheitliche Plattform für den Datenaustausch genutzt würden.[165] Des Weiteren wäre es im Interesse einer Professionalisierung der Vollstreckungstätigkeit sinnvoll im Rahmen der interkommunalen Zusammenarbeit Spezialisierungen der verschiedenen kommunalen Kassen auf bestimmte Bereiche der Vollstreckung vorzunehmen.[166]

---

161 *Reimer*, in diesem Band, S. 371 ff.

162 Z. B. § 15 Abs. 3 LVwVG BW. Siehe weitere Regelungen bei *Reimer*, in diesem Band, S. 373.

163 *Reimer*, in diesem Band, S. 374; siehe auch *Waldhoff*, in: Voßkuhle/Eifert/Möllers (Hrsg.), GVerwR, Bd. II, 3. Aufl. 2022, § 44 Rn. 147.

164 *Waldhoff* (Fn. 163), § 44 Rn. 153 f. mit Hinweis auf BGHZ 54, 157 Ls. 1: „Will die Vollstreckungsbehörde einer Gebietskörperschaft des Landes NRW wegen einer öffentlich-rechtlichen Geldforderung, die sie gegen einen im Saarland wohnenden Schuldner hat, eine diesem zustehende Forderung gegen einen gleichfalls im Saarland wohnenden Drittschuldner pfänden, so muss sie die zuständige Vollstreckungsbehörde des Saarlandes um den Erlass einer Pfändungsverfügung ersuchen".

165 Zu Einzelheiten *Klomfaß*, in diesem Band, S. 400 ff.

166 Zu weiteren Verbesserungsvorschlägen für das Vollstreckungsrecht siehe *Klomfaß*, in diesem Band, S. 405 ff.

2. *Unionsrechtliche und internationale Vollstreckung*

Vollstreckungshilfe im Europäischen Verwaltungsverbund gibt es in Bezug auf Sozialleistungen sowie Steuern und sonstige Abgaben. Weitere Konstellationen stellen die Vollstreckung von Bußgeldern und Unterhaltsforderungen dar.

a) Sozialleistungen

In Bezug auf Sozialleistungen regelt Art. 84 Abs. 2 der Verordnung (EG) Nr. 883/2004 zur Koordinierung der Systeme der sozialen Sicherheit die Vollstreckung.[167] Danach sind vollstreckbare Entscheidungen auf Antrag der zuständigen Behörden des ersuchenden Mitgliedstaats nach den Regeln des ersuchten Mitgliedstaats zu vollstrecken. Die Einzelheiten sind im Abschnitt Beitreibung in den Artikeln 75 bis 86 in der Verordnung (EG) Nr. 987/2009[168] zur Festlegung der Modalitäten für die Durchführung der Verordnung (EG) Nr. 883/2004 geregelt. Hierbei sind die Ersuchen grundsätzlich über „bezeichnete Träger" zu übermitteln. Dies sind die im Gesetz zur Koordinierung der Systeme der sozialen Sicherheit (SozSichEUG) in Europa für die einzelnen Bereiche der sozialen Sicherung benannten Verbindungsstellen.

b) Steuern und andere Abgaben

Das Gesetz über die Amtshilfe bei der Beitreibung von Forderungen in Bezug auf Steuern, Abgaben und sonstige Maßnahmen zwischen den Mitgliedstaaten der Europäischen Union (EU-Beitreibungsgesetz) ist ein weiteres Instrument im Vollstreckungsverbund. Die „sonstigen Maßnahmen" beziehen sich insbesondere auf Fördermaßnahmen im Bereich der Landwirtschaft (§ 1 Abs. 1 Nr. 2 und 3 EUBeitrG). Als Verbindungsbüro fungiert gemäß § 3 EUBeitrG das Bundeszentralamt für Steuern bzw. die Bundesstelle Vollstreckung Zoll beim Hauptzollamt Hannover. Vollstre-

---

167 Verordnung (EG) Nr. 883/2004 des Europäischen Parlaments und des Rates vom 29. April 2004, ABl. der Europäischen Union vom 30. 4. 2004, L 166/1.

168 Verordnung (EG) Nr. 987/2009 des Europäischen Parlaments und des Rates vom 16. September 2009 zur Festlegung der Modalitäten für die Durchführung der Verordnung (EG) Nr. 883/2004 über die Koordinierung der Systeme der sozialen Sicherheit, Abl. der Europäischen Union vom 30. 10. 2009, L 284/1.

ckungsbehörden sind gemäß § 4 EUBeitrG die Finanzämter und die Hauptzollämter. Auch Gemeinden und Gemeindeverbände können gemäß § 4 Abs. 2 EUBeitrG die Amtshilfe in Anspruch nehmen. Problematisch kann sich für Gemeinden erweisen, dass die Forderung gemäß § 14 Abs. 1 EUBeitrG mindestens 1500 Euro betragen muss.[169]

Demgegenüber gilt für Bußgelder der Rahmenbeschluss über die Anwendung des Grundsatzes der gegenseitigen Anerkennung von Geldstrafen und Geldbußen,[170] der durch die §§ 86 ff. IRG umgesetzt wurde. Als Verbindungsstelle fungiert gemäß § 74 Abs. 1 S. 4 IRG das Bundesamt für Justiz. Erscheint der gemäß § 87b Abs. 3 Nr. 2 IRG erforderliche Mindestbetrag von 70 Euro auf den ersten Blick gering, so ist gerade bei den massenhaften Verstößen im Straßenverkehr auch dieser Schwellenwert zu hoch.[171] Demgegenüber findet sich in dem bilateralen Abkommen zwischen Deutschland und Österreich über die Amts- und Rechtshilfe[172] ein Schwellenwert von 25 Euro. Ob dieser Vertrag nach dem Inkrafttreten des im IRG umgesetzten Rahmenbeschluss noch Anwendung finden kann, ist streitig. Es lässt sich aber argumentieren, dass der Rahmenbeschluss nur Mindestanforderungen für die unionsweite Vollstreckung enthält und bilaterale Übereinkünfte nicht ersetzt.[173]

c) Unterhaltsforderungen

Für die Vollstreckung von Unterhaltsforderungen im Ausland[174] ist auf der Grundlage des § 4 Abs. 1 Auslandsunterhaltsgesetz (AUG) ebenfalls das Bundesamt für Justiz zuständig. Hier kommt innerhalb der Europäischen Union die EG-Unterhaltsverordnung[175] zur Anwendung. Außerhalb der Europäischen Union gilt das Haager Unterhaltsübereinkommen von 2007, auf das Art. 15 EG-UntVO in Bezug auf das anwendbare Recht verweist,

---

169 Siehe dazu *Klomfaß*, in diesem Band, S. 388.

170 Rahmenbeschluss 2005/214/JI des Rates vom 24. Februar 2005 über die Anwendung des Grundsatzes der gegenseitigen Anerkennung von Geldstrafen und Geldbußen, ABl. der Europäischen Union vom 22. 3. 2005, L 76/16.

171 So *Klomfaß*, in diesem Band, S. 391.

172 BGBl. II 1990, S. 358 ff.

173 So *Klomfaß*, in diesem Band, S. 397 f.

174 Ausführlich dazu *Klomfaß*, in diesem Band, S. 391 ff.

175 Verordnung (EG) Nr. 4/2009 des Rates vom 18. Dezember über die Zuständigkeit, das anwendbare Recht, die Anerkennung und Vollstreckung von Entscheidungen und die Zusammenarbeit in Unterhaltssachen, ABl. L 7 vom 10. Januar 2009, S. 1–79.

sofern es sich um Mitgliedstaaten dieses Übereinkommens handelt. In Betracht zu ziehen ist auch das UN-Übereinkommen über die Geltendmachung von Unterhaltsansprüchen im Ausland von 1956. Der Anwendungsbereich des AUG erstreckt sich gemäß § 1 Abs. 1 Nr. 2 auch auf diese Ansprüche.

3. *Zwischenfazit*

Bereits das nationale Vollstreckungsrecht zeigt aufgrund der föderalen Vielfalt ein sehr unübersichtliches Bild. In Ermangelung eines Vollstreckungsverbunds erfolgt die länderübergreifende Vollstreckung in der Regel im Wege der Amtshilfe. Supra- und international ist die Vollstreckungshilfe auf einzelne, allerdings besonders relevante Bereiche, beschränkt. Erhebliche Effizienzgewinne ließen sich durch eine Verbesserung der Digitalisierung sowohl innerstaatlich als auch supranational erreichen.

VIII. Fazit

Das Verwaltungshandeln unterliegt rechtlichen und außerrechtlichen Maßstäben. Dabei stehen der Verwaltung eine Vielzahl von Handlungsformen zur Verfügung, zwischen denen nur eingeschränkt Austauschbarkeit besteht. Neue Handlungsformen wie Konzepte, Leitlinien, FAQ oder Mitteilungen stellen die Handlungsformenlehre vor neue Systematisierungsprobleme. Gesetzliche Fremdprogrammierung und ausfüllende Selbstprogrammierung ergänzen sich und sind insbesondere bei der Wahrnehmung von Entscheidungsspielräumen von Bedeutung. Derartige Spielräume finden sich insbesondere im Risikoverwaltungsrecht mit der Folge einer zurückgenommenen gerichtlichen Kontrolle. Daneben steht die Verwaltungsvollstreckung, die nicht nur im Europäischen Verwaltungsverbund, sondern auch national dringend der Modernisierung durch Digitalisierung bedarf. Ganz allgemein ist die Digitalisierung der Verwaltung und deren wissenschaftliche Begleitung das Thema der Zukunft.[176]

---

176 Siehe dazu *Britz/Eifert*, in: Voßkuhle/Eifert/Möllers (Hrsg.), GVerwR, Bd. I, 3. Aufl. 2022, § 26.

Stichwortverzeichnis

Die Zahlen beziehen sich auf die Seitenzahlen.

Teilnehmerverzeichnis

MinDir Dr. *Winfried Brechmann*, Bayerisches Staatsministerium für Gesundheit und Pflege, München

Dr. *Torben Ellerbrok*, Universität Heidelberg

Prof. Dr. *Andreas Funke*, Universität Erlangen-Nürnberg

Prof. Dr. *Annette Guckelberger*, Universität des Saarlandes

Prof. Dr. *Elke Gurlit*, Universität Mainz

Dr. *Laura Hering*, LL.M., Max-Planck-Institut für ausländisches öffentliches Recht und Völkerrecht, Heidelberg

Prof. Dr. *Patrick Hilbert*, Universität Münster

Prof. Dr. *Liv Jaeckel*, HHL Leipzig Graduate School of Management

Prof. Dr. Dr. h.c. *Wolfgang Kahl*, Universität Heidelberg

Ralf Klomfaß, Stadt Mainz

Dr. *Jacqueline Lorenzen*, Universität Heidelberg

Prof. Dr. *Ute Mager*, Universität Heidelberg

Prof. Dr. *Rudolf Mögele*, ehemals Europäische Kommission/Generaldirektion Landwirtschaft

Prof. Dr. *Fruzsina Molnár-Gábor*, Universität Heidelberg

Prof. Dr. *Philipp Reimer*, Universität Konstanz

MinR a. D. Dr. *Christof Sangenstedt*, Bundesministerium für Umwelt, Naturschutz und nukleare Sicherheit, Berlin

Prof. Dr. *Isabel Schübel-Pfister*, Bundesverwaltungsgericht, Leipzig

Dr. *Rike Sinder*, M.A., Albert-Ludwigs-Universität, Freiburg

Dr. *Alexander Stark*, M.A., Universität Hamburg

Rechtsanwalt Prof. Dr. *Norbert Wimmer*, White & Case, Berlin